西南财经大学法学院
光华法学文丛

高晋康　主编

预防与纠错：刑事司法的理念

熊谋林 著

本书系司法部2013年度国家法治与法学理论研究项目，中青年资助课题『预防与纠错：全球刑事错罪对中国司法的启示』（项目编号13SFB3015）的结项成果。

法律出版社
LAW PRESS·CHINA

目 录

前　言

课题背景

2011 年 11 月 14 日至 19 日，我参加美国犯罪学会在华盛顿举行的年会时，阴差阳错地走进一个有关美国错案的分论坛。笔者清楚地记得，该论坛是由时任弗吉尼亚大学法学院教授 Brandon Garrett 主持的专题讲座，内容是美国错案的现状和 DNA 帮助洗冤的问题。听完他的介绍以后，我感到很震惊，怎么美国也会出现错罪呢？自从这次参会以后，我心中隐约感到有一种介绍美国错案给国内同行的责任感。

令人没想到的是，这在 2013 年变成了现实。大概在 2013 年 4 月，我经加拿大安大略理工大学曹立群教授的介绍，参加由皮艺军教授发起的《第六届高层犯罪学论坛》。思考再三，我决定撰写一篇有关全球错案的文章，于是就组织我带的本科生廉怡然同学收集美国西北大学错罪研究中心（Center on Wrongful Conviction）和 Forjustice 网站上的资料准备会议论文。资料完成后，我最终提交当年的会议论文《刺破精确定罪的理想面纱》，并于 2013 年 6 月在长江大学法学院举办的会议论坛上做了报告。这次报告完成后，多位犯罪学的同行问我，怎么美国的冤假错案这么多？我的回答是，"冤假错案在哪里都一样，美国也不例外，只是我们不知道而已"。当时国内对于冤假错案的研究还不是很深入，笔者深感这个问题的理论和实际意义。

2013 年 7 月，我收到西南财经大学法学院有关司法部法治理论课题的申请通知。于是，我和学生团队以《刺破精确定罪的理想面纱》论文初稿作为基础材料，向司法部提交了《预防与纠错：全球刑事错罪对中国司法的启示》的课题申请。毫无悬念，当年 11 月我就收到了司法部立项的通知，从此我与冤假错案也就结下了不解之缘。现在看来，我研究错案是偶然也有必然。大概从 2013 年 7 月起，笔者在廉怡然、杨文强等学生的协助下，最终完成了定稿《舒缓转型中国的错罪压力：从全球刑事无罪错案引发的思考(1900 - 2012)》。经过几轮辗转投稿，我最终于 2013 年 12 月收到《法制与社会发展》的用稿和修改通知，将标题修改为《全球刑事错罪实证研究(1900 - 2012)》后发表在该刊 2014 年第 2 期。在和编辑的交流中，荣幸地获知拙文是张文显教授亲自选定的，理由是"有关错案的文献和数据非常扎实"。张文显教授的肯定，进一步坚定了我走错案实证研究的路线，并最终完成了本课题。

错案及纠错

对于冤假错案，刑事司法长期羞于承认，但却又绕不开这个话题。法学家们通常认为，只要认真审查每一个证据，错案也就可以避免了。然而，这种想法无疑是异想天开，不管是否愿意承认，刑事错案存在于司法实践中，尤其是当下的中国。当然，也有一种绝对可以避免错案的方法，那就是刑事司法机关不抓捕任何一个人，即使他是犯罪人。自从有人类历史以来，我们就没有生活在犯罪的免疫空间里面，我们也没有生活在没有司法错误的社会里。事实上,如果没有犯罪人,刑事司法机关也就没有存在的必要。如果不抓捕犯罪嫌疑人,受害人的权利又如何得到救济?社会秩序如何能够得到维护?其恶果自然不言自明。因此,刑事司法必然要积极行动,必然要抓捕犯罪嫌疑人,必然要履行维护社会秩序的守护者功能。但是问题出来了,只要刑事司法机关积极拘留、逮捕犯罪嫌疑人,积极判处被告人有罪,就必然会出现错误。但这是否在说,冤假错案是最严重的错误,是捅破天,是丢尽司法机关颜面的错误呢?在回答这个问题之前,读者应该明白,司法错误在美国出现过,在欧洲出现过,在日本出现过,在中国也出现过。

那么,呼格吉勒图、聂树斌案这样的悲剧最核心的一环应归结于何处呢?答案肯定见仁见智,且不同阶段的错误也是不可否认的。很可能,亲爱的读者以及学者,一定会觉得公安机关抓人时犯了最严重的错误,也一定会认为人民检察院指控无辜者是不可原谅的。不,绝对不能简单地归结于公安机关抓错人,更不能将错误归因于人民检察院指控犯罪嫌疑人。否则,过于担心出错可能会出现没人去抓犯罪人、没有人去指控犯罪人的现象。如果真是这样,受害者身亡但不能追究犯罪者的刑事责任,受害者及其家属的权利如何救济?而这恰恰是公安机关应当履行的职责,尤其是在案件侦破初期,犯罪线索总是模棱两可,这种模糊性恰恰是走钢丝的高危行为。因为任何刑事司法活动都不可能保证绝对的正确,刑事追诉活动常常在非对即错的过程中艰难求得法律的正义。这正如不能将所有的食物中毒都归结于厨师一样,厨师本身也不可能识别出所有的潜在危害因素,但我们还依然需要厨师作出美味的饭菜。因此,刑事司法的每一次行动都可能是一个试错和排错行为,例如侦查活动的目的是排除无辜者和找到犯罪嫌疑人。在这个司法运作的过程中,把真正的犯罪嫌疑人排除,或者将无辜者作为犯罪嫌疑人纳入侦查视线的情况均有可能发生。因此,刑事司法不能因为可能或潜在的错误风险,就停止侦查活动,也不能因为可能的指控错误就不指控犯罪嫌疑人。原因很简单,(如果)“为了避免一个无罪的人不受处罚,(那么)没有人应当被惩罚"。①

既然我们不能指责公安机关和检察机关的侦查或指控,那么冤假错案的根源在哪里呢?根源在于,司法机关已经有充分的证据消除有罪和无罪的模糊性时,或者已经明确所抓捕和指控的犯罪嫌疑人是无辜者时,依然固执地将错就错,拒绝承认和纠正错误。具体表现为,公安机关明确发现抓错人时,或者发现所抓的人是无辜者时,不及时释放犯罪嫌疑人,甚至滥用侦查手段,包括但不限于刑讯逼供和隐藏证据、伪造证据。根源也在于,人民检察院发现所指控的犯罪嫌疑人是无辜者时,还依然坚持羁押,不能合理地运用非羁押等刑事诉讼措施释放犯罪嫌疑人。根源还在于,人民法院发现错误指控时,不能依法判处无辜者无罪,不能依法及时地更正有罪判决。

值得注意的是,我一直强调侦查或公诉机关在审前阶段要及时释放无辜者,哪怕是采取取保候审或监视居住措施也无妨,但笔者并没有否认继续侦查或指控。因此,在有罪和无罪的证据模棱两可时,依然需要人民法院的审判,这正是法庭审理的必要性所在。因为在法庭审理过程中,辩护人的充分介入,在控辩双方对事实和证据发表意见后,人民法院可以进行充分的判断。只有达到"事实清楚,证据确实、充分",人民法院才能作出有罪判决。如果现有的事实或证据不能证明当事人有罪,人民法院就应当依法作出无罪判决。因为,一旦有证据表明当事人无罪,那么有罪的事实就不可能清楚,证据就不可能做到确实和充分。这恰恰是排除合理怀疑,或事实清楚,证据确实、充分,这一否定定罪的机制动因所在。当然,英美国家今天仍没有完全遵循其定罪和证据裁判标准,这也是这些所谓的法治国家目前出现错案的根源所在。

当然,有人会认为,如果将是否构成犯罪全部交给人民法院去裁判,在当前的司法现状下人民法院所承担的责任可能过大。但这恰恰

① 原文为"*nobody ought to be punished, lest an innocent man be punished*". Jeremy Bentham, 1825. *A Treatise on Judicial Evidence*, London: 198.

是人民法院裁判的功能所在,司法环境或者司法水平的本身限制并不能成为否定人民法院依法裁判的理由。也有人会认为,在当前的环境下,人民法院可能在铁三角的诉讼协作机制下,倾向于支持公安或公诉人的证据,而忽略辩护律师提出的合理怀疑或无罪辩护事实。因此,在这种情况下,人民法院是否能客观公正地作出裁判不无疑问。事实上,在我们所调查的错案中,的确有人民法院或合议庭法官明知嫌疑人无罪,依然在有关机关的协调或其他干预机制下作出有罪裁判的情况。这说明合议庭裁判时的确存在或多或少的裁判偏见,这也是包庇或纵容侦查、指控错误的表现。然而,这种不健康的司法裁判文化,不能作为否定人民法院坚持依法裁判的理由,更不能成为拒绝改善司法的理由。

事实上,刑事司法中有且只能有一个裁判机关,那就是人民法院。但问题是,当前的刑事诉讼构架设置了多机关裁判和相互制约的混合体系,公安、检察院、人民法院貌似都有一个裁断权。也正是这种"三驾马车"并存的局面,造成每一个阶段缺乏实质性的有力监督。尽管在中国的刑事诉讼中,存在检察监督这一凌驾于侦、诉、审之上的超级司法权,但从过去的实践看来,这一超级权力仍受制于既当运动员又当裁判员的角色定位。这也是冤假错案发生以后,难以及时有效纠错的重要原因之一。将来,刑事司法的终极权力可以考虑交由人民法院这一中立的裁判机关来履行,每一个关乎公民基本权利的司法活动都由法院来决定。在此情况下,侦查机关的拘留、逮捕、取保、审查起诉活动都受制于独立于一般刑事审判的法官来决定。然而,这样的刑事诉讼设计需要法学家们深入研究,相关讨论已远远超越本书的范围,更不可能是一本书所能顺利解答之问题。也正因如此,我打算完成一系列的专著,本书只是最初的成果之一。

本书结构

我把本书命名为《预防与纠错:刑事司法的理念》,其核心想表达三个方面的内容。第一,笔者想通过展示全球刑事错罪的普遍现状,构建一个刑事司法不能也不可能避免错罪的客观现实。只有认识到错案发生的可能性,抛弃精确定罪的幻想,而不是刻意回避司法出错的现实情况,才有可能在现实情况下将无辜者的损害降低到最低限度。

第二,我打算在错误不可避免的客观前提下,寻找纠正错案和保护无辜者权益的最有效方式。例如,早日释放无辜者和纠正错误,但这绝不是在认罪前提下获得的辩诉交易。全球在应对刑事司法错误方面的一个最不乐观的局面是,纠正错案和改判无罪简直成了无辜者的奢望。我们在高度肯定法官及时改判无罪的优良作风时,依然要看到时隔二三十年,甚至一百年以后才出现的洗冤。因此,相较于期盼一个遥不可及的无罪裁判,在法律框架内释放无辜者无疑是一种更为可行的方案。即使穷尽一切手段也不能洗冤,而始终怀揣一个有罪身份,但只要能早日实现自由,而不至于枯死牢狱或疾病缠身,更不至于家破人亡。因此,冤假错案的核心减损举措是及时释放,恢复无辜者自由。这既可做到侦查真正的罪犯和保障人权,还可避免刑事司法的赔偿,这绝对是明智之举。

第三,我打算普及一个"错判并不可怕,甚至错放与错判一样具有危害性"的司法观念。道理很简单,当我意识到过多强调错判和无辜者风险时,有可能会使公检法机关消极应对真正的罪犯。因此,我们在关注错判的同时,还不能忽略错放,否则两者会相互转化。然而,要实现上述两个方面的目标,单靠学者们的一腔热血肯定难以实现。因此,我将全球公民对这个问题的看法做了清楚表达,本书清晰地展示了公民并不总是支持"错判比错放的危害更严重"这一观点。与此相反,相当多的人认为"错放比错判更加严重",这说明错放和错判都是不可否认,且后果相当的危害。也正因如此,人们逐渐开始担忧,犯罪嫌疑人被错放以后可能进行的连续犯罪侵害。这种理念至少可以缓解,在提到冤假错案时那种咬牙切齿般的仇恨。事实上,恰恰是对这种公众仇恨的担忧,才使公检法机关顽固地否认司法错误。因为,没有人愿意承认自己所犯的错误是最严重的错误,更何况这种错误将造成人神共愤、事业的彻底终止。因此,我们需要一个健康的司法理念,在包容刑事司法错误的同时,也给无辜者一个更加安定健康的纠错环境。

正是基于上述三方面的考虑,我和团队成员在过去 5 年时间里陆续完成了多篇学术或学位论文。基于本书主题,我在本书中安排了十章内容,各章节的写作过程及内容如下:

第一章算是本书的开篇之作,主要介绍全球的刑事错案情况。本章写作初期由我执笔,廉怡然协助收集外国的刑事错案资料,杨文强协助收集最高人民法院的报告。本章主要介绍刑事错案在全球和全美的普遍性,以及美国部分州较低的国家赔偿,甚至部分州居然没有错案的国家赔偿。与此同时,我们发现美国的冤假错案主要发生在暴力犯罪,这和中国的错案具有相似性。数据收集和写作过程是艰辛的,好在这两位学生都坚持完成了高质量的工作。他们于 2015 年从西南财经大学法学院毕业,廉怡然在对外经贸大学完成硕士学位后,在仲裁委谋职。遗憾的是,这两位同学没能坚持在刑事司法领域深造。我一直有培养错案研究人才的计划,直到今日还依然坚持这么做,相信不久的将来一定会有所改观。

第二章是我指导的硕士生胡瑶完成的硕士论文,修改后成为本书的第二章。胡瑶是我的研究生开门弟子,她按照我的设计和方案从 2013 年入学开始,花了将近两年时间收集了 316 位无辜者资料。她所完成的数据库质量很高,她在这份数据库的基础上完成了硕士论文。幸运的是,她的努力并没有白费,她的论文获得了当年度的西南财经大学优秀硕士论文。尽管这份数据库仍有不可否认的缺陷,我们在近几年里也陆续在完善,但这依然可以帮助读者认识中国的冤假错案状况。

第三章主要介绍中国刑事诉讼中的证据收集和羁押情况,这主要为后面的审前释放和监视居住等内容作铺垫。我们发现 86.5% 的证据在侦查阶段已经收集完成,公诉和审判阶段收集的只是法律文书等证据。因此,“一押到底”的诉讼机制并不利于有效保护潜在的无辜者,适当采取审前释放措施有利于降低对无辜者的损害。至少对于疑错案件,应当如此对待。这份研究起始于 2013 年左卫民教授安排的合作性任务,并得到了他的高足洪淩宵博士以及我的助教代亮亮同学的大力支持。在文章完成后,左教授高风亮节地支持我独立发表,这令笔者至今感激不尽。我依然记得约齐 6 位同学去某市法院收集资料的过程,尤其是代亮亮在接到任务后第一时间赶到法院。没有左为民教授的指导,没有学生们的无私付出,本章不可能顺利完成。

第四章主要讲无辜者的损失,这是我指导的本科生陈威同学完成的毕业论文。我们在毕业论文基础上,反复修改和淬炼后才成本章。本章在胡瑶的冤假错案数据基础上,重新根据媒体报道的资料分析错案对无辜者及其家人、企业造成的损失。阅读完本章以后我对刑事司法错误引发的家破人亡的悲剧痛心疾首。可以毫不夸张地说,没有人比我们更了解无辜者的不幸遭遇,但这些仅是成百上千件冤假错案的冰山一角。也正因如此,深刻了解刑事司法拒绝纠正错案的恶果后,才使我进一步认识到积极主动纠错是何等重要。

第五章主要讲错案引发的发回重审问题。本章的原始数据库也是在胡瑶完成的数据库的基础上,由学生王馨兰和陈强协助完善和补充相关资料,由我分析和执笔而完成的。理想状态下,我们期待一审法院定罪以后,二审法院会纠正错案。然而,只有 4. 82% 的错案会在二审法院直接改判无罪,剩下 95. 18% 的案件都不会轻易改判无罪。其中,58. 77% 的案件会发回重审,还有 36. 44% 的案件要么量刑改判,要么维持原判。最令人不可思议的是,在判决生效前平均长达 3 年的诉讼过程中,无辜者一直被羁押在看守所里。有什么理由让无辜者在平均 4 次审级的相互踢皮球中被长期羁押?难道刑事司法一定要让无辜者为自己的不幸埋单吗?难道没有既可以保障诉讼,又可以保障无辜者权利的变通方式吗?也正因为发现了这些现象,我坚持认为发回重审的案件可以根据《刑事诉讼法》的规定,至少可以对无辜者合理合法地适用本地监视居住。这至少可以缓解持续羁押所带来的恶害,当然,我反对用监视居住去实施变相羁押。

第六章主要阐述检察官客观义务和慎用批捕措施。本章的内容主要是在四川省人民检察院申诉检察处王昱处长的监督和鼓励下完成的,原稿完成后我们参加了最高人民检察院的征文活动,并获得了当年的一等奖。在本章中,我主要强调检察院作为诉讼监督和公诉人的双重角色,在既不影响诉讼又不损害无辜者前提之下,权宜之计是不予逮捕无辜者,或者在逮捕以后积极释放无辜者。甚至在有罪事实不清楚,或者无罪事实明确的情况下,可以考虑不起诉无辜者。经过近两年的思考,现在看来本章的建议有些过于理想化。然而,如果人民检察院能够做到不起诉无辜者,这是最好不过的。这不仅可以避免国家赔偿问题,而且还能够最彻底地保障无辜者权益。

第七章主要介绍全球公民对刑事司法错误的态度。这篇文章是我和 Elmhurst College 的 Richard G. Greenleaf 和 Loyola University Chicago 的 Jona Goldschmidt 合作完成的一篇出版在 *International Journal of Law, Crime, and Justice* 的文章,由我的学生柴佳荣负责翻译完成。本章主要以"Blackstone Ratio"(布莱克斯通错误比)所介绍的"宁可错放十个有罪者,也比错判一个无辜者好"为切入点,[①]检测是否现代社会中的公民还依然认为错判比错放更严重。按照我们的逻辑,如果公民不赞成"错判一个无辜者比错放一个有罪者更糟糕",那么肯定不赞成"错判一个无辜者比错放十个有罪者更糟糕"。在本章中,我们纠正了先前文献的一些错误研究方法,借助于多个国际调查项目,介绍了全球最近 30 年来的公民态度变化趋势。读者可以发现,支持错判的比例逐年下降,以至于错判和错放几乎出现势均力敌的局面。尤其令我们感到震惊的是,英国公民越来越支持错放比错判的危害更加严重。我的合作者 Jona Goldschmidt 教授甚至提出要降低证据标准,以应对不断出现的恐怖犯罪等活动。当然,这种提议也并非是我们首次提出,不仅现实中事实上已在这样做,而且先前的文

① William Blackstone, 1765. *Commentaries on the Laws of England*. Clarendon Press, Oxford.

献也有类似看法。

第八章主要介绍中国公民对刑事司法错误危害的态度。本章主要利用中国综合调查的情况,分析为什么超过一半的受访对象并不赞成“错判比错放更严重”。与此同时,我们考察了对错判和错放的危害态度是否影响到司法信任问题。结果显示,错放和错判的危害偏好都没有显著影响对司法公正的评价,且认为两者之间“无法选择”的人的司法信任感最强。本章基于中国公民的选择,提出危害相当性理论,否认错判比错放更严重。因此,本章进一步提出有效预防和减少错案的方法就是树立司法错误不可避免的正常司法理念,发现错误就应当积极纠正。否则,任何一个危害错误偏好必然影响到错判和错放之间的相互转化,从而反过来又在不同程度上影响积极纠错。本章是本书的核心,与第七章一起成为本书所推荐的核心理念。

第九章主要介绍我主办的一起无罪辩护案。之所以将 A 某无罪辩护案收录到本书中,其核心原因在于本案从始至终都缺少物证,涉嫌的罪名从寻衅滋事罪、聚众斗殴变更到故意伤害罪。在笔者看来,本案具有正当防卫和证据不足的诸多特征,甚至连“马蹄形”伤口的致伤武器与公安机关指控的钢管致伤均有出入。尽管本案办理过程中,我作为辩护人自始至终均做无罪辩护,而且 5 名辩护人中有 4 名都做的是无罪辩护,但是,法院最终以故意伤害罪判处 5 年有期徒刑。通过办理本案,使我对刑事司法实践中的相互踢皮球和发回重审虚置现象有了深刻的认识,也深入理解了无罪辩护律师在当事人和刑事司法上的心力交瘁。

第十章主要介绍我主办的一起因错放而反复申请检察机关和法院依法定罪案。这个案子因一个加油站的归属,双方穷尽一切手段围绕民事、行政、刑事诉讼展开诉讼博弈。甚至,犯罪嫌疑人多次上访,无数次到权力机关和司法机关提出在本案遭受了司法不公的待遇。尽管公安机关已经委托司法鉴定机构作出明确的犯罪事实鉴定,然而因各种原因最终没有对关键的挪用资金和职务侵占定罪,仅是对一笔 50 万元挪用资金款项定罪。在本案的办理过程中恰逢公司法修改,我从每一个细节入手层层分析，把相关的案件事实梳理出来。作为一名学者和刑辩律师，我无意就本案裁判作出评价，相信读者和同仁自有明确判断。本案直接引发我思考“错放是否一定比错判危害更轻”这一问题，并在此基础上最终形成了本书第七章和第八章。事实上，参与司法实践的确有助于提高学术研究水平。本案进一步促使我思考错判和错放之间的关系，并逐渐从宏观上思考中国刑事错案产生的理念问题。

事实上，我还对司法错误和错案、事实不清的定义，死刑错案及其裁判问题，以及刑事司法的现状评估有些思考。在编排过程中，笔者逐步感觉到如果将这些内容收入到本书，会使主题过于繁杂。因此，思考再三后，笔者准备将来采取专题形式逐一完成书稿出版，敬请读者关注本系列问题的相关研究。也正因如此，我将本书设为“熊谋林刑事司法错误研究系列之(一)”。刑事司法错误，或者直白一点可以称为冤假错案，并非不可研究的内容。所有的司法问题，在一定程度上都需要研究，否则刑事司法还会难以寻找方向，中国的刑事司法进步更无从谈起。中国的司法改革从来没有停止过，我真诚希望本书能够为司法改革贡献一份力量。然而，中国的刑事司法错误研究才刚刚起步，还有海量问题没有展开深入研究，这份学术探索工作还任重而道远。这是我出版的第一本拙著，各种缺陷自然不少，真诚感谢读者能够关注文章的有益发现，并原谅因写作水平所限而产生的诸多遗漏。

熊谋林

2018 年 11 月 10 日

柳林校区

第一章 全球刑事错案考察*

转型时期，中国最近20年的无罪判决率已下降至0.26%，高达99.74%的有罪判决率中可能隐藏大量的无罪案件。本章利用两大数据库(Forejustice和Center on Wrongful Conviction)公布的5157个错罪案例，说明刑事无罪错案在全球的普遍性。从收集到的各国数据来看，英美国家似乎更多。本章指出，法治进步并没有彻底阻止错罪发生，全球近30年的无罪错案呈上升趋势；美国错罪受害人平均被监禁11.58年，错罪主要集中在杀人和性犯罪。尽管有天价赔偿的少数案例，然而英美国家大量错罪赔偿无法律支持，美国97.1%的错罪受害者没有获得赔偿。中国1994年已出台《国家赔偿法》，并制定了明确的赔偿标准。面对全球刑事错罪的普遍性，中国应勇于面对刑事错案，积极赔偿错罪受害人的损失。

---

* 本章部分内容发表于《法制与社会发展》2014年第1期。

引　言

如果司法不能准确定罪,那么无罪者被冤枉的现实将使国民处于不安的社会生活中,因为每一个人都有可能被冤枉。① 然而,精确定罪只是立法者的理想,错误定罪是刑事司法难以避免的现象。② 中国刑事法学者对关于刑事错罪问题的研究基本持批评态度,这也就决定了中国学术界对错误定罪问题认识比较片面。新近几年陆续出现的错误定罪案例,甚至将中国刑事司法形象建设的努力毁于一旦。③ 一时间,刑讯逼供、口供、司法渎职、定罪率等一系列问题,使司法成为"冤枉好人"的代名词。④ 由于缺乏可信的比较对象,这也就决定了舆论界对蒙冤10年的110万元国家赔偿款,提出"'张氏叔侄案'国家赔偿三问"。在此背景下,如何认识中国的国家赔偿,标准是高还是低等问题,当然是欲知却不能作答。⑤

在评价中国的刑事司法定罪和错罪问题上,中国舆论和理论界常以西方国家严格的证据标准和定罪条件为参照镜子,提出中国应采取

---

① C. Ronald Huff,2004. Wrongful Conviction: The American Experience, *Canadian Journal of Criminology and Criminal Justice*,46(2):107.

② See Hannah Quirk,2007. Identifying Miscarriages of Justice: Why Innocence in the UK is Not the Answer, *The Modern Law Review*,70(5):759 ; Xiaofeng Wu,2011. An Analysis of Wrongful Conviction in China, *Oklahoma City University Law Review*, 36(2): 451.

③ 参见李建明:《刑事错案预防的宏观对策研究》,载《人民检察》2006年第9期,第5页。

④ 参见何家弘:《刑事错案证明标准的名案解析》,载《中国法学》2012年第1期,第159页;冀祥德:《民愤的正读——杜培武、佘祥林等错案的司法性反思》,载《现代法学》2006年第1期,第153页。

⑤ 参见徐隽:《"张氏叔侄案"国家赔偿三问(新视野)》,载人民网:2013年5月29日,http://legal.people.com.cn/n/2013/0529/c42510-21650920.html,2013年6月17日访问。

各种措施彻底避免错案。[①] 对于已经出现的刑事错案的纠错力度，学者也在质疑为何如此效率低下。[②] 这一系列的批评和质疑，固然有一定道理。然而，多年来中国对西方国家刑事司法程序有一种神化的倾向，并且总会时不时地给人们留下一个"美好"的印象，似乎只有中国才会发生这一系列冤假错案。那么，如何认识中国的刑事错案呢？本章试图揭开全球的刑事错罪之谜，并就国家赔偿问题进行国际比较，从而希望能对中国刑事法学界和政策制定者客观认识刑事错案提供素材。

本章的结构安排如下：第一节为文献考察，主要介绍国内学者对全球刑事错罪的研究情况。第二节，利用全球两大刑事错案数据库，主要介绍最近100年来102个国家刑事错案的基本情况。第三节，主要介绍全球近100年来刑事错案的时间序列趋势以及变化情况。第四节，主要介绍美国的刑事错案种类及其刑事处罚措施。第五节，介绍英美国的刑事错案赔偿及其处理情况，指出英美国家对刑事错罪受害人拒绝赔偿引发的司法不公。最后为结语，根据最高人民法院报告中的无罪和定罪案件比例，提出中国的无罪案件在真实司法实践中可能大量存在。全文以中国和英美国家作对比，引出中国已经在立法上明确赔偿标准，更应当勇于面对刑事错案。

第一节　文献考察

中国学者在刑事错案领域的研究成果非常丰富，对刑事诉讼的各种层面都进行了深入研究。何家弘教授主编的《刑事错案实证研究丛书》，目前出版了《刑事错案的原因和对策》《刑事错案的七种证据》。两本书籍作为其理论和实证研究成果，在证据和错案原因上进

① 参见王晓霞：《刑事错案认定标准的反思与重构》，载《人民检察》2006年第22期，第37页；龙宗智、何家弘：《刑事证明标准纵横谈》，载《证据学论坛》2002年第1期，第143页；王晋、刘志远：《关于刑事错案判定与反思——以检察环节为视角》，载《法学杂志》2007年第6期，第76页。

② 参见贺卫方：《冤案责任追究：谁追究，追究谁？》，载《南方周末》2010年5月13日。

行了深入分析。[1] 还有多本专著探讨了中国刑事司法实践中的刑事错案案例及其产生的原因。[2]

在学术论文上,研究成果更是丰厚。在对错案形成的证据问题探讨上,有关研究对司法证明仅能达到法律真实,而不能成为客观真实的证明标准问题作出了分析,[3]因此提出,当前刑事错案的最主要原因是证据采信问题。[4] 在错案原因方面,有关研究从历史、社会、司法素质与环境、证据规则等多方面探究了刑事错案的原因。[5] 在刑事赔偿方面,研究从刑事、党纪、经济赔偿等多角度就如何追究刑事错案责任制度进行了探讨。[6] 在判定错罪的标准方面,有关研究指出了目前中国刑事错案判定的不足,并提出从案件性质、类别、认定程序上重新建构科学的错案标准问题。[7] 在错案预防方面,有关研究从提高司法人员素质、完善法律、诉讼与证据机制等角度提出多种

---

① 参见张丽云著:《刑事错案的七种证据》,中国法制出版社2009年版。

② 参见陈波、陈正云著:《刑事错案探究与判解》,工商出版社1999年版;周其华著:《刑事错案评析》,中国检察出版社2004年版;王佳著:《追寻正义:法治视野下的刑事错案》,中国人民公安大学出版社2011年版;王乐龙著:《刑事错案:症结与对策》,中国人民公安大学出版社2011年版。

③ 参见龙宗智、何家弘:《刑事证明标准纵横谈》,载《证据学论坛》2002年第1期,第143页;何家弘:《刑事错判证明标准的名案解析》,载《中国法学》2012年第1期,第159页;吴行政:《英美证据法上的刑事证明标准探析》,载《政法论丛》1999年第4期,第79页。

④ 参见何家弘、何然:《刑事错案中的证据问题——实证研究与经济分析》,载《政法论坛》2008年第2期,第3页。

⑤ 张军:《略论刑事错案的原因》,载《法学论坛》2005年第8期,第66页;刘志伟:《检察环节刑事错案现象的成因与分析》,载《人民检察》2006年第18期,第13页;郭欣阳:《暴力犯罪刑事错案中的证据问题》,载《法学杂志》2010年第4期,第132页;万伟岭:《刑事错案原因探析》,载《中国检察官》2012年第1期,第73页。

⑥ 参见龚举文、陈运生:《论刑事错案责任追究制度》,载《法商研究》1996年第2期,第94页。

⑦ 参见王晋、刘志远:《关于刑事错案判定与反思——以检察环节为视角》,载《法学杂志》2007年第6期,第76页;龚佳禾:《"刑事错案的认定标准"研究》,载《中国刑事法杂志》2007年第5期,第84页;王晓霞:《刑事错案认定标准的反思与重构》,载《人民检察》2006年第22期,第37页。

预防政策。①

尽管研究成果丰富，然而，中国学者至今未能回答如下问题：全球各国的刑事错案及监禁状况究竟如何？各国怎样处理这些刑事错案？当然，一个国家到底发生多少刑事错案，由于涉及错案黑数问题，精确解答这个问题自然不可能。② 中国学者已认识到这方面的问题，并且努力通过错案的不可避免性，重塑中国刑事司法的良好形象。

最高人民法院沈德咏法官 2013 年 5 月指出，百分之百杜绝冤假错案是不可能实现的，并指出冤假错案在西方世界同样存在。③各种研究也一致指出，古今中外，刑事错案是一个无处不在的现象。④诉讼法专家何家弘先生更是形象地指出，冤假错案总是古今中外刑事司法领域中难以驱散的幽灵，⑤错判的发生具有普遍性和蛰伏性。⑥ 冀祥德和董坤也指出，因刑事司法运作的失误致使无罪的人

① 参见李建明：《刑事错案预防的宏观对策研究》，载《人民检察》2006 年第 18 期，第 5 页；秦学俭：《检察人员的证据意识与刑事错案的预防》，载《中国检察官》2010 年第 14 期，第 64 页；吴健雄：《检察官客观义务的错案预防机制》，载《法学评论》2011 年第 1 期，第 121 页；邹绯箭：《现行刑事错案控制机制的经济学分析》，载《中国刑事法杂志》2011 年第 5 期，第 81 页；杨宇冠、赵珊珊：《刑事错案的预防与补救》，载《甘肃社会科学》2010 年第 5 期，第 131 页；董坤：《英国刑事错案防治研究——兼论对我国的借鉴和启示》，载《中国刑事法杂志》2010 年 8 期，第 115 页；何家弘、何然：《刑事错案中的证据问题——实证研究与经济分析》，载《政法论坛》2008 年第 2 期，第 3 页。

② 参见［美］C. 罗纳德·赫夫、阿依莱·特纳、爱德华·萨格因：《无辜者被定罪——错误的有罪判决和公共政策》，载《清华法治论衡》2007 年第 1 期，第 332 页。

③ 参见沈德咏：《我们应当如何防范冤假错案》，载《人民法院报》2013 年 5 月 16 日。

④ 参见宋远升：《刑事错案比较研究》，载《犯罪研究》2008 年第 1 期，第 73 页；王乐龙著：《刑事错案：症结与对策》，中国人民公安大学出版社 2011 年版；杨建军：《刑事错案刍议》，载《中国检察官》2011 年第 15 期，第 7 页。

⑤ 参见何家弘：《刑事错案中的证据问题——实证研究与经济分析》，载《政法论坛》2008 年第 2 期，第 2 页。

⑥ 参见何家弘：《刑事错案证明标准的名案解析》，载《中国法学》2012 年第 1 期，第 159 页。

被错误追究刑事责任,是任何一种刑事司法制度和诉讼模式都难避免的问题。①

不过,从目前的刑事错案屡屡出现的现实情况来看,如果没有详实的研究数据证明,这些研究难免成为为刑事错罪做辩护的嫌疑。例如,王乐龙的表述既有如此味道,他明确指出"不仅我国会产生刑事错案,在法治十分发达、监督制约机制比较完备的英、美等国,同样也存在错判的陈年冤案"。② 真实情况是否如此?英、美等国的刑事错案是否普遍存在?对这个问题的梳理,不仅可以准确把握刑事错案在发达国家的发生情况,若能将视角拓宽,还能发现刑事错案在全球其他国家的情况。

当然,中国学者已经注意到这个问题。为了论证刑事错案在各国的真实存在,学者们的研究对西方世界的刑事错案进行了介绍。何家弘介绍,美国每年错判的人数大约在5000~10,000人之间,被错判监禁的人在2000~4000人之间。③ 王乐龙指出,美国1989年以来的15年间错案的比例急剧上升,从20世纪90年代初每年的12件,到2000年以后平均每年上升到43件。④ 甄贞等翻译格罗斯的著作指出,美国1989年以来,被发现的错案总共328起,其中145人通过DNA技术得以洗刷罪名,183人是通过其他证据得以解脱。⑤ 宋远升也指出,美国在1973~1995年间,一审法院作出的死刑裁判有68%在后来的

① 参见冀祥德:《民愤的正读——杜培武、佘祥林等错案的司法性反思》,载《现代法学》2006年第1期,第153页;董坤:《英国刑事错案防治研究——兼论对我国的借鉴和启示》,载《中国刑事法杂志》2010年第8期,第115页。

② 王乐龙著:《刑事错案:症结与对策》,中国人民公安大学出版社2011年版,第3页。

③ 何家弘:《刑事错案证明标准的名案分析》,载《中国法学》2012年第1期。

④ 王乐龙著:《刑事错案:症结与对策》,中国人民公安大学出版社2011年版,第3页。

⑤ 参见甄贞、孟军、孙瑜等编译:《法律能还你清白吗?——美国刑事司法实证研究》,法律出版社2006年版。

程序中被推翻。① 常秀丽、刘品新的研究指出，英国 1988～1999 年期间，被上诉法院刑庭所撤销的案件平均每年达 770 例，11 年共计 8470 例。这些研究为中国学者提供了有力信息，进一步证明了刑事错案不因国别和法治发达程度而异。②

仅有空洞的数据，并不能为刑事无罪错案的真实性进行论证。为继续印证刑事错罪的普遍性，中国学者对外国刑事错案的案例进行了介绍。沈德咏法官指出，日本 1992 年被判处终身监禁的菅家利在 2009 年真凶出现后被改判无罪，美国 1989 年“中央公园慢跑者”强奸案凶犯于 2002 年被判处无罪，澳大利亚 1981 年的“暗夜哭声案”杀人犯琳蒂在监禁 31 年后于 2012 年被改判无罪。③ 在最新的成果中，学者还对自 20 世纪 80 年代以来，英国著名的 Birmingham Six、Guildford Four、Maguire Seven 案，以及日本媒体广泛炒作的 4 大冤案进行了介绍。④ 宋远升对法国 1796～1952 年以来的里昂信使等 8 个案件做了介绍，并对美国的 Burrow 等 17 例案件与中国的 17 例案件类型及原因进行了对比分析，并提出建立控制错案的司法令状制度和提高 DNA 分析技术等建议。⑤ 表 1－1 所反映的是中国学者刑事错案的介绍，从表 1－1 可发现中国学者目前所掌握的刑事错案案例并不多，这难以形成各国刑事错案的全貌。

① 参见宋远升：《刑事错案研究》，载《犯罪研究》2008 年第 1 期，第 73 页。

② 参见宋远升：《刑事错案研究》，载《犯罪研究》2008 年第 1 期，第 73 页；王乐龙著：《刑事错案：症结与对策》，中国人民公安大学出版社 2011 年版；冀祥德：《民愤的正读——杜培武、佘祥林等错案的司法性反思》，载《现代法学》2006 年第 1 期；何家弘：《刑事错案中的证据问题——实证研究与经济分析》，载《政法论坛》2008 年第 2 期；沈德咏：《我们应当如何防范冤假错案》，载《人民法院报》2013 年 5 月 16 日。

③ 沈德咏：《我们应当如何防范冤假错案》，载《人民法院报》2013 年 5 月 16 日。

④ 王乐龙著：《刑事错案：症结与对策》，中国人民公安大学出版社 2011 年版，第 3 页。

⑤ 参见宋远升：《刑事错案比较研究》，载《犯罪研究》2008 年第 1 期。

表 1-1　海外刑事错案研究主要案例中文文献收集列表①

法　国	美　国								英　国
无罪者	年份	无罪者②	年份	无罪者	年份	无罪者	年份	无罪者	无罪者
普莱纳	1948	Burrows	1992	Jones	1993	范·布洛		乔安妮·利特尔	Beck
多米尼西	1952	Cobb	1983	Manning	1998	鲍威尔	1932	安吉拉·戴维斯	Evans
帕斯居阿尔	1945	Cruz	1994	Orange	1988	马普	1961	戈尔登	Bentley
德莱福斯	1894	Hernandez	1988	Patterson	1992	吉迪恩	1963	阿杰新格	Ellis
拉菲特	1945	Hobley	1994	Porter	1986	米兰达	1966	卡特	Confait
拉隆希尔	1834	Howard	1991	Smith	1990	霍华德	1982	伊文斯	Guildford
杜阿兹	1945	Jimerson	1989	Stweidl	1991	杰克逊		罗伯特·丹尼尔斯	Maguire
里昂信使	1796	Lawson	1994	Tlith	1983	威廉		乔治·怀特摩尔	Biemingham
				Willanms	1982	杰弗里		威廉·琼斯	Ward
						埃斯科博多		赖斯·弗雷德	
						斯科茨伯勒		哈里·西格尔	

注:①何家弘教授介绍了美国和英国 11 个刑事错案,以及德国一例刑事无罪案(何家弘,2012);
②仅为伊利诺伊州。

资料来源:宋远升,2008;李春、王敏娜,2007;刘品新,2007,2009。

通过对中国学者对刑事错案的研究,我们发现中国学者虽然指出刑事错案是全球的普遍现象。然而,截止到本章完稿时,没发现对全球开展实证研究的成果予以出版。因此,这个命题是否成立,还需要进一步的研究予以检验。我们认为,如果证明这个命题成立,在理论和司法认知上可以实现如下三个目标。第一,观察全球刑事错案的真实发生情况,回答刑事错案是否可以和可能杜绝的问题。第二,为评价中国司法实践的刑事错案提供观察的镜子,从而进一步认识刑事错案在刑事司法活动中的不可避免性。第三,建构正确的刑事司法观,消除精确定罪的幻想和杜绝刑事错案的理想化极端,形成定罪和纠错的自然客观态度。

第二节　全球刑事错案的宏观考察

博查德从1913年开始系统性研究无罪错案,然而,刑事无罪的国际化背景研究起步较晚。① 以致美国犯罪学会前主席胡富及克里斯遗憾地提出,系统化的研究还仍然没有展开,因此,组织了美国、英国、加拿大、瑞士、法国、德国、波兰、荷兰、以色列等国家的犯罪学专家出版了专著《错误定罪:国际视野下的司法失策》。② 在这本专著中,胡富等重申了各国严重的刑事无罪错案问题,以及对大陆法系国家基于客观真实(瑞士)和究问系统(荷兰)所出现的诉讼、侦查技术不足等证据问题引发的错案进行了分析。③ 不过,即便如此,学术仍然难以对刑事错案进行检测,并形成有效的司法预防机制。格罗斯和欧本里

---

① See Jon B. Gould and Richard A. Leo, 2010. Justice in Action One Hundred Years Later: Wrongful Convictions After a Century of Research, *The Journal of Criminal Law & Criminology*, 100(3):825; Edwin M. Borchard, 1913. European Systems of State Indemnity for Errors of Criminal Justice, *Journal of the American Institute of Criminal Law and Criminology*, 3(5):684.

② See C. Ronald Huff, 2008. *Wrongful Convictions: International Perspectives on Miscarriages of Justice.* Philadephia: Temple University Press:5–7.

③ C. Ronald Huff, 2008. *Wrongful Convictions: International Perspectives on Miscarriages of Justice*, Philadephia: Temple University Press:8–11.

恩的研究指出了这个问题的核心,理想状态下,如果能够知悉所有的刑事错罪案件,那么无辜者将被昭雪。遗憾的是,并没有精确的资料发现和检测有多少刑事无罪错案。① 在分析刑事错案缺乏资料的原因时,罗赫指出,刑事错罪案件的判定是极其困难,这与错误定罪的定义难以界定,以及各级官方并不愿意承认错罪案件有关,最重要的是缺乏可信的途径去检测错误案件的数量。②

值得注意的是,尽管研究错罪的努力非常有限,但这并没有阻止各国刑事法专家对刑事错案问题展开深入的研究。社会学科显然难以达到火箭科学的精确度,但一个逐步的长期努力,可以为破解这个难题做出些许努力。

一、文献中的无罪错案

早在20世纪70年代,英国犯罪学家布兰德和戴维斯对20世纪50年代至20世纪70年代刑事案件的研究就发现,至少70个无罪案件被英国上诉法院推翻定罪或者恩赦。③ 最近的研究中,霍然和格雷芬的研究指出,英国刑事案例评估委员会(Criminal Case Review Commission)从1997年到2000年,已经为所评论的2381个案件中的38%改判无罪(quashed conviction)。④ 英国每日电讯报的最新报道显示,最近几年英国有

---

① See Samuel R. Gross and Barbara O'Brien,2008. Frequency and Predictors of False Convictions: Why We Know So Little, and New Data on Capital Cases, *Journal of Empirical Legal Studies*,5(4):927.

② See Kent Roach and Trotter Gary,2005. Miscarriages of Justice in the War Against Terror. *Penn State Law Review*,109(4):967; Kent Roach,2012. Wrongful Conviction in Canada. *University of Cincinnati Law Review*,80(4): 1465.

③ See Brandon Ruth,1973. *Wrongful Imprisonment: Mistaken Convictions and Their Consequences*. London: George Allen & Unwin:285.

④ See Horan David,2000. The Innocence Commission: An Independent Review Board for Wrongful Convictions,*Northern Illinois University Law Review*,20:91; Lissa Griffin,2001. The Correction of Wrongful Convictions: A Comparative Perspective. *American University International Law Review*,16(5):1241.

150,000个包括刑事无罪错案的人申请将DNA登记在警察数据库里。①

就美国而言,研究刑事错罪的案例仍然相当活跃。哥伦比亚大学李伯曼的研究团队对全美1973~1995年的4578个死刑上诉案例进行了统计,他们发现有7%的犯罪人属于严重错误引发的无罪。② 林思格通过对1982~1989年的强奸和杀人死刑案件进行分析,并利用DNA技术分析后发现,至少有3.3%的人属于无罪,在此基础上,他预测真实比例会达到5%。③ 沙米赛、弗兰克、扎拉曼等的研究也估计错罪维持在3%~5%。④ 格罗斯和欧本里恩指出,美国从1973年以来,大约有2.3%的死刑被告人被错误定罪,这些人本应当是无罪的。⑤ 在更进一步对无罪问题的研究中,伽斯特维斯等的研究更是发现美国刑事定罪的错罪率高达10%。⑥ 不过,胡富的研究略微保守,他估计

---

① See Martin Beckford, June 5, 2012. DNA of Thousands of Innocent People Still Being Collected by Police, The Telegraph: http://www.telegraph.co.uk/news/uknews/law-and-order/9310728/DNA-of-thousands-of-innocent-peop--le-still-being-collected-by-police.html,2013年6月11日访问。

② See James S. Liebman, Jeffrey Fagan and Valerie West, 2000. A Broken System: Error Rates in Capital Cases, 1973~1995, *Columbia Law School, Public Law & Legal Theory Working Paper Group Paper, Number* 15.

③ See Michael D. Risinger, 2007. Innocents Convicted: An Empirically Justified Factual Wrongful Conviction Rate. *Journal of Criminal Law and Criminology*, 97(3): 761.

④ See Robert J. Ramsey and Frank James, 2007. Wrongful Conviction: Perceptions of Criminal Justice Professionals Regarding the Frequency of Wrongful Conviction and the Extent of System Error. *Crime and Delinquency*, 53(3): 436; Marvin Zalman, Brad Smith and Angie Kiger, 2008. Officials' Estimates of the Incidence of "Actual Innocence" Convictions. *Justice Quarterly*, 25(1): 72.

⑤ See Samuel R. Gross and Barbara O'Brien, 2008. *Frequency and Predictors of False Convictions: Why We Know So Little, and New Data on Capital Cases. Journal of Empirical Legal Studies*, 5(4): 927.

⑥ See Joseph L. Gastwirth and Michael D. Sinclair, 1998. Diagnostic Test Methodology in the Design and Analysis of Judge-Jury Agreement Studies, *Jurimetrics*, 39(1): 59; Bruce D. Spencer, 2007. Estimating the Accuracy of Jury Verdicts, *Journal of Empirical Legal Studies*, 4(2): 305; Daniel Givelber, 1997. Meaningless Acquittals, Meaningful Convictions: Do We Reliably Acquit The Innocent? *Rutgers Law Review*, 49(4): 1317.

美国的罪犯中至少有0.5%的人被错误定罪,每年被错误定罪的人达到10,000人。①

错罪对于加拿大这个一向以司法公正标榜的国度而言,也不是什么稀奇古怪的事。肯特的研究指出,在过去的20年里,加拿大有将近40~75个刑事无罪错案被改判无罪。但这只是那些错误定罪者中的冰山一角,因此,肯特预测每年大概有4500个错罪。② 坎佩尔的研究指出,在2002~2006年间,加拿大有114个罪犯向司法部申请定罪审查,在22个完成调查的申请中,已经有7个无罪和4个重新审理或上诉的案例。③ 如此看来,刑事错罪问题至少在英美法系是非常普遍的。

就大陆法系来看,刑事错案同样难以避免。例如,付酷赛和库洛沙瓦的研究指出,随着日本公诉和警察系统采取更长的拘押措施,已经引发大量无罪的人做有罪供述,并导致了日本最近几年的刑事错罪率上升。④ 福特的研究用1975年以来的死刑无罪错案指出,日本陪审团审理的刑事无罪率达15.4%,并且1.3%~3.7%的法官开庭审理的案件被判处无罪。⑤ 最新的数据统计显示,日本从1912年到2012年,已经有150个人做无罪上诉,或者因被错误逮捕,或错误定罪的刑事案例。即使在最近10年,日本同样发生了如尾

① See C. Ronald Huff, 2004. Wrongful Conviction: The American Experience. *Canadian Journal of Criminology and Criminal Justice*,46(2):107.

② See Kent Roach, 2012. Wrongful Conviction in Canada. *University of Cincinnati Law Review*,80(4):1465.

③ See Kathryn M. Campbell, 2008. The Fallibility of Justice in Canada: A Critical Examination of Conviction Review, *in* C. Ronald Huff and Killias Martian (eds.). *Wrong Conviction: International Perspective on Miscarriage of Justice*. Philadephia: Temple University Press.

④ See Fukurai Hiroshi and Kaonu Kourosawa, 2010. Impact of the Popular Legal Participation on Forced Confessions and Wrongful Convictions in Japan's Bureaucratic Courtroom: A Cross-National Analysis in the U.S. and Japan. *US-China Law Review*,7(1):1.

⑤ See Daniel H. Foote, 1992. From Japan's Death Row to Freedom. *Pacific Rim Law & Policy Journal*,1(1):11.

池治因纵火罪在2011年被判无罪,苏玛瑞因毒品走私在2011年被改判无罪、阿特苏克因犯伪造公文罪于2009年最终被判无罪的错案监禁案例。① 在亚洲其他国家,莱特的研究也指出,以色列已出现大量针对恐怖犯罪活动的刑事错案。② 即使在法国、德国等国家,各种刑事无罪错案也是屡屡出现。例如,法国上诉法庭2005年推翻了2000年对6位恋童癖的有罪判决,这是法国历史上最有名的刑事错案。

上述文献展示,已经有理由肯定各国刑事错案的普遍性。不过,这种普遍性还多少有点模糊,由于所介绍的国家有限,且数据之间无法比较。因此,接下来将对各国刑事无罪错案进行系统的介绍。

二、数据库中的全球错案

研究之初,我们试图对各国公布的官方数据进行收集。然而,这些努力变得徒劳,没有发现一个官方网站对该国的所有刑事无罪错案进行系统的统计。所以,本部分的研究数据,首先借助谢雷尔创办的"预防公正"(Forejustice)数据库网站。为了印证该数据库的准确性,我们再次借助于美国西北大学错误定罪中心(The Center on Wrongful Conviction,CWC)对全美公开报道的刑事错罪案件进行列表,并按照案件的性质、犯罪种类、错误监禁、赔偿等重新列表完成数据库的分析构建。接下来,我们将分别对这两个数据库的分析情况进行介绍。

(一)Forejustice 数据库:全球102个国家和地区

Forejustice 通过大量志愿者对各国公开报告的刑事错罪进行统

---

① See JIADEP (Japan Innocence & Death Penalty Research Center): Wrongful Arrests and Convictions (1912 - Presents), http://www. jiadep. org/List_WA-C_files/page70_1. html,2013年6月11日访问。

② See Matthew Light, 2009. Wrongful Conviction: International Perspectives on Miscarriages of Justice. *Law and Politics Book Reviews*,19(4):243 - 246.

计,建立了一个全球102个国家和地区的3650个因刑事错案被无罪监禁的人的数据库。这些错罪是指,先前被定罪,后来司法判决改判无罪的案例。在这些案例中,已有573人被错误地判处死刑,728人被判处无期徒刑,有1486个被判杀人罪的人被监禁平均超过9年,525人被定强奸罪的人被监禁平均达10年以上,161人在死后被法庭改判无罪或恩赦。① 基于本章主要研究各国刑事错罪的基本情况,我们下载了该数据库中每一个无罪受害者及被定罪的年份,并按照国家(或地区)编码组合成新的国家和年份系列数据库,并重新利用统计软件stata进行分析。②

刑事错案在全球许多国家均有发生,无论其司法水平发展程度如何。以日本和德国为代表的大陆法系国家,刑事错罪情况远低于英美法系国家。这可能源自语言的畅通问题,但也有可能英美法系国家的确更多。Forejustice数据库显示,一向以司法水平较高和人权保障为司法公正口号的英美国家刑事错案尤为突出。这是非常有趣的发现,美国1901年后共计2112人被错误定罪,英国有503人,澳大利亚有108人被错误定罪(见表1-2)。即使在新近30年,美国1981年后每年有40.6人被错误定罪,英国1981年后每年有8.8人被错误定罪。对于大陆法系国家来讲,诸如德国、日本、法国等的严格刑事审判程序也没能成功预防错误定罪。与大陆法系和英美法系的无罪错案相比,Forejustice数据库中所介绍的中国刑事错案只有10例,这可能与信息获取途径有关。但从我们对排名前30的国家或地区来看,错罪黑数并不影响刑事错罪本身的发生具有普遍性。③

① 该数据库中最早的刑事错案年份为1431年,考虑到数据的连续性,本章仅选择对1900年以后的3470个刑事错案进行分析,排除180个之前的刑事错罪(其中包含年份不明确的刑事定罪)。参见:http://forejustice.org/search_idb.htm.

② 原始数据请参见 For justice: Wrongly Convicted Database Index, http://forejustice.org/db/location/innocents_l.html.

③ 沈德咏:《我们应当如何防范冤假错案》,载《人民法院报》2013年5月16日;何家弘:《刑事错判证明标准的名案解析》,载《中国法学》2012年第1期。

表1-2　部分国家和地区刑事错罪人数排名前30位国家(地区)列表

单位:人

国家(地区)	错罪	年　度	国家(地区)	错罪	年　度	国家(地区)	错罪	年　度
美　国	2112	1901~2012	肯尼亚	19	1983~2009	意大利	12	1935~2010
英　国	523	1903~2012	爱尔兰	19	1972~2005	以色列	12	1948~2005
澳大利亚	108	1922~2011	印　度	19	1989~2011	斐　济	12	2005~2011
加拿大	77	1959~2011	安哥拉	18	2011	巴　林	12	2006~2011
新西兰	38	1916~2008	西班牙	17	1998~2007	津巴布韦	11	1992~2010
德　国	37	1970~2009	法　国	17	1948~2010	挪　威	11	1970~1998
南　非	26	1928~2007	坦桑尼亚	16	1985~2008	西印度群岛	10	2004~2008
牙买加	22	1922~2011	中国香港	16	2006~2011	巴基斯坦	10	1992~2010
日　本	21	1998~2010	希　腊	14	2003~2010	中　国	10	1994~2011
马来西亚	19	1924~2011	韩　国	12	1961~1983	塞内加尔	9	2009

资料来源:Forejustice。

(二)西北大学错误定罪中心(CWC):美国错罪

Forejustice数据库中的数据显示,全美有2112个刑事错罪,平均每年超过40人被错误定罪。这似乎难以置信,毕竟美国一贯以严谨和科学公正的刑事诉讼程序著称。为了印证Forejustice数据库的准确性,我们继续借助美国西北大学错误定罪中心的数据分析,对全美51个州每年公开报道的刑事错罪案例进行统计。为便于后文的统计分析,我们分别对错误定罪、改判无罪的年份,涉嫌案件种类、监禁期限、赔偿金额等分别作出统计。

错误定罪中心将错误定罪描述为"被告先被定罪,后来恢复到法律无罪地位,由于没有在被告的审判过程提出证据证明有罪的任何案例"。① 根据该网站的列表,我们对1507个被错误定罪的受害

① Center on Wrongful Conviction: *Meet the Exonerated: Criteria for Cases Listed as Exonerations on Our Site*, http://www.law.northwestern.edu/legalclinic/wrongfulconvictions/exonerations/,2013年5月12日访问。

人进行了统计。[1] 数据显示,美国1900年以来,临靠大西洋的东部、南部地区,以及太平洋沿岸的加利福尼亚州等13个州的刑事定罪数量都在36人以上,排名前四的分别是加利福尼亚州(161人)、纽约州(155人)、伊利诺伊州(150人)、得克萨斯州(139人)。由此可见,即使受严格定罪而彰显司法正义的辛普生案件影响,全美最近100年来的刑事错罪也并非偶然。

本部分的信息足以显示刑事错罪的频繁性,但由于时间跨度较长,无法展示各国刑事错案的爆发密度和趋势。因此,我们将在接下来的部分对全球的刑事错罪趋势进行考察,以便掌握各国的最新情况。

第三节　刑事错案的年度分布

尽管刑事错案对于保护人权来说是一个灾难,尤其是无期和死刑的判决总让人难以接受。然而,这在司法实践中并不是一件新鲜事,无论是法治进步的今日世界,还是法治进步过程中的新近几十年。博查德在1913年的论文中已经对欧洲国家的65个错误定罪案例进行了分析。[2] 莱德勒特的研究团队在1987年发现了350个可能被判处死刑的刑事错案,在1992年布特曼加入后,累计发现了超过400个类似案例。[3] 随着技术的进步,发现和确信刑事错罪的检验技术得以提高,从而加大了对于错罪的识别力度。

---

① 全部刑事错罪案件数量为1522人,本部分仅对有明确地点的1507个错误定罪做图分析。原始资料见 Center on Wrongful Conviction.

② Edwin M. Borchard, 1913. European Systems of State Indemnity for Errors of Criminal Justice. *Journal of the American Institute of Criminal Law and Criminology*,3(5):684; Jon B. Gould and Richard A. Leo, 2010. Justice in Action One Hundred Years Later: Wrongful Convictions After A Century of Research. *The Journal of Criminal Law & Criminology*,100(3):825.

③ See Michael L. Radelet, 1992. *In Spite Of Innocence: Erroneous Convictions in Capital Cases*. Boston: Northeastern University Press:preface.

在这个过程中，最重要的应该是DNA检测技术了。盖威尔博指出，在发现错案的技术历程上，DNA分析技术广泛应用是一个里程碑，之前的很多错罪缺乏检测自白、错误辨认的科学工具。[①] 然而，DNA对于发现生物证据虽然很有帮助，但在庞大的刑事错罪基数之上，DNA能鉴别的错罪只有很少的案例，其发挥的作用毕竟有限。[②] 格罗斯和奥本里恩的研究指出，在非杀人或强奸类犯罪中，如抢劫罪等，DNA检测技术并没有太多用处。[③] 更重要的是，在公诉人和警察千方百计追求职业成功的情况下，刑事案件因难以对案件的真实情况进行全面查验，法院成了同一条线上的自然顺序审理(one line order)的定罪机构。[④] 这也就决定了，即使有DNA检测技术的支持，美国也有3% ~3.5%的死刑犯存在错误定罪的可能。[⑤]

因此，有一个问题应该思考：法治和技术进步，可以杜绝刑事错案的发生吗？这个问题貌似不容易回答。一方面，新技术的应用使错案曝光的力度更大；另一方面，新技术的应用范围有限。然而，从最近的刑事错案趋势中可以看出，各国刑事错案的发生并没有因为立法和司法努力而彻底杜绝。不妨让我们重新分析Forejustice数据库以及西

---

① See Daniel Givelber, 1997. Meaningless Acquittals, Meaningful Convictions: Do We Reliably Acquit The Innocent? *Rutgers Law Review*, 49(4): 1317.

② See Keith A. Findley, 2002. Learning From Our Mistake: A Criminal Justice Commission to Study Wrongful Conviction. *California Western Law Review*, 85(2): 333.

③ See Samuel R. Gross and Barbara O'Brien, 2008. Frequency and Predictors of False Convictions: Why We Know So Little, and New Data on Capital Cases. *Journal of Empirical Legal Studies*, 5(4): 927.

④ See Samuel R. Gross, 1987. Loss of Innocence: Eyewitness Identification and Proof of Guilt. *Journal of Legal Studies*, 16(2): 395; Daniel Givelber, 1997. Meaningless Acquittals, Meaningful Convictions: Do We Reliably Acquit the Innocent? *Rutgers Law Review*, 49(4): 1317; Joshua Marquis, January 26, 2006. *The Innocent and The Shammed.* New York Times, at A23; Arye Rattner, 1988. Convicted but Innocent Wrongful Conviction and the Criminal Justice System. *Law and Human Behavior*, 12(3): 283.

⑤ See Michael Risinger, 2007. Innocents Convicted: An Empirically Justified Factual Wrongful Conviction Rate, *Journal of Criminal Law and Criminology*, 97(3): 761.

北大学错误定罪中心的刑事错罪案件，这些案件都是已经被确认和改判过的刑事错罪。

一、Forejustice 数据库中的长期趋势

如图 1－1 所示，全球 102 个国家最近 100 多年来的刑事错案，总体上呈上升趋势，这在英国和澳大利亚特别明显。不可否认，我们的年度统计图也反映出全球（包括美国和英国）在 2006 年以后有一些轻微的下降趋势，但这并不能说明刑事错案真正在下降。由于 Forejustice 数据库中的错罪，是审判法庭已经明确裁判的错罪案件，无罪受害者在这个过程中仍然需要在监狱经历一段时间的监禁。例如，美国参议院的官方报告显示，被判处有罪的人在定罪后申请 DNA 检验的时间就平均要滞后 4.5 年。如果能明白，一个确认的错误判决案件，需要漫长的当事人上诉，或者发现新的证据，或者新的犯罪人自白等过程，那么这种短暂的减少趋势并不一定真实存在。[①] 例如，罗赫与特洛特的研究就指出，加拿大过去的 20 年，仍然面临刑事无罪错案的不断攀升。[②] 图 1－2 中对那些没有犯罪的人逮捕和无罪释放的趋势滞后，以及图 1－3 中美国错罪案件监禁期限即可看出，这些分析的可信度较高。斯密斯的研究就明确指出，刑事错罪并不新鲜，而是有着长远的历史，并且正在进入现代刑事司法范畴中。[③]

---

① See C. Ronald Huff, 2004. Wrongful Conviction: The American Experience. *Canadian Journal of Criminology and Criminal Justice*, 46 (2): 107; Setephen Bright, September 22, 2009. Statement: Regarding The Innocence Protection Act Before the Subcommittee on Crime. *Terrorism and Homeland Security*. available at http://judiciary.house.gov/hearings/pdf/Bright090922.pdf.

② See Kent Roach and Gary Trotter, 2005. Miscarriages of Justice in the War Against Terror. *Penn State Law Review*, 109(4): 967.

③ See Bruce P. Smith, 2005. The History of Wrongful Execution. *Hastings Law Journal*, 56: 1185.

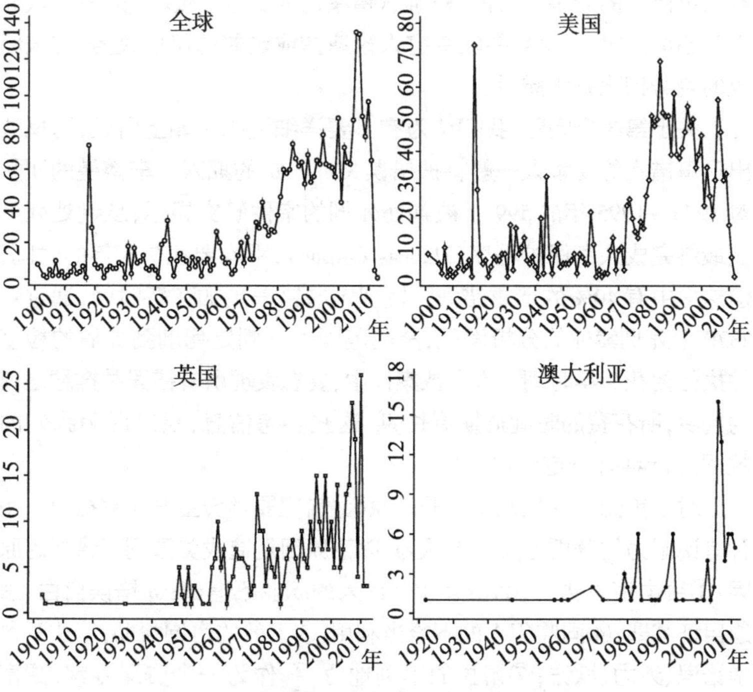

图 1 - 1　全球刑事错案趋势(1900 ~ 2012 年)

资料来源:Forejustice(分析作图)。

二、错误定罪中心(CWC)中的美国错罪趋势

图 1 - 2 是美国从 1900 年以来,西北大学刑事错罪中心统计的无罪刑事错案的基本情况。我们用两组数据线表示美国刑事错罪的基本情况,US 逮捕数据表示进入无罪数据库中的受害人每年被逮捕的频数,这可以理解为每年有多少人被错误逮捕。US 释放指,每年改判无罪并释放的频数,这可以理解为每年发现并最终确认有多少人是刑事无罪错案的受害人。图 1 - 2 反映出以下三个基本信息:

第一,美国 1970 年后的定罪错案和逮捕错案快速上升,这一数字在 1995 年以后有所缓解。第二,美国在 1990 年后陆续发现并释放大

量刑事错案的受害人,并且被确认错案的人数在1989年以后呈快速上升趋势。第三,刑事错案受害人被逮捕或定罪的年份趋势,与被释放的趋势相比有所滞后。

关于第3个问题,我们认为有必要详细说明。如上所述,这反映出刑事错案的受害人一般将被错误关押一定的期限。李博曼的团队对1973~1995年的599个被判处死刑的案件研究显示,从判处死刑到最终完成人身保护程序(Habeas Corpus),平均要花7.6年的时间,但这之中有40%的严重错误。发现定罪错误更加花费时间,通过对2370个死刑案件的分析发现,全美范围内从判处死刑到最后的检查并执行要花9年时间。大多数案件中,要想发现所有错误并推翻之前的判决,所花费的时间周期更长。① 这些参考信息,足以说明我们的数据分析具有一定的可信性。

对于美国出现如此多错罪的原因,前犯罪学会主席胡富提出了多种有说服力的分析方案。他认为,以下原因是造成美国刑事错罪的原因:①目击证人错误;②警察和公诉人的职业不道德;③错误自白、强迫自证其罪;④同监犯人的不恰当利用;⑤无效的咨询帮助;⑥法医科学错误、无力、欺诈;⑦辩护的不利地位。② 作为一个资深专家,胡富的分析采用了大量有说服力的证据和案例,并由此对美国刑事错罪有深入的思考。但是,胡富本人对于美国刑事错罪的泛滥问题,也以一种客观态度表达了对错罪问题的自然和不可避免性,以及加大对受害人赔偿的无奈。③ 对于这些因素,格罗斯和欧本里恩有更深入的分

---

① See James S. Liebman, Jeffrey Fagan and Valerie West, 2000. A Broken System: Error Rates in Capital Cases, 1973 ~ 1995, *Columbia Law School, Public Law & Legal Theory Working Paper Group Paper, Number* 15.

② See C. Ronald Huff, 2004. Wrongful Conviction: The American Experience. *Canadian Journal of Criminology and Criminal Justice*, 46(2): 109; Brandon L. Garrett, 2005. Innocence, Harmless Error, and Federal Wrongful Conviction Law. *Wisconsin Law Review*, 2005(1): 35.

③ See C. Ronald Huff, 2008. *Wrongful Convictions: International Perspectives on Miscarriages of Justice*. Philadephia: Temple University Press: 115.

析，他们认为美国刑事错罪盛行的原因是，超过95%的刑事定罪来源于辩诉交易。[①] 布莱特认为，诸如得克萨斯州每个死刑案件平均支付给律师175美元或亚拉巴马州支付律师1000美元，导致辩护律师薪酬低廉难以形成有效辩护，这使美国控辩的司法系统没有发挥作用，从而造成普遍的司法错罪。[②] 当然，还有更多的研究从警察刑讯逼供、社会舆论压力等角度进行了分析。

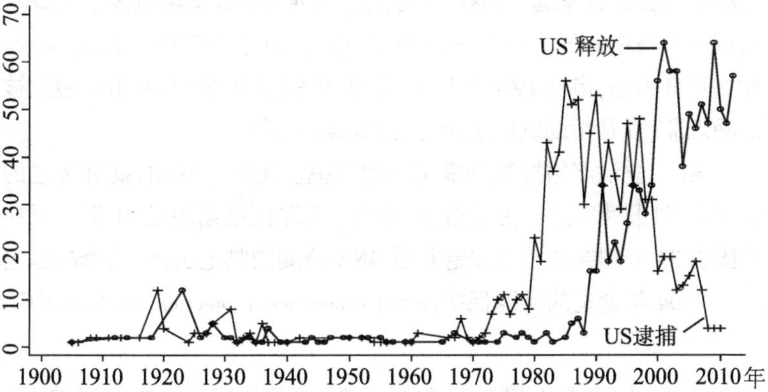

图1-2 美国错罪错案逮捕及无罪释放时间分布

资料来源：Center on Wrongful Conviction。

通过前面的分析可以看到美国在1989年以后的刑事错罪案件改判数量急剧上升，而刑事错误定罪的人数在数据上显示出一定的减少趋势。那么，如何解释这个问题就成为理解刑事错罪的新近趋势的关键。如下三个原因，可以帮助解释刑事错罪的控制和发现趋势：

第一，DNA识别技术的广泛应用。1989年DNA开始被用于识别

---

① See Samuel R. Gross and Barbara O'Brien, 2008. Frequency and Predictors of False Convictions: Why We Know So Little, and New Data on Capital Cases. *Journal of Empirical Legal Studies*, 5(4): 927.

② See Setephen Bright, September 22, 2009. Statement: Regarding The Innocence Protection Act Before the Subcommittee on Crime, *Terrorism and Homeland Security*. available at http://judiciary.house.gov/hearings/pdf/Bright090922.pdf.

刑事错案,自此以后,大量被错误关押的人被研究人员利用 DNA 检测技术予以识别,从而导致刑事错罪的发现数量稳定增长。① 例如,仅是 Bedeau 的研究小组的统计,在 1989 年以后的 15 年间被发现的错案就达 328 起,其中 145 人是通过 DNA 技术得以洗刷罪名。② 目前,DNA 作为检测是否实施犯罪行为,以及是否存在错罪的关键技术,已经被广泛应用于定罪后的检测(Post-conviction)。③ 例如,美国参议院司法委员会主席李赫于 2000 年提出的无罪保护法案明确要求要确保对每一个被定罪的人进行一次 DNA 检验,以证明无罪的机会。④ 海勒的研究指出,自从 1976 年以来,至少有 82 人通过 DNA 事后检测被证明无罪,并且帮助发现了新的犯罪嫌疑人。⑤

第二,立法严格控制刑事定罪的证据。美国一些州,就有著名的 21 天法则,即裁决作出后提出新发现的无罪证据期限是 21 天。现在美国有 34 个州制定了允许定罪后 DNA 检测的制定法。⑥ 由李赫提出并于 2004 年通过的无罪保护法案(Innocence Protection Act),其中不

① 参见王乐龙著:《刑事错案:症结与对策》,中国人民公安大学出版社 2011 年版;甄贞、孟军、孙瑜等编译:《法律能还你清白吗?——美国刑事司法实证研究》,法律出版社 2006 年版; Brandon L. Garrett, 2005. Innocence, Harmless Error, and Federal Wrongful Conviction Law. *Wisconsin Law Review*, 2005(1):35.

② 参见甄贞、孟军、孙瑜等编译:《法律能还你清白吗?——美国刑事司法实证研究》,法律出版社 2006 年版。

③ See C. Ronald Huff, 2002. Wrongful Conviction and Public Policy: the American Society of Criminology 2001 Presidential Address. *Criminology*, 40(1):1; C. Ronald Huff, 2004. Wrongful Conviction: The American Experience. *Canadian Journal of Criminology and Criminal Justice*, 46(2):110.

④ See Patrick Leahy, September 24, 2002. *Comments at press conference. Washington, DC.*

⑤ See Rochelle L. Haller, 2002. The Innocence Protection Act: Why Federal Measures Requiring Post-Conviction DNA Testing and Preservation of Evidence are Needed in Order to Reduce the Risk of Wrongful Executions. *New York Law School Journal of Human Rights*, 18(1):101.

⑥ 参见王乐龙著:《刑事错案:症结与对策》,中国人民公安大学出版社 2011 年版。

乏强制要求 DNA 事后检验,对于每个死刑犯提倡法律服务,以及赢得无罪赔偿等。①

第三,学者和学术上的努力。对刑事错罪问题的关注是刑事司法界普遍关心的问题,也使各种学术团体、民间组织加大了对刑事错罪者的救助。这些努力,使立法界、司法实务界加大了对刑事定罪的研究,这在提高定罪准确度的同时,也更加关注刑事错罪的受害人。②例如,1992 年 Centurion Ministries 组织救援了 32 位被监禁者,他们利用死刑信息中心(The Death Penalty Information Center)的信息,自 1973 年以来已经帮助 108 个被列入死刑处决名单的人获得无罪释放。Scheck & Neufeld,Dwyer 利用无辜者计划将一个 5 天后即将被执行死刑的人救出,Marshall 帮助将一个 48 小时后即将被执行死刑的 Anthony Poeter 救出。③ 纽约卡多佐法学院和多名律师创办的"无罪计划"中,1989 年首度利用 DNA 平反冤案,帮助在一次有 110 名获释的无辜囚犯中为六成囚犯得以伸冤。④ 另外一个学术表现是,以专门研究刑事错误定罪而著名的加利福尼亚州大学尔湾分校胡富,于 2000 年在美国当选为犯罪学会主席后,理论和实务界的影响力更是深厚。⑤

如果说,较高的司法水平完全可以遏制错罪的话,那么联合国前南斯拉夫法庭的判决就给这个假设一个致命打击。联合国海牙法庭 2006 年 6 月以战争罪判处科索沃战争中的纳瑟尔·渥日克

---

① See C. Ronald Huff, 2004. Wrongful Conviction: The American Experience. *Canadian Journal of Criminology and Criminal Justice*, 46(2): 114 – 115; Patrick Leahy, September 24, 2002. *Comments at press conference, Washington. DC.*

② See C. Ronald Huff, 2008. *Wrongful Convictions: International Perspectives on Miscarriages of Justice*. Philadephia: Temple University Press.

③ 参见刘燕:《从无辜者运动检讨死刑判决的正当性》,载刘品新主编:《刑事错案的原因与对策》,中国法制出版社 2009 年版。

④ 参见宋远升:《刑事错案比较研究》,载《犯罪研究》2008 年第 1 期;刘品新:《当代英美刑事错案的实证研究》,载《国家检察官学院学报》2007 年第 1 期,第 15 页。

⑤ See C. Ronald Huff, 2002. Wrongful Conviction and Public Policy: the American Society of Criminology 2001 Presidential Address. *Criminology*, 40(1): 1.

(Srebrenica Naser Oric)两年监禁。但在渥日克上诉后,2008 年 3 月国际刑事法庭南斯拉夫法庭以战争任务并不构成有罪的证据为由,推翻了海牙法庭的有罪判决。① 可见,即使是全球最顶级的法学家或法官组成的刑事审判法庭,在罪名成立与否的裁判问题上,也有可能出现不适当的定罪。这在一定程度上再次说明,即使法治和司法水平的进步,也不可能杜绝刑事错案。既然不能避免,刑事错罪作为刑事司法定罪必然出现的结果,立法和司法上又应当如何应对呢?下文将通过美国刑事错罪应对及处理的介绍,略评刑事司法中的错罪应对机制。

第四节 纠错成本与犯罪分布

惩罚犯罪和保护公民不受犯罪侵犯,是刑事法的基本价值取向。然而,由于刑事错罪具有不可避免性,追诉犯罪活动也面临刑事司法不可言说的成本尴尬——监禁错误犯罪人。② 刑事错罪案件的监禁程度如何,这是关系到错罪的认定和处罚问题。胡富在 2001 年的美国犯罪学会主席致辞中指出,大量被错误定罪者均被监禁较长时间。③ 在进一步的研究中,格罗斯对刑事错案被判处死刑的受害人批准逮捕期限进行了研究。他的研究显示,58% 的无罪者在 30 天以内逮捕,25% 的无罪者在 121 天以上期限内被逮捕。④ 李伯曼的研究也

---

① Wrongly Convicted Database Record, http://forejustice. org/db/location/OricSrebrenica-Naser. html,2013 年 6 月 17 日访问。

② See Hannah Quirk,2007. Identifying Miscarriages of Justice: Why Innocence in the UK is Not the Answer. *The Modern Law Review*,70(5):759; Arye Rattner,1988. Convicted but Innocent Wrongful Conviction and the Criminal Justice System. *Law and Human Behavior*,12(3):283.

③ See C. Ronald Huff,2002. Wrongful Conviction and Public Policy: the American Society of Criminology 2001 Presidential Address. *Criminology*,40(1):1.

④ See Samuel R. Gross and Barbara O'Brien,2008. Frequency and Predictors of False Convictions: Why We Know So Little,and New Data on Capital Cases. *Journal of Empirical Legal Studies*,5(4):927.

显示,1973～1975 年被错误定罪的死刑犯,从判处死刑到核准死刑,平均要等待 9 年时间。[①] 这说明,无论是被判处死刑的错罪受害人,还是被判处监禁刑的错罪受害人,在改判无罪之前,还将在监狱里面被错误监禁若干年。

对于普通公民来讲,刑事错罪也将引发公民对司法安全的不确信和人身权的忧虑。如果任何一个公民都有可能面临被冤枉的危险,那么在司法运作成本的选择上,如何控制无罪和提高公民的司法认同安全感就是各国努力解决的问题。[②] 为了清楚地描述难以言说的司法尴尬,我们从刑事错罪的整体监禁期限和量刑趋势入手,对不同种类错误定罪案件的刑罚措施分布进行分析。在综合掌握这些情况后,我们对刑事错罪案件的识别和救济措施进行介绍。由于各国官方数据获取上的困难,以及样本上的有效性,我们继续以美国为分析视角重新审视这些问题。

一、冤狱:错误监禁期限和有期监禁刑趋势对比

值得疑问的是,美国的刑事错案的识别周期,如何体现在刑事错罪的关押和监禁期限上呢？我们目前并没有发现系统研究错罪监禁期限的成果发表,因此,制作这样一个精确的趋势图似乎有困难。不过,在浏览了美国西北大学法学院公布的每一个案例后,我们发现可以计算出刑事错罪的监禁期限。因此,我们决定利用 CWC 数据库中的被逮捕时间(YArrest)和无罪释放时间(YExonerate)做对比,然后用后者减去前者即为错误监禁时间(WIMprisonment)。这个公式可记为:WIMprisonment = YExonerate - YArrest。

在计算每年的量刑期限时,我们仅对有期徒刑取值,并排除无期徒刑和死刑量刑。在具体方式上,由于美国的有期监禁在部分罪名上

---

① See James S. Liebman, Fagan Jeffrey, West Valerie and Lloyd Jonathan, 2000. Capital Attrition: Error Rates in Capital Cases, 1973～1995. *Texas Law Review*, 78(7): 1839.

② See Center on wrongful Convictions, *Meet the Exnoerated*, available source at http://www.law.northwestern.edulegalclinic/wrongfulconvictions/exonerations/.

存在浮动量刑和超过100年的有期徒刑,因此,我们选择浮动量刑的最低限,并保留超过100年的量刑期限。① 如图1-3所示,美国的刑事错罪监禁具有如下特点:

1. 错罪监禁期限较长,无罪受害者从被逮捕到最终改判无罪面临长期的冤狱。数据显示,美国的刑事错罪被监禁10~20年以上的非常普遍,高达58.2%的刑事错罪被监禁达10年以上,被监禁20年以上的也有17.2%(n=1079)。即使在1990年以后,监禁超过10年以上的也高达34%(n=470)。从整体来看,1900年以后的无罪受害者平均被监禁11.58年(n=1079),1990年以后的无罪受害人平均被错误监禁的期限为7.56年(n=470)。如前述,这与错罪申诉或发现错罪的较长周期有关。②

2. 刑事错罪监禁期限从20世纪80年代中期起逐渐呈下降趋势。这说明,学术界从19世纪80年代开始提倡的拯救无罪者运动,以及DNA技术的广泛应用,对于纠正美国的刑事错罪活动起到较大作用。③ 这一趋势在2004年以后尤其明显,平均错误监禁期限不超过4年,这与美国错罪保护法案推荐DNA检测技术应用于定罪后的检验有关。④

3. 有期监禁的量刑期较长,最近10年的刑事监禁期限有下降趋

---

① See CNN News, Wrongful Conviction Compensation Statutes. http://edition.cnn.com/interactive/2012/03/us/table.wrongful.convictions/,2013年6月14日访问。

② See James S. Liebman, Jeffrey Fagan and Valerie West, 2000. A Broken System: Error Rates in Capital Cases, 1973~1995, *Columbia Law School, Public Law & Legal Theory Working Paper Group Paper, Number* 15.

③ See Bruce P. Smith, 2005. The History of Wrongful Execution. *Hastings Law Journal*, 56:1185; Jon B. Gould and Richard A. Leo, 2010. Justice in Action One Hundred Years Later: Wrongful Convictions After A Century of Research. *The Journal of Criminal Law & Criminology*, 100(3):825

④ See C. Ronald Huff, 2004. Wrongful Conviction: The American Experience. *Canadian Journal of Criminology and Criminal Justice*, 46(2):107; Brandon L. Garrett, 2005. Innocence, Harmless Error, and Federal Wrongful Conviction Law. *Wisconsin Law Review*, 2005(1): 35.

势。监禁期限较长，说明刑事犯罪人被指控的犯罪较为严重。监禁期限呈下降趋势，在很大程度上说明美国的法官们在面对错罪问题时，疑罪处罚的力度也越来越轻。例如，1980 ~ 2000 年错罪的平均量刑期是 27.65（n = 418），但是在 2004 年以后错罪的平均量刑期限下降到 12.81（n = 39）。

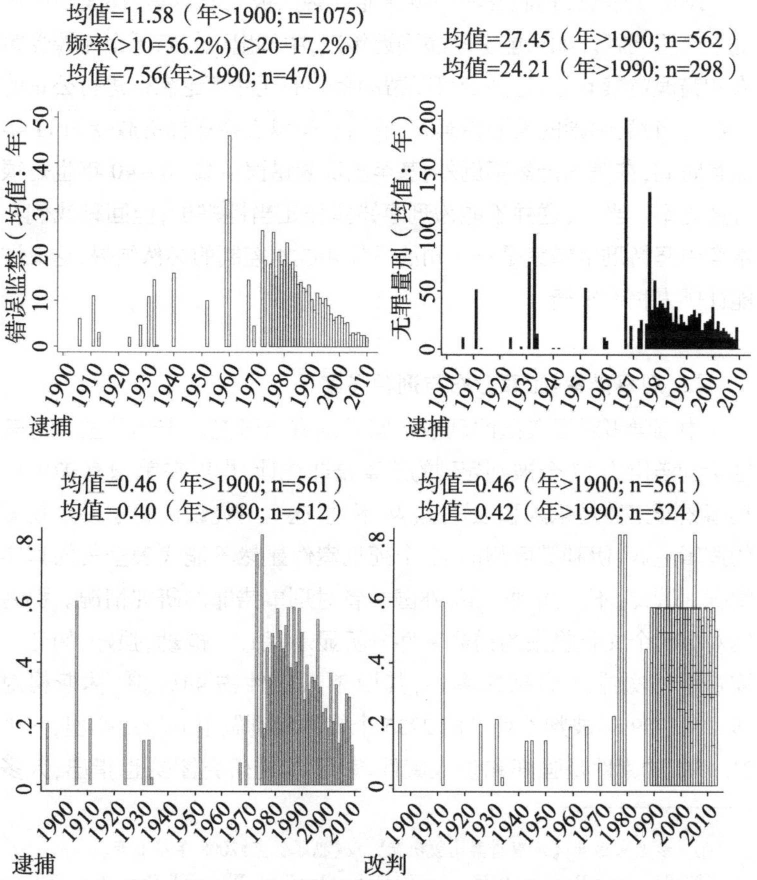

图 1－3　美国刑事错案监禁与量刑期限趋势（1900 ~ 2012 年）

资料来源：Center on Wrongful Conviction。

4. 刑事错罪的服刑周期普遍较长,错罪受害人在被改判无罪时已完成将近一半的刑期。按照被逮捕的时间来看,1980 年以后被逮捕的错误定罪受害人平均完成所判刑期的 40%。按照被改判时间来看,1990 年以后被改判无罪的错误定罪受害人,从被逮捕到被错误定罪之时,已经完成 42% 的有期监禁刑。

从以上信息,我们发现刑事错罪受害人被无罪监禁,在美国的确是个严重问题。如果能够联想到近年来,中国出现的若干个无罪受害人和错误监禁问题,这多少可以帮助我们的司法评论家们进行公正的评断。当然,中国的无罪监禁时间较长,类似于佘祥林所遭受的 11 年监禁时间,在美国仍然不例外,甚至出现被错误监禁 30 ~ 40 年也是很普通之事。当然,这并不能为刑事错案作正当性辩护,但回顾我们在本章中坚持刑事错案是一个司法风险和成本控制的必然结果,这或许能让国人稍许平衡。

二、刑事错案:犯罪分布与刑种考察

中国学者对于美国的刑事错案类别有所研究。宋远升基于对美国伊利诺伊州 17 个被判死刑的刑事错罪统计,指出在美国有 97% 的刑事错罪案件是杀人和强奸案。① 不过,这个研究结论犯了以点盖面的逻辑毛病,伊利诺伊州的 17 个死刑案件显然不能代表全美的真实情况。因此,不妨回顾一下,外国学者对刑事错罪的研究情况。那特纳对 205 个文献收集的错罪案件分析显示,杀人、抢劫、强奸、伪造和盗窃是依次排名最高的案件,其中杀人案件占 44%。② 林斯格对 1982 ~ 1989 年被判处死刑的 2235 个错罪案例做出分析后指出,其中 21.45% 的案件是强奸和杀人案件。③ 罗赫的研究团队也指出,大多

① 参见宋远升:《刑事错案比较研究》,载《犯罪研究》2008 年第 1 期。

② See Arye Rattner, 1988. Convicted but Innocent Wrongful Conviction and the Criminal Justice System. *Law and Human Behavior*, 12(3):283.

③ See Michael Risinger, 2007. Innocents Convicted: An Empirically Justified Factual Wrongful Conviction Rate. *Journal of Criminal Law and Criminology*, 97(3):761.

数无罪案件集中在杀人和强奸类案件。① 不过，格罗斯和欧本里恩的研究数据显示，美国有95%的错罪案件发生在杀人和强奸案件，这只占2%的所有重罪定罪。②

对于刑事错案的刑种研究，我们目前暂时还没发现有中文研究成果出版。不过，这个问题在美国已有研究成果，并且对各种刑种的处罚作出了评估。那特纳对205个文献收集的错罪案件分析显示，判处的刑种比例依次是占54.3%的监禁、33.5%的无期徒刑、12.1%的死刑。③当然，死刑裁判的错误是令人生畏的，然而死刑错误定罪并不少见。布尔诺的研究显示，美国从1976年以来重新采用死刑以后，有6000个男性和女性被判处死刑，但是有85个因无罪而被释放。④ 因此，谢克的研究指出，每判处7个被执行死刑的人中，就有1个是无罪的。⑤ 李博曼的研究团队更是以翔实的研究数据指出，美国在死刑问题上的严重错误性。他们对1973～1995年5760个死刑案例进行评估后发现，其中的4578个死刑上诉案件存在严重错误。也即美国在这23年时间里判处的死刑案件中，有79.5%的死刑可能是不应被判死刑，甚至是无罪的。⑥

基于这些文献考察，我们继续对美国西北大学错误定罪中心的数据进行统计和分析。由于有些案件并没有指明刑种或者案件类别，而我们又希望对各种刑事错罪的处罚进行详细的展示，这造成我们的数

① See Kent Roach and Trotter Gary, 2005. Miscarriages of Justice in the War Against Terror, *Penn State Law Review*, 109(4):967.

② See Samuel R. Gross and Barbara O'Brien, 2008. Frequency and Predictors of False Convictions: Why We Know So Little, and New Data on Capital Cases. *Journal of Empirical Legal Studies*, 5(4):927.

③ See Arye Rattner, 1988. Convicted but Innocent Wrongful Conviction and the Criminal Justice System. *Law and Human Behavior*, 12(3):283.

④ See Alan Burlow, November 1999. The Wrong Man. *Atlantic Monthly*, *at* 68.

⑤ See Barry Scheck, Peter Neufeld and Jim Dwyer, 2000. *Actual Innocence: Five Days to Execution and Other Dispatches From the Wrongfully Convicted*. Doubleday: New York.

⑥ See James S. Liebman, Jeffrey Fagan and Valerie West, 2000. A Broken System: Error Rates in Capital Cases, 1973～1995. *Columbia Law School, Public Law & Legal Theory Working Paper Group Paper, Number* 15.

据缺损较大。幸运的是,我们的总样本还依然保持了将近1000个。并由此可以了解到,全美最近100年来进入有组织调查机构的刑事错罪案件类别及其处罚模式。主要研究发现如下:

第一,杀人和性侵犯案件是全美主要的刑事错罪案件。杀人案件是刑事错罪案件的主要来源,财产犯罪的刑事错案较少。这可能和生命权保护、伦理道德、破案压力、社会舆论对追诉犯罪的影响有关。① 如果将性侵害、性虐儿童、强奸等均归类为性犯罪,那么性犯罪和杀人案件占被统计998件案件中的87.15%。这个数据结果和格罗斯、林思格的研究结果比较接近,这说明我们对美国错罪的统计结果具有一定的代表性,如表1-3所示。

表1-3 美国刑事错案刑事处罚分布(1990~2012年)

	犯 罪	未监禁	有 期 徒刑	无期 徒刑	死 刑	总计 (Obs)	百分比
Murder	杀 人	4	227	194	99	524	53.04%
Sexual Assault	性侵害	3	141	47	0	191	19.33%
Child Sexual Abuse	性虐儿童	1	76	37	0	114	11.54%
Robbery	抢 劫	4	49	9	1	63	6.38%
Rape	强 奸	1	19	2	10	32	3.24%
Drug Possession/Sale	持有毒品	1	20	3	0	24	2.43%
Assault	伤 人	3	15	0	0	18	1.82%
Arson	纵 火	1	4	0	0	5	0.51%
Kidnapping	绑 架	1	3	1	0	5	0.51%
Burglary/Theft/Larceny	盗 窃	1	4	0	0	5	0.51%
Other	其 他	0	4	1	0	5	0.51%
Fraud	诈 骗	1	1	0	0	2	0.20%
样本总计(Obs)		21	563	294	110	988	100%
百分比		2.13%	56.98%	29.76%	11.13%	100%	

资料来源:Center on Wrongful Conviction(分析计算)。

① Paul Wilson, 1989. When Justice Fails: A Preliminary Examination of Serious Criminal Cases in Australia. *Australian Journal of Social Issues*, 24(1):3; Juliette Langdon and Paul Wilson, 2005. When Justice Fails: A Follow-up Examination of Series Criminal Cases since 1985. *Current Issues in Criminal justice*, 17(2):179.

第二,刑事错罪案件中判处自由刑的案件最多。有期徒刑和无期徒刑占所有量刑的86.74%,这说明在定罪问题出现疑虑时,法官的首选处罚措施是自由刑。也或许与生命权和刑罚制裁的谨慎性有关,毕竟自由刑的错误监禁在发现无罪情形下,还有可能采取其他措施予以挽救。

第三,死刑案件分布具有一定特性。从数据结构来看,无罪受害人被判处死刑,占所有刑事错案的11.13%。在这些死刑案件中,杀人案件的死刑居多,占杀人罪案件的18.9%,占所有死刑案件的90%。毫无疑问,这与64%美国人支持对杀人罪判处死刑的态度有关,①也与社会和舆论影响有关。② 强奸罪中的死刑错案占强奸犯罪的31.3%,而在其他诸如盗窃、诈骗、伤人、性侵害等犯罪中的刑事错案并不多。

为什么美国有50%的刑事错罪集中在杀人犯罪呢,以及为什么90%的死刑错罪均是杀人犯罪呢?看来,即使在美国刑事司法里面,仍然逃不了同态复仇和杀人偿命的报应刑法,即使错误定罪也再所不惜。③ 当然,美国人在杀人罪上的错误裁制也为之付出了惨重代价,下文描述的天价赔偿案即是例证。

国家动用刑法权力在追诉犯罪人的同时,也面临着刑事司法事故的正常风险。既然是正常风险,那么刑事司法机关也应当为追诉错误承担一定的行为责任。而这种错误追诉,对于错罪的受害人来说,其后果是长达数年的自由监禁所蒙受的冤狱。这种错误显然无法弥补,

---

① See Sussman Dalia, January 10, 2000. Split Decision on Death Penalty, *ABCNEWS.com*. http://abcnews.go.com/sections/politics/dailynews/poll00019.html.

② See C. Ronald Huff, 2003. Wrongful Conviction: Causes and Public Policy Issues. *Criminal Justice* 15 (*Spring*); Maurice Possley, November 5, 1995. The Nicarico Nightmare: Admitted Lie Sinks Cruz Case. *Chicago Tribune*, *at* A1.

③ See James S. Liebman, Jeffrey Fagan and Valerie West, 2000. A Broken System: Error Rates in Capital Cases, 1973 ~ 1995. *Columbia Law School*, *Public Law & Legal Theory Working Paper Group Paper*, *Number* 15.

最好的不得以的方法是用金钱给予补偿,用国家的司法责任给予错罪受害人以精神慰藉。例如,伊利诺伊州因为对 Paula Gray 等 4 人错误定谋杀罪,支付3740 万美元(原文3600 万美元)作为赔偿自然很有说服力,其中 2 个人被判处死刑。① 当然,这种错误定罪的概率对于特定的刑事受害人来说,其伤害程度自然难以让人承受。但如果思考到,刑事错罪本身的不可避免性,这种极端的愤怒自然有所缓解。② 不过,这些天价赔偿仅是个案而不具有普遍性,如果据此认为英国、美国家的刑事错罪国家赔偿制度非常美好,下文的内容可能会让你感到失望。

第五节　对错罪受害人补偿

刑事错罪的发生之所以并非偶然,其原因在于错罪的产生是多方面原因造成的。从法律层面来看,包含证人作证、诉讼参与者作伪证、DNA 检测技术等。在法律范畴之外,刑事诉讼参与各方的警察、辩护律师、法官,都有可能造成刑事错罪。事实远非如此简单,媒体、舆论压力和特定区域的文化氛围也将对定罪公正产生影响,尤其是在犯罪高峰期。③ 这种多原因诱发的刑事错罪,间接说明精确定罪并非易

---

① See Ken Armstrong and Steve Mills, January 24, 2000. Flawed Murder Cases Prompt Calls for Probe. *Chicago Tribune*, *at N*1, *available in* 2000 *WL* 3629579.

② 何家弘:《刑事错案证明标准的名案分析》,载《中国法学》2012 年第 1 期;刘品新:《当代英美刑事错案的实证研究》,载《国家检察官学院学报》2007 年第 1 期;Tomlin Patrick, 2013. Extending the Golden Thread? Criminalisation and the Presumption of Innocence. *The Journal of Political Philosophy*, 21(1):44; C. Ronald Huff, 2004. Wrongful Conviction: The American Experience. *Canadian Journal of Criminology and Criminal Justice*, 46(2):107.

③ See Juliette Langdon and Paul Wilson, 2005. When Justice Fails: A Follow-up Examination of Series Criminal Cases since 1985. *Current Issues in Criminal justice*, 17(2); Paul Wilson, 1989. When Justice Fails: A Preliminary Examination of Serious Criminal Cases in Australia. *Australian Journal of Social Issues*, 24(1):3.

事，正是刑事错案的发生，为刑事错罪的纠正和救济提供了正当性解释。

格罗斯等的研究揭示，即使在美国洛杉矶、达拉斯、图里亚等大城市，当地警察通过做伪证，已将 135 个无罪的人关进监狱，尤其是洛杉矶的警察丑闻被揭露后导致 110 个人的定罪被推翻。① 何家弘教授介绍了朱莉的冤案。在这个案件中，公诉人兰德斯在米莉被改判无罪并释放错罪者后，仍千方百计地穷尽诉讼手段欲求对其重新定罪。② 李博曼的研究团队在对美国 1973 ~ 1995 年的死刑案件分析后也指出，法官在案件审理过程中在证据问题上有偏向公诉人的嫌疑，从而造成68% 的死刑判决均出现严重错误。③ 辩护律师引发的刑事错案无法救济也并非少见，布莱特的研究介绍了两个得克萨斯州因支付法律援助律师费太低，律师怠于履行职责而造成该案错过上诉期导致错罪案件得不到纠正。④ 证人或证据等原因引发的刑事错罪案件，在世界各国更是异常频繁，例如，目击者错误、狱友作假证、证人作伪证、DNA

---

① See Samuel R. Gross and Barbara O'Brien, 2008. Frequency and Predictors of False Convictions: Why We Know So Little, and New Data on Capital Cases. *Journal of Empirical Legal Studies*, 5(4): 927; Anna Gorman, May 19, 2002. For Some, It's Too Late to Overturn Convictions: Judges Are Refusing to Review Cases Involving Tainted Officers if Inmate Is No Longer in Custody. *Los Angeles Times, at Metro*1; Stephen Yagman, April 25, 2001. L. A. City Hall Has a Rico Ring. *Los Angeles Times, at B* 9; Paul Duggan, January 18, 2002. "Sheetrock Scandal" Hits Dallas Police. *Washington Post, at A*12; Donald Mark, May 2, 2002. Dirty or Duped? Who's to Blame for the Fake-drug Scandal Rocking Dallas Police? Virtually Everyone. *Dallas Observer* 1000.

② 参见何家弘：《刑事错案证明标准的名案分析》，载《中国法学》2012 年第 1 期，第 143 页。

③ See James S. Liebman, Jeffrey Fagan and Valerie West, 2000b. A Broken System: Error Rates in Capital Cases, 1973 ~ 1995. *Columbia Law School, Public Law & Legal Theory Working Paper Group Paper, Number* 15.

④ See Setephen Bright, September 22, 2009. Statement: Regarding The Innocence Protection Act Before the Subcommittee on Crime. *Terrorism and Homeland Security. available at* http://judiciary. house. gov/hearings/pdf/Bright090922. pdf.

鉴定错误等。① 胡富的研究指出,刑事错误定罪还与犯罪波(Crime Waves)有关。在高犯罪压力之下,警察、公诉人、法官在社会治安和舆论压力下更容易出现错罪。②

上述刑事错案的原因介绍,并非多余,这是理解刑事错案不可避免性以及国家对刑事错案进行救济的合理前提。面对刑事错案引发的不公问题,国际社会一方面持批评态度,另一方面也因其不可避免性而无奈地倡议对其进行补救。例如,联合国1976年生效的《公民权利和政治权利国际公约》第14条(6)项明确规定:与会成员应当对遭受司法不公而错误定罪的人作赔偿。③ 然而,即使在当今世界法制文明的国家,在刑事错案问题上也表现出一定程度的犹豫,各国或地区对刑事错罪的态度迥异。

在我们的收集文献中发现,除新西兰规定有明确的赔偿标准和范围外,美国、英国、澳大利亚、加拿大等国至今没有制定明确而统一的赔偿标准。因此,这就造成了大量刑事错案受害人无法得到赔偿。新西兰2001年通过的《刑事案件错误定罪赔偿和恩赦法案》赋予了法

① 何家弘:《刑事错案证明标准的名案分析》,载《中国法学》2012年第1期;董坤:《英国刑事错案防治研究——兼论对我国的借鉴和启示》,载《中国刑事法杂志》2010年第8期;Arye Rattner,1988. Convicted but Innocent Wrongful Conviction and the Criminal Justice System. *Law and Human Behavior*,12(3):283; C. Ronald Huff,2004. Wrongful Conviction: The American Experience. *Canadian Journal of Criminology and Criminal Justice*,46(2):107; Jon B. Gould and Richard A. Leo,2010. Justice in Action One Hundred Years Later: Wrongful Convictions After A Century of Research. *The Journal of Criminal Law & Criminology*,100(3):825; Bruce P. Smith,2005. The History of Wrongful Execution. *Hastings Law Journal*,56:1185; Brandon L. Garrett,2005. Innocence, Harmless Error, and Federal Wrongful Conviction Law. *Wisconsin Law Review*,2005(1): 35.

② See C. Ronald Huff,2003. Wrongful Conviction: Causes and Public Policy Issues. *Criminal Justice*,18(1):15.

③ 联合国《公民权利与政治权利国际公约》1976, § § Art 14(6):“在一人按照最后决定已被判定犯刑事罪而其后根据新的或新发现的事实确实表明发生误审,他的定罪被推翻或被赦免的情况下,因这种定罪而受刑罚的人应依法得到赔偿,除非经证明当时不知道的事实的未被及时揭露完全是或部分是由于他自己的缘故。”

官一个自由裁量系统，对被错误监禁的人赔偿的最低限度是每年100,000新西兰元。①

一、赔偿与差异：天价赔偿背后的不予赔偿

澳大利亚除首都区有立法规定对错误定罪者补偿外，目前官方并没有制定法案对各区刑事无罪受害人进行赔偿。② 从澳大利亚的个别案例来看，赔偿标准还是非常高的。2009年西澳大利亚政府为以谋杀罪错误定罪的Andrew Mallard支付了350万澳元，作为对其12年错误监禁的补偿；2010年维多利亚政府为以强奸罪错误定罪的Abdulkadir Jama支付了50万澳元，作为对其15个月错误监禁的补偿。③ 2007年，昆士兰一名抗争者因为被警察错误监禁几小时，获得赔偿金2万澳元；新南威尔士一名被警察错误逮捕并监禁56天的人，获得赔偿金7.5万澳元；另外一名新南威尔士人被警察毫无理由地逮捕3小时获得赔偿金2.5万澳元；维多利亚区1988年被错误定罪并监禁4年的灿博林（Chamberlain），在2005年获赔130万澳元。④ 皮尔斯的研究也揭示，一个1979年被错误指控谋杀罪的并被判刑16年监禁的安德森案，在服刑7年以后被无条件释放，每人获得赔偿金10万澳元；新南威尔士的道格拉斯于1980年被定罪为谋杀妻子，服刑8年后被改判无罪，并获得10万澳元赔偿金；西澳大利亚区的布登在1962年被定罪，2003年该案重新告破，布登被释放后获得40万澳元

---

① See Patterson Aaron, 2004. Compensation for Wrongful Conviction and Imprisonment. *New Zealand Law Journal, November*: 460.

② See Adrian Hoel, 2008. Compensation for Wrongful Conviction. *Trend & Issue in Crime and Criminal Justice, Australian Institute of Criminology, No.* 356. Available at https://aic.gov.au/publications/tandi/tandi356.

③ See Stephen Bindman, 2011. The Path to Justice: Preventing Wrongful Convictions. *FPT Heads of Prosecutions Committee.*

④ See *Coleman v Watson* [2007] QSC 343, BC200709939; *Spautz v Butterworth* (1996) 41 NSWLR 1; *Zaravinos v NSW* (2005) 214 ALR 234; *ReConviction of Chamberlain* (1988) 93 FLR 239.

赔偿金。① 不过,由于澳大利亚目前并没有无罪补偿的强制性法案,即使是首都区规定对错误定罪者给予补偿,但如何判定错罪和赔偿的标准至今没有出台。② 因此,这些获得赔偿的案例仅是成功获得赔偿的极少数案例,皮尔斯指出,尚有大量的刑事错罪案例没有得到任何补偿。③

英国已经获赔案例的赔偿标准也较高,但由于没有官方标准,这导致英国在是否赔偿和赔偿多少问题上出现较大差异。泰勒的研究表明,从平均水平看,英国的赔偿标准大概是每监禁一年补偿 1.3 万 ~ 1.4 万英镑,一名被错误定罪并被监禁 25 年的士兵被补偿 35 万英镑。④ 对于遭受刑事错案的受害人来说,能够获得赔偿当然是一件幸运的事,但是,对于那些没能成功申请,甚至是被拒绝支付赔偿金的人来说,命运对他们来说是多么的不公。⑤ 例如,英国最高法院 2013 年再一次拒绝了 Barry George 的赔偿申请。Barry George 于 1999 年被控谋杀罪,后于 2007 年上诉至上诉法院而被改判无罪。尽管已经遭受 8 年冤狱,但 Barry Goorge 提出 50 万英镑的赔偿申请被无情地排除在刑事错罪赔偿范围之外。⑥

加拿大政府同样面临着错罪的赔偿问题。虽然加拿大联邦和州政府在 1988 年出台了关于上诉法院确定无罪或执行机构恩赦的人可以获得赔偿,但最高限制是 10 万加元。更严重的问题是,加拿大至今没有对

① See Percy Tom,2007. Despised Outsiders: Compensation for Wrongful Convictions. *Precedent*,81: 21.

② See Adrian Hoel,2008. Compensation for Wrongful Conviction. *Trend & Issue in Crime and Criminal Justice*,*Australian Institute of Criminology*,*No.* 356.

③ See Percy Tom,2007. Despised Outsiders: Compensation for Wrongful Convictions. *Precedent*,81: 21.

④ See Nick Taylor, 2003. Compensating the Wrongfully Convicted. *Criminal law journal*,67(3): 232.

⑤ See Juliette Langdon and Paul Wilson, 2005. When Justice Fails: A Follow-up Examination of Series Criminal Cases since 1985. *Current Issues in Criminal justice*,17(2).

⑥ See Cahal Milmo and James Cusick, January 26, 2013. Eight Years in Prison, But Barry George Is Refused Compensation. *The Independent*, http://www.independent.co.uk/news/uk/home-news/eight-years-in-prison-but-barry-george-is-refused-compensation-8467485.html,2013 年 6 月 15 日访问。

《公民权利和政治权利国际公约》的错罪进行赔偿的相关内容进行立法,致使对该公约的执行缺乏。[①] 尽管如此,但在加拿大司法实践中,一些地方法院的自愿赔偿突破了数额的限制,并有意加大对刑事错案受害者的赔偿力度。目前仅有的最高额赔偿是 Réjean Hinse 案。Réjean Hinse 在 1964 年因加重抢劫而被判处 15 年有期徒刑,2011 年被加拿大最高法院判决无罪后,加拿大联邦政府和魁北克政府共同支付其 1320 万加元赔偿金。[②] Réjean Hinse 在 2011 年获得的赔偿数额,刷新了 David Migaard 之前 1000 万加元的赔偿记录。在 1992 年,加拿大最高法院为因错误定谋杀罪而被监禁 23 年的 David Milgaard 赔偿 1000 万加元。[③] 另外,Thomas Sophonow[④] 和 Clayton Johnson 分别获得 250 万加元的赔偿,Stephen Trust 因 1959 年谋杀定罪而在 2007 年被安大略上诉法庭改判无罪,安大略政府最终赔偿 650 万加元。[⑤] 然而,加拿大的赔偿却充满了戏剧性,在其他案子中的低赔偿引发了学术界对刑事无罪受害人赔偿的公正性批判。例如,1971 年,17 岁的 Donald Marshall 因谋杀罪而被监禁 11 年,但加拿大新斯科舍省上诉法庭只赔偿了 25 万加元。[⑥]

---

① See Kent Roach, 2012. Wrongful Conviction in Canada. *University of Cincinnati Law Review*, 80(4): 1465.

② See Robert N. Moles, May 5, 2012. Crime & Mistaken Memory-Réjean Hinse. http://netk. net. au/Identification/Identification33. asp, 2013 年 6 月 15 日访问。

③ See Stephen Bindman, 2011. The Path to Justice: Preventing Wrongful Convictions. *FPT Heads of Prosecutions Committee*; Kent Roach, 2012. Wrongful Conviction in Canada. *University of Cincinnati Law Review*, 80(4): 1465.

④ 1981 年 Thomas Sophonow 以涉嫌用绳子勒死 16 岁女孩 Barbara Stoppel,而被以谋杀罪起诉,该案在三次审理以后,于 1985 年被 Manitoba 上诉法庭改判无罪。无罪释放后,他开始了为全面洗清罪名而努力。1998 年 Winnipe 警察局重新调查该案,2000 年承认 Sophonow 事实上是无罪,并且真正的凶手已经被找到。The Inquiry Regarding Thomas Sophonow. available at http://www. gov. mb. ca/justice/sophonow/index. html, 2012 年 4 月 5 日访问。

⑤ See Kent Roach, 2012. Wrongful Conviction in Canada. *University of Cincinnati Law Review*, 80(4): 1465.

⑥ See Kent Roach, 2012. Wrongful Conviction in Canada. *University of Cincinnati Law Review*, 80(4): 1465.

美国的刑事错案受害人赔偿如出一辙,但其赔偿标准因司法双轨制而造成各州之间的差别较大。在美国无辜者保护法案(Innocence Protection Act)的讨论过程中,曾有人提出,对于被错误定罪并被监禁的人按照死刑犯10万美元/年,其他被错误关押的5万美元/年的标准赔偿。[①] 就目前来看,这个法案的赔偿标准已经被佐治亚州、密歇根州和犹他州所借鉴。[②] 然而,美国有23个州目前并没有任何赔偿立法,蒙大拿州甚至明确规定对刑事错罪受害人不给予赔偿,如图1-4所示。[③]

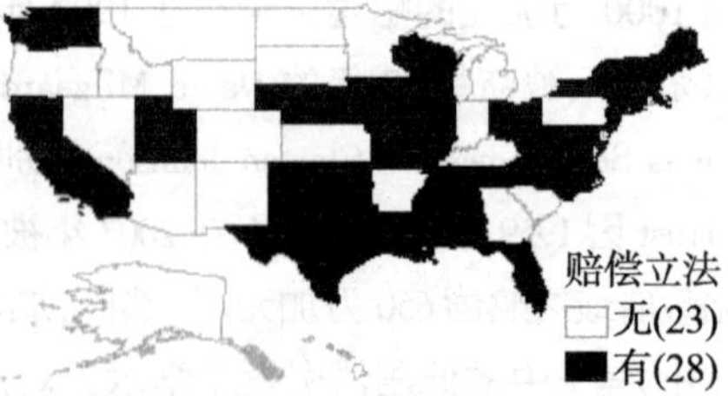

(a)新罕布什尔只赔偿2万美元↓
(b)俄克拉何马统一赔偿17.5万美元
(c)马里兰、哥伦比亚、康涅狄格州、纽约不限
(d)缅因30万美元↓、马萨诸塞州50万美元↓、田纳西州100万美元↓
(e)亚拉巴马最低5万美元/年↑
(f)蒙大拿不赔偿
(g)艾奥瓦&密苏里50美元/天
(h)伊利诺伊浮动标准
(i)犹他(非农)&弗吉尼亚(90%)按年均收入
(j)下列州按年计算,但有最高额限制:
佛罗里达州5万美元↑/年,但200万美元↓
路易斯安那1.5万美元/年,15万美元↓
内布拉斯加0.25万美元/年,50万美元↓
犹他、弗吉尼亚按人均收入计算

图1-4　美国各州刑事错罪赔偿立法情况

资料来源:CNN News; Innocence Project(分析作图)。

---

① Innocence Protection Act, S. 486, 107th Cong. § 301 (2001) (reported); Jennifer L. Weiers and Marc R. Shapiro, 2003. The Innocence Protection Act: A Revised Proposal For Capital Punishment Reform. *Legislation and Public Policy*, 6: 615; Zalman Marvin, 2006. Criminal Justice System Reform and Wrong Conviction: a Research Agenda. *Criminal Justice Policy Review*, 16 (4): 468-492.

② See Frederic Tulsky, January 28, 2006. Tainted Trials, Stolen justice. *San Joes Mercury News*, http://www.mercurynews.com/mld/mercurynews/news/special_packages/stolenjustice/20ILCS3930/7.2(2006).

③ See CNN News, Wrongful Conviction Compensation Statutes. http://edition.cnn.com/interactive/2012/03/us/table.wrongful.convictions/,2013年6月14日访问。

就目前的实践来看,美国也已出现多个天价赔偿案。例如,Jones一案,芝加哥警察局因扣押有利证据,被错误入罪而赔偿80.1万美元,Reasonover案因错误监禁16年获赔750万美元,Martinez因恶意起诉而被羁押6个月获赔826万美元,底特律警察对18岁的残疾人Gayles刑讯逼供后自认一级谋杀而被错误羁押90天获赔80万美元。① 伊利诺伊州对3个经DNA检验后改判无罪的Kenneth Adams等,判赔3600万美元。② 因受错误指控和警察操纵而被判死刑的Manning,在等候死刑执行14年后被改判无罪并被陪审团给予660万美元赔偿,附加1500万美元损失赔偿。③ 上述案例显示美国刑事司法中的高额赔偿,这对无罪受害人来说当然是好事。

然而,对于那些憧憬于美国刑事法律能够公正到无处不在的人来说,大量刑事错罪受害人根本不能获得有效刑事赔偿的真实情况可能是一个严重打击。这表现为两个方面:一方面,美国有23个州至今没有对刑事错罪受害人给予赔偿进行立法;④另一方面,即使是少有的几个州有给予赔偿的立法,也只是象征性的补偿。典型的如,新罕布什尔最高只赔2万美元,加利福尼亚1999年规定最高只赔1万美元,而不论监禁期限有多长。另外,8个州还有类似的数额限制,如路易斯安那州最高只赔15万美元。⑤ 面对这种不公正的情况,有研究者

---

① *Jones v. City of Chicago*,856 F.2d 985,988,996 (7th Cir. 1988); *Reasonover v. St. Louis County*,4:01 CV 01210 (CEJ) (E.D. Mo. 2004); *Martinez v. Brink's,Inc.*,No. CL0103469AH (S.D. Fla. Oct. 2,2003); *Gayles v. City of Detroit*,16 MICH. TRIAL RPTR.,No. 01-CV-60038 (Mich. Cir. Ct. June 11,2003).

② See Robert Becker,March 16,1999. Ford Heights Four to Get Their Settlement from County. *Chicago Tribune*, § 2 *at* 3.

③ See Thao Hua,*April* 30,1998. $4 Million Goes to Man Wrongly Convicted of Rape. *Los Angeles Times*,*at* A3.

④ 这些州包括:阿拉斯加、亚利桑那、阿肯色、科罗拉多、特拉华、佐治亚、夏威夷、爱达荷、印第安纳、堪萨斯、肯塔基、密歇根、明尼苏达、蒙大拿、新墨西哥、北达科他、俄勒冈、宾夕法尼亚、罗得岛、南卡罗来纳、南达科他、华盛顿、怀俄明等州(CNN News,2013)。

⑤ See Bernhard Adele,2004. Justice Still Fails: A Review of Recent Efforts to Compensate Individuals Who Have Been Unjustly Convicted and Later Exonerated. *Drake Law Review*,52:703.

认为这些州根本不存在赔偿,或者是可怜的捐赠。① 一些案例也证实了上述批评的真实性,例如,1986 年以谋杀罪定罪的格拉汉姆(Graham)被判处死刑,在等待执行死刑 13 年后,路易斯安那州上诉法庭于 2000 年对其改判无罪。拉汉姆在释放时,监狱就只给 10 美元路费和一件牛仔夹克,没有任何赔偿,最后还是律师花 127 美元为其购买了回家的车票。② 事实情况就是这样,对于大多数人来讲,获得赔偿并非易事,即使是那些已经有立法支持赔偿无罪受害人的州。例如,缅因州等要求无罪受害人,须首先获得财政开支预算或政府的批准,然后才能申请赔偿。这就导致赔偿权利人成功申请的机会微乎其微,地方法院和立法者甚至故意以此设置当事人维权的障碍。③ 因此,研究直接指出,美国部分州不予赔偿或施舍性的标签式立法,是立法保护欠缺和对受害人保护不足的表现。④

而且,即使对于那些获得赔偿的人来说,美国的赔偿公正力度也并不乐观。赔偿存在差异,这不仅是各州之间的差异,即使在同一个州内的赔偿数字也是差异巨大。例如,Willams 在蒙受

---

① See Bernhard Adele, 1999. When Justice Fails: Indemnification for Unjust Conviction. *The University of Chicago Law School Roundtable*, 6:73; Bernhard Adele, 2004. Justice Still Fails: A Review of Recent Efforts to Compensate Individuals Who Have Been Unjustly Convicted and Later Exonerated. *Drake Law Review*, 52:703; Jennifer L. Chunias and Yael D. Aufgang, 2008. Beyond Monetary Compensation: The Need for Comprehensive Services for the Wrongfully Convicted. *Boston College Third World Law Journal*, 28(1):105; Lopez Alberto, 2002. $10 And a Denim Jacket A Model Statute for Compensating the Wrongly Convicted. *Georgia Law Review*, 36(3):665.

② See Lopez Alberto, 2002. $10 And a Denim Jacket A Model Statute for Compensating the Wrongly Convicted. *Georgia Law Review*, 36(3):665.

③ See Lopez Alberto, 2002. $10 And a Denim Jacket A Model Statute for Compensating the Wrongly Convicted. *Georgia Law Review*, 36(3):665; Mostaghel Deborah, 2011. Wrongfully Incarcerated, Randomly Compensated-How to Fund Wrongful-Conviction Compensations Statutes. *Indiana Law Review*, 44:503.

④ See Jon B. Gould and Richard A. Leo, 2010. Justice in Action One Hundred Years Later: Wrongful Convictions After A Century of Research. *The Journal of Criminal Law & Criminology*, 100(3):825.

10 年冤狱后，因受害人承认未看清其面部而被判无罪，最终只获赔 75 万美元。暂且不考虑上述天价赔偿的案例，仅就遭受 12 年监禁的皮茨和李两人来说，他们因 1963 年涉嫌谋杀被定罪，在服刑 12 年后于 1975 年被改判无罪，直到 1998 年才获得 50 万美元赔偿。① 如果阅读下一则案例，可能对美国的赔偿便不会抱有什么希望。俄亥俄州的 O'Neil 在 1971 年被错误定为持枪抢劫罪而遭受三年半的冤狱，然而州最高法院 1984 年只裁判了 6967 美元的象征性损失赔偿。②

毫无疑问，这个被一贯神话的公正司法系统，目前还面临着刑事错罪赔偿绝对不公的尴尬局面。林肯的研究指出了这个问题的根本原因，这很可能与赔偿与否，以及赔偿标准的缺失或欠缺有关。由于缺乏统一的赔偿标准，造成了刑事司法在处理错误定罪受害人上差异巨大，并且具有一定的随意性。③

二、全美赔偿（Forejustice）：1900～2012 年

直到目前为止，并没有介绍不同犯罪被错误监禁的期限和赔偿数额。为此，我们对 Forejustice 数据库中的 1086 个有效样本作了适当分析。如表 1－4 所示，美国的刑事错罪从整体来看，平均错误关押期限为 11.5 年。而且，对不同犯罪的平均监禁期限进行比较可以发现，刑事犯罪越严重，遭受错误监禁的期限越长。例如，杀人、强奸、抢劫、性伤害监禁期限的平均值比诈骗、盗窃、持有毒品的期限要长。一个可能的解释是，重罪在无罪申诉道路上面临公诉人、警察的阻碍更大，以及法庭对于此类犯罪的无罪谨慎程度更高。

---

① Payments of $ 500, 000 Approved by Lawmakers for Two Who Spent 12 Years on Death Row. *Atlanta Journal-Constitution*, at C11.

② See Mostaghel Deborah, 2011. Wrongfully Incarcerated, Randomly Compensated-How to Fund Wrongful-Conviction Compensations Statutes. *Indiana Law Review*, 44:503.

③ See Juliette Langdon and Paul Wilson, 2005. When Justice Fails: A Follow-up Examination of Series Criminal Cases since 1985. *Current Issues in Criminal Justice*, 17(2).

表 1－4　美国错罪监禁及补偿数额情况（1900～2012 年）

错　案	侵害/补偿	样　本	均　值	标准差	最小值	最大值	平均补偿（已赔：$/年）
纵　火	监　禁	5	3	2	1	6	—
	补　偿	0	—	—	—	—	—
绑　架	监　禁	5	8.6	5.9	0	16	—
	补　偿	0	—	—	—	—	—
杀　人	监　禁	597	12.1	7.9	0	36	—
	补　偿	29	6,417,022.0	12,500,000.0	0.0	37,400,000.0	1,038,888.9
伤　人	监　禁	19	4.8	4.2	0	14.0	—
	补　偿	0	—	—	—	—	—
强　奸	监　禁	32	12.5	5.5	5	26	—
	补　偿	6	8,236,717.0	9,161,260.0	0.0	25,000,000.0	961,538.5
性伤害	监　禁	198	14.4	8.2	0	35	—
	补　偿	4	2,850,000.0	4,771,268.0	250,000.0	10,000,000.0	285,714.3
抢　劫	监　禁	120	10.2	7.2	0	35	—
	补　偿	0	—	—	—	—	—

续表

错　案	侵害/补偿	样　本	均　值	标准差	最小值	最大值	平均补偿（已赔：$/年）
毒品持有	监　禁	26	4.3	3.5	0	12	—
	补　偿	2	49,175.0	48,330.8	15,000.0	83,350.0	6945.8
诈　骗	监　禁	2	5.5	2.1	4	7	—
	补　偿	0	—	—	—	—	—
其　他	监　禁	8	4.4	3.6	1	11	—
	补　偿	0	—	—	—	—	—
全　部	监　禁	1084	11.5	8.1	0	46	34
	补　偿	44	5,622,455	10,900,000	0	37,400,000	813,043.5

注：样本总数1522个，其中436个无罪受害人罪名不详而未作统计。
资料来源：Center on Wrongful Conviction。

从获得赔偿的人数来看,只有 44 人获得赔偿,占 1086 个有效罪名案件中的 4.05%,占所有 1522 个无罪受害人样本的 2.89%。通过这个数据不难发现,美国刑事错罪案件中,至少有 97.1% 的错罪受害人不能获得一分钱的赔偿。我们的研究基本证明,美国学者所指出的无罪受害人获得赔偿的难度较高的确非常真实。① 当然,对于那些已经获得赔偿的人来说,刑事错案赔偿可谓绝对的天价,平均每人获赔 81 万美元。最高的是伊利诺伊州高等法院对 Paula Gray 等 5 人判赔的 3740 万美元,以及联邦法院 2002 年对因错误定谋杀罪的 Jun Johnson 所遭受的 11.25 年冤狱判赔 2101.5 万美元。

本部分的研究进一步证明,错误定罪是一个国际现象。面对这些错误定罪的处理,英、美国家怠于赔偿态度反映出无罪受害人获赔的渺茫性,尤其是获赔人较少以及数额的不公削弱了其一向所标榜的司法公正形象。值得注意的是,如果没有鲜明的数据对比,美国的天价赔偿和新西兰的赔偿立法,可能容易被错误地认为:先进法治国家所标榜的司法文明是一种令人崇拜的司法神话。然而,真实的法治文明国家,仍然免不了刑讯逼供等导致错罪,以及在出现错罪后拒绝承担责任和赔偿的局面,典型的是 Paula Gray 案和 Norfolk Four 案中警察所使用的刑讯逼供所导致的错误定罪。② 面对这些问题,中国刑事法

---

① See Bernhard Adele, 1999. When Justice Fails: Indemnification for Unjust Conviction. *The University of Chicago Law School Roundtable*, 6:73; Bernhard Adele, 2004. Justice Still Fails: A Review of Recent Efforts to Compensate Individuals Who Have Been Unjustly Convicted and Later Exonerated. *Drake Law Review*, 52:703; Jennifer L. Chunias and Yael D. Aufgang, 2008. Beyond Monetary Compensation: The Need for Comprehensive Services for the Wrongfully Convicted. *Boston College Third World Law Journal*, 28(1):105; Lopez Alberto, 2002. $10 And a Denim Jacket A Model Statute for Compensating the Wrongly Convicted. *Georgia Law Review*, 36(3):665; Jon B. Gould and Richard A. Leo, 2010. Justice in Action One Hundred Years Later: Wrongful Convictions After A Century of Research. *The Journal of Criminal Law & Criminology*, 100(3):825.

② See Jon B. Gould and Richard A. Leo, 2010. Justice in Action One Hundred Years Later: Wrongful Convictions After A Century of Research. *The Journal of Criminal Law & Criminology*, 100(3):825.

政策制定者和法律参与者应当如何认识自己呢？这是我们继续研究的工作，我们并不打算在此详细论证，下文仅对此略做发散。

结 论

在任何的刑事司法系统中，错误总是难免会发生的，有罪的人逃避刑事处罚以及无罪的人被错误定罪都可能出现。① 正如吴晓凤指出的那样，没有一个国家能够避免刑事司法系统中出现错罪。② 面对全球普遍的刑事错罪问题，中国刑事法政策制定者是否还会对错罪羞于启齿呢？中国法律参与者或学术研究者，还应当发表狂热的批评意见吗？这是本章的主题背景，正如文中反复强调的那样，应当给错罪一个客观认识的空间。

本章通过对全球数据的介绍，我们通过102个国家（尤其是美国）的刑事错罪情况说明：错罪是全球现象，英、美国家错罪更加普遍，且近年来呈上涨趋势；美国的刑事错罪受害人平均面临11.58年监禁，受害人做无罪申诉平均长达10年；刑事错罪主要集中在杀人犯罪、性犯罪案件。本章同时指出：虽然英、美国家有天价赔偿的少数案例，但是除新西兰对刑事错罪有明确的国家赔偿标准外，英、美国家目前没有制定明确标准对刑事错案进行赔偿；刑事错罪赔偿面临法律保护的不足，这就是美国错案受害人获得赔偿的只有2.9%，超过97.1%的刑事错案没有得到赔偿的根本原因。

在研究过程中，我们也认识到中国公开报道的刑事错案数量较少。然而，如果考虑到全球的普遍背景和错罪黑数问题，这并不意味着中国的刑事错罪真的就很少。为了说明这个问题，我们将继续对中国的刑事错

① See Hannah Quirk, 2007. Identifying Miscarriages of Justice: Why Innocence in the UK is Not the Answer. *The Modern Law Review*, 70(5): 759.

② See Xiaofeng Wu, 2011. An Analysis of Wrongful Conviction in China. *Oklahoma City University Law Review*, 36(2): 451.

罪情况做补充分析。由于官方和民间均没有对错罪进行统计,我们只得借助最高人民法院工作报告中统计的无罪人数做分析,这些无罪包括再审改判无罪的案件。何家弘对德国的刑事错罪案件进行研究时,使用了类似方法对对德国1150件再审改判无罪的案件做过引证。①

对最高人民法院1988年以来的工作报告进行研究后我们发现,中国最近10多年的刑事无罪判决呈下降趋势。如图1-5(左)所示,中国的刑事无罪率从1988年的0.7%下降到2005年的0.26%,被判无罪的人数从2285人下降到2162人(忽略2000~2004年)。这就需要辩证思考,而且是通过由表及里的深入分析,才能发现问题。从表面上看,无罪率和无罪案件下降,反映出最近20多年的法治建设使中国的定罪更加准确。这是好事,这也是中国司法实务界一贯坚持的原则。然而,从深层次分析,这并非好事,它表明中国定罪人口在逐年增加,且定罪率更高。② 如图1-5(右)所示,中国的刑事定罪数量几乎呈斜率为1的直接上升趋势。

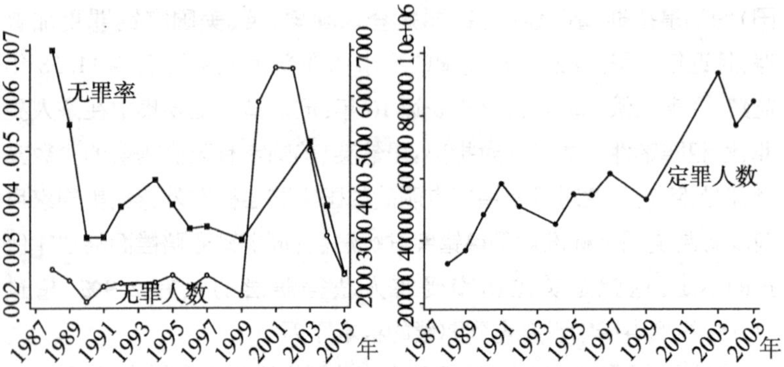

图1-5　中国刑事无罪趋势

资料来源:《最高人民法院工作报告(1987~2005)》全国人民代表大会;国务院;最高人民法院;法律图书馆(电子报告)。

① 参见何家弘:《刑事错案证明标准的名案解析》,载《中国法学》2012年第1期。

② 参见陈卫东:《我国刑事诉讼证明标准之重塑》,何家弘主编:《证据学论坛》(第四卷),中国检察出版社2002年版,第318页。

值得思考的是，中国的刑事司法实践能保持这种精确定罪吗？我们并不这么认为，相信大多数法学研究者都赞同我们的观点。我们认为错误定罪在中国同样非常普遍，公开报道的案例仅仅是冰山一角。这可能是中国政策制定者和刑事法学者应当正视的问题。中国高定罪率低无罪率的背后，可能隐藏着定罪错误的极大可能性。不妨用图1－5（左）2000～2003年和其他年份的无罪案件作对比，这4年的刑事无罪案件均值（$M_{2001-03}=5981.8$）是其他年份的3倍（$M_{年\neq 2001-03}=2071.6$）。为何忽然间刑事无罪就上升或下降了呢？只能有一个合理的解释，那就是其他年度的无罪案件可能被隐藏了。① 这些被隐藏的刑事无罪案件，所反映的另一个问题就是被错误定罪的可能性较高。然而，刑事诉讼具有双重目的，不仅要惩罚犯罪者而对其定罪，而且还需保护无罪者免受刑事处罚。② 既然如此，中国的刑事司法活动应当坦然地接受错误定罪，并且应大胆地对错误追诉的犯罪行为作出无罪判决，包括再审改判无罪。

事实上，中国从1994年开始就已经鼓足勇气面对刑事错罪，这不能不说是司法进步的表现。③ 1994年出台的《国家赔偿法》明确采用在职职工的日平均工资，作为计算错误监禁的赔偿标准，并且这一标准在2013年达到每日182.35元。④ 在同一水平上，美国犹他州以非农业人口和弗吉尼亚以90%的州人均收入标准，这说明

---

① 参见王松苗：《辩证看待100%的有罪判决率》，载《检察日报》2005年5月25日。

② 参见龙宗智、何家弘：《刑事证明标准纵横谈》，载《证据学论坛》2002年第1期，第143页；龙宗智、杨建广著：《刑事诉讼法》，高等教育出版社2007年版，第67页；陈光中：《刑事诉讼法》，北京大学出版社、高等教育出版社2005年版，第24页。

③ See Hand Keith, 2000. Watching the Watchdog: China's State Compensation Law As a Remedy For Procuratorial Misconduct. *Pacific Rim Law & Policy Journal*, 9(1): 95－138.

④ 此标准是2013年的标准，每年将根据上一年度职工日平均工资调整。参见徐隽：《国家赔偿标准提高为每日182.35元》，载中国法院网，http://www.chinacourt.org/article/detail/2013/05/id/960116.shtml，2013年6月17日访问。

中国的标准还是一个国际标准。但是,中国的国家赔偿却没有像犹他州规定最高赔偿15年限制,也没像弗吉尼亚州那样规定最高赔偿不超过20年。① 从相对收入水平来看,中国每天赔偿182.35元的标准,甚至比爱荷华和密苏里州每天仅赔偿50美元更高。中国和美国的亚利桑那、阿肯色、科罗拉多等23个没有制定立法赔偿错罪受害人的州相比,更别说大量拒赔案例(97.1%),中国对刑事错罪赔偿的客观态度应当值得肯定。

既然在中国立法和司法实践中已经制定了现代文明刑事法所需的法律,还有什么值得顾虑的呢?在未来的一段时间里,中国学术界和司法界应当客观认识刑事错罪,更应当勇于对错罪受害人改判无罪并作出赔偿,尽量减少刑事错案所带来的负面影响。坚持错罪不能避免,中国应敢于面对错误定罪的现实,这可能会被误解为替中国的刑事司法做辩护。然而,刑事错罪,这应是一个开放的学术话题。如果从本章的客观论证过程理解我们的立场,我们相信本章的结论并非奇谈怪论。当然,我们也欢迎学术同仁作出批评,但更希望能通过全球的错罪状况介绍,帮助中国司法者正确认识自身的刑事错罪。接下来的研究中,我们将把重心转向调查中国的刑事错罪,并分析中国在错罪和赔偿方面的具体情况。

① 中国的刑事赔偿在侵犯公民自由方面没有限制,只有身体伤害造成劳动能力丧失或死亡的,才有最高不超过20倍上年度职工年平均工资的限制。See CNN News, Wrongful Conviction Compensation Statutes, http://edition.cnn.com/interactive/2012/03/us/table.wrongful.convictions/,2013年6月14日访问。

第二章　中国刑事错案的特征

本章用实证研究的方法，分析了中国当前刑事错案的特征。通过对 28 个省级行政区 1987～2014 年曝光的 209 件刑事错案案例（累计 316 名无辜者）的刑事错案基本信息的收集，介绍了刑事错案的基本现状和特征。尽管刑事错案呈现一定的普遍性和规律性，但错案曝光率过低，这一定程度上造成难以精准评估刑事错案。本章收集的有限刑事错案，反映出以下特征：（1）以暴力、财产犯罪为主；（2）逮捕率、移送起诉率、公诉率、定罪率均居高不下，取保候审适用率低；（3）重判重刑，一押到底；（4）法院审级次数多，久判不决，申冤无门，主动纠错机制欠缺等；（5）赔偿不透明，赔偿数额标准不一。本章提出防范刑事错案的改革方案，即转变落后执法理念，构建积极有效的纠错措施。刑事错案的防范不能仅着眼于实体正义，更应以保障程序公正为切入点。面对刑事错案，中国的司法者们更应拿出实事求是的勇气和刚正不阿的纠错决心。

引　言

刑事错案始终是刑事司法挥之不去的阴影。错案的发生给社会带来严重危害,不仅让无辜者遭受冤屈,而且破坏了司法公正和社会秩序,甚至会使公众丧失对司法的信赖,乃至对整个国家政府的信任。但从某种意义讲,错案有其积极的一面,因为它帮助我们看清了现行制度的漏洞,从而推进刑事司法的改革和完善。正如美国耶鲁大学基思·芬蒂利教授所说:"错案仿佛推开了一扇改良刑事司法的窗户,我们应该从错案中寻找推动司法改革的良方,而不是让机会在眼前白白流失。"①故而,刑事错案频频出现更加彰显研究刑事错案的必要性和重要性。然而,中国的刑事错案何以屡禁不止?中国的刑事错案又呈现出怎样一个态势?我们的回答仅仅止于只言片语或是一叶障目。

当前,一些有重要影响的国外刑事错案报告逐渐进入中国学者的视野,并成为研究外国法律制度和司法制度,从中寻找国外先进刑事错案防减方案的重要素材。如美国加利福尼亚州发布的《加州刑事错案报告》,对1989年1月至2012年9月发生的214件刑事错案的类型、分布、损失等情况进行了详细统计和系统分析整理。② 研究中国的刑事错案固然需要开阔视野,借鉴他国有益经验,但更应当立足于本土,深入分析刑事错案的表现形式、发生机理与预防对策。问题是,中国刑事错案整体状况到底怎样?具备哪些明显特征?这些特征对防范错案的刑事司法改革又有何启示?本章通过对1987年~2014年曝光的209件刑事错案实证研究分析,旨在努力回答这三个问题。

---

① Keith Findley,2002. Learning from Our Mistakes: A Criminal Justice Commission to Study Wrongful Conviction. *California Western Law Review*,38(2):333.

② 参见林卫星:《用数据说话的〈加州刑事错案报告〉》,载《法制资讯》2013年第10期,第64页。

从人权保护的角度来看,刑事错案毫无疑问是一个毁灭性的灾难,特别是错案中死刑和无期判决总是让人难以接受。面对刑事错案的严峻态势,我们不能抱残守阙,故步自封,而应该积极探索刑事司法体制改良之路,从现实生活中的每一起错案开始着手。虽然316个样本仅是错案的冰山一角,但可抛砖引玉,打破部分司法机关的错误侦查和诉讼理念,反哺司法制度的完善,树立正确的刑事司法观,通过刑事手段克减刑事错案。我们相信通过刑事错案特征研究可以弥补有关错案认识的空白,为客观评价中国刑事错案提供观察的镜子。

本章期望在理论研究和司法认知上实现4个目标。首先,通过系统梳理近几十年内中国发生的刑事错案,较全面地展现刑事错案的基本特征。只有先了解刑事错案的基本特征,才有可能客观认识冤假错案发生的机理。其次,在实证研究的基础上,对司法实践中存在的"重打击、轻保护,重结果、轻程序"等错误理念进行纠正,进一步防范刑事错案的产生。再次,通过研究树立正确的刑事司法观,消除精确定罪和杜绝刑事错案出现的极端理想化思想影响,形成定罪与纠错的客观自然态度。最后,在持之以恒地做到数据确实充分,错案梳理翔实,结论有理有据研究高度的基础上,能切实提出一些现实可行的刑事错案防范方案。

出于对中国刑事错案基本特征研究调查的目的,本章通过网络、新闻、报刊、书籍等平台收集了1987～2014年被曝光纠正的刑事错案案例209件,并通过编码设置对错案中的316名无辜被告身份信息、被冤罪名、强制措施、审理程序、量刑结果、纠错原因等情况进行了较为细致的统计。本章结构安排如下:

第一节,为国内外刑事错案研究文献回顾。本节分别从国内和国外两个视角对刑事错案研究的文献进行梳理。由于研究中心是中国刑事错案的特征,故在文献梳理上以中国本土研究为重点。通过梳理发现,外国刑事错案特征研究非常普遍,但中国学者研究错案特征甚少;中国刑事错案问题理论性研究多,实证研究少,针对中国刑事错案特征的实证研究至今可以认为仍处于空白。第二节,为中国刑事错案横、纵分布情况。从地域和时间两个轴度介绍中国刑事错案区域分布基本情况,提出中国的刑事错案具有普遍性,曝光率过低,刑事错案的发生与刑事错案的纠错趋势大致呈反比例关系等特点。第三节,为中国刑事错案特征的基本规律。以数据为基础,主要从刑事错案的涉案罪名,“五率”(逮捕率、取保候审率、移送起诉率、公诉率、定罪率)、量刑、法院审级、纠错原因、国家赔偿、羁押期限和错误监禁7个方面入手,对中国刑事错案特征做了较为透彻的分析比较。第四节,为减少刑事错案的改进方案。主要通过转变执法理念,慎用羁押或变更强制措施,赋予巡回法院对疑错案件终审权等举措来完善刑事错案的防范机制和纠错机制。第五节,则是对全章的总结。

第一节 文献回顾

刑事错案不是一个法律术语,学术领域和司法实务领域对刑事错案的认定标准、刑事错案概念等问题没有一个统一的认识,也尚无统一科学的定义。① 在学术领域,准确界定刑事错案是一件困难的事情,且对于刑事错案的判断标准也是众说纷纭,存在“诉讼结果说”“刑事赔偿标准说”“主客观统一说”等。② 学者们也纷纷指出,中国刑事错案定性问题还存在诸多不足,同时还提出应从案件性质、类别、

---

① 参见龚佳禾:《“刑事错案认定标准”研究》,载《中国刑事法杂志》2007年第5期,第84页;钟维、张筱晨:《当代中国应当如何防范和减少冤错案——“刑事错案的预防研讨会综述”》,载《证据学论坛》2008年12月31日,第323页;刘慧琛、潘贤芬、嵇舒昕:《构建刑事冤假错案防范机制的探析》,载《新西部》(理论版)2014年第11期,第93页;张宗亮:《我国刑事错案研究综述》,载《山东警察学院学报》2013年第5期,第20页;王晓霞:《刑事错案认定标准的反思与重构》,载《人民检察》2006年第22期,第37~40页。

② 参见陈学权:《刑事错案,三重语境下的三重标准》,载《检察日报》2005年5月31日。

认定程序入手重新建构科学的错案认定标准。在司法实务中，对刑事错案的理解主要有两种：一种是事实上无罪而被判处有罪，另一种是事实上有罪而被判处无罪。刘品新指出，“无辜者被错判”所形成的错案尽管在绝对数量上不多，但它们无可厚非地是法学研究的重心。[①] 因而，本章所涉及的刑事错案仅指事实上无罪而被判有罪的冤假错案，即刑事错案。

侦查部门的错误刑拘，检察机关的错误批捕和错误公诉，法院作出的错误有罪判决，共同演绎了一个完整的刑事错案形成过程。我们必须清楚认识到刑事错案的发生轻者毁冤者人生，重者家破人亡；司法形象和司法公信大打折扣；不断上访暗藏社会不安定因素。[②]随着赵作海、佘祥林等刑事错案的频频曝光，中国社会各界对刑事错案均予以高度关注。2013 年，习近平总书记“努力让人民群众在每一个司法案件中感受到公平正义”的重要批示，史无前例地提出重视个案正义。随后，最高人民法院常务副院长沈德咏撰文呼吁刑事错案要重视“防患于未然”，要做“事前诸葛亮”“守住防范冤假错案的底线”。[③] 如第一章所述，中国最近 20 年的刑事无罪判决案已降至 0.26%，故此高达 99.74% 的定罪率中可能隐藏着无罪错案。[④] 面对严峻的刑事错案形势，理论界和实务界对刑事错案问题的研究也越来越重视。

---

① 参见刘品新：《当代英美刑事错案的实证研究》，载《国家检察官学院学报》2007 年第 1 期，第 16 页。

② 参见申欣旺：《错案纠正提速》，载《中国新闻周刊》2013 年第 16 期，第 28 ~ 29 页；沈德咏：《我们应当坚决守住防范冤假错案的底线》，载《法制观察》2013 年第 6 期，第 20 页；杨瑞芳、郑茜：《刑事冤假错案的成因及防范建议》，载《法制与社会》2013 年第 26 期，第 77 页。

③ 参见沈德咏：《我们应当坚决守住防范冤假错案的底线》，载《法制观察》2013 年第 6 期。

④ 参见熊谋林、廉怡然、杨文强：《全球刑事错案的实证研究（1900 ~ 2012）》，载《法制与社会发展》2014 年第 2 期，第 31 页。

一、国内文献分析

刑事错案致因和对策是国内学者们讨论颇多的一个问题。首先,刑事错案的形成原因具有多因一果的特点,如办案理念错误、证据审查判断错误、鉴定结论错误、办案程序违法、调查取证不规范、证明的错误、口供的错误、刑讯逼供的错误、公诉的错误、审判的错误以及外部干扰等都会成为错案的致因。① 考虑以上因素,对错案的原因研究主要从历史、社会背景、司法环境、司法人员素质和证据规则等多方面展开。其次,对错案形成的证据致因探讨最多,认为刑事错案的主要原因是证据采信错误。因此,在刑事错案研究上形成以证据规则为切入点的思维定式。

针对刑事错案的各种致因,国内学者也积极提出相应的防范对策。例如,更新刑事司法理念,确立现代司法原则,加强职业道德教育,强化刑事司法人员素质,严禁非法取证,提高犯罪嫌疑人、被告人的权利意识,改善刑事诉讼环境,改革和完善刑事诉讼机制等。② 这些对策听起来的确非常有道理,然而,面对错综复杂的刑事错案司法现实,这些对策如同空中楼阁,对防减错案收效甚微。

---

① 参见郭欣阳著:《刑事错案评析》,中国人民公安大学出版社2011年版,第2~3页;肖建雄、刘润发:《检察机关防止冤假错案的路径探析》,载《人民检察》2014年第10期,第59~60页;张宗亮:《我国刑事错案研究综述》,载《山东警察学院学报》2013年第5期,第21~24页;朱孝清:《冤假错案的原因和对策》,载《中国刑事法杂志》2014年第2期,第3~9页;卞建林、白思敏:《守住证据底线,防止冤错案件》,载《法律适用》2013年第9期,第2页;陈兴良:《错案何以形成》,载《公安学刊》2005年第5期,第12~13页;陈殿福:《从错案的产生谈刑事案件证明标准的几个问题》,载《法律适用》2006年第1期,第46~48页。

② 参见王乐龙著:《刑事错案:症结与对策》,中国人民公安大学出版社2011年版,第125~171页;曹宣祥:《检察机关预防刑事错案的基本路径选择》,载《乌蒙论坛》2013年第5期,第65~68页;刘宪权:《克减冤假错案应当遵循的三个原则》,载《法学》2013年第5期,第61~65页;胡常龙:《论检察机关视角下的冤假错案防范》,载《法学论坛》2014年第3期,第123~130页;王方:《论冤假错案的成因与防范路径》,载《云南大学学报》(法学版)2013年第6期,第121~124页。

在错案的救济机制方面,中国学界主要借鉴美国错案救济成果,提出要建立错案纠正机制和错案预防机制,完善刑事错案国家赔偿制度,制定刑事错案社会补偿制度等。① 美国错案救济经验是否适合中国本土化刑事错案现实?我们的答案是,这可能并不完全正确。错案的救济还需立足中国,根据错案自身特征映射出的救济需要提出相应的措施。刑事错案追究制度最早出现于20世纪90年代初,它旨在防治司法腐败、纠正错误判决。通过对相关错案追究文献的分析与梳理,我们发现错案追究制度在实践层面上存在错案认定标准混乱、追究责任主体模糊、追究程序缺乏独立性等缺陷。② 这些缺陷也致使错案追究制度迄今未能发挥出它的最大功效。

一言以蔽之,国内学者针对刑事错案的研究成果甚为丰厚。何家弘形象地指出,刑事错案是古今中外刑事司法领域中难以驱散的幽灵。③通过粗略地对近10年来中国刑事错案文献的梳理我们发现,对刑事错案的研究重点集中在刑事错案的概念及危害、错案形成原因和对策、错案的救济机制以及错案追究制度等方面。然而,刑事错案的研究呈现理论观点多,实证分析少的态势。虽然对某些或个别刑事典型错案进行研究分析的学者不在少数,但从宏观角度全面剖析刑事错案基本规律的学者却是凤毛麟角。④ 目前来看,中国理论界和司法系

---

① 参见王金姣、吴丹:《刑事错案救济机制研究——以美国为鉴》,载《研究生法学》2012年第5期,第136~140页;张宗亮:《我国刑事错案研究综述》,载《山东警察学院学报》2013年第5期;沈玉忠:《美国刑事错案救济制度及对中国的启示》,载《鄂州大学学报》2008年第6期,第21~23页。

② 参见张善燚、潘庆娜:《司法善后:合理化刑事错案追究制度及其展望》,载《学理论》2010年第22期,第109页;胡铭、郑昕:《错案追究制的法理思考与制度构建》,载《学习论坛》2013年第2期,第70~73页;魏胜强:《错案追究何去何从?——关于我国法官责任追究制度的思考》,载《法学杂志》2012年第9期,第55~64页;殷勇:《完善错案追究制度,切实维护司法公正》,载《世纪行》2008年第2期,第41页。

③ 参见何家弘、何然:《刑事错案中的证据问题——实证研究与经济分析》,载《政法论坛》2008年第2期,第3页。

④ 参见陈永生:《我国刑事误判问题透视——以50起震惊全国的刑事冤案为样本的分析》,载《中国法学》2007年第3期,第45页。

统对刑事错案的研究依旧任重而道远,研究深度和广度都不够,现实针对性不强。

二、国外文献分析

沈德咏大法官指出,百分之百杜绝刑事错案是不现实的,刑事错案在西方世界也同样存在。[①] 从国外来看,对刑事错案的研究主要着眼于概念、特征、原因及对策、赔偿等方面。[②] 本部分主要从4个方面对国外刑事错案研究成果进行简要梳理。

(一)刑事错案的概念及危害

国外刑事错案在概念上也同样面临难以界定的问题,从文献来看,错罪的定义至少有6种。相对主流观点认为,刑事错案是经过刑事程序最终被判刑定罪而随后他的定罪被推翻或根据新发现的事实被赦免的案件。[③] 布鲁斯·麦克法兰指出,错案发生证明司法系统的三大失败:第一,对错判者造成不合理的损害;第二,致使真凶逍遥法外;第三,对错判者及其家属造成严重的精神伤害。[④] 正是因为刑事错案具有如此严重的危害才引起了各国的重视。

(二)刑事错案的特征

尽管受多种条件的限制使错案研究可喜成果有限,但这并没有阻止各国刑事法专家对刑事错案特征展开深入的研究。格罗斯和欧本里恩指出,没有精确的资料和检测知道到底有多少刑事

---

① 参见沈德咏:《我们应当如何防范冤假错案》,载《人民法院报》2013年5月6日,第2版。

② See Kent Roach and Gary Trotter,2005. Miscarriages of Justice in the War Against Terror. *Pennsylvania State Law Review*,109:967.

③ 参见陈学权:《刑事错案:三种语境下的三重标准》,载《检察日报》2006年2月18日。

④ See Bruce Macfarlane, 2006. Convicting the Innocent: A Triple Failure of the Justice System. *Manitoba Law Journal*,31:403,487; Grounds Adrian,2004. Psychological Consequences of Wrongful Conviction And Imprisonment. *Canadian Journal of Criminology and Criminal Justice*,46(2):165.

错案。[①] 瑞士和荷兰等国家的学者对因诉讼、侦查技术不足等证据问题引发的错案进行了分析。[②] 胡富 C. 提出，估计美国错罪在0.5% ~5%之间。[③] 在英国，非正式地估计错误定罪率可能是 0.1% 。[④] 值得肯定的是刑事错案在各国具有普遍性，[⑤]就连司法制度先进的美国和英国也不例外。

（三）刑事错案的原因

学者分析误判通常是人为或系统原因造成的。个人相关因素如心理问题可能导致一个人作出虚假供述，错误的目击证人辨认，有缺陷的科学证据，故意告密者的证据，警察或检察官的不当或过激的定罪，虚假供述，失职的刑辩律师，隧道视野以及媒体的影响，陪审团的作用等。[⑥]吉姆·佩特罗撰书对美国刑事错案进行研究和分析，总结出导致刑事冤案的因素通常有 6 种：虚假供述、采信告密者的陈述、劣质的刑事辩护、不可靠的科学鉴定、政府的不当行为和目击证人的错误证词。[⑦]

---

① See Samuel R. Gross and Barbara O'Brien, 2008. Frequency and Predicators of False Conviction: Why We Know So Little, And New Data Capital Cases. *Journal of Empirical Legal Studies*, 5:14.

② See C. Ronald Huff and Martin Killias, 2008. *Wrongful Conviction: International Perspectives on Miscarriage of Justice*. Philadephia: Temple University Press: 8 - 11.

③ See C. Ronald Huff, Arye Rattner and Edward Sagarin, 1986. Convicted But Innocent: Wrongful Conviction And Public Policy. *Crime & Delinquency*, 32:187.

④ See C. Ronald Huff, 2002. What Can We Learn From Other Nations About The Problem of Wrongful Conviction. *Judicature*, 86:91.

⑤ See Kent Roach, 2012. Wrongful Convictions in Canada. *University of Cincinnati Law Review*, 80(4):1465.

⑥ See Lynne Weathered, 2007. Does Australia Need a Specific Institution to Correct Wrongful Conviction? *The Australian and New Zealand Journal of Criminology*, 40(2): 179 - 198; Kent Roach and Gary Trotter, 2005. Miscarriages of Justice in the War Against Terror. *Pennsylvania State Law Review*, 109:967; Report on the Prevention of Miscarriages of Justice. 2004. FPT Heads of Prosecutions Committee. Working Group: www.justice.gc.ca/en/dept/pub/hop/("HPC").

⑦ [美]吉姆·佩特罗、南希·佩特罗著:《冤案何以发生——导致冤假错案的八大司法迷信》，苑宁宁等译，北京大学出版社 2012 年版。

对于这些因素如何削弱判决的准确性以及如何减少它的负面影响,我们现在知之甚少。

(四)刑事错案的赔偿

由于错案很难确定一个错判的人需要提出赔偿的因素,也不知道这样的赔偿将如何被量化,致使作为错判受害者的主要救济刑事错案赔偿制度不能充分发挥作用。如在澳大利亚司法管辖区经济情况不同,刑事赔偿透明度不高,导致许多错判澳大利亚人没有得到任何补偿,同时赔偿决定的依据和赔偿的数额也从未公开。① 因此,帕特森和沃尔什认为刑事赔偿自由裁量是多少,赔偿应采用的准则,这都是应该公开的。② 同时,我们发现由于刑事错案数据不尽相同,各国在刑事错案分析上侧重点也不同且没有一个完整的系统性规律。

综上所述,从中外刑事错案的研究对比可知:第一,国外学者对刑事错案特征的研究非常普遍,中国学者研究错案特征的却是凤毛麟角;第二,国内学者描述刑事错案理论原因与危害较多,但深入实证调研的没有;第三,中国学者对错案研究多为批判感性研究,对于错案出现的背景探讨以及错案发生后如何客观评鉴却还略显不足。刘品新教授也指出,"刑事错案本质是一个不折不扣的实务问题,刑事错案研究必须扎扎实实地从实证研究开始。"③所以,深入研究中国刑事错案问题并在防范错案上提出行之有效的对策,就必须以中国刑事错案特征为出发点,切实从个案实证研究做起。

---

① See Adrian Hoel,2008. Compensation for Wrongful Conviction. *TRENDS & ISSUES in Crime and Criminal Justice*,356.

② See Patterson Aaron, 2004. Compensation for Wrongful Conviction and Imprisonment. *New Zealand Law Journal*,*November*: 460.

③ 参见刘品新:《当代英美刑事错案的实证研究》,载《国家检察官学院学报》2007年第1期,第16页。

第二节　刑事错案的地域和时间分布

套用一句总结性表达,“错判猛于虎。”①刑事错案的产生对人权保障,法律公正,司法公信的冲击大、影响坏,已成为司法机关的死穴。② 同时,刑讯逼供、程序违法、超期羁押等不良现象常常与刑事错案相伴而生。本部分主要从地域和时间两个轴度对中国刑事错案整体情况进行分析。

一、区域概况

刑事错案频发对地区稳定和司法公信力都是致命的冲击。从表2-1中国7大地区涉及刑事错案人数列表与表2-2中国各省份刑事错案人数列表可知,刑事错案问题在中国地区和省份普遍存在,且呈现只多不减的态势。

表2-1　中国7大地区涉及刑事错案人数列表(1987~2014年)

地　区	错罪(人)	纠错年度	百分比(%)
东北地区	30	1991~2014	9.49
华北地区	50	1997~2014	15.82
华中地区	76	1987~2014	24.05
华东地区	48	2000~2014	15.19
华南地区	41	2001~2014	12.97
西南地区	38	1990~2014	12.03
西北地区	33	1996~2011	10.44
总　计	316	1987~2014	100

① 参见王佳著:《追寻正义:法制视野下的刑事错案》,中国人民公安大学出版社2011年版,第2页。

② 参见叶青:《从冤假错案的纠正看中国刑事司法体制的改革动向》,载《探索与争鸣》2011年第12期,第70~73页。

如表 2 - 1 所示,我们把公布的刑事错案按地区大致划分为 7 个地区,分别是:东北、华北、华中、华东、华南、西南和西北。从 1987 ~ 2014 年 27 年间曝光的 316 名刑事错案当事人的分布情况看,其中错案案件发现最多的是华中地区,无罪错案当事人有76 人,占24.05%。错案案件发现最少的东北地区纠正的无罪错案当事人有 30 人,占 9.49%。从表 2 - 1 中我们还发现,作为中国政治、法律、经济、文化发展领先的华北、华中、华东、华南 4 个地区纠正的无罪错案当事人合计占 68.03%,而发展较为滞后的东北、西南、西北 3 个地区纠正的无罪错案当事人合计占总数的 31.96%。这一数据足以说明经济、政治、法律的发达程度与刑事错案的发现纠正率呈正相关。在刑事错案的预防中社会发展水平和法制建设程度不可忽视。同时,由于中国社会发展的不平衡也导致中国刑事错案的打击纠治力度呈现东强西弱的不平衡局面。

二、省市分布情况

从表 2 - 2 中可知,刑事错案至少覆盖了 28 个省区市。从表 2 - 2 可以发现,无罪刑事错案最多的省份是河南省,有 42 人,占 13.29%。其次是河北省 37 人,占 11.71%。值得注意的是,曝光的上海刑事错案仅 3 例,北京和青海各一例。

表 2 - 2　各省市涉及刑事错案人数列表(1987 ~ 2014 年)

省　份	错罪(人)	纠错年度	百分比(%)	累计百分比(%)
浙　江	12	2003 ~ 2013	3.80	3.80
湖　南	9	1998 ~ 2014	2.85	6.65
福　建	11	2000 ~ 2014	3.48	10.13
江　西	11	2005 ~ 2012	3.48	13.61
山　东	3	2006 ~ 2011	0.95	14.56
安　徽	17	2006 ~ 2011	5.38	19.94

续表

省　份	错罪(人)	纠错年度	百分比(%)	累计百分比(%)
广　东	15	2004～2014	4.75	24.68
贵　州	13	2007～2014	4.11	28.80
广　西	19	2003～2013	6.01	34.81
黑龙江	17	1991～2013	5.38	40.19
重　庆	3	2002～2006	0.95	41.14
内蒙古	4	2005～2014	1.27	42.41
吉　林	7	2000～2014	2.22	44.62
四　川	8	1990～2008	2.53	47.15
上　海	3	2005～2008	0.95	48.10
新　疆	6	1993～2009	1.90	50.00
青　海	1	2008	0.32	50.32
山　西	8	1997～2008	2.53	52.85
江　苏	2	2008～2013	0.63	53.48
河　北	37	2001～2014	11.71	65.19
河　南	42	1987～2013	13.29	78.48
陕　西	13	1999～2008	4.11	82.59
海　南	7	2001～2006	2.22	84.81
云　南	14	1998～2013	4.43	89.24
湖　北	14	1999～2013	4.43	93.67
北　京	1	2013	0.32	93.99
甘　肃	13	1996～2001	4.11	98.10
辽　宁	6	2001～2013	1.90	100.00
总　计	316	1987～2014	—	100.00

受一些地方经济发展、信息公开、法治建设等诸多原因的制约,表2-2中没有收集到西藏、宁夏、新疆三个自治区的刑事错案,这已成为本书的一大遗憾。

河南、河北两省公布的错案比例高与本地区人口基数大,地方对错案重视程度和信息公开透明度等密切相关。北京、上海等地云集了最优秀的司法工作者,司法人员素质高、人民法治意识强,其地方错案发生相对较少。

三、时间分布

刑事错案的纵向分布主要是从刑事错案发生时间和刑事错案纠错时间两方面进行分析,见表2-3和表2-4。由表2-3公布的刑事错案发生时间分布情况可知,时至今日刑事错案依然在发生。2010~2014年的5年中被错误定罪的有9人,所占比例为2.85%;2005~2009年被错误定罪的有67人,占21.20%;2000~2004年被错误定罪的有76人,占24.05%;1995~1999年被错误定罪的有87人,占27.53%;1990~1994年被错误定罪的有52人,占16.46%;1987~1989年被错误定罪的有11人,占3.48%;1986年被错误定罪的有14人,占4.43%。从整体来看,刑事错案到1999年都是只增不减的发展趋势,说明当时错案发生率较高。从1999~2014年刑事错案发生率呈递减趋势,特别是2009年到2014年刑事错案发生率锐减。

表2-3　刑事错案发生时间分布

发生期间	错罪人数(人)	比例(%)
1986	14	4.43
1987~1989	11	3.48
1990~1994	52	16.46
1995~1999	87	27.53
2000~2004	76	24.05

续表

发生期间	错罪人数(人)	比例(%)
2005~2009	67	21.20
2010~2014	9	2.85

从表2-4刑事错案纠错的时间来看,1987~1989年期间,刑事错案纠错1件,占0.35%;1990~1994年刑事错案纠错3件,占1.05%;1995~1999年刑事错案纠错20件,占7.02%;2000~2004年刑事错案纠错56件,占19.65%;2005~2009年刑事错案纠错107件,占37.54%;2010~2014年刑事错案纠错98件,占34.39%。总体而言,从1987~2014年,刑事错案的纠错数量随法治进步的时间推移呈上升趋势,反映出中国对刑事错案问题越来越重视。同时,表2-3和表2-4相比较可以看出,刑事错案的发生与刑事错案的纠错大致呈反比例关系。

表2-4　刑事错案纠错时间分布

纠错期间	纠错人数(人)	比例(%)
1987~1989	1	0.35
1990~1994	3	1.05
1995~1999	20	7.02
2000~2004	56	19.65
2005~2009	107	37.54
2010~2014	98	34.39

通过对收集的刑事错案横、纵的比较,可以发现:第一,无论从地域还是从时间来看,刑事错案是中国司法领域一个重要问题,其具有普遍性特点;第二,刑事错案的曝光率过低,司法透明度有待加强,一些司法机关甚至存在“将错就错”“欺上瞒下”的严重违法行为;第三,刑事错案的发生与刑事错案的纠错大致呈反比例关系,加大对刑事错案的纠错力度有利于遏制刑事错案的发生。

第三节　刑事错案的基本特征

要想真正解决刑事错案这一问题,仅仅遵从其产生的原因入手找对策的老路是治标不治本的。只有对刑事错案的特征有一个正确清晰的认知,“对症下药”才能达到标本兼治的理想状态。学界对中国刑事错案特征的研究长期处于空白状态,一些著述虽有涉及也仅一笔带过。然而,中国刑事错案的现状如何?刑事错案具备哪些特征?我们无从所知。本章通过对收集的316个无罪刑事错案进行系统的梳理、分析,从多视角、多维度揭开中国刑事错案特征的“神秘面纱”。

一、刑事错案中的罪名

从表2-5中可以看出,刑事错案涉及的罪名广泛。其中,一级罪名有五类分别为:侵犯人身民主犯罪、侵犯财产犯罪、职务犯罪、危害公共安全犯罪和妨害社会管理秩序犯罪,二级罪名共29个,涉及样本数为260个。其中侵犯人身权利、民主权利犯罪为118个,占45.38%;侵犯财产犯罪为81个,占31.15%;妨碍社会管理秩序犯罪为31个,占11.92%;职务犯罪有22个,占8.46%;危害公共安全犯罪有6个,占2.31%;还有已废罪名[①]2个,占0.77%。我们发现,其中容易发生刑事错案的是侵犯人身、民主权利犯罪和侵犯财产犯罪。

表2-5　刑事错案的罪名分布情况

犯罪细目	罪名(个)	百分比(%)
侵犯人身权利、民主权利犯罪	118	45.38
侵犯财产犯罪	81	31.15
职务犯罪	22	8.46

① 注意:29个罪名中包括已废罪名,如现行反革命罪、流氓罪等。

续表

犯罪细目	罪名(个)	百分比(%)
危害公共安全犯罪	6	2.31
妨碍社会管理秩序犯罪	31	11.92
已废罪名	2	0.77
合　计	260	100

根据附录1－A，我们发现在众多罪名中，故意杀人罪有90个，抢劫罪有53个，强奸罪有17个，故意伤害罪有10个，这些罪名都属于暴力犯罪的范畴，占总案件的65.38%。见在刑事案件中暴力犯罪发生刑事错案的概率很高。因此，在刑事错案的事前预防中一定要加大对暴力犯罪案件和财产性犯罪的审查和监督，这对减少和预防刑事错案具有前瞻性意义。

在刑事错案整理中，我们还发现许多刑事错案往往都存在一人“犯法”，株连亲友的现象，如黑龙江省隋洪建案。隋洪建及亲友共16人先后被警方羁押，累计羁押时间近7000天；贵州杨显芬一家6人被拘其中3人被判刑，形成长达9年的冤案等。这是利用亲情对疑似犯罪嫌疑人进行施压，最终形成错案的悲剧。如何避免更多无辜者受到牵连？这也是一个值得深思的问题。

二、刑事错案中“五率”问题

正如李心鉴所言：“中外刑事诉讼的历史已经证明，错误之审判恶果从来都是结在错误侦查之病枝上的。”①刑事错案的发生根植于侦查阶段的刑事追溯过程。因此，刑事错案研究必然要以审前程序为突破口，着重对逮捕率、取保候审率、移送起诉率、公诉率、定罪率“五率”进行研究，刑事错案“五率”分布情况如表2－6所示。

① 李心鉴著：《刑事诉讼构造论》，中国政法大学出版社1992年版，第179页。

表 2-6 刑事错案"五率"

项 目	侵犯人身犯罪权利、民主权利	侵犯财产犯罪	职务犯罪	危害公共安全犯罪	妨害社会管理秩序犯罪	已废罪名	总 计
逮捕率	118 (98.31)	81 (93.83)	22 (86.36)	6 (100.00)	31 (74.19)	2 (100.00)	260 (93.08)
取保候审率	118 (3.45)	81 (3.95)	22 (0.00)	6 (0.00)	31 (3.45)	2 (0.00)	260 (3.23)
移送起诉率	118 (97.46)	81 (90.12)	22 (81.82)	6 (100.00)	31 (93.55)	2 (100.00)	260 (93.46)
公诉率	118 (91.53)	81 (76.54)	22 (81.82)	6 (83.33)	31 (93.55)	2 (100.00)	260 (86.15)
定罪率	118 (96.61)	77 (100.00)	21 (100.00)	6 (100.00)	31 (100.00)	2 (100.00)	255 (98.43)

1. 关于逮捕率的问题

从表 2-6 可知,刑事错案强制措施中逮捕率高达到 93.08%,其中,职务犯罪的逮捕率为 86.36%,危害公共安全犯罪的逮捕率为 100%。从附录 1-A 可知,其中大约 70% 的罪名错案逮捕率为 100%。同时,故意杀人罪的刑事错案逮捕率为 99%,抢劫罪 91%,强奸罪 94%,故意伤害罪 100%,可见暴力犯罪的逮捕率也很高。"民意"在很多时候只是民众看到事件结果的一种本能反应,却不是事实真相。在司法实践中,司法部门易受舆论、行政机关的"误导",关注"民意"重视"维稳",忽略司法的相对独立性,影响了案件的公正办理,甚至造成错案。笔者认为这可以解释职务犯罪、危害公共安全犯罪的逮捕率为 100% 的原因。在许多西方国家,逮捕率远低于中国。例如,1996 年在美国只有 34% 的联邦重罪被告人在审判前被逮捕;①

① See Dressler Joshua, 2002. *Understanding Criminal Procedure* (*3rd Edition*). Newark, New Jersey: Lexis Nexis.

在瑞典,仅35%被逮捕拘留。① 这说明中国的逮捕率维持在高位运行,距离减少不必要的逮捕还有较大的空间。

2. 关于取保候审率的问题

在法治发达的欧美国家,刑事司法中保释率较高。中国的《刑事诉讼法》中没有保释制度的规定,只有一种类似的非羁押措施——取保候审。② 司法实务中是以逮捕羁押为主,取保候审为辅的司法常态,取保候审适用率过低。由表2-6中可以看到,刑事错案取保候审率仅为3.23%。值得深思的是,职务犯罪、公共安全犯罪的取保候审率竟然均为0%。对疑错案件提高取保候审等非羁押强制措施的适用率,无疑对解决目前高逮捕、高羁押率难题具有现实意义。

3. 关于移送起诉率的问题

从表2-6中还可知,刑事错案中移送起诉审查率为93.46%,其中,公共安全犯罪的移送审查率达到100%。侵犯人身权利、民主权利犯罪的移送审查率也达到97.46%。这说明侦查机关在刑事错案入罪的第一个关口把关不严,在移送起诉前自审自查能力过低。防止刑事错案的发生必须从侦查阶段就应严把事实关、程序关、证据关和法律适用关,严守定罪的入口。

4. 关于公诉率问题

表2-6中的刑事错案的公诉率达到86.15%,其中社会管理犯罪为93.55%,人身民主犯罪为91.53%。被逮捕的无辜刑事被告约为242人,被起诉人数约为223人,逮捕人数与起诉人数之比保持在92.15%。检察机关在审前阶段防范刑事错案中扮演了重要的诉讼角色。检察院既是公诉机关又是司法监督机关,可以有效地对侦查部门的侦查行为进行监督和制约,侦查行为的依理依法有助于防范刑事错

① See Stanislaw Frankowski and Dinah Shelton, 1992. "*Pretrial Detention in Sweden*", *in Stanislaw Frankowski and Dinah Shelton Preventive Detention*: *A Comparative and International Law Perspective*. London: Martinus Nijhoff Publishers: 113-133.

② 参见汪建成、杨雄:《从英美保释制度看我国取保候审制度存在的问题及出路》,载陈卫东主编:《保释制度与取保候审》,中国检察出版社2003年版,第326页。

案的发生。如此高的公诉率,也反映了检察院发挥的监督把关力度偏弱。逮捕人数与起诉人数92.15%之比,意味着移送起诉的绝大多数被告人都被批准(决定)逮捕。

5. 关于定罪率的问题

表2-6中的刑事错案的平均定罪率高达98.43%,从表2-6中我们清楚地看到,除侵犯人身、民主犯罪的定罪率为96.61%外,财产犯罪、职务犯罪、公共安全犯罪三类的定罪率均为100%。从附录1-A单个罪名来看,除了故意杀人罪的定罪率是96%之外,涉罪的其他刑事错案定罪率均为100%。长期以来,在司法实践中仍存在控审不分的情况,依旧有些法官没有摆正自己的位置。此时,法官并不是一个中立、公正的裁判者,而是公诉人的"战友"。因此,在司法实践中,未审先判,下审上判,审者不判,判者不审的不良现象依然普遍存在。庭审变成"走过场""走形式",导致司法公正"堤坝"的决堤。只有让庭审真正成为刑事诉讼的重心环节,中国刑事司法预防错案的能力才会加强。

总之,刑事错案中的"五率"呈现"四高一低"的特征,即高逮捕率,高移送起诉率,高公诉率,高定罪率,低取保候审率。正常的司法形势下,逮捕、移送起诉、公诉和定罪应该呈现"金字塔"模式,如图2-1(左)所示。刑事错案发生率应该随着程序的推进、司法机关的介入,呈现逐步被发现、被纠正递减的过程。然而,现实中的司法界却呈现形似"矩形"的模式,如图2-1(右)所示。逮捕率93.08%,移送起诉率93.46%,公诉率86.15%,定罪率98.43%,这可能表明三机关在刑事错案的纠错中没有发挥出应有的职能和作用。

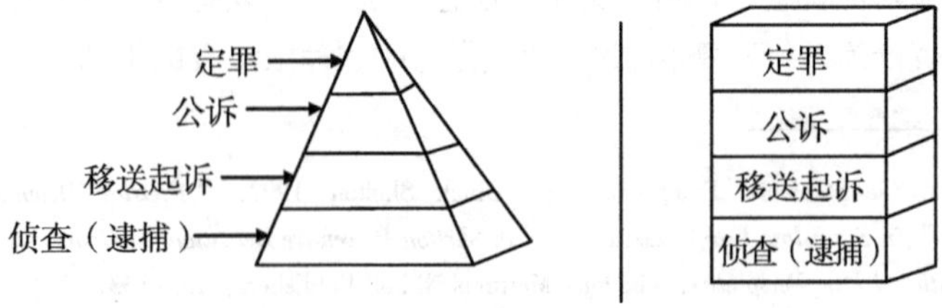

图2-1　理想的"金字塔"模式与现实中"矩形"模式

三、刑事错案的量刑

在量刑方面,在已作出刑事判决的250个错案样本中被判的刑种大致有5类,分别为:死刑立即执行、死缓、无期徒刑、有期徒刑和拘役。从横向来看,如表2-7所示,所占比例分别为23.60%、19.60%、8.40%、48.00%和0.40%。其中,侵犯人身、民主权利犯罪中判死刑立即执行和死缓比例占到57.52%,超过刑种的一半。财产犯罪中判有期徒刑的比例为45%,其中也有例外。由附录1-A可知,财产犯罪中的抢劫罪判刑立即执行和死缓的比例为65%。职务犯罪中有期徒刑比例高达90.48%,妨害社会管理犯罪的判决中有期徒刑比例占到80.65%,危害公共安全犯罪中判有期徒刑比例也占到一半为50.00%,但其中爆炸罪判死缓的比例为67%。因此,从横向来看,刑事错案的量刑主要集中在有期徒刑。死刑的量刑比重依然很大,占到43.2%。

表2-7　刑事错案量刑的横向比较N(%)

罪　名	死刑立即执刑	死　缓	无期徒刑	有期徒刑	拘　役
侵犯人身权利、民主权利犯罪	113(26.55)	113(30.97)	113(10.62)	113(31.86)	113(0.00)
侵犯财产犯罪	77(29.87)	77(12.99)	77(10.39)	77(45.45)	77(1.30)
职务犯罪	21(0.00)	21(4.76)	21(4.76)	21(90.48)	21(0.00)
危害公共安全犯罪	6(16.67)	6(33.33)	6(0.00)	6(50.00)	6(0.00)
妨碍社会管理秩序犯罪	31(16.13)	31(3.23)	31(0.00)	31(80.65)	31(0.00)
已废罪名	2(0.00)	2(0.00)	2(0.00)	2(100.00)	2(0.00)
总　计	250(23.60)	250(19.60)	250(8.40)	250(48.00)	250(0.40)

另一方面,从刑事错案量刑的纵向比较,如表2-8所示。我们发现,判决死刑立即执行的刑事错案中侵犯人身权利、民主权利犯罪占50.85%,侵犯财产犯罪占38.98%;判决死缓的刑事错案中侵犯人身权利、民主权利犯罪占71.43%,侵犯财产犯罪占20.41%;判决无期徒刑的刑事错案中侵犯人身权利、民主权利犯罪占57.14%,侵犯财产犯罪占38.10%,危害公共安全犯罪,妨害社会管理秩序罪均是0;判决有期徒刑的刑事错案中侵犯人身权利、民主权利犯罪占30%,侵犯财产犯罪占29.17%;判决拘役只在侵犯财产犯罪中有一例。总体来看,判决有罪的错案中侵犯人身权利、民主权利犯罪占45.20%,侵犯财产犯罪占30.80%,妨害社会管理犯罪占12.40%,职务犯罪占8.4%,危害公共安全犯罪占2.4%。

综合各方因素,刑事错案在量刑方面的问题主要有:第一,"重罪重判"在刑事错案中已为常态。从附录1-A中可知,在缓刑方面,刑事错案的缓刑率仅为5%,这也为刑事错案造成难以弥补的后果埋下了"地雷"。第二,在错案的量刑中有期徒刑比重大。究其原因,大量存疑案件的存在和根深蒂固的有罪推定错误理念致使办案人员遇到疑案不敢从无,不敢做存疑不起诉决定,不敢无罪判决,而趋向选择"疑罪从有"或"疑罪从轻" 或"疑罪从挂"。① 这种做法虽为被告人日后翻案留有"余地",但其很容易使司法人员丧失办案责任心,错过办案中最容易纠正错误的时机,冤案的产生也就在所难免。笔者认为,切实贯彻"疑罪从无"的执法理念势在必行。或许贯彻"疑罪从无"偶尔会"放纵"犯罪嫌疑人,但更多的时候它是无辜公民最坚固的"防火墙"。

---

① 疑罪从有:指在明知案件证据达不到"确凿充分"的情况下,仍对案件进行起诉、作出有罪判决;疑罪从轻:对存有疑点的案件"降格处理""重罪轻判"。司法实践中最为典型的处理方法是,按照刑法规定,对被告人所认定的犯罪理应判决死刑立即执行(或其他重刑),而以死缓、无期徒刑(或其他较轻自由刑)代替;疑罪从挂:使案件久拖不决,无辜者被超期羁押,最终酿成错案。

表 2-8　刑事错案量刑的纵向比较 N(%)

罪　名	死刑立即执行	死　缓	无期徒刑	有期徒刑	拘　役	总　计
侵犯人身权利、民主权利犯罪	59(50.85)	49(71.43)	21(57.14)	120(30.00)	1(0.00)	250(45.20)
侵犯财产犯罪	59(38.98)	49(20.41)	21(38.10)	120(29.17)	1(100.00)	250(30.80)
职务犯罪	59(0.00)	49(2.04)	21(4.76)	120(15.83)	1(0.00)	250(8.40)
危害公共安全犯罪	59(1.69)	49(4.08)	21(0.00)	120(2.50)	1(0.00)	250(2.40)
妨碍社会管理秩序犯罪	59(8.47)	49(2.04)	21(0.00)	120(20.83)	1(0.00)	250(12.40)
已废罪名	59(0.00)	49(0.00)	21(0.00)	120(1.67)	1(0.00)	250(0.80)

四、刑事错案的法院审级次数

从法院审理刑事错案审级的整体来看，一个刑事错案要法院平均审级达 4 次才能完全认定为无罪错案。其中，危害公共安全犯罪错案的平均法院审级是 5 次。在这期间，大多经历一审、二审、重审、再审。从表 2-9 中可知，进入审判程序的 246 个刑事错案样本中，超过平均 4 次法院审级的有 88 起，占 35.77%。在 111 起侵犯人身权利、民主犯罪错案中，超过 4 次法院审级的有 42 起，占 37.84%；在 76 起侵犯财产犯罪错案中，超过 4 次法院审级的有 25 起，占 32.89%。

在这些被屡次开庭的错案中，二审法院在感到案件棘手又不想承担审判责任和风险的情况下，常常选择将案件发回重审。而原一审法院要么由于时过境迁无法再收集证据、案件事实无法再查清，要么由于考虑到否定原合议庭的判决会使本院承担国家赔偿责任等，而不愿作出否定原判决的决定，从而在重审时仍然维持原判决。同时，由于我国法律中没有限制二审法院可以将案件发回重审多少次，这就导致案件被当作“皮球”在二审法院和一审法院之间踢来踢去。这样既降低了诉讼效率，又会对司法公正造成损害，还造成了司法资源的浪费。在未来刑事诉讼修改中，笔者认为，亟需严格限定发回重审的条件和次数，同时真正让二审和再审成为纠正错案的关卡。

表2-9 刑事错案法院审级

罪 名		侵犯人身权利、民主权利犯罪	侵犯财产犯罪	职务犯罪	危害公共安全犯罪	妨碍社会管理秩序犯罪	已废罪名	总 计
法院审级次数	1次	4	1	0	0	0	0	5
	2次	21	23	5	0	1	0	50
	3次	24	22	9	0	10	1	66
	4次	20	5	3	5	4	0	37
	5次	9	9	2	0	10	0	30
	6次	14	9	0	0	5	0	28
	7次	6	4	0	0	0	0	10
	8次	12	3	1	0	0	0	16
	9次	1	0	0	1	0	0	2
	10次	0	0	1	0	0	0	1
	11次	0	0	0	0	1	0	1
总 计		111	76	21	6	31	1	246
平均审级(次)		4	4	4	5	4	3	4

注:审级指一个法院初审、二审、重审、再审的总计次数。

五、纠正错案的原因

错案如何被发现?依据什么作出无罪判决?这离不开对刑事错案纠错原因的讨论。诚然,中国有上访制度,有控告申诉部门,有刑事再审制度。但是,实践经验告诉我们,在现有制度内发现错案和纠正错案都是相当困难的。从一个角度讲,纠正错案往往会遭遇来自各方的阻力,例如,地方政府官员的阻力和原司法机关和侦查机关的阻力。特别是,一些办案人员在办案过程中,或结案之后就已经意识到了造成错案。但是,由于骑虎难下,又不愿意纠正,只能掩饰错误甚至盲目坚持错误,结果是错上加错。从另外一个角度讲,中国缺少主动纠正错案的社会机制。一些错案得以纠正的重要原因在于"真凶落网"或"死者归来"。

通过表 2－10 对刑事错案的分析,归纳出错案的原因主要有:"真凶落网"、新证据证明被告人无罪、"疑罪从无"、被告人及家属不断申诉、检察院主动撤回起诉、"死者归来"6 个原因。其中因"真凶落网"判定为错案的有 81 个,占 27.27%,新证据证明被告人无罪的有 39 个,占 13.13%,"疑罪从无"最终判定错案的有 130 个,占 43.77%,被告人及家属不断申诉的有 37 个,占 12.46%,检察院主动撤诉①的有 4 个,占 1.35%,因"死者归来"判定为错案的有 6 个,占 2.02%。

表 2－10 刑事错案纠错原因归纳

纠错原因	数量(个)	比例(%)	累计百分比(%)
真凶落网	81	27.27	27.27
新证据证明被告人无罪	39	13.13	40.4
疑罪从无	130	43.77	84.18
被告人及家属不断申诉	37	12.46	96.63
检察院主动撤诉	4	1.35	97.98
死者归来	6	2.02	100
总　计	297	100	—

首先,"真凶落网"与"死者归来"是客观因素促成错案的发现,这种"中彩票"式概率是我们无法掌控的。从附录 1－B 中,我们发现抢劫罪中竟然高达 68% 的案件都是因"真凶落网"被告人才得以沉冤昭雪,这不得不让民众对中国错案纠察机制感到失望。其次,我们发现"疑罪从无"在纠正错案方面发挥着比较大的作用。这反映了"疑罪从无"理念在刑事错案中的重要作用凸显。但是,经历多次重审、再

① 此处检察院主动撤诉是指没有家属的申诉,检察院自审自查发现错案主动纠错的情况。

审得出的“疑罪从无”结果又能发挥多大意义，我们无从得知。最后，作为法律监督机关的检察机关仅占1.35%的主动撤诉纠错比例，反映出检察机关在刑事错案监方面仍缺乏积极性和主动性。

司法部门和办案人员应该直言不讳地表明，错案的存在及其不可避免性，认识到错案的纠正最终会给国家带来好处：让民众对国家的整套法律制度树立信心。① 我们完全有理由相信，只要司法机关在处理刑事案件时做到敢于担当、有错必纠、有责必问，绝不回避和遮掩，刑事错案的洗冤工作更加得心应手，从而促进司法公正的实现。

六、刑事错案的国家赔偿

从表2－11中可以看出，刑事错案的国家赔偿率只有30.77%，确定不赔率3.46%。有65.77%属于不清楚情形，这主要是在确定刑事错案后是否获得赔偿无法确定，或正在申请国家赔偿的情况。其中除危害公共安全犯罪的赔偿率达到66.67%外，其他犯罪赔偿率均不理想，连一半的比例都没有达到。其中职务犯罪赔偿不清楚情况达到81.82%，妨碍社会管理犯罪不清楚情况也达到74.19%，侵犯人身权利、民主权利犯罪与侵犯财产犯罪赔偿不明情况比重也大，分别为67.8%和56.79%。

表2－11　刑事错案国家赔偿情况N(%)

罪　名	未赔偿	赔　偿	不清楚	平均赔偿数额（元）
侵犯人身权利、民主权利犯罪	118(6.78)	118(25.42)	118(67.80)	272479.94
侵犯财产犯罪	81(0.00)	81(43.21)	81(56.79)	199647.69

① 参见刘宪权：《克减冤假错案应当遵循的三个原则》，载《法学》2013年第5期，第63页。

续表

罪　名	未赔偿	赔　偿	不清楚	平均赔偿数额（元）
职务犯罪	22(0.00)	22(18.18)	22(81.82)	122913.27
危害公共安全犯罪	6(0.00)	6(66.67)	6(33.33)	970000.00
妨碍社会管理秩序犯罪	31(3.23)	31(22.58)	31(74.19)	116732.13
已废罪名	2(0.00)	2(0.00)	2(100.00)	—
总　计	260(3.46)	260(30.77)	260(65.77)	258823.77

在国家赔偿数额方面，表2－11中显示，全国平均赔偿数额为258,823.77元，这样的数字还是比较让人欣慰的。但是，仅从公布的个案看，赔偿数额最低只有2125.7元（秦中飞案），最高却达到1,500,000元（王本余案）。根据《国家赔偿法》第15条第2项、第3项的规定，刑事案件是否属于错案，当事人是否被羁押以及羁押的时间期限，是确定国家是否给予刑事赔偿和赔偿具体数额的依据。当前，我国刑事错案赔偿数额计算统一以做出赔偿决定时上年度职工平均工资为标准，一概不考虑间接损失。这样的规定虽然具有极强的可操作性，但显失合理性，没有考虑不同受害者在同样的错误羁押中所受到的物质损害和精神伤害的差异性。同时，《国家赔偿法》是1994年在我国经济状况、法学理论水平和司法实践基础上制定的，很多具体规定存在缺陷和不足。

七、刑事错案中审前羁押和错误监禁

刑事羁押，是指通过刑事拘留逮捕的适用所带来的持续性、连续性限制犯罪嫌疑人、被告人人身自由的当然状态和必然结果。① 第一部《刑事诉讼法》，自从1979年颁布以来至今已经历两次大的修改，分别是1996年和2012年。刑事案件羁押期限的规定从1979年的最

① 参见陈瑞华：《未决羁押制度的理论反思》，载《法学研究》2002年第5期，第60页。

短126天、最长275天，修改为1996年的最短134天或124天、最长602天，再到2012年的最短164天或124天、最长812天。这可以看出《刑事诉讼法》对羁押期限修改得越来越长。虽然《刑事诉讼法》对羁押期限做了比较明确的规定，但违反法律规定的期限进行羁押会导致什么法律后果，承担什么法律责任，法律规定并不明确和具体。① 强化这方面的立法很有必要，使司法人员在司法过程中重视羁押的规范合理，严禁超期羁押现象的发生。

相关资料显示，中国刑事错案审前羁押平均天数为916天，大约平均羁押时间为两年半，明显属于超期羁押。其中侵犯人身权利、民主权利犯罪尤为突出，平均审前羁押1428天，近4年。从表2－12中可以看出最高东北地区平均羁押达到4888天，合13年。2012～2014年发现的刑事错案平均羁押天数甚至达617天；1963～1978年发现的刑事错案平均羁押天数为3022天，近8年。超期的具体天数由于《刑事诉讼法》修改和案件本身时间跨度大，故无法准确计算。

犯罪嫌疑人从被逮捕开始直至判决结束的整个羁押过程中，变更为取保候审、监视居住等非羁押强制措施的概率很小，②即使变更强制措施的监督也很难产生实质效果。在英国，自1994年以来羁押率就控制在20%～28%。③ 然而，中国刑事错案存在一押到底、高羁押率、超期羁押等问题。居高不下的羁押率，使羁押场所人满为患，这造成司法资源的大量浪费。而且羁押人员之间"交叉感染"，对保障人权和打击犯罪都百害无一利。

---

① 参见段伟：《论我国未决羁押制度的现状与完善》，载《法制博览》2012年第2期，第86、83页。

② 杜萌：《鲁鄂试点捕后羁押必要性审查破解"一押到底"》，载《法制日报》2010年4月28日，第4版。

③ See Tom Bucke and David Brown, 1997. *In Police Custody: Police Powers And Suspects' Rights Under The Revised Codes of Practice.* Home Office Research Study No. 174, London: Home Office; Coretta Phillips and David Brown, 1998. *Entry Into the Criminal Justice System: A Survey of Police Arrests and Their Outcomes.* Home Office Research Study No. 185, London: Home Office.

刑事错案涉及的错误监禁期限是不可小觑的问题。我们的数据显示,中国刑事错案的错误监禁期限平均竟达2020天,相当于每个错案无辜者被监禁5.5年之久。财产犯罪、职务犯罪、妨害社会管理犯罪的错误监禁期限均在平均监禁期限之上,分别为2214天、2423天和2021天。其中,公布最长的是杨云忠案,被错误监禁长达7305天,即20年。

在积极倡导人权保障的当下,长时间的错误羁押、错误监禁不禁让人瞠目结舌。对于无辜者来说,即使法律最终还其清白,这样的清白也来得太迟,更何况有些不幸的人还会被错误定罪。故而,为了实现司法的公正,保障每一个公民都享有迅速接受审判、人身自由不受非法侵犯的权利,我们必须努力通过制度改革和法律完善来建立预防超期羁押和错误监禁的长效机制,使这一违法行为得以彻底杜绝。

第四节 减少刑事错案的改进方案

任何刑事司法系统,错误是不可避免的,无罪的人被错误定罪可能随时出现。① 近年来频频曝光的刑事错案提醒我们,通往司法正义的道路不可能一蹴而就,正所谓"路漫漫其修远兮"。特别是我国的刑事错案问题普遍,错案曝光率过低;主要涉案罪名以暴力、财产犯罪为主,逮捕率、移送起诉率、公诉率、定罪率均居高不下,取保候审适用率低;重判重刑,一押到底,逢押必超,逢错必判,久判不决;申冤无门,法院审级次数多;赔偿不透明,赔偿数额标准不一,主动纠错机制欠缺等刑事错案特征。因此,有针对性地提出相应改革方案很有必要。

一、转变司法理念

引发刑事错案的导火线主要是刑事执法理念的偏颇和落后。因此,确立和强化现代刑事司法执法理念将对克减刑事错案起到竿头一

---

① Hannah Quirk,2007. Identifying Miscarriages of Justice: Why Innocence in the UK is Not the Answer. *The Modern Law Review*,70(5):759.

步的作用。只有在先进的理念支配下,刑事司法机关才能建立起并有效运行刑事错案预防的对策体系。

在欧美国家,对逮捕或羁押犯罪嫌疑人,在作出起诉或开始审判等司法行为之前,大多需经过法官听审程序后决定。① 在漫长的文化发展历程中,炎黄子孙一直奉行着"家天下"的信条,追求着"存天理,灭人欲"的理想状态,将人的个性与权利埋没在家庭、国家的共性与义务之中。个人权利意识的缺乏和义务观念的根深蒂固,必然导致对国家权力的顶礼膜拜,②致使在整个刑事阶段,犯罪嫌疑人、被告人名为诉讼主体,实为诉讼义务的承受者。犯罪嫌疑人无一例外地被强加配合控诉机关查明案件事实的诉讼义务,无法作为一个平等的诉讼主体,积极参与诉讼并通过诉讼行为维护自身的合法权益。这种"义务本位"观念也客观上增强了刑事错案发生的概率。

毫无疑义,我们认为转变落后执法理念的第一要务是要把"义务本位"转变为"权利本位",把人权保障思想贯穿于刑事案件始末。国家刑事司法权的实现,难以完全避免对公民权利和自由的侵害。受先入为主思想的影响,被追诉者作为刑事诉讼中的弱者,人权牺牲是不可避免的,只是程度不同而已。强化对被追究者人权保障的理念,在侦查、审查起诉、审理刑事案件时,才能避免导致错误采信证据、错误认定案件事实和错误适用法律的诉讼行为。③ 大量的错案表明,侵犯人权的诉讼行为,特别是侵犯人权的侦查行为容易导致错案。因此,只有把尊重和保障人权的理念扎实植入办案人员脑中,才能真正避免刑事错案的发生。

刑事司法机关的有罪推定是产生错案的致因之一,确立无罪推定原则成为我们预防刑事错案的必然要求。国家和政府应该整合社会资源,通过各种手段,积极发挥新闻媒体舆论引导功能,不断强化公众

---

① 李建明:《刑事错案的深层次原因——以检察环节为中心的分析》,载《中国法学》2007 年第 3 期,第 31 ~ 44 页。

② 参见左卫民、周长军著:《刑事诉讼的理念》,法律出版社 1999 年版,第 208 页。

③ 参见王乐龙著:《刑事错案:症结与对策》,中国人民公安大学出版社 2011 年版,第 132 页。

无罪推定理念的“社会化”“平民化”。只有让全社会逐渐接受无罪推定的司法理念，才能彻底根除“构罪即捕”“疑罪从挂”“疑罪从轻”等违背司法公正的理念。

二、坚持慎捕与慎押

有学者认为，有效减少错案发生，就必须在刑事诉讼过程中严格遵守“可捕可不捕的一律不捕，可诉可不诉的一律不诉，可判可不判的一律不判”。[①] 在防范刑事错案的具体措施上，笔者认为，至少应该做到以下几个方面：

第一，逮捕羁押适用慎之又慎。高逮捕适用率的背后并不是犯罪嫌疑人权利的张扬，恰恰是侦查权力的无所节制。[②] 滥用逮捕的做法不仅违反程序公正，而且常常成为刑事错案发生和加剧司法侵害的一个重要原因。刑事案件侦查中，在适用拘留、逮捕、审查批捕上要严把“法律关”和“证据关”，可捕可不捕的坚决不捕。[③] 司法机关首先应该遵循慎捕和慎押原则，要根除“构罪即捕”“一押到底”的武断作风。检察机关需以证据说话，全面审查是否符合逮捕、羁押条件，不捕、不羁或变更强制措施是否具有社会危害性等因素，努力做到绝不乱捕一个无辜者。

第二，检察院的侦监和监所部门应通过联席会议等方式加强案件交流。可以实行信息共享，从而对案情、当事人情况在部门之间有个动态的全面掌握，确保逮捕羁押的科学合理。[④] 同时，侦查机关、检察

---

① 参见王乐龙著：《刑事错案：症结与对策》，中国人民公安大学出版社2011年版，第137页。

② 参见马静华、冯露：《监视居住：一个实证角度的分析》，载《中国刑事法杂志》2006年第6期，第27页。

③ 最高人民检察院贾春旺在2005年1月5日全国检查会议上强调，检察机关应根据具体情况，可捕可不捕的坚决不捕，可诉不可诉的不诉，参见《检察日报》2006年1月6日。

④ 刘春兰、张庆宇：《审前羁押必要性审查机制与权利救济研究——以天津市河东区人民检察院为蓝本》，载《中国刑事法杂志》2010年第5期，第85~88页。

机关、法院刑事审判庭都应在本部门内部建立一套逮捕、羁押必要性审查的工作机制,形成逮捕、羁押必要性审查工作常态化。

第三,严格遵守拘留、逮捕、羁押的够罪条件。坚持慎捕和慎押的同时,提高取保候审、监视居住等非羁押强制措施的适用率。特别是对可捕可不捕的犯罪嫌疑人,坚持以监视居住、取保候审的方式替代。对羁押期限几近期满的犯罪嫌疑人、被告人,也可依法改变为非羁押强制措施。① 无论在哪个阶段,只要确定为错案或疑似错案的案件,需要立刻改变强制措施为取保候审或监视居住。严厉杜绝一捕到底、一押到底、逢押必超,业经逮捕不得不高判的错误执法方式。

第四,检察官客观义务要求检察官要超越控方立场,坚持客观公正。为了案件真实公正,检察官不应仅站在打击犯罪、惩处罪犯的对立面,而应站在客观的立场上不偏不倚地进行诉讼活动。主要表现:一是侦监阶段,认真把握证据的“三性”形成完整“证据链”,并在此基础上客观公正地提出指控。同时,对侦查机关搜集、审查、认定证据的执法过程进行到位有效的监督。二是起诉阶段,基于客观公正的要求,坚持无罪、疑罪案件不捕不诉原则。三是审判阶段,发现错案立即终止程序或要求法院判决无罪,或为被告利益提出上诉及再审请求。

三、建立主动纠错机制

知错即改,实为大勇大善;闻过掩非,则属错上加错。所以,在发现冤假错案时,司法机关应当积极主动勇于纠错。对错案发生有敢担当,错必纠,责必问,绝不回避遮掩的决心。

司法机关建立主动纠错机制,首当其冲,要把好刑事案件“入罪”关口。特别是暴力犯罪案件审查,对入罪刑事案件建立程序、实体全方位审查制度。要确保一个刑事案件从公安机关立案侦查到检察机关的审查起诉,再到法庭的审判,任何一个环节都必须严格遵守法定程序。另

---

① 毛磊:《超期羁押:司法机关一大毒性顽瘤》,载《中国律师》2002 年第 11 期,第 19 ~23 页。

外，不仅要发挥三机关相互监督作用和外界监督力量，还要通过严格问题出在哪个环节就由哪个机关负责任的方式，建立一套机关内部自省自查的工作机制。最后，要精确各方定位，真正形成法官居中裁决，控辩两方平等对抗的刑事诉讼模式。但问题是，如何纠错呢？我们发现大部分刑事错案都经历反复上诉、申诉、重审、再审后才被纠正。一方面，历时过长不利于对人权的保障；另一方面，通过反复程序验证错案，这造成司法成本过高。在前文中也提到，面对这一问题，可以通过严格限定发回重审的条件和次数，发挥二审和再审在纠正错案中的关卡作用来解决。然而，这些措施毕竟能力有限，还需多种措施混合使用。

党的十八届四中全会后，最高人民法院首次确定设立巡回法庭，审理跨行政区域重大行政和民商事案件。① 其判决效力等同最高人民法院的判决效力为终审判决。巡回审判在为诉讼当事人减轻“诉累”②的同时，也使人民法院的司法资源得到更好利用。其最大的优势为它不代表行政区划中的任何一方，也和其他行政区划没有利益勾连，有利于净化司法环境。再者，当前地方法院的审判，特别是基层法院，仍存在专业能力欠缺、审判经验不足等问题。通过巡回审判将加强最高人民法院与地方法院审判经验的交流，同时也可以对地方审判进行指导，确保地方审理重大疑难案件的公正性和专业性。③ 面对刑事错案“踢皮球式”审理和申冤无门的现状，可以考虑把刑事疑错案件的最终判决权归于巡回法庭。这样有利于在节约司法成本的前提下，保证最优势的司法资源对刑事案件是否错误进行判定。这不仅有利于防止刑事错案审理过程中可能存在的地方保护主义，互相推诿，保证案件审判的公平公正，还有利于缓解涉诉

① 《十八届四中全会公报：最高人民法院设立巡回法庭》，载人民网，http://www.people.com.cn，2015年1月15日访问。

② 傅郁林：《最高人民法院巡回法庭的职能定位与权威形成》，载《中国法律评论》2014年第4期，第209～214页。

③ 王凤山：《我国巡回审判制度及最高法院设立巡回法庭相关问题之建议》，载《中国律师》2014年第12期，第80～82页。

信访与司法公信的紧张关系,扭转“维稳”失调,社会失序的局面,提升公众对整个政权和司法环境的信任。

结　论

作为一项实证研究,笔者无意评论中国刑事错案的司法状况。无论是司法实务界,还是刑事诉讼法学界对刑事错案都一直非常关注。这在任何时代、任何国家都不例外,刑事错案的研究也从来没有停止过。究竟有多少人被无辜定罪、服刑甚至执行死刑,这永远是个未知数。本章收集的有限刑事错案,反映出如下特征:(1)以暴力、财产犯罪为主;(2)逮捕率、移送起诉率、公诉率、定罪率均居高不下,取保候审适用率低;(3)重判重刑,一押到底,逢押必超,逢错必判;(4)法院审级次数多,久判不决,申冤无门,主动纠错机制欠缺;(5)赔偿不透明,赔偿数额标准不一。了解刑事错案的特征,能够为预防和减少错案找到突破口。刑事错案的防范不能单单局限于实体正义,更应从程序正义入手来重视。因此,我们提出中国刑事司法应转变司法理念,坚持慎押和慎捕,建立主动纠错机制。

本章虽有亮点,但也有诸多不足,希望能起到抛砖引玉的作用。一方面,本章大量查阅中外有关刑事错案的相关文献和著作,特别是中国文献,对学者观点进行了细致归纳和比较;另一方面,本章主要运用实证研究的方法,对中国发生的316个刑事错案样本的数据整理收集,从多维度、多切入点地对刑事错案基本特征进行较为全面的数据分析,最后总结研究成果。对本章的不足之处,主要集中在研究资料和数据缺陷上。刑事错案案例信息的收集渠道有限,我们主要通过百度等搜索引擎和相关书籍的查阅。诸多客观因素致使收集的错案案例并不完全,仅为中国刑事错案的冰山一角。受限于数据获取途径和样本限制,本章的结论较为粗糙。我们希望在接下来的研究中利用更多的样本和变量,展示更加细致的发现,欢迎学术同仁批评和指正。

附录1-A　本章统计的错案基础数据N(%)

罪名		样本	逮捕	取保候审	移送起诉	审查起诉	定罪	量刑					缓刑
								死刑立即执行	死缓	无期徒刑	有期徒刑	拘役	
侵犯人身权利、民主权利犯罪	故意杀人罪	90	90(99)	89(2)	90(99)	90(91)	90(96)	86(30)	86(38)	86(12)	86(20)	86(0)	85(0)
	强奸罪	17	17(94)	16(0)	17(94)	17(94)	17(100)	17(18)	17(0)	17(12)	17(71)	17(0)	17(0)
	故意伤害罪	10	10(100)	10(20)	10(90)	10(90)	10(100)	9(11)	9(22)	9(0)	9(67)	9(0)	9(0)
	破坏军婚罪	1	1(100)	1(0)	1(100)	1(100)	1(100)	1(0)	1(0)	1(0)	1(100)	1(0)	1(0)
	小计	118	118(98)	116(3)	118(97)	118(92)	118(97)	113(27)	113(31)	113(11)	113(32)	113(0)	112(0)
财产性犯罪	抢劫罪	53	53(91)	48(4)	53(87)	53(70)	51(100)	51(45)	51(20)	51(12)	51(24)	51(0)	51(0)
	诈骗罪	9	9(100)	9(0)	9(89)	9(78)	7(100)	7(0)	7(0)	7(14)	7(86)	7(0)	7(0)
	盗窃罪	5	5(100)	5(0)	5(100)	5(100)	5(100)	5(0)	5(0)	5(0)	5(100)	5(0)	5(20)
	票据诈骗罪	2	2(100)	2(50)	2(100)	2(100)	2(100)	2(0)	2(0)	2(50)	2(50)	2(0)	2(0)
	挪用资金罪	2	2(100)	2(0)	2(100)	2(100)	2(100)	2(0)	2(0)	2(0)	2(50)	2(50)	2(0)
	虚报注册资本罪	3	3(100)	3(0)	3(100)	3(67)	3(100)	3(0)	3(0)	3(0)	3(100)	3(0)	3(0)
	合同诈骗罪	3	3(100)	3(0)	3(100)	3(100)	3(100)	3(0)	3(0)	3(0)	3(100)	3(0)	3(0)
	职务侵占罪	2	2(100)	2(0)	2(100)	2(100)	2(100)	2(0)	2(0)	2(0)	2(100)	2(0)	2(0)
	假冒商标罪	1	1(100)	1(0)	1(100)	1(100)	1(100)	1(0)	1(0)	1(0)	1(100)	1(0)	1(0)
	偷税罪	1	1(100)	1(0)	1(100)	1(100)	1(100)	1(0)	1(0)	1(0)	1(100)	1(0)	1(0)
	小计	81	81(94)	76(3)	81(90)	81(77)	77(100)	77(30)	77(13)	77(10)	77(45)	77(1)	77(4)

续表

罪名		样本	逮捕	取保候审	移送起诉	审查起诉	定罪	量刑					缓刑
								死刑立即执行	死缓	无期徒刑	有期徒刑	拘役	
职务犯罪	挪用公款罪	9	9(100)	9(0)	9(100)	9(100)	9(100)	9(0)	9(11)	9(11)	9(78)	9(0)	9(0)
	贪污罪	8	8(75)	6(0)	8(75)	8(75)	8(100)	8(0)	8(0)	8(0)	8(100)	8(0)	8(13)
	受贿罪	5	5(80	4(0)	5(60)	5(60)	5(100)	4(0)	4(0)	4(0)	4(100)	4(0)	4(0)
	小计	22	22(86)	19(0)	22(82)	22(82)	21(100)	21(0)	21(5)	21(5)	21(90)	21(0)	21(5)
危害公共安全犯罪	爆炸罪	3	3(100)	3(0)	3(100)	3(67)	3(100)	3(0)	3(67)	3(0)	3(33)	3(0)	3(0)
	非法买卖爆炸物罪	2	2(100)	2(0)	2(100)	2(100)	2(100)	2(0)	2(0)	2(0)	2(100)	2(0)	2(0)
	投放危险物质罪	1	1(100)	1(0)	1(100)	1(100)	1(100)	1(100)	1(0)	1(0)	1(0)	1(0)	1(0)
	小计	6	6(100)	6(0)	6(100)	6(83)	6(100)	6(17)	6(33)	6(0)	6(50)	6(0)	6(0)
妨害社会管理秩序罪	窝藏、包庇罪	10	10(20)	8(0)	10(80)	10(80)	10(100)	10(0)	10(0)	10(0)	10(100)	10(0)	10(40)
	诽谤罪	9	9(100)	9(11)	9(100)	9(100)	9(100)	9(0)	9(0)	9(0)	9(100)	9(0)	9(33)
	走私、贩卖、运输、制造毒品	6	6(100)	6(0)	6(100)	6(100)	6(100)	6(83)	6(17)	6(0)	6(0)	6(0)	6(0)
	掩饰、隐瞒犯罪所得收益罪	2	2(100)	2(0)	2(100)	2(100)	2(100)	2(0)	2(0)	2(0)	2(100)	2(0)	2(0)
	伪证罪	1	1(100)	1(0)	1(100)	1(100)	1(100)	1(0)	1(0)	1(0)	1(100)	1(0)	1(0)
	妨害作证罪	1	1(100)	1(0)	1(100)	1(100)	1(100)	1(0)	1(0)	1(0)	1(100)	1(0)	1(0)
	拒不执行判决、裁定罪	1	1(100)	1(0)	1(100)	1(100)	1(100)	1(0)	1(0)	1(0)	1(100)	1(0)	1(0)
	妨碍公务罪	1	1(100)	1(0)	1(100)	1(100)	1(100)	1(0)	1(0)	1(0)	1(100)	1(0)	1(0)
	小计	31	31(74)	29(3)	31(94)	31(94)	31(100)	31(16)	31(3)	31(0)	31(81)	31(0)	31(29)
	已废罪名	2	2(100)	2(0)	2(100)	2(100)	2(100)	2(0)	2(0)	2(0)	2(100)	2(0)	2(0)
总计		260	260(93)	248(3)	260(93)	260(86)	255(98)	250(24)	250(20)	250(8)	250(48)	250(0.4)	249(5)

附录1-B　本章统计的错案基础数据N(%)

罪名		法院审级次数	审前羁押(天)	错误监禁	国家赔偿	赔偿数额(元)	如何认定错案					
							真凶落网	新证据无罪	疑罪从无	不断申诉	检撤回起诉	死者归来
侵犯人身权利、民主权利犯罪	故意杀人罪	5	1760	1718	90(27)	308, 595. 90	86(28)	86(3)	86(56)	86(7)	86(2)	86(3)
	强奸罪	3	238	2053	17(12)	234, 900. 00	17(18)	17(41)	17(18)	17(18)	17(6)	17(0)
	故意伤害罪	4	256	1955	10(40)	74, 574. 10	10(0)	10(20)	10(60)	10(10)	10(10)	10(0)
	破坏军婚罪	3	204		1(0)		1(0)	1(0)	1(0)	1(100)	1(0)	1(0)
	小　计	4	1428	1801	118(25)	272, 479. 94	114(24)	114(11)	114(50)	114(10)	114(4)	114(3)
财产犯罪	抢劫罪	3	518	2282	53(53)	190406. 68	53(68)	53(4)	53(26)	53(0)	53(0)	53(2)
	诈骗罪	3	601	1200	9(44)	84274. 02	8(13)	8(38)	8(50)	8(0)	8(0)	8(0)
	盗窃罪	4	277	1432	5(40)	340000. 00	3(0)	3(0)	3(33)	3(67)	3(0)	3(0)
	票据诈骗罪	5	381		2(0)		2(0)	2(50)	2(50)	2(0)	2(0)	2(0)
	挪用资金罪	7	358	1140	2(0)		2(0)	2(50)	2(0)	2(50)	2(0)	2(0)
	虚报注册资本罪	5	746	5692	3(0)		1(0)	1(0)	1(0)	1(100)	1(0)	1(0)
	合同诈骗罪	8	271	2865	3(0)		3(0)	3(0)	3(100)	3(0)	3(0)	3(0)
	职务侵占罪	4	426		2(50)	583739. 85	2(0)	2(0)	2(0)	2(100)	2(0)	2(0)
	假冒商标罪	3	296	3135	1(0)		1(0)	1(0)	1(0)	1(100)	1(0)	1(0)
	偷税罪	4	730		1(0)		1(0)	1(0)	1(0)	1(100)	1(0)	1(0)
	小　计	4	501	2214	81(43)	199647. 69	76(49)	76(9)	76(30)	76(11)	76(0)	76(1)

续表

罪名		法院审级次数	审前羁押(天)	错误监禁	国家赔偿	赔偿数额(元)	如何认定错案					
							真凶落网	新证据无罪	疑罪从无	不断申诉	检撤回起诉	死者归来
职务犯罪	挪用公款罪	3	649	2355	9(11)	260000.00	8(0)	8(0)	8(88)	8(13)	8(0)	8(0)
	贪污罪	4	341	2411	8(38)	77217.69	6(0)	6(50)	6(33)	6(17)	6(0)	6(0)
	受贿罪	4	388	2667	5(0)		4(0)	4(0)	4(50)	4(50)	4(0)	4(0)
	小　计	4	476	2423	22(18)	122913.27	18(0)	18(17)	18(61)	18(22)	18(0)	18(0)
危害公共安全犯罪	爆炸罪	4	932	2167	3(67)	1255000.00	3(0)	3(0)	3(33)	3(67)	3(0)	3(0)
	非法买卖爆炸物罪	4	1148	2119	2(0)	685000.00	2(0)	2(0)	2(0)	2(100)	2(0)	2(0)
	投放危险物质罪	9	543	349	1(100)		1(0)	1(0)	1(100)	1(0)	1(0)	1(0)
	小计	5	939	1848	6(67)	970000.00	6(0)	6(0)	6(33)	6(67)	6(0)	6(0)
妨害社会管理秩序罪	窝藏、包庇罪	4	455	3365	10(10)	127688.15	10(30)	10(0)	10(40)	10(30)	10(0)	10(0)
	诽谤罪	5	188	1180	9(0)		9(0)	9(89)	9(11)	9(0)	9(0)	9(0)
	走私、贩卖、运输、制造毒品	4	315	2071	6(50)	89629.33	6(17)	6(33)	6(33)	6(17)	6(0)	6(0)
	掩饰、隐瞒犯罪所得收益罪	3	407	1601	2(0)		2(0)	2(0)	2(100)	2(0)	2(0)	2(0)
	伪证罪	4	1172	143	1(100)	340000.00	1(0)	1(0)	1(0)	1(100)	1(0)	1(0)
	妨害作证罪	3	186		1(0)		1(0)	1(0)	1(100)	1(0)	1(0)	1(0)
	拒不执行判决、裁定罪	3	167		1(0)	50548.79	1(0)	1(0)	1(100)	1(0)	1(0)	1(0)
	妨碍公务罪	11	198		1(100)	30000.00	1(0)	1(0)	1(100)	1(0)	1(0)	1(0)
	小　计	4	311	2021	31(23)	116732.13	31(13)	31(32)	31(39)	31(16)	31(0)	31(0)
已废罪名		3		3105	2(0)		2(0)	2(50)	2(0)	2(50)	2(0)	2(0)
总　计		4	917	2020	260(31)	258823.77	247(28)	247(13)	247(43)	247(13)	247(2)	247(2)

第三章　审前羁押与证据收集*

新近的错罪和超期羁押，引发学界反思审前羁押的功能。文献梳理发现，中外审前羁押理论和立法比较的成果丰厚，但司法现状掌握不多。本章以 A 市 1205 份刑事判决书，及 3063 份证据为样本，说明审前羁押率高、羁押期限较长，普遍存在不必要羁押，中国需大力推行审前释放。理由为：(1)证明犯罪的主要证据在嫌疑人到案初期已被公安机关查实，以押代罚不合理；(2)公诉和审判阶段以程序性证据收集为主，保障诉讼观念须反思；(3)各阶段羁押期限普遍延长且证据收集存在后尾，诉讼效率低下。研究指出，中国的审前羁押指数处于世界中等水平，取保候审后逃跑、犯新罪等妨碍诉讼案例不常见。鉴于审前释放风险较小，践行无罪推定可缓解立法与司法、精确定罪与预防错案的双重困境。

* 本章部分内容发表于《华东政法大学学报》2016 年第 2 期。

引　言

审前羁押,这是近20年来中国刑事诉讼法学者批判性思考的关键词。① 主流学者认为,审前羁押有利于采集新证据,防止犯罪人串供或犯新罪。然而,最近的刑讯逼供、超期羁押、冤假错案,使与保护犯罪人权利相关的逮捕率和审前羁押等备受质疑。② 究竟何方正确,显然难以仓促评价。就连2012年修改的《刑事诉讼法》虽然暗示排除合理怀疑的裁判原理,但未对无罪推定和审前释放做出回应,反而将审判周期延长一个月。难道这是学术讨论中优势立场的胜出吗?如果是,这场立法所指向的原因和学术理由是什么?如果不是,那么中国的刑事诉讼立法,又会给刑事司法带来什么影响?

从司法机关的立场来看,延长办案期间既可缓解司法工作人员繁重的工作负担,还可避免超期羁押问题,这当然是两全其美。然而,这

---

① 中国学者通常使用“审前羁押”表示犯罪嫌疑人未经有效裁判而被羁押,但也有学者使用其他不同术语,如未决羁押、持续性羁押、预防性羁押。此外,还有学者直接使用刑事羁押、羁押、持续性羁押等术语。本章基于文意的准确性,与多数学者的立场一致,参考英文“pretrial”后使用“审前羁押”。作者在中国知网以篇名作精确搜索时发现,有187篇文章使用“审前羁押”,有147篇文章使用“未决羁押”,有7篇文章使用预防性羁押。汪建成、冀祥德:《我国未决羁押制度的批判性重构》,载《山东公安专科学校学报》2004年第1期,第67页;林志毅:《论羁押理由与羁押事实》,载《政法论坛》2013年第2期,第36页;陈瑞华:《审前羁押的法律控制——比较法角度的分析》,载《政法论坛》2001年第4期,第97页;许乐:《持续性羁押措施在德国司法实践中的运行及启示——以欧洲人权法院为分析视角》,载《河北法学》2013年第9期,第150页;张玉清、顾莉君、唐开明:《刑事羁押期限制度执行中的问题与对策》,载《政治与法律》2009年第8期,第156页;陈永生:《我国未决羁押的问题及其成因与对策》,载《中国刑事法杂志》2003年第4期,第66页;蒋石平:《论我国刑事程序的“行政化”倾向——以未决羁押制度为视角》,载《法学评论》2008年第4期,第51页;杨雄:《刑事强制措施实体化倾向之反思——以预防性羁押为范例》,载《政法论坛》2008年第4期,第147页。

② 张明楷:《超期羁押的刑事责任探究》,载《浙江社会科学》2002年第4期,第67页;李建明:《错误的刑事羁押与国家的赔偿责任》,载《现代法学》2004年第6期,第37页;房保国:《超期羁押刑事赔偿的若干问题》,载《政法论坛》2004年第1期,第158页。

种延长是否是刑事诉讼所必需,还是一种感觉上的预判?[①] 如果纯粹是为缓解审判法院的工作压力,那么在当前中国审前羁押率居高不下的情况下,如何避免被告人为无须有的自由成本埋单?这是相当长一段时间内,中国刑事司法改革需关注的问题,并需要在国家权力和个人权利之间进行平衡。

对此,学者们已经深刻反思了中国的审前羁押率高和羁押期限较长的问题。令人遗憾的是,刑事司法实践中羁押的真实情况,及审前羁押率的最新趋势,还鲜有人问津。[②] 这是中国刑事诉讼面临的第一个困境。它反映了立法和司法自身的契合度问题,并引发了刑事诉讼法是否与司法实践相结合的思考。[③] 一般情况下,学者们在推动立法改革时,常用各国的法律分析去推导国外的审前羁押期限短,羁押率较低。进而,在对中国问题进行诊断时,建议降低审前羁押率。然而,到目前为止,并没有见到太多对国外司法进行调研和深度比较的成果出版。这是第二个困境。它涉及对国外司法的了解是否深入,以及和中国本土是否相适应问题。由此引发思考:中国刑事诉讼的经济效率如何,长期羁押嫌疑人是否必要?

---

① 学术界很难为如何设置刑事诉讼各阶段的合理期限,提供可信的理论和现实根据。时至今日,中国刑事诉讼法制定者也没有充分说明:为什么拘留、报捕等侦查期限,以及审查起诉、起诉、法庭审理期限等,需要14天、30天、2个月、1个月、2个月。既然没有说明,就可以推定为不能说明的主观判断,在真实的司法实践中就有可能出现过少或过多期限。正因如此,少量研究开始思考中国刑事诉讼期限各阶段重新配置的方案。左卫民、马静华:《侦查羁押制度:问题与出路——从查证保障功能角度分析》,载《清华法学》2007年第2期,第65页;马静华:《侦查到案:查证功能与期限配置》,载《中国刑事法杂志》2009年第5期,第102页;左卫民:《进步抑或倒退:刑事诉讼法修改草案述评》,载《清华法学》2012年第1期,第95页。

② 本章对最近20年来审前羁押的研究,作了详细而深入的纵贯分析,这是避免重复研究和发现新问题的必要前提。目前,困扰中国刑事诉讼法学界有两个困境:第一个困境是,对国内司法资料欠缺了解;第二个困境是,对国外司法实践资料欠缺了解。详细分析见文献回顾部分。

③ 左卫民:《进步抑或倒退:刑事诉讼法修改草案述评》,载《清华法学》2012年第1期,第95页。

文献分析显示,主流学说认为审前羁押具有如下几个功能:查清犯罪事实,避免串供;保障诉讼顺利进行;防止犯罪嫌疑人逃跑。① 新近几年,中国学者在总结国外的审前羁押时,提出了"防止犯罪嫌疑人犯新罪,保卫社会安全"的功能。② 上述功能,描绘出审前羁押既须服务审判,还须保障社会安全,这自然是非常理想。然而,值得注意的是,中国刑事诉讼的侦查、起诉、审判三个阶段均存在普遍羁押的问题。那么,这三个阶段的审前羁押是否都具有中国学者描述的三个功能呢?回应这个问题,首先须思考,中国刑事诉讼法规定的侦查阶段移送或批准审查起诉的标准为"犯罪事实清楚,证据确实充分,罪名性质正确"。③ 按此逻辑,至少公诉和审判阶段无需为查清事实或串供而担忧,因为查清事实问题已在移送审查起诉之前完成。那么,通说主张的保障诉讼和服务审判,并不是坚持审前羁押的理由,唯一担心的是犯罪人逃跑将使有罪之人免受处罚。另外,关于保卫社会安全

① 史宝伦、徐光岩:《检察机关审查逮捕环节的羁押适合性因素探析》,载《中国检察官》2011 年第 1 期,第 67 页;孙吉祥:《逮捕必要性与羁押必要性之差异》,载《人民检察》2013 年第 17 期,第 79 页;马秀卿:《论"非羁押式强制措施"的刑期折抵——以权利保障为视角》,载《河北法学》2007 年第 2 期,第 145 页;石经海:《论羁押制度的内核》,载《中国刑事法杂志》2009 年第 2 期,第 51 页。

② 可以将前两个功能直接合并为保障诉讼功能,对第二个功能归结为保卫社会功能。中国学者在总结审前羁押的国外经验时,常借助国外资料论证将犯罪嫌疑人羁押有助于防止候审期间实施新罪。在对国外的文献和立法进行梳理时,也的确发现这个功能直接表述在法律文本中。陈瑞华:《审前羁押的法律控制——比较法角度的分析》,载《政法论坛》2001 年第 4 期;林志毅:《论羁押理由与羁押事实》,载《政法论坛》2013 年第 2 期;孙吉祥:《逮捕必要性与羁押必要性之差异》,载《人民检察》2013 年第 17 期,第 79 页。

③ 可以将前两个功能直接合并为保障诉讼功能,对第二个功能归结为保卫社会功能。中国学者在总结审前羁押的国外经验时,常借助国外资料论证将犯罪嫌疑人羁押有助于防止候审期间实施新罪。在对国外的文献和立法进行梳理时,也的确发现这个功能直接表述在法律文本中。陈瑞华:《审前羁押的法律控制——比较法角度的分析》,载《政法论坛》2001 年第 4 期;林志毅:《论羁押理由与羁押事实》,载《政法论坛》2013 年第 2 期;孙吉祥:《逮捕必要性与羁押必要性之差异》,载《人民检察》2013 年第 17 期。

问题，目前尚没有审前未羁押的人犯新罪或逃跑情况的统计数据。因此，究竟能否以保卫社会安全为由推行审前羁押，这也是一个需要研究的空白领域。

面对这些疑惑，中国学者应如何保证在审前羁押问题上谏言献策的科学性呢？立法与司法的互动，并精确指导司法，这是科学立法的逻辑。如果肯定立法与司法相得益彰，那么《刑事诉讼法》修改后的效果定然不错，并能解决已有问题。[①] 因此，在新《刑事诉讼法》背景下，重新审视审前羁押尤为必要。基于此目的，作者对A市6个法院所审理的案件展开了调查，以期对如何改造审前羁押等问题提供探索性方案。

第一节 文献回顾

关于审前羁押，学者们从中国的羁押现状、历史原因、意义以及制度改善等方面进行了有益探索，但在结论依据和实施方案上还有继续拓展的空间。本章对此进行了详细综述，大致看来有如下几个方面。

一、现状与认识

就审前羁押率来看，学者们通过对全国或部分公检法的数据研究指出，中国的逮捕率或羁押率较高，羁押非常普遍。[②] 刘计划等通过1990~2009年的全国检察官逮捕数据，测算出最近20年的平均逮捕率为93.76%。[③] 陈卫东最近指出，2010年中国的逮捕

① 左卫民：《进步抑或倒退：刑事诉讼法修改草案述评》，载《清华法学》2012年第1期，第95页。

② 孙长永著：《探索正当程序——比较刑事诉讼法专论》，中国法制出版社2005年版，第163~166页。

③ 刘计划：《审查逮捕制度的中国模式及其改革》，载《法学研究》2012年第2期，第122页。

率维持在80%左右。① 唐亮的调查显示,三个地区检察院1999年和2000年的审前羁押率为79.3% ~89.2%。杜萌的研究也指出,不少地方法院的羁押率维持在85%左右。② 左卫民等的研究利用三个不同地区公安局的资料显示,2002~2004年侦查阶段的逮捕率超过92%。③

就审前羁押期限来看,中国审前羁押期限较长,不利于犯罪嫌疑人人权的保护这是学术界达成的共识。④ 蒋石平等认为,中国存在拘留、逮捕与羁押在时间、场所、期限上的重合,并由此导致羁押期限过长。⑤ 王敏远等以《刑事诉讼法》规定的一般羁押期限4个月为视角,辅以2001年全国45个5年以上超期羁押案例指出,中国的羁押期限较长且须司法控制。⑥ 宋毅和林贻影等以侦查机关随意延长期限为论据,也指出侦查羁押期限过长。⑦ 陈瑞华等认为,拘留、逮捕、审判期限的不合理延长制度,导致了司法实践中的羁押期

① 陈卫东主编:《刑事诉讼法修改条文理解与适用》,中国法制出版社2012年版,第194页。

② 唐亮:《中国审前羁押的实证分析》,载《法学》2001年第7期,第29页;李昌林:《降低羁押率的途径探析》,载《中国刑事法杂志》2009年第4期,第88页;杜萌:《鲁鄂试点羁押必要性审查破解"一押到底"》,载《法制日报》2010年4月28日,第4版。

③ 左卫民、马静华:《侦查羁押制度:问题与出路——从查证保障功能角度分析》,载《清华法学》2007年第2期,第65页。

④ 陈永生:《我国未决羁押的问题及其成因与对策》,载《中国刑事法杂志》2003年第4期。

⑤ 白淑卿、胡子君:《关于建立我国羁押候审制度的法律构想——从我国的超期羁押清理谈起》,载《河北法学》2004年第5期,第9页;蒋石平:《论我国刑事程序的"行政化"倾向——以未决羁押制度为视角》,载《法学评论》2008年第4期。

⑥ 王敏远:《中国刑事羁押的司法控制》,载《环球法律评论》2003年第4期,第21页;陈永生:《我国未决羁押的问题及其成因与对策》,载《中国刑事法杂志》2003年第4期;白淑卿、胡子君:《关于建立我国羁押候审制度的法律构想——从我国的超期羁押清理谈起》,载《河北法学》2004年第5期。

⑦ 宋毅、余浩:《延长侦查羁押期限案件问题刍议》,载《人民检察》2007年第18期,第46页;林贻影:《批准延长侦查羁押期限制度的法律思考》,载《人民检察》2010年第2期,第21页。

限过长。①

二、功能与目的

作为一种刑事诉讼制度,审前羁押的适用程度自然与一国的司法理念有关。那么,中国刑事司法为何会出现高比例和长期限的刑事羁押,审前羁押到底具有什么作用呢?学者对审前羁押的功能和目的进行了探讨。

1. 保障诉讼功能

研究已经指出,审前羁押有助于防止串供、毁灭证据、自杀、逃跑,而且有助于全面收集证据、查明案情、证实犯罪,保障侦查、起诉、审判活动的顺利进行。② 史宝伦基于这个角度指出,中国的审前羁押应根据犯罪嫌疑人的生理 、精神状况是否能够合理地使其承受未决羁押,并对有严重疾病、怀孕、正在哺乳自己婴儿的妇女等不予羁押。③

2. 保护社会功能

研究指出,保护社会免受新的犯罪危害,这是西方世界推行审前羁押的核心目的。陈瑞华也指出,西方国家的审前羁押具有两大功能:一是提供程序保障所必要;二是为防止发生新的犯罪所必需。④不过,中国学者目前并没有广泛提出,审前羁押具有防止犯罪嫌疑人

---

① 陈瑞华:《超期羁押问题的法律分析》,载《人民检察》2000 年第 9 期,第 4 页;林贻影:《批准延长侦查羁押期限制度的法律思考》,载《人民检察》2010 年第 2 期;叶青、张少林:《法国预审制度的评析和启示——兼论强化我国逮捕程序的公开、公正性》,载《华东政法学院学报》2000 年第 4 期,第 43 页;廖荣辉:《刑事案件“延长羁押期限”问题研究》,载《河北法学》2008 年第 1 期,第 181 页。

② 孙吉祥:《逮捕必要性与羁押必要性之差异》,载《人民检察》2013 年第 17 期,第 79 页;马秀卿:《论“非羁押式强制措施”的刑期折抵——以权利保障为视角》,载《河北法学》2007 年第 2 期,第 145 页;石经海:《论羁押制度的内核》,载《中国刑事法杂志》2009 年第 2 期,第 51 页。

③ 史宝伦、徐光岩:《检察机关审查逮捕环节的羁押适合性因素探析》,载《中国检察官》2011 年第 1 期,第 67 页。

④ 陈瑞华:《审前羁押的法律控制——比较法角度的分析》,载《政法论坛》2001 年第 4 期。

犯新罪的功能,主要论述限于保障诉讼的顺利进行上。

3. 人权保障功能

审前羁押与无罪推定存在冲突,未经审判而剥夺犯罪嫌疑人人身自由的诉讼手段,与人权保障理念相悖。因此,学者在对审前羁押进行研究时,特别提出审前羁押应当注意人权保障功能,不能随意羁押未决嫌疑人。①

三、问题与后果

审前羁押率高与羁押期限,研究还从现象分析了其危害。汪建成等指出,中国的未决羁押适用成为常态,这不符合比例原则;羁押期限过长导致超期羁押现象严重,羁押措施滥用导致羁押权力的失控和缺乏救济。② 陈瑞华进一步指出,中国刑事诉讼法没有将羁押与诉讼期间严格分离,没有将羁押程序与拘留、逮捕、程序分离,使羁押期间完全服务于侦查破案、审查起诉、审判的需要,从而出现超期羁押问题。③

白淑卿等指出,中国的刑事羁押率和羁押期限,使刑事诉讼过程中的人权出现"虚化"现象,这是对人权保障的冲击。④ 李建明则从刑事错案的角度指出,错误的刑事羁押不仅涉及对错罪受害人的人权保障,而且应该由国家承担赔偿责任。⑤ 房保国也指出,超期羁押是对人权的侵犯,无论是重罪、轻罪还是有罪或无罪,国家最终应当承担赔偿责任。⑥

---

① 史宝伦、徐光岩:《检察机关审查逮捕环节的羁押适合性因素探析》,载《中国检察官》2011 年第 1 期;孙吉祥:《逮捕必要性与羁押必要性之差异》,载《人民检察》2013 年第 17 期,第 79 页。

② 汪建成、冀祥德:《我国未决羁押制度的批判性重构》,载《山东公安专科学校学报》2004 年第 1 期。

③ 陈瑞华:《超期羁押问题的法律分析》,载《人民检察》2000 年第 9 期,第 4 页。

④ 白淑卿、胡子君:《关于建立我国羁押候审制度的法律构想——从我国的超期羁押清理谈起》,载《河北法学》2004 年第 5 期,第 9 页。

⑤ 李建明:《错误的刑事羁押与国家的赔偿责任》,载《现代法学》2004 年第 6 期。

⑥ 房保国:《超期羁押刑事赔偿的若干问题》,载《政法论坛》2004 年第 1 期。

四、症结与原因

既然审前羁押导致的最终后果可能非常严重，那么中国刑事诉讼中的审前羁押是无法避免的吗？这种现象大致有如下几个方面的原因：

1. 刑事诉讼理念问题

有学者认为，审前羁押现象严重的原因是，权力思想过重而人权保障思想不受重视，导致过分追求破案率。① 审前羁押忽略人权保障思想，这是强制措施实体化倾向的表征，导致刑事程序、实体刑罚与行政处分混同。② 纠问式诉讼方式，导致国民在法律意识上将侦查羁押作有罪推定思维，从而出现“未判先罚”“早晚都罚”“宁可错罚”的刑事政策观念。③

2. 法律规定延长

中国刑事诉讼中的侦查、起诉、审判延长的理由不明确、不具体，缺乏监督，导致审前羁押期限被随意延长。④ 李忠诚认为，中国审前

---

① 俞树毅：《刑事羁押司法审查与控制的比较研究》，载《兰州大学学报》（社会科学版）2004年第6期，第109页；蒋石平：《论我国刑事程序的“行政化”倾向——以未决羁押制度为视角》，载《法学评论》2008年第4期；陈永生：《我国未决羁押的问题及其成因与对策》，载《中国刑事法杂志》2003年第4期；张明楷：《超期羁押的刑事责任探究》，载《浙江社会科学》2002年第4期；白淑卿、胡子君：《关于建立我国羁押候审制度的法律构想——从我国的超期羁押清理谈起》，载《河北法学》2004年第5期。

② 杨雄：《刑事强制措施实体化倾向之反思——以预防性羁押为范例》，载《政法论坛》2008年第4期；杨永：《论人权保障语境下的捕前羁押制度改革》，载《行政与法》2011年第5期，第125页。

③ 刘磊：《从分权制衡原则审视羁押权之归属》，载《环球法律评论》2008年第3期，第42页；杨立新、刘根菊：《法治视野下的羁押制度》，载《政法论坛》2004年第4期，第41页；李兰、黄广智：《论超期羁押的成因及对策》，载《检察论坛》2011年第12期，第70页。

④ 陈瑞华：《超期羁押问题的法律分析》，载《人民检察》2000年第9期，第4页；廖荣辉：《刑事案件“延长羁押期限”问题研究》，载《河北法学》2008年第1期，第181页；杨立新、刘根菊：《法治视野下的羁押制度》，载《政法论坛》2004年第7期，第41页。

羁押过长的原因在于,各诉讼阶段羁押期限的反复重新计算。① 为了将这个问题论证更充分,周建华以法国审前羁押期限延长需经过法庭审理和正当辩论为由,论证了中国审前羁押制度的监督不足问题。② 廖荣辉根据2007年广州市基层检察院的延长拘留案件高达97.76%的数据指出,刑事拘留出现“每拘必延”;2006年天河区逮捕后延长期限的达13.63%,这成为侦查机关争取办案时间,缓解办案压力的有效措施。③

3. 执行制度缺位

张玉清等认为,中国审前羁押过长以及超期羁押问题严重的原因在于:“送达期间”的起止点不明确,案件流转时间过长;对法院“立案审查”时间应否计入审限规定自相矛盾;当事人、辩护人“申请延期审理”的权利被异化;检察机关对二审案件的“阅卷时间”规定比较模糊;死刑复核未规定审理期限,无从监督羁押期限。④

4. 诉讼体制原因

审前羁押普遍存在,主要源于地方党委、政法委甚至政府部门对案件的不当介入,检察机关、看守所对羁押的监督不力,公安机关内外部烦琐的报批程序。⑤ 诉讼救济措施难以到位,侦查和检察机关“自我审查和监督”的羁押制度,使公检不可能“自我扇耳光”,因此难以有效评审羁押的必要性和有效性。⑥

---

① 李忠诚著:《侦查中重新计算羁押期限问题研究》,载《中国刑事法杂志》2001年第1期,第95页。

② 周建华:《法国预审法官存废之争》,载《中国刑事法杂志》2006年第3期,第108页。

③ 廖荣辉:《刑事案件“延长羁押期限”问题研究》,载《河北法学》2008年第1期,第181页。

④ 张玉清、顾莉君、唐开明:《刑事羁押期限制度执行中的问题与对策》,载《政治与法律》2009年第8期。

⑤ 陈永生:《我国未决羁押的问题及其成因与对策》,载《中国刑事法杂志》2003年第4期。

⑥ 孙岩、毛丹:《关于我国刑事诉讼中审前羁押问题的思考》,载《学理论》2012年第1期。

5. 证据制度与司法水平问题

中国刑事诉讼中广泛适用审前羁押，还与过分依赖于口供有关，但这容易造成刑讯逼供问题。① 杨永指出，羁押手段的运用和一个国家的侦查水平有关。羁押不仅是为收集证据，而且还与获取口供有关，但对口供的依赖会导致刑讯逼供的发生，使犯罪嫌疑人的人权遭到进一步侵犯。②

五、对策与依据

针对刑事司法实践中审前羁押出现的问题及其原因，中国学者提出了非常有建设性意义的方案。

1. 建立司法审查体制

陈卫东认为，由公安、检察院享有审前羁押决定权不利于制约，应当交由法院统一审判裁定，被告对公检的审前羁押决定有权提起诉讼。③ 陈瑞华基于对德国、日本、法国、美国、俄罗斯等国比较后也指出，中国的审前羁押应建立"司法授权原则"和"诉权保障原则"。在任何情况下，审前羁押必须由行使国家司法裁判权的官员或机构加以授权，不能由负责侦查、起诉的警察、检察官直接控制，并配套建立一定的诉权保障制度。④

2. 建立羁押听审制度

叶青认为，中国刑事诉讼中的审前羁押控制可由检察机关主持听

① 叶青、周登谅：《关于羁押性强制措施适用的公开听证程序研究》，载《法制与社会发展》2002年第4期，第83页；唐亮：《中国审前羁押的实证分析》，载《法学》2001年第7期，第29页。

② 杨永：《论人权保障语境下的捕前羁押制度改革》，载《行政与法》2011年第5期，第125页。

③ 陈卫东、郝银钟：《被告人诉讼权利与程序救济论纲——基于国际标准的分析》，载《中外法学》1999年第3期，第78页；郝银钟：《论批捕权与司法公正》，载《中国人民大学学报》1998年第6期，第64页；汪建成、冀祥德：《我国未决羁押制度的批判性重构》，载《山东公安专科学校学报》2004年第1期。

④ 陈瑞华：《审前羁押的法律控制——比较法角度的分析》，载《政法论坛》2001年第4期。

证程序,由公安或控诉方提出充分证据,在辩护人和犯罪嫌疑人到场的情况下建立公开听证程序控制审前羁押。①

3. 建立羁押独立性程序措施

汪建成等建议,应当将羁押建设成与拘留、逮捕相独立的强制措施,并委以法官审查权,建立不同的羁押法定事由。非紧急情况下拘留后不羁押,非有社会危害性以及可能判处有期徒刑且犯罪嫌疑人有逃跑可能之情况下,逮捕后不羁押。② 陈永生、夏锦文等建议,应当将羁押期限与办案期限分离,并强化控制羁押期限。③

4. 缩短羁押期限

汪建成基于对中国羁押现状的分析,提出拘留后羁押不能超过48小时,逮捕后羁押不超过7日,法院审理以前最长羁押不能超过可能判处刑罚的1/3,且无期徒刑、死刑最长不能超过7个月。④ 廖荣辉提出延长普通拘留期限规定,但取消延长1~4日拘留期限的规定和重新计算羁押期限等。⑤ 陈永生等进一步提出,限制延长羁押期限的应用,并对延长羁押期限建立司法审查机制。⑥

---

① 叶青、张少林:《法国预审制度的评析和启示——兼论强化我国逮捕程序的公开、公正性》,载《华东政法学院学报》2000年第4期,第43页;叶青、周登谅:《关于羁押性强制措施适用的公开听证程序研究》,载《法制与社会发展》2002年第4期,第83页。

② 王彦学:《隐性羁押论——所外强制措施适用异化研究》,载《中国刑事法杂志》2010年第5期,第56页;汪建成、冀祥德:《我国未决羁押制度的批判性重构》,载《山东公安专科学校学报》2004年第1期;石经海:《论羁押制度的内核》,载《中国刑事法杂志》2009年第2期,第51页;唐亮:《中国审前羁押的实证分析》,载《法学》2001年第7期,第29页。

③ 夏锦文、徐爱荣:《刑事羁押期限:立法的缺陷及其救济》,载《当代法学》2005年第1期,第116页;陈永生:《我国未决羁押的问题及其成因与对策》,载《中国刑事法杂志》2003年第4期。

④ 汪建成、冀祥德:《我国未决羁押制度的批判性重构》,载《山东公安专科学校学报》2004年第1期。

⑤ 廖荣辉:《刑事案件"延长羁押期限"问题研究》,载《河北法学》2008年第1期。

⑥ 隋光伟:《浅谈羁押期限制度之完善》,载《人民检察》2005年第8期,第27页;陈永生:《我国未决羁押的问题及其成因与对策》,载《中国刑事法杂志》2003年第4期。

5. 改革配套制度

唐亮提出应当建立沉默权和排除羁押期间的不当口供，将看守所归属为司法行政机关，并进一步简化公安司法内部的报批制度。① 李建明、房保国、张明楷等提出，应当明确建立追究超期羁押和错误羁押的国家赔偿制度和渎职刑事责任。②

六、比较与论证

中国学者提出的各种改革方案，均来源于国外审前羁押制度的借鉴和比较。其中，使用最多的是《公民权利与政治权利公约》第 9 条关于逮捕程序、迅速审理、羁押诉讼、获得赔偿的规定。为了强化其论证力度，学者们通过对各种数据分析反思中国刑事诉讼中的审前羁押。

1. 逮捕率问题

学者们引证的内容是，美国在 60 年代严重犯罪的逮捕率只有 19%，1996 年的羁押率上升为 37%，③2007 年美国的未决羁押率达 64%。④ 英国 1996 年的逮捕率是 21.6%，⑤日本 1990 年的未决羁押率是 21.8%，最低的盗窃和最高的毒品犯罪分别是 14.2% 和 63.9%。⑥

---

① 陈永生：《我国未决羁押的问题及其成因与对策》，载《中国刑事法杂志》2003 年第 4 期；唐亮：《中国审前羁押的实证分析》，载《法学》2001 年第 7 期。

② 张明楷：《超期羁押的刑事责任探究》，载《浙江社会科学》2002 年第 4 期；李建明：《错误的刑事羁押与国家的赔偿责任》，载《现代法学》2004 年第 6 期；房保国：《超期羁押刑事赔偿的若干问题》，载《政法论坛》2004 年第 1 期。

③ 李忠诚著：《刑事强制措施制度研究》，中国人民公安大学出版社 1995 年版，第 71 页。

④ 陈永生：《逮捕的中国问题与制度应对——以 2012 年刑事诉讼法对逮捕制度的修改为中心》，载《政法论坛》2013 年第 4 期，第 17 页。

⑤ Ricky Taylor, 1996. *Cautious, Court Proceedings and Sentencing*. England and Wales. 转引自唐亮：《中国审前羁押的实证分析》，载《法学》2001 年第 7 期，第 71 页。

⑥ ［日］田口守一：《逮捕后的人身羁押》，载西原春夫主编：《日本刑事法的形成与特色》，李海东译，法律出版社 & 成文堂 1997 年版，第 326 页。转引自陈永生：《逮捕的中国问题与制度应对——以 2012 年刑事诉讼法对逮捕制度的修改为中心》，载《政法论坛》2013 年第 4 期，第 71 页。

欧盟委员会曾对27个成员国自1999年至2007年未决羁押率进行统计,通常都在10% ~30%之间,超过40%的很少,超过50%的更是凤毛麟角。①

2. 人身保护令状与救济措施

英国、美国、加拿大等英美法系国家及中国香港地区,以及德国、日本、意大利、法国及中国澳门、台湾地区等大陆法系,以及俄罗斯对逮捕的适用控制较为严格。这些国家和地区由法官签发警察或检察官的令状申请并决定是羁押还是保释,犯罪嫌疑人因此享有向法官申请审查等羁押救济权利。②

3. 羁押期限

英国在羁押超过36小时后,警察必须向法官提出进一步羁押令状,法官应当在96小时内举行并完成听证程序。另外,英国对被告人在各诉讼阶段的羁押期限均有规定,治安法院第一次出庭到移送起诉是70日,移送起诉到法院审判是112日。③ 意大利根据不同的犯罪和刑罚类型决定羁押期限,被告人可能被判6年以下、20年以下、20年以上或无期徒刑的最长期限分别是3个月、6个月、1年。④ 陈永生的最新研究指出,欧盟成员国2003年审前羁押平均为167天,2009年英

---

① 陈永生:《逮捕的中国问题与制度应对——以2012年刑事诉讼法对逮捕制度的修改为中心》,载《政法论坛》2013年第4期,第17页。

② 樊学勇、陶杨:《刑事诉讼中拘捕与羁押制度分立问题研究》,载《河北法学》2005年第4期,第96页;任寰:《关于在我国刑事诉讼中建立司法审查制度的构想》,载《法学》2000年第4期,第20页;陈光中:《中国刑事诉讼程序研究》,法律出版社1993年版,第107页;俞树毅:《刑事羁押司法审查与控制的比较研究》,载《兰州大学学报》(社会科学版)2004年第6期,第109页。

③ 林莉红:《香港的行政救济制度》,载《中外法学》1997年第5期,第33页;程味秋:《外国刑事诉讼法概论》,中国政法大学出版社1994年版,第147页;宋英辉:《日本刑事诉讼法》,中国政法大学出版社2000年版,第6页;陈瑞华:《审前羁押的法律控制——比较法角度的分析》,载《政法论坛》2001年第4期;樊学勇、陶杨:《刑事诉讼中拘捕与羁押制度分立问题研究》,载《河北法学》2005年第4期,第96页。

④ 李忠诚:《超期羁押的成因与对策》,载《政法论坛》2002年第1期,第70页;陈瑞华:《审前羁押的法律控制——比较法角度的分析》,载《政法论坛》2001年第4期。

格兰和威尔士为13周。各国关于审前羁押的最长期限规定：波兰一般为3个月且最长不超12个月，爱沙尼亚、罗马尼亚和德国为6个月，荷兰为104天，塞浦路斯为3个月。①

七、总结与问题

通过梳理最近20年关于审前羁押问题的研究，本章试图描绘出学者们对中国刑事审前羁押研究的整体情况。这些学术探讨，一致认为中国的逮捕率较高，且延长期限较为普遍。在羁押程序改革问题上，学者对人身保护令状（主流）或听证程序（叶青、陈光中、陈瑞华方案）等司法控制措施基本持一致意见。中外羁押期限的比较研究也有少量成果，并且各种数据论证翔实。但值得注意的是，这是否能成为改革中国审前羁押的充分理由呢？笔者认为，要改革审前羁押制度，至少还有如下问题需要进一步研究：

1. 刑事司法实践中的羁押率问题需要细致研究

先前虽然就高逮捕率进行了研究，但由于逮捕以后还存在取保和监视居住等非羁押措施，因此，非羁押措施可能导致羁押率的变化。文献收集发现，除唐亮、左卫民等对中国2000年左右司法实践中的逮捕率进行了实证调查以外，还没有其他文献对司法实践中的逮捕率进行考察。这或许源于资料获取途径的限制，但却反映了司法实践调查的紧缺性。中国最近几年在刑事立法、政策、司法上均有新举措，司法实践的响应程度也需掌握。

2. 羁押期限问题资料需要继续研究

先前的研究中，除唐亮在2001年对12起案件分析后得出拘役、1年和5年有期徒刑的羁押期限均为5个月以上，目前没有发现其他资料对羁押期限展开研究。据此，至少需要在更大范围上，更大样本中，对不同罪名和地区的资料继续证明或提出不同结论。

① 陈永生：《逮捕的中国问题与制度应对——以2012年刑事诉讼法对逮捕制度的修改为中心》，载《政法论坛》2013年第4期，第17页。

3. 外国羁押期限和羁押率问题需要研究

中国学者对国外羁押期限的研究，主要以刑事立法为样本，真实的司法资料除李忠诚在1995年对英、美的羁押率，唐亮对1996年英国的逮捕率，以及陈永生在2013年对欧盟成员国2003～2007年的羁押期限和羁押率，以及欧盟和日本2000年的羁押率有引证外，没有发现其他系统资料。这说明中国对国外羁押期限和羁押率的真实情况，尤其是不同犯罪的情况还需系统证明或深化。

4. 新《刑事诉讼法》关于审前羁押的实施效果评价问题需要继续研究①

中国2012年《刑事诉讼法》对审前羁押期限作了修改，如将普通程序公诉案件改为2个月。这对羁押期限是否有影响及其影响程度如何，还需要实证资料予以核实并作检验。

基于以上考察，本章结构安排如下：第二节为研究设计，介绍研究所使用的资料、采集方法、样本整理等。第三节为研究发现与讨论，展示并讨论被调查法院的羁押率、羁押期限及在不同罪名的分布情况，以及证据种类分布、证据收集在不同阶段的情况，从而发现中国刑事诉讼中审前羁押及诉讼效率存在的问题。第四节为基于调查情况以及各国统计数据，评估和诊断中国审前羁押在全球背景下的水平。最后为结语，提出本章对审前羁押的改革和建议方案。

第二节　研究设计与资料收集

左卫民曾从证据采集制度角度，对公安机关的证据收集效率，刑拘、批捕前后的证据收集时间分配情况，以及不同阶段犯罪嫌疑人的

① 阅读文献后发现，最近10年并无审前羁押问题进行研究的实证材料。那么，中国学者对于审前羁押的评价除逮捕问题使用的是最新资料以外，目前并无资料对2003年以后的刑事司法实践情况进行评价。因此，那些以旧时材料评价今日之中国刑事诉讼的准确性还需要检验。

侦查羁押期限进行过实证研究。唐亮也对检察院的羁押期限、批捕率进行过调查。但截止到目前，尚无实证研究资料从法院审判阶段开展研究。接续先前的经验，本章对 A 市辖区 5 个基层法院以及中级法院展开调查，具体设计如下：

一、研究阶段与设计

为此，本章将观察视角定位于审判阶段，欲通过法院的卷宗材料和判决书整理，观察整个刑事诉讼阶段的羁押期限。主要基于三点考虑：

第一，审判阶段有全案的诉讼文书，包括侦查文书、起诉文书、判决书等完整的诉讼文书；第二，审判阶段有全案的证据材料，包括案发时间、拘留、逮捕、起诉、审判阶段的全案材料；第三，审判阶段描述全案信息，可用于检测不同阶段羁押期限、羁押率等完整的审前羁押数据。

结合文献综述，本章关注两个焦点：第一个为审前羁押在各阶段的详细情况；第二个为证据收集情况。希望通过上述两个相互连接的焦点，回答如下几个问题：

第一，审前羁押的真实情况（羁押率、羁押期限、罪名差异）及其原因是什么；第二，审前羁押的真实目的和功能是什么，并是否实现；第三，审前羁押是否与证据收集有关；第四，中国的审前羁押问题可否进行改良，以及改革方案是什么。

考虑到本章将研究 2012 年《刑事诉讼法》修订前后的差异问题，我们对 2009 年、2012 年、2013 年的资料进行了收集。从研究对象看，由于计划对不同严重程度犯罪的羁押期限和证据收集情况分别研究，因此，对 A 市中级人民法院和各基层法院分别进行了考察。

二、研究方法与抽样

基于本章设计，我们采取全样本和系统抽样相结合的方法对 A 市两级法院上述年份的审前羁押情况进行调查。证据收集方面，研究样本首先按系统抽样方式，对A市中级人民法院和J区法院2012年、2013年案号尾数为5的卷宗进行了定距调查。① 由于2013年归档资料不全，缺失案卷材料，故使用尾号为6或者0的诉讼卷宗进行代替。② 为印证抽样结果的准确性，我们调取了2009年和2012年的A市5个基层法院盗窃罪、抢劫罪、故意伤害罪的所有判决书，以及2013年归档的所有判决书。除个别判决书未对拘留或逮捕期限做明确说明之外，每份判决书均记录有羁押时间，以及侦查或起诉阶段是否羁押（取保候审或监视居住）。在证据收集问题上，我们将案卷中的证据收集时间、案发时间、进入各诉讼阶段时间、证据种类进行编码并最终完成本研究的调查设计。为此，最终获得案件情况如表3－1所示。

表3－1　A市两级法院刑事诉讼案件调查

调查类型	全样本调查[a]		抽样调查			
法　院	基　层		基　层		中　级	
年　份	案　件	人　数	案　件	人　数	案　件	人　数
2009	247	366	—	—	—	—
2012	488	653	41	50	9	12
2013	388	462	41	59	4	7
总计	1123	1481	82	109	13	19

注：[a]2009年、2012年所有样本仅为盗窃、抢劫、故意伤害罪样本，2013年为各种犯罪样本。

① 之所以选择J区，其原因为J区为A市的主城区，该地的经济水平较高，犯罪的种类多样化，适合做全面考察。

② 即使如此，我们2013年收集到的卷宗仍然不足，这有可能导致2013年中院的分析分析不准确。为了弥补这个缺陷，我们特别将中院2012年和2013年两年的数据整合到一起，以及中院和基层法院的数据整合在一起。社会科学总有研究上的“瓶颈”，适当的处理措施仍可发现一定规律。

三、术语说明

为避免不同统计方法引发的理解缺陷,文中使用的术语含义如下:

(1)审前羁押,指一审判决生效且送达以前的被强制羁押于看守所或公安派出所。

(2)审前羁押率,除国际比较部分做特别说明外,指审前羁押犯罪嫌疑人(被告)占被统计的犯罪嫌疑人(被告人)的比例(下同)。

(3)侦查阶段,指犯罪嫌疑人从公安机关立案之日起到移送检察院审查起诉之日止。

(4)拘留阶段,指犯罪嫌疑人被拘留之日起到公安机关收到检察院批准逮捕决定书止。

(5)起诉阶段,指检察院决定对犯罪嫌疑人提起公诉到检察院正式提起公诉之日为止。

(6)审判阶段,指检察院正式提起公诉至一审判决送达之日为止。

(7)羁押期限,指犯罪嫌疑人(被告人)从拘留之日到判决送达之日止,被羁押的天数。

第三节 研究发现与讨论

一、审前羁押率

对官方资料的研究显示,2003~2011年全国的逮捕率从93%下降至75%,[①]A市法院全样本调查情况基本印证了逮捕率的下降趋势。2009年5个基层法院对盗窃、抢劫、故意伤害罪的平均羁押率为84.75%,2012年为80.50%。抽样调查的结果与全样本调查的审前

① 陈永生:《逮捕的中国问题与制度应对——以2012年刑事诉讼法对逮捕制度的修改为中心》,载《政法论坛》2013年第4期。

羁押率情况也基本吻合,但新《刑事诉讼法》修订后的羁押率变化不大。2012 年、2013 年 A 市 J 区法院的羁押率为 76.30%、82.00%,中级人民法院分别为 75.00%、85.71%,如表 3-2 所示。基层法院不同阶段的数据显示,侦查阶段 2013 年的羁押率比 2012 年上涨了 12.76(67.24~80)个百分点。同时,起诉和审判阶段的羁押率,J 区法院和 A 市中级人民法院也都有所上升。这可能与长期的逮捕、羁押习惯有关,本研究还难以充分解释其中原因,这是未来研究的重心。

两年样本整合后显示,审判阶段的羁押率高于侦查和起诉阶段。这说明,法官对先前羁押的犯罪嫌疑人不予取保候审,甚至有可能为了保障诉讼对先前取保候审或者监视居住的犯罪嫌疑人采取了强制措施,2012 年 J 区法院尤为明显。按照主流逻辑,法官为保障诉讼的顺利进行而倾向于对犯罪嫌疑人采取强制措施,本章的研究的确印证了审前羁押保障诉讼的核心功能。

表 3-2 A 市两级法院审前羁押率

抽样调查(分阶段)					全样本调查(不分阶段)		
诉讼阶段	法院	两年(128)	2012 年(71)	2013 年(57)	法院 基层	2009 年 N(%)	2012 年 N(%)
侦查阶段	中院	73.68	75.00	71.42			
	J 区	73.15	67.24	80.00	Z 区	(126)82.54	(176)72.16
起诉阶段	中院	77.78	72.73	85.71	M 区	(68)88.24	(75)92.00
	J 区	71.96	65.52	79.59	J 区	(28)92.86	(192)83.85
审判阶段	中院	83.33	75.00	100.00	G 区	(52)80.77	(62)87.10
	J 区	77.78	77.59	78.00	S 区	(80)85.00	(141)77.30
三阶段均值	所有	78.91	76.06	82.45	所有	(354)84.75	(646)80.50
	中院	78.94	75.00	85.71			
	J 区	78.90	76.30	82.00			

二、审前羁押期限

就全案的羁押期限来看，A 市刑事诉讼中的拘留期限的确较长。表 3－3 显示，2012 年和 2013 年审前羁押期限，分别为 172.6 天、177.2 天，所有样本平均为 174.8 天。这个发现与 2009 年和 2012 年全样本调查获取的 175.7 天基本吻合(见表 3－5)。就不同法院审理的犯罪严重程度差异来看，中级法院审理的案件羁押时间更长，这是因为由中院一审的案件更加严重。从 2012 年和 2013 年的整体情况来看，两级法院平均羁押期限值相差 135.1 天。这在 2012 年和 2013 年均显示出相同趋势，分别相差 131.5 天、148.2 天。就羁押趋势来看，2013 年的羁押期限比 2012 年更长。就 A 市两级法院的整体情况来看，2013 年比 2012 年平均增加 5 天。J 区法院、中级人民法院均呈现出相同特点，J 区法院 2013 年比 2012 年增加 10.4 天，中级人民法院增加 14.1 天。

表 3－3 A 市刑事诉讼羁押周期(均值)抽样调查表 单位：天

年度	法院	样本	拘留	逮捕	起诉	审判	全过程
2012	两级法院	N＝54	26.6	49.1	48.5	56.5	172.6
	中级法院	N＝9	16.6	68.4	72.3	125.1	282.4
	J 区法院	N＝45	28.9	44.7	43.0	42.8	147.9
2013	两级法院	N＝48	27.9	50.0	54.7	43.5	177.2
	中级法院	N＝7	29.3	60.2	80.0	128.0	296.5
	J 区法院	N＝41	27.7	48.4	50.9	29.8	158.3
两年	两级法院	N＝97	27.2	49.5	51.5	50.8	174.8
	中级法院	N＝16	22.1	65.1	75.4	126.3	288.1
	J 区法院	N＝82	28.3	46.6	47.0	36.9	153.0

诉讼各阶段的羁押期限较长，拘留和起诉阶段普遍存在延长羁押情况。从拘留期限来看，延长拘留期限较为普遍。两级人民法院 2012 年平均为 26.6 天，2013 年平均为 27.9 天。这和作出逮捕决

定前一般不超过14天的限制差距较大,两级人民法院两年的拘留均值27.2天显示,拘留阶段的羁押期限平均超了13.2天。逮捕后的期限基本符合法律规定,中级人民法院审理的案件因较为复杂期限稍微有所延长。起诉时间较长,两级人民法院2013年和2012年均超过人民检察院起诉一般不超过1个月的时间限制。审判阶段两级人民法院2012年的审理期限超过1个月时间的限制,但符合2013年《刑事诉讼法》修正后的2个月之规定。这的确证实延长办案期限的例外规定缓解了法官的审限压力,新《刑事诉讼法》的修改的确可以解决法院的超期审判问题。

三、罪名与犯罪严重性影响

文献综述显示,已有研究指出羁押率和羁押期限因不同犯罪而有所差别。表3-4是J区法院和A市中级人民法院分布较多罪名的羁押情况,因总体样本量小而没有对不同年度和不同法院再作细分。

表3-4 A市羁押期限(均值)与罪名抽样分析

(J区法院和A市中院) 单位:天,N=86

罪 名	样本[b]	拘留	逮捕	起诉	审判	全过程	羁押率(%)
交通肇事[a]	3	—	—	20.0	43.0	63.0	28.6
敲诈勒索	5	32.0	34.5	58.5	22.8	137.4	100.0
盗 窃	35	26.8	42.8	38.3	28.2	139.4	91.9
抢 劫	5	28.2	52.8	40.3	78.0	142.8	83.3
贩卖毒品	8	29.4	46.6	44.8	29.0	149.8	88.9
持有毒品	3	28.0	58.0	53.7	29.7	169.3	100.0
诈 骗	4	25.8	65.8	39.3	58.0	182.5	75.0
故意伤害	16	29.9	57.6	44.3	94.2	223.4	88.9
故意杀人	7	13.0	59.0	105.7	110.4	288.1	100.0

注:[a]样本中的3个被统计者,有2个危险驾驶罪因未被拘留和逮捕而在侦查阶段没被羁押;

[b]羁押期限研究对象为86个样本,展示整体羁押率时有102个样本。

第一,犯罪越严重,羁押期限越长。最轻的交通肇事案件只羁押 63 天,最严重的故意杀人案件羁押 288.1 天,盗窃、敲诈勒索案件分别为 137.4 天、139 天,故意伤害和杀人案件的审判周期最长。基层法院和中级人民法院的羁押期限差别也说明(如表 3-3 所示),犯罪严重程度对羁押期限影响较大。

第二,拘留、审查起诉时间较长是一般刑事案件的普遍情况,但故意杀人案件的拘留期限更短。这说明,从拘留后到批准逮捕这段时间,严重犯罪可能在社会影响和办案压力下效率更高。但这正好说明,那些没有受到关注的各种案件拘留时间较长,且存在普遍延长的情况。

上述分析可能因样本量较少而缺乏说服力,下面用 A 市 5 个基层法院 2009 年、2012 年的全样本调查数据再次予以证明。如表 3-5 所示,盗窃罪的平均羁押期限与抽样分析高度吻合,2009 年和 2012 年的平均羁押期限为 133.7 天、138.1 天,羁押率为分别为 87.7%、81.2%。另外,2009 年抢劫罪的羁押天数和羁押率也与抽样调查结果较接近。

表 3-5　A 市 5 个基层法院调查羁押期限

(均值)全样本调查　　(N=866,单位:天)

罪名(样本)	两年(866)	2009 年(316)	2012 年(548)
盗窃(544)	136.7(82.9%)	133.7(87.7%)	138.1(81.2%)
抢劫(136)	238.7(87.4%)	156(84.4%)	305.2(89.8%)
故意伤害(186)	244.8(71.8%)	156.1(77.6%)	314.9(67.6%)
总计	175.7(81.7%)	144.6(84.7%)	193.8(80.5%)

四、证据收集与诉讼效率

上述分析,希望通过利用 A 市的审前羁押期限和羁押率,描述了公安机关、检察机关、法院在不同阶段所采取的诉讼保障措施。文献和前文分析已经阐明,审前羁押的主要目的是为采集证据、防止串供或逃跑等保障刑事诉讼的正常进行。但对于审前羁押自身所具有的防卫社会功能,目前并没有深入研究。这种理论上的先天不足,可能暗含审前羁押虽然保障了刑事司法机关的诉权,但忽略了对被告人的人权保障。那么这个结论是否正确呢?本部分将对此作答。

为此,我们对抽样后的卷宗材料中证据的采集时间进行了统计,并根据其所形成的证据采集时间周期分布结构进行了描述。如图3-1所示,本章用三组方法检测证据采集的周期。第一组(图3-1上)为证据收集时间距离案发时间的周期,在具体分析时选择对前后500天的证据采集时间分布做了描述。第二组(图3-1中)为,三大机关在犯罪嫌疑人到案前后采集证据所形成的证据采集周期,并且特别对到案前后500天内的证据采集时间周期做了详细统计。第三组(图3-1下)为刑事诉讼进入侦查、起诉、审判阶段后,各阶段所形成的证据采集时间周期,这可以作为评估不同阶段证据需求的时间点。基于以上设计,研究发现主要如下:

首先,犯罪后的证据周期显示(图3-1上),公诉机关主动利用先前的线索寻求破案的作风并不是常态,刑事证据主要来自案发后的一段时间。图左显示,只有当犯罪嫌疑人的本次行为暴露以后,公诉机关才开始大规模收集证据。与此相反,一旦犯罪嫌疑人的罪行没有东窗事发,即使犯罪嫌疑人先前多次实施犯罪行为,或者受害人已经报案,公诉机关很少将这些证据作为追诉的材料。为了更清楚地说明这个问题,图左的证据收集时间更加清晰地显示,90%以上的证据是在本次案发以后采集的(且主要为言词证据)。然而,先前对地方法院的调查研究发现,刑事司法中至少97%以上的犯罪人有前科,以及至少1/5的犯罪嫌疑人有两次以上的前科。① 因此,可以说,公诉机关对犯罪嫌疑人先前行为的管理和如何控制未来犯罪,还缺乏相应的

① 先前的研究对上海浦东区法院、郑州金水区、成都高新区法院的调查显示,有前科的犯罪嫌疑人比例分别是99.3%、97.8%,99.4%,有两次以上前科且被判处罚金的分别是19.4%、14.6%、7.8%。熊谋林:《罚金刑应用实证研究》,西南财经大学2012年博士学位论文,第40页。

理念支持。图右显示,公诉机关主要的工作是收集被告人供诉、受害人陈述、证人证言等言词证据,以及进行现场勘验、辨认笔录,调查犯罪人身份信息、发送诉讼文书等证据。物证等实物证据收集非常少,而言词证据较多。既然审前羁押主要是为获取言词证据,那么有必要对犯罪嫌疑人进行长期羁押吗?对这个问题,下文将进一步分析并予以回答。

其次,犯罪嫌疑人到案后的证据周期显示(图3－1中),到案前的证据收集占有重要作用。将近50%的证据在到案(拘留)前已经收集完毕。到案后的证据材料显示,口供、被害人陈述、证人证言、现场勘验和辨认笔录等证据仍然是追诉机关主要收集的证据。这在(图一中右)到案前后500天的证据展示图中更加清晰。图3－1(中)还显示另外一个重要信息,除文书以外,被告人的口供在到案以后占据重要部分,且证据采集在整个诉讼过程中均存在。换句话说,公安机关和检察机关均十分关注采集被告人的口供。这一方面说明,刑事诉讼重视被告人口供,如反复询问以核实事实的真实性;另一方面,也反映了公诉活动的效率不高,甚至到案后400天左右仍然重复之前的口供询问。

最后,进入三大诉讼阶段后的证据周期图显示(图3－1下),刑事司法机关进入各诉讼阶段前后的证据已大部分完成,但刑事证据的收集存在严重后尾现象。例如,尸检在刚进入刑事诉讼后已完成,但对于物证和伤情鉴定来说,即使进入各诉讼阶段200天左右还在收集关键证据。对于被告人的询问来说,更是糟糕,甚至在进入诉讼阶段后200～300天左右后仍然在进行。证据收集所反映出的效率问题,充分解释了为什么羁押期限高达150天左右。上述分析仅展示了不同种类的证据采集时间,难免过于抽象而无法理解。为了充分说明这个问题,本章对证据的收集时间周期做了四分位值描述统计。如表3－6所示,数据结果进一步证明图3－1中反映的证据收集周期严重不均衡的问题。主要发现如下:

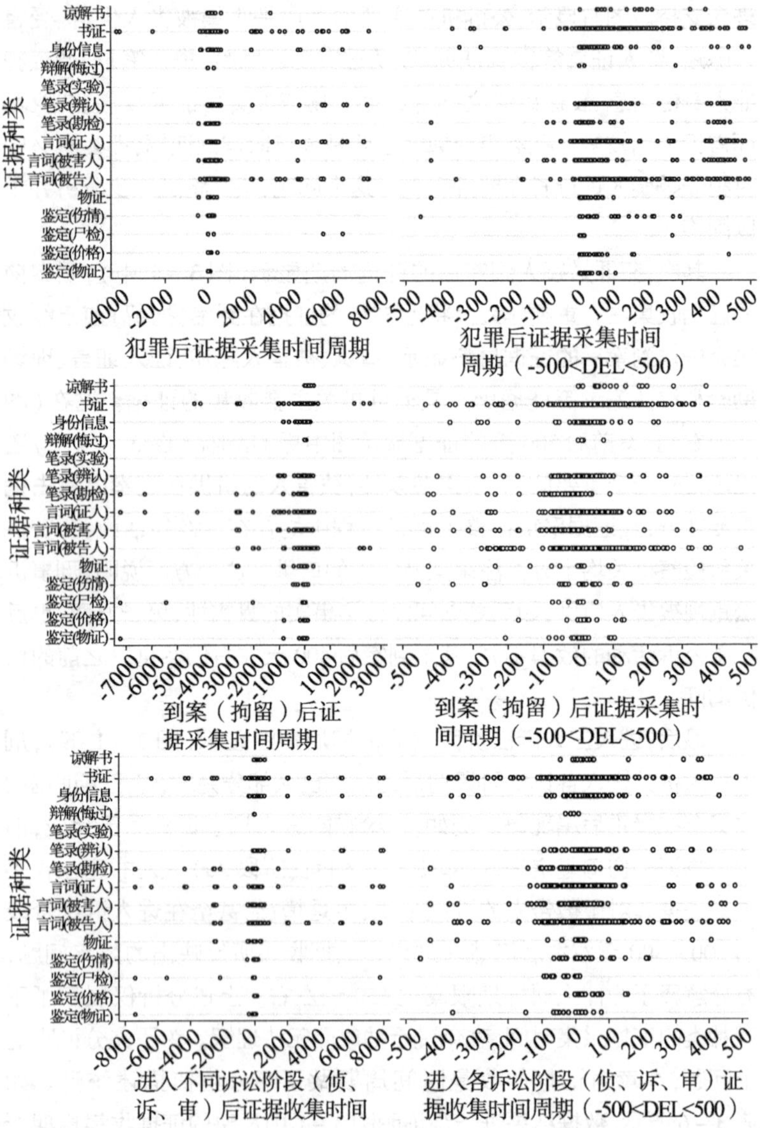

图 3－1　A 市刑事诉讼证据收集分布密度抽样

（J 区 & 中院：2012&2013）

第一，前期阶段证据收集反应迅速。以案发为基点，25%的证据在案发后1～2天即采集完毕，50%的证据在犯罪后14～19天就已经采集；以到案为基点，50%的证据在到案5天以内采集完毕；从进入诉讼阶段的整体情况看，25%的证据在立案侦查当天即采集完毕，50%的证据在立案后3～12天即采集完毕。进入起诉阶段后，75%的证据在检察院受案后26～33天即采集完毕；进入审判阶段后，75%的证据在法院受案后17～36天采集完毕。

第二，后期阶段证据采集效率低下。以案发为基点，与前50%的证据采集周期相比，2012年、2013年，90%的证据采集完毕需要470天、362天，这40%的证据所需时间是前期的25倍。以犯罪人到案为基点，90%的证据采集完毕需要110天、68天，这40%的证据所需的时间是前50%的50倍。就进入各诉讼阶段来看，50%～90%的证据采集所需时间分别是73天、117天，是前期的20倍。上述分析在不同阶段仍然成立，侦查、起诉、审判三阶段50%～90%的证据采集时间，分别最少是前期证据采集时间的24倍、5倍、7倍。

第三，证据收集主要在侦查阶段完成，起诉和审判阶段很少收集证据。86.5%的证据在侦查阶段已经收集完毕，分别只有7.9%、5.5%的证据在起诉和审判阶段完成。因此，这反映出两个基本信息：一方面，证据在侦查阶段已基本固定，案件是否足以侦破和定罪在侦查阶段已经解决；另一方面，起诉、审判阶段诉讼证据收集活动非常少，只有13.5%的证据在这两个阶段收集。然而，结合表3－4、表3－5所反映的羁押周期来看，起诉、审判阶段的羁押时间与侦查阶段的羁押时间维持在1∶1。也即起诉、审判阶段的羁押时间基本占据了整个审前羁押的一半。

这就引出一个令人深思的问题，既然起诉和审判阶段基本不采集证据，那么是什么原因导致仅收集13%证据的起诉、审判阶段，与收集85%的侦查阶段时间相同呢？这个问题非常关键，它可以回答刑事诉讼在起诉和审判阶段的诉讼效率问题，以及审前羁押的目的和功能到底是什么。对此后文将进一步进行探讨。

五、证据种类与分布

先前的研究指出,中国刑事诉讼中的审前羁押是为全面收集证据、查清犯罪事实,保障起诉、审判的顺利进行。① 这个问题需要辩证看待,各种假设也需要经验证据予以证明。一方面,刑事诉讼中查清事实究竟是随着诉讼推进而逐渐完成,还是直接在某一个阶段已经完成;②另一方面,保障诉讼顺利进行,是防止受害人逃跑,还是为避免相互之间串供。如果是前者,这需要经验证据予以证明;如果是后者,审前羁押中的证据又是否足以防止串供,从而避免诉讼障碍。

前一部分的研究显示,证据收集主要在侦查阶段完成,但审判阶段还依然有少部分证据需要采集。表3-7抽样调查的证据收集阶段分布情况,再次说明证据主要在侦查阶段获取(83.8%和88.9%),起诉、审判阶段基本没有任何实质意义的证据。对于这个发现,有几点需要说明:

第一,证据种类考察显示,刑事诉讼中的主要证据是言词证据。2012年、2013年的证据调查结果高度相似,说明这两年反映出的情况具有普遍性。以2012年为例,排除诉讼文书证据(20.8%)后,被告人口供(22.7%)、证人证言(19.4%)、被害人陈述(4.4%)占46.5%。另外,对证明犯罪事实并不起作用的身份品格信息(6.9%)、谅解书(0.5%)占

---

① 参见孙吉祥:《逮捕必要性与羁押必要性之差异》,载《人民检察》2013年第17期,第79页;马秀卿:《论"非羁押式强制措施"的刑期折抵——以权利保障为视角》,载《河北法学》2007年第2期,第145页;石经海:《论羁押制度的内核》,载《中国刑事法杂志》2009年第2期,第51页。

② 如何查证事实,可能需要借助于刑事诉讼中犯罪事实调查的两种理论。金字塔诉讼理论认为,随着案件流程的逐步推进,犯罪事实经过侦查、起诉、审判阶段的查证后才最终得以完成。按照这种理论的推导,犯罪事实查证的一步步完成,最终的证据齐备和收集阶段应该是在审判阶段。流水线诉讼理论认为,公安机关、检察院、法院属于流水线作业,刑事诉讼决定性阶段在侦查机关,起诉、审判阶段主要为配合公安机关办案。按照这种理论,刑事诉讼中的证据查证功能主要在侦查阶段完成,起诉、审判阶段基本没有查证义务。笔者认为,刑事诉讼立法本来希望逐渐推进的查证方式,但在证明标准和司法实践却变成了流水线作业。这造成,中国司法实践和理论界关于公诉人和法官是否有事实查证义务出现两张皮现象。本章对此仅略作证据性探讨,详细论证见作者的后续研究。

7.4%，而现场勘验、物证等其他相关内容的证据只有23.7%，其中绝大部分是辨认笔录(12.5%)。刑事诉讼中的言词证据较多，尤其是被告人口供较多，这可能源于中国刑事诉讼中对口供的依赖性有关。三大阶段，上述不同种类的证据在完成侦查后明显减少，审判阶段数量就更少。

第二，侦查阶段收集言词证据和非言词证据。从2012年、2013年的证据数量来看，侦查阶段已完成80.8%(320：396)和82.5%(264：320)的口供，以及完成被害人陈述(90.7%和97.4%)、证人证言(90.2% & 80.5%)等言词证据。各种鉴定证据、物证，以及笔录性证据(勘验检查、辨认)在侦查阶段完成绝大多部分，起诉、审判阶段上述各种证据只有极个别的情况下有少许，甚至若干项目为0。例如，2012年、2013年检察院起诉阶段的证据数量分别为1和0，在审判阶段收集的物证数量为0。

表3-6　A市刑事诉讼证据收集周期(四分位值)抽样分析

(N=3063，单位：天)

评价标准	法院	年度	P25	P50	P75	P90	均值
犯罪后(N=2939)	中级	2012	1	7	151	6309	972
		2013	1	28	81	260	296
	J区	2012	2	7	41	118	34
		2013	1	14	63	404	92
	两级	2012	1	19	89	470	482
		2013	1	14	61	362	86
到案后(N=2824)	中级	2012	-75	5	92	128	-621
		2013	-12	2	27	94	-78
	J区	2012	-59	1	18	118	2
		2013	-2	1	17	63	-97
	两级	2012	-22	2	37	110	-236
		2013	-6	1	17	68	-86

续表

评价标准	法院	年度	P25	P50	P75	P90	均值
诉讼阶段(整体)(N=2958)100%	中级	2012	0	3	20	616	215
		2013	0	12	37	102	199
	J区	2012	0	3	22	53	13
		2013	0	3	29	73	-61
	两级	2012	0	7	35	117	204
		2013	0	3	28	73	-53
侦查阶段(N=2560)86.5%	中级	2012	0	3	21	1462	514
		2013	0	12	37	108	234
	J区	2012	1	3	19	53	16
		2013	0	2	28	73	-54
	两级	2012	0	7	36	177	306
		2013	0	3	26	72	-47
起诉阶段(N=235)7.9%	中级	2012	-2150	-96	-58	15	-1739
		2013	-55	17	38	87	-61
	J区	2012	-84	2	46	46	-18
		2013	-38	14	31	75	-175
	两级	2012	-76	-28	26	79	-702
		2013	-66	14	33	72	-140
审判阶段(N=163)5.5%	中级	2012	-63	6	49	85	-7
		2013	-13	13	29	46	8
	J区	2012	-7	115	123	143	70
		2013	-36	6	15	366	20
	两级	2012	-34	11	36	77	3
		2013	-7	6	17	143	31

注:各阶段独立计算时间,以及受旧案异值影响,故起诉、审判阶段证据采集周期存在负数现象。

第三,诉审阶段收集的证据主要为与查证犯罪事实无关的诉讼文书和言词证据。2012年的调查显示,除文书证据外,诉审阶段获取最多的证据是被告人供述(9.3%)、证人证言(7.3%)。但2013年的证据收集情况显示,除按照法律规定发送文书证据(73.8%)和获得谅解书(9.8%)、证人证言(7.3%)以外,审判阶段基本没有采集任何证据。

表 3－7　A 市刑事诉讼各阶段证据分布（J 区 & 中院），N＝3063

证据种类	2012 年　n(%)				2013 年　n(%)			
	侦　查	起　诉	审　判	总　计	侦　查	起　诉	审　判	总　计
物证鉴定	50(3.4)	3(2.3)	0(0.0)	53(3.0)	17(1.5)	4(3.8)	0(0.0)	21(1.6)
价格鉴定	12(0.8)	0(0.0)	0(0.0)	12(0.7)	21(1.8)	1(0.9)	0(0.0)	22(1.7)
尸体检验	13(0.9)	7(5.3)	1(0.7)	21(1.2)	5(0.4)	2(1.9)	0(0.0)	7(0.5)
伤情鉴定	16(1.1)	5(3.8)	2(1.3)	23(1.3)	11(0.9)	2(1.9)	0(0.0)	13(1.0)
物证	31(2.1)	1(0.8)	0(0.0)	32(1.8)	64(5.5)	0(0.0)	0(0.0)	64(4.9)
被告人供述	320(21.9)	62(47.0)	14(9.3)	396(22.7)	264(22.5)	55(52.0)	1(2.4)	320(24.2)
被害人陈述	69(4.7)	3(2.3)	4(2.7)	76(4.4)	76(6.5)	2(1.9)	0(0.0)	78(5.9)
证人证言	305(20.9)	21(16.0)	12(8.0)	338(19.4)	163(13.9)	16(15.0)	3(7.3)	182(13.8)
勘验检查笔录	48(3.3)	8(6.1)	0(0.0)	56(3.2)	51(4.4)	3(2.8)	0(0.0)	54(4.1)
辨认笔录	210(14.4)	4(3.1)	4(2.7)	218(12.5)	167(14.2)	2(1.9)	0(0.0)	169(12.8)
辩解（悔过）	2(0.1)	0(0.0)	0(0.0)	2(0.1)	1(0.1)	0(0.0)	1(2.4)	2(0.2)
身份品格[a]	101(6.9)	2(1.5)	17(11.0)	120(6.9)	69(5.9)	2(1.9)	0(0.0)	71(5.4)
诉讼文书[b]	270(18.5)	14(11.0)	79(52.0)	363(20.8)	232(19.8)	15(14.0)	30(73.0)	277(21.0)
谅解书	2(0.1)	1(0.8)	6(4.0)	9(0.5)	5(0.4)	0(0.0)	4(9.8)	9(0.7)
其　他	12(0.8)	0(0.0)	12(8.0)	24(1.4)	27(2.3)	2(1.9)	2(4.9)	31(2.4)
总　计	1461	131	151	1743	1173	106	41	1320
列统计(%)	100	100	100	100	100	100	100	100
行统计(%)	83.8	7.5	8.6	100	88.9	10	0	100

注：[a]身份品格主要为，街道办事处/村委会出具的被告人行为品性情况、家庭生活情况、犯罪记录等与本次犯罪无关但证明其平时表现的证据。

[b]诉讼文书，如受案通知书、传票、拘留、逮捕、换押证、开庭通知书、辩护权告知等。

表3－7的数据明确说明，帮助查清犯罪事实的各种关键性证据在侦查阶段已经完成。换句话说，中国刑事诉讼法学界一贯坚持的审前羁押有助于查清犯罪事实的功能，只在侦查阶段符合，起诉阶段和审判阶段并不承担查清犯罪事实的任务。① 既然如此，那么在中国刑事诉讼活动中，高比例的羁押率和较长羁押期限就必然引发审前羁押是否必要的探讨，下文进一步分析。

六、审前羁押的必要性

《刑事诉讼法》明确规定，只有被告人口供不能作为定罪的依据。据此可以推断，刑事诉讼定罪的关键证据应当是物证、证人证言、勘验检查笔录等实物证据，口供自身不是主要或关键证据。② 值得疑问的是，为什么刑事诉讼过程中起诉和审判阶段普遍并不采集关键证据，但羁押时间却与关键证据所需要的时间无异？除了法官处于中立地位之外，还需结合最近司法实践中出现的定罪率高达99.74%，以及

---

① 中国刑事诉讼法中不同阶段的证明标准除立案标准有明显差别外，其他阶段的证明标准的立法表述反映出公安机关承担查清犯罪事实责任。按照现行《刑事诉讼法》的规定，侦查机关立案的标准是“发现有犯罪事实或犯罪嫌疑人”，逮捕的标准是“有证据证明有犯罪事实”，侦查终结并移送审查起诉的证明标准是“犯罪事实清楚，证据确实、充分”以及撤案的标准是“不应追究刑事责任”，人民检察院批准移送起诉“事实、情节清楚，证据确实充分，犯罪性质和罪名准确，应当追究刑事责任”，起诉标准是“犯罪事实已经查清，证据确实、充分，应当追究刑事责任”，不起诉的标准是“没有犯罪事实或第15条情形”，人民法院定罪的证据标准是“案件事实清楚，证据确实、充分，依照法律应当认定被告人有罪”。既然移送起诉以后的证明标准已经是“犯罪事实清楚，证据确实、充分”，检察机关和法院机关当然无需查证。也正因如此，中国的审前羁押过于信赖公安机关，一旦羁押就千方百计定罪。参见我国2012年《刑事诉讼法》第15条、第79条、第114条、第160条、第172条、第173条、第195条。

② 崔敏：《论“关键证据”》，载《公安大学学报》1991年第2期，第22页；陈瑞华：《论被告人口供规则》，载《法学杂志》2012年第6期，第46页；沈德咏：《试论口供中的几个理论问题》，载《中国法学》1987年第1期，第35页。

无罪率下降到0.26%的现实。[①] 对这个问题的回答是，起诉阶段和审判阶段基于对公安机关收集证据的信赖，而没有或很少履行客观审查、查证、审判的义务，这符合中国目前追求精确定罪的司法目标。

不得不承认，起诉和审判阶段采集了少许诸如被告人口供、证人证言等言词证据。但这是为查清犯罪事实而进行审前羁押的理由吗？对这个问题的分析还需从证据结构来看。首先，起诉和审判阶段继续进行言词性证据调查的意义不大。如前所述，物证、鉴定、现场勘验、辨认笔录均在侦查阶段完成，侦查阶段也已经进行了大量的言词证据调查，继续言词调查也只能是重复性调查。其次，证人证言、被害人调查，无论以何种方式均可以实现调查目的，有无被告口供并不重要。[②] 最后，证人证言、被害人陈述可以随意提取，口供不能单独作为定罪的关键证据。这也就说明，审判阶段本身获取的口供有无并不影响定罪，如果以获取口供为理由进行审前羁押必然面临司法强制措施和人权保障必要性的冲突。

直到现在为止，本章仅介绍了审前羁押所具备的查清犯罪事实功能，对于保障诉讼顺利进行这个问题尚没有进行有效讨论。文献分析显示，保障诉讼进行包含两层含义：保障犯罪嫌疑人到庭参与诉讼，不逃避刑事审判；保障共同犯罪嫌疑人不串供，防止有罪变成无罪。因此，可以借助如下两方面进行讨论回答：

一方面，抽样样本显示，2012年和2013年采取非羁押措施的27个犯罪嫌疑人无一人逃跑，且并被判处有罪。这说明：非羁押导致犯罪嫌疑人逃跑，或者串供获无罪的假设不成立。另一方面，在案件调研过程中，研究团队与J区法院的法官有过电话交流，我们询问了两

---

① 与国外错罪率评估高达0.5%、3%、10%的现状相比，中国刑事诉讼“以定罪为目标”给司法实践中出现错罪创造了条件。参见熊谋林、廉怡然、杨文强：《全球刑事无罪错案的实证研究（1900～2012）》，载《法制与社会发展》2014年第2期，第31页。

② 至于中国刑事诉讼中出现非常重视被告人口供的现象，只能说明这是源于重口供轻物证和证人证言的不健康诉讼环境。我国学者多次要求改变这种现状，并且将物证和证人出庭等一套制度融入刑事诉讼的改革活动中。

个问题:“(1)法院是否采取取保候审措施;(2)被你们法院取保候审的人有没有逃跑的案例。”

4位受访法官的回答如下:

法官甲:“目前手上还没有遇到逃跑这样的案子。我们采取取保候审的案子一般都是对觉得非常稳妥的人才会取保候审,像那些居无定所或有前科的人一般不取保候审。”

法官乙:“没有逃跑的。被告人取保候审后,交了保证金的呀!我们的保证金数额还是比较高的,一般取保候审的人都是犯罪比较轻的人,跑了也不值得,所以一般不会跑!”

法官丙:“我们法院2012年和2013年的羁押和取保案子的比例维持在65%:35%左右。2012年没有取保候审的人犯新罪,也没有人逃跑、没有串供嫌疑。2013年大概审理122件案子,没有一个案子的被告人逃跑,但有一个案有串供问题(作者注:开发商约集该案的其他犯罪嫌疑人一起商量串供,试图摆脱非国家工作人员受贿罪指控),还有一个案子犯新罪(未成年人抢劫)。”

庭长丁:“我手上的取保候审案子,大概在1/3至1/4之间,大概1/4吧。2012年的案子也大体差不多。在我们法院对那些侦查、公诉阶段没有取保候审的案件,首次采取取保候审的很少,一般是一审判决后上诉的才取保候审。至于放出去有没有担忧的问题,我今年就带了一两个(表示担忧)。我2010年调到刑庭,整个2012年都没有遇到逃跑的案子,但2013年遇到3个案子的犯罪嫌疑人逃跑。我记得手里的这些取保案子,一个是在缓刑期间犯罪,犯罪嫌疑人咨询后发现可能撤销缓刑并收监执行,犯罪人就跑了。另外一个是掩饰犯罪所得,被告知道交了罚金以后还可能判处缓刑,后来打电话一直不接,还是叫法警抓来的。第三个是犯罪嫌疑人涉嫌危险驾驶罪,被取保后就跑到新疆了,后来调查才知道犯罪嫌疑人认为交了钱了就没事了，可能是法律意识淡薄吧。”

基于上述定性访谈，作者认为刑事审判实践中的审前释放者，并没有普遍出现妨碍刑事诉讼顺利进行的违法行为，绝大多数人能依法遵守取保候审的规定。毕竟，甘愿冒法庭监禁风险的被告人只是极个别的，这当然不能成为否定大多数人在庭前被释放的理由。从法官丙和庭长丁的表述看，犯罪嫌疑人逃跑或妨碍诉讼等措施的情况的确有可能发生，但这个比例就整个J区法院来说处于1%～2%之间。对于这个问题，目前尚没开展较大范围的经验研究，这是本章的短板所在。但国外研究已指出，采取非羁押措施后没有较高比例的不出庭或逃跑等现象发生。① 因此，就当前的羁押现状来看，审前羁押有利于查清案件事实，并可以保障诉讼的顺利进行等理由，均不应成为进行审前羁押的依据。毕竟，法律的设计应当关注于普遍情形，而不能仅仅因为少数个案而否定多数人的权利和自由。

结合上文，A市的羁押率维持在80%左右，但这是否意味着中国刑事诉讼实践中的羁押率就非常高或者羁押期限非常长呢？2012年修正后的《刑事诉讼法》规定，一般情况下普通程序最长审前羁押时间为164天或简易程序124天，特殊情况下最长可延期至812天。这与1979年和1996年《刑事诉讼法》相比，一般情况下增加了38天、30天，特殊情况下的最长延期时间增加了537

---

① See Mark Motivans, 2003. Federal Criminal Justice Trends. *Bureau of Justice Statistics, page* 14, *table* 9. Available at http://www.bjs.gov/content/pub/pdf/fcjt03.pdf（马克的报告指出，美国联邦司法区1994年、2003年、2004年审前释放的人中只有2.3%、2.2%的人在法庭审理时没有出庭。其中暴力犯罪、财产犯罪、毒品犯罪在1994年分别是2.2%、1.5%、3.8%，2003年分别是2.8%，1.4%，3.1%）；Barry Holman and Jason Ziedenberg, *November* 28, 2006. The Danger of Detention: The Impact of Incarcerating Youth in Detention and Other Facilities. *Justice Policy Institute, page* 15. Available at http://www.justicepolicy.org/images/upload/06-11_REP_DangersOfDetention_JJ.pdf（赫尔曼等的研究显示，美国Santa Cruz郡违法青少年审前释放2003年不出庭率只有3%，Multnomah郡只有7%的青少年违法没有出庭）。

天、210天。① 转型时期日益复杂的社会形势导致犯罪呈上升趋势,规定较长羁押期限当然有助于减轻不同阶段各司法机关的办案压力。例如,修正后的《刑事诉讼法》将一般情况下的审理期限延长至2个月,这当然非常有利于避免超期审判,这也是A市法院系统,2013年案件审理期限的平均值均在此期限以内的原因(见表3-3)。不过,这种修改期限对于缓解中国的审前羁押形势的方式却并没有好处,因为犯罪嫌疑人的羁押期限更长。

回顾本章对审前羁押期限调查,J区法院平均羁押153.1天,中级法院平均羁押288天,这基本上相当于中国轻微犯罪的量刑结果。令人深思的是,未经法院审理并作有罪判决,犯罪嫌疑人能提前服刑吗?中国学者对此已做出严肃批评,作者并不希望重复论证。当然,并不能单纯因为这个数字就草率地认为,中国需要推行审前释放。这还需要一个国际环境予以比较,通过识别优劣消除各方顾虑,并最终选择合适的改革方案,对此下文将略作探讨。

第四节 国际比较与参考

按照本章的研究思路,无论中国是否需要改革,都应该首先认清中国是否有改革空间,以及国际现状是什么。为此,下文采取两个方法进行评估。第一个方法是,利用国际监狱研究中心的数据作表,描述全球审前羁押的人口占所有被监禁(羁押和服刑)的比例;第二个

① 此处的审前羁押时间,包括刑拘和逮捕后的侦查阶段羁押、起诉阶段羁押、审判阶段羁押的所有羁押期限总和。参见1979年《刑事诉讼法》第44条、第48条、第51条、第92条、第97条、第125条、第142条(1979年《刑事诉讼法》分别规定一般情况下最长审理期限为126天,特殊情况下最长可延长至275天);1996年《刑事诉讼法》第58条、第69条、第124条、第126条、第127条、第134条、第138条、第140条、第166条、第168条、第178条、第196条[1996年《刑事诉讼法》规定,一般情况下普通程序最长审前羁押期限为134天(简易程序124天),特殊情况下最长可延长至602天]。

方法是,利用2000~2008年英国司法部公布的治安法院刑事诉讼周期表,和美国联邦地区和75个最大郡的重罪审前羁押情况,为评估中国的审前羁押期限提供参考资料。

一、全球审前羁押人口形势

英国伦敦国王学院所属的国际监狱研究中心(International Center for Prison Studies),截至2013年已经出版了2期全球审前羁押和监禁人口的司法报告《全球审前/强制监禁列表》("World Pre-trail/Remand Imprisonment List"),项目负责人为研究员罗伊·沃姆斯利(Roy Walmsley)。该团队在收集各国数据基础上,利用各种指标对全球194个国家或地区的监禁和审前羁押人口进行了详细统计(中国大陆除外),本章以2007年第一版作为分析对象。① 按照罗伊描述的术语,审前/强制监禁是指被指控有犯罪行为,并在审判或其他法律程序过程中没有被法庭裁决并对犯罪行为量刑的人。② 本章仅选择对报告所列的各国或地区的审前羁押人口数量,以及审前被羁押人口占所有被监禁人口数量(包括判决前和服刑的罪犯)的比例进行分析。③ 为了将中国置于国际的比较环境中,我们按照该报告的数据模式,将中国2007年审前羁押情

---

① Roy Walmsley, *January* 20, 2008. World Pre-trial/Remand Imprisonment List. *International Center for Prison Studies*. Available at http://www.internationalpenalandpenitentiaryfoundation.org/Site/documents/Cape% 20Town/WPTRIL% 20published% 20January% 202008.pdf.

② 这个阶段分成5类:调查阶段,等待审判阶段(确定将被移送到法院),审判阶段(审判已经开始),定罪未量刑阶段(虽然定罪,但没有最终量刑),等待最终量刑阶段(上诉结果出现之前)。See Roy Walmsley. *January* 20, 2008, World Pre-trial/Remand Imprisonment List. *International Center for Prison Studies*, *page* 1. Available at: http://www.internationalpenalandpenitentiaryfoundation.org/Site/documents/Cape% 20Town/WPTRIL% 20published% 20January% 202008.pdf.

③ 关于本章术语的解释,ICPS2007年的报告并没有解释监禁人口总数是否包含审前羁押监禁人口。借助于卡蒙索特(A. M. van Kalmthout)对ICPS的数据解释和分析,作者确信该报告中的Total Prison包含审前羁押在内。

况补充进数据库中。①

具体做法是,将2007年初服刑数加上全年的逮捕人数作为基数,计算2007年的总体监禁人数;再按照逮捕人数/全年监禁总人数,得出中国2007年审前羁押占所有监禁人口的比例(后文简称审前押监率)为37.4%。②虽然表3-8和表3-9说明中国与主要西方国家相比的比例稍高,但也并非全如此。客观地说,审前羁押占监禁的人口比例显示,中国的审前押监率处于世界中等水平。

从总体来看,主要欧洲国家、北美洲、大洋洲、亚洲的日本等发达国家,以及南非、巴西等发展中国家低于中国的审前押监率。但非洲以及南亚等欠发达地区的审前押监率普遍高于中国。中国的审前押监率可能与服刑人口基数相对占的比重较小以及刑期差异有关,也或许与国外因犯罪圈较广而监禁的基数较大有关。③部分发达国家在控制审前羁押所体现出的低审前押监率,可能是未来中国刑事政策制定者应当关注的地方。如表3-9所示,尽管中国的审前押监率比部分发达国家高,然而这种差异却逐渐缩小。更令人欣慰的是,还有少大量国家的审前押监率比中国还高。例如,2007年北爱尔兰、卢森堡、意大利、土耳其的审前押监率分别是38.2%、41.5%、58.3%、60.9%。这些信息,可能反馈出让中国刑事司法政策制定者略感舒缓的地方。

---

① ICPS的审前羁押情况并非全是2007年,而是各国可获取的最近年份的统计数据,这在国际或跨国比较分析时经常采用,适当误差并不影响结论的准确性。

② 以年初服刑人数和年末服刑人数为基数计算出的总监禁人口差异不大,因此二者的比例基本持平,使用年初审前羁押率和年末审前羁押率均差别不大。

③ 中国的刑罚体系和犯罪体系与西方世界有本质区别,这可以从中国的刑罚主要是监禁刑看出。西方世界由于宽泛的犯罪概念,多数犯罪以罚金、缓刑、社区服务等处理,监禁只占少部分,但其监禁人口占总人口的比重自然也较多。例如,英格兰和威尔士监禁刑只占所有刑罚的20%,但即便如此其监禁人口也约为中国8倍左右。造成这个局面的最根本原因是西方的犯罪圈比中国宽许多,例如,英格兰和威尔士的刑事制裁率是中国的50倍左右。参见熊谋林:《我国罚金刑司法再认识——基于跨国比较的追踪研究(1945~2011)》,载《清华法学》2013年第5期;熊谋林、梁斌:《求解过度犯罪化的迷惑?——中国的去罪化经验与国际启示》,刘美彤、廖茂利、张悦译,载《光华法学》编委会编:《光华法学》第8辑,法律出版社2014年版。

毕竟审前羁押水平虽然总体上感觉过高，但进行一些适当改进可能更加有利于塑造司法文明形象。

表3-8 全球审前押监率，审前羁押VS.监禁（占监禁人口比例，2007）

国家（地区）	百分比（%）	国家（地区）	百分比（%）	国家（地区）	百分比（%）
阿尔巴尼亚	33.8	博茨瓦纳	17.1	吉布提	57.2
阿尔及利亚	22.8	布基纳法索	58.3	吉尔吉斯斯坦	16.6
阿富汗	44.3	布隆迪	66.8	几内亚	51.3
阿根廷	57.6	朝鲜	34.2	加拿大	31.5
阿联酋	46.7	赤道几内亚	51.3	加纳	29
阿鲁巴	4.3	丹麦	27	柬埔寨	29.8
阿塞拜疆	10.4	德国	17.4	捷克	12.5
埃及	16.7	东帝汶	70.9	津巴布韦	23.4
爱尔兰	24.8	多哥	55.4	喀麦隆	65
爱沙尼亚	26.1	多米尼加	57.3	卡塔尔	1.9
安道尔	77	多米尼克	18.5	开曼群岛	21.6
安哥拉	58.9	俄罗斯	16.6	科摩罗伊斯兰	50
安圭拉岛	30.9	厄瓜多尔	63	科特迪瓦	35.6
安提瓜和巴布达	34.2	法国	31.5	科威特	18.6
奥地利	23.3	法罗群岛	14.3	克罗地亚	29.9
澳大利亚	21.6	菲律宾	67.3	肯尼亚	45.6
巴巴多斯	29.6	斐济	6.6	库克群岛	3.7
巴布亚新几内亚	31.3	芬兰	14	拉脱维亚	26.1
巴哈马	43	佛得角	36.5	莱索托	16.8
巴基斯坦	66.1	冈比亚	18.5	老挝	1
巴拉圭	67.7	刚果共和国	40	黎巴嫩	62
巴林	16	哥伦比亚	33.8	立陶宛	13.6
巴拿马	63.2	哥斯达黎加	22.9	利比里亚	97.3
巴西	33.9	格恩西岛	14.3	利比亚	50.1
白罗斯	19.6	格林纳达	17.3	列支敦士登	50
百慕大	9.6	格陵兰	8	卢森堡	41.5
保加利亚	18.2	格鲁吉亚	21.7	卢旺达	30.3
贝宁	64.5	关岛	37.5	罗马尼亚	14.2
比利时	44.3	圭亚那	40.8	马达加斯加	64.7
冰岛	10.6	哈萨克斯坦	16.2	马恩岛	33

续表

国家(地区)	百分比(%)	国家(地区)	百分比(%)	国家(地区)	百分比(%)
波多黎各	15.7	海　地	84.2	马耳他	35.8
波　黑	16.4	荷　兰	33.3	马拉维	17.3
波　兰	14.7	黑山共和国	38.1	马来西亚	41.1
玻利维亚	75	洪都拉斯	63.5	马　里	88.7
伯利兹	21.7	基里巴斯	2.3	马其顿	10.4
毛里塔尼亚	12.5	塞尔维亚	30.2	文　莱	7.2
美　国	21.2	塞拉利昂	42.7	乌干达	56.8
美属萨摩亚	14.9	塞内加尔	37.2	乌克兰	20.5
蒙古国	26.9	塞浦路斯	14	乌拉圭	63.1
孟加拉国	67.7	塞舌尔	19.7	西班牙	23.9
秘　鲁	67.8	沙特阿拉伯	58.7	希　腊	28.6
缅　甸	12.9	圣多美和普林西比	45	新加坡	6.9
摩尔多瓦	27.6	圣基茨和尼维斯联邦	25.3	新西兰	21.4
摩洛哥	52.3	圣卢西亚	33	匈牙利	25.5
摩纳哥	61.8	圣文森特和格林纳丁斯	21.8	叙利亚	50.5
莫桑比克	72.9	斯里兰卡	49.4	牙买加	15
墨西哥	43.2	斯洛伐克	25.5	亚美尼亚	17.7
纳米比亚	5.2	斯洛文尼亚	25.9	伊　朗	24.8
南　非	30	斯威士兰	31.5	以色列	25.3
尼泊尔	55.3	苏　丹	10	意大利	58.3
尼加拉瓜	21.4	苏里南	55	印　度	69.7
尼日尔	76	所罗门群岛	29.9	印度尼西亚	40.7
尼日利亚	65	塔吉克斯坦	14.1	约　旦	42.9
挪　威	19.8	泰　国	26.2	赞比亚	35.3
帕　劳	4.1	坦桑尼亚	44	泽西岛	23.8
葡萄牙	21	突尼斯	22.7	乍　得	58
日　本	14.7	土耳其	60.9	直布罗陀	18.5
瑞　典	22.2	瓦努阿图	28.2	智　利	23.7
瑞　士	39.1	危地马拉	43	中　国	37.4
萨尔瓦多	29.1	委内瑞拉	48.5		

资料来源：Roy Walmsley,2008. World Pre-trial/Remand Imprisonment List.

表3-9　中国审前羁押与总监禁人口比例　　　单位:人

年份	年初服刑[a]	年末服刑[a]	逮捕[b]	总监禁$_{年初}$	百分比	总监禁$_{年末}$	百分比
2011	1656773	1641931	923510	2580283	35.8%	2565441	36.0%
2010	1646593	1656773	931494	2578087	36.1%	2588267	36.0%
2009	1623394	1646593	958364	2581758	37.1%	2604957	36.8%
2008	1589222	1623394	970181	2559403	37.9%	2593575	37.4%
2007	1566839	1589222	937284	2504123	37.4%	2526506	37.1%
2006	1565711	1566839	906936	2472647	36.7%	2473775	36.7%
2005	1558511	1565711	876419	2434930	36.0%	2442130	35.9%
2004	1562742	1558511	828180	2390922	34.6%	2386691	34.7%
2003	1546130	1562742	764776	2310906	33.1%	2327518	32.9%

资料来源:[a] 服刑人数:国家统计局,在押服刑人员基本情况,2003~2011年;[b]逮捕人数:法律年鉴,2003~2011年。

二、审前羁押比较考察

从中国到全球的比较分析,本章尚没有对中国的审前羁押期限是否过长作国际比较,更重要的是问题出现在哪个阶段。为此,本章继续借助于英国和美国的资料进行分析。

(一)英国

英国司法部和统计署于2008年联合出版了英格兰和威尔士治安法院刑事诉讼庭审周期表(案件登记到完成诉讼)。① 如图3-2所示,2000年~2008年英格兰和威尔士治安法院的所有犯罪(违法)行为的审理周期呈倒U形状不均衡上升趋势,平均为143.4天。尽管这无法作为审前羁押的时间期限,但卡蒙索特的研究为计算审前羁押提供了有说服力的证据。他指出,英格兰和威尔士治安法院1975年、1989年、1996年、2002年男性犯罪嫌疑人在判决前羁押的时间分别为25天、57

① 遗憾的是,目前没发现有关国王法院的审理周期表,以及所有法院的审前羁押周期统计数字。比较研究难以寻找到绝对精确的对应数据,因此,英国的审理案件周期可以作为参考。

天、53 天、49 天，女性分别为 15 天、51 天(1988 年)、41 天、37 天。① 参照这个数字，基本可以测算出英格兰和威尔士审理周期和审前羁押时间之比约为 3 : 1。② 按照这个比例，大致可以估计出最近几年英格兰和威尔士治安法院的审前羁押在 40 天左右。

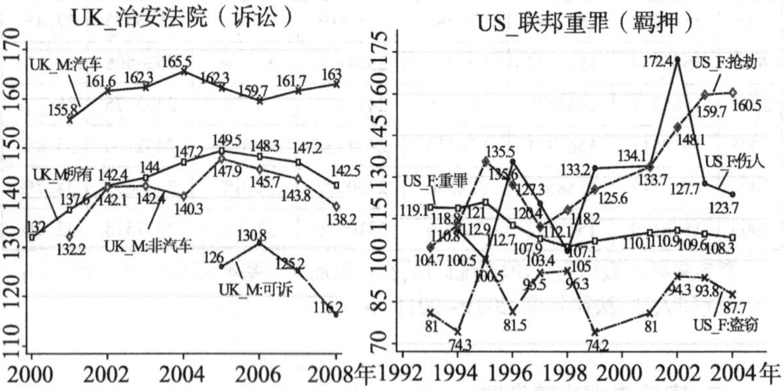

图 3－2　英美国家审前羁押周期(数据作图)

资料来源：UK Minister of Justice. *Time Intervals for Criminal Proceedings in Magistrates' Courts*: *September* 2008, 2010, p. 17; Bureau of Justice Statistics. *US Compendium of Federal Justice Statistics*, 1992～2004(1996～2006).

英格兰和威尔士治安法院的可诉犯罪(indictable offence)审理周期呈下降趋势，平均为 116.1 天，轻微交通违法(犯罪)③审理周期平均为 161.5 天，轻微非交通违法(犯罪)审理周期为 141.6 天。然而，这些相

① See Christine Morgenstern, 2009. Pre-trial Detention in the European Union: An Analysis of Minimum Standards in Pre-trial Detention and the Grounds for Regular Review in the Member States of the EU. *Wolf Legal Publishers*, 950.

② 借助于 2002 年的审前羁押时间，将男性和女性的羁押期限取平均数为 39 天，然后与审理周期比较，得出的真实比例是 1 : 0.27。

③ 先前的研究指出，用中文"犯罪"翻译英美法系的刑事违法(offence)行为可能不准确。基于研究惯例，在此处使用中性词汇"违法"予以提示。参见熊谋林、陈树娇：《外国罚金刑实证分析：规范借鉴与罚金刑重构》，载《光华法学》编委会编：《光华法学》第 7 辑，法律出版社 2013 年版，第 106 页。

对较重的可诉犯罪的审理周期比中国的诉讼周期更短。即使仅拿基层法院来比较,英格兰和威尔士治安法院的重罪案件审理周期比 J 区法院全年审理案件的诉讼周期少 31 天。至于更严重的重罪案件,卡蒙索特的研究指出,2005 年北爱尔兰国王法院平均从强制羁押开始(remand)到完成处理为 360 天,而英格兰和威尔士平均的时间是 214 天。①

最复杂的问题莫过于羁押率,但比较后还是可以发现中国的审前羁押率更高。2007 年英格兰和威尔士治安法院和国王法院对 313,400 名可诉犯罪人作出有罪判决,审前羁押 13,402 人。② 按这个数字可以计算出,英格兰和威尔士可诉犯罪(真正的犯罪)的审前羁押率约为 4.2%。由于这涉及刑事法体系问题,本章仍然谨慎地以英格兰和威尔士为参照镜子,指出中国的审前羁押率较高,无论是在重罪还是轻罪问题上均是如此。为了证明这个结论的成立,下文将继续以美国资料为分析对象。

(二)美国

美国司法部从 1983 年起连续公布 30 年的联邦司法统计备忘录,其中 1992 ~ 2004 年对重罪案件(felony)的审前羁押率和审前羁押期限进行了详细统计。如表 3 – 10 所示,美国联邦司法区的羁押率较高,并且显示出清晰的上涨趋势,所有犯罪平均的审前羁押率达 66.9%。其中抢劫犯罪最高,审前羁押率平均达 91.5%,羁押率最低的盗窃罪只有 26.7%。以 A 市 2012 年和 2013 年的平均羁押率 78.9% 作为参照,美国联邦司法区的审前羁押率平均比中国低 12%。A 市两法院两年的审前羁押期限平均为 174.8 天,比美国联邦司法区长 66.5 天。

---

① 卡蒙索特对于为什么北爱尔兰与英格兰和威尔士之间出现这种差异的解释是,监狱膨胀程度是否要求法院加速处理,以应对新的犯罪人。北爱尔兰的监狱比较宽松,只有 1500 人,所以能够轻松应对。Christine Morgenstern, 2009. Pre-trial Detention in the European Union: An Analysis of Minimum Standards in Pre-trial Detention and the Grounds for Regular Review in the Member States of the EU. *Wolf Legal Publishers*, 985 ~ 986.

② See Criminal Statistics England and Wales 2009 Statistics Bulletin. *Ministry of Justice. October* 2010, *Table* 5.8 & *Table* 5.14. Available at https://www.gov.uk/government/uploads/system/uploads/attachment_data/file/217947/ – criminal-statistics-annual.pdf.

表 3-10 美国联邦司法区重罪案件审前羁押率(1993~2002 年)

单位:%

年份	所有犯罪	蓄意伤人	抢劫	入室盗窃	盗窃
1993	59.0	56.2	92.0	77.1	23.6
1994	57.7	56.0	92.6	78.0	22.2
1995	59.2	57.3	92.1	71.0	23.5
1996	62.5	56.6	91.6	61.4	21.7
1997	64.2	51.9	90.4	61.5	25.1
1998	66.7	55.4	90.0	60.0	23.5
1999	68.1	61.7	88.8	61.8	23.2
2000	72.1	55.6	90.9	72.4	31.0
2001	73.4	59.6	91.9	74.8	33.7
2002	75.8	58.1	92.0	78.1	34.5
2003	77.1	64.8	94.3	80.8	31.3
平均	66.9	57.6	91.5	70.6	26.7

资料来源:Cohen,2008.

当然,联邦司法区的案件和中国相比会有两个解释障碍。一方面,从时间点来看美国联邦数据距今达 10 年;另一方面,这些统计的犯罪仅为联邦重罪。为了消除这个疑惑,作者收集了最近 20 年美国 75 个最大郡法院审理的重罪案件审前羁押统计数据。这样比较后,中国的审前羁押率更高!托马斯 2007 年的报告指出,美国 75 个最大郡的重罪案件在 1994~2004 年之间共有 62% 在审前予以释放。① 换句话说,平均 38% 的犯罪嫌疑人在定罪量刑前,被司法机关采取审前

① Thomas H. Cohen and Brian A. Reaves, January 17, 2008. Pre-trial Release of Felony Defendants in State Courts, State Court Proceeding Statistics, 1990 ~ 2004. *Bureau of Justice Statistics Special Report*, *NCJ*214994, *page*1. Available at http://www.prisonpolicy.org/scans/bjs/prfdsc.pdf.

羁押措施(detain)。① 如此看来,中国刑事审判中的羁押率可能还是较高的。无论是和美国联邦地区法院相比,还是和75个最大郡重罪案件的羁押率相比均出现共同现象。

图3-2右侧是美国审前羁押周期,数据反映出联邦地区在统计年度呈下降趋势,但伤人案件和抢劫案件呈上升趋势。就最近趋势的来看,2004年所有案件的审前羁押为108.3天,最高的抢劫犯罪羁押期限为160.5天,伤人案件为172.4天。托马斯的最新研究指出,2006年全美75个最大郡法院,所有犯罪的羁押中位数是92天,抢劫罪144天,入室盗窃86天,盗窃92天。② 表3-3和表3-4的中国司法实践显示,A市两级法院两年审前羁押的平均时间是174.8天,抢劫、盗窃的审前羁押期限分别是139天和142.8天。对比英美和中国的情况,除抢劫罪基本持平外,无论是在整体水平上,还是从具体犯罪来看,中国的审前羁押期限均长于英美国家。

无论怎样,本部分的国际比较的确为评估中国的审前羁押现状提供了依据:中国的审前羁押率过高,羁押期限过长。从中国审前羁押人口占所有监禁人口的全球水平来看,中国虽然比一些国家的比例高,但仍然处于世界中等水平。这说明,中国目前的审前羁押有较大的改善空间。既然如此,还有何理由坚持审前羁押呢?

结　论

审前羁押作为司法强制措施,在保障刑事定罪成功方面的作用当然不可否认。这也是主流刑讼法学者围绕案件侦破、口供获取、防止串供、保障诉讼顺利进行,而提出的具有说服力的理论。不可否认,审前羁押当

---

① 包含后来保释的(bail on held),在逮捕并羁押后直至案件处理之前先被羁押,后来取保候审的仍然算做羁押。

② Thomas H. Cohen and Tracey Kyckelhahn,2006. State Court Processing Statistics, Felony Defendants in Large Urban Counties. *Bureau of Justice Statistics*, *NCJ*228944. Available at http://www.bjs.gov/content/pub/pdf/fdluc06.pdf.

然可以保障有罪者受到应有的刑事处罚。不过,这是以羁押期限较长、羁押率较高,以及强制性关押潜在无罪者为代价的。回顾近20年的刑事司法现状,可以发现有罪推定现象比较严重,公安、检察院、法院流水线作业现象也较突出。一方面,中国的逮捕、量刑总体上呈上涨趋势,这反映出复杂社会形势下的司法控制和重刑现象更加明显(见图3-3左);另一方面,中国的定罪率较高且呈上升趋势(99.3%~99.74%),无罪判决变得更加不可能。① 面对日益升高的刑事办案压力,在有罪推定思维指导下,强制羁押和超期羁押也就顺理成章地上升(见图3-3右)。

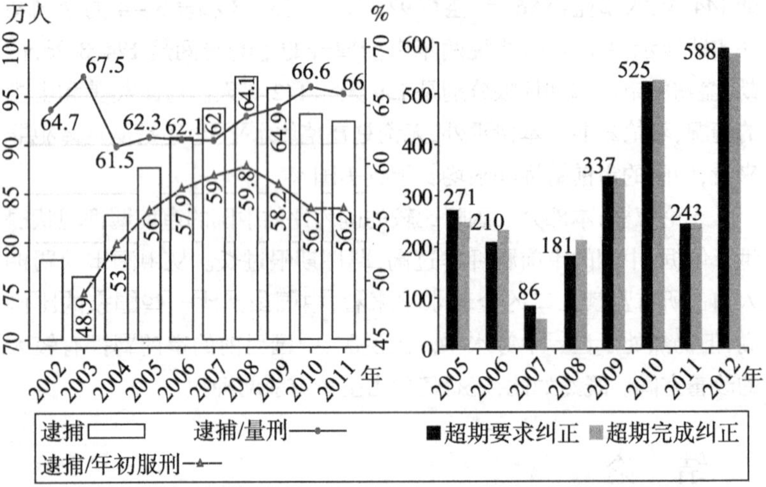

图3-3 中国刑事诉讼中的逮捕、羁押 & 超期羁押,2002~2012年(数据作图)

资料来源:国家统计局,2003~2011年(服刑人数);法律年鉴,2002~2011年;中国经济与社会发展统计数据库,2005~2012年(超期羁押)。

就审前司法措施的功能来看,如何用无罪推定理念保障精确定罪和避免冤枉无辜者是一大司法难题。如何认识司法错误,并辅以程序性措

① 熊谋林、廉怡然、杨文强:《全球刑事无罪错案的实证研究(1900~2012)》,载《法制与社会发展》2014年第2期,第31页;熊谋林:《我国罚金刑司法再认识——基于跨国比较的追踪研究(1945~2011)》,载《清华法学》2013年第5期,第86页。

施预防和避免司法错误,这是中国刑事诉讼改革面临的另一大难题。那么,中国刑事诉讼立法和司法实践究竟应当以有利于缓解日益严峻的错罪形势而立法避免错罪,还是继续站在国家追诉人立场上努力定罪呢?这是一个司法理念的选择问题,但有如下三点不可否认:一是审前羁押作为原则性刑事诉讼措施,只会让错罪防不胜防;二是一旦逮捕出现审前羁押,冤假错案引发的国家赔偿就不可避免;三是一旦审前羁押,司法公正之下的判处无罪就难以实现。在建设中国司法文明的过程中,适当降低审前羁押比例和缩短羁押期限,不可避免成为未来刑事司法改革的趋势。

本章以中国刑事诉讼中的审前羁押面临司法现状掌握不足和国内外比较资料欠缺的双重困境为出发点,借助于 A 市 2009～2013 年的案件,调查评估审前羁押的必要性和审前释放的可能性。文献综述后也发现,中国刑事司法实践中的羁押率、羁押期限及其原因,以及外国羁押期限和羁押率如何为中国的刑事诉讼提供参考等问题需要深入研究。为此,本章以 A 市样本为分析对象,得出如下主要结论:

第一,刑事诉讼中的审前羁押率约为 78.9%,审前羁押更容易在起诉、审判阶段被普遍适用。

第二,各诉讼阶段羁押期限较长,拘留和起诉阶段普遍延长,审前羁押平均达 174.8 天。

第三,犯罪越严重,羁押期限越长。最低的交通肇事罪是 63 天,最重的故意杀人罪 288.1 天;中院的羁押期限比基层法院更长。

第四,刑事诉讼效率欠佳,证据收集存在严重后尾,不必要审前羁押现象明显。证据收集前期阶段反应迅速,50% 的证据在到案后 5 天以内采集完毕;后期阶段采集效率低下,剩余 50% 的证据需要 110 天以上才能完成,是先前的数 10 倍。

第五,证据类型显示,审前羁押主要获取言词证据。80% 以上的口供和 90% 以上的证人证言,以及所有物证、鉴定意见等都是在侦查阶段完成;起诉、审判阶段主要收集口供和文书程序性证据。

第六,保障诉讼进行、防止串供、收集证据不能成为坚持审前羁押的理由。一方面,主要证据已在犯罪人到案后几天内基本完成且证据已固定,诉、审阶段不收集关键证据;另一方面,被采取取保候审、监视居住的人很少逃跑或不出庭。

本章利用全球审前羁押或监禁数据库评估后,指出中国审前羁押占监禁人口的比重为37.4%。这处于世界中等水平,比主要发达国家高,但却比卢森堡、意大利等国和多数发展中国家低。同时,利用英美司法统计报告数据做比较,中国的审前羁押率远比英美等国更高,羁押期限更长。中国在转型过程中已充分准备好跻身世界文明强国,这说明审前羁押还有改革的必要空间。

梳理近年来的刑事错罪后发现,每一例错罪都被反复补充侦查。但凡错罪的审前羁押就会引发超期羁押,甚至多次审理也无法获得无罪判决。[①] 由于错误羁押的后果是国家赔偿,只有从源头上贯彻"有证据羁押,无证据就放人"理念,才有可能大幅度减少错罪。否则,无穷尽的审前羁押,只会给反复采集口供和伪造物证等证据创造条件。这激发了作者认真思考错误定罪问题的症结,并组织本章。得益于学术界关于审前羁押的讨论,作者在实证和比较研究基础上提出:中国刑事诉讼应当尽力避免审前羁押,采取措施推广审前释放。如果采信审前释放而实现审前羁押与审理周期相互分离,这既可以在保障人权的同时提高司法效率,又贯彻了无罪推定原则,中国没有理由拒绝这一改革方案。[②] 受限于人财物力、样本选择面、资料获取途径,本章的研究还需验证,欢迎学术同仁批评指正。因偏重于量化实证,相关理论分析还有待加强,未来也将进一步论证。

---

① 胡瑶:《中国刑事无罪错案特征之实证分析——以316名无辜刑事被告为样本》,西南财经大学2015年硕士学位论文,第28~29页。

② 陈瑞华:《超期羁押问题的法律分析》,载《人民检察》2000年第9期,第4页;王彦学:《隐性羁押论——所外强制措施适用异化研究》,载《中国刑事法杂志》2010年第5期,第56页;汪建成、冀祥德:《我国未决羁押制度的批判性重构》,载《山东公安专科学校学报》2004年第1期;石经海:《论羁押制度的内核》,载《中国刑事法杂志》2009年第2期,第51页;唐亮:《中国审前羁押的实证分析》,载《法学》2001年第7期,第29页;夏锦文、徐爱荣:《刑事羁押期限:立法的缺陷及其救济》,载《当代法学》2005年第1期,第116页;陈永生:《我国未决羁押的问题及其成因与对策》,载《中国刑事法杂志》2003年第4期。

第四章 错误定罪对无辜者的损害

本章以我们所收集到的218件刑事错案为基础,全面细致地展现刑事错案对无辜者及其家庭所带来的损害。从统计结果来看,错误定罪所造成的损害呈现财产损失、身体损害、精神伤害等范围广、种类多的特点,甚至令人触目惊心。这些损害主要表现为无辜者本人身心健康损失,家庭成员受到不同程度的牵连和伤害,家庭或企业的直接财产损失或洗冤成本等。在有记录的案例中,5.41%的无辜者因错案影响身体留下残疾,至少7.81%的无辜者家庭孩子辍学,36.64%的无辜者家庭经济困难甚至是负债。尽管1994年已经出台国家赔偿法,但获赔难、赔偿低以及赔偿范围和方式不合理等问题依然较为明显。因此,本章的主要作用在于描述刑事错案所造成的各方面损失,重新思考《国家赔偿法》对无辜者损失的补偿是否充分和充足,从而用积极行动足额赔偿无辜者。

引 言

2017年11月,周强同志在给全国人大常委会的报告中指出,"2013至2017年,各级法院通过审判监督程序纠正重大刑事冤假错案37起,各级法院共依法宣告4032名被告人无罪"。① 然而,这些刑事错案得以纠正的背后,却是一个个有关无辜者的心酸故事。无辜者的遭遇让人唏嘘不已,甚至出现家破人亡的凄惨景象。那么,值得疑问的是,我国刑事错案对无辜者的损害到底怎样?刑事错案的危害是社会和司法不可回避的问题,同时也是刑事错案其他问题研究的基础。

关于刑事司法错误定罪问题,学术上有"冤假错案"和"刑事错案"两种称谓,大部分研究将冤假错案统称为刑事错案。王乐龙的研究指出,冤案、假案是错案的一部分,错案不仅仅包括冤案和假案。②一般来说,刑事错案包括:事实认定错误引起的有罪被认定为无罪、无罪被认定为有罪的情况;法律适用错误引起的重罪被轻判、轻罪被重判、此罪被认定为彼罪等多种情形。本章中所述刑事错案仅指无罪被认定为有罪的"无辜者定罪"问题,且法院是否作出过有罪判决并不影响错案的认定。众多研究中,学者试图强调刑事错案带来了巨大的损失,以此呼吁重视和预防刑事错案的发生。但具体损失究竟如何?这些损失是否可以准确估量并为错案的赔偿提供合理的依据?为此,学者以不同的方式力求全面展现我国刑事错案造成的损失。

刑事法学研究学者张宗亮认为,错案不仅造成无辜者人身、生命

① 孙永政:《最高法:十八大以来纠正重大冤假错案37件,宣告4032名被告人无罪》2017年11月2日,载央广网,http://news.cnr.cn/dj/20171102/t20171102_524009858.shtml,2018年9月23日访问。

② 王乐龙:《冤假错案与刑事错案之辨析》,载《行政与法》2009年第2期,第123~126页。

和财产的损害，还破坏了司法公正和权威的形象，伤害公众对法治的信仰，并以此作为研究刑事错案的必要性。[①] 贺海仁在对1978~1982年全国范围内冤假错案的研究中指出，冤假错案使无辜者丧失了财产权、人身权、工作和受教育权在内的多种权利，带来了罕见的影响和损失。[②] 但从当时的特殊历史背景来看，研究成果难免被认为具有夸大刑事错案损失的可能。那么真实情况是这样吗？在正常历史时期刑事错案的损失又如何？

何家弘指出，错案在损害无辜者本人和亲友利益的同时，也对社会利益造成损害。他用国外研究成果说明错案带来了巨大的社会成本，无辜者家庭生活和职业被毁，真正的罪犯逍遥法外又带来新的生命财产损失，无辜者被长期羁押也是不争的事实。[③] 围绕无辜者受损的问题，常有"宁可错放，不可错判"和"宁可错抓，不可错放"的两种对立思想，这充分反映了人们对"错放"和"错判"两种危害性的认知差异。熊谋林研究指出，"错判"的社会危害性与"错放"相当，不能偏颇任何一方，否则容易因司法错误的相互转化导致难以纠错。[④] 因此，"错判"引起的刑事错案危害性不容忽视，但他并未就这种危害性的具体内容提出证明。

众多研究在强调错案的损失上起到一定作用，但并非系统全面的研究，仍有盲人摸象之感。为更全面反映刑事错案的危害损失，王乐龙在著作中用专门章节进行了阐述。在论述中，王乐龙认为，错案造成了多层次的损失：无辜者本人人格、财产、健康和生命权等

① 张宗亮：《我国刑事错案研究综述》，载《山东警察学院学报》2013年5期，第20~28页。

② 贺海仁：《平反冤假错案与权利救济：1978~1982》，载《法学》2003年11期，第35~41页。

③ 何家弘：《刑事错判证明标准的名案解析》，载《中国法学》2012年1期，第159~174页。

④ 熊谋林：《两种刑事司法错误的危害相当性——基于中国综合社会调查的考察》，载《中外法学》2016年第1期，第224~262页。

基本人权受损,亲属和证人受到牵连,刑事诉讼的任务无法实现,信任危机、申诉增加带来的社会不安定因素等,同时还从经济学的角度说明错案造成了司法资源浪费、赔偿成本、放纵真凶、安全隐患等危害。①

尽管完全避免刑事错案无法实现,但带来的损失无疑是对无辜者、司法乃至整个社会的伤害,如此惨痛的教训应该被更多的人认识到。通过大量阅读文献,我们发现学者普遍认为刑事错案造成了无辜者的多种损失,具有极大的社会危害性,但大都仅停留在理论述及层面,截至目前并没有实证研究全面细致地描述我国刑事错案的损失。刑事错案中无辜者遭受了哪些损失,这依旧是有待深入研究的问题。

研究刑事错案的危害和损失,对错案本身的研究和预防具有重要意义,更对法治建设和法制教育具有很强的指导意义。首先,刑事错案的研究无不建立在错案损失的正确评估之上,否则预防、救济、赔偿等均是空中楼阁。可以毫不夸张地说,错案损失的公正评价,是刑事错案中贯穿各个方面的不可缺少一环。其次,错案预防和人权保护,对于刑事司法程序公正的建立也具有不可否认的意义。正所谓"前车之鉴,后事之师",最高人民法院周强院长对错案的发生忧心忡忡,要求各级法院深刻吸取教训,进一步健全冤假错案防范、纠错机制。② 最后,刑事错案的危害具有充分的教育意义,错案损失的研究与我国刑事司法改革息息相关。总之,司法错误不可避免,只有客观认识无辜者的损失,才能公正赔偿评价机制。这是人权保护和司法救济的重要内容,关系到我国在国际上的声誉和地位。

---

① 王乐龙著:《刑事错案:症结与对策》,中国人民公安大学出版社2011年版,第42~56页。

② 张剑:《周强:对错案发生我们深感自责》,载《京华时报》2015年3月13日,第4版。

第一节　资料、数据及方法

一、资料来源

我们收集了最近50多年（1963～2015年）来发生的218件（333位无辜者）的刑事错案资料，来源包括报纸、期刊、书籍、网络媒体等多种途径。资料收集初期，由于方便快捷，错案资料基本来源于网络报道。例如，欧阳佳、蔡金森、闫加平、于英生、刘凯利、吉宗强等人的案件都被全国或地方的著名报纸报道。① 也有不少错案资料来源于期刊，如杨显芬、宋德文、林国奋、张新亮、黄志强等案例在知名期刊中均有所报道。② 少量错案资料来源于书籍，如黑龙江史延生案、河南张少聪案。除报纸、期刊和书籍外，网络成为错案资料的重要来源，如吴昌龙案、董文栁案、周安相案、叶求生案、杨明银案、于奎亮案、王柏元案、高进发案等，这些案件大多缺乏报刊、书籍方面的详细资料。

由于各方关注焦点的不同，不可避免会存在一定程度的信息不全和信息偏差问题。同时，因为报纸和网络媒体所报道的案件往往具有

---

① 《湖南少年被关5年后无罪获释》，载《黔中早报》2014年10月27日，第A11版；《湖南少年被关5年后无罪获释》，载《北部湾晨报》2014年10月27日，第A11版；《湖南娄底少年被关5年后无罪获释》，载《承德晚报》2014年7月16日，第A08版；曹晶晶：《20年前抢劫杀人案检察院提再审建议》，载《南方都市报》2014年9月3日，第A22版；《闫加平28岁当上了齐齐哈尔医学院教务处的副处长，1995年，派出所以抢劫的罪名将其送进收容审查站。十年后，闫加平精神失常》，载《法制时报》2005年7月6日，第10版；周瑞平：《蚌埠"杀妻冤案"昭雪始末》，载《人民法院报》2015年5月23日，第3版；《刘凯利回应当年为何认罪》，载《华商晨报》2013年10月10日，第B01版；参见纪艳玲：《"无罪村官"索赔百余万》，载《南国都市报》2011年11月11日，第14版。

② 《追记：一家人的9年冤案》，载《三联生活周刊》2007年第36期，第80～84页；铁言、薛长柱：《十年疑案，何时了结》，载《律师与法制》2006年第1期，第31～33页；《莆田：一个举报人的遭遇》，载《半月谈》2001年第14期，第66～70页；李秀平：《"凶手"的2238天》，载《法律与生活》2006年第3期，第16～18页；铁铮：《江西乐平"5·24"特大奸杀碎尸案等待再审》，载《法律与生活》2016年第16期，第6～8页。

一定的轰动性,这就导致了部分案件信息错综复杂,但关键信息却模糊不清。为了尽最大努力保证数据的真实可靠,我们对同一案件搜集的多种来源资料进行对比,甚至连央视网、凤凰卫视节目或视频也未曾忽略。资料整理环节,考虑到可靠性和真实性问题,我们用更为权威的报纸和期刊资料进行补充和印证。通过多样化的来源,使错案资料的评估更加完整详尽。在资料的采用顺序上,考虑资料的权威性和详实程度,同样完整的资料按报刊、书籍、网络的顺序依序采用。对于资料不足或损失描述较宽泛的案件,我们没有采用主观臆想添加数据,从而尽量做到最大限度地尊重案件事实。纵使多种努力不能保证资料的绝对真实,但在当前缺乏全面公开案件信息的情况下,我们的努力是较为可行的错案信息收集方式。应当承认,即使我们尽了最大的努力,与错案相关的信息仍然存在部分信息不足,从而可能降低了部分数据的可靠性。

二、危害评估

在错案收集中,我们发现错误定罪对无辜者的危害大致划分为无辜者本人、家庭成员、家庭和企业财产三个方面。因此,为更详细地反映错案损失,我们将这三方面的危害进一步划分为13个变量。

首先考虑对无辜者本人的危害,长期关押往往造成无辜者释放后生活适应困难(有该情节为1),身体健康和精神状态也有不同程度的损伤。身体健康损失具体分类为:疾病(编码为1,下同)、后遗症(2)、残疾(3)、死亡(4),心理伤害和精神损失具体分类为:一般孤僻自闭、精神焦虑(1)、精神疾病(2)。除此之外,错案对个人工作和事业的影响也未能避免,具体分类为:一般性丧失工作(1)、开除公职(2)。

其次是对家庭成员的危害,错案多伴随有家庭成员被牵连。具体分类为:拘留(1)、拘留且遭刑讯逼供(2)、判刑入狱(3)。此外,无辜者的家庭因错案而受到歧视,不一样的社会眼光让家庭承受诸多压力(有该情节为1)。详细到具体家庭成员,错案造成妻子离婚或死亡,具体分类为:离婚(1)、受牵连死亡(2)、妻子作为案件受害人死亡(3)。孩子辍学(有该情节为1)、父母健康受损的情况也屡见不鲜。具体分类为:父母一方疾病(1)、父母双方疾病(2)、父母一方疾病一方死亡(3)、父母一方死亡(4)、父母双亡(5)。其他家庭成员的损失不一而足,具体分类为:离婚(1)、工作丧失(2)、疾病(3)、残疾(4)、死亡(5)。

最后是财产损失方面,企业财产损失分类为:财产被没收(1)、扣押或违法拍卖(2)、其他原因造成财产严重损失(3)和破产(4)。家庭财产损失的主要表现是变卖财产(有该情节为1)以及错案影响后的家庭经济情况恶化,按照严重程度具体分类为:贫穷困难(1)、负债(2)。

所有涉及危害的数据都依据案件资料的真实情况进行编码,资料中没有明确说明的均视为没有相应情节或数据缺损。例如,赵宝宏卖掉家中电器、张从明家人卖老房子和新建楼房即视为有变卖家庭财产情节。与此相反,胥敬祥、王业文、高进发等无辜者在错案发生时为农民,在个人工作和事业发展损失方面认定为“无明显影响”。通过错案损失数据整理,可获得333名无辜者13个变量的观测值。但受限于部分错案资料内容不够翔实,资料未明确提及相应损失情况导致各变量都产生不同程度的观测值缺损。

三、结构安排

已有研究认为,刑事错案本质上是实务问题,关注刑事错案应该从扎实的实证研究开始。[①] 本章即是采用实证研究的方法,用以上数据反映刑事错案不同方面的整体危害情况,同时结合个案生动形象地描述错案具体危害。通过数据和案例的有效结合,从而客观、全面地展示错误定罪对无辜者的危害。本章结构安排如下:

第二节,利用数据资料,主要介绍我国刑事错案对无辜者本人造成的危害,包括生活适应、身心健康和个人发展受损情况。第三节,重点强调错案不仅冤枉了无辜者,更使其家庭成员受到不同程度不同种

① 刘品新:《当代英美刑事错案的实证研究》,载《国家检察官学院学报》2007年第1期,第15~21页。

类的牵连和伤害。第四节,重点关注错案导致的财产损失,指出错案是导致企业破产、家庭贫困的重要原因。第五节,针对以上三方面的危害情况,讨论我国国家赔偿情况和错案中无辜者损失的弥补途径,指出目前的国家赔偿还存在诸多问题需要调整和改进,应从赔偿标准、范围、速度和赔偿方式多方面完善国家赔偿制度,以切实弥补无辜者的损失。最后是结语,重申错案下无辜者将遭受重大损失。既然错案不可完全避免,就应该客观面对刑事错案,认识错案造成的具体危害,在注重纠错的同时弥补损失同样重要。

第二节　无辜者本人损失

一、基本情况

已有研究指出,近年来给予国家赔偿的错案中无辜者平均被错误羁押时间为 5 年。[①] 毫无疑问,无辜者是刑事错案中最直接的受害者,长期关押导致的社会适应和身心健康问题极为普遍。辽宁省"李化伟故意杀妻案"错误羁押 14 年多,从 1986 年 12 月 19 日被公安局拷走后直至 2001 年 4 月 18 日才被洗冤释放。[②] 福建省"福清市纪委爆炸案"中,吴昌龙被错误监禁长达 12 年。[③] 释放后的吴昌龙因为长期与社会脱节难以适应社会,身体状况差,经过多次手术治疗。由于在侦查环节受到手段残忍的刑讯逼供,精神上受到较大打击,工作也

---

① 何家弘:《刑事错判证明标准的名案解析》,载《中国法学》2012 年第 1 期,第 159 ~ 175 页。

② 郭国松:《一起离奇杀妻案》,载《南方周末》2001 年 2 月 23 日,载人民网,http://www.people.com.cn/GB/shehui/45/20010223/402428.html,2018 年 9 月 23 日访问;靳婷婷:《"辽宁佘祥林"李化伟已获国家赔偿》,载《时代商报》2005 年 4 月 15 日,载新浪网,http://news.sina.com.cn/s/2005-04-16/04505663768s.shtml,2018 年 9 月 23 日访问。

③ 胡维:《福建将于 5 月 3 日重审 2001 年福清纪委爆炸案》,2013 年 4 月 29 日,载网易新闻,http://news.163.com/13/0429/06/8TJUVAU30001124J.html,2018 年 9 月 23 日访问。

没着落。① 在全样本的333位无辜者中，11%的无辜者释放后明显具有社会适应困难的问题，20名无辜者因错案影响出现自闭、焦虑或精神疾病等问题。70名无辜者身体健康受到较大损害，其中包括10名无辜者因错案而死亡。60名无辜者一般性丧失工作或被开除公职。这些已知损害也足以让人认识到错案中无辜者本人遭受的重大损失，如表4－1所示。

表4－1　无辜者个人损害情况统计（N＝333）

分　类	具体情况	人数（人）	百分比（%）
社会适应情况	明显难以适应社会	37	11.11
	资料未提及	296	88.89
精神状态	一般性孤僻、焦虑等	13	3.90
	精神疾病	3	0.90
	资料未提及或无明确影响	317	95.20
身体健康	患有疾病	35	10.51
	留有后遗症	7	2.10
	留下残疾	18	5.41
	死亡（包括执行死刑）	10	3.00
	资料未提及或无明确影响	263	78.98
个人工作发展	无明显影响[a]	46	13.81
	一般性丢失工作	36	10.81
	被开除公职	24	7.21
	资料未提及	227	68.17

注：数据有缺损或重合，故部分数据综合超过或少于333（下同）。
a“无明显影响”的无辜者为农民时，判断对个人工作并未造成明显影响。

① 陈晓楠：《吴昌龙被关12年终无罪释放，称126万赔偿换不回青春》，2014年10月10日，载凤凰卫视网，http://phtv.ifeng.com/a/20141010/40832992_0.shtml，2018年10月6日访问。

二、社会生活难以适应

刑事错案往往随着长期羁押或蒙冤入狱的情况,无辜者被释放后难免难以适应社会的情况。浙江省“董文树案”中,26~34 岁人生最美好的青春在牢狱中荒废,生死跌宕的 8 年之后等待董文树的是完全陌生的社会生活,当年生意不如自己的人都在用电脑,他自己却觉得异常陌生而不敢触碰。“他们(指入狱前的朋友)都用电脑了,我碰都不太敢碰,”董文树本人这样描述自己与时代的脱节。[①] 湖南省“欧阳佳案”中,欧阳佳对“生活断层”更是深有感触:5 年前,他还在用“摔不烂”的诺基亚手机,出来后却发现全是触屏手机,一开始根本不会用。5 年前,家门口还是泥巴路,现在全是水泥路,一座座高楼拔地而起。[②] “蔡金森案”中,蔡金森被关押长达 20 年,21~41 岁人生最重要的时光在监狱中度过,他刚获释时连肉都不敢吃。记者问及回家的感觉时蔡金森说:“我不知道怎么回家,变化太大了,所有人都好像富了。”[③]贵州省“王坤武、赵德义、龙从军轮奸案”中,三人分别被错误监禁长达 635 天、4748 天、2191 天,三个年轻人长时间在狱中度过,释放后已经难以适应社会。[④]

快速发展的社会似乎已经将这些无辜者抛弃了,不会用电脑的董文树,不会用触屏手机的欧阳佳,需要重新认识和熟悉这个世界的吴昌龙,纵使所有人都富了也难以抹去蔡金森眼中的陌生与惶恐。我们有理由相信,几乎所有的刑事错案都会不同程度地造成无

---

① 《浙江温州董文树》,2014 年 2 月 14 日,载中国冤假错案网,http://www.zgyjca.com/news_view.asp?id=129,2018 年 10 月 6 日访问。

② 《湖南少年被关 5 年后无罪获释》,载《黔中早报》2014 年 10 月 27 日,第 A11 版;《湖南少年被关 5 年后无罪获释》,载《北部湾晨报》2014 年 10 月 27 日,第 A11 版;《湖南娄底少年 被关 5 年后无罪获释》,载《承德晚报》2014 年 7 月 16 日,第 A08 版。

③ 曹晶晶:《20 年前抢劫杀人案检察院提再审建议》,载《南方都市报》2014 年 9 月 3 日,第 A22 版。

④ 《三名男子被指轮奸获刑 18 年后受害者否认案情》,载《遵义晚报》2011 年 6 月 12 日,第 11 版。

辜者释放后对生活的适应问题。只是大部分能在短时间适应过来，并未留下较大的生活断层问题，而少部分人则因为生活断层太大而难以弥补。

三、精神损害较普遍

在众多的刑事错案无辜者中，近5%的人释放后会有精神问题。其中，3.9%的人，出现精神紧张、长期失眠、孤僻自闭等一般精神问题。

在陕西省“周安相案”中，周案相没有作案时间却在刑讯逼供下承认抢劫，他被判处死刑，后因“事实不清”决定不起诉。被关押5年后周安相落下了身体疾病，精神上也因受到很大刺激而彻夜失眠，易于狂躁。① 在湖南自“欧阳佳案”中，欧阳佳因涉嫌抢劫被拘留，继而被判刑，5年后因证据不足、指控犯罪不能成立被当庭释放。但走出看守所100来天后，他还经常梦到监所里面的生活而惊恐流泪，他觉得外面的一切看起来都美得不真实。“里面的记忆”和“外面的适应”是他面临的双重困境。② 在福建省“叶求生故意杀人案”中，因精神压力而头发全白的叶求生走出了看守所，但曾经能说会道积极乐观的态度却一去不复返。农民叶求生因错案受到极大精神打击，整天沉默不语，无心工作而靠低保度日。如其邻居所说，“好好的一个人全变样了”。③ 再看河北省“刘俊海、刘印堂案”，出狱后的刘印堂变得木讷，精神无法平静的刘俊海每天凌晨4点就从床上爬起来，一个人独自坐

---

① 《陕西周安相因“抢劫”被关5年后重获自由》，载刑事错案研究博客：http://blog.sina.com.cn/s/blog_5d80aaa80100c2i9.html，2018年10月6日访问。

② 《湖南少年被关5年后无罪获释》，载《黔中早报》2014年10月27日，第A11版。

③ 《福建叶求生因“故意杀人”被羁押9年4个月零10天后被宣判无罪》，2008年12月18日，载冤假错案研究博客：http://blog.sina.com.cn/s/blog_5d80aaa80100c2v9.html，2018年10月6日访问；《一个呼机号码 让他莫名被判死刑》，2010年7月21日，载“110”法律咨询网，http://www.110.com/falv/guojiapeichangfa/guojiapeichangdongtai/2010/0721/147862.html，2018年10月6日访问。

着,挥之不去的是15年的铁窗噩梦,而今婚房颓败、杂草丛生又如何能让人重拾生活的希望呢?①

更为甚者,有3人释放后患上了精神疾病。在内蒙古"闫加平案"中,闫加平前后两次被收审。甚至在收容审查站撤销之后又被转入看守所继续关押,从看守所释放后病情逐渐加重。病情最严重的时候,闫加平两次服毒自杀,多次寻衅滋事,被诊断为患有边缘性精神病,成为限制责任能力人。当记者问及未来打算时,曾任大学教务处副处长、公认的青年才俊闫加平思索良久却不知如何作答。② 在广西"王子发案"中,报案人被冤枉成杀人犯。9年冤狱后,真凶自首才被释放。出狱后的王子发变得多疑、猜忌,动不动还会伸手打人。问题越来越严重后,他被诊断患上了妄想型分裂症,家庭陷入更大的痛苦。③ 刑事错案中不少人被刑讯逼供,或是经历了死刑、死缓到无罪的过程,与死神擦肩而过的巨大精神压力可想而知。

四、身体健康多受损

数据显示,超过20%的无辜者身体健康受到较大损害,70人身体健康出现不同程度的问题。④ 其中疾病是可统计的众多影响中程度最轻、最为常见的现象。在湖南省"杨明银案"中,村民被杀,有犯罪前科的杨明银无端被指控抢劫杀人,度过10年的牢狱生活之后终于迎来无罪判决,他因刑讯逼供而伤痕累累。"背上的伤是火

---

① 《无罪被关15年 两农民获赔118万》,载《新京报》2010年6月12日,第A18版;《无罪被关15年 两农民获赔118万》,载《包头晚报》2010年6月13日,第6版;《无罪被关15年 两农民获赔118万》,载《處州晚报》2010年6月12日,第A06版。

② 《闫加平28岁当上了齐齐哈尔医学院教务处的副处长,1995年,派出所以抢劫的罪名将其送进收容审查站。十年后,闫加平精神失常》,载《法制时报》2005年7月6日,第10版。

③ 刘万永:《王子发是如何被"定罪"的》,载《中国青年报》2010年6月3日,第4版。

④ 采用不重复统计的方式,例如无辜者A同时具有疾病和残疾情况,则以较重情节(身体留下残疾)为准。

钳烫的，手腕上的伤是被手铐紧锁造成的，眼角的伤是被手枪把打的……”杨明银在接受记者采访时回忆着冤案经历。[①] 贵州省蒙冤10年的王元松提出国家赔偿时称，长期关押使身心健康受到了严重侵害，出狱后住院治疗产生了数千元的住院费、医疗费等。但还需要后续治疗才能痊愈，他要求赔偿医药费10万元。[②] 在吉林省“孙绍华案”中，与受害者有来往且有犯罪前科的孙绍华蒙冤入狱11年。因长期被关押在“死刑号”，孙邵华患上了风湿性关节炎、胸膜炎等病，因肺结核肺部已穿孔曾两次住院治疗，之后病情严重恶化，家里为给他看病欠债无数。[③] 在上海市“梅吉祥、梅吉杨案”中，梅吉祥妻子被杀（抢救后未死亡），妻子指控丈夫是凶手，随后兄弟二人被判刑入狱，深陷牢狱17年的梅吉祥高血压、心脏病、胆囊炎等多种疾病缠身。[④] 河北省李志平被错误监禁2082天，出狱后在家养病半年多身体才恢复。[⑤] 在“陈国清案”（尚未洗冤）中的无辜者杨士亮因公安人员对其调查取证时采取了威胁恐吓手段，致使其得了尿

---

① 《湖南村民屈打成招入狱十年》，2006年9月28日，载新浪网，http://news.sina.com.cn/c/2006-09-28/040010125828s.shtml，2018年10月6日访问。

② 罗坪：《最高法开审王元松蒙冤索赔案》，载《羊城晚报》2015年4月22日，第A14G版；桂田田、赵萌：《最高法调查王元松案立案过程》，载《北京青年报》2015年3月1日，第A03版。

③ 《无辜村民蒙冤入狱近11年出狱后获赔偿22万》，载《温州晚报》2005年8月6日，第14版。

④ 《上海兄弟18年前疑被错判杀人——退休高级检察官探访7年，称“梅吉祥、梅吉杨杀人案”另有真凶上海司法机关回应，已组织专门力量做进一步核查》，载《钱江晚报》2013年4月10日，第a0012版。

⑤ 郭欣阳：《蒙冤二十余载，期盼迟到的公正 河北李志平“故意杀人案”》，载《中国检察官》2010年第12期，第70~72页；韦洪乾：《河北定州农民两次被错判死刑，蒙冤23年不得昭雪》，载《民主与法制时报》2014年8月1日，载洗冤网，http://www.xiyuanwang.net/html/gnya_1271_1878.html，2018年10月6日访问；陈睿哲：《小伙32年前被当杀人案嫌疑犯刑拘，两获死刑两上诉》，载《中国青年报》2015年12月30日，载法制网，http://www.legaldaily.com.cn/legal_case/content/2015-12/30/content_6425354.htm?node=33128，2018年10月6日访问。

失禁长久未愈。①

其次,有25名无辜者受错案影响身体留下后遗症或残疾。北京市“常林锋放火、故意杀人案”,妻子因火灾死亡,常林锋经历了从死缓到无罪的过程。关押前烧伤的双手恢复情况虽乐观,但将近一年之后双手却严重变形,基本残废。只有两个僵直的手指能做些非常有限度的活动,以至于辩护律师形容“那是根雕,不是手”。② 贵州省“杨显芬一家六口涉嫌谋杀奶奶蒙冤9年案”,因为刑讯逼供,杨宗发进了派出所就再也没能站起来。他的双腿已经无法正常行走,释放后多年必须靠人扶着才能上厕所。③ 黑龙江省陆金被羁押7年,造成左腿严重变形,并患上了风湿病和腰椎盘突出,走路需要拄拐。④ 在“宋德文案”中,宋德文涉嫌强奸杀人被逮捕,被关押的7年间未经历任何庭审。稀里糊涂地被关押后,他又在没有任何手续和证明的情况下被释放。原本健康的宋德文带着累累伤痕、拖着一副拐被儿子背回家,他已是63岁的老人了。⑤

更令人扼腕叹息的是,错案无辜者中有10人因错案死亡。其中有人释放后病情加重死亡,例如,在新疆“朱永生、王平仁、何鑫敬强奸案”中,王平仁被释放后全身伤痕累累而住院治疗,不久后死亡,实

---

① 孙静:《“真凶”举报者为四杀人犯鸣冤19年》,载《北京青年报》2016年2月1日,第A07版;《河北承德陈国清案:提审申请书》,2007年4月25日,载新浪博客,http://blog.sina.com.cn/s/blog_4cd8c488010007xo.html,2018年10月6日访问。

② 张丹:《对话重获自由的副总编常林锋》,载《广州日报》2013年3月28日,第A8版。

③ 《追记:一家人的9年冤案》,载《三联生活周刊》2007年第36期,第80~84页。

④ 《七年羁押——巴彦“赵作海”获国家赔偿后倔强追责》,载《生活报》2010年6月30日,第1版;夏德辉:《七年羁押,黑龙江“赵作海”获国家赔偿后倔强追责》,2010年6月30日,载中新网,http://www.chinanews.com/fz/2010/06-30/2372627.shtml,2018年10月6日访问。

⑤ 铁言、薛长柱:《十年疑案,何时了结》,载《律师与法制》2006年第1期,第31~33页。

为刑讯逼供使然。[①] 河北省“宋保民案”，宋保民在看守所生病未得到良好医治，羁押1年多后猝死。[②] 河南省“党清广案”，党清广因执法错误两次被抓而自杀身亡。[③] 河南省杨文彩被刑讯逼供死亡，[④]冉建新被逮捕9天后死亡，[⑤]甘肃省马志兰被刑讯逼供冤死看守所。[⑥] 也有人被执行死刑后真凶出现或“亡者归来”而被判无罪，如湖南省滕兴善、[⑦]河北省聂树斌、[⑧]河南省魏清安案，[⑨]但“人头落地而不可复生”。呼格吉勒图年轻的生命因错案而被终结，一个年轻的生命又怎是206万元能弥补的呢？

---

① 吴亚东、陆金宝：《被傻女指认为强奸犯，八年蒙冤谁还清白》，载《法制日报》2001年5月16日，载人民网，http://www.people.com.cn/GB/shehui/44/20010516/466403.html，2018年10月6日访问。

② 《妻子七年讨回清白》，载《安徽商报》2007年6月30日，第16版；《农妇奔走讨回“强奸犯”丈夫清白 赔偿至今难讨》，载《新京报》2007年6月29日，载中新网，http://www.chinanews.com/sh/news/2007/06-29/967787.shtml，2018年10月6日访问。

③ 《男子两遭冤案自尽身亡》，载《海南特区报》2013年5月4日，第A11版；《河南男子两遭冤案自尽身亡》，载《淄博财经新报》2013年5月17日，第22版。

④ 《一死刑犯举报26年前命案另有真凶》，载《新京报》2014年3月22日，第A16版；《死刑犯举报命案另有真凶警方认定凶手当年已自杀》，载《楚天都市报》2014年3月23日，第24版；《死刑犯举报一命案另有真凶 牵出26年前一宗已“结案”奸杀命案多个疑点》，载《法制时报》2014年3月24日，第6版。

⑤ 《利川已无“冉二哥”——“冉建新死亡案”幕后》，载《福州晚报》2011年6月11日，第15版；《冉建新死因与审讯有关》，载《南国都市报》2011年6月18日，第12版；《湖北利川冉建新遭刑讯逼供案宣判：反贪局及法警大队2名干警获刑》，载《珠海特区报》2012年1月22日，第4版。

⑥ 《含悲26载，冤案昭雪伤痛难抚》，载《兰州晨报》2009年7月3日，第A06版；《含悲26载 冤案终昭雪》，载《兰州晨报》2009年12月31日，第T11版。

⑦ 陈拓：《一位农民17年的杀人冤案》，载《新西部》2006年第C1期，第84~86页。

⑧ 李兴丽：《聂树斌的两个21年》，载《法治与社会》2017年第2期，第50~52页；《回顾：聂树斌案始末》，载《克拉玛依日报》2017年4月1日，第B05版。

⑨ 《26年前小伙被误当强奸犯枪决洗冤实录》，载《南国都市报》2010年7月22日，第16版。

众所周知,刑讯逼供是众多刑事错案的共同原因,无辜者遭受非人道的对待已是屡见不鲜。[①] 如果刑讯逼供仅获取口供而无身体损伤,这当然是不幸中的万幸。但一旦刑讯逼供造成了无辜者身心健康的巨大伤害,其结果可以用灾难来形容。例如,在郝金安一案中,始终不认罪的他惨遭毒打,以至于最终左肾被打掉一个。更令人震惊的是,包括医院在内的各方隐瞒真相对郝金安做手术,直至后来因其他事情才发现左肾和左脾被摘除。[②] 究其原因,不外乎重实体轻程序,重口供轻物证等刑事诉讼程序上的诱因。

五、工作受阻发展难

工作是一个人获得生存物质基础的途径,保障错案平反后无辜者的工作权益,是帮助无辜者重返社会生活的有效路径。但现实中并非如此,数据显示,至少有 18% 的刑事错案无辜者受案件影响,事业中落或工作丧失而未能恢复。

原本生意顺风顺水的福建省叶求生,释放之后没有工作靠低保度日。福建省“林国奋案”,时任镇党委书记的林国奋因举报腐败而被判刑入狱,熬过了 4 年的铁窗生涯之后又踏上申诉之路,平反之后仕途无法继续而靠打工为生。[③] 安徽省“刘明河案”,因死者遗物中的一篇情感日记,刘明河成为杀人案的主要嫌疑对象,刘明河被逮捕并被开除党籍、开除公职,撤销党内外一切职务。[④] 若是正常退休,安徽省周炳然也会和同事一样领着退休金,过着衣食无忧颐养天年的生活,然而现实不可假设。错案发生前是公司经理,因职务侵占罪而被限制

---

① 李建明:《刑事错案预防的宏观对策研究》,载《人民检察》2006 年第 18 期,第 5~6 页。

② 《十年冤狱后的第一个春节,真凶被抓才得以洗冤,脾肾残缺的公民郝金安期待赔偿》,载《半岛都市报》2008 年 2 月 18 日,第 29 版。

③ 《莆田:一个举报人的遭遇》,载《半月谈》2001 年第 14 期,第 66~70 页。

④ 王亚林著:《刑事辩护执业现状与经验技巧》,法律出版社 2011 年版,第 159~178 页。

人身自由6年,释放后的周炳然提出恢复公职、办理退休手续等赔偿请求。然而,省高院解释称,“不属于国家赔偿的范围,不符合国家赔偿法定的原则,亦应不予支持”。县人力资源和社会保障局给出意见认为,退休手续应从原属公司申请办理,享受企业职工退休待遇,具体却迟迟没有着落,美好的退休生活只出现在虚无的假设和想象中。[①] 安徽省于英生遭受了17年的牢狱生涯之后,已从英姿勃发、前途无量的年轻干部变成满头白发的半老之人。虽然恢复了公职,但个人发展已是无从谈起。[②]

对于因错案而丧失工作或被开除公职的无辜者,案件平反之后应该如何恢复职位?即使不恢复职位,但至少对释放时已经达到退休年龄的应该办理退休手续!是否应当办理退休手续,法律上的确无明确规定,难道错案所造成的损失仅让受害人一人承担?像杜培武冤案昭雪后,还能恢复工资待遇和福利,甚至释放后第二天就正式批准为共产党员,这堪称幸运之极。[③] 然而,获得无罪判决后迟迟难以恢复工作的无辜者不在少数。多方申请却处处碰壁,错案纠正了,但影响还在继续,损害依旧没有弥补。

第三节　家庭成员受错案影响

一、基本情况

刑事错案使无辜本人人身自由被剥夺,身心健康乃至生命权受到伤害的同时,也会对无辜者的家人造成影响。研究发现,

---

① 《男子蒙冤入狱6年获赔40万——女儿受刺激自杀》,载《盐城晚报》2012年12月5日,第A12版。

② 周瑞平:《蚌埠“杀妻冤案”昭雪始末》,载《人民法院报》2015年5月23日,第3版。

③ 彭显才、施加三:《杜培武错案的前前后后》,载《滇池晨报》2000年11月8日,载人民网,http://unn.people.com.cn/GB/channel23/176/842/200011/08/6165.html,2018年10月6日访问。

11.41%的无辜者家人因受牵连被错误羁押,12.61%的无辜者家人因错案备受歧视,19名无辜者妻子受错案影响离婚。26名无辜者的孩子辍学,占有效样本的79%。57名无辜者父母健康受到不同程度的影响,错案对无辜者及其家庭的损害有时甚至是毁灭性的。河北张新亮杀妻错案中,妻子被害,自己被错误认定为凶手被关押2238天(6年1个月),收留孩子的爷爷突发脑溢血去世。张新亮被释放后,家庭破败、孩子辍学、生活穷困的悲剧已然无法扭转。① 错案无辜者被改判无罪的欢呼声背后,又有多少家破人亡的惨剧在上演呢?在欢庆正义伸张错案纠正之后,更应该低头细细反思其中的损失与教训。

二、错误牵连被羁押

俗话说:"一人犯法一人当",现实错案中却牵连甚广。例如,贵州省"杨显芬一家六口涉嫌谋杀奶奶蒙冤9年案",除杨显芬外,受牵连的4人皆为错案"无辜者",如表4-2所示。

表4-2 刑事错案对无辜者家庭危害情况统计(n=333)

分 类	具体情况	人数(人)	百分比(%)
家人受牵连	被拘留(原因不限)	19	5.71
	被拘留且被刑讯逼供	3	0.90
	因同案被起诉或判刑	16	4.80
	资料未提及或无明显影响	295	88.59
家人受歧视	家人因案件受歧视	42	12.61
	资料未提及或无明显影响	291	87.39

① 李秀平:《"凶手"的2238天》,载《法律与生活》2006年第3期,第16~18页。

续表

分　类	具体情况	人数(人)	百分比(%)
妻子情况	有妻子而无离婚、死亡情节	50	16.39
	妻子离婚	19	6.23
	妻子死亡	2	0.66
	妻子作为案件受害人死亡	11	3.61
	资料未明确提及或未婚	223	73.11
孩子辍学	有孩子但未辍学	7	2.10
	有孩子辍学情况	26	7.81
	资料未提及或没有孩子	300	90.09
父母健康受影响	父/母疾病	18	5.41
	父母疾病	2	0.60
	一方死亡+一方疾病	7	2.10
	父/母死亡	25	7.51
	父母死亡	5	1.50
	资料未提及或无明显影响	276	82.88
家庭成员其他受损	离婚	5	1.50
	丢失工作	13	3.90
	丢失工作+疾病	1	0.30
	疾病	10	3.00
	残疾	7	2.10
	残疾+死亡	1	0.30
	死亡	9	2.70
	资料未提及或无该情节	287	86.19

表4-2显示，在全样本的218起(333人)刑事错案中，有38人有家庭成员受牵连被错误羁押的情况。在家庭成员受牵连被拘留方

面，有的是因为案件直接被牵连，有的是因为家人上访申诉而被拘留关押。

在“陈新平案”中，平反后的陈新平接受记者采访时说，父母、姐姐、兄嫂上访给自己翻案，全部都进过看守所，平反过程实属艰难。① 福建省“林国奋案”受牵连遭迫害的大有人在，首当其冲的就是林国奋的妻子无故被关押30天，其他包括林的同学、亲戚朋友多人都遭审讯、追查甚至处分。② 在江西省“黄志强案”中，无辜者方春平的父亲因为到北京上访，曾被当地法院以寻衅滋事罪判处拘役4个月。③ 在黑龙江省“史延生案”中，史延生被抓后第2天，母亲殷凤兰、妻子王淑琴被收容审查。此后，史延生的父亲史德庆、表妹殷吉艳、妹妹史艳红、弟弟史延彬也先后被行政拘留或收审。④ 在“于奎亮案”中，于奎亮无故被抓后，他的父亲和18岁的妹妹也被毫无理由地被关进看守所42天。⑤ 在河南省“张少聪案”中，张少聪被冤杀人，母亲王秀云被刑拘后遭受了毒打、辱骂，逼其承认儿子杀人。⑥ 河北省赵艳锦在法院作出无罪判决20个月后才获释放，其间让她写材料保证“出去后要低调”。司法部门解释称，这是维稳的需要。因为不知道妻子已经被判决无罪，丈夫继续上访被劳教，失去人身自由近300天。⑦

① 《湖南南县校园杀妻案：6次审理改判无罪》，载《北方新报》2013年9月23日，第12版。

② 《莆田：一个举报人的遭遇》，载《半月谈》2001年第14期，第66～70页。

③ 铁铮：《江西乐平“5·24”特大奸杀碎尸案等待再审》，载《法律与生活》2016年第16期，第6～8页。

④ 刘斌主编：《20世纪末平反冤假错案案例纪实》，珠海出版社2001年版，第261～267页。

⑤ 辛言：《教师被推理成杀人犯，三次被判死刑含冤入狱七年》，2006年3月1日，载网易新闻，http://news.163.com/06/0301/14/2B4SNO1K0001122E.html，2018年10月6日访问。

⑥ 《刑事证据规则运用手册》编委会编：《刑事证据规则运用手册》，法律出版社2010年版，第238～240页。

⑦ 刘万永：《“走”了20个月的无罪判决书》，载《百姓生活》2013年第8期，第9～14页。

在河北省“师学军、李玉卉案”中,李玉卉的妻子被收容审查9天后突然病重住院。在关押的李玉卉前来诀别时,她已是神志不清却依旧叮嘱“我不行了,照顾好孩子”。2天后妻子病逝,在信中留言:“发生在你身上的事,我都经历了!”突发疾病的原因实为刑讯逼供,同时受牵连被审讯的数十人中,还有一位省教育厅的副处长也死在了看守所。①

最为严重的牵连情况,当属家庭成员同案被起诉或判刑入狱,尽管家庭成员同案被起诉或判刑入狱的罪名并不一定相同。在甘肃省“袁秀英、王柏元案”中,王柏元被认定为持枪抢劫杀人,罪名为故意杀人罪、抢劫罪、盗窃枪支罪,其母袁秀英受牵连被判包庇罪、窝藏罪。② 贵州省“杨显芬一家六口涉嫌谋杀奶奶蒙冤9年案”牵连家人甚多,一家五口受牵连被拘留,其中三人被以“故意杀人罪”定罪。③在众多案件中,威胁、恐吓和暴力取证屡见不鲜。甚至有的个案中为让犯罪嫌疑人招供,故意对其亲属非法羁押和施暴,如此逼供手段实为无辜者和家人难以承受之重。

三、社会歧视压力大

在现有218起(333人)刑事错案中,至少有42名无辜者因被错抓错判而使家人受到歧视。在这42名无辜者中,有21名无辜者被提起公诉罪名为故意杀人罪,除此之外主要为强奸罪和抢劫罪。④ 歧视情况发生在农村地区的比例较大,“杀人犯”“强奸犯”等标签往往对无辜者本人及家人造成巨大的心理阴影,他们在生活中失去尊严。

在甘肃省“裴树唐案”中,文化馆干部裴树唐被女演员指控强奸

---

① 《师学军李玉卉入冤狱案平反始末》,载《北方新报》2009年7月31日,第48版。

② 张永生:《甘肃盗枪杀人冤案昭雪当事人获25万元赔偿》,2005年9月24日,载腾讯新闻,http://news.qq.com/a/20050924/000036.htm,2018年10月6日访问。

③ 《追记:一家人的9年冤案》,载《三联生活周刊》2007年第36期,第80~84页。

④ 此处故意杀人罪包括故意杀人罪和强奸、故意伤害、放火等罪并罚;抢劫罪包括抢劫罪与盗窃、强奸等罪的并罚。

而入狱,刑满后多方申诉获得无罪判决。背负着失去事业和人格尊严的生活磨难和精神枷锁,苦盼了25年后终于甩掉了“强奸犯”的帽子。① 在湖北省“黄爱斌案”中,黄爱斌被逮捕后,“黄爱斌是杀人凶手!”的消息在当地传开,迅速激起了群众的义愤。这令黄爱斌家人承受了巨大的压力,招来无数村名的咒骂和白眼。② 在山西省“岳兔元案”中,岳兔元被以故意杀人罪、诈骗罪起诉,家人受不了歧视而搬迁至偏远地区躲避。③ 在陕西省“吴志峰案”中,家人因受歧视而婚姻前景受到影响。④

同时,社会歧视往往也是其他损失的原因,会造成家人失去工作,孩子在学校被歧视辍学,巨大的精神压力等。在辽宁省“刘凯利案”中,孩子受尽歧视和委屈,因无人照料而辍学。⑤ 在陕西省“高进发案”中,高进发的儿子承受不了“杀人犯的儿子”的压力,在班级抬不起头,只好辍学在外打工。就连弟弟高自发的一双儿女,也因无法忍受同学的白眼和欺负,而不愿意再去上学。⑥ 在河南省“赵满仓、郑可元、王正禹、赵有福、张小传检举村支书被判诽谤案”中,赵满仓的孩子在学校深受歧视,以致小孩子在同龄人面前根本抬不起头来,心理

---

① 马国顺、文洁:《被诬告“强奸”入狱,裴树唐伸冤25年获清白》,载《时代青年(悦读)》2011年第6期,第7~9页。

② 沈伟、欧阳林:《法院下达死刑判决书,重获自由后奔走四年讨清白》,2006年10月22日,转载自荆楚网,http://www.cnhubei.com/200610/ca1188190.htm,2018年10月6日访问。

③ 《“柳林也有一个‘佘祥林’”后续——岳兔元:我没佘祥林幸运》,载《山西晚报》2007年5月10日,第5版;《关注大要案8年跟访岳兔元》,载《山西晚报》2013年11月29日,第46版。

④ 《被疑杀人遭羁押472天》,载《鹤城晚报》2010年7月16日,第7版;《遭羁押472天获释申请赔偿被拒,警方称案件还在调查,赔偿申请不能受理》,载《上海法治报》2010年7月16日,第A08版。

⑤ 《刘凯利回应当年为何认罪》,载《华商晨报》2013年10月10日,第B01版。

⑥ 王晓英、魏敏:《农民高进发被关押千日 他是又一个佘祥林?》,2005年8月1日,载新浪网,http://news.sina.com.cn/o/2005-08-01/13556582006s.shtml,2018年10月6日访问。

伤害极大。[①] 河北省“徐计彬案”，乡村教师因血型与强奸现场体液检测相同而被错误定罪。拿到无罪判决后，他的妻子痛哭失声：“十几年了，我们在村里背着黑锅抬不起头来。这以后就不怕了，能挺直腰做人……”[②]在湖南省“滕兴善案”中，女儿因家庭贫困被迫辍学打工供弟弟上学，努力工作却只因“你是杀人犯的女儿”被厂里解雇。[③] 无论是小到村民议论、邻里白眼和横遭非议，还是大到致使家人失去工作或孩子辍学，这些始终都是无辜者家人挥之不去的精神重担。

四、妻子多离散

在我们的错案样本中，女性无辜者人数少，男性的比例高达 91.59%。资料收集过程中发现，女性无辜者中除两条数据未发现离婚情节外，几乎没有收集到女性的婚姻状况资料。因此，在数据分析时，我们直接将女性无辜者排除，只对男性无辜者进行分析。我们以男性无辜者妻子的状况，来反映错案对婚姻状况的影响。刑事错案的无辜者被错抓错判，甚至蒙冤入狱多年，对婚姻造成无法估量的影响。即使不离婚，也必然对配偶造成难以承受的精神打击。加之男性多为家庭经济支柱，错案也会给配偶带来巨大的生活压力。例如，在江苏省“王景之案”中，王景之出狱后常年奔走申诉花费无数，妻子因工作压力大，最终积劳成疾去世。[④]

有效数据显示，男性无辜者中有 19 人的妻子与其离婚。在安徽省“刘志案”中，因为冤狱，刘志的妻子早已离婚他嫁，孩子离散，孤身

---

① 《村民举报村支书被示众判刑》，载《东南快报》2009 年 8 月 25 日，第 A16 版；《举报村支书 8 位村民被挂牌示众判刑》，载《北方新报》2009 年 8 月 25 日，第 41 版。

② 李英强：《有罪推定下的一起冤案》，载《记者观察》2007 年第 5 期，第 34 ~ 37 页；祁胜勇、华夫：《血型“B”变“O” 乡村教师欲洗 15 年罪名》，载《新闻世界》2006 年第 6 期，第 21 ~ 24 页。

③ 陈拓：《一位农民 17 年的杀人冤案》，载《新西部》2006 年第 C1 期，第 84 ~ 86 页。

④ 参见《迟到五十年的无罪判决》，载《政府法制》2013 年第 10 期；《一份迟到 50 年的无罪判决书》，载《现代快报》2013 年 3 月 5 日，第 F12 版。

一人。① 广东省“洪善谱案”,银行经理洪善谱因卷入金融诈骗被错关6年,无罪释放后工作没了,妻子也跑了。② 在新疆维吾尔自治区“朱永生、王平仁、何鑫敬强奸案”中,朱永生被抓后,妻子带着女儿负气出走他乡。③ 在河北省“齐亚博案”中,台球室男孩遇害,多人因去过台球室打球而涉嫌杀人。无辜者李晓岭刚结婚不久的妻子和他离婚,刘少欢的妻子也因此案出走并改嫁。④ 在河南省“张留军案”中,张留军无罪被错判并长期羁押,妻子离家出走,孩子无人照管,使其遭受严重精神损害。⑤ 甘肃省“杨黎明、杨文礼、张文静案”一审判处3人死刑后,杨黎明的妻子与其离婚,杨文礼在取保候审两月后妻子与其离婚。⑥

在被调查的无辜者中,3.61%的无辜者妻子作为受害人死亡,作为丈夫的无辜者则被错误认定为杀人者蒙冤入狱。“妻子被害、丈夫蒙冤”,这是对家庭的双重打击,更造成不利的子女成长环境。在安

---

① 参见《安徽宿州农民刘志蒙冤6载要追责》,2008年9月11日,载新浪网,http://news.sina.com.cn/s/2008-09-11/155316274746.shtml,2018年10月6日访问。

② 参见王晓云、鲁钇山、李萍:《银行高管坐牢六年多被无罪释放——洪善谱申请百万元国家赔偿,最终获赔24万多元》,载《羊城晚报》2008年6月13日,第A06版。

③ 参见吴亚东、陆金宝:《被傻女指认为强奸犯,八年蒙冤谁还清白》,载《法制日报》2001年5月16日,载人民网,http://www.people.com.cn/GB/shehui/44/20010516/466403.html,2018年10月6日访问。

④ 参见王大鹏:《10人涉命案羁押两年获释》,载《新京报》2015年5月4日,第A16版;《一场台球“引来”命案缠身,河北邯郸11人遭羁押1年多因事实不清证据不足终获释11人获国家赔偿金180万元,却难回到正常的生活轨道》,载《法制时报》2015年5月5日,第6版。

⑤ 参见《张留军申请河南省平顶山市中级人民法院重审无罪国家赔偿案》,载《葫芦岛日报》2014年4月28日,第A6版。

⑥ 参见王钟逵:《甘肃省人大查究武威“11·8”冤案纪实》,载《法律与生活》1997年第10期,第2~5页;王钟逵:《法院作出死刑判决之后——甘肃省查究武威“十一·八”冤案纪实》,载《人大建设》1999年第2期,第35~38页;《甘肃杨黎明、杨文礼、张文静案》,2014年11月2日,载中国冤假错案网,http://www.zgyjca.com/news_view.asp?id=301,2018年10月6日访问;《甘肃杨黎明、杨文礼、张文静因“抢劫杀人”蒙冤2年后获释》,2008年12月18日,载刑事错案研究博客,http://blog.sina.com.cn/s/blog_5d80aaa80100c2uv.html,2018年10月6日访问。

徽省“于英生案”中，于英生儿子缺乏父母照料，长期自闭不愿出门。[1]河北“张新亮案”更为显著，张新亮入狱后孩子无人照料而成长教育缺失，早早地离开了学校。[2] 然而，这些妻子受害和丈夫被冤的 11 起刑事错案中，仅有 3 起案件真凶伏法，更多的是在司法错误冤枉好人的同时，放走了坏人，妻子含冤而死。

五、孩子辍学教育难

针对错案造成子女受教育环境的变化，我们对这些无辜者的孩子辍学问题进行了调查。部分无辜者被自然排除在有效样本之外，一种是未结婚或是结婚而没有孩子。例如，在黑龙江省“杨云忠案”中，杨云忠 24 岁入狱，未婚。在福建省“蔡金森案”中，案件发生时蔡金森 21 岁，未婚。还有河北省孟存明、徐东辰、廖海军等子女遭遇大致相同。另一种是年龄偏大，孩子大多未处于正常受教育年龄之内。例如，河南省“王业文案”发生时，王业文已经 58 岁，女儿王晶作为第四个孩子已经毕业工作。[3] 总的来说，第一种情况较第二种情况更多，这两种情况下都不可能存在无辜者孩子受案件影响而辍学。在已有资料的 33 名无辜者中，有 26 名无辜者的孩子因为冤假错案受到影响而辍学，占比高达 78.79%，只有 21.21% 错案无辜者的孩子的教育未受到重大影响。

就错案造成辍学的原因来看，大致可以分为两类。一类是上述已经提及的歧视问题。错案造成孩子在学校受到同学的歧视，迫于精神压力无奈辍学，有时甚至是学校的歧视。在贵州省“杨显芬一家六口涉嫌谋杀奶奶蒙冤 9 年案”中，杨显华因案件牵连，学校认为其涉嫌犯

---

① 参见周瑞平：《蚌埠“杀妻冤案”昭雪始末》，载《人民法院报》2015 年 5 月 23 日，第 3 版。

② 参见李秀平：《“凶手”的 2238 天》，载《法律与生活》2006 年第 3 期，第 16～18 页。

③ 参见吕娟：《王业文杀人疑案：河南太康再现“王子发”案：对一名杀人老农关押五年的调查》，载《法律与生活》2010 年第 20 期，第 10～14 页。

罪而拒绝他参加高考。① 另一类是经济原因引起的辍学。从表4-3对比中不难发现,在“家庭贫困,生活艰难”的18位无辜者中15位有孩子辍学情况,“家庭负债”的12位无辜者中10位有孩子辍学。两种进行对比,83.33%的辍学是因为家庭困难。这正好印证了错案引起的家庭经济困顿,是导致孩子辍学的重要原因之一。当然,家庭困难并不是单独作用的,很多案例往往会因父母入狱使孩子遭受歧视而使学业难以继续。例如,在湖南省“滕兴善案”中,滕兴善被冤杀人碎尸而执行枪决后,学校中很多不懂事的孩子都向滕兴善的两个孩子吐口水,骂他们的父亲是杀人犯。最后,两个小孩因为家里实在贫穷,最终辍学打工。② 江苏省“王景之案”,子女没钱上学且受歧视,又没有人愿意帮忙,多个子女被迫辍学。③ 贵州省“张光祥案”发生时,张光祥的两个儿女还在上初中,因家庭变故辍学打工,用打工的钱为父亲筹集律师费。④ 还有辽宁省“刘凯利案”、河北省“赵艳锦案”、陕西省“高进发案”等,均出现类似的情况。

表4-3 孩子辍学情况与家庭经济状况交互表 单位:人

辍学情况	家庭经济状况		合计
	错案导致家庭贫困,生活艰难	错案导致家庭负债	
有孩子但未辍学	3	2	5
有孩子辍学情况	15	10	25
合计	18	12	30

我们在统计过程中侧重于孩子辍学情况“有无”的统计,对具体

---

① 参见《追记:一家人的9年冤案》,载《三联生活周刊》2007年第36期,第80~84页。

② 参见陈拓:《一位农民17年的杀人冤案》,载《新西部》2006年第C1期,第84~86页。

③ 参见《迟到五十年的无罪判决》,载《政府法制》2013年第10期。

④ 参见《张光祥:从死缓到无罪》,2014年5月11日,载央视网视频,http://tv.cntv.cn/video/C10359/dd760b5500704691922f2c57b850750e,2018年10月6日访问。

受影响辍学人数并未进一步区分。现实情况中，还存在孩子辍学情况也有程度和人数之别。例如，在广东省“林帝安、廖位荣案”中，林帝安两个女儿受案件影响贫困辍学。① 在海南省“吉宗强案”中，吉宗强四个孩子最多到初一就相继辍学。② 在广东省“王国其案”中，因经济困难被迫辍学的两个孩子在父亲出狱后悄悄问妈妈，能不能回去上学，对孩子的伤害令王国其愧疚不已。③

在刑事错案发生时，只要无辜者有孩子处于受教育阶段，就难免受到家庭巨变的影响。王国其的两个孩子尚有重返学校的机会，这相比于多年无法洗冤的无辜者而言是何等幸运。更多的案例表明，即使错案最终得以纠正，但因错误羁押时间过长，最终因孩子年龄的推移而无法弥补，教育缺失也成为孩子一生的遗憾。教育缺失，造成的是难以弥补、难以用金钱估量的重大损失，正可谓“一代被冤，危害三代”。

六、父母健康受影响

“可怜天下父母心”，但伟大的父母爱却换不来儿女的洗冤，反而落得身心疲惫和伤痕累累。在59个有效样本中，几乎所有的刑事错案都造成了无辜者父母健康受到损害。在大部分错案中没有关于无辜者父母情况的资料，或是只说明父母受到打击，面对逆境悲伤不已等。例如，在新疆“祝军故意杀人案”中，错案发生后，祝军父母承受了巨大的心理压力，母亲几乎是一夜之间满头黑发就变白了，整日以

---

① 参见《“死刑犯”被关8年半后无罪释放，上诉要求百万赔偿》，2011年10月19日，载凤凰网，http://news.ifeng.com/society/shnjd/detail_2011_10/19/9979298_0.shtml，2018年10月6日访问；祝勇：《无罪羁押8年多，各获国家赔偿40多万，林帝安等2人曾被3次判决死刑，后改判无罪，现均对赔偿决定表示不服》，载《南方都市报》2011年8月19日，第HB12版。

② 参见纪艳玲：《“无罪村官”索赔百余万》，载《南国都市报》2011年11月11日，第14版。

③ 参见曹晶晶、甘韵仪：《“玩具枪”小贩出狱了》，载《新快报》2013年11月19日，第T02版。

泪洗面。[1] 无辜者父母身心受损是一种普遍情况,因难以划分损害程度,故资料收集中未分开设置。

在父母健康受损方面,父母一方受案件影响而患有疾病或死亡的占了大多数,更有甚者是父母双方都去世。在福建省“叶求生案”中,“从叶求生被关起来那天起,老两口(指叶求生父母)不但天天为儿子操心,还要忍受巨大的外界压力(村民们的歧视)。身体也一天不如一天”,之后叶求生的父母相继去世。[2] 在河北省“徐计彬案”中,错案发生后徐计彬父母深受打击,气得卧床不起,后相继去世。[3] 河南省“胥敬祥案”发生后,胥敬祥的母亲精神失常,之后父母都相继去世。[4] 念斌被抓4个月后,父亲因悲伤过度去世,母亲精神失常到处找儿子,随后去世。[5] 在黑龙江“杨云忠案”中,即将执行死刑的杨云忠的一封“遗书”,母亲看后因急火攻心在收信当天便气绝身亡。面对这突如其来的打击,父亲突发脑溢血,经全力抢救虽脱离危险,但瘫痪在床,生活不能自理,一个好端端的家庭就这样毁于一旦。[6]

---

① 参见王伟:《杀人恶名,白背了16年?》,2007年4月25日,载《检察日报》,http://www.jcrb.com/n1/jcrb1277/ca599990.htm,2018年10月6日访问。

② 参见《一个呼机号码,让他莫名被判死刑》,2010年7月21日,载“110”法律咨询网,http://www.110.com/falv/guojiapeichangfa/guojiapeichangdongtai/2010/0721/147862.html,2018年10月6日访问。

③ 参见李英强:《有罪推定下的一起冤案》,载《记者观察》2007年第5期,第34~37页。

④ 参见王亦君、杨思远:《胥敬祥:“我这13年的噩梦生涯”》,载《中国青年报》2005年5月10日;《河南农民胥敬祥结束了他申请国家赔偿长达4年半的苦盼》,载《法制时报》2009年12月18日,第7版;《农民胥敬祥蒙冤入狱13年》,载《荆门晚报》2010年1月5日,第7版。

⑤ 参见刑世伟:《念斌姐姐称弟弟入狱导致父亲去世母亲精神失常》,2014年8月23日,转载网易新闻,http://news.163.com/14/0823/02/A4A3PIIQ00014AED.html,2018年10月6日访问;《4次被判死刑 念斌终审无罪》,载《新京报》2014年8月23日,第A13版;赵阳:《复盘念斌案:从死刑到无罪的轮回》,载《长江丛刊》2015年第8期,第27~33页。

⑥ 参见刘兆福:《肇东厕所命案冤狱真相》,载《法律与生活》2002年第1期,第12~14页。

不同的错案都“上演”着相似的惨剧，无辜者父母受影响而身患疾病或去世的情况并不少见。虽然我们不能当然地认为，无辜者家破人亡的处境都是错案直接导致的。就像我们不能认为，如果没有错案的发生，叶求生、徐计彬和胥敬祥的父母就不会去世。但众多案例呈现的共同现象说明了一个不可否认的事实：刑事错案可能导致无辜者家破人亡。不仅造成无辜者身心健康的损害，同时也会伤及他们的父母、妻子和儿女。

七、其他方面有损失

如上述五个方面，刑事错案极有可能会造成家庭成员受到牵连而被拘留、受到歧视等，同时也会危及无辜者的婚姻稳定、儿女教育、父母健康等。除这些情况外，还有各种不同形式的损害在发生。家庭成员具有其他损害情节的无辜者占了全样本的13.81%，共46人。①

1.婚姻受损：儿子、哥哥或姐姐离婚

在“王什彩案”中，王什彩被当成杀人犯错抓错判，给家人带来名誉损失，儿子和儿媳也因此离婚。他申请的赔偿款希望用来为儿子娶媳妇，以弥补受自已牵连带来的损失。② 吉林“孙绍华案”发生后，为给长期关押而身患重病的孙绍华治病，家庭借债无数，哥嫂因此事离婚，弟弟也因家庭变故婚姻被耽误。③ 在“王海军案”中，妻子被害，丈夫王海军被判刑关押12年，多年来心情一直压抑的王海军称：“一次次的申诉花了不知道多少钱，家里人为了帮我，大姐离婚了。”④在云南省“施伟案”中，姐姐花费大量钱财和精力为弟弟申诉奔波，为此丈

① 此处所指家庭成员包括父母、兄弟姐妹、配偶、子女等具有亲属意义上的成员，不局限于户口意义上的家庭概念。

② 参见《冤案农民申请92万国家赔偿》，载《安徽商报》2013年7月23日，第3版。

③ 参见《无辜村民蒙冤入狱近11年出狱后获赔偿22万》，载《温州晚报》2005年8月6日，第14版。

④ 《19年杀妻冤情终昭雪》，2005年7月30日，载搜狐新闻，http://news.sohu.com/20050730/n226504693.shtml，2018年10月6日访问。

夫带着孩子跟她离婚了。① 在“齐亚博案”中,无辜者刘少峰的嫂子也因案件而改嫁。②

2. 丢失工作:社会歧视和申诉之路

家庭成员丢失工作的原因大致有两种:一种即是上文已经述及的歧视问题,另一种是无辜者本人被错抓后,家人在外奔波申诉而导致失去工作。河南省“秦艳红案”发生后,哥哥放弃生意拿出多年积蓄,四处为弟弟申诉。③ 在“李化伟故意杀人案”中,李化伟的父亲原本是水泥厂的生产处长,持续上访严重影响了工作,家中的经济状况也越来越困窘,最后竟搭小棚子靠卖百货度日。④ 在海南省“李靖澜案”中,为给女儿洗冤,李靖澜父母放弃工作,多方奔波。⑤ 新疆“朱永生、王平仁、何鑫敬强奸案”发生后,何鑫敬的妻子不敢出门上班,精神几近崩溃,不久后被工厂除名。⑥

3. 身体健康:疾病、残疾与死亡

在吉林省“冯连文案”中,妻子的姐姐为给妹夫洗刷“杀妻”罪名,常年奔波劳累,公务员身份被取消,最终病倒住院。⑦ 在河南省“赵满

---

① 参见《云南一男子服刑8年被改判无罪》,载《新京报》2013年12月25日,第A21版。

② 参见王大鹏:《10人涉命案羁押两年获释》,载《新京报》2015年5月4日,第A16版。

③ 参见吴怀杰:《29万,怎能买断“死刑犯”一身清白?》,载《时代潮》2005年第8期,第40~41页。

④ 参见郭国松:《一起离奇杀妻案》,载《南方周末》,2001年2月23日,载人民网,http://www.people.com.cn/GB/shehui/45/20010223/402428.html,2018年9月23日访问。

⑤ 参见任明超:《前腐败副省长被“诈骗”案终审宣判27岁女孩无罪》,载《中国青年报》2014年12月22日,第3版。

⑥ 参见吴亚东、陆金宝:《被傻女指认为强奸犯,八年蒙冤谁还清白》,载《法制日报》2001年5月16日,载人民网,http://www.people.com.cn/GB/shehui/44/20010516/466403.html,2018年10月6日访问。

⑦ 参见周立权、王昊飞:《无悔追踪:女警为“杀妹”疑凶申冤》,载《法制与经济》2009年第17期,第37页。

仓、郑可元、王正禹、赵有福、张小传检举村支书被判诽谤案”中，无辜者张中芳的大女儿承受不了精神压力而出现精神分裂症状。[①] 在陕西省“周安相案”中，周安相的姐姐为给弟弟申冤，曾去乞讨和卖血换钱，也患上精神疾病。[②] 在黑龙江省“陆金案”中，陆金的妻子得知丈夫被判强奸罪后，终日以泪洗面、精神恍惚，最后一病不起。[③] 在安徽省“周炳然案”中，无辜者周炳然蒙受不白之冤，刚大学毕业的女儿因承受不起压力而自杀，儿子长期自闭最终导致精神残疾。[④] 在河北省“王思堂案”中，王思堂蒙冤入狱后，家中房屋被强拆，妻子以乞讨为生，女儿因生病无钱医治而去世。[⑤] 在辽宁省“刘凯利案”中，刘凯利被判处死缓移送监狱9天后，爷爷伤心过度病逝，当年不久奶奶也病逝。[⑥]

湖南省人民检察院检察长游劝荣曾经说过：“对一个国家来讲，出一个冤假错案不过是百分之一、千分之一或者是万分之一，但是对于一个人和一个家庭来讲这就是百分之百。”[⑦]的确，一起刑事错案于社会和司法体制来说并不能激起多大的浪花，但是于无辜者个人和家庭来说却无异于海啸般的“灭顶之灾”。我们更有理由相信，有更多的伤害是无法估量和用数据统计的，更多的身心健康和财产损失随着刑事错案的发生而不可避免地发生着。唯有慎之又慎，极力减少刑事

---

① 参见《村民举报村支书被示众判刑》，载《东南快报》2009年8月25日，第A16版。

② 参见《陕西周安相因“抢劫”被关5年后重获自由》，载刑事错案研究博客，http://blog.sina.com.cn/s/blog_5d80aaa80100c2i9.html，2018年10月6日访问。

③ 参见《七年羁押——巴彦“赵作海”获国家赔偿后倔强追责》，载《生活报》2010年6月30日，第1版。

④ 参见《男子蒙冤入狱6年获赔40万——女儿受刺激自杀》，载《盐城晚报》2012年12月5日，第A12版。

⑤ 参见王俊秀：《一位老人申请国家赔偿的艰难之路》，载《中国青年报》2008年4月23日，第3版；《出狱男子上访20年平反冤案》，载《现代快报》2008年4月24日。

⑥ 参见《刘凯利回应当年为何认罪》，载《华商晨报》2013年10月10日，第B01版。

⑦ 罗琪：《冤假错案成为人们判断司法工作焦点指标》，2014年3月11日，载中国网，http://news.china.com.cn/2014lianghui/2014-03/11/content_31753308.htm，2018年10月6日访问。

错案的发生才是减少此类损害的治本之道。正如习近平总书记指出的那样，“不要说有了冤假错案，我们现在纠错会给我们带来什么伤害和冲击，而要看到我们已经给人家带来了什么样的伤害和影响，对我们整个的执法公信力带来什么样的伤害和影响。我们做纠错的工作，就是亡羊补牢的工作”。①

第四节　家庭和企业遭受的财产损失

一、基本情况

错误定罪带给无辜者的危害，除了本人及家人的身心健康等物理或精神损害以外，财产损失也是不可或缺的一部分。财产损失包含两个部分，个人或家庭所遭受的直接或间接损失，以及无辜者所经营的企业遭受的财产损失。数据显示，218 起错案（333 人）中，有 122 人（36.64%）涉及经济困难或负债，有企业的无辜者共计 30 人（9.01%）。对个人或家庭来讲，直接变卖家产的就有 24 人（7.21%）。对所调查的无辜者企业来讲，12 人（40%）的企业直接破产，10 人（33%）的企业因没收、扣押、拍卖或其他原因造成严重损失。

二、企业财产损失大

如果无辜者是民营企业的负责人，或是创办有私人企业，该类错案的危害往往不止个人和家庭，还有企业财产也会遭受损失。② 无辜者因司法行为遭受不同情况的企业财产损失，例如，财产被扣押、违法

① 王煜：《习近平谈冤假错案：做纠错的工作就是为了弥补伤害》，2017 年 8 月 24 日，载央视网，http://news.cctv.com/2017/08/24/ARTIHGEcDzAFEktkWvpzaYg8170824.shtml，2018 年 10 月 6 日访问。

② 参见全样本 333 位无辜者中，有 30 位无辜者蒙冤时拥有私人企业或是民营企业负责人，占比为 9%。

拍卖、财产被没收等，情节最为严重、占比最高的影响当属错案造成企业破产。在山东省“徐东方案”中，时任华药(山东)建设发展有限公司董事长的徐东方，因挪用资金罪被判刑入狱后，当地政府将其公司注销，掳走资产数亿，将公司资产划入毫无关联的公司。该起港商投资冤案是刑事错案导致企业破产的典型案例，如表 4－4 所示。①

表 4－4　刑事错案造成财产损失情况统计(n＝303)

分　类	具体情况	人　数	百分比(%)
企业财产损失	有企业但未发生明显损失	8	2.40
	企业财产被没收	2	0.60
	财产被扣押或违法拍卖	3	0.90
	其他原因导致企业财产严重损失	5	1.50
	造成企业破产	12	3.60
	资料未提及或无企业	303	90.99
家人变卖财产	有变卖家庭财产情节	24	7.21
	资料未提及或无该情节	309	92.79
家庭经济状况	经济穷困、生活艰难	91	27.33
	家庭负债	31	9.31
	资料未提及或无明显影响	211	63.36

在江西省“涂景新案”中，在整个江西叱咤风云的经济人物涂景新，夫妻二人被认为侵吞和挪用公款。被判处贪污罪后，涂景新一手创建的江西新大地实业发展总公司被作为“国有企业”强行接管，巨大的商业前途毁于一旦。虽然企业并未破产，然而走出看守所的涂景新已一无所有，损失金额巨大而难以估量。② 在上海市“谢益元案”

① 参见《山东港商八年冤案终得昭雪曙光》，2013 年 4 月 22 日，载新浪博客，http://blog.sina.com.cn/s/blog_73cfcc6c0101dacx.html，2018 年 10 月 6 日访问。

② 参见《千万富翁 7 年翻案历程》，载《鹤城晚报》2007 年 2 月 7 日，第 14 版。

中,谢益元被以假冒商标罪定罪,随后公司大批化工原料被强行拍卖。按照市值至少1500万元的原料,在拍卖过程中因管理不善造成财产严重贬值,仅卖了8万多元,公司也因案件被罚款148万多元。获得自由后的谢益元只能苦苦支撑濒临倒闭的公司,刑事错案的背后是利益斗争的推动。① 在四川省"康四平案"中,被判诈骗罪关押400天后无罪释放,原本的生意伙伴因其"诈骗犯"的标签不敢再与他合作,他的公司已经无法经营。②

毫无疑问,在刑事错案导致的损失当中,企业财产的损失几乎不能算作是直接损失。例如,"赵艳锦案",由于家人为案件奔波无暇经营而导致生意破产。加之损失金额较大、损失难以有效评估等原因,此类损失要想获得赔偿难上加难。由此才会引发出上海市"谢益元案"中,通过放弃国家赔偿"换取"无罪判决的荒唐交易。笔者认为,该类损失的弥补应该注重于加强刑事案件过程中被控告者权利保护,防止被控告者权利被非法侵害的现象。同时,在纠正错案后,通过政策鼓励和优惠条件给予企业相应的成长空间作为补偿,积极促进企业恢复,把错案的损失降到最小。

三、变卖家产为申冤

无辜者被错抓错判,家人长期奔波申诉。原本正常的经济来源已经受到影响,巨额的律师费、交通费和上访申诉的巨大花销更使得家庭经济窘迫。一纸清白背后往往是穷困缠身,倾家荡产的悲凉处境。

在黑龙江省"陆金案"中,在外打工的小儿子回家卖掉祖房,凑

---

① 参见《商人被关押296天承诺放弃国家赔偿获判无罪》,载《京九晚报》2012年7月19日,第9版。

② 参见汤小均:《一审被判12年二审无罪他申请国家赔偿258万》,2014年1月20日,载成都商报网,http://e.chengdu.cn/html/2014-01/20/content_451447.htm,2018年10月6日访问。

足几万元后踏上了为父亲申冤的漫漫上访路。① 在“赵宝宏案”中，10 年上访路艰难，赵宝宏为了打官司、上访，把家里所有的电器都卖了，下定决心要将刑讯逼供者绳之以法。② 在新疆“朱永生、王平仁、何鑫敬强奸案”中，王平仁被抓后家庭已经没了收入，为给王平仁治病还欠了医疗费，走投无路的妻子只能卖房还债。③ 在河南省“张从明案”中，家人坚信张从明没有犯罪，卖掉了 4 间老房子和刚建好的楼房，把所有的钱都用在了打官司上，为张从明上访“喊冤”。④ 在“莫卫奇案”中，为筹集经费聘请律师、收集证据，房屋贱卖，出狱后莫卫奇夫妻二人只能挤住在弟弟家。⑤ 在“李化伟案”中，父亲卖房为儿子申冤，⑥“宋保民案”中卖宅基地打官司。⑦ “杨波涛案”上诉 10 年，卖地、卖粮支付为案件奔走的花费。⑧ 长路漫漫，无数错案家庭在打官司和多年的上访之路上熬干了积蓄，荡尽了家产。

---

① 参见《七年羁押——巴彦“赵作海”获国家赔偿后倔强追责》，载《生活报》2010 年 6 月 30 日，第 1 版。

② 参见《被害人上访十载警察刑讯逼供判刑两年》，2001 年 10 月 26 日，载新浪网，http://news. sina. com. cn/c/2001 - 10 - 26/386933. html，2018 年 10 月 6 日访问。

③ 参见吴亚东、陆金宝：《被傻女指认为强奸犯，八年蒙冤谁还清白》，载《法制日报》2001 年 5 月 16 日，载人民网，http://www. people. com. cn/GB/shehui/44/20010516/466403. html，2018 年 10 月 6 日访问。

④ 参见《死刑犯入狱六年被判无罪释放》，载《现代快报》2006 年 7 月 5 日。

⑤ 参见《老汉受骗贩毒 2 次被宣布死刑 入狱 451 天无罪获释》，载《大都市》2009 年 8 月 16 日，第 03 版。

⑥ 参见郭国松：《一起离奇杀妻案》，载《南方周末》2001 年 2 月 23 日，载人民网，http://www. people. com. cn/GB/shehui/45/20010223/402428. html，2018 年 9 月 23 日访问。

⑦ 参见《妻子七年讨回清白》，载《安徽商报》2007 年 6 月 30 日，第 16 版。

⑧ 参见《杨波涛案：疑点背后，谁的原罪？》，载《鲁中晨报》2014 年 2 月 20 日，第 11 版；《羁押十年公检法都有责任》，载《成都商报》2014 年 3 月 11 日，第 05 版；《杨波涛案》，载《法制晚报》2014 年 7 月 4 日，转载洗冤网，http://www. xiyuanwang. net/html/gnya_1271_1872. html，2018 年 10 月 6 日访问。

四、家庭经济多艰难

从统计数据来看,36.64%的刑事错案无辜者家庭经济状况堪忧,轻者生活困顿,重者债台高筑。在河南省“胥敬祥案”中,胥敬祥入狱前有一个美满幸福的家庭,经济条件尚好,入狱后妻子一人苦苦支撑,家庭极为穷困。① 在“胡电杰案”中,胡电杰的家人为打官司变卖财产,举债无数,释放后家中一贫如洗。② 在陕西省“高进发案”中,高进发的弟弟倾尽家财,举债无数为哥哥申诉,导致家庭异常贫困。③

在“宋保民案”中,多方上访申诉让原本没有债务的家庭背上了5万元债务。④ 为了帮于奎亮讨公道花费无数,10年前村里的首富变成了最穷的特困户,于家欠债七八万元。⑤ “赵宝宏案”,家人10年上访打官司欠下债务10万余元。“王元松案”家属举债28.8万元,作为申诉费用。⑥ 在“张振风案”中,无辜者郭新魁家人为打官司借债20多万元。在“赵艳锦案”中,家人把所有精力都放在了官司上,没了收入来源还需要大笔开支,欠债20多万元。在无辜者历经坎坷走出冤狱的同时,家庭却陷入了沉重的债务负担。

综上所述,从无辜者家庭成员损害情况的分析不难看出,造成家

---

① 参见王亦君、杨思远:《胥敬祥:“我这13年的噩梦生涯”》,载《中国青年报》2005年5月10日。

② 参见《“疑罪从挂”受害人胡电杰获赔85万》,载《大河报》2016年2月19日,第A06版。

③ 参见王晓英、魏敏:《农民高进发被关押千日,他是又一个佘祥林?》,2005年8月1日,载新浪网,http://news.sina.com.cn/o/2005-08-01/13556582006s.shtml,2018年10月6日访问。

④ 参见《妻子七年讨回清白》,载《安徽商报》2007年6月30日,第16版。

⑤ 参见辛言:《教师被推理成杀人犯,三次被判死刑含冤入狱七年》,2006年3月1日,载网易新闻,http://news.163.com/06/0301/14/2B4SNO1K0001122E.html,2018年10月6日访问。

⑥ 参见罗坪:《最高法开审王元松蒙冤索赔案》,载《羊城晚报》2015年4月22日,第A14G版。

庭经济困顿的原因是多方面的。第一,刑事错案的无辜者中有91.59%为男性,他们是家庭的主要经济来源。男性无辜者被错误关押造成家庭生活拮据,即使在释放后也出现身心健康和发展机会都受损,从而很难正常工作而改善生活。第二,资料显示,不少错案无辜者为农村家庭,经济状况不够优越且承受打击的能力也较弱,错案的危害在脆弱的家庭中尤为明显。第三,家庭成员大量受到牵连、深受歧视的情况也造成了家人工作和生活的困扰。第四,艰难的申诉之路,请律师打官司、自费上访,这一系列巨大花销是家庭贫困的直接原因。可以肯定,错案对无辜者造成的损害并不限于无辜者本人,各种直接或间接的衍生伤害和损失均客观存在。即使有国家赔偿等补偿,但有的损害无法估量,能够量化的也仅仅是冰山一角。既然如此,对无辜者的国家赔偿情况究竟如何呢?本章下节将略作探讨,希望能引发读者和政策制定者的反思。

第五节 国家赔偿对无辜者的损害弥补

中国已于1994年出台《国家赔偿法》,经过2010年和2012年两次修改后更加完善。《国家赔偿法》从赔偿的范围、义务机关、方式与标准和赔偿程序4个方面,构建了我国的国家赔偿制度。这为遭受错案的无辜者提供了寻求救济的法律依据,也确实在实践中帮助部分无辜者获得了赔偿,这不得不说是中国司法建设进步的重要表现。然而,综观错案的赔偿情况,司法实践反馈出的信息却不甚理想。

一、间接损失大,赔偿金额低

错案造成的直接损失就是无辜者被错误关押以及身心健康的损害,给家人、企业带来的损害不具有直接必然性。有的隐蔽性损失不容易看到,但损害程度却非常大。例如,在河北省“焦占军案”中,他本人被羁押,企业也有大量直接和间接经济损失。包括公司账目、财产被查封导致的货款损失、员工工资损失、存货过期损失等,同时还有酒店的停业损失和贷款损失共计6981万元。在被错误定罪后,焦占军因为个人财产被冻结,最终只能靠借债去上访申诉。2011年,焦占军被涞源法院再审改判无罪以后,向安国市法院提出包括人身损害、精神损失等6项个人损失共计3782万元,另外代表企业提出6项3198万元损失。他明知请求有风险,但他坚持递交巨额国家赔偿申请,并一脸严肃地说明:“我知道这个数额在法律方面可能得不到支持。但是给我造成的损失就是这么多,都是有依据的,我必须实事求是地写出来,这是经得起检验的,不赔再说不赔的事。”①令焦占军没想到的是,安国市法院方面给出的回答是,最多只赔偿12万元,且本案因检察院抗诉后赔偿案几经中止审理。②

在众多的案例中,虽不乏无辜者获得高额赔偿的情况,但此类案例数量极少,多是受到媒体关注的重大错案、要案。例如,呼格吉勒图案获得国家赔偿2,059,621.4元,“张辉、张高平案”每人获赔1,105,730.6元。在“福清市纪委爆炸案”中,陈科云获赔125万元,吴昌龙获赔126万元。遭受孩子辍学、爷爷奶奶受打击去世的巨大损失,刘凯利获赔142万元。然而,更普遍的赔偿案例向我们展示的却是另一种情景。

数据显示,在获得赔偿或补偿的无辜者中,平均被限制人身自由(羁押天数加监禁天数)1886(5年2个月)天,平均获得赔偿(或补偿)282,803元。③ 平均每天149.95元的赔偿额度,似乎能合理地弥补无辜者被错误关押丧失的劳动收入,但与错案的危害相比

---

① 王健:《错案是这样铸成的》,载《民主与法制》2012年第35期,第20~21页。

② 参见肖志涛:《同仁堂供货商因错判申请7千万国家赔偿裁定延期》,2013年2月17日,转载自人民网,http://finance.people.com.cn/n/2013/0217/c1004-20500664.html,2018年9月24日访问。

③ 参见有效数据103条,即无辜者获得国家赔偿或补偿、有限制人身自由天数资料、非执行死刑或关押期间死亡同时具备。

就显得差距甚大。被关押1589天(4年4个月)后无罪释放的孙学双,2010年领到了近20万元国家赔偿,其本人称国家赔偿还不够还债。[①] 陕西省周安相被关押近5年,获赔11万元,但多年奔波申诉的周安相父亲却说:"这些年为孩子的事把亲戚们借遍了,拿回来的钱还不够还账。"[②]江苏省严发祥1982年被逮捕,1990年刑满释放后不断申诉,2008年被宣判无罪。他在申请国家赔偿等待5年后,县政府回应:按照规定只能给29,000余元!严发祥表示,这些钱"连复印材料的费用都不够"。[③]

受尽艰难多方奔走错案方得平反,彰显司法公正与个人清白本是令人高兴的好事,但"不够还债、复印费用都不够"的国家赔偿却让无辜者及其家人心凉。以"职工日平均工资"计算的国家赔偿,难免让人联想到冤狱坐牢后补发工资。[④] 然而,无辜者被关押遭受的折磨和其他间接损失,真的可以忽略不计吗?

二、申请获赔难,赔偿范围小

虽然《国家赔偿法》对赔偿义务机关、复议机关和人民法院赔偿委员会的办理时限都作出了严格的规定,然而,看似完善的法律规定并没有较好地解决现实生活中"获赔难"的问题。数据显示,在所有样本中,仅有30%的错案无辜者明确获得国家赔偿。赔偿过程中时常出现各机关相互"踢皮球"的现象,当事人需要奔波申请多年才获得赔偿,如表4-5所示。

---

① 参见《蹊跷卷入命案,一度被判死刑、无期羁押1589天后,最终被判无罪释放 死囚在漫天疑问中"复活"》,载《新商报》2010年10月29日,第68版。

② 参见《陕西周安相因"抢劫"被关5年后重获自由》,载刑事错案研究博客,http://blog.sina.com.cn/s/blog_5d80aaa80100c2i9.html,2018年10月6日访问。

③ 参见《男子蹲8年冤狱政府赔2.9万元》,载《烟台晚报》2013年5月27日,第A13版。

④ 参见王斗斗:《我国国家赔偿制度运行状况调查》,载《法制日报》2008年2月14日,第8版。

表 4－5　无辜者获得国家赔偿情况(N＝333)

国家赔偿情况	人　数	百分比(%)
没有获得国家赔偿	21	6.31
已获得国家赔偿	100	30.03
正在申请国家赔偿中	15	4.50
无国家赔偿,但有补偿	12	3.60
不清楚	185	55.56

吉林省于奎亮被羁押 7 年,证据不足后又取保候审进行补充侦查,一年后解除取保候审。因无明确手续证明他“无罪”而难获赔偿,申请长达 5 年后公检法协调才迎来了赔偿的曙光。① 虽然赔偿之路漫长而艰难,但于奎亮能最终获得赔偿已属幸运,更有无辜者长期申请赔偿却遥遥无期。河北省王思堂壮年时期无辜卷入杀人案,17 年牢狱之后 20 年上访终得平反。然而,此时已年逾古稀的王思堂完全丧失了劳动能力,一贫如洗、家破人亡的老人希望讨回公道之后能获得补偿生活。现实却总是事与愿违,7 年申请赔偿,省高院两次要求依法办理,实则一直没有落实。② 河北省祁功利奔波两年往返各部门 200 余次,难讨国家赔偿。③ 甘肃省袁秀英、王柏元母子申请赔偿长达 3 年才获赔。赔偿义务机关一度以“申请过期”为由推脱,省高院裁决后才有了转机。④

---

① 参见辛言:《教师被推理成杀人犯,三次被判死刑含冤入狱七年》,2006 年 3 月 1 日,载网易新闻,http://news.163.com/06/0301/14/2B4SNO1K0001122E.html,2018 年 10 月 6 日访问。

② 参见王俊秀:《一位老人申请国家赔偿的艰难之路》,载《中国青年报》2008 年 4 月 23 日,第 3 版。

③ 参见韩泽祥:《沧州八旬老人“被受贿”蒙冤 21 年,洗清冤屈赔偿难讨》,2013 年 5 月 17 日,载河北新闻网,http://hebei.hebnews.cn/2013－05/17/content_3254449.htm,2018 年 9 月 24 日访问。

④ 参见张永生:《甘肃盗枪杀人冤案昭雪当事人获 25 万元赔偿》,2005 年 9 月 24 日,载腾讯新闻,http://news.qq.com/a/20050924/000036.htm,2018 年 10 月 6 日访问。

除难以获得赔偿外,赔偿范围狭小也较为明显。《国家赔偿法》第17~19条规定了刑事赔偿的赔偿范围,但现实案例中赔偿范围较狭窄,大部分错案赔偿金额计算仅限于对侵犯人身自由进行赔偿,对侵犯公民生命健康权和精神损害的赔偿较少。例如,"郝金安案",媒体报道显示,虽然他提出索赔260万元,但最终只获得80万元左右。①估计,他的肾脾被割之事,最终也未能得到如愿赔偿,否则获赔数额不会只有诉请的1/4。

三、错案损害多样,弥补方式单一

错案对无辜者造成的损害由多方面和多种类组成,身体伤害与精神损害同在,财产损失和人身损害并存,无辜者本人及其家人未能幸免。然而,错案对无辜者的损害弥补方式。主要是以金钱为主的物质弥补方式。尤其是个案申诉中多用钱"买断",让无辜者不再上访。虽然金钱赔偿可以实现尽快平息事态,维护社会稳定的目的,但金钱不一定是最优的弥补方式。例如,对于个人工作和发展机会的丧失,或许采取积极帮助无辜者恢复工作,促进就业和重返社会的措施更具有实际效果。精神损失获赔难一直是过去多年的显著问题,对无辜者被释放后的心理咨询和心里缓解工作并没有做到最佳。针对众多错案中的歧视问题,积极道歉并恢复名誉消除影响就显得尤为重要。例如,在广东省"韩亚福案"中,韩亚福获得赔偿金后称,自己最大的期望是法院能在老家农村贴一个公告,放在大家都能看见的地方,这样大家就会和原来一样跟自己说话了。②

中国既然已经表明了纠正错案的决心,就不能只停留在纠正错案上,做好错案无辜者的赔偿和弥补同样重要。正如释放后的欧阳佳所

① 参见《国家赔偿法修订二审在即,惩罚性赔偿仍未列入》,载《法治新报》2009年6月19日,第10版;潘国平:《山西高院赴豫协商郝金安案赔偿事宜,双方争议大谈判未果,郝金安案赔偿暂陷僵局》,载《大河报》2008年3月13日,第A11版。

② 参见周松柏:《"化州赵作海"将获赔24.5万——茂名村民韩亚福曾被错判强奸杀害幼女》,载《南方都市报》2013年10月23日,第A13版。

说，冤案表面上是纠正了，但如果没有赔偿和追责，就像头已经露出水面而身体还没有上岸一样，总是难受的。[①] 针对目前错案损失弥补上的弊病，立足于国家人权保护的高度，首先应该扩大赔偿范围，提高赔偿的标准。扩大赔偿范围应该把更多间接的损失纳入赔偿或补偿的范围，间接损失也是错案的影响导致的，在赔偿的归责原则上应该更加偏向于结果责任原则。[②] 同时，赔偿不应该仅限于损失补足，损失补足是国家弥补"错误"的最低要求，在此基础上应该增加额外赔偿。一方面，这可以有效帮助无辜者建立信心，重新步入正常生活；另一方面，高额甚至是数倍的损害赔偿，能督促刑事司法活动更加谨慎，从而促进防范错案。

因此，刑事司法可以考虑对无辜者采取更灵活，但又不偏离原则的措施，从而弥补错案引发的损害。例如，对于错案导致的工作丢失和个人发展的损失，应该为无辜者再就业提供便利、就业培训等，帮助无辜者重返社会稳定生活。针对企业损失，可以考虑通过给予企业优惠，给予企业发展空间，以弥补企业发展机会丧失的损失。从这个角度来说，一定程度的引入惩罚性赔偿机制并非毫无依据，这或许正是美国千万级美元赔偿机制的重要原因。例如，芝加哥市因 1989 年的 Juan Johnson 谋杀案错误定罪被监禁 11 年，初次赔偿 2100 万美元，上诉后减少至 1610 万美元。[③] 总之，刑事错案赔偿应避免仅考虑金钱"低价买断"的简单弥补方式，而应充分考虑案情的实际情况和无辜者的现实需求，从多方式、多途径弥补错案损失。

---

① 参见《湖南少年被关 5 年后无罪获释》，载《黔中早报》2014 年 10 月 27 日，第 A11 版。

② 参见陈光中、赵琳琳：《国家刑事赔偿制度改革若干问题探讨》，载《中国社会科学》2008 年第 2 期，第 103 ~ 118 页。

③ Ben Meyerson, *June* 23, 2009. Former Gang Member Awarded $21 Million for Wrongful Conviction. *Chicago Tribune*, available at http://www.chicagotribune.com/news/chi-federal-police-lawsuitjun23-story.html (Accessed on September 24, 2018).

结　论

本章的刑事错案详细展现了错误定罪对无辜者及其关联关系人造成的损害，虽然部分案件触目惊心和令人心寒。但仍需要说明的是，近年来中国在刑事错案赔偿方面已经取得很大进步。例如，"毒糖杀人案"李锦莲被错误羁押 7175 天后，于 2018 年 7 月 18 日申请 4140.3 万元国家赔偿，江西省高级人民法院最终按法定标准赔偿 293 万元。① 李锦莲一案的获赔记录创目前已知新高，比陈满错误羁押 23 年获赔 275 万元还高。尽管如此，从个人身心健康和工作发展到家庭成员所受的诸多危害，以及财产损失，这些数额因未足额补偿各种物质和精神创伤而难以获得无辜者本人满意。例如，李锦莲案在回答《新京报》记者对赔偿金额是否满意的询问时，回答道："很不满意，尤其是精神损害抚慰金方面，这个案子对我伤害的这么大，法院不仅没有提高精神损害的赔偿金额反而还压我。1998 年案件发生后，到 2011 年有过一次再审，但再审后他们维持原判，那一次判决对我来说是二次伤害，甚至比第一次受到的伤害还大，如果那时候就能够改判我无罪，我就能见到母亲的最后一面，但他们那时不肯改，我母亲在 2012 年去世时，没有能够见上我最后一面。" ②

本章关注错误定罪对无辜者的损害，国家赔偿并非本书专题，因此并未展开深入的研究。笔者相信，错案对无辜者的损害及其赔偿，值得司法一线工作人员注意。在引以为戒切实减少错案发生的同时，勇于面对错案给予无辜者赔偿，从多方式多途径将刑事错案的危害降

① 参见王巍：《"毒糖杀人案"李锦莲申请 4100 万赔偿》，载《新京报》2018 年 7 月 19 日，第 A01 版；王巍：《被关 7147 天，李锦莲获 293 万元国家赔偿》，载《新京报》2018 年 9 月 19 日，第 A10 版。

② 王巍：《"毒糖杀人案"李锦莲申请 4100 万赔偿》，载《新京报》2018 年 7 月 19 日，第 A01 版。

到最小。应当承认,中国刑事司法在有错必纠问题上,近年来无论是立法还是实践都显示出坚定的决心。笔者希望本章对无辜者损害的介绍,能在一定程度上提高人们对错案的正确认识,并在将来的刑事司法实践中更加坚定地防错纠错。

第五章 错案的发回重审与监视居住*

统计近30年报道的316件错案,为正确评估刑诉法的改革背景及其实施效果提供依据。研究发现,审前羁押是关系无辜者权利的首要问题,平均羁押1123天,羁押率96%;二审对拯救无辜者基本不起作用,案均4次审级,58.8%的案件被发回重审;再审是纠错的有效途径,但发回重审和维持原判都将显著增加羁押870余天;1996年《刑事诉讼法》在控制羁押期限上取得成效,羁押与罪名、刑罚轻重也有关系。二审判决和审级次数显示,即使按新《刑事诉讼法》发回重审一次,无辜者仍将被羁押3年以上。因此,《刑事诉讼法》在限制重审和鼓励改判的同时,应对审前释放做明确规定:若须以"事实存疑"发回重审,应按"特殊或需要"条款变更为监视居住。及时释放无辜者,可树立人权保障和公正司法形象,减少洗冤成

---

* 本章部分内容发表于《山东大学学报》(哲学与社会科学版)2017年第5期。

本和国家赔偿。

引　言

冤假错案是近年来备受关注的社会热点,而错案基本会涉及上诉和纠错程序问题。纠错的实质是,二审、再审、死刑复核程序中,上级法院如何回应下级法院基于"事实不清、证据不足"所作的裁判。浏览最近出现的多个错案可以发现,发回重审在中级法院、高级法院、最高法院屡见不鲜。这种"审而不判"的"踢皮球"现象,已成为整个法院系统的一大顽疾。① 在这场"司法球赛"中,如何让无辜者的权利救济道路通畅,成为中国未来刑事司法改革最重要的一环。

多年来,中国学者一直在呼吁对事实存疑案件应直接改判无罪。然而,刑事程序"形式化",程序倒流"常态化",庭审"虚置化"等现象至今仍无较大改观。尽管2012年的《刑事诉讼法》将发回重审限定为一次,这在一定程度上可以限制滥用重审。但是,现行《刑事诉讼法》并没有从根本上鼓励对"事实不清、证据不足"的案件作无罪裁判,②也没有基于无罪推定原则解决重审案件中被告人的羁押问题。不禁要问,基于全面审查的二审、再审环节,是什么原因促使发回重审成为疑难案件的主要处理方式,立法为何不废除"事实存疑"发回重审呢？显然,立法者并非不了解中国法官在变通法律规定方面的能

---

① 资深记者李恩树在2011年毫不客气地指出,"发回重审制度带来的'诉讼怪圈'涉及全国各地,出现上下级法院间反复发回重审、反复一审的'踢皮球'局面。这造成案件审而不决,嫌疑人被长期羁押而无从获得权利救济"。参见李恩树:《被滥用的发回重审程序》,载《政府法制》2011年第7期,第22页。

② 樊崇义在对陈国清案进行点评时,对该案四次判处死刑的反复重审做了如下评价:"留有余地的判处是过去一个习惯的做法,真正按法律来讲,你达不到证明标准,那就应当按无罪来处理,但是执行的过程中,有些就做'留有余地的'来判了。"参见蔡平:《死刑判决反复驳回:河北四名青年被超期羁押9年》,载《中国青年报》2003年8月13日。

力，也并不是不愿意采取“排除合理怀疑”制度。① 唯有追溯多年来的刑事政策沿革，方能解答广泛应用重审根深蒂固的原因。

在冤假错案的防范问题上，可供选择的有改革和完善两个方案。第一个是超前方案，“一刀切”强令上级法院改判无罪，并废除存疑发回重审制度；第二个是保守方案，在现有发回重审制度内充分完善，基于羁押必要性审查或变更强制措施框架，推行审前释放政策。② 相比于改变多年的刑事司法和立法操作实践，改革派因过于激进而在观念上难以接受。本章赞成“对发回重审案件采取审前释放”完善策略，但本章的改革思路却与先前的取保候审策略不同，建议推广适用监视居住措施。走改革和完善的中间路线方式，这既无损于既有法律体系和操作习惯，又贯彻无罪推定而保障被告人的人权。先前中国理论和实务界在解决超期羁押问题表现出的务实态度，为预防和减少错案危害提供了非常重要的借鉴基础。系统地审视发回重审制度，观察错案的司法症结，有助于充分平衡究问系统的诉讼效率和无辜者人权，尽早解除错案的双重司法侵害。

据此，本章分五个部分围绕上述问题予以讨论。第一节梳理近15年来学界关于发回重审制度的理论探讨，论证实证研究冤假错案对认清发回重审制度的必要性。第二节对发回重审相关的法律、政策

---

① 沈德咏指出“受制于种种因素，疑罪从无在司法实践中的落实情况尚不够理想，亟待我们从思想观念入手”。与此同时，陈光中先生认为，中国的“客观真实”标准倡导的“证据确实充分”排他性标准对控制错案有益，反对“排除合理怀疑”的法律真实标准。笔者认为，这个问题并非如此简单，司法是立法的反映，立法是司法的指南，学术应为立法提供建议。中国司法实践中错案现象，源于本欲查清却超期羁押，禁止刑讯逼供但诱供比比皆是，这是过于绝对的证明标准驱使下的程序滥用和倒流。这不仅是司法观念和证明标准问题，更深层次原因是立法没有充分基于人权保障原则而做制度设计。参见沈德咏：《论疑罪从无》，载《中国法学》2013年第5期，第5页；陈光中、陈海光、魏晓娜：《刑事证据制度与认识论——兼与误区论、法律真实论、相对真实论商榷》，载《中国法学》2001年第1期，第37页。

② 与审前释放相对应的是审前羁押，中国学者在使用术语上并不统一，审前羁押、预防性羁押、未决羁押等均被使用。本章参照“Pretrial Release”和“Pretrial Detention”习惯，将那些判决生效以前的羁押和释放称为“审前羁押”和“审前释放”。

进行历史考察，并以6个理念解读发回重审制度存在的原因及其改良根基。第三节主要展示316件冤假错案的统计结果，围绕二审、再审裁判对审前羁押的影响，对相关因子进行了回归分析。第四节结合第三节论证"事实存疑"案件中推行审前释放的必要性，在法律、司法解释支持下可对疑错无辜者采用监视居住方式。第五节总结全文，并提出未来研究需关注的问题。

第一节　文献考察

中国学者对冤假错案的实体和程序思考非常深入，对发回重审制度现状的认识也比较深刻。仅以本章关注的发回重审为例，笔者在中国知网以篇名"刑事发回重审"为搜索关键词，在期刊文献中就找到1800条搜索结果。然而，除了学者或实务界提出的重复性观点或看法外，笔者并未发现详实的实证资料论证错案羁押和重审制度的程序应用现状。大致看来，与发回重审和错罪相关的文献可以归纳为如下几个方面。

一、理论聚焦

发回重审，作为四大程序倒流问题之一，是最近10多年刑事诉讼法学界一致讨伐的重点。① 2001年，王裴弘教授撰文指出，对于"事实不清、证据不足"的发回重审仅是"公文旅行"，负责重审的原审法院因官官相卫而没有发挥实际作用；发回重审立法具有盲目性、违反二审终审的程序法原则。② 2003年，陈瑞华教授明确指出，二审发回重审是公检法三机关流水线作业的典型表现，导致案件久拖不决，对被

① 汪海燕按侦查阶段、一审、二审、死刑复核阶段，将中国刑事诉讼法中的程序倒流问题归纳为4个种类。具体内容是，检察院退回公安机关补充侦查，法院退回检察院补充侦查，上级法院发回重审，死刑复核阶段发回重审。参见汪海燕：《论刑事程序倒流》，载《法学研究》2008年第5期，第129页。

② 参见王裴弘：《质疑"发回重审"》，载《人大研究》2001年第6期，第33页。

告人利益的保护非常有限。[①] 2004 年,陈卫东教授也指出,刑事二审中的发回重审有扩大化趋势,这容易导致循环审判和诉讼效率低下,根本不能达到权利救济的目的。[②] 同年,皇埔长城基于河北陈国清案,明确提出刑事二审制度违背无罪推定原则,混淆诉讼职能,导致公共权力重复追诉。[③]

2005 年,陈光中教授在论及与发回重审相关的再审问题时也指出,寄希望于原审法院主动纠错不现实,应建立上级法院指令与原审法院同级的其他法院审理制度。[④] 2008 年,汪海燕更是明确指出,《刑事诉讼法》中关于"事实不清、证据不足"的规定缺乏正当性,因为这与刑事证明责任基本原理和疑罪从无的理念相冲突。[⑤] 2010 年,姜保忠指出,由于发回重审制度在构造上存在缺陷,造成重审而不审且有被滥用趋势,并赞同发回重审只能实施一次。[⑥] 2011 年,王超指出,二审法院将案件发回重审的立法目的是让原审法院自行纠错,但这种方式并不能实现上诉程序的救济功能;从成都中院等地发回重审加重处罚的情况看,发回重审已由救济性程序异化为惩罚性措施;同一案件屡次发回重审、重复追诉增加了当事人的讼累,结果是被告人为追诉不力买单。[⑦] 李长城在 2013 年撰文指出,发回重审被滥用的主要原因是:《刑事诉讼法》没有规定发回重审的条件;二审法院规避职业风

① 参见陈瑞华:《程序性制裁制度研究》,载《中外法学》2003 年第 4 期,第 411 页。

② 参见陈卫东、李奋飞:《刑事二审"发回重审"制度之重构》,载《法学研究》2004 年第 1 期,第 73 页。

③ 参见皇甫长城:《对刑事二审"事实不清、证据不足"发回重审的反思——从河北承德四农民被反复重审案件谈起》,载《人民检察》2004 年第 12 期,第 21 页。

④ 参见陈光中、郑未媚:《论我国刑事审判监督程序之改革》,载《中国法学》2005 年第 2 期,第 168 页。

⑤ 参见汪海燕:《论刑事程序倒流》,载《法学研究》2008 年第 5 期,第 129 页。

⑥ 参见姜保忠:《刑事发回重审制度的问题与完善》,载《法治研究》2010 年第 11 期,第 76 页。

⑦ 参见王超:《刑事二审发回重审制度的功能异化:从救济到惩罚》,载《政治与法律》2011 年第 11 期,第 110 页。

险,推卸裁判责任;上级法院为了转移社会矛盾;法律未要求发回重审制度写明裁判理由;下级法院为了躲避错罪责任或通过业绩考核,明知办错案也不会改正,这些现象造成案件反复被发回重审。①

二、实务反馈

实务界在早期对于发回重审制度持肯定态度,但自从 20 世纪 90 年代以后基本持否定态度。早在 1999 年,山东省聊城市中级人民法院的张玉录就指出,发回重审使案件提前进入再审程序,违背两审终审制原则,尤其是"事实不清"标准模糊而不具有可操作性,因此他建议取消发回重审制度。② 但是,山东省高级人民法院的谢萍对此并不赞同,她于 2002 年撰文主张,如果发现认定是否是被告人实施犯罪的证据不充分,证据之间互相矛盾或彼此脱节,证据未经查证属实的一审判决应当发回重审。③ 这种理念,是发回重审成为二审法院处理疑罪问题的主要思路,也是多年来的主流看法。2002 年海南省中级人民法院的调查研究显示,16 件因事实不清、证据不足发回重审的案件中,9 件(56%)属于与定罪相关的问题。④ 与理论界一样,司法实务界也逐渐认识到发回重审的制度缺陷。2002 年,江苏省射阳县人民法院的周永军就指出,《刑事诉讼法》规定的发回重审的标准不明确,范围不确定;发回重审程序缺乏稳定性;发回重审导致循环审判;发回重审体制上的不完善容易在法院内部产生矛盾冲突。⑤

① 参见李长城:《发回重审与程序滥用》,载《山东警察学院学报》2013 年第 1 期,第 46 页。

② 参见张玉录:《建议取消发回重审制度》,载《山东审判》1999 年第 2 期,第 33 页。

③ 参见谢萍:《二审刑事案件改判、发回重审的原则和标准》,载《人民司法》2002 年第 5 期,第 14 页。

④ 参见符韶敏、周业夏:《海南中院 2002 年刑事二审改判和发回重审案件的调查与分析》,载《特区论坛》2003 年第 76 期,第 37 页。

⑤ 参见周永军:《重新审视发回重审制度》,载《律师世界》2002 年第 11 期,第 39 页。

遗憾的是,这些不足并没有引起重视,而是朝更严重的趋势发展。2004 年,福建省三明中级人民法院山民法官的调查显示,二审法院对一审法院改判、发回重审案件的比例维持在 20% 左右。① 到 2007 年,实务界已反映有超过 50% 的案件采用发回重审制度。北京市昌平区人民法院的王建宏法官,调查了 2007 年北京市高级人民法院、中级人民法院发回重审的 487 件案件,他发现有近 273 件(占 56.6%)的重审案件是由于事实不清、证据不足引起。② 作为一名资深法官,四川省眉山市中级人民法的沈霞指出,发回重审处于打"擦边球""能用则用"的状态,成为二审法官逃避审案责任的"必杀技"。③ 然而,发回重审必然涉及是否改判的"发改率",为了避免发改,原审法院干脆就硬着头皮维持原判。虽然另行组成合议庭,但审委会成员基本没有改变,这就决定了法院内部仍不免继续维持先前的决定。④

三、制度建构

面对理论和实务上的双重困境,著名学者和实务精英们建议从实体和程序两个核心方面改革重审制度。在实体方面,坚持疑罪从无原则,取消发回重审制度,直接由二审法院查清事实后改判,查不清楚就判无罪。⑤ 早在 2001 年,王裴弘教授从效率和程序正义原则角度出发,主张取消因原判决认定事实不清、证据不足而发回重审,三大诉讼

---

① 参见山民:《"三率"考核与司法公正》,载《人民司法》2004 年第 6 期,第 41 页。

② 参见王建宏:《透视发回重审与改判率——以社会主义司法制度的公正价值为视角》,载《法律适用》2009 年第 2 期,第 54 页。

③ 参见沈霞:《对我国刑事二审发回重审制度执行困境与架构重塑之思考——以某市中级人民法院刑事二审案件为例》,载《法律适用》2013 年第 10 期,第 55 页。

④ 参见王建宏:《透视发回重审与改判率——以社会主义司法制度的公正价值为视角》,载《法律适用》2009 年第 2 期,第 54 页。

⑤ 参见史立梅、刘林呐:《我国刑事二审发回重审制度的反思与重构》,载《国家检察官学院学报》2004 年第 3 期,第 60 页。

法应直接规定由二审法院查清事实后改判。[①] 作为实务界的代表,周永军建议将发回重审的标准和理由限定于违反法定程序。[②] 在这个问题上,王超和郑未媚坚持基于疑罪从无原则,二审法院对于"事实不清、证据不足"案件也只能改判无罪。[③] 在最新的研究中,李长城也建议发回重审应限于程序违法事由,只有当一审法院未进行实体审理,二审法院才能发回重审;对于事实不清、证据不足案件,二审法院不能发回重审,否则属于未尽职责的渎职行为。[④]

在程序方面,建议发回重审案件应当对犯罪嫌疑人采取取保候审等制度。陈瑞华教授基于权利救济和程序性制裁方面,提出对发回重审案件可采取取保候审和实体性程序违法制裁两个制度:第一,对于"事实不清、证据不足"的案件应当直接由二审法院宣告被告人无罪;第二,对于发回重审的案件应采取取保候审等非羁押措施,避免犯罪嫌疑人处于持续性未决羁押状态。[⑤] 从目前的学术现状来看,不少论文基于陈瑞华教授的制度建议而展开。陈卫东教授在总结先前文献基础之上,对发回重审的立法重构进一步补充为六个制度,部分建议被新《刑事诉讼法》采纳,即取消"证据不足"发回重审制度,"事实不清"的案件除遗漏罪行案件外,原则上应当直接改判;将发回重审次数限定为1次;发回重审案件不加重处罚;发回重审再上诉案件,应当开庭审理;发回重审案件实行三审终审制;发回重审案件应结合未决羁押的司法审查制度,对羁押合法性和必要

① 参见王裴弘:《质疑"发回重审"》,载《人大研究》2001年第6期,第33页。

② 参见周永军:《重新审视发回重审制度》,载《律师世界》2002年第11期,第39页。

③ 参见王超:《刑事二审发回重审制度的功能异化:从救济到惩罚》,载《政治与法律》2011年第11期,第110页;郑未媚:《刑事二审程序司法职权优化配置之思考——以发回重审制度为视角》,载《法律适用》2010年第4期,第96页。

④ 参见李长城:《发回重审与程序滥用》,载《山东警察学院学报》2013年第1期,第46页。

⑤ 参见陈瑞华:《程序性制裁制度研究》,载《中外法学》2003年第4期,第411页。

性进行审查。①

通过梳理不难发现,先前的文献主要具有如下特点:(1)对发回重审制度的批评多于肯定,但对制度背景和渊源的梳理不够;(2)各种改革发回重审的制度建议纷繁复杂,且观点论述都较精彩,但缺陷是这"一揽子"意见使立法改革出现选择悖论;(3)理论研究为主,除少量实务部门对发回重审制度有统计外,没有发现更多数据;(4)先前的研究对几个错罪案例有介绍,缺陷是无系统分析。就必要性来说,有研究将新《刑事诉讼法》限制发回重审评价为"人权保障的进步",②但也有意见认为新《刑事诉讼法》在发回重审理由的审查方面有漏洞。③ 看来,即使新刑诉法已经修改,仍有继续探索的必要。

从当前刑事立法和司法现状来看,一个围绕发回重审的制度史、错罪史考察,辅以详细、系统的实证研究,可以同时打开保守者和激进者的心结。从其效果上看,这也有助于准确掌握目前预防冤假错案上还需继续完善的内容,并为制度选择提供经验性支持。

第二节　有关发回重审的制度史考察

关于上诉裁判,立法初衷是尽量查清事实后改判,改判以查清可能性为原则。只要二审可以方便地查清案件事实,不需要补充调查或重新收集证据就直接改判。如果上级法院不可能查清楚事实,或者成本上不经济,那么就发回重审。④ 通过否定原审判决,从而使上级法

① 参见陈卫东、李奋飞:《刑事二审"发回重审"制度之重构》,载《法学研究》2004年第1期,第73页。

② 参见郑芬芬:《刑事二审"发回重审"次数限制——对人权保障的进步》,载《福建法学》2013年第27期,第197页。

③ 参见李华武、陈家傲:《设立审查程序:破解刑事二审发回重审难题新路径》,载《广东行政学院学报》2015年第1期,第56页。

④ 参见贺战军:《如何划清上诉审和一审的职能》,载《法学研究》1956年第2期,第16页。

院监督和指导下级审判,但不能代替一审法院工作。① 如此看来,现行《刑事诉讼法》中关于发回重审制度的多个设计,在刑事诉讼法的探索过程中已建立。以史可以观今,一个清楚的制度史考察可以为评估改革或完善的下一步方案提供参照镜子。

一、制度渊源

资料收集发现,发回重审制度是自新中国建立初期就一直存在的操作模式。这是最高人民法院在20世纪50年代中期,根据苏联模式和实践经验总结出的方案。1954年公布的《人民法院组织法》只规定了上诉、抗诉及审级,但没有对裁判方式做具体规定。在相关程序缺失和向苏联学习的背景下,1956年2月19日最高人民法院在总结意见中提出:如认为原判决正确,维持原判;原判决适用政策、法律、法令不当或与事实不符的,将原判予以变更;原判决违反政策、法律、法令或事实不清的,撤销原判,发回更审。②

紧随其后,1956年10月7日,最高人民法院在《各级人民法院刑事案件审判程序总结》中指出:如果原审认定事实无错误,证据充分,在程序上合法,而论罪科刑不妥当,认为是把无罪当作有罪、把轻罪当作重罪,或者按照政策、法律、法令原判处刑罚过重的,应当用判决改判全部或者一部。如果认为原审认定事实有疑问,证据不充分,需要发回原审人民法院更审的,应当用裁定撤销原判,发回重审。③

按照这个逻辑,对是否无罪的问题,如果事实清楚,无论是有罪还是无罪,均应由二审法院改判。只有有罪和无罪事实不清楚的情况

---

① 参见孙飞:《关于二审撤销原判发回重审的若干问题》,载《现代法学》1985年第4期,第67页。

② 参见最高人民法院:《关于〈十四个大城市高、中级人民法院刑、民事案件审理程序初步总结〉的试行总结和 今后在全国试行的意见》1956年2月19日。

③ 参见最高人民法院:《各级人民法院刑事案件审判程序总结》1956年10月7日,第7条“上诉”。

下，才发回重审。[1] 然而，1979 年公布的《刑事诉讼法》稍作变通，没有再提事实清楚、无罪判有罪的情况下由上级法院直接改判为无罪，而是由第 163 条规定，二审法院认为原判事实认定不清或证据不充分的案件，可以查清后改判，也可以发回重审。[2] 自此，针对定罪与否的证据、事实不清，发回重审制度的基本框架明确地固定下来，并一直延续至今。

通过梳理早期的资料发现，有文献还指出 1956 年最高人民法院设置重审制度的背景是：1955 年以前人民法院对于上诉案件基本不发回重审，而是像一审一样外出走访、调查案情，并在查清案件事实基础上作出改判。这造成中级人民法院基本是代一审人民法院行使审判之责，使一审人民法院产生依赖心理，最终造成二审法院案件审理效率低下。[3]

后来，为了提高审判效率，最高人民法院和司法部在 1955 年底开展区分上诉审和一审职能的司法改革，建立撤销原判发回重审制度、维持原判、变更判决制度。[4] 以北京市中级人民法院为例，通过这一司法改革，审判效率从原来的每个审判员月结案 18 件提升到月

---

① 关于这个问题，1956 年发表的北京市中级法院的贺战军将上述经验归纳为："1. 维持原审判决。……2. 变更原审判决。事实明确有据，符合法定程序，但适用法律失当，或对部分事实认定有错误，而不需要重新搜集或补行调查证据时，可予以全部或部分改判。……3. 撤销原审判决。除对个别案情重大，撤销原判提来自己作为一审外，一般是撤销原审判决的全部或部分后，用裁定将案件发回重审。发回重审的根据：1. 作为判决基础的事实未经调查、对证或不清楚；或者当事人在上诉审理时提出新的重要证据而又需要重新调查的。……"参见贺战军：《如何划清上诉审和一审的职能》，载《法学研究》1956 年第 2 期，第 16 页。

② 1979 年《刑事诉讼法》实施后，发回重审的事实不清内容包括"（1）犯罪事实是否确已发生尚不能确定；（2）犯罪行为是否为被告人实施尚未查清；（3）被告人犯罪的时间、地点、手段、危害后果以及犯罪行为和结果间的因果关系尚未查清；（4）被告人犯罪的故意或过失，动机和目的尚未查清……"参见孙飞：《关于二审撤销原判发回重审的若干问题》，载《现代法学》1985 年第 4 期，第 67 页。

③ 参见贺战军：《如何划清上诉审和一审的职能》，载《法学研究》1956 年第 2 期，第 16 页。

④ 参见贺战军：《如何划清上诉审和一审的职能》，载《法学研究》1956 年第 2 期，第 16 页。

结50件。[①] 效率至上，这或许是今日之刑事诉讼法坚持保留发回重审制度的重要理由。但如后文所述，反复重审和频繁上诉不仅没有实现为法院松绑的目的，反而使无辜者的自由长期处于被侵害的状态，如念斌案最具说服力。

在审理期限问题上，发回重审的重新计算审限的制度渊源可追溯至20世纪80年代。1984年7月7日，第六届全国人大常委会第六次会议通过的《关于刑事案件办案期限的补充规定》第8条规定："第二审人民法院发回原审人民法院重新审判的案件，原审人民法院从收到发回案件之日起，重新计算审理期限。"[②]随后，1996年《刑事诉讼法》第194条将此立法并沿用至今，"第二审人民法院发回原审人民法院重新审判的案件，原审人民法院从收到发回的案件之日起，重新计算审理期限"。

关于"事实不清、证据不足"案件的二审判决和发回重审的审理次数问题，最高司法机关在2003年联合确定为"只能发回重审，次数限定为一次"。2003年11月12日，最高人民法院、最高人民检察院、公安部公布的《关于严格执行刑事诉讼法，切实纠防超期羁押的通知》规定："第二审人民法院经过审理，对于事实不清或者证据不足的案件，只能一次裁定撤销原判、发回原审人民法院重新审判。"[③]紧接着，最高人民法院在2003年12月1日公布的《关于推行十项制度切实防止产生新的超期羁押的通知》中重申："建立严格的案件发回重审制度，第二审人民法院经过审理，对于原判决事实不清或者证据不足的案件，只能裁定撤销原判，发回原审人民法院重新审判一次，严格禁止多次发回重审。"[④]从上述司法文件可看出，最高人民法院对于

① 参见贺战军：《如何划清上诉审和一审的职能》，载《法学研究》1956年第2期，第16页。

② 参见全国人大常委会《关于刑事案件办案期限的补充规定》第8条。

③ 最高人民法院、最高人民检察院、公安部《关于严格执行刑事诉讼法，切实纠防超期羁押的通知》第4条。

④ 最高人民法院《关于推行十项制度切实防止产生新的超期羁押的通知》2003年12月1日，第5条。

"事实不清、证据不足"案件是通过"只能发回重审"鼓励下级法院发回重审，而不是鼓励改判无罪。2010 年 12 月 28 日，最高人民法院公布《关于规范上下级人民法院审判业务关系的若干意见》，要求发回重审的案件中，应当在裁定书中详细阐明发回重审的理由及法律依据。但是，这个文件试图放松对发回重审的限制，规定"原则上只能发回重审一次"。[①] 言外之意，二审对"判决事实不清、证据不足"发回重审的，例外情形下也可发回重审多次。最高人民法院的司法解释，是 2003 年至 2012 年间案件发回重审滥用的一个重要原因。不过，这个问题在 2012 年的新修订的《刑事诉讼法》第 225 条得以解决，"以事实不清、证据不足"为由发回重审而上诉或抗诉的案件，二审法院必须作出判决或裁定，不能再发回重审。[②]

当然，与重审相关的操作还有重审是否加刑，禁止变更审级，[③]案件请示制度等。[④] 但是，重审加刑和变更审级均是法律禁止的事项，案件请示制度在理论上也得出否定结论，本部分不再梳理。关于下一步方案，2015

① 该意见的第 6 条规定："第一审人民法院已经查清事实的案件，第二审人民法院原则上不得以事实不清、证据不足为由发回重审。第二审人民法院作出发回重审裁定时，应当在裁定书中详细阐明发回重审的理由及法律依据。"第 7 条规定："第二审人民法院因原审判决事实不清、证据不足将案件发回重审的，原则上只能发回重审一次。"参见最高人民法院：《关于规范上下级人民法院审判业务关系的若干意见》（法发〔2010〕61 号），2010 年 12 月 28 日。

② 《刑事诉讼法》（2012 年）第 225 条规定："第二审人民法院对不服第一审判决的上诉、抗诉案件，经过审理后，应当按照下列情形分别处理：……（三）原判决事实不清楚或者证据不足的，可以在查清事实后改判；也可以裁定撤销原判，发回原审人民法院重新审判。原审人民法院对于依照前款第三项规定发回重新审判的案件作出判决后，被告人提出上诉或者人民检察院提出抗诉的，第二审人民法院应当依法作出判决或者裁定，不得再发回原审人民法院重新审判。"

③ 这种做法严重违反刑事诉讼程序和政策规定，除了批评外没有任何讨论价值。李长城：《发回重审与程序滥用》，载《山东警察学院学报》2013 年第 1 期，第 46 页。

④ 相关文献已经指出，案件请示制度在中国普及多年，这造成司法实践中的滥用，严重违反审判独立、庭审和审级虚置，建议最高人民法院取消请示制度。参见徐纯科：《评刑事诉讼中的疑难案件请示》，载《中外法学》1989 年第 3 期，第 15 页；金京钊：《刑事案件"疑请"做法应当取消》，载《人民司法》1998 年第 5 期，第 13 页；万毅：《历史与现实交困中的案件请示制度》，载《法学》2005 年第 2 期，第 9 页。

年公布的《关于全面深化人民法院改革的意见》(以下简称《意见》),意图为冤假错案建立有效的预防和及时纠正机制。如进一步强化审级监督、规范发回重审和指令再审的条件和次数,以及防止干预司法活动的工作机制,明确责任追究制度;健全法官职责保护机制,甄别不同过错事由上的免责事由;全面贯彻证据裁判原则、明确非法证据的范围和排除程序。

然而,综观该《意见》后,可以发现与本章相关的如下两个问题还需进一步改革。第一,控制发回重审的次数,但对于"事实不清、证据不足"的案件,如何控制上级法院和再审法院初次发回重审的理由,这份文件没有明示。任何一个冤假错案的发生,与刑事诉讼程序的违反必然相关。因此,法官完全可以以"违反法定程序"为理由发回重审,如此一来,发回重审的案件仍然不能得到有效的控制。① 第二,完善强制措施的司法监督,但是如何控制审前羁押只字未提。如前所述,每一次发回重审的案例中,无辜者们均被长期羁押于看守所。而更加严重的是,司法裁判者们习惯于权力和同行之间的流水线作业,这使被告人的羁押时间变得异常漫长。少则一年,多则两年、三年(如后文表1),这相当于一个重罪的法定量刑。加之,审前羁押的职权主义和惩罚性思想较浓,更是助长了司法机关坚持有罪的思维。但是,这样做的代价却非常沉重的,将导致被告人被冤时间增长的同时,增加国家赔偿。②

通过上述梳理不难发现,实践中的某些操作方法实际上与立法和司法的指示有关。通过实践暴露出问题,司法又逐渐纠正先前的文件,司法问题又最终推动立法改革。然而,从暴露问题到司法文件出台,再到立法的改革,其漫长程度远非在看守所被羁押的无辜者能够等待的。因此,改善当前的司法现状已迫在眉睫。

---

① 参见李华武、陈家傲:《设立审查程序:破解刑事二审发回重审难题新路径》,载《广东行政学院学报》2015年第1期,第56页。

② 参见王昱、熊谋林、周静:《检察官客观义务与审前释放》,载《人民检察》2014年第6期,第62页。

二、理念评价

要充分认识既有制度，还需要反思一些不正当的诉讼理念。如果不能有深刻的反思，无论立法怎么修改，追究责任的严厉程度如何，司法中的大胆和违法变通都将架空发回重审制度。因此，笔者认为至少有以下几个问题需要认识。

1. 客观真实优先，法律真实理念缺失

刑事诉讼立法中的发回重审制度，反映出刑事司法注重客观事实，一审、二审或再审环节中都比较轻视法律程序中已经查明的事实，甚至排斥法律真实理念。① 根据证明责任分配理论，公诉机关承担有罪与否的举证责任，那么在证据存在疑问的时候，法院应根据证据证明力裁判。即当举证不能证明客观真实的情况下，刑事司法首先应当选择的是适用法律真实。② 那么，在这种状况下，法官应当做的工作不是努力通过发回重审，而是根据已经查明的事实和证据规则直接判无罪。

2. 职权主义倾向，人权保障主义缺失

从无罪推定、疑罪从无、禁止双重危险缺失，到有罪推定、疑罪从挂、反复审理的司法现状来看，中国刑事诉讼与职权主义相关的司法行政化倾向太浓。③ 司法的中心应当是权力和权利的协调者，通过淡

---

① 主流的法学家对客观真实深信不疑，并以法律真实标准模糊、西方产物等理由而拒绝承认。然而，如果客观真实真的可以帮助案件审理做到事实清楚、证据确实、充分，那么中国就不会出现如此多的冤假错案。更不用说，法律审理“形式化”及其相应的久审不决、反复重审现象。

② 参见夏红：《实体真实与人权保障》，载《国家检察官学院学报》2013 年第 5 期，第 9 页；张建伟：《法律真实的暧昧性及其认识论取向》，载《法学研究》2004 年第 6 期，第 120 页。

③ 关于中国法院行政化的历史、现状及趋势方面的研究已成为学术常识，理论和实务界几乎异口同声地呼吁去行政化思想。然而，多年来的刑事审判工作太过于官场形式化，权利保障思想仅成为教科书和文本中的法律。参见王申：《司法行政化管理与法官独立审判》，载《法学》2010 年第 6 期，第 33 页；徐秉晖：《法官“官本位”怎么改？——论我国司法行政化形成过程及其对策》，载《中国律师》2006 年第 7 期，第 51 页；秦增儒：《略论职权主义与当事人主义审判模式之比较——兼论我国刑事审判方式的改革》，载《法律适用》1994 年第 11 期，第 12 页。

化政治色彩而提高人权保障程度，只有如此才有可能尽早使犯罪嫌疑人摆脱无穷尽的“形式”审判。过去一段时间，之所以冤假错案层出不穷，最关键的问题就在于法官“官本位”思维浓厚，中立的“裁判者”角色不足。① 因此，刑事诉讼中多一些人权保障，多一些守法意识，牢固树立自由裁量者的护法角色，这是未来刑事司法再教育的重心。

3. 诉讼理想化占主导，诉讼风险思想缺失

刑事诉讼中不乏革命时代的蛮干精神，认为只要下功夫就一定能够查清案件事实。于是乎，检察院退回公安补充侦查，法院发回检察院补充侦查，上级法院发回重审案屡见不鲜，重审被当然地看做是查清事实裁判的重要途径。② 如果发回重审效果有可能比较好的话，刑事诉讼中的发回重审制度还有推广的空间。然而，现实表明发回重审不仅没有产生效果，反而因为诉讼风险意识的缺失，导致诉讼蛮干主义盛起，并在这个过程中草菅无辜者的人权。与查清事实相对应的是事实不清、证据不足，与发回重审相对应的是无罪改判，与命案必破对应的是存疑不诉。需要注意的是，刑事诉讼就像股市一样，本身具有风险。司法机关应认真看待“犯罪黑数”或破案率低，否则，蛮干只会使错案翻倍，案件程序更加烦琐。

4. 审判协作理念突出，而纠错化思想弱化

二审法院之所以会发回重审，与审判协作理念有关，导致庭审虚无主义。按照法院考核指标，如果二审法院在事实不清、证据不足问题上直接改判无罪，必然使下级法院面临考核、晋升方面的压力。因此，二审法院在与一审法院法官充分交流后就发回重审，以给一审法院一个主动纠错的机会。③ 然而，这种法院内部之间的审判协作思想

---

① 参见刘云：《“官本位”与“法官本位”》，载《人民司法》2000 年第 8 期，第 32 页。

② 参见汪海燕：《论刑事程序倒流》，载《法学研究》2008 年第 5 期，第 129 页。

③ 诉讼风险早已有人提出，基于证明责任分配制度而设置的命案不诉和命案无罪就是很好的例子。参见杨丽萍：《四十九个命案诉讼失败的原因剖析》，载《云南警官学院学报》2009 年第 4 期，第 120 页；崔建华：《刑事诉讼举证责任分配研究——以诉讼风险控制原理为视角》，载《湖北警官学院学报》2012 年第 9 期，第 160 页。

使上诉审虚设(如请示),一审法院也很少真正地调查案件,发回重审也就没有任何实际意义。因此,中国当前的刑事诉讼应多一点司法纠错意识,上诉法院应力求以改判形式,对证据确凿的无辜者以无罪方式结案。

5. 流水线作业明显,而审判权威缺失

除了法院内部协作机制外,中国刑事诉讼还有一个外部协作机制,即公检法三家的流水线作业协作机制。单就个案来看,流水线作业使法院对检察院和公安无比"体贴和关照",并以"发回重审"替代无罪判决。① 然而,从长远来看,流水线作业使公安和检察院产生了依赖感,法院有时候不得不作有罪判决。例如,在发回重审等重大疑难案件中,法院通常会被政法委等第三方权力机构协调。这往往使法院因为协调而只能妥协,实际上架空了法院的审判权。②

6. 偏重实体正义,忽略程序正义

近年来,刑事司法机关常因受害人哭闹、上访、舆论等影响而处境被动。一方面,这与司法信任感不强有关;另一方面,这也与司法机关过于强调报应恶果等实体正义有关,甚至不惜以"死刑保证"作为代价。然而,在快速破案、防止缠访过程中,证据采集程序的合法性完全无所谓,刑讯逼供和隐匿无罪证据、伪造证据等也屡见不鲜,如河南李怀亮、张振风案。

笔者认为,预防冤假错案的最佳方法就是坚守程序正义底线,只要刑事诉讼程序有一丝兼顾被告人的人权,冤假错案的恶害就不至于惨不忍睹。因此,如何在程序上救济无辜者权利,还值得研究。有鉴于此,我们收集了从 1979 年至 2014 年间的 316 件冤案。③ 通过观察

① 参见汪海燕:《论刑事程序倒流》,载《法学研究》2008 年第 5 期,第 129 页。

② 参见汪海燕:《论刑事庭审实质化》,载《中国社会科学》2015 年第 2 期,第 103 页。

③ 其中包含 4 件 1979 年以前的冤假错案。参见胡瑶:《中国刑事无罪错案特征之实证分析——以 316 名无辜刑事被告为样本》,西南财经大学 2015 年硕士学位论文,第48 ~55 页。

这些冤假错案,我们在先前的研究中已识别出冤假错案的最大特征是公检法流水线作业、法院间相互踢皮球超过了常识所能想象的程度。[①] 然而,在发回重审及司法审判的效果及其影响因素上,我们还没有做细致分析。因此,笔者在本章中详细介绍二审、再审裁判方式与审前羁押之间的关系,强化发回重审制度中犯罪嫌疑人的程序救济,鼓励对"以事实不清、证据不足"为由发回重审的案件推行审前释放。

第三节 研究资料、方法与发现

理论研究与制度思考固然重要,然而却容易四处出击而无重点。本部分先通过几个熟知的错案说明审前羁押和重审的频繁性,进而推广研究中所采集的数据资料。借助各种描述统计和参数统计分析方法,解释错案中审前羁押的现状及影响因子,并借助均值列联表,展示二审和再审中不同的裁判方法下的审前羁押天数及审级次数。方法本身并不是核心,本章选择对错案样本进行统计分析,目的是描述错案中程序问题的共性。

一、案例初读

我国学者和网络媒体报道了多起冤假错案,我们按不同刑事诉讼法时代分别选择1个案例予以说明。通过这些案例,可以发现多次发回重审在过去30年里没有改变,长期的审前羁押也没有改变。除陈国清案目前还没被确认为错案外,其他两件案都是经确认的无罪错案。

案例1:陈国清、杨士亮、朱彦强、何国强因涉嫌1994年7月30日晚的出租车抢劫杀人案,于1996年8月14日被判处死刑。截止到2004年3月26日改判死缓以前,该案在不同级别法院共审理8次。4次被判处死刑,4次上诉,3次发回重审。陈国清自1994年11月3日

① 参见胡瑶:《中国刑事无罪错案特征之实证分析——以316名无辜刑事被告为样本》,西南财经大学2015年硕士学位论文,第18~24页。

受审到死缓判决，被羁押9年5个月零23天，共计3383天。本案被媒体称为推动2003年最高人民检察院、最高人民法院、公安部联合发布163号文件，规定发回重审只能有一次的重要案例。

案例2：郭新才因涉嫌1996年6月12日的一场放火、故意杀人案，于1997年1月28日被山东省聊城地区中级人民法院判处死刑。截至2001年11月1日郭新才被山东省聊城市中级人民法院宣告无罪，该案从死刑立即执行改为死缓，再到变更审级后判有期徒刑，经历2次死刑判决和3次上诉。从案发当日被拘留到无罪释放时，“狱神”郭新才一直处于羁押状态，审前羁押4年9个月零3天，共计1713天。历经三级法院6次审理，2次发回重审。

案例3：念斌因涉嫌2006年7月27日夜的一次投毒事件，在4次死刑判决和3次上诉后，于2014年8月22日被浙江省高级人民法院无罪释放。从2006年8月7日被警察拘留起，念斌一直处于羁押状态，被羁押8年零15天，共计2895天。历经三级法院10次审理，3次发回重审。

观察上述三个案例，可以发现如下几个值得深思的问题：(1)发回重审制度并没有帮助查清事实，无辜者也无什么犯罪事实值得可查。原审法院多次作出死刑判决，上级法院多次发回重审。(2)权利救济道路坎坷，被告人多次上诉，经历死刑立即执行、死缓、无期徒刑、有期徒刑、无罪的崎岖路径。(3)无罪释放以前的判决一直久拖未决，被告人在诉讼进程中一直处于审前羁押状态。从初次羁押到最后一次判决，最长羁押9年半，最短羁押4年9个月。催人思考的是，上述案例是制度的偶然还是必然？如果是偶然，那么这些案例必然不具有代表性。事实上，熟悉冤假错案的人便知道，上述案例并非羁押时间最长的案例。如后文所述，目前获知羁押较长的是，黑龙江塔河26年不作判决的韩建勋案被羁押16年，死刑保证书案李怀亮被羁押12年。

二、样本与描述

本章主题是考察司法实践中的错案羁押问题，因此，项目组穷尽一切途径收集公开报道的冤假错案。在资料来源上，研究团队查阅并收集了涉及错案的新闻报道、学术文章,并采用编码方式对收集到的资料进行整理。在内容上,我们对每一个案例是否羁押,判决生效以前的审前羁押天数、上诉结果、再审结果、罪名类型、审级次数和判决结果等作了统计。由于每一个案例很零散且信息不全,也没有官方的判决书,这项整理工作变得异常困难。数据结构上,数据库中的各种数据缺损较多,信息不连续。编码上,我们对无法核实的信息按缺失值处理,这造成每个案件的细节少于样本总量 316 个。上述样本尽管有不少缺陷,但依然可以发现一定的规律。

如表 5-1 描述统计显示,316 个冤假错案的平均羁押时间是 1123.33 天。最短是因写诗而获诽谤罪的秦中飞被羁押 28 天,①最长的是塔河命案(可能的)错案受害人韩建勋被羁押 5840 天(16 年)。4.08% 的无辜者在审前程序中被取保候审,剩余 95.92% 案件的无辜者均被羁押于看守所。228 例被统计的上诉裁判结果中,只有 4.82% 的案件被改判无罪,维持原判占 25%,58.77% 的案件被发回重审,11.40% 的案件被量刑改判。这说明二审在刑事诉讼中的目的根本没有实现,有 94.18% 的错案在二审没有得到纠正。被统计的 80 件再审案件中,67.50% 的案件直接被改判无罪,维持原判、发回重审、量刑改判的案件分别占 17.50%、5%、10%。从《刑事诉讼法》实施的不同时代来看,94 件为 1979 年《刑事诉讼法》时代,198 件案件发生在 1996 年《刑事诉讼法》修改以后。从已经核实的 260 个罪名类型来看,故意杀人、抢劫、强奸、故意伤害是排名前四的案件,分别占 34.62%、20.38%、6.54% 和 3.85%。另外,分别有 3% 左右的窝藏包庇、挪用公款、贪污、诽谤、诈骗等。在审级次数方面,平均每个案件要经历 3.95 个独立审级,也即要经历一审、二审、发回重审、再次二审 4 个独立的程序。从 251 件被统计的判刑来看,共有 43.03% 的受害人被判处死缓和死刑立即执行,无期徒刑、有期徒刑分别占 8.37%、48.21%。

① 参见马长山:《公共议题下的权力"抵抗"逻辑——"彭水诗案"中舆论监督与公权力之间的博弈分析》,载《法律科学》2014 年第 1 期,第 21 页。

表5-1 观察变量的描述统计

变 量	样 本	细 目	均值/频数	标准差(%)	最小值	最大值	变量描述
审前羁押	316		1123.33	838.37	43	5840	连续变量:天
羁押状态	294	取 保	12	4.08			虚拟变量:取保候审/监视居住=0
		羁 押	282	95.92			羁押=1
二审结果	228	改判无罪	11	4.82			虚拟变量组:改判无罪=0 维持原判=1 发回重审=1 量刑改判=1
		维持原判	57	25			
		发回重审	134	58.77			
		量刑改判	26	11.40			
再审结果	80	改判无罪	54	67.50			虚拟变量组:改判无罪=0 维持原判=1 发回重审=1 量刑改判=1
		维持原判	8	17.50			
		发回重审	4	5			
		量刑改判	14	10			
法律时代	296	1979《刑事诉讼法》	94	31.76			虚拟变量组:1979年刑诉法=0 1979年前=1 1996年刑诉法=1
		1979年前	4	1.35			
		1996《刑事诉讼法》	198	66.89			
犯罪类型	260	故意杀人	90	34.62			虚拟变量组:故意杀人=0 抢劫=1 强奸=1 故意伤害=1 窝藏包庇=1 挪用公款=1 诽谤=1 诈骗=1 贪污=1 毒品犯罪=1 盗窃=1 受贿=1 其他=1
		抢 劫	53	20.38			
		强 奸	17	6.54			
		故意伤害	10	3.85			
		窝藏包庇	10	3.85			
		挪用公款	9	3.46			
		诽 谤	9	3.46			
		诈 骗	9	3.46			
		贪 污	8	3.08			
		毒品犯罪[a]	6	2.31			
		盗 窃	5	1.92			
		受 贿	5	1.92			
		其 他	29	11.15			

续表

变　量	样　本	细　目	均值/频数	标准差(%)	最小值	最大值	变量描述
审级次数[b]	316		3.95	1.86	0	11	连续变量:单位(次/法院)
量　刑	251	死刑立执	59	23.51			次序变量: 5 = 死刑立即执行 4 = 死缓 3 = 无期徒刑 2 = 有期徒刑 1 = 拘役
		死刑缓期	49	19.52			
		无期徒刑	21	8.37			
		有期徒刑	121	48.21			
		拘　役	1	0.4			

注:[a]走私、贩卖、运输、制造毒品罪。

[b]单次诉讼程序中每个法院独立审判算一次审级,如果发回重审,则重新计算审级次数。

三、分析与发现

基于本章主题是考察审前羁押期限的影响因子,我们将审前羁押的天数设置为因变量,将二审和再审的审理结果作为自变量,并且将羁押与否(是否有取保候审)、法律时代(不同诉讼法时代)、犯罪类型、审级次数、量刑等影响羁押期限的相关因素作为控制变量。

在分析方法上,本章使用最小二乘法线性回归(Ordinary Linear Regression)获取回归系数(Coef.)和标准回归系数(Beta)。考虑到离异值对模型有效性的影响,研究还采用稳健回归方法获取回归系数(Rb_Coef.),以确保分析结果尽量准确。在模型选择上,模型一不考虑案件的再审情况,对所有212个上诉案件的审前羁押期限的影响因子予以分析。① 模型二中,对67个涉及再审程序的案件进行分析,以检测审前羁押与二审、再审判决或裁定结果对审前羁押期限的影响。

如表5-2所示,研究发现可以归纳为以下几点:

① 由于每个案件的诉讼信息不全,在加入控制变量以后的交叉变量缺损16个案例。因此,模型中的错罪无辜者是212个,而不是228个上诉案例。后文的数据分析存在类似问题,不再重复。实证研究的终极目标是发现问题和表达趋势,数字本身的微小差异并不影响结论的整体成立性。

表 5－2　刑事错案审前羁押及影响因子 OLS(Robust)回归分析模型

变　量		模型一			模型二		
		Coef.	*Beta*	*Rb_Coef.*	*Coef.*	*Beta*	*Rb_Coef.*
二审结果	改判无罪	参　照	参　照	参　照	参　照	参　照	参　照
	维持原判	(173.70)[b]	(0.10)	(191.09)	(12.89)	(0.01)	227.75
	发回重审	(93.31)	(0.06)	(95.48)	224.64	0.13	39.65
	量刑调整	(272.37)	(0.11)	(279.45)	(442.68)	(0.23)	(285.29)
再审结果	改判无罪	—	—	—	参　照	参　照	参　照
	维持原判	—	—	—	512.57	0.19	873.18***
	发回重审	—	—	—	776.52**	0.26	871.25***
	量刑调整	—	—	—	(41.27)	(0.02)	190.54
羁　押	羁　押	参　照	参　照	参　照	参　照	参　照	参　照
	取保	(72.41)	(0.02)	(91.45)	(573.46)	(0.17)	(438.52)
法律时代	1979 年《刑事诉讼法》	参　照	参　照	参　照	参　照	参　照	参　照
	1996 年《刑事诉讼法》	(296.34)**	(0.19)	(337.53)***	(555.81)**	(0.38)	(322.30)**
	1979 年前《刑事诉讼法》	113.96	0.01	89.79	368.60	0.09	516.09

续表

变量		模型一			模型二		
		Coef.	*Beta*	*Rb_Coef.*	*Coef.*	*Beta*	*Rb_Coef.*
犯罪类型	故意杀人	参照	参照	参照	参照	参照	参照
	抢劫	(292.89)**	(0.16)	(333.53)**	(173.97)	(0.08)	(572.28)***
	强奸	(768.51)***	(0.25)	(814.40)***	(11.39)	(0.01)	273.31
	故意伤害	(135.37)	(0.04)	(157.81)	(35.56)	(0.01)	133.50
	窝藏包庇	(321.70)	(0.08)	(375.61)	(749.62)	(0.13)	—©
	挪用公款	34.70	0.01	25.54	829.65*	0.27	1079.24***
	贪污	(292.34)	(0.06)	(361.80)	957.63*	0.23	1211.67***
	诽谤	(635.66)**	(0.17)	(687.63)**	—	—	—
	诈骗	(670.14)**	(0.15)	(769.59)***	(520.14)	(0.12)	(65.76)
	毒品犯罪[a]	582.87*	0.13	617.20*	1151.59**	0.27	1421.42***
	盗窃罪	(956.06)***	(0.17)	(976.40)**	(358.62)	(0.12)	11.22
	受贿罪	(205.39)	(0.03)	(239.23)	1136.44**	0.27	1235.21***
	其他	20.05	0.01	13.55	630.04**	0.35	863.27***
审级次数		(15.77)	(0.04)	(16.91)	(76.36)	(0.17)	(31.26)
量刑		36.26	0.06	35.21	175.15*	0.30	194.33***

续表

变量		模型一			模型二		
		Coef.	*Beta*	*Rb_Coef.*	*Coef.*	*Beta*	*Rb_Coef.*
	常数	1562.98***	—	1632.92***	1298.50**	—	346.67
	样本	212	—	212	67	—	66
	F	2.27***	—	2.21***	2.03**	5.31***	—
	R^2	0.19	—	—	0.50	—	—
	$Adj\ R^2$	0.11	—	—	0.26	—	—
	Root MSE	713.81	—	—	623.31	—	—

注：[a]指走私、贩卖、运输、制造毒品罪；

[b]计数方法，(*x*)表示负数；

[c]多重共线导致删除。

*** $p<0.01$，** $p<0.05$，* $p<0.1$

第一,模型一显示,审前羁押期限不因二审程序的判决结果有差异。这可从两方面解释。一方面,刑事错罪案件中,每一案例的侦查、公诉、一审判决,普遍涉及补充侦查,二审裁决过程中的程序烦琐,这造成被告人在二审裁决以前的审前羁押期限均较长;另一方面,刑事二审程序中被告人普遍涉及多次循环审理,无论是改判无罪、维持原判、发回重审,还是量刑调整、死刑复核,在作出二审裁定以前,被告人普遍被羁押较长时间。从观念上看,如果二审法院能够改判无罪,将使犯罪嫌疑人缩短被羁押的期限。但是,错罪案例均可能存在超期羁押、二审法院按审限顶格裁案,这个现实使错罪受害人被羁押的现状没什么差异。模型还显示,尽管影响因子不够显著,但是被判处无罪的羁押期限有可能更长,这与无罪判决本身的困难程度有关。

第二,模型二显示,从再审案件来看,维持原判、发回重审均显著增加审前羁押期限。在这些再审案件中,二审裁定结果中的发回重审羁押期限可能更长,但这并不显著。从再审判决结果来看,与改判无罪相比,再审维持原判或者发回重审将显著地使羁押期限更长。发回重审的回归系数(Coef = 776. 52, p = 0. 05)以及稳健回归系数(Rb_Coef. = 871. 25, p = 0. 000)均表明,再审裁定发回重审,比改判无罪多羁押 871. 25 天(p = 0. 000)。这组数据从反面也说明,纠正错案真正发挥作用的是再审程序。从常理来看,再审改判无罪对无辜者当然更有利,这将明显缩短无辜者的羁押期限。但是,与再审维持原判一样,第一次再审若不改判无罪,发回重审都将继续使无辜者遭受更长的磨难。

第三,控制变量显示,法律时代、犯罪类型、量刑结果对被告人的审前羁押期限具有重要影响。就法律时代来看,1996 年修改后的《刑事诉讼法》对减少无辜者的羁押期限作用非常明显,比 1979 年《刑事诉讼法》显著减少 296. 34 天。这或许源于《刑事诉讼法》修改后,对超期羁押的严格控制,或者与定罪标准、司法人员的素质有关。就犯罪类型来看,故意杀人罪的审前羁押期限比抢劫、强奸、诽谤、诈骗、盗窃罪长。这说明,审前羁押的期限与犯罪的严重性有关,涉及命案的错罪案件更不容易被尽早释放,这与死者家属、公检法压力和“命案必破”的理念有关。毒品犯罪的羁押期限更长,这或许源于国家严打毒品犯罪,造成毒品犯罪的洗冤历程更长。非常有趣的是,贪污、受贿、挪用公款等白领犯罪的审前羁押期限甚至比故意杀人罪更长。

这个发现非常有意义,说明司法人员对于官员贪腐犯罪的尽早释放持更谨慎态度,或许由多方面的内部原因或政治原因所致。就量刑结果来看,刑罚越重审前羁押越长,这与犯罪的严重性有关。例如,我们发现多个被判处死刑的错罪案例,在改判无罪以前,其量刑逻辑是逐级递减。随着一审、二审、再审的程序循环,被告人经历死刑立即执行(2 次以上的情况也不少)、死缓、无期、有期徒刑、无罪。例如,云南杜培武、湖北佘祥林、浙江念斌、河北陈国清、河南李怀亮案均有类似现象。甚至在黎万洪案中,贵阳市中院判决的死刑被高院发回重审,市检察院撤回起诉后直接将案件变更为小河区检察院向基层法院指控。在定罪和洗冤的欲望冲突中,量刑递减和程序循环相结合,这必然导致无辜者的羁押期限更长。关于审级次数,因控制多个变量而使模型难以解释。不过,模型探索过程中使用逐步回归检测后发现,审理次数有增加审前羁押期限的趋势(Coef = 11.87, p = 0.64; Rb_Coef = 13.43, p = 0.58)。然而,由于不同案件的违法情况不同,还难以得出肯定结论。例如,韩建勋只获得一份判决书,但却被羁押了 16 年。

综上所述,本章中的模型揭示出错案中审前羁押与二审、再审裁判的相关性问题,尽管模型中的分析结果并不如预期那样显著。如模型一中二审改判结果、审级次数、是否有取保候审等,这也说明刑事诉讼中的每一个环节,以及司法实践中的“变通”方案,均有可能对审前羁押产生影响。这是未来刑事诉讼中值得关注的问题。

四、简单再现

上诉模型分析过于复杂,本章准备了简单的均值表予以解释。如表 5 – 3 所述,有上诉的 237 个案件中,平均审前羁押时间是 1094.96 天,平均审级为 4.21 次;在具体的裁判项目中(9 个案件无法核实二审裁判结果),发回重审的审前羁押时间最长,总共羁押1087.84天,平均的审级次数也以4.76次位居首位。在含有再审信息的94个统计样本中,发回重审所引发的审前羁押时间也比改判无罪更长,高达1054.08天,审理次数也比其他案件较长,这再次印证了分析模型的有效性。表5-3所示的审前羁押时间显示出,二审的羁押时间比再审的羁押时间更长,这可能和常识有冲突。解释很简单,那些采用再审的案件,可能是一些可由本地法院裁判后生效的非死刑案件。而相反,那些一直处于二审程序的案件,说明还处于复核程序的循环审理中,如死刑案件的不予核准导致裁判未生效。但是,无论怎样,类似的程序却并没有缓解无辜者被羁押的现状。按现行《刑事诉讼法》的规定,死刑复核由高级人民法院和最高人民法院复核,裁定只有核准和不核准死刑裁定两种。死刑不核准的结果是发回重审或提审,但对是否有罪这个问题,现行《刑事诉讼法》并没有提出处理依据,这可能是造成二审程序审理周期较长的主要原因。但是,从诉讼的经济性和效率性来看,将来是否可以考虑在死刑复核程序中增加有罪无罪的裁判,以实现及时纠错和拯救无辜者,这是一个值得研究的课题。

本部分借助多年来的错案资料,意在说明发回重审在刑事二审(58.77%)中扮演了重要的角色,无辜者在再审、二审过程中长期羁押。这直接造成错案无辜者在陪伴法院的"形式"主义审判过程中,没有获得相应的程序救济。诚然,刑事诉讼在保障人权和惩罚犯罪的双重追求中不可避免地会引发矛盾。如果过于强调保障人权,可能潜在的罪犯就无法予以惩戒。但是,现代刑事诉讼之所以被认为是文明,不是因为实体上的有罪惩罚俘获民心,而是阳光正义的刑事程序因践行"疑罪从无"而受到守法者的尊重。因此,如何在保障定罪和惩罚准确的情况下,既不影响查清犯罪事实,又不损害无辜者因无效的刑事诉讼而遭受损害,这才是可接受的刑事诉讼程序。

表 5-3　审前羁押与错误监禁(均值)

审　级	裁判种类		审前羁押		审级次数	
			N	单位:天	*N*	单位:次
二　审	上诉	237	1094.96		234	4.21
	维持原判	57	1034.79		54	3.51
	发回重审	134	1087.84		133	4.76
	量刑改判	26	978.35		26	3.92
	改判无罪	11	1187.04		11	2.00
再　审	申　请	94	975.42		94	4.05
	维持原判	8	1340.07		6	6.00
	发回重审	4	1054.08		4	5.00
	量刑改判	14	1185.61		14	4.36
	改判无罪	54	808.52		54	3.46

注:样本缺失导致裁判总项目 N 与具体项目 N 不相符合。

上述发现非常重要,这为评估 2012 年《刑事诉讼法》提供了依据。按照本章揭示出已发生的错案平均羁押期限和审级次数,4 次(3.95 或 4.21)审级就是二审法院发回重审后的结果。即一次原审(1 次审级),不服判决在上诉后引出第一次二审(2 次审级);然后,再发回重审,再引发一次原审法院重审(3 次审级),不服判决再上诉至二审法院判决(4 次)。显然,原审法院不可能轻易判处无罪,按照这个逻辑,即使按现行《刑事诉讼法》所规定的以“事实不清、证据不足”发回重审一次也将出现长期羁押问题。虽然 2012 年《刑事诉讼法》在形式上控制了再审次数,但实质上对无辜者来说并没有获得任何益处。因为发回重审一次以后,必然还会有原审法院裁判和二审法院审理过程。按照一审、二审、发回重审、二审再判流程评估,每个程序中平均耗费 260.09 天(1094.96/4.21)。换句话说,任何一次不必要的发回重审将要增加将近 1 年半的审前羁押时间。而对于无辜者来说,每多羁押一日都是度日如年，更何况将近一年半的羁押时间，这个代价不能不说太高了。更严重的问题是，现行《刑事诉讼法》并没有限制违反程序的发回重审，因此，二审法院依然有可能滥用发回重审程序。但是，如果不能管制滥用发回重审程序，将来的错案无辜者还有可能被羁押超过3年！这肯定不是现行《刑事诉讼法》改革的立法目的。

如果没有实证研究，如何评价现行《刑事诉讼法》将变得异常困难。毕竟，法律观念上的进步，在司法现状中难免被消减。本部分通过数据分析在复杂因素里发现关键问题，发回重审次数限制并不是保障无辜者人权的重要方式，而羁押才是最核心的问题。因此，未来需继续完善的问题是，如何控制审前羁押，以积极态度在立法程序上为缓解无辜者的冤狱做出努力。

第四节　合理运用监视居住

错案数据揭示出审前羁押期限在二审、再审之间的特点及其影响因子，这为下一步完善重审制度提供视角。第三部分的分析结果识别出现行《刑事诉讼法》不能控制审前羁押，也为下一步改革方案提供了参考。因此，本部分结合发回重审制度史和当前错案的现状，谈谈具体的完善方案。当然，学术努力仅是提供可行的选择方案，最终是否采纳，以及采纳何种方案，还取决于立法者的态度和相应的立法规划。

一、中长期规划

将冤假错案的事实基础与发回重审相联系，就必然会对以下4个问题进行思考：第一，发回重审是否可能查清事实。从数据库来看，凡事实不清、证据不足的错案案件，原审法院在检察院退回公安机关补充侦查，以及法院退回检察院补充侦查等程序救济后依然没查清，上级法院也没有通过发回重审查清事实。与此相反，在漫长的诉讼程序中，因发回重审而出现的滥用程序制裁措施，使程序成为处罚的替代措施。① 第二，发回重审是否加重以押代罚问题。② 在目前的刑事诉讼机制之下，发回重审意味着审理期限重新计算，冤假错案中的持续羁押或者变相性超期羁押问题就更加严重。第三，发回重审实体救济之程序目的是什么。③ 全面审查是上级法院审查案件的基本原则，而二审、再审等程序的目的是履行公正裁判而对被告人进行实体救济。如果不顾一切地发回重审，则明显未能充分发挥上级法院实体救济的目的。第四，发回重审是否违背刑事诉讼的基本原则。按现行《刑事诉讼法》规定，发回重审意味着无辜者在原审人民法院已遭受实体性审判，而且是在证据不足情况下作出的裁判。进而在长期羁押状态下再次遭受不利于己的裁判，这明显违背禁止双重危险、无罪推定、疑罪从无等刑事诉讼的基本原则。

尽管冤案要等到宣告无罪之时，才被确信是因司法失范（miscarriage of justice）引发的“灾难性事故”。但在宣告无罪之前，原审法院和上级法院肯定或多或少明知其法律或证据上的无罪事实。如果制度畅通，没有其他法外因素干扰，上下级法院就可以很顺畅地改判无罪；如果制度不畅通，法院就会以各种理由将无辜者的有罪判决“死拖”至最后一刻。④ 但是，以任何理由羁押潜在无辜者，都不是

① 参见陈瑞华：《程序性制裁制度研究》，载《中外法学》2003 年第 4 期，第 411 页。

② 中国刑事诉讼中的审前羁押率高、羁押期限长已成为共识，多项研究已揭示出犯罪嫌疑人将面临平均达 5 个月的羁押，这相当于刑法中的拘役刑期。因此，学者们将中国的审前羁押命名为“以押代罚”。See Yi Yanyou. Arrest as Punishment The Abuse of Arrest in The People's Republic of China. *Punishment & Society*, 2008, 10(1): 9 ~ 24；唐亮：《中国审前羁押的实证分析》，载《法学》2001 年第 7 期。

③ 参见陈卫东、李奋飞：《刑事二审“发回重审”制度之重构》，载《法学研究》2004 年第 1 期，第 73 页；王超：《刑事二审发回重审制度的功能异化：从救济到惩罚》，载《政治与法律》2011 年第 11 期，第 110 页。

④ 沈阳于洪区法院审理的孙刚诽谤案中，孙刚作了如下表述“明明知道错了，不知道法院为什么死拖着不给个说法。”参见《错案重审三年还不判：沈阳代表质询公检法》，载《浙江人大》2002 年第 2 期，第 44 页。

刑事诉讼正义的体现。因此,在可能的冤假错案面前,刑事司法应当为涉嫌错罪的案件提供灵活的救济路径,实现多层面预防。如文献回顾所述,学界已经对这个问题提出了两个关键性的重构方案:一是对事实不清,证据不足案件,由上级法院改判无罪,废除“事实不清、证据不足”的撤销原判、发回重审制度。① 二是对发回重审案件采取取保候审等措施,从程序上实现救济。②

必须肯定,上述两种制度对于积重难返的审前羁押来说,都非常好。但是,目前这两个措施都没有在立法上获得支持,有必要重新评估改革和诉讼制度设计的方案。下一步,刑事诉讼对无罪羁押应当怎样设计,如下三点需要考虑:

首先,上级法院改判无罪,这是从根本上贯彻无罪推定的最佳措施。如果能够跳出自1956年设置的重审制度限制,让二审、再审法院对存疑案件直接改判,当然是最好不过了。这无疑将使刑事诉讼处于世界前列,甚至比英美法系的“疑罪从无、排除合理怀疑”还先进,这也是所有的刑事法研究者梦寐以求的法治未来。笔者将这个废除方案,定位为一个长远方案,因为这是从根本上打破现行报应主义和惩罚式程序观念的有力措施。

其次,“废除”和“取保”两种制度构造最好不要并用。如果将两种制度保留在同一部法律里,既有可能创造出矛盾局面,也有可能重

① 参见陈瑞华:《程序性制裁制度研究》,载《中外法学》2003年第4期,第411页;史立梅、刘林呐:《我国刑事二审发回重审制度的反思与重构》,载《国家检察官学院学报》2004年第3期,第60页;王裴弘:《质疑“发回重审”》,载《人大研究》2001年第6期,第33页;周永军:《重新审视发回重审制度》,载《律师世界》2002年第11期,第39页;王超:《刑事二审发回重审制度的功能异化:从救济到惩罚》,载《政治与法律》2011年第11期,第110页;郑未媚:《刑事二审程序司法职权优化配置之思考——以发回重审制度为视角》,载《法律适用》2010年第4期,第96页。

② 参见陈瑞华:《程序性制裁制度研究》,载《中外法学》2003年第4期,第411页;陈卫东、李奋飞:《刑事二审“发回重审”制度之重构》,载《法学研究》2004年第1期,第73页。

蹈上级法院滥用发回重审的覆辙。[①] 因为一旦上级法院能够及时改判无罪的案例，就没有机会也没有设置发回重审的空间，并再对被告人采取程序性救济措施。就错案的司法现状来看，二审法院对于改判无罪还有观念上的障碍，二审法院并不轻易给出无罪判决（只有4.82%，见表5-1）。11个二审改判无罪的案例比其他发回重审、维持原判的羁押期限更长（见表5-3），这说明无辜者即使获得自由，也是二审法院的不得已之举。

最后，在不破坏原有体系基础上，采取审前释放措施可以减少观念上的障碍。当务之急，在诉讼程序内部尽早释放被告人才比较可行。毕竟，发回重审制度已经在中国存在60年，且发回重审制度在世界各大国均有。[②] 因此，这对于中国立法者来说，废除发回重审制度将是一个不小的挑战。不可否认，审前释放和二审改判无罪制度一样，都可以保护无辜者的自由等合法权利。只要能够及时采取非羁押性措施，避免无辜者被继续羁押，这在制度效果上来说与宣告无罪并无太大差异。因为，真相总会被发现，即使来得太迟。无需重审，这只是权宜之计，毕竟制度的修改需要数十年的理论呼吁才会在刑事诉讼法上变成条文。在当前冤假错案频繁爆发的紧迫情况下，需要考虑如何吸取经验教训，从此刻开始预防冤假错案或减少司法不公造成的危害。

当然，发回重审应当限制，如果无需二审法院过多的工作量即可查清，那就应当直接查清后改判。毕竟，自1956年以来，三版《刑事诉

① 值得注意的是，就当前中国的法治现状来看，对所有"事实不清、证据不足"案件直接由上级法院改判无罪，这不仅会给当前司法人员本来就紧张的二审法院雪上加霜，而且会导致二审法院重蹈20世纪50年代疲于应对司法案件的现状。加之目前的法官素质有待提高，如果过早实施改判无罪制度，不仅上下级法院难以接受，而且有可能导致法官群体将"事实不清、证据不足"变造为"违反法律程序"的司法造法、司法变法现象。

② 参见陈卫东、李奋飞：《刑事二审"发回重审"制度之重构》，载《法学研究》2004年第1期，第73页。

讼法》均设置有上级法院查清后改判的相关规定。至于哪些情形可以查清后改判,这是一个很小的技术问题,完全可以由司法机关采取列举的方式指出。

二、最优方案

从现实角度看,现行《刑事诉讼法》为审前释放提供了支持,如变更强制措施、羁押必要性审查等。这不仅是现行《刑事诉讼法》框架内的选择,而且也是各方均可接受的方案,更是一种制度的应然走向。

第一,基于《刑事诉讼法》的定罪标准,影响发回重审的可能是有罪、无罪事实。我国从1996年《刑事诉讼法》修改以来,在逮捕、侦查终结、公诉、定罪的标准实际上都是"事实清楚,证据确实、充分",尽管法条文字上表述有差异。① 因此,在经过公安侦查、检察官公诉、一审法院审判等多个环节把关后仍然没查清的,说明这种事实可能本来就无法查清,或者因为司法人员渎职所为。二审法院或再审法院查清事实并非易事,如果只有通过发回原审法院才能查清,这说明这些事实足以影响定罪。② 既然一审过程都没有查清"有罪事实",发回重审也不可能查清,因为这些事实根本就不是无辜者所为。如此浪费诉讼资源,根本就没有必要。

第二,刑事诉讼充满风险,诉讼不利后果不应由被告人一人承担。刑事诉讼是检察官和公民在打官司,责任风险也应当由造成追诉不能的一方承担。之所以被告人的有罪事实不清楚,其责任和风险均来自

---

① 学者对此已达成一致意见。参见孙长永:《提起公诉的证据标准及其司法审查比较研究》,载《中国法学》2001年第4期,第119页;孙谦:《论逮捕的证明要求》,载《人民检察》2000年第5期,第15页;刘计划:《逮捕审查制度的中国模式及其改革》,载《法学研究》2012年第2期,第122页;李忠诚:《对有证据证明犯罪事实的理解》,载《人民检察》1996年第9期,第42页;朱孝清:《关于逮捕的几个问题》,载《法学研究》1998年第2期,第112页;王兵心、龚志明:《如何理解"有证据证明有犯罪事实"》,载《检察理论研究》1996年第5期,第50页。

② 参见符韶敏、周业夏:《海南中院2002年刑事二审改判和发回重审案件的调查与分析》,载《特区论坛》2003年第76期,第37页。

公诉方的举证不能。从无辜者的立场来看,被告人也没有义务为举证不能埋单。当然,对重审案件中的被告人予以审前释放,并没有否定继续参加诉讼,这仅是基于现有证据而采取的最低限度救济要求。如果将来发现有力证据,再继续追诉便是。但是,若连起码的诉讼权利都无法保障,刑事诉讼法中的保障无辜者不受处罚的原则也就没有意义。况且,即使错放一个人天也塌不下来,更不能因为诉讼风险而错误关押一个人。①

第三,自由与国家赔偿有关,不继续关押是双赢结局。类似情况下,如果持续采取羁押措施,将使被告人的权利遭受更大的司法侵害,增加被告人的讼累。如前述表5-1、表5-3所示,发回重审的案件羁押期限长达3年以上。采取措施尽早释放潜在无辜者,不仅可以将被告人的权利损害降低到最低限度,而且还有可能减少巨额的国家赔偿金。对潜在无辜者、对人民法院来说,这是一件双赢的事情,为什么不接受呢?

第四,与轻微案件相比,无辜者更应当享有程序权利。中国当前的刑事诉讼已经朝科学化方向发展,官方数据显示,2011年的逮捕率已下降至75%,这说明至少有1/4实施过犯罪的人享有了取保候审的权利。② 如前所述,涉及事实存疑的案件发回重审,很有可能是涉嫌无罪的案件。那么,既然已经查明的真正罪犯有取保候审机会,那么潜在的无辜者更享有不被羁押的权利。

第五,审前释放以后,对于原审法院查清案件事实并没有什么影响。发回重审案件中,由于距离案件发生的时间较长,各种物证和凶器现场均难以恢复,能够查清案件的可能性本身就比较小。如果是鉴定结论等补充证据,上级法院可以容易地获取,二审或再审法院完全可以查清事实后改判,发回重审也就没有了适用的余地。问题是,司

① 参见沈德咏:《论疑罪从无》,载《中国法学》2013年第5期,第5页。

② 参见陈永生:《逮捕的中国问题与制度应对——以2012年刑事诉讼法对逮捕制度的修改为中心》,载《政法论坛》2013年第4期,第17页。

法机关在选择发回重审问题上经常涉及的是言辞证据,或压根就没有什么新证据。[①] 那么,循环取证可以获取的最重要证据也仅是口供和证言等言词证据,但这些取证具有随意性,不管司法机关何时取证均有可能。换句话说,即使审前释放被告人,照样可以基于诉讼需要而讯问被告人。对审前释放的最大担忧,可能是被告人逃跑或串供。然而,当前刑事诉讼中的取保候审或监视居住逃跑的案例较少,况且刑法中的妨碍司法罪完全可以控制串供、毁灭证据等妨碍作证行为。[②] 对于发回重审等影响较大的案件,相信没有人愿意顶风作案,而将自己置于不利的危险境地。在这种情况下,审前释放只是暂时的保障性策略,如果最终有充分证据证明有罪,则只需变更为羁押即可。例如,塔河韩建勋案正是基于证据方面的考虑,韩建勋在 1994 年 8 月被取保候审,在当时的情况下变更强制措施是适当的。

肯定发回重审的前提是,上级法院应本着方便、及时、有效的原则,以必要为限度。上级法院在作出决定之前,应当评估直接改判和发回重审对被告人的权利损害和诉讼便利的可能性。如果结合全案证据能确信被告人没有犯罪事实,当然应及时改判无罪,这是上策。对于补充鉴定材料、伤情证明、毒品数量鉴定等,由于并不非常复杂,可以在查清或补充事实后改判。如果不能查清的案件,短期内可对涉嫌无罪的案件发回重审,但应用明确的法律条款允许采取审前释放措施,这是下策。从当前的法治环境来看,下策更具有可行性。

三、条文设计

方案已定,接下来的工作就是制度的表现形式和内容设计了。也

---

① 例如,黑龙江塔河韩建勋杀妻案,从1988 年以来补充侦查8 次,于2013 年开庭时双方并没有提交新证据,争论的焦点仍是该案26 年来一直就存在并未得到合理解释的疑点。参见南庄:《塔河命案 26 年未决,原因何在?》,载《民主与法制》2014 年第 20 期,第 21 页。

② 参见王昱、熊谋林、周静:《检察官客观义务与审前释放》,载《人民检察》2014 年第 6 期,第 62 页。

即采取哪一种审前释放措施。以何种形式呈现，需要考虑中长期规划和及时性效果，现行《刑事诉讼法》配备了监视居住和取保候审两种。从长远来看，立法者可以在时机成熟时直接规定于《刑事诉讼法》条文中。从当前来看，以司法解释的方式先行最为有效和可行。作者查阅《刑事诉讼法》和司法解释后认为，取保候审存在前提上的制度障碍，《刑事诉讼法》没有任何关于可能涉嫌无罪的取保候审规定。但是，现有法律对监视居住的条件，可以适用于发回重审案件。具体可供参考的操作方式有以下两种：(1)变更强制性措施制度，将羁押变更为监视居住；(2)羁押必要性审查制度，将羁押变更为监视居住。

就变更强制措施制度来说，这是一个法律解释学问题。发回重审案件意味着按照一审程序审理期限进行重新审理。因此，变更强制措施与一审程序一样，可以由人民法院依职权按照《刑事诉讼法》第94条变更强制措施，也可由被告及其代表依照《刑事诉讼法》第95条之规定申请变更强制措施。但是，这需要司法解释予以明确规定，否则发回重审案件的审前释放政策便无法落实。就目前的司法现状来看，哪怕只有一点的法律或解释松动，法官也有可能选择反对审前释放。这主要有两点考虑：(1)法官自身的拒绝可能。长期的职权主义倾向和行政化思维所产生的羁押习惯，可能使法官不愿意变更；(2)原审法院的干扰可能。如前所述，事实存疑时的发回重审在很大程度上意味着原审法院的裁判错误。由于法官之间比较熟悉，审委会成员也并未改变，重审法官难免会基于有罪推定或碍于情面而支持先前的判决。

另外一个更重要的问题是，变更强制措施是变更为取保候审还是监视居住。现行《刑事诉讼法》第65条没有明确规定可能存在无罪时取保候审，最高人民法院《关于执行〈中华人民共和国刑事诉讼法〉的解释》第134条也没有规定涉嫌无罪时的变更强制性措施。然而，2012年《刑事诉讼法》第72条新规定的监视居住内容，为变更强制措施提供了可能，需要发回重审的涉嫌无罪案件明显符合“因为案件的特殊情况或者办理案件的需要,采取监视居住措施更为适宜的”。[①]相信现行《刑事诉讼法》新增此内容,正是基于最近几年出现的冤假错案和反复重审的特殊情况,直接规定将发回重审的存疑案件可以变更为监视居住。[②] 但是,这仅是学理解释,目前并没有法律文件明确规定“对可能无罪的‘事实存疑’案件发回重审应变更为监视居住”。

关于羁押必要性制度,2012 年修正的《刑事诉讼法》第 93 条,也为发回重审的涉嫌无罪案件进行羁押必要性审查提供了支持。按照羁押必要性审查的逻辑,人民检察院应当对其羁押必要性进行主动审查或建议审判机关变更强制措施,或基于被告人及其代表申请后进行羁押必要性审查。问题是,2012 年最高人民检察院颁布的《人民检察院刑事诉讼规则(试行)》第 617 条规定,审判阶段的羁押必要性审查由公诉部门负责,监所检察部门只有建议权而无决定权。[③] 但是,公诉部门对案件的重审继续承担起诉职责,发回重审的存疑案件本身又最终关系到诉讼失败与否,公诉部门是否能公正合适地做出羁押必要性审查还值得疑问。在此顾虑情况下,如果检察院的公诉部门拒绝进行羁押必要性审查,法律应赋予监所检察部门有权及时补救。

综上所述,笔者基于司法解释的及时性和保障无辜者权利的有效

---

① 《中华人民共和国刑事诉讼法》(2012 年版)第 72 条第 1 款规定:“人民法院、人民检察院和公安机关对符合逮捕条件,有下列情形之一的犯罪嫌疑人、被告人,可以监视居住:(一)患有严重疾病、生活不能自理的;(二)怀孕或者正在哺乳自己婴儿的妇女;(三)系生活不能自理的人的唯一扶养人;(四)因为案件的特殊情况或者办理案件的需要,采取监视居住措施更为适宜的;(五)羁押期限届满,案件尚未办结,需要采取监视居住措施的。”

② 1979 年、2012 年《刑事诉讼法》均没设置存疑时的变更强制措施问题,2012 年《刑事诉讼法》也没有明确规监视居住的特殊情形究竟为何。学界曾经积极倡导变更为取保候审,相信司法实务界也有不少案例变更为取保候审。然而,这种模式在法律上并没有依据,从法律解释学来看也很难在取保候审条件中寻找到合适依据。

③ 《人民检察院刑事诉讼规则(试行)》第 617 条规定:“侦查阶段的羁押必要性审查由侦查监督部门负责;审判阶段的羁押必要性审查由公诉部门负责。监所检察部门在监所检察工作中发现不需要继续羁押的,可以提出释放犯罪嫌疑人、被告人或者变更强制措施的建议”。

性考虑,建议“两高”单独或共同以司法解释形式明确地规定如下内容:

第×条 对上级人民法院以《刑事诉讼法》第225条第一款第三项发回重审的案件,原审人民法院应当对被告人变更为监视居住。

被告人及其法定代理人、近亲属或者辩护人有权申请人民检察院进行羁押必要性审查,也可向原审人民法院申请变更强制措施。

第×条 对人民法院以《刑事诉讼法》第225条第一款第三项发回重审的案件,人民检察院公诉部门应当进行羁押必要性审查,建议人民法院变更强制措施。

人民检察院公诉部门怠于或拒绝进行羁押必要性审查的,监所检察部门有权建议或直接进行羁押必要性审查,建议人民法院变更强制措施。

人民法院收到人民检察院的变更强制措施建议书后,应当对被告人变更为监视居住。

不可否认,有效地控制冤假错案发生是当今世界性难题。[①] 闻及巨额的国家赔偿金和多年的审前羁押时,笔者就深信一定有一套方案能将冤假错案的正反两方面危害降到最低限度。通过对近年来的冤假错案进行分析,本部分建议对“事实不清楚、证据不足发回重审的案件,强制性变更监视居住”,这也可能有“一刀切”嫌疑。然而,如果能对是否发回重审进行限制,在现行法框架内扩大上级法院的改判空间,本章的方案还是有意义的。如果政策制定者们实在担心发回重审变更强制措施的面过广,至少可应用于“事实不清、证据不足”可能涉嫌无罪的发回重审。但这又有担忧,中国司法目前的无罪率几乎降到不可思议的地步,估计没有法官会自愿承认所审理的案件涉嫌无罪。[②] 这与法官司

① 参见熊谋林、廉怡然、杨文强:《全球刑事无罪错案的实证研究(1900~2012)》,载《法制与社会发展》2014年第2期。

② 通常认为,人民法院在刑事审判中将“对有罪者依法惩罚,对无辜者判无罪”作为职业理念。但是,最高人民法院的官方数据显示,近几年的平均水平是1000件刑案中只有1件或2件无罪。所以,有的法院1年,甚至几年都没有无罪判决。这种现象反映出人民法院的主要职责是“把坏人送进去”,不可能轻易地把好人放出来。没有无罪判决的法院是危险的,因为这将人民法院的裁判权力扭曲为行政权力。

法理念、司法裁判权力、正义的本质等一系列问题相关,显然不是一篇文章所能解决的问题。如何为无辜者洗冤,还是一项立法、司法、学术界、法律职业群体共同努力的课题。

结 论

2012 年《刑事诉讼法》限制发回重审次数和监视居住的规定,为保障无辜者的人权提供了依据。然而,两者在连接点上还需要明确,这是本章的核心内容。针对如何减少潜在无辜者的持续性羁押风险,本章以真实的错罪为视角重新审视了过去 60 年的发回重审制度。回顾本章,笔者反思了滥用重审和上下级法院相互踢皮球现象,从而探寻发回重审过程中审前释放的可能性。文献综述显示,发回重审制度饱受学界批评,但大量研究主要围绕 1996 年《刑事诉讼法》进行评价,对发回重审制度的立法追踪不足。

学界对于"事实不清、证据不足"的发回重审提出了两种主要方案:废除发回重审制度,直接由上级法院改判无罪;保留发回重审制度,但同时实行取保候审等羁押替代性措施。但是,到底选择何种方案,需要根据制度背景、司法实践和立法现状而定。本章的制度史考察显示,废除发回重审制度难度较大,取保候审没有适用基础。当前,刑事诉讼立法和司法,在法律真实理念、人权保障主义、诉讼风险思想、纠错化思想、审判权威、程序正义等方面均存在严重的不足。为了论证上述不足对司法的影响,文章进一步借助于 316 个冤假错案的实证研究资料,得出如下结论:

第一,发回重审较为普遍且审前羁押时间较长。平均每个无辜者被羁押 1123.33 天,最长羁押 5840 天,羁押率为 95.92%,平均经历 2 次上诉和 4 次独立审级。

第二,发回重审和维持原判是二审法院裁判案件的主要方式,分别占二审裁判结果的 58.77% 和 25%。这说明,发回重审已成为影响纠错及时性的主要障碍。

第三，二审程序纠正冤假错案的效果非常弱。只有4.82%的无辜者在上诉后被改判无罪，二审各种判决结果的羁押期限均较长。这主要因为刑事诉讼中的程序倒流较为普遍，各种变通措施较多，导致改判无罪、发回重审、维持原判等的审前羁押时间没有差异。

第四，再审程序在纠错方面效果明显，有67.5%的案件在再审中被改判无罪。但是与改判无罪相比，再审后发回重审将显著增加审前羁押期限。再审程序虽然有效和必要，但再审案中的审前羁押问题并没有得到缓解。

第五，二审案件的羁押时间很可能比经历再审的案件更长。这主要因为死刑等重罪案件，由于涉及复核程序导致判决未生效，而进入再审程序的案件通常是非死刑案件。这揭示出一个值得思考的问题，死刑复核除了死刑核准外，是否有必要规定无罪裁判。

第六，1996年《刑事诉讼法》比1979年《刑事诉讼法》在缩短羁押期限方面的作用更加明显；犯罪类型对审前羁押期限有显著影响，故意杀人罪比抢劫、强奸、诽谤、诈骗、盗窃罪的羁押期限长，但贪污贿赂犯罪的羁押可能更长。这说明审查羁押期限在各种犯罪中均普遍较长，纠错可能受案外因素影响较大。

上述发现说明，现行《刑事诉讼法》虽然可以控制极端的发回重审案例，但对于大量一般案件来说，也仍然有可能因发回重审一次(4次审级)而不必要地长期羁押无辜者。作者提出，立法或司法上应当设计一套方案，至少规定对"事实存疑"的发回重审案件，将羁押变更为监视居住。为了论证上述结论的可行性，文章以长期规划和最优方案为基础，结合现行《刑事诉讼法》和司法解释设计出了两个关于变更强制措施和羁押必要性审查的司法解释条款。

当前，刑事诉讼中的冤假错案受关注度较高，正如超期羁押一样，发回重审中的审前羁押问题也并非不能解决。本章用大量的文献资料、实证资料，以及制度史考察、政策和现行法评析，充分展示了发回重审案件中推行审前释放的必要性和原因。我们有理由相信，监视居住在重审案件的适用,不仅可以解决监视居住利用率较低的立法尴尬,也还可促进未来的刑事司法继续朝科学、文明的方向发展。由于偏重于调查错案的纠错情况和羁押现状,本章在比较研究上稍显不足。同时,司法实践中的错案公布较少,分析数据缺损较多,研究结论的准确性还需验证。近几年的审前羁押率有下降趋势,这是理论界为推动司法进步所作贡献的力证。未来的错案与重审问题探讨,笔者推荐关注如下几个方面的问题:

学术理论建议:系统回顾各国上级法院在识别和纠正下级法院的冤假错案方面,立法、理论和实践操作的相关情况。从文献回顾的情况来看,先前研究对各国刑事诉讼法中的发回重审有过立法条款介绍。但是各国如何在刑事诉讼程序上保障及时纠错,如上诉、裁判、死刑核准等现状和程序,目前并没有发现相关成果出版。

实证研究建议:建立错罪数据库,通过归纳错案特征为防错和纠错提供参考。要开展错罪实证研究,就必须先有数据库,法学院及其教授在这个过程中的作用不可忽视。在美国,著名的错案数据库主要来自于法学院,如西北大学法学院的错罪研究中心(CWC)、犹太大学卡多佐法学院的无辜者项目(IJ)、密歇根大学法学院的国家洗冤登记(NRE)。①

司法监督建议:建立发回重审监督系统,探索疑错案件的报警机制。司法机关需要警惕以违反法定程序为由发回重审,从而突破重审1次的限制。因此,这需要立法和司法机关在内部监督方面加大力度,建立一个发回重审案件的跟踪系统,控制冤假错案的持续性羁押。

错案公开建议:司法机关主动公布错案和纠错信息,以主动纠错

---

① See Center on Wrongful Convictions, 载 http://www.law.northwestern.edu/legalclinic/wrongfulconvictions/, 2015 年 6 月 12 日访问; Innocence Project, 载 http://www.innocenceproject.org/free-innocent, 2015 年 6 月 9 日访问; The National Registry Exonerations, 载 http://www.law.umich.edu/special/exoneration/Pages/about.aspx, 2015 年 7 月 1 日访问。

态度恢复司法信任。尽管法学院建立错案数据库,有助于使社会大众了解冤案信息。然而,非司法机关公布冤假错案,常使司法机关处于被动地位。与其让案外监督约束司法,还不如由司法机关自己公布错案。这不仅可表明人民法院在维护司法公正方面的努力,而且有助于学术活动开展,从而最终推动司法进步。

第六章　检察官客观义务与审前释放*

近年来揭示出的刑事错罪的一个重要特点，是证据不足情况下依然批准逮捕。如何预防司法冤案的出现，并确保司法公正，这给转型时期的人民检察院提出了一个难题。本章基于对最近 10 年关于检察官客观义务的文献综述，发现既有研究对检察官客观义务的探讨定位不明，且检察官角色过于理想化，偏重诉讼结果，忽略证据标准和逮捕措施对司法公正的影响。据此，本章在《刑事诉讼法》背景之下提出如下观点：检察官的主要角色是基于客观义务的法律守护者，公诉人地位次之；检察官批准逮捕的标准，是刑事案件事实上定罪的关键，决定了案件的基本走向；审查起诉标准是检验逮捕，并决定疑案是否应当起诉的标准，凡无证据证明犯罪嫌疑人实施犯罪的应直接释放。基于逮捕和起诉审查的双重授权，检察官基于客观义务进行诉讼监督

---

* 本章部分内容发表在《人民检察》2014 年第 6 期。

是决定犯罪嫌疑人有罪与否的首要和主要环节，法院审理只是《刑事诉讼法》设计的最后一道防线。本章研究的意义在于，检察官应建立无罪推定的客观义务履行法则，坚持证据不足的案件不予批准逮捕而释放犯罪嫌疑人，从而预防刑事错罪的出现，并建议在审查起诉时慎用补充侦查。

引 言

新近10年，中国刑事司法的定罪率呈上升趋势，犯罪总量上升，这反映出中国在现代经济转型期的社会形势日益复杂化。① 这对于近年来打击犯罪和司法改革的努力来说，反映出检察院公诉案件的成功率提高，以及办案质量显著提升。② 然而，与之相对应的是，冤假错案逐渐进入公众视野，并由此引发公众对法院和刑事法官司法审判功能的质疑。③ 分析错罪的原因时，主流学者对法官审判和定罪功能缺乏表示遗憾的同时，也指出错罪问题与部分检察机关或检察官过于追

① 本书第一章显示，中国的定罪率1987年的从99.3%上升到2005年的99.74%。

② “两高”领导以及著名学者在不同场合和时间，均强调将100%保证办案质量作为司法工作的中心，这反映出对司法机关严格监督和严格保障刑事案件的精准性具有较大作用。参见孙谦：《中国的检察改革》，载《法学研究》2003年第6期；贾春旺：《提高办案质量 推进检察改革》，载《检察日报》2003年9月27日。来源于：http://www.china.com.cn/chinese/PI-c/412580.htm，2013年10月29日访问；王胜俊：《加大审判管理力度 努力提高办案质量办案效率办案效果》，载新华网，http://news.xinhuanet.com/legal/2010-01/06/content_12766426.htm，2013年10月10日访问。

③ 龙宗智：《中国法语境中的检察官客观义务》，载《法学研究》2009年第4期；李建明：《刑事错案预防的宏观对策研究》，载《人民检察》2006年第9期；何家弘、何然：《刑事错案中的证据问题——实证研究与经济分析》，载《政法论坛》2008年第2期；冀祥德：《民愤的正读——杜培武、佘祥林等错案的司法性反思》，载《现代法学》2006年第1期；贺卫方：《冤案责任追究：谁追究，追究谁?》，载《南方周末》2010年5月13日。

求定罪有关,并忽略被告人可能无罪,或采用各种措施妨碍或置有利证据于不顾。①

以此为背景,学者们重新审视了检察官如何在刑事诉讼中协调其公诉地位和诉讼监督地位问题,并由此引发了一场关于检察官客观义务的讨论。② 回顾错罪和检察机关职能的讨论,有两个问题值得回应:第一,检察官如何理解《刑事诉讼法》对检察官客观义务定位,从而依法惩罚犯罪人和保障无辜者免受冤假错案的损害;第二,检察官如何承担诉讼监督职能,积极有效地发现和预防错罪,并在错罪出现后主动纠错。

检察官客观义务与预防错罪有关,检察官自我纠察与发现、纠正错罪有关,这在《刑事讼讼法》和《国家赔偿法》基础之上自然不难理解。就职能定位看,前者属于公诉部门之主要职能,后者属于申诉或诉讼监督部门之职能。然而,从《刑事诉讼法》对现行检察院机构设置的体系来看,两者因同属于一个机构而难以彻底划分界限,这源于中国检察制度是公诉和诉讼监督职能的有机结合体。因此,建立有效的错罪预防制度,非结合错罪纠正之立场而不可实现,并在检察官客观义务上做些发散。为此,我们开展了本次研究,并希望能展示出错罪预防的不同内容。

---

① 参见龙宗智:《中国法语境中的检察官客观义务》,载《法学研究》2009 年第 4 期;朱孝清:《检察官客观公正义务及其在中国的发展完善》,载《中国法学》2009 年第 2 期;吴建雄:《检察业务考评制度的反思与重构——以检察官客观公正义务为视角》,载《法学杂志》2007 年第 6 期;吴建雄:《检察官客观义务的错案预防价值》,载《法学评论》2011 年第 1 期。

② 参见朱孝清:《检察官客观公正义务及其在中国的发展完善》,载《中国法学》2009 年第 2 期;陈永生:《论检察官的客观义务》,载《人民检察》2001 年第 9 期;李昌林:《证据法视域中的检察官客观义务》,载《政法论坛》2009 年第 2 期;李昌林:《论检察官的客观义务》,载《中国司法》2004 年第 8 期;蒋剑伟:《中美检察官客观义务内涵述评》,载《法学评论》2009 年第 2 期;韩旭:《新刑事诉讼法中检察官客观义务研究》,载《南京大学法律评论》2012 年第 2 期。

第一节　检察官客观义务与文献略读

自从欧陆德国在1877年建立起检察官客观义务以来,①无论是以德法为代表的传统纠问式大陆法系,以及以英美为代表的对抗式之普通法系,还是以意日为代表的混合主义,均在立法上明确肯定检察官系“公共利益的代表”“立席法官”②“法律守护人角色”。③ 以此为基础,法律通过明确规定公诉人所具有的追溯犯罪和保障被告人权益的双重职能,并冠以“检察官客观义务”进行概括。④ 例如,公诉人的职责不同于普通律师,他的义务是追求司法公正,而不仅仅是定罪。⑤检察院不仅要侦查证明有罪的,而且还要侦查证明无罪的情况,并且负责提取有丧失之虞的证据。“公诉人应该核实对被调查人有利的事实和情节、检察官可以提出对被判刑人有利的再审请求”。⑥“检察官在庭审中如果认为证据不足以定罪,可以要求法官宣告被告

---

① 术语“检察官客观义务”本系舶来品,1980年由日本学者松本一郎研究德日公诉机关职能的翻译论文传递至中国。根据该文,检察官客观义务指,“检察官不但要侦查使被告人成为有罪的情况,还要侦查使被告人成为无罪的情况……检察官为了发现真实情况,不应站在当事人的立场上,而应站在客观的立场上进行活动,这就是赋予检察官的‘客观义务’。”参见[日]松本一郎:《论检察官的客观义务》,载《环球法律评论》1980年第2期。

② 法国刑事诉讼中,检察官负有不同于当事人的权利、义务,不能把获得有罪判决作为唯一目标,而应从社会的立场出发,客观公正地按照事实和法律进行公诉,在检察官认为符合总体利益的情况下,可以要求对被告人免予起诉而不对被告人作出有罪判决。参见[法]卡斯东·斯特法尼、乔治·勒瓦所、贝尔纳·布洛克著:《法国刑事诉讼精义》,罗结珍译,中国政法大学出版社1999年版,第135页。

③ [日]松本一郎:《论检察官的客观义务》,载《环球法律评论》1980年第2期。

④ [日]松本一郎:《论检察官的客观义务》,载《环球法律评论》1980年第2期。

⑤ See The House of Delegates of ABA, *Model Code of Professional Responsibility*, *EC* 7－13, 1980(*amended*).

⑥ 《意大利刑事诉讼法》第358条、第629条、第632条。

人无罪”,[①]甚至在刑法中规定“如果检察官违反客观义务,对应当起诉之人不提起公诉,或故意使无罪的人提起指控,都要追究刑事责任”。[②]

理想状态下,检察官当然公正地以客观公正义务指导。然而,在真实的司法实践中,公诉人角色是否能正确地在追溯犯罪的同时,又满足保障被告人权益的双重目的要求呢?这在国际国内外均遭受着质疑和挑战,并被认为是“高贵的谎言”。[③] 龙宗智指出,即使是在最为强调客观义务的德国,其实际状况也并不理想。[④]其他研究也给予了否定答案,尽管立法和理论上检察官的客观义务非常完美,但司法实践中的检察官却以追求定罪为己任,并忽略了保护犯罪人的合法权利。[⑤] 如美国“检察官在法庭内外时常无视法律之限制,猛干蛮干而做出不正当的行为,甚至伪造、变造证据在所不辞,其目的即在求胜诉。在诉讼当中检察官之心情与民事诉讼当事人迹近相似”。[⑥]“在实践中,(德国)检察官的作用非常类似于更明确的当事人制度下的指控官员,如检察官为了被告人利益而提起上诉的情况就很少发生。与其他制度一样,德国检察官尽量避免提起被证明不成立的指控,但这与法律要求的公正性无关,而是检察官效率和职业作风的要求。一旦作出起诉决定,德国检察官将抛开他们的中立姿态,尽力去赢得诉讼,甚至不亚于美国的检

---

① 参见[德]托马斯·魏根特著:《德国刑事诉讼程序》,岳礼玲、温小洁译,中国政法大学出版社2004年版,第40页。

② 《德国刑法典》第258条、第344条。转引自朱孝清:《检察官客观公正义务及其在中国的发展完善》,载《中国法学》2009年第2期。

③ 参见郭松:《检察官客观义务:制度本源与实践限度》,载《法制与社会发展》2009年第3期,第51~52页。

④ 参见龙宗智:《中国法语境中的检察官客观义务》,载《法学研究》2009年第4期。

⑤ 参见朱孝清:《检察官客观公正义务及其在中国的发展完善》,载《中国法学》2009年第2期,第162~163页.

⑥ 黄东熊著:《中外检察制度之比较》,台湾“中央”文物供应社1986年版,第208~209页。

察官。”①

既然检察官客观义务在英美及大陆法系国家不甚理想,那么其在中国的立场又如何呢？陈永生于2001年认为,由于中国近年来盛行对抗式诉讼观念,许多检察官在执行职务时往往倾向于仅把自己作为公诉人,对检察官自身的客观义务制度缺少具体的程序保障和责任制约,因而,检察官自身的客观义务在我国落实得很不理想。② 朱孝清基于2003～2007年的不捕、不起诉、量刑建议和撤销立案等最新变化指出,检察官客观义务在中国具有坚实的基础,刑事诉讼法对此作了更完备的规定,客观义务在实践中得到非常好的落实。③ 蒋剑伟在比较后进一步指出,中美两国检察官客观义务的内涵在大的方面并无差别,且因中国的检察官具有二审或再审抗诉权、制约不起诉权而更加注重客观性。④ 但胡常龙、龙宗智等的研究从证据立法的缺失,以及刑事诉讼法的程序和体制障碍导致实务界出现的错罪为例,指出中国检察官客观义务在司法实践中的操作甚难。⑤

在阐述这个问题的原因时,吴建雄指出,检察官考评制度虽具有保障客观义务的积极作用,然而不当的业务考评可能影响调查取证的全面性和客观性、起诉的慎重性和准确性、控辩双方的平等性、检察权的正当行使,并起因于检察官定罪观念上的理性主义、检察权的客观义务认识模糊不清、行政管理模式的考评不合理。⑥ 胡常龙更是指

① [德]托马斯·魏根特著:《德国刑事诉讼程序》,岳礼玲、温小洁译,中国政法大学出版社2004年版,第41页。

② 参见陈永生:《论检察官的客观义务》,载《人民检察》2001年第9期。

③ 参见朱孝清:《检察官客观公正义务及其在中国的发展完善》,载《中国法学》2009年第2期。

④ 参见蒋剑伟:《中美检察官客观义务的内涵述评》,载《法学评论》2009年第2期。

⑤ 参见胡常龙:《证据法视野中的检察官客观义务》,载《政法论坛》2009年第2期;龙宗智:《中国法语境中的检察官客观义务》,载《法学研究》2009年第4期;韩旭:《新刑事诉讼法中检察官客观义务研究》,载《南京大学法律评论》2012年第2期。

⑥ 参见吴建雄:《检察业务考评制度的反思与重构——以检察官客观公正义务为视角》,载《法学杂志》2007年第6期。

出,中国现阶段检察官起诉过程中存在重起诉证据轻辩护证据、违法取证现象普遍、疑案不诉标准落实不彻底等问题。在分析这些现象的原因时他指出,其源于传统纠问模式影响、错罪追究制、检察官考评制、公诉证明标准不合理、检察官素质与客观义务不符、证据裁判理念缺失,并建议无罪案不属于错罪追究范围,以及不捕、不诉、有罪率不应作为考评标准。① 朱孝清进一步归纳为:一是对检察官角色定位的认识存在偏差;二是对检察官目的的认识存在偏差;三是对检察官职能包括公诉职能的认识存在偏差。② 在此基础上,龙宗智等提出一些改革方案,如检讨与合理设定内部绩效制度、在一体化与独立性之间寻找平衡点。③

诚然,检察官一方面承担的是控诉犯罪的职能,这本是追求定罪,另一方面又强调其冷静之客观立场而注意保障被告人权利,两者角色之间的冲突决定了很难做到平衡。④ 为了达到两者的平衡,学者们指出检察官履行客观义务应当注意证据收集、运用、展示的客观性,检察官应收集有无罪、轻重罪的所有证据是避免冤假错案的重要渠道。⑤ 与此同时,龙宗智还指出,不能片面强调起诉率,以及严格限制撤案、不起诉、撤诉等"消极"诉讼行为,否则容易妨碍检察官客

---

① 参见胡常龙:《证据法视野中的检察官客观义务》,载《政法论坛》2009年第2期。

② 参见朱孝清:《检察官客观公正义务及其在中国的发展完善》,载《中国法学》2009年第2期。

③ 龙宗智指出,建立检察官客观义务的必要性为:第一,中国检察权行使的司法制度框架(现代司法制度)以及检察权的权能内容(侦、诉、审分离)具有比较法上的类同;第二,中国刑事司法制度的国家主义(职权主义)特征,加强了检察官的客观义务(起诉、抗诉、监督);第三,中国检察制度的特殊性质与内容,并不消解客观义务,反之还要求强化这一义务(人民政治性、法律监督)。

④ 参见朱朝亮:《检察官在刑事诉讼之定位》,载《东海大学法学研究》2005年第15期;龙宗智:《中国法语境中的检察官客观义务》,载《法学研究》2009年第4期;陈卫东、刘计划、程雷:《德国刑事司法制度的现在与未来》,载《人民检察》2004年第11期。

⑤ 参见胡常龙:《证据法视野中的检察官客观义务》,载《政法论坛》2009年第2期。

观义务的履行。①

从文献研究的状况来看，中国学者对于检察官客观义务的问题和困境认识非常全面，一些错罪预防背景下的宏观性改革方案对今日之中国刑事诉讼具有建设性意义。然而，我们认为，既有研究对于检察官在刑事诉讼中的实践性关注还不够，且因分析面宽、方案多而难以从根本上杜绝刑事错案发生，一些问题值得重视。

第一，检察官客观义务过于理想而宏观，且触及体制问题而难以解决具体问题。已有研究呼吁检察机关履行诉讼监督职能，且不受其他部门或机构的影响。这主要表现在侦查阶段对超期羁押进行清理，对证据采集手段的违法纠正权，起诉阶段全面收集有利、不利于被告人的所有证据和不起诉权运用，审判阶段对审判结果的抗诉和纠正权，地方政法委的参与协调问题。当然，诸多建议对于有"铁证"证明被告人无罪的案件来说，多管齐下自然有好处。若检察官能正确履行客观公正义务，自然能避免刑事错罪的出现。然而，就现阶段检察官主要关注于公诉人地位的现实来讲，"铁证"本身因难以判断，加之有罪推定的倾向，使诸多疑罪案件最终朝有罪方向发展。

第二，过于信赖检法机关，导致两者相互自信，出现流水线作业式诉讼。一方面，中国学者提出的诸多方案要么将案件的有无犯罪定性权交给检察官，要么将有罪或无罪全部交给法官去判断。前者实际上违背了法庭审判的原则，后者又过于相信法院。另一方面，在现有侦、诉、审流水作业的现实情况下，上述方案也将使检察院要么成为"隔靴搔痒"或"橡皮图章似"的诉讼监督部门，要么成为舆论司法和受害人缠讼压力下的工具。最终因法律责任或部门利益的纠葛，出现冤假错案难以纠正。

① 龙宗智指出，实务中经常出现不起诉率、撤案率等消极诉讼行为不得超过办案数的1%或3%等指标。对这些行为限制过严，固然可能有促业绩增长，防司法腐败之效用，但其负面效应是可能妨碍检察官履行客观义务。参见龙宗智：《中国法语境中的检察官客观义务》，载《法学研究》2009年第4期，第148~149页。

第三,过于强调诉讼结果,忽略程序手段,不健康的司法文化使监督、起诉、审判形式化。就当前中国刑事诉讼的司法文化来说,最紧缺的是对任何一个犯罪嫌疑人追究刑事责任,法律上必定面临有罪和无罪的诉讼风险理念。如何对有罪和无罪等模棱两可案件作出有效应对,这才是正确履行检察官客观义务的关键。

第四,忽略《刑事诉讼法》关于检察机关对案件定性的证据标准,以及诉讼措施对案件的影响。就当前无罪率较低的司法现实来看,中国《刑事诉讼法》已使检察机关成为事实上和实质意义上的定罪机关。如何理解这个定性关键阶段,以及如何保障检察官的起诉权,又平衡法院案件审理和定罪的顾虑。如何确保检察官适时正确落实客观义务,最终通过诉讼监督保障无罪人免受刑事追究和杜绝刑事错案的出现。这是当下转型时期中国司法机关,应对刑事错罪的关键。

基于以上原因,本章主要内容如下:重新定位中国检察官的客观义务主要是诉讼监督;基于检察官客观义务现状,提出出现存在证据不足或其他原因导致可能疑罪时,建议检察院对被告人变更强制措施,允许取保候审或监视居住等非羁押性措施;讨论审查起诉的功能不仅是追诉犯罪,而且包含对逮捕的合法性进行检验,并就补充侦查提出质疑,从而论证上述方案的立法和司法可行性,总结全文。

第二节 如何理解中国检察官的客观义务

检察官如何通过履行客观义务预防刑事错罪呢?这个问题看似简单,但因涉及起诉和申诉管理等多个环节,与检察院办案时的理念和心态问题有关。新近的中国刑事错罪案例,反映出三个共同特点:被告人被采取审前羁押措施;关键物证缺失,口供占据重要地位;被告人有罪证词前后矛盾,证人证言具有模糊性。被告人在审前被采取强制措施,这是所有公开报道错罪案件的主要特点。然而,就错罪案件本身揭示出的无罪事实来说,未经判决而采取长期羁押措施,与刑事诉讼无罪推定的正当程序原理相矛盾。

不妨以河北承德陈国清案为例子，该案从 1994 年 11 月 3 日至 2004 年 3 月 26 日第三次审理判处陈国清等 4 人死缓或无期徒刑以前，除杨士亮被短暂释放两个月后重新监禁以外，其他人均被长期羁押达 10 年之久。陈国清等案件，仅是中国近年来出现的错罪案件的冰山一角，尚有赵作海、吕静一、张高平叔侄强奸案等大量严重违反刑事诉讼法规定之程序案例。关键物证缺失，依据证人的模糊证言定罪，并因此在强制羁押期间对犯罪嫌疑人采取刑讯逼供手段，从而在公安机关的诱导下获得反复翻供的有罪供述，这是近年来报道的刑事错罪另外一个非常重要的特点，如杜培武、佘祥林案即为如此。

在错罪案件类别上，中国的刑事错罪与国外相似。主要为故意杀人案件，以及部分强奸、抢劫等暴力犯罪。此类案件，因社会影响力大，公检法受到社会和上级监督的压力大，通常是通过成立专案组办理。如果案件得以快速侦破，那么公安机关的刑事破案能力彰显司法效率，并受到表彰。然而，这类案件的犯罪嫌疑人在被采取强制措施后，人民检察院快速批准逮捕。这为公安机关在侦查阶段迅速破案提供了有力的帮助，并因此凸显人民检察院和公安机关的合力配合，如哈尔滨宋德文案即如此。然而，从另外一个角度看，由人民检察院创造并提供给公安机关的迅速破案便利性条件，实际上是在客观事实和证据不足之情况下，为人为制造冤假错案创造客观条件，如河南禹州王俊超冤案即是。那么，这一系列的刑事错案能给予我们如何启示呢？

一、客观义务与角色定位

人民检察院兼具公诉和诉讼监督角色，这是刑事诉讼法学界经久常闻的法律判断。然而，按照通说理解，这两种角色具体应用到检察院上却反映出二者的不可协调。检察官客观义务在观念上来说，过多的监督就使公诉人成为公安的上级行政机关或法官之上的守法人。与之相反，不监督又使公安或法院成为不受监督之权力应用者。如果权力没有限度和监督，当然成为司法独裁的化身。那么，如何平衡两者之间的关系呢?

刑事诉讼进程中,人民检察院与侦查部门(包括公安、检察院及其他部门)、法院有密切联系。因此,为了梳理人民检察院与二者的关系,不妨逐一理解现行刑事诉讼法的设计。通过现行《刑事诉讼法》对人民检察院职能的设计思路,梳理出人民检察院的主要角色定位。

第一,就侦检关系来看,现行《刑事诉讼法》赋予了人民检察院先履行检察官客观义务,再承担公诉人地位。现行《刑事诉讼法》第73条的规定,公安机关拘留犯罪嫌疑人后,人民检察院通过批准逮捕与否,首先赋予人民检察院诉讼监督地位。批准逮捕以后直至侦查终结完毕,人民检察院可以根据《刑事诉讼法》第171条之规定对侦查部门进行监督。然后,再根据《刑事诉讼法》第173条之规定,决定是否对案件提起公诉。上诉两个顺序的设计,自然是对侦查机关的双重监督和履行客观义务的表现。

第二,就检法关系来看,现行《刑事诉讼法》虽先赋予人民检察院公诉人地位,但却通过审判过程的纠正和判决出现后的监督地位履行客观义务。首先,《刑事诉讼法》第172条首先赋予检察院提起公诉的权力,从而引导刑事诉讼过程进入审判阶段。其次,《刑事诉讼法》第203条赋予人民检察院在庭审或诉讼过程中,对刑事诉讼的程序合法性进行监督。最后,《刑事诉讼法》第217条和第243条分别赋予人民检察院对审理结果的二审、再审抗诉权,对审理结果履行检察官客观义务。①

第三,从法条数量来看,人民检察院的客观义务和公诉人地位之比反映出检察官应当主要履行客观义务。从现行《刑事诉讼法》的立法条文来看,诉前关于检察官客观义务和公诉地位之规定的比例是

① 按照“检察官客观义务”的域外法含义,似乎将审判监督作为客观义务有概念混淆之嫌。然而,学术界在中国刑事诉讼法背景下探讨检察官客观义务时,均将审前监督和审后监督作为检察官客观义务进行论证。因此,此处的讨论是适当的。

2∶1(第73条+第171条∶第173条),诉中公诉人地位和履行客观义务是1∶1(第172条∶第203条),整个审判阶段公诉人地位和客观义务之比是1∶3(第172条∶第173条+第203条+第217条)。

因此,基于顺序和立法重心考虑,可以清晰得出:中国刑事诉讼法背景之下的检察官首先应当履行好客观义务,这是最重要也是首当其冲的角色定位。紧接着,在充分履行好检察官客观义务基础之上,再行使公诉人的职权,将犯罪嫌疑人起诉到法院,直至最终依法惩处犯罪。如果不能充分理解检察官的角色,而一味地强调公诉人地位,其结果可能是检察官角色的本末倒置,最终造成刑事诉讼过程中的错案发生。例如,检察官刻意隐瞒对被告人有利证据、检察官滥用批捕和审前羁押权力即是例证。上述分析仅是从法条逻辑来理解,为了充分说明这个问题,不妨用现行刑事诉讼中各阶段检察官的诉讼行为标准来理解检察官客观义务,如图6-1所示。

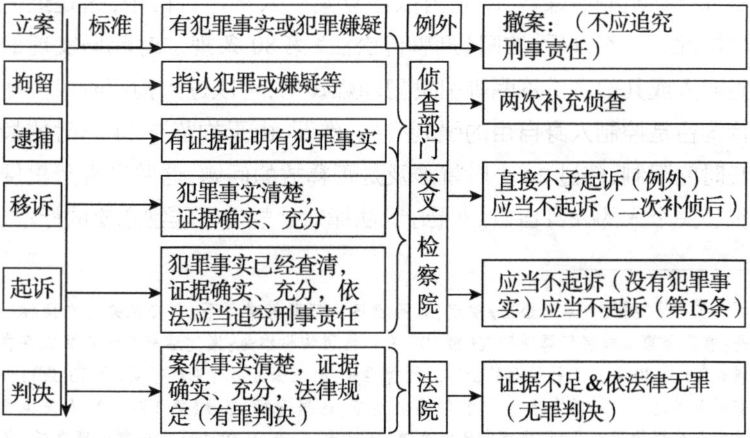

图6-1　刑事诉讼证明标准

二、客观义务与功能运用

刑事诉讼对于查清案件事实的基本逻辑是,随着时间的推移,案件事实日益清楚,并最终根据所查知的事实定罪或无罪。当然,对于人赃俱获的一般案件,事实清楚,无论时间早晚均可能对案件了解非常清晰。这类案件并无探讨必要,实际上类似案件的发生无需刑事诉讼三大机关过于倾力也可顺利完成。这也就是简易程序适用的法理,更是人民检察院建议适用简易程序的基本逻辑。然而,对于复杂和疑难案件,刑事诉讼中事实查证的基本理念逻辑就非常重要,否则,颠倒逻辑或者任意审前定罪就有可能出现错罪。如前所述,人民检察院主要应当履行客观义务,但我们并没有从法律和查清事实的逻辑上予以推导。不妨重新阐述下《刑事诉讼法》关于证明标准的相关规定,从而深刻认识刑诉法如何要求检察官履行客观义务。图6-1是基于此目的而作,主要有如下发现:①

第一,现行《刑事诉讼法》规定的人民检察院介入前的证明标准非常低,只需要有犯罪嫌疑即可。就立案阶段来说,只要有犯罪事实或存在犯罪的嫌疑,就应当依法立案引入刑事诉讼中,这是最低的标准。立案以后,按照《刑事诉讼法》第80条规定对现场发现的犯罪人或其他身份不明等引发犯罪嫌疑的,可以进入拘留阶段。尽管拘留是控制人身自由的强制措施,然而,由于拘留有24小时的最长时间限制,超过24小时就涉及是否释放的问题,这并没有严重侵犯公民个人的人身自由。② 因此,法律对此规定了非常宽松的标准,

① 按现行《刑事诉讼法》规定,各阶段诉讼证明标准如下:公安机关的立案标准是:有犯罪事实或者犯罪嫌疑人(第107条);拘留的标准是:案发后有指认犯罪或存在嫌疑等(第80条);人民检察院批准逮捕标准是:有证据证明有犯罪事实(第73条);公安机关移送审查起诉的标准是:犯罪事实清楚,证据确实、充分(第160条);人民检察院提起公诉的标准是:犯罪事实已经查清,证据确实、充分,依法应当追究刑事责任(第172条);人民法院作出判决的标准是:案件事实清楚,证据确实、充分,依据法律认定被告人有罪的,应当作出有罪判决(第195条)。

② 按《刑事诉讼法》关于拘留期限的规定,立法允许在例外情况下进行(包括3天最长报批捕)3~30天的拘留。我们对A市的2012年、2013年的抽样调查研究显示,正是由于刑诉法关于拘留延长和报批规定的例外情况,导致司法实践中的刑事法官拘留期限平均为27.2天。

自然符合逻辑。

第二，检察官介入之后，刑事诉讼的证明标准变得非常严格。从逮捕到移送审查起诉，只要和人民检察院有关，《刑事诉讼法》都规定了近乎确信有犯罪事实的标准。逮捕阶段使用的是“有证据证明有犯罪事实”，较之于后续的证明标准，基本可以确信到犯罪事实清楚，且足以证明。[①] 然而，按照《刑事诉讼法》的逻辑，一旦犯罪事实予以证明，犯罪事实自然也就一清二楚。换句话说，犯罪事实清楚和证据确实、充分以达到高度的可信状态非常类似。因此，逮捕阶段是整个刑事诉讼的关键阶段，一旦逮捕以后，刑事诉讼法上的证据自然也就达到基本可以确定犯罪事实的程度。具体内容包括：犯罪嫌疑人确定、犯罪事实确定，且达到证据充足的程度。[②] 反对解释可知，按照“有证据证明有犯罪事实”的基本要求，凡是没有达到这种犯罪嫌疑人确定，或者犯罪事实不清楚，或者两者其中有之一，人民检察院就不应批准逮捕。[③] 否则，错误逮捕没有实施犯罪的人（至少是证据不足的存疑逮捕），将引发错误羁押，并进而引发国家赔偿（不考虑是否定罪），这也是《国家赔偿法》第 15 条规定对错误逮捕进行国家赔偿，或

---

① 学者已对此有深刻认识，各种研究均指明了我国的逮捕标准和公诉、定罪标准相同。参见孙谦：《论逮捕的证明要求》，载《人民检察》2000 年第 5 期；刘计划：《逮捕审查制度的中国模式及其改革》，载《法学研究》2012 年第 2 期；李忠诚：《对有证据证明犯罪事实的理解》，载《人民检察》1996 年第 9 期；朱孝清：《关于逮捕的几个问题》，载《法学研究》1998 年第 2 期；王兵心、龚志明：《如何理解“有证据证明有犯罪事实”》，载《检察理论研究》1996 年第 5 期。

② 参见李忠诚：《对有证据证明犯罪事实的理解》，载《人民检察》1996 年第 9 期；孙谦：《论逮捕的证明要求》，载《人民检察》2000 年第 5 期。

③ 2001 年最高人民检察院、公安部公布的《关于印发〈关于依法适用逮捕措施有关问题的规定〉的通知》第 1 条第 1 款明确规定，有证据证明有犯罪事实包括如下三个内容：“1. 有证据证明发生了犯罪事实；2. 有证据证明该犯罪事实是犯罪嫌疑人实施的；3. 证明犯罪嫌疑人实施犯罪行为的证据已有查证属实的”。第 2 款更是清楚指出至少要证明犯罪嫌疑人实施的一个犯罪行为，“有证据证明有犯罪事实”，并不要求查清全部犯罪事实。其中“犯罪事实”既可以是单一犯罪行为的事实，也可以是数个犯罪行为中任何一个犯罪行为的事实”。

预防错误逮捕的逻辑。[①]

第三，移送审查起诉的证明标准与逮捕标准无差别。按《刑事诉讼法》的规定，逮捕以后公安机关移送审查起诉的证明标准是"犯罪事实清楚，证据确实、充分"。结合《刑事诉讼法》和司法解释理解，这基本就是对"有证据证明有犯罪事实"的另一种说明而已，除依法不应当承当刑事责任的以外。[②] 但是，由于《刑事诉讼法》第161条明确规定，对于不应当追究刑事责任的，公安机关应当主动撤销案件。因此，多种情况均一致表明，检察机关的批准逮捕行为，是刑事诉讼过程中错案能否得以控制的关键。由于案件的审查过程中，检察官第一次履行职责接触特定的刑事案件就必须确定两件事情：犯罪事实已经发生，犯罪事实是由被申请逮捕之人实施。因此，在这个阶段人民检察院就必须履行客观义务，查清案件事实，站在公正的立场上对证据和事实做出评估。否则，一旦偏离立场而在案件事实并不清楚的情况之下作有罪假定，就非常容易出现利用强制措施而作有罪供述诱导，甚至是刑

① 《国家赔偿法》第17条规定："行使侦查、检察、审判、监狱管理职权的机关及其工作人员在行使职权时有下列侵犯人身权情形之一的，受害人有取得赔偿的权利：（一）违反刑事诉讼法的规定对公民采取拘留措施的，或者依照刑事诉讼法规定的条件和程序对公民采取拘留措施，但是拘留时间超过刑事诉讼法规定的时限，其后决定撤销案件、不起诉或者判决宣告无罪终止追究刑事责任的；（二）对公民采取逮捕措施后，决定撤销案件、不起诉或者判决宣告无罪终止追究刑事责任的"……。

② 诚然，公安机关的法律专业素养，并不能和检察院相提并论，但中国《刑事诉讼法》中的移送审查起诉标准在文意上却指出了相同性。司法实践中，检察机关即使在法律经验和职责更高的情况之下，作出的判断也和公安机关基本相同。研究显示，就犯罪事实的认定来看，检察机关与公安机关基本无异，检察机关指出公安机关的证据不足所引发的存疑不起诉仅占所有承办案件的千分之二。参见刘立霞：《移送审查起诉的证明标准探析——以证伪思维为视角》，载《河北法学》2008年第6期；许晓君：《公安机关移送审查起诉案件质量分析——以广州市番禺区人民检察院所办案件为视角》，载《法制与社会》2012年第22期。

讯逼供和暴力取证。[①] 由此看来，检察官最起初最重要的任务就是认真履行客观义务，只对有罪之人逮捕，并对无证据证明有犯罪事实之人提前释放。

第四，逮捕标准与起诉标准、审判标准无差别。如上已经说明，审查起诉的实际标准和逮捕标准无差异。图6－1中清晰地展示，检察院的起诉标准和法院的审判标准并无任何差别，甚至逮捕标准也与公诉、定罪标准无差别。[②] 这也就可以理解，为什么定罪率如此高的原因，因为逮捕以后法律设定的标准和定罪的标准相同，而逮捕就意味着提起公诉，并基本上定罪。当然从证明标准上来看，定罪率高并不奇怪，只要公诉机关能做到准确起诉。表面上看，这种将定罪的证明标准提前至逮捕标准，有架空法院审判权力而过多地让检察官承担客观义务之嫌。实际上，这却是中国刑事诉讼法所设置的三重保险制度，检察官所作的是对案件作事实判断而履行前两个环节，法院最终完成法律上是否有罪的最终判断而处于最终保障地位。对于中国检察官来讲，这就更应当注意自身所承担的客观义务。否则，一旦出现问题，问题的源头就在检察院，无论是批准逮捕部门，还是提起公诉部门。

理想状态下，经典的刑事诉讼具有两个基本原则：无罪推定和排除合理怀疑原则。众所周知，《刑事诉讼法》并没有建立起自由心证原则。然而，排除合理怀疑有助于培养人权保障理念，尽管这个标准

---

① 备受关注的赵作海案，就非常清楚的指明批准逮捕以后的刑讯逼供措施是何等惨烈。新京报特别以"赵作海：被打一个月——生不如死就招了"为题做了详细报道。张寒：《赵作海：被打一个月——生不如死就招了》，载新京报网，http://news.qq.com/a/20100512/000100.htm.2013年10月30日访问。

② 孙长永等多位学人明确指出，"我国的公诉证据标准与定罪的证据标准相同，而且不受司法审查；中国特有的诉讼构造和证据规则以及防止错诉、错判的现实需要，决定了中国应当坚持而不应当降低现行法规定的公诉证据标准"。参见孙长永：《提起公诉的证据标准及其司法审查比较研究》，载《中国法学》2001年第4期；范仲瑾、吴宏耀：《关于"犯罪事实清楚，证据确实充分"的理论反思》，载《检察日报》2007年10月31日。

本身并没有避免错罪出现。① 基于这个证据理念考虑,也就是为什么有罪认定必须在案件开庭审理后方可做出。不过,在现有立法和司法缺失上述理念之背景下,就检察院的特有地位来说,更应当注意。如果不能正确行使客观义务,过于偏重于公诉人地位,将有可能使检察官基于有限的事实调查处于一种偏见。在无法达到确信被告有罪的程度情况下,采取对有罪之人实施惩罚措施。那么,基于无罪推定之逻辑,在案件事实查清之前,任何人不得判处有罪便有存在的根基。如遇证据不足,不能认定被告人有罪的,应当作出证据不足、指控的犯罪不能成立的无罪判决。借助这个基本逻辑可得出无罪(事实上无罪而非法律上无罪)释放的理念,②有罪就逮捕,无罪就释放,这属于检察官应当形成的客观义务内容。作为检察官客观义务承担者和诉讼参与人,如何协调检察官所承担的义务才是正确认识《刑事诉讼法》的核心。

本部分基于刑事诉讼法对检察官客观义务的重心设置,以及证据标准的相关规定,指出刑事诉讼的关键阶段是逮捕阶段。这是人民检察院第一次介入刑事诉讼过程,并基本稳定移送审查起诉、提起公诉、判决有无犯罪等诉讼结果。这是人民检察院履行诉讼监督的第一个关键时刻。按照这个逻辑,对于案件事实清楚的予以逮捕,对于案件事实不清楚的,予以释放。

第一,案件基本事实查清须在逮捕以前完成,这是《刑事诉讼法》规定的证据标准当然结果。案件基本事实查清才批准逮捕,这是证明标准的当然逻辑。如果案件事实没予以查清,就应当不批准逮捕。如果在案件基本事实没查清之前批准逮捕,这与《刑事诉讼法》第 73 条

---

① 参见陈卫东、刘计划:《关于完善我国刑事证明标准体系的若干思考》,载《法律科学》2001 年第 3 期。

② 此标准是事实上判定有罪与否,而非法律上判断有无犯罪。这只是一种是基于是否是犯罪嫌疑人实施涉嫌刑事违法的行为做个事实判断,案件最终在法律上是否有罪,这是法院裁判的问题。这从国家赔偿法对法律上无罪不赔偿的基本逻辑中可以推导出。

规定的“有证据证明有犯罪事实”相矛盾。

第二,案件事实不清楚,批准逮捕容易造成错罪难纠。按照《国家赔偿法》的规定,错误逮捕的案件,人民检察院应当承担国家赔偿责任。按照《刑事诉讼法》规定的诉讼期限,在当前审前羁押率较高,起诉和审判阶段的变更强制措施不理想,以及人民法院无罪率较低的情况之下,人民检察院一旦批准逮捕,即使可能是刑事错罪,那么犯罪嫌疑人(被告人)也将面临平均达 5 个月之久的审前羁押。① 在长期羁押的情况下,基于国家赔偿的顾虑以及人民检察院的内部考核机制,一旦批准逮捕以后,检察官必然千方百计开展后续的诉讼工作。但如果强行进行诉讼工作就面临两种风险。风险一是法院最终判处无罪或主动撤诉,这会使人民检察院的考评受影响。② 风险二是人民法院判处有罪,人民检察院不再承担责任。③ 然而,无论是上述哪一个风险,都涉及人民检察院是否首先履行了作为检察官客观义务应当履行的公正责任。基于当前公检法对于国家赔偿和问责机制的顾虑,上述两个风险将合并为一个最终风险,即无罪被告人将有可能被判处有罪并置于监禁中。但这种结果,却与法律公正和法律守护人之检察官客观义务相违背。

我们在本部分中首先指出,人民检察院审前批准逮捕是刑事诉讼

---

① 唐亮的实证研究和本书第三章对平均达5个月以上的审前羁押期限有类似发现。参见唐亮:《中国审前羁押的实证分析》,载《法学》2001 年第 7 期。

② 从我们和多个检察官和法院的交谈来看,主动撤诉的比例远远大于法院判处无罪。这和当前刑事审判的无罪率低的社会现实比较吻合,但无论是主动撤诉和判处无罪,刑事错罪的责任最终是由人民检察院按照《国家赔偿法》第 15 条第 1 款第(2)项规定承担错罪赔偿责任。

③ 在目前的司法现状之下,出现有罪的可能性非常大。但是,如果出现错罪,人民检察院诉讼监督的客观义务即履行不当。按照国家赔偿法之规定,错误定罪或错误逮捕、拘留之国家赔偿是“事实上无罪”,“法律上无罪”不承担赔偿责任。如前所述,人民检察院批准逮捕的证明标准和公诉、定罪的证明标准相同。因此,在出现错罪的情况下,首先应当问责的第一个阶段是人民检察院。最高人民检察院最新的终身问责机制,再一次肯定了人民检察院主办检察官对错误逮捕应当承担的责任。因此,如果出现错罪,这有悖于刑事诉讼法对人民检察院的各种权力和义务分担的设置。

证明标准最核心的部分。这是人民检察院履行客观义务,完成对有罪之人追究刑事责任,并保障无罪之人不受刑事逮捕。这是刑事诉讼过程中预防出现错罪的第一道保障,也是刑事诉讼的最关键保障措施。事实上有罪就逮捕,事实上无罪就审前释放,这当然是最好的客观义务履行标准。上述分析仅是提起公诉以前的证明标准问题,这个阶段由于尚不涉及检察官公诉义务而成为纯正的客观义务履行阶段。那么,检察官如何在介入公诉人地位以后,履行客观义务呢?为了说明这个问题,我们在接下来的部分,结合 A 市两级法院 2012 年和 2013 年的刑事审判卷宗抽样调查结果,略作分析。

第三节　司法实践中的检察官客观义务

根据案件之事实和证据判断,反映出人民检察院在中国刑事诉讼的特色是首先履行好诉讼监督职责,紧接着才是公诉人地位。如此理解,即可解决人民检察院首先按照法律规定赋予的地位履行诉讼监督之责,紧接着在批准逮捕以后基于证据确凿、充分的犯罪事实追究刑事责任。换句话说,在批准逮捕以前之拘留阶段,案件的基本事实得以查清,并且各种证据基本固定,无论将来出现何种情况,在一般状态下将不会影响诉讼事实的查明。这个问题非常重要,不仅可以确信公安机关的侦查角色,而且可以肯定人民检察院在批准逮捕之时,其角色成为诉讼监督人,并向公诉人地位转变。在转变为公诉人后,犯罪事实基本查清,证据已经确实、充分。那么,据以定罪的关键事实就趋于固定,后续的刑事诉讼过程不再涉及案件事实,而是诉讼程序和诉讼保障问题。

因此,在检察官转变为公诉人后,人民检察院不仅应当正确履行公诉人之责,更应当以检察官客观义务的理念为指导,忠实地履行诉讼和人权保障之责。由此出现一个问题,既然检察官转变为公诉人地位后,更应当关注于人权,那么如何体现人权保障呢?这就引发出本章的另一个核心思想:继续羁押的必要性考察问题。如前所述,逮捕的证明标准是有证据证明有犯罪事实,那么证据收集主要在逮捕以前完成。但由于逮捕以后还涉及继续侦查问题,直到提起公诉之前人民检察院尚没有完全脱离纯正诉讼监督人的角色,这依然属于检察官客观义务履行的重要部分。

表 6-1　刑事诉讼各阶段证据分布(J 区 &A 市中院),n=3063

证据种类	2012 年		n(%)		2013 年		n(%)	
	侦查	起诉	审判	总计	侦查	起诉	审判	总计
物证鉴定	50 (3.4)	3 (2.3)	0 (0.0)	53 (3.0)	17 (1.5)	4 (3.8)	0 (0.0)	21 (1.6)
价格鉴定	12 (0.8)	0 (0.0)	0 (0.0)	12 (0.7)	21 (1.8)	1 (0.9)	0 (0.0)	22 (1.7)
尸体检验	13 (0.9)	7 (5.3)	1 (0.7)	21 (1.2)	5 (0.4)	2 (1.9)	0 (0.0)	7 (0.5)
伤情鉴定	16 (1.1)	5 (3.8)	2 (1.3)	23 (1.3)	11 (0.9)	2 (1.9)	0 (0.0)	13 (1.0)
物　证	31 (2.1)	1 (0.8)	0 (0.0)	32 (1.8)	64 (5.5)	0 (0.0)	0 (0.0)	64 (4.9)
被告人供述	320 (21.9)	62 (47.0)	14 (9.3)	396 (22.7)	264 (22.5)	55 (52.0)	1 (2.4)	320 (24.2)
被害人陈述	69 (4.7)	3 (2.3)	4 (2.7)	76 (4.4)	76 (6.5)	2 (1.9)	0 (0.0)	78 (5.9)
证人证言	305 (20.9)	21 (16.0)	12 (8.0)	338 (19.4)	163 (13.9)	16 (15.0)	3 (7.3)	182 (13.8)
勘验检查笔录	48 (3.3)	8 (6.1)	0 (0.0)	56 (3.2)	51 (4.4)	3 (2.8)	0 (0.0)	54 (4.1)
辨认笔录	210 (14.4)	4 (3.1)	4 (2.7)	218 (12.5)	167 (14.2)	2 (1.9)	0 (0.0)	169 (12.8)
辩解(悔过)	2 (0.1)	0 (0.0)	0 (0.0)	2 (0.1)	1 (0.1)	0 (0.0)	1 (2.4)	2 (0.2)
身份品格[a]	101 (6.9)	2 (1.5)	17 (11.0)	120 (6.9)	69 (5.9)	2 (1.9)	0 (0.0)	71 (5.4)
程序书证[b]	270 (18.5)	14 (11.0)	79 (52.0)	363 (20.8)	232 (19.8)	15 (14.0)	30 (73.0)	277 (21.0)
谅解书	2 (0.1)	1 (0.8)	6 (4.0)	9 (0.5)	5 (0.4)	0 (0.0)	4 (9.8)	9 (0.7)
其　他	12 (0.8)	0 (0.0)	12 (8.0)	24 (1.4)	27 (2.3)	2 (1.9)	2 (4.9)	31 (2.4)

续表

证据种类	2012 年		n(%)		2013 年		n(%)	
	侦查	起诉	审判	总计	侦查	起诉	审判	总计
总　计	1461	131	151	1743	1173	106	41	1320
列统计(%)	100	100	100	100	100	100	100	100
行统计[c](%)	83.8	10	10	100	88.9	10	0	100

注:[a]身份品格主要为,街道办事处/村委会出具的被告人行为品性情况、家庭生活情况、犯罪记录等与本次犯罪无关但证明其平时表现的证据。

[b]程序书证指非必要诉讼文书,如案件受理经过或被告人逮捕经过的情况说明等。

[c]行统计百分比根据列统计样本数构成,三大阶段证据百分比总和超过100%来源于四舍五入差距。

为了印证这个问题,我们对A市中级人民法院和其管辖范围内的J区基层法院2012年和2013年的刑事诉讼进行了抽样调查。① 该抽样调查采用定距抽样方式,对年度案号尾数为5的案件进行抽样。2012年的案件完全按照上诉抽样方式完成,2013年的部分缺失案号以0或6替代。② 在调查内容上,我们对案件卷宗材料中的所有证据按证据分类(见表6-1),并录入证据采集的时间。在诉讼阶段上,我们以每一阶段的申请时间为起算点,再将每一阶段的批准时间(或文书发出时间)为截止点,计算每一阶段的诉讼周期。③ 由此计算出,不同阶段的证据收集种类和证据收集分布。表6-1为案件所使用的证据调查结果,一共抽样128个案件,并获得3063个证据。主要发现如下:

研究显示(见表6-1),证据收集主要在侦查阶段完成,起诉、审

① 事实上,我们还对A市管辖范围内的6个基层法院2009年、2012年的所有刑事案件进行了系统抽样,并检测其审前羁押率和审前羁押期限,见本书第三章。

② 本次调查于2013年11月开展,法院的内部案卷归档系统工作未完成,因此,部分案件的卷宗材料无法获取。A市中级人民法院每年案件在100余件左右,2012年的案件我们收集了9件(12人),2013年只收集了4件(7人)。J区基层法院每年逾400余件刑事案件,我们在2012年收集了41件(51人),2013年收集了41件(59人)。

③ 侦查阶段指案发之日至移送审查起诉之日;起诉阶段为移送审查起诉之日至案件正式提起公诉之日,审判阶段指正式提起公诉之日至判决文书发送之日。

判阶段只有少部分证据采集。2012 年、2013 年 A 市中级人民法院和 J 区基层法院分别有 83.8%、88.9%的证据在侦查阶段完成，两年在起诉阶段收集 10%的证据。上表的实证调研，基本支持了前述结论，即刑事诉讼证据由侦查部门采集完毕，无论是移送逮捕还是提起公诉，在证据收集完毕或主要证据收集以前，人民检察院处于诉讼监督地位。人民检察院在起诉以后，基本不再收集证据，诉讼地位转移至公诉地位。这再次说明，随着诉讼进程的推移，事实调查呈递进状态。

直面犯罪事实的调查基本在侦查阶段结束，公诉人在起诉以后转移至公诉人地位，就必须回应刑事诉讼中审前羁押成为常态的事实。① 按照刑事诉讼的理念，审前羁押的功能主要是保障诉讼顺利进行。这个功能的具体内容包含防止串供、毁灭证据、自杀、逃跑；有助于全面收集证据、查明案情、证实犯罪；保障侦查、起诉、审判活动的顺利进行。②因此，既然侦查阶段已经将主要证据查明，移送审查起诉之时，案件事实清楚，证据确实、充分。那么，又有何原因促使起诉，甚至审判阶段继续羁押犯罪嫌疑人（被告）呢？③

要揭开这个问题之谜，还需要回答两个问题：(1) 不同诉讼阶段

---

① 唐亮的实证调查数据指出，三个地区检察院 1999 年和 2000 年的审前羁押率为 79.3%~89.2%；杜萌等也指出，不少地方法院的羁押率维持在 85%左右。因此，学者们认为审前羁押成为常态，中国刑事诉讼中审前羁押的现象非常普遍。参见唐亮：《中国审前羁押的实证分析》，载《法学》2001 年第 7 期；李昌林：《降低羁押率的途径探析》，载《中国刑事法杂志》2009 年第 2 期；杜萌：《鲁鄂试点羁押必要性审查破解：一押到底》，载《法制日报》2010 年 4 月 28 日；孙长永：《探索正当程序——比较刑事诉讼法专论》，中国法制出版社 2005 年版，第 163~166 页。

② 参见孙吉祥：《逮捕必要性与羁押必要性之差异》，载《人民检察》2013 年第 17 期；马秀卿：《论"非羁押式强制措施"的刑期折抵——以权利保障为视角》，载《河北法学》2007 年第 2 期；石经海：《论羁押制度的内核》，载《中国刑事法杂志》2009 年第 2 期。

③ 本章基于讨论检察官客观义务主题，我们并不打算在此详细分析人民法院审判阶段的诉讼保障问题，请关注我们的其他研究成果。

的真实目的是什么,以及实现阶段功能是否具有风险;(2)审前羁押是否有助于逮捕、起诉功能的实现,以及羁押的必要性是否存在。

表6-1的数据的确证明,案件基本事实是在侦查阶段完成,也即人民检察院提起公诉以前。案件事实的标准符合移送审查起诉的标准,即案件事实清楚、证据确实充分。这说明,刑事诉讼法学界一贯坚持的审前羁押所具有的查清犯罪事实的功能只在侦查阶段符合,起诉以后并不承担查清犯罪事实的任务。既然如此,中国刑事诉讼中的高比例羁押率和较长羁押期限就必然面临着质疑。这个问题非常关键,因为这是检察官客观义务的核心内容,一方面,检察官客观义务要求检察院对案件事实进行全面查清;另一方面,客观义务还包含着因诉讼监督所衍生出的人权保障机能。如果坚持履行检察官客观义务,则意味着大量进入起诉阶段的犯罪嫌疑人可以采取非羁押措施,如监视居住、取保候审等。主要理由如下:

首先,无罪推定原则要求对犯罪嫌疑人采取非羁押措施。在无罪推定理念之下,任何人未经法院作出有罪判决,剥夺他人较长期限的人身自由没有法律根基。① 对于人民检察院来说,在案件事实已经在侦查阶段调查完毕,继续审前羁押实际上是没有必要的羁押。

其次,案件事实已经查清,审前释放对查清犯罪事实无阻碍。从表6-1的调查情况来看,起诉前所有的物证、现场勘验、鉴定等各种非言词性证据已经完成,同时获得了80%的言词证据。由于口供的获取具有重复性,检察阶段重复获取口供多数情况下只有程序意义,对于案件事实调查的实际意义不大。而证人证言、被害人供诉,无论何时、无论被告人是否被羁押都可以顺利实现。因此,言词证据均不

① 审前羁押在西方诉讼文化中,在19世纪70年代以后由美国开始产生了一个新的理念,即预防被保释的人犯新罪的问题。由此产生出,审前羁押所具有的社会预防或避免实施对社会有危险的行为功能。关于审前羁押所具有的社会预防功能,在中国学术界上没有形成主流观点。陈瑞华:《审前羁押的法律控制——比较法角度的分析》,载《政法论坛》2001年第4期。

是实施审前羁押的理由。

最后,各种证据相互印证,翻供成功可能性并不大,并且由此造成的风险可以威慑犯罪嫌疑人。如表 6－1 所示,人民检察院起诉以前言词证据已经固定,即使是非言词证据,如伤情鉴定、价格鉴定等也已经固定下来,并且不管被告人是否被羁押,都可以随时获取。对于言词证据来说,侦查机关已经获取了包含犯罪人供述、证人证言、被害人陈述等证据,并且在此阶段获取的其他证据可以相互印证,案件事实据此可以很好地固定下来。因此,我们认为,人民检察院起诉以后的继续羁押将不利于被告人权益的保护,更不利于预防错罪。

综上所述,我们认为在起诉阶段,基于案件事实已经查清之现实性,为了更好地履行好检察官客观义务,应当考虑最有利于被告的方式,即采取非羁押措施释放犯罪嫌疑人。当然,采取非羁押措施还面临逃跑和犯新罪的挑战。一方面,审判前释放的犯罪嫌疑人,可能在释放期间实施新的犯罪,从而造成新的社会危害。从现有的文献材料来看,我们并没有发现研究成果显示取保期间的犯罪情况。不过,我们和 J 区基层法院法官交流过程中发现,在取保候审期间逃跑的很少。法官的解释是,被取保候审的人都是轻罪,并且可能判缓刑,不出庭或逃跑的后果将更为严重。① 另一方面,审前释放的犯罪嫌疑人,可能犯新罪。然而,我们在调查过程中和 J 区基层法院的法官的交谈

---

① 我们对国外审前释放的调查,印证了中国 J 区基层法院的事实。马克的报告指出,美国联邦司法区 1994 年、2003 年、2004 年审前释放的人中有 2.3% 和 2.2% 的人在法庭审理时没有出庭。其中暴力犯罪、财产犯罪、毒品犯罪在 1994 年分别是 2.2%、1.5%、3.8%, 2003 年分别是 2.8%、1.4%、3.1%。Motivans, Mark, 2006. *Federal Criminal Justice trends*, 2003—*Federal Justice Statistics Program*. Washington, D. C.: U. S. Department of Justice; Office of Justice Programs, Bureau of Justice Statistics. 2006: 14, Table 9;赫尔曼等的研究显示,美国 Santa Cruz 郡青少年违法审前释放 2003 年不出庭率只有 3%, Multnomah 郡只有 7% 的青少年违法没有出庭。Barry Holman and Jason Ziedenberg, The Danger of Detention: The Impact of Incarerating Youth in Detention and Other Facilities. *A Justice Policy Institute Report*, *Justice Policy Institute Report*.

也发现,取保候审或监视居住期间犯新罪的案例非常少,不到3%的审前释放人犯新罪。①

当然,这可能与基层法院审理的案件不太严重有关,这些被取保的人本身的犯罪就较轻,或是初犯等,在后续的审判过程中可能判处较轻刑罚或者缓刑。然而,逃跑或犯新罪面临的惩罚结果就是实刑收监执行,这当然可以威慑到犯轻罪的犯罪嫌疑人。当然,对于严重犯罪或常习犯、职业犯等集合犯,采取审前释放导致的逃跑率可能更高,对于这些严重犯罪羁押的必要性相对较大。② 但对于大量刑事案件来讲,生活中的犯罪基本上是基层法院审理的轻罪案件,这符合常识判断。

检察官在公安机关移送起诉后的主要和关键工作即为追诉犯罪人,这当然属于公诉人应当完成的工作。然而,按照检察官履行客观义务之理念,此阶段又需要坚守疑罪从无,以及未经法院审判不得视为有罪的公正、客观理念。由此可以看出,对于大量不具有再犯罪社会危害性的轻罪犯罪人或者初犯、偶犯等,人民检察院应当在检察官客观义务的指导下审前释放犯罪嫌疑人,这符合取保候审或监视居住之法律精神。这就引发本章的第二个核心,也是避免刑事错罪的第二个关键步骤。基于案件事实已经在侦查阶段查清,起诉阶段又无证据显示被取保候审、监视居住的犯罪嫌疑人(被告人)有犯新罪或逃避出庭的行为,因此在移送审查起诉以后原则上应当释放所关押的嫌疑人,避免接下来过程中出现冤假错案。

---

① 这只是对J区的访谈发现,这个问题的细致情况,我们将在接下来开展详细调查,以印证或推翻本章的判断结果。

② 托马斯的研究却指出,1994年至2004年美国75个最大县的审前释放的重罪案件没有按时出庭的比例最高的是盗窃机动车达29%,最低的杀人案件9%,其他如伤人(14%)、强奸10%、抢劫21%。Thomas H. Cohen and Brian A. Reaves, November 2007. Pretrial Release of Felony Defendants in State Courts: State Court Processing Statistics, 1990~2004. *U. S. Department of Justice Office of Justice Programs*, *NCJ* 214994.

第四节　谨慎补充侦查及疑罪公诉

值得讨论的是，人民检察院在接受公安机关移送起诉之后，发回补充侦查问题。就我们目前收集的300余份错罪案例来看，发现一个令人费解的问题，所有错罪案件几乎都存在发回补充侦查，并且补充侦查期间犯罪嫌疑人被继续采取强制措施的情况。按照现行《刑事诉讼法》第160条的规定，公安机关侦查终结移送审查起诉的标准是，“犯罪事实清楚，证据确实、充分”。既然公安机关自认为证据已经非常充分，并且达到提起公诉、定罪的标准，为何还需“补充侦查呢”。一个可行的理由是，检察官最后在审查案件并履行客观义务，这就面临着公诉人地位和案件客观判断的问题。

如前所述，检察官在正式提起公诉以前（至少是公安机关移送审查起诉之时），尚没有进入公诉人角色。那么在此时，其履行的职责应当以检察官客观义务为最高职业准则。如果案件确实证据充分，作出批准起诉之决定，开始朝公诉人地位方向发展。但如果犯罪事实不清楚，或者证据并不确实、充分，这首先面临着一个客观做决定的重要考验。即判断犯罪行为是否由犯罪嫌疑人实施。如果案件事实不是由犯罪嫌疑人实施，或者没有有力的证据证明案件是由犯罪嫌疑人实施，检察官就应恰当履行客观义务，及时释放犯罪嫌疑人。这有两种处理手段：第一种是直接作出证据不足的存疑不起诉；第二种是变更强制措施。两种手段，都避免无罪受害人被继续遭受羁押之苦，并且可以避免刑事审判过程中出现的错罪案件。这也是坚持无罪推定原则的最佳诉讼策略，然而，这面临着一个检察官是否愿意客观履行义务而自我纠错的问题。

按照刑事诉讼的逻辑，逮捕在前，移送起诉在后。为了厘清人民检察院是否在对应的诉讼阶段履行客观义务的作用，我们制作了表6－2检察官履行客观义务对刑事错罪的影响。如表6－2所示，检察官履行了客观义务而避免了错罪发生，那么在第一种不逮捕情况下不予提起公诉,因避免错罪而不承担国家赔偿责任。就侦查阶段来看,第二、三种情况因为未批准逮捕也不承担刑事责任,但前提是后续起诉阶段未予以逮捕。① 即使涉及国家赔偿,由于只涉及非法拘留或判处有罪的责任追究问题,这与人民检察院无关。但是,如果人民检察院在批准逮捕情况下,以及审查起诉过程中不尽客观义务而因有罪推定而提起公诉,则既有可能出现错罪,也有可能出现承担国家赔偿责任问题。尤其以第6种情况出现刑事错罪最为严重,第四、五种情况将根据羁押期限的不同而涉及赔偿金额的大小问题。

表6-2 检察官客观义务与刑事错罪问题情形组合

情形	拘留	逮捕	移送起诉	提起公诉	定罪	错罪	与检察院有关	国家赔偿
1	√	×	√	×				√
2	√	×	√	√	×			√
3	√	×	√	√	√	√		√
4	√	√	√	×			√	√
5	√	√	√	√	×		√	√
6	√	√	√	√	√	√		√

资料来源:《中华人民共和国国家赔偿法》第17条、第21条。

因此,既然人民检察院在已经逮捕之情况下,面对公安机关的移送起诉,应当敢于作出不予起诉决定。其原因有三种:

第一,通过不予起诉,减少国家赔偿数额。案件不予起诉,只对逮捕后的侦查羁押期限承担国家赔偿责任。

第二,违反客观义务之规定提起公诉,被法院判处无罪的赔偿责任更大。案件起诉但法院判处无罪之情况下,赔偿的内容不仅包括侦

① 人民法院审判阶段作出的逮捕决定,无论是否判处有罪或无罪,均与人民检察院无关。

查羁押期限、起诉阶段的羁押期限,而且还需对审判阶段的羁押期限承担赔偿责任。

第三,违反客观义务之规定提起公诉,被法院判处有罪之情况下,将导致刑事错案。但按照最高人民检察院关于错罪责任追究之规定,主办检察官或批准人将面临问责。①

这些分析再次说明,检察官基于客观主义立场,应当慎重决定批捕与否的问题。并且在批准以后,尚需冷静对待移送审查起诉后是否提起公诉,以及是否发回补充侦查问题。一旦案件发回补充侦查,人民检察院无论是在逮捕错误导致的羁押期限过长而有可能出现更多赔偿。事实上,补充侦查也将使人民检察院面临逮捕标准的"有证据证明有犯罪事实"和提起公诉标准"犯罪事实不清楚,或证据不确实、充分"两者之间的矛盾。

如前所述,逮捕的标准与提起公诉的标准在本质上是相同的,②或者,至少说在审查起诉时的标准比这个标准应当更高!既然人民检察院在批准逮捕之时,至少应当达到"有证据证明发生了犯罪事实;有证据证明该犯罪事实是犯罪嫌疑人实施的;证明犯罪嫌疑人实施犯罪行为的证据已有查证属实的"。如果缺少上述任何一个标准元素,就不应当逮捕,并很可能出现错罪。如果人民检察院在审查起诉时,又认为达不到提起公诉的"犯罪事实清楚,证据确实、充分"标准,那么此时说明案件至少缺少其中之一元素。反向推导,在逮捕以后侦查终结案件的证据标准还达不到案犯罪事实清楚,那么逮捕之时更达不到这个标准。此时,检察官基于客观义务履行审查的职责,就应当坚持有罪起诉,无罪释放的逻辑。否则,强行发回补充侦查,只能是人民

① 最高人民检察院《人民检察院错案责任追究责任条例》1998年7月1日。

② 参见孙谦:《论逮捕的证明要求》,载《人民检察》2000年第5期;刘计划:《逮捕审查制度的中国模式及其改革》,载《法学研究》2012年第2期;李忠诚:《对有证据证明犯罪事实的理解》,载《人民检察》1996年第9期;朱孝清:《关于逮捕的几个问题》,载《法学研究》1998年第2期;王兵心、龚志明:《如何理解"有证据证明有犯罪事实"》,载《检察理论研究》1996年第5期。

检察院自己承认自己的逮捕决定是基于案件事实并不清楚,或者没有证据证明有犯罪事实。我们并不打算进行简单的重复论述,但相信这个判断逻辑在所有的错罪案件中一定成立,并且在将来的刑事审判中绝大多数的存疑错罪也面临这个问题。

因此,认真履行检察官客观义务对检察官个人有利,对人民检察院的诉讼监督和公诉地位有利,对广大没有实施犯罪的普通大众有利。在案件事实不清楚的情况下,谨慎批准逮捕;在移送审查起诉后,慎用补充侦查;案件事实存在疑问之情况下,更应当谨慎起诉。

结 论

回顾本章,基于文献综述,我们发现刑事错罪的具体预防措施还有待于深入论证。因此,本章以检察官客观义务为标准,发现《刑事诉讼法》无论是在诉讼顺序还是法条重心来看,都主要肯定的是检察官客观义务。基于此,我们提出人民检察院应当敢于作出审前释放的决定,具体体现为如下两点:

第一,案件事实不清楚,不批准逮捕。人民检察院在进入刑事诉讼的第一个阶段开始,也是最重要的阶段——申请逮捕批准程序,刑诉法上已经肯定检察官对案件和犯罪嫌疑人事实上有罪或无罪的决定权。因此,人民检察院在批准逮捕时,应当坚持事实上有可能无罪就提前释放犯罪嫌疑人,或者采取取保候审、监视居住等非强制性措施。这是人民检察院履行客观义务,并且杜绝错罪的第一个关键步骤。

第二,案件事实不清楚,坚决不予起诉,严格控制发回补充侦查。基于案件事实已经在侦查阶段查证属实,且达到“案件事实清楚,证据确实、充分”,人民检察院在决定是否提起公诉时,凡是发现有可能无罪且事实不清楚的,应当及时作出不予起诉决定,严格控制发回补充侦查。否则,人民检察院用提起公诉的证明标准推翻批准逮捕的证明标准,这是预防刑事错罪的重要一步。

不可否认，本章的研究因主题和内容，论证不够深入而存在不少欠缺。[①] 刑事错罪是刑事诉讼的正常风险，应当建立起健康的诉讼文化，彻底抛弃有罪推定思想。只有这样，人民检察院才能在刑事诉讼中严以律己，严格用检察官客观义务的标准防止错罪。未来的研究中，我们将对最近30年出现的冤假错案进行分析，从而总结人民检察院的办案经验，并就人民检察院如何参与纠错问题进行思考。

① 限于篇幅，我们实难继续撰写。本章的主题虽为检察官客观义务，但还有起诉以后的审判中及审判后如何履行客观义务纠正并监督人民法院判决结果，以及认真纠正错罪的问题尚未讨论。这有两点值得说明，检察官监督庭审违法程序，这对于错罪认定的事实本身意义并不重大，也难以指出案件的实体性问题。学者对此已做深入讨论，重复论证显得多余。关于人民检察院敢于接受错罪，自我纠错或纠正法院判决，这是法治理念问题。我们先前的文章对此已做适当努力，不足部分将在关于国家赔偿比较研究专题中作详细阐述。

第七章　公民对刑事司法错误态度的全球考察*

“布莱克斯通错误比”指出“宁可错放十个有罪者，也比错判一个无辜者好”，这是一个著名的刑事司法审判原则。基于这个比例，为最大限度地实现定罪准确性的法律政策，便顺其自然地产生浩瀚而复杂的宪法和法定权利，以及一套完整的法律和证据规则。但是，如果公众改变对布莱克斯通错误比的看法，不再支持这个原则呢？本章基于多项跨国研究，报告了有关公众对错判或错放是否危害更严重的态度。我们对 1985 年至 2006 年间，不同国家进行的 4 次调查结果进行了再分析。研究发现，这段时间内公众对布莱克斯通错误比日益显著地反对。本章讨论了与刑事诉讼证据标准有关的意义，并提出未来研究的方向。

* 译文发表于《河南警察学院学报》2018 年第 1 期，并被人大复印期刊 2018 年第 8 期转载。

引　言

错放和错判之间的危害差异曾受到一些关注，但很少有学者从国际角度深入研究。[①]有关司法错误（我们用来指因各种原因造成的错判和错放）的选择问题，最初由伏尔泰、布莱克斯通和斯塔克提出。他们的思想可以分别表述为：

（1）对两个人判处无罪，尽管事实上有罪，比起对一个无辜者和善良者处以刑罚和谴责需要更多的谨慎（伏尔泰，1749 年）；[②]

（2）法律规定，宁可错放 10 个有罪者，也比错判一个无辜者好（布莱克斯通，1765 年）；[③]

（3）让 99 个有罪的人逃脱处罚，也比让一个无辜者进监狱好（斯塔克，1824 年）。[④]

---

① See Matteo Rizzolli and Margherita Saraceno, 2013. Better That Ten Guilty Persons Escape: Punishment Costs Explain the Standard of Evidence. *Public Choice*, 155(3): 395 ~ 411; Alexander Volokh, 1997. N Guilty Men. *University of Pennsylvania Law Review*, 146(1): 173 ~ 216; Halvorsen and Vidar, 2004. Is It Better that Ten Guilty Persons Go Free Than One Innocent Person Be Convicted? *Criminal Justice Ethics*, 23(2): 3 ~ 13; Jeffrey Reiman and Ernest Van Den Haag, 1990. On the Common Saying that It is Better that Ten Guilty Persons Escape Than that One Innocent Suffer. *Social Philosophy and Policy*, 7(2): 226 ~ 248; Jan W de Keijser, Evianne GM de Lange and Johan A van Wilsem, 2014. Wrongful Convictions And the Blackstone Ratio: An Empirical Analysis of Public Attitudes. *Punishment & Society*, 16(1): 32 ~ 49; Yehonatan Givati, 2014. The Comparative Law And Economics of Plea Bargaining: Theory And Evidence. *Empirical Journal of Legal Studies*, 11(4): 867 ~ 893; Nicholas Scurich, 2015. Criminal Justice Policy Preferences: Blackstone Ratios And the Veil of Ignorance. *Stanford Law & Policy Review*, 26: 23 ~ 35.

② Voltaire, 1749. *Zadig or, The Book of Fate* (Reprint 2009). The Floating Press, Auckland.

③ William Blackstone, 1765. *Commentaries on the Laws of England*. Clarendon Press, Oxford.

④ Thomas Starkie, 1824. *A Practical Treatise on the Law of Evidence*. John Fairburn, London.

今天,人们日益认识到有必要评估存在于刑事司法系统的两种错误危害。过去的研究认为布莱克斯通错误比是恰当的,但公众接受这一原则——或者说是认为这一原则之所以正确的原因——尚未得到充分的考察。几乎没有研究探讨人们是否认为错判(积极错误,类型Ⅰ错误)比错放(消极错误,类型Ⅱ错误)危害性更小。本章从跨国的角度为这个问题提供了公众意见的实证证据。

一般来说,法律理论体现了刑事法保护无辜者不被误判的精神。①然而,边沁②(1825年)认为,错判的危害被夸大了。因为错放可能在确保无罪者安全的前提下,让有罪的人得以侥幸免受刑事处罚。10∶1是最常见的司法错误比例,有些学者也将其放大到50∶1、99∶1、100∶1,甚至1000∶1。③根据Volokh的理论,这个比例不仅被夸大,在某些情况下也被扭转了。④例如,冯·俾斯麦认为,宁可让10

---

① See Alexander Volokh, 1997. N Guilty Men. *University of Pennsylvania Law Review*, 146(1): 173~216; Keith A. Findley, 2008. Toward a New Paradigm of Criminal Justice: How the Innocence Movement Mergers Crime Control and Due Process. *Texas Tech Law Review*, 41(1): 133~173; Steven E Clark, 2011. Blackstone And the Balance of Eyewitness Identification Evidence. *Albany law review*, 74(3): 1105~1156; Ronald J. Allen and Larry Lauden, 2008. Deadly Dilemmas. *Texas Tech Law Review*, 41(1): 65~92.

② See Jeremy Bentham, 1825. Treatise on Judicial Evidence. *Rationale of Judicial Evidence*, 5: 366.

③ See Alexander Volokh, 1997. N Guilty Men. *University of Pennsylvania Law Review*, 146(1): 173~216; Jeffrey Reiman and Ernest Van Den Haag, 1990. On the Common Saying that It is Better that Ten Guilty Persons Escape Than that One Innocent Suffer, *Social Philosophy and Policy*, 7(2): 226~248; Keith A. Findley, 2008. Toward a New Paradigm of Criminal Justice: How the Innocence Movement Mergers Crime Control and Due Process. *Texas Tech Law Review*, 41(1): 133~173; Nicholas Scurich, 2015. Criminal Justice Policy Preferences: Blackstone Ratios And the Veil of Ignorance. *Stanford Law & Policy Review*, 26: 23~35; Rose Ricciardelli, James G. Bell and Kimberley A. Clow, 2009. Student Attitudes Toward Wrongful Conviction. *Canadian Journal of Criminology and Criminal Justice*, 51(3): 417.

④ Alexander Volokh, 1997. N Guilty Men. *University of Pennsylvania Law Review*, 146(1): 173~216.

个无罪的人受处罚，也比让一个有罪人逃避处罚好。①与此相似，波尔波特（Pol Pot）也声称，逮捕10名无辜的人，胜过释放一个应判的罪犯。②

遵从布莱克斯通错误比原则，是否有助于刑事司法系统避免错判？错判案例在全球比比皆是，其中不乏加拿大、英国、日本、澳大利亚和美国等国家。③每年有成百上千（或数以万计）的无辜者被错判，其中许多人不得不锒铛入狱。④在一些极端的情况下，错判的死囚在

---

① John W. Wade,1979. Uniform Fault Comparative Act. *Forum* 14(3):385.

② Donald J. Sorochan,2008. Wrongful convictions: Preventing miscarriages of justice some case studies. *Texas Tech Law Review*,41(1):113.

③ See Kent Roach. 2012, Wrongful Convictions in Canada. *University of Cincinnati Law Review*,80: 1465 ~ 1526; Martin Beckford,June 5,2012. DNA of Thousands of Innocent People Still Being Collected by Police. *The Telegraph*,. Available at: http://www.telegraph.co.uk/news/uknews/law-and-order/9310728/DNA-of-thousands-of-innocent-people-still-being-collected-by-police.html; Lynne Weathered,2012. Wrongful Conviction in Australia. *University of Cincinnati Law Review*,80(4):1391 ~ 1414.

④ See C. Ronald Huff,2002. Wrongful Convictions And Public Policy: The American Society of Criminology,2001 presidential address. *Criminology*,40 (1):1 ~ 18; C. Ronald Huff, 2004. Wrongful conviction: The American Experience. *Canadian Journal of Criminology and Criminal Justice*,46(2):107 ~ 20; C. Ronald Huff and Martin Killias, 2008. *Wrongful Conviction: International Perspectives on Miscarriages of Justice*. Temple University Press,Philadelphia; Steven A. Krieger,2011. Why Our Justice System Convicts Innocent People,And the Challenges Faced by Innocence Projects Trying to Exonerate Them. *New Criminal Law Review*,14(3): 333 ~ 402; Marvin Zalman,Brad Smith and Angie Kiger, 2008. Officials Estimates of the Incidence of "Actual Innocence" Convictions. *Justice Quarterly*,25. (1): 72 ~ 100; Joseph L. Gastwirth and Michael D. Sinclair, 1998. Diagnostic Test Methodology in the Design and Analysis of Judge-Jury Agreement Studies, *Jurimetrics*,39(1): 59 ~ 78; James S. Liebman, Fagan Jeffrey, West Valerie and Lloyd Jonathan,2000a. Capital Attrition: Error Rates in Capital Cases,1973 ~ 1995. *Texas Law Review*,78(7):1839. ; D. Michael Risinger,2007. Innocents Convicted: An Empirically Justified Factual Wrongful Conviction Rate,*Journal of Criminal Law and Criminology*,97(3): 761 ~ 806.

牢房呆了多年以后被最终执行。①其他被错判者因为胁迫下的辩诉交易、伪证或有缺陷的目击证人证词、证据扣留、强迫招供,以及检察人员和警察的不当行为而被监禁。②此外,他们的家庭也因此遭受折磨,只能寄希望于上诉和法院改判。③检察机关和警察人员故意扣留证据,将无辜者送入牢狱的新闻常见报端。④在某些情况下,即使真凶供认不讳,上诉法院也拒绝受理案件。⑤

鉴于布莱克斯通的"错误比"显然缺乏实证证据支撑,现在是时候来检验公众对"宁可错放十个,也绝不错判一个"的有关态度了。本章报告了关于错判或错放的相对接受程度的跨国研究结果,然后就这种改变对刑事诉讼证据标准的影响进行了讨论。

---

① See Eva Ruth Moravec and Paul J. Weber, March18. 2015. Prosecutor in Texas Execution Case Accused of Misconduct. *Daily News*, Available at: http://www. nydailynews. com/news/national/prosecutor-texas-executio--n-case-accused-misconduct-article-1. 2154794; Mark Godsey, 2013. For the First Time Ever, a Prosecutor Will Go to Jail For Wrongfully Convicting an Innocent Man. Available at: http://www. huffingtonpost. com/mark-godsey/for-the- first-time-ever- a _ b _4221000. html (Accessed on October 12018); James S. Liebman, Fagan Jeffrey, West Valerie and Lloyd Jonathan, 2000. Capital Attrition: Error Rates in Capital Cases, 1973 ~ 1995. *Texas Law Review*, 78(7):1839.

② C. Ronald Huff, 2002. Wrongful Convictions And Public Policy: The American Society of Criminology, 2001 presidential address. *Criminology*, 40 (1):1 ~ 18.

③ Steven A. Krieger, 2011. Why Our Justice System Convicts Innocent People, And the Challenges Faced by Innocence Projects Trying to Exonerate Them. *New Criminal Law Review*, 14(3):333 ~ 402.

④ See Samuel R. Gross and Barbara O' Brien, 2008. Frequency and Predicators of False Conviction: Why We Know So Little, And New Data Capital Cases. *Journal of Empirical Legal Studies*, 5(4): 927 ~ 962; Alex Newman, 2013. First Prosecutor Jailed For Deliberately Convicting Innocent Man. *New American, November* 23. Available at: http://www. thenewamerican. com/usnews/crime/item/17018-first-prosecutor-jailed-for-deliberately-convicting-innocent-man.

⑤ ODell Law Offices, 2011. Virginia Justices Reject Innocence Claim by Former Navy SEAL in 1995 Slaying. *Daily Press, September*16. Available at: http://articles. dailypress. com/2011-09-16/news/dp-nws-navy-seals-killing20110916_1_innocence-claim-turner-claims-virginia-court.

第一节　文献回顾

一、跨学科方法

类型Ⅰ错误(积极错误)和类型Ⅱ错误(消极错误)的统计假设检验理念,已广泛直接应用于刑事司法和诉讼程序中。错判被称为积极错误,错放被称为消极错误。① 这种比照错误的方法(在任何假设检验中)被用于许多学科,如法学、社会学、经济学、心理学、哲学和犯罪学。

自20世纪70年代以来,研究人员已经对布莱克斯通错误比在刑事诉讼中的影响进行了研究。②最初,学者们本来不认同一名被错判者可以与一定数目的错放罪犯相联系。然而,随着应用数学和统计技术的推广,他们却逐渐接受了统计误差模型的准确性。③ 2000年以后的若干年里,学界再次开始怀疑。这方面的证据可以在几个有关司法错误讨论的论坛和法律评论的出版寻找到(《得克萨斯理工法律评论》,2008年;《阿尔巴尼法律评论》,2011年,2012年)。在一次研讨会上,艾克教授提出布莱克斯通错误比缺乏任何实证支持。④

---

① See William E. Feinberg, 1971. Teaching the Type Ⅰ and Type Ⅱ Errors: The Judicial Process. *The American Statistician*, 25(3): 30 ~ 32; Herbert Friedman, 1972. Trial by Jury: Criteria for Convictions, Jury Size and Type Ⅰ and Type Ⅱ Errors. *The American Statistician*, 26(2): 21 ~ 23.

② See Daniel J. Kornstein, 1976. A Bayesian Model of Harmless Error. *Journal of Legal Studies*, 5 (1): 121 ~ 145; David H. Kaye, 1979. The Paradox of the Gatecrasher And Other Stories. *Arizona State Law Journal*, 1979(1): 101 ~ 109; Cohen L. Jonathan, 1981. Subjective Probability And the Paradox of the Gatecrasher. *Arizona State Law Journal*, 1981(2): 627 ~ 634;

③ See Kate Stith, 1990. The Risk of Legal Error in Criminal Cases: Some Consequences of the Asymmetry in the Right to Appeal. *University of Chicago Law Review*, 57(1): 1 ~ 61; Daniel Givelber, 1997. Meaningless Acquittals, Meaningful Convictions: Do We Reliably Acquit the Innocent. *Rutgers Law Review*, 49(4): 1317 ~ 1396; Daniel Givelber, 2005. Lost Innocence: Speculation and Data about the Acquitted. *American Criminal Law Review*, 42(4): 1167 ~ 1199.

④ James R. Acker, 2011. Foreword. *Albany Law Review*, 74(3): 1067.

哲学家认为，布莱克斯通错误比是一个道德问题。例如，Reiman 和 Haag 就质疑 10 ∶ 1 的比例，他们认为"宁可错放十个，绝不错放一个"这一原则缺乏可量化的证据。① Lippke 也认为，这个原则是根本站不住脚的，②而 Goodin 更是坚持很难就错误定罪与错误无罪的比例达成共识（后一个术语是指事实上有罪却被法官或陪审团无罪释放的人）。③然而，哲学家们认为，根本没有办法估计既定社会中的比例。④

法律和经济学领域的学者，将布莱克斯通错误比转化为成本效益关系。他们试图利用复杂的计量经济学模型，区分错判与错放的最佳结果。⑤最终，更多与经济、法律和政治科学有关的因素被考虑

---

① Jeffrey Reiman and Ernest Van Den Haag, 1990. On the Common Saying that It is Better that Ten Guilty Persons Escape Than that One Innocent Suffer. *Social Philosophy and Policy*, 7(2): 226 ~ 248.

② Richard Lippke, 2010. Punishing the Guilty, Not Punishing the Innocent. *Journal of Moral Philosophy*, 7(4): 462.

③ Robert E. Goodin, 1985. Erring on the Side of Kindness in Social Welfare Policy. *Policy Sciences*, 18(2): 149.

④ See Jeffrey Reiman and Ernest Van Den Haag, 1990. On the Common Saying that It is Better that Ten Guilty Persons Escape Than that One Innocent Suffer. *Social Philosophy and Policy*, 7(2): 226 ~ 248; Robert E. Goodin, 1985. Erring on the Side of Kindness in Social Welfare Policy. *Policy Sciences*, 18(2): 149.

⑤ See Matteo Rizzolli and Margherita Saraceno, 2013. Better That Ten Guilty Persons Escape: Punishment Costs Explain the Standard of Evidence. *Public Choice*, 155(3): 395 ~ 411; Nuno Garoupa, Matteo Rizzolli, 2012. Wrongful Convictions Do Lower Deterrence. *Journal Of Institutional And Theoretical Economics*, 168(2): 224 ~ 231; Richard A. Posner, 1973. An Economic Approach to Legal Procedure and Judicial Administration. *The Journal of Legal Studies*, 2(2): 399 ~ 458; Richard A Posner, 1999. An Economic Approach to the Law of Evidence. *Stanford Law Review*, 51(6): 1477 ~ 1546; Polinsky A. Mitchell and Steven Shavell, 1989. Legal Error, Litigation, and the Incentive to Obey the Law. *Journal of Law Economics & Organization*, 5(1): 99 ~ 108; Mats Persson and Claes-Henric Siven, 2007. The Becker Paradox and Type Ⅰ Versus Type Ⅱ in the Economics of Crime. *International Economic Review*, 48(1): 211 ~ 233; Michael L. DeKay, 1996. The Difference Between Blackstone-like Error Ratios and Probabilistic Standards of Proof. *Law and Social Inquiry-journal of The American Bar Foundation*, 21(1): 95 ~ 132.

进来。Png 通过增加间接成本证明错判与错放一样有害。①在对司法错误的文献进行回顾后，Rizzolli 和 Saraceno 的研究结果显示，两种类型的错误在成本方面有相同的危害。②许多研究人员声称错判降低了司法系统的总体威慑力，③而其他研究者则认为错判并没有降低威吓作用。④心理学家也采用不同的统计方法来探讨司法错误如何作用于错判和错放。⑤ Wright 等人利用各种模型，运用合理怀疑标准来衡量陪审团的裁判结果。然而，他们并没有讨论刑事司法系统错误的复杂性。⑥

基于种种原因，研究人员对布莱克斯通错误比提出了疑问。学界肯定正当程序和合理怀疑标准，但也对于用纯数字比例衡量司法错误提出批评和建议。更注重正义精神和保护无罪者免于被错判的哲学家普遍认为，10 名罪犯的地位不等同于一名无罪者。⑦ 心理学家和

---

① Richard A. Posner, 1999. An Economic Approach to the Law of Evidence. *Stanford Law Review*, 51(6): 1477 ~ 1546.

② Matteo Rizzolli and Margherita Saraceno, 2013. Better That Ten Guilty Persons Escape: Punishment Costs Explain the Standard of Evidence. *Public Choice*, 155(3): 395 ~ 411.

③ See Thomas J. Miceli, 1990. Optimal Prosecution of Defendants Whose Guilt is Uncertain. *Journal of Law Economics & Organization*, 6(1): 189 ~ 201; Nuno Garoupa and Matteo Rizzolli, 2012. Wrongful Convictions Do Lower Deterrence. *Journal Of Institutional And Theoretical Economics*, 168(2): 224 ~ 231; Mats Persson and Claes-Henric Siven, 2007. The Becker Paradox and Type Ⅰ Versus Type Ⅱ in the Economics of Crime. *International Economic Review*, 48(1): 211 ~ 233.

④ Henrik Lando, 2006. Does Wrongful Conviction Lower Deterrence? *The Journal of Legal Studies*, 35(2): 327 ~ 337.

⑤ Mandeep K. Dhami, 2008. On Measuring Quantitative Interpretations of Reasonable Doubt. *Journal of Experimental Psychology Applied*, 14(4): 353 ~ 363.

⑥ Daniel B. Wright, Kevin A. Strubler and Jonathan P. Vallano, 2011. Statistical Techniques for Juror and Jury Research. *Legal and Criminological Psychology*, 16(1): 90 ~ 125.

⑦ Jeffrey Reiman and Ernest Van Den Haag, 1990. On the Common Saying that It is Better that Ten Guilty Persons Escape Than that One Innocent Suffer. *Social Philosophy and Policy*, 7(2): 226 ~ 248.

经济学家在评估司法错误时,通常来用复杂的计量模型和实验调查展示两种错误的司法效果。①法学家和犯罪学家也对布莱克斯通错误比态度进行了实证研究,直接和间接质疑其有效性,且对此作出了很大贡献。②

二、实证分析

一些研究检测了公众对布莱克斯通错误比的态度。Sommer 等人通过研究 256 名学生关于对布莱克斯通错误比适用于 6 项罪行的意见,包括谋杀、贪污、交通肇事行为,并使用各种刑期长度来代表不同程度的犯罪严重性。他们发现,错误比与无罪者的被判刑长度呈正相关,也与罪名的不同有关。例如,受访者认为以释放一定数量的有罪者来免除一名无辜者被定罪的研究结果是:谋杀罪中位数不到 10 人,贪污罪超过 40 人。

Ricciardelli 等人调查学生是否接受布莱克斯通错误比的方法,是从十分之一到万分之一表示可以接受的程度。③他们调查的结果显示,受访者个体之间有很大的分歧。回复对布莱克斯通错误比同意程度由 1(强烈不同意)到 5(强烈同意)表示,他们发现学生的专业和年级影响了对布莱克斯通错误比例的态度。但并非所有受访者都基本支持“错放十人比错判一人更好”。在他们的分析中,平均接受程度

---

① Steven E. Clark, 2011. Blackstone and the Balance of Eyewitness Identification Evidence. *Albany law review*, 74(3): 1105 ~ 1156.

② See Jan W. de Keijser, Evianne GM de Lange and Johan A van Wilsem, 2014. Wrongful Convictions And the Blackstone Ratio: An Empirical Analysis of Public Attitudes. *Punishment & Society*, 16(1): 32 ~ 49; Nicholas Scurich, 2015. Criminal Justice Policy Preferences: Blackstone Ratios And the Veil of Ignorance. *Stanford Law & Policy Review*, 26: 23 ~ 35; Robert Sommer, Barbara A. Sommer and Mati Heidmets, 1991. Release of the Guilty to Protect the Innocent. *Criminal Justice and Behavior*, 18(4): 480 ~ 490.

③ Rose Ricciardelli, James G. Bell and Kimberley A. Clow, 2009. Student Attitudes Toward Wrongful Conviction. *Canadian Journal of Criminology and Criminal Justice*, 51(3): 417.

为2.95和2.91的一年级刑事司法和非刑事司法专业似乎都否认了布莱克斯通错误比，三年级非刑事司法（平均3.03）和刑事司法专业学生（平均3.58）也有类似结果。

不同于向受访者询问布莱克斯通错误比的可接受水平，Zalman等人调查了公民对错判发生频率的态度。这项调查可以被认为是试图反对布莱克斯通错误比原则。①他们向受访者提问："你认为错判发生的频率是多少？"大约93%的受访者表示错判发生率至少为1%；21.2%的人认为错判发生率只有1%～3%，受访者中有61.6%的人认为是4%～10%；而10.2%的受访者认为至少11%的案件被错判。换句话说，他们的研究表明，美国公民认为，刑事司法制度应至少定罪一名（至11名）无辜者，以确保其余有罪者（89～99人）受到惩罚。与"释放一个既定有罪的人以确保没有无辜者被错判"的原则完全相反，Zalman等人的研究向布莱克斯通错误比提出了质疑，如表7－1所示。

这些研究是否可靠地估计了严重的司法错误类型？这些研究课题要求受访者从10个、100个、1000个、10,000个的列表中选择一个给定的数字。无论他们的调查结果如何，计算出可接受的错判或错放的数量主要来自具有偏见的设计。在观念上，研究人员已经假定定罪无辜者比释放一个（或多个）有罪的人危害更大，然后他们提出了一个问题来调查受访者的偏好。然而，我们大体上认为他们的研究发现是有缺陷的，原因在下一节中解释。正如Halvorsen所言："我们不太确定是否真的知道这个问题是什么。"②

---

① Marvin Zalman, Matthew J. Larson and Brad Smith, 2012. Citizens' Attitudes Toward Wrongful Convictions. *Criminal Justice Review*, 37(1): 57.

② Halvorsen Vidar, 2004. Is It Better that Ten Guilty Persons Go Free Than One Innocent Person Be Convicted? *Criminal Justice Ethics*, 23(2): 3～13.

表 7-1 公众对于司法错误类型偏好意见的文献分析结果%（n）

作 者	国 家	危害偏好%		SE	优势比	置信区间 95%		数据来源
		类型 Ⅰ	类型 Ⅱ			类型 Ⅰ	类型 Ⅱ	
de Keijser et al.,2014	英国[a]	63. 61(479)	36. 39(274)	1. 75	1. 75	(60. 17,67. 05)	(32. 95,39. 83)	BSA,2006
	荷兰[b]	50. 49(104)	49. 51(102)	3. 48	1. 02	(43. 66,57. 32)	(42. 68,56. 34)	Train
Givati,2011	美国[a]	70. 64(1030)	29. 36(428)	1. 19	2. 41	(68. 30,72. 98)	(27. 02,31. 70)	ISSP,2006
	法国[a]	82. 57(1383)	17. 43(292)	0. 93	4. 74	(80. 75,84. 39)	(15. 61,19. 25)	
Scruich,2015	美国	85. 39(485)	15. 61(83)	1. 53	5. 47	(82. 39,88. 39)	(12. 61,18. 61)	AMT
算术平均值		70. 54(3481)	29. 66(1179)	0. 67	2. 38	(69. 23,71. 85)	(28. 35,30. 97)	
加权均值		74. 70(6483)	25. 30(1096)	0. 64	2. 95	(73. 45,75. 95)	(24. 05,26. 55)	
T 检验		3. 23**						

注：[a]根据文献引用，从原始数据集采集抽样数量。

[b]百分比由样本数量计算，不包括 115 个平衡信息。

[c] T 检验比较差型错误偏好百分比，H_0：类型 Ⅰ 错误 = 类型 Ⅱ 错误，H_a：（mean）diff > 0. T。

** $p < 0.05$。

三、公众态度

到目前为止，只有三篇文章明确地调查了关于公众对于最严重司法错误类型的态度。这些研究所使用的样本较小，且与非随机样本有着很大差异。通过使用 2006 年的英国社会态度（BSA）调查（N = 924），de Keijser 等人发现，64% 的人认为错判比错放更严重。在一项样本范围是 436 名荷兰火车乘客的研究中，他们发现错判（积极错误，104 次回复）和错放（消极错误，102 次回复）之间没有显著差异。① Givati 2011 年利用国际社会调查计划（ISSP）（N = 48,641）中有关政府作用的数据分析报告，82. 6% 的法国公民和 70. 6% 的美国公民认为错判比错放更严重。② Scruich 通过在线平台亚马逊市场调查（AMT）获得了 568 名成年参与者的意见，发现 85% 的受访者认为，错判是比错放更严重的司法错误。③

考察这三项研究的结果，表 7 - 1 使用 Student' T 检验（t = 3. 231，p = 0. 016）允许拒绝同等偏好的假设。尽管上述研究似乎确认公民认为类型Ⅰ错误比类型Ⅱ错误更严重，但他们最严重的缺陷是这种二分法夸大了积极错误百分比。如下文（见表 7 - 2）所示，研究人员错误地将司法错误的观点视为（是非）二元变量结果，忽略了"不能选择"或"未回答（无答复）"所反映的公民态度。另外，这些最新的公众意见分析是以小样本进行的（不超过 600 人），这是否有助于了解

---

① Jan W. de Keijser, Evianne GM de Lange and Johan A van Wilsem, 2014. Wrongful Convictions And the Blackstone Ratio: An Empirical Analysis of Public Attitudes. *Punishment & Society*, 16(1): 32 ~ 49.

② Yehonatan Givati, 2014. The Comparative Law And Economics of Plea Bargaining: Theory And Evidence. *Empirical Journal of Legal Studies*, 11(4): 867 ~ 893.

③ Nicholas Scurich, 2015. Criminal Justice Policy Preferences: Blackstone Ratios And the Veil of Ignorance. *Stanford Law & Policy Review*, 26: 23 ~ 35.

真实的公众意见也还有疑问。①例如,在 Scurich 使用的 AMT 亚马逊在线调查中,受访者的中位数年龄只有 28 岁,这当然无法代表一般社会人群。②

第二节 跨国调查问卷和所排除的数据

因致力于重新评估有关公众对司法错误的态度,我们不仅对问卷所提出问题的全貌进行了关注,而且也将焦点放在被排除的数据。2010 年,欧洲社会调查发布了第 27 次欧盟成员国公民对司法错误态度的公众意见报告(ESS 2010 年 5 月 5 日)。被访者要求使用 10 分制(0 =从不,10 =总是)的量表回答"你认为法庭错误地让有罪者逃脱的频率是多少?"我们的在线计算显示,其平均值为 4.97,不包括无效的、拒绝回答和表示不知道的样本。很可惜,ESS 这一次调查并没有推衍出类似法院错误对无辜者定罪的频率问题。

BSA(英国社会调查,1985 ~ 2006 年)的调查提出了以下问题:"所有司法制度都会产生错误,但是你认为危害更大的是什么?"选项包括:"定罪无辜者"、"释放有罪者"和"无法选择"。我们展示了受访者关于积极错误(CIN,定罪无辜者)和消极错误的观点(FG,释放有罪者)。2006 年调查结果显示,所有受访者(包括无法选择和其他未答复者)中,有 51.4% 的受访者认为错判比错放危害更大,48.6% 的受访者则持反对意见。

---

① See Robert Sommer, Barbara A. Sommer and Mati Heidmets, 1991. Release of the Guilty to Protect the Innocent. *Criminal Justice and Behavior*, 18(4): 480 ~ 90; Jan W de Keijser, Evianne GM de Lange and Johan A van Wilsem, 2014. Wrongful Convictions And the Blackstone Ratio: An Empirical Analysis of Public Attitudes. *Punishment & Society*, 16(1): 32 ~ 49; Nicholas Scurich, 2015. Criminal Justice Policy Preferences: Blackstone Ratios And the Veil of Ignorance. *Stanford Law & Policy Review*, 26: 23 ~ 35.

② Nicholas Scurich, 2015. Criminal Justice Policy Preferences: Blackstone Ratios And the Veil of Ignorance. *Stanford Law & Policy Review*, 26: 23 ~ 35.

相反，de Keijser 等人使用相同的 BSA 数据得出结论认为，大约 64% 的英国民众认为错判比错放危害更大，36% 的人依旧持相反意见。① 如上所述，他的研究排除了无法选择的回答和丢失的数据。如表 7－2 所示，仅使用有效回答（二分法模型）的 N 作为百分比计算分母的模型，最后将无疑导致百分比扩大。在这种情况下，从所有回复中的 51.8% 增加到 63.6%。因此，用这样的方法表示调查结果可能会产生误导。在其他报告的调查结果中，我们也看到了同样的模式。②

以"政府角色"命名的国际社会调查计划（ISSP）展示了 1985～2006 年公民态度调查中关于类型Ⅰ和类型Ⅱ司法错误的数据。2006 年最新一轮（第四届）的受访者来自 38 个国家或地区。调查提出了以下问题："所有司法制度都会犯错，但是你认为哪种危害更大？"选项包括："定罪一个无辜的人"、"让一个有罪者逃脱"和"无法选择"。ISSP 结果（见表 7－2）表明，62.1% 的受访者认为危害最大的结果是错判无辜者，但 37.9% 的受访者不同意。通过排除"无法选择"的选项和缺失数据，二分结果将积极错误的百分比从 62.1% 提高到 71.4%。

美国综合社会调查（GSS）自 1985 年以来也有类似的调查，最近一次是在 2006 年。这项调查提出的问题是："所有司法制度都会犯错误，但你认为哪种危害更大？"可供选择的选项包括："错判无辜者"，"让一个有罪者逃脱"和"无法选择"。接近 68% 的 GSS 受访者认为错判比错放更严重（见表 7－2），而约 32% 的人持相反的看法。因为没有考虑到所有的回应类型，二分模式再次夸大了积极错误支持率，达到 70.6%，从而增加了约 3.7%。

---

① Jan W. de Keijser, Evianne GM de Lange and Johan A van Wilsem, 2014. Wrongful Convictions And the Blackstone Ratio: An Empirical Analysis of Public Attitudes. *Punishment & Society*, 16(1): 32～49.

② See Yehonatan Givati, 2014. The Comparative Law And Economics of Plea Bargaining: Theory And Evidence. *Empirical Journal of Legal Studies*, 11(4): 867～893; Nicholas Scurich, 2015. Criminal Justice Policy Preferences: Blackstone Ratios And the Veil of Ignorance. *Stanford Law & Policy Review*, 26: 23～35.

表 7－2　对类型Ⅰ和类型Ⅱ错误调查数据进行重新分析

问　题	所有司法系统都会犯错误，但你认为哪一个危害更大：定罪无辜者，或者释放有罪者？													
调　查	所有回答										二分法			
	类型Ⅰ				类型Ⅱ		无法选择		未回答		类型Ⅰ		类型Ⅱ	
	同意 %（n）		不同意%（n）		%（n）		%（n）		%（n）		%（n）		%（n）	
BSA，2006	51.4	(479)	48.6	(453)	29.4	(274)	18.4	(171)	0.9	(8)	63.6	(479)	36.4	(274)
ISSP，2006	62.1	(30,192)	37.9	(18,449)	24.8	(12,081)	11.6	(5627)	1.5	(741)	71.4	(30,192)	28.6	(12,081)
GSS，2006	67.9	(1030)	32.1	(488)	28.2	(428)	3.4	(52)	0.5	(8)	70.6	(1030)	29.4	(428)
CGSS，2005	44.4	(4608)	55.6	(5764)	42.2	(4375)	13.4	(1389)	—	—	51.3	(4608)	48.7	(4375)
均　值	56.4	(36,309)	43.6	(25,154)	—	—	—	—	—	—	64.7	(36,309)	35.3	(17,158)
加权均值	59.1	(36,309)	40.9	(25,154)	—	—	—	—	—	—	67.9	(36,309)	32.1	(17,158)
T 检验	1.22[b]				—	—	—	—	—	—	3.06**[c]			
效用（power）	0.846				—	—	—	—	—	—	0.993			

注：[a]二分制模式不包括“无法选择”回应和排除数据。在该模型中用于百分比计算的分母是仅有效回应的 N。

[b]H_0：支持类型Ⅰ错误（%）＝反对类型Ⅰ错误（%，包含无法选择），H_a：（mean）diff＞0.

[c]H_0：支持类型Ⅰ错误＝类型类型Ⅱ错误 H_a：（mean）diff＞0.

$^{**}p<0.05$.

数据来源：BSA，2006；ISSP，2008；CGSS，2005；NORC，GSS Data Explorer.

中国社会总体调查(CGSS:F19)于2005年也进行了类似的调查，包括对司法错误态度的问题。调查将受访者按照农村和城市分为两类。对不同省级群体的特定街道、镇、县的单位采用分层抽样。数据共集中收集了中国内地宁夏，青海，西藏等28个省份以外的10,372个有效样本。调查包括以下问题："所有的司法系统都会有犯错误的时候，但是下面的两种情形您认为哪种更糟糕呢?"可选选项包括"无罪之人被判刑"、"有罪之人被释放"和"无法选择"。有趣的是，所有问卷的完整答案显示，44.4%的受访者认为错判比错放危害更大(远远低于其他调查)，而42.2%的人认为错放危害更大，13.4%的人表示难以选择。这些结果与二分模型分别为51%和49%的结果大相径庭相比，两个模型("所有回答"和"只包含两种错误类型")之间的报告值相差6.9%。

上述调查中，受访者表达"无法选择"意味着什么呢?这种回答可能反映了受访者观念上的矛盾和冲突。具体来说，类型Ⅰ和类型Ⅱ错误的问题同样形成了司法缺憾，使受访者难以选择其中一种选项。这反映出诸如犯罪的严重性、被告人的犯罪前科或其他变数等因素可能影响了受访者的决定，使受访者难以综合作出明确抉择。鉴于所有回答(包含无法选择)和二分模型之间的回答比例有差异，学生T检验表明，这种显著差异主要源于方法上的缺陷所引发的错误结论。正如表7-2中显示的四项调查结果，当我们排除那些"无法选择"的样本时，公民对类型Ⅰ与类型Ⅱ错误态度差异有显著差异($t = 3.058$, $p = 0.028$)。然而，当我们将所有回答(包括无法选择)的样本百分比重新计算时，支持类型Ⅰ错误的偏好与反对类型Ⅰ错误的百分比似乎没有显著差异($t = 1.223$, $p = 0.154$)。因此，有关司法错误态度的文献考察表明，真实社会中的司法错误态度并非像既有结论那样，讨论这个主题对司法仍有深刻的理论意义。

第三节　纵向调查分析

一、一般结论

我们利用所有回答型(所有回答)对国家公民态度调查的数据进行了纵向追踪,以重新评估全球对错判的态度。图 7 – 1.1 是 ISSP 四期调查的结果(1985 ~2006)。1985 年 ISSP 收集了 6 个国家的样本结果(N =7350 人);1990 年有 11 个国家(N = 14, 897 人);1996 年有 25 个国家(N =32,795 人);2006 年有 38 个国家(N =48,641 人)。ISSP 数据库分别将消极错误(错放)和积极错误(错判)用“0”和“1”编码,并且也将用“缺失值”表示的数据展示了出来。ISSP 的编码本和在线分析结果描述了每期每个变量的选择个数和百分比。

从图 7 – 1.1 所示的平均水平来看,从 1985 ~ 2006 年约 14% (14.1%)的受访者认为在两种司法错误之间难以选择,如表 7 – 3 所示。约有 20% (22.2%)的受访者倾向于错放比错判危害更大,而约 65% (63.4%)的受访者认为错判比错放更严重。很明显,图 7 – 1.1 (所有回应模式)显示支持错判比错放危害更严重的比例有所下降。相比之下,如果排除了“无法选择”的问卷,则二分法模型(图 7 – 1.2)反映了受访者对类型 I (错误定罪)错误偏好更多。

1985 年,BSA 收集了 1502 份问卷,1986 年为 1316 份,1990 年为 1163 份,1994 年为 986 份,1996 年为 994 份,2005 年为 842 份,2006 年为 932 份。虽然 BSA 只报告了双变量百分比(定罪无辜者和释放有罪者),但是,其原始数据(包括“不能选择”选项)可以通过其列出的具体频数予以计算。BSA 数据模型的纵向分析(图 7 – 1.3 和图 7 – 1.4)显示了与 ISSP 调查相似的模式。尤其是,在 2006 年数据分析结果显示两个模型存在明显差异。图 7 – 1.3 显示,2006 年有 52% 的受访者选择了错判比错放判罚危害更大,而约 30% 的受访者反对。如果“不能选择”(约占 19%)的样本被包括进来,则后者就增加到 48%。相比之下,二分制模式(图 7 – 1.4)表明,63.6% 的受访者认为定罪无辜者更严重。这是因为,二分模型排除“不能选择”后，人为将类型Ⅰ错误增加了11.8%。

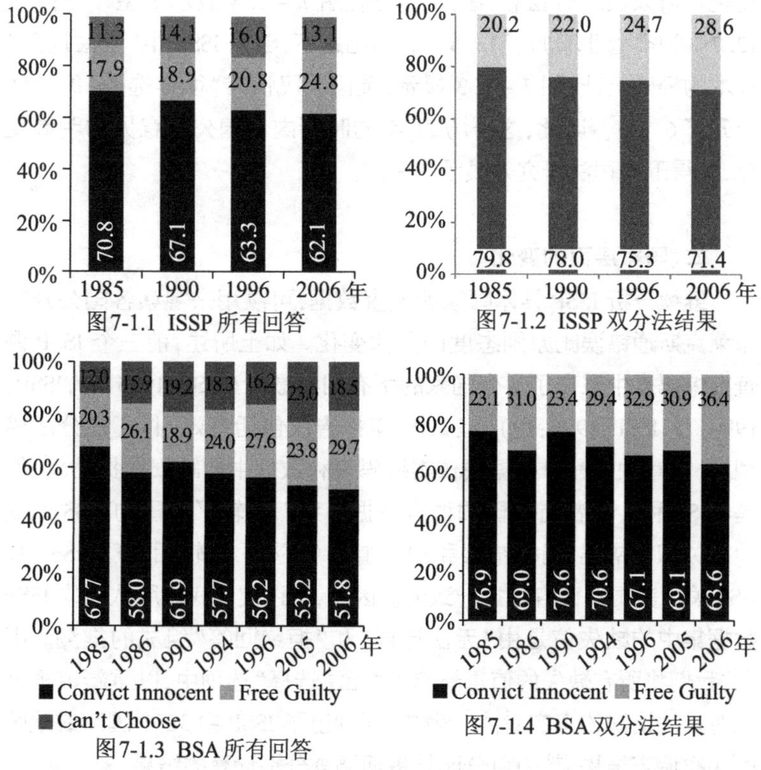

图7-1.1 ISSP所有回答

图7-1.2 ISSP双分法结果

图7-1.3 BSA所有回答

图7-1.4 BSA双分法结果

图7－1 司法错误的危害偏好类型，ISSP和BSA（1985～2006年）

资料来源：ISSP，1986，1992，1999，2008；BSA，1985～2006。

图7－1也揭示了公众对布莱克斯通错误比原则的接受程度正在下降，同时，对错放更严重的接受程度却逐渐攀升。随着时间的推移，越来越多国家的公民觉得错判并不比错放更严重。与1985年ISSP比例相比，2006年选择类型Ⅰ错误的受访者下降了8.7%。即使在二分法结果（从79.8%到71.4%）中，从1985年至2006年也有8.4%的受访者不再认为错判比错放更严重。在BSA调查中也可看出同样的趋势：类型Ⅰ错误的偏好从67.7%降低到51.8%，而类型Ⅱ错误从

20.3%提高到29.7%。对类型Ⅰ和类型Ⅱ两种错误所持态度的明显变化也可以在二分法模型中观察到,图7-1.4显示类型Ⅰ下降了12.7%和类型Ⅱ增加了13.3%。相比之下,随着ISSP中“无法选择”样本的轻微上升,图7-1.3显示,英国公民认为“很难选择”的比例上升了6.5%。因此,这一场21年的时间内各国公众意见的明显变化,值得刑事司法研究人员予以关注。

二、国家层面的变化

继续分析ISSP具体国家的调查数据,可以用来观察各国公众对布莱克斯通错误比原则态度的具体变化。如上所述,前三个ISSP调查在编码表中报告了每个国家的所有回答数量(ISSP,1985:50,ISSP,1990:71,ISSP,1996:19),但2006年报告仅包括有效回答(二分法模型)。尽管缺乏充分证据去核实编码表和数据中的缺损数据结构,但是,ISSP和GSS都有美国的调查数据。我们比较了美国的GSS调查中有关积极错误、消极错误和缺失值的反应数,比较后发现,ISSP和GSS关于美国的调查数据一致的。因此,这证实了我们所认为的ISSP数据集中的缺失值是由“无法选择”和“拒绝回答”组成的推测。因此,我们将所有缺失的值重新编入“无法选择”选项中,以重新审视公众对司法错误的真实看法。表7-3列出了ISSP中38个国家或地区的四次调查结果,其中百分比是每期调查分别计算的结果。

纵向分析数据,至少两期调查数据可比,我们用方向箭头对积极错误的变化进行了表达。很明显,各国(地区)的趋势基本上与大趋势相似。我们观察到,认为错判比错放更严重的受访者比例,平均减少了8.7%。为进一步确定每个国家(地区)四组数据体现的偏好是否明显不同,我们采用皮尔逊卡方检验来测试1985~2006年各回应的分布情况。结果显示,有12个国家(地区)显示对错判的支持程度显著下降,同时在以色列犹太人的变化并不显著。相比之下,四个国家(地区)对错判更严重的支持显著增加,剩下的5个国家(地区)虽有增加但都没有达到显著水平。9个对错判的支持程度升高,

表7-3　错判，还是错放更严重？（ISSP，1985-2006，38国家或地区）　　单位：%

国家/地区	1985年			1990年			1996年			2006年			均值(排)			改变（仅错判）	Pearsonx^2
	错判	错放	无法选择	错判	错放	无法选择	错判	错放	无法选择	错判	错放	无法选择	错判	错放	无法选择		
澳大利亚	71.3	21.2	7.5	64.5	20.7	14.9	64.6	21.8	13.6	59.5	26.5	14.0	64.1	22.9	13.0	↓(-11.8)	91.0***
德国(原联邦德国地区)	76.3	13.2	10.5	65.8	18.5	15.8	68.0	14.6	17.4	62.2	19.3	18.4	67.5	16.6	16.0	↓(-14.1)	69.3***
德国(原民主德国地区)	—	—	—	63.7	17.1	19.2	64.1	17.1	18.8	60.8	22.2	17.0	63.3	18.1	18.6	↓(-2.9)	7.7*
英　国	66.7	20.3	13.1	61.4	19.1	19.5	56.2	26.9	16.9	52.2	29.1	18.7	60.2	23.2	16.7	↓(-14.5)	77.6***
美　国	61.9	20.4	17.7	56.2	20.0	23.8	60.4	22.5	17.0	67.9	28.2	4.0	61.9	23.4	14.7	↑(6.0)	237.2***
意大利	76.5	16.8	6.7	74.8	22.4	2.9	75.7	19.5	4.8	—	—	—	75.8	19.1	5.1	↓(-0.8)	27.6***
奥地利	67.5	14.2	18.3	—	—	—	—	—	—	—	—	—	67.5	14.2	18.3	NA	—
匈牙利[a]	—	—	—	56.5	32.3	11.2	54.3	21.6	24.1	52.4	30.9	16.7	54.3	27.3	18.4	↓(-1.9)	89.6***
爱尔兰	—	—	—	75.9	17.1	7.0	72.6	20.9	6.4	70.1	20.3	9.6	72.9	19.4	7.7	↓(-4.0)	14.0***
挪　威	—	—	—	86.2	7.7	6.1	86.4	7.5	6.1	84.2	10.5	5.3	85.6	8.5	5.9	↓(-2.0)	10.0**
以色列犹太裔[b]	—	—	—	65.9	17.4	16.8	66.7	16.1	17.2	63.8	20.4	15.8	65.5	18.0	16.6	↓(-2.1)	7.0
以色列阿拉伯裔[a]	—	—	—	—	—	—	53.8	27.6	18.6	63.5	27.4	9.1	57.5	27.5	15.0	↑(9.7)	14.5***
北爱尔兰	—	—	—	66.2	20.0	13.9	—	—	—	—	—	—	66.2	20.0	13.9	NA	—
瑞　典	—	—	—	—	—	—	71.7	20.0	8.3	71.9	19.2	9.0	71.8	19.6	8.6	↑(0.1)	0.5
捷　克	—	—	—	—	—	—	67.6	18.8	13.6	75.5	13.5	11.0	71.8	16.0	12.2	↑(7.9)	18.2***

续表

国家/地区	1985 年			1990 年			1996 年			2006 年			均值(排)			改变（仅错判）	Pearsonx^2
	错判	错放	无法选择	错判	错放	无法选择	错判	错放	无法选择	错判	错放	无法选择	错判	错放	无法选择		
斯洛文尼亚	—	—	—	—	—	—	61.2	18.9	19.9	66.7	15.4	18.0	63.9	17.1	18.9	↑(5.5)	7.2**
波　兰	—	—	—	—	—	—	40.4	20.5	39.1	62.1	22.5	15.4	51.7	21.5	26.7	↑(21.7)	187.7***
俄罗斯	—	—	—	—	—	—	64.2	18.6	17.2	54.8	15.6	29.6	58.7	16.8	24.5	↓(−9.5)	82.8***
新西兰	—	—	—	—	—	—	62.5	21.4	16.1	57.8	25.0	17.2	60.1	23.2	16.7	↓(−4.7)	6.2**
加拿大	—	—	—	—	—	—	61.6	18.2	20.2	58.8	23.4	17.8	60.4	20.5	19.2	↓(−2.8)	9.1**
菲律宾	—	—	—	—	—	—	42.7	21.8	35.6	44.6	22.2	33.3	43.6	22.0	34.4	↑(1.9)	1.5
日　本	—	—	—	—	—	—	58.5	26.7	14.8	61.6	23.2	15.3	60.0	25.0	15.0	↑(3.1)	4.3
西班牙	—	—	—	—	—	—	68.6	22.7	8.7	61.5	22.6	15.9	65.1	22.7	12.3	↓(−7.1)	62.5***
拉脱维亚	—	—	—	—	—	—	69.3	18.1	12.6	70.4	17.1	12.4	69.8	17.7	12.5	↑(1.1)	0.5
法　国	—	—	—	—	—	—	73.5	17.3	9.2	75.8	16.0	8.2	74.8	16.6	8.6	↑(2.3)	2.3
塞浦路斯	—	—	—	—	—	—	40.0	45.8	14.2	—	—	—	40.0	45.8	14.2	NA	—
保加利亚	—	—	—	—	—	—	53.5	29.3	17.3	—	—	—	53.5	29.3	17.3	NA	—
瑞　士	—	—	—	—	—	—	—	—	—	76.3	18.2	5.6	76.3	18.2	5.6	NA	—
智　利	—	—	—	—	—	—	—	—	—	55.2	40.4	4.5	55.2	40.4	4.5	NA	—
中国台湾	—	—	—	—	—	—	—	—	—	37.7	47.3	15.0	37.7	47.3	15.0	NA	—
克罗地亚	—	—	—	—	—	—	—	—	—	63.7	18.7	17.7	63.7	18.7	17.7	NA	—
丹　麦	—	—	—	—	—	—	—	—	—	81.9	12.2	5.9	81.9	12.2	5.9	NA	—

续表

国家/地区	1985 年			1990 年			1996 年			2006 年			均值(排)			改变（仅错判）	Pearsonx^2
	错判	错放	无法选择	错判	错放	无法选择	错判	错放	无法选择	错判	错放	无法选择	错判	错放	无法选择		
多米尼加	—	—	—	—	—	—	—	—	—	63.3	28.8	7.8	63.3	28.8	7.8	NA	—
芬　兰	—	—	—	—	—	—	—	—	—	74.2	17.5	8.3	74.2	17.5	8.3	NA	—
韩　国	—	—	—	—	—	—	—	—	—	65.4	28.6	6.0	65.4	28.6	6.0	NA	—
荷　兰	—	—	—	—	—	—	—	—	—	65.9	24.4	9.8	65.9	24.4	9.8	NA	—
南　非	—	—	—	—	—	—	—	—	—	39.3	45.4	15.4	39.3	45.4	15.4	NA	—
乌拉圭	—	—	—	—	—	—	—	—	—	63.3	27.6	9.1	63.3	27.6	9.1	NA	—
委内瑞拉	—	—	—	—	—	—	—	—	—	62.9	32.5	4.6	62.9	32.5	4.6	NA	—
葡萄牙	—	—	—	—	—	—	—	—	—	69.8	20.9	9.4	69.8	20.9	9.4	NA	—
均　值	70.8	17.9	11.3	67.1	18.9	14.1	63.3	20.8	16.0	62.1	24.8	13.1	63.4	22.2	14.1	↓(8.7)	579.5***
T 检验[c]	8.51***	—	6.36***	—	5.61***	—	7.59***	—	7.80***	—	—	—	—	—	—	—	—
样　本	7350	—	14,897	—	32,795	—	48,641	—	103,683	—	—	—	—	—	—	—	—

注：[a] 表明统计学家可能的数据输入错误。1990 年匈牙利和 1996 年的以色列－阿拉伯国家的类型Ⅰ和类型Ⅱ错误的回答被重新编码，因为原有数据集中二者的数据可能搞反。

[b] 1990 年的调查没有区分犹太或阿拉伯人，以色列犹太人在这里只用于比较。

[c] H_0：同意类型Ⅰ错误的百分比＝不同意类型Ⅰ错误（包含错放和无法选择），H_a：（mean）diff >0。

$^{*}p\leqslant.0.1$，$^{**}p\leqslant.0.05$，$^{***}p\leqslant.0.01$。

资料来源：ISSP，1986，1992，1999，2008。

主要来自1996～2006年间的比较。相比之下,那些对错判支持度下降的国家是1990年及其以前。这说明,时间越往前移,对错判的支持力度越有可能更低。不难发现,对于类型Ⅰ错误(错误定罪)偏好的下降,日渐反映出全球对布莱克斯通原则的接受度不断下降。

表7－3中的学生T检验表明,公众越来越多地接受与拒绝积极错误的比例有显著差异。然而,南非、我国台湾地区和塞浦路斯的公民认为,释放有罪者比定罪一个无辜者危害更大。同时,保加利亚、菲律宾、英国和俄罗斯不少公民认为,在两者之间很难做出选择。波兰在1996～2006年期间,公众对此问题的意见发生了重大变化,而中国大陆偏好第一类和偏好第二类错误的受访者几乎没有发生变化,如表7－2所示。有趣的是,2006年的BSA调查数据显示,受访者认同或不认同错判是危害更大的司法错误的比例几乎持平(51.8% vs. 49.2%,也见图7－1),而支持类型Ⅱ错误和"不能选择"的百分比分别增长9.4%和6.5%。如果我们考虑到上述国家或地区的这种下降趋势和一些社会压力,如对恐怖主义或严重犯罪危害性的判断,我们有理由相信,公众可能最终相信错判所造成的危害至少等于由错放引起的危害。在今后的研究中,需要更多的纵向数据来证实和检验这一假设。

三、按年统计分析

为了进一步测试每个国家(地区)的变化,我们使用多元定类逻辑回归来评估公民对类型Ⅰ错误、不能选择的态度,以类型Ⅱ错误作为比较的参照基础。有鉴于目前的ISSP调查只有四期,进行时间序列分析并不妥当。退而求其次,我们将年度设置为虚拟变量,然后比较既定年份和后面时期在选择类型Ⅰ错误和不能选择的概率变化,如表7－4所示。

表 7-4　RRR 多元定类逻辑回评估司法错误类型偏好趋势(1985~2006 年,38 国家或地区)

参照组（错放）

国家/地区	参照年份	1990 年		1996 年		2006 年		Rx^2	Pseudo R^2
		错判	无法选择	错判	无法选择	错判	无法选择		
澳大利亚	1985	0.93	2.04***	0.88	1.78***	0.67***	1.49***	96.43***	0.0061
德国(原联邦德国地区)	1985	0.61***	1.07	0.81**	1.50***	0.56***	1.20	71.66***	0.0057
德国(原民主德国地区)	1990	—	—	1.01	0.98	0.74**	0.68	7.43	0.0015
英　国	1985	0.98	1.58***	0.64***	0.97	0.54***	1.00	77.77***	0.0089
美　国	1985	0.93	1.37**	0.88	0.87	0.79**	0.16***	274.43***	0.0315
意大利	1985	0.74***	0.32***	0.86	0.62**	—	—	28.58***	0.0058
匈牙利	1990	—	—	1.44***	3.24***	0.97	1.57***	92.38***	0.0133
爱尔兰	1990	—	—	0.78**	0.76	0.78**	1.16	13.90***	0.0031
挪　威	1990	—	—	1.03	1.02	0.72**	0.64**	9.69**	0.0023
以色列犹太人	1990	—	—	1.09	1.10	0.82*	0.80	6.98	0.0013
以色列阿拉伯人	1996	—	—	—	—	1.19	0.49***	15.34***	0.0099
瑞　典	1996	—	—	—	—	1.04	1.12	0.48	0.0001
捷克共和国	1996	—	—	—	—	1.56***	1.13	18.21***	0.0050
斯洛维尼亚	1996	—	—	—	—	1.34**	1.11	7.19**	0.0020

续表

国家/地区	参照年份	1990 年		1996 年		2006 年		Rx^2	Pseudo R^2
		错判	无法选择	错判	无法选择	错判	无法选择		
波　兰	1996	—	—	—	—	1.40***	0.36***	191.25***	0.0377
俄罗斯	1996	—	—	—	—	1.01	2.05***	85.26***	0.0109
新西兰	1996	—	—	—	—	0.79**	0.91	6.24**	0.0013
加拿大	1996	—	—	—	—	0.74***	0.69***	9.04*	0.0023
菲律宾	1996	—	—	—	—	1.03	0.92	1.50	0.0003
日　本	1996	—	—	—	—	1.22**	1.19	4.30	0.0009
西班牙	1996	—	—	—	—	0.90	1.84***	63.34***	0.0072
拉脱维亚	1996	—	—	—	—	1.08	1.05	0.49	0.0001
法　国	1996	1.12	0.96	2.31	0.0005	—	—	—	—
总体趋势(38 个国家或地区)	—	—	—	—	—	—	—	—	—
mlogit	1985	0.90***	1.18	0.77***	1.22***	0.63***	0.84***	580.21***	0.0031
xtmelogit	1985	0.80***	—	0.76***	—	0.70***	—	78.66***	—
xtmelogit	1985	—	1.14**	1.090.95	31.85***	—	—	—	—

注:因变量是危害更大错误类型的偏好,类型Ⅱ错误视为参照。

$^*p\leqslant0.1$, $^{**}p\leqslant0.05$, $^{***}p\leqslant0.01$。

资料来源：ISSP,1986,1992,1999,2008。

每个国家(地区)的变化或总体趋势,可以从多元定类逻辑回归(multinomial logistic regression)模型中的相对风险比(Relative Risk Ratio,RRR)读取。我们也注意到这四期调查由多个国家(地区)构成,所以将样本视为多层次数据。借助于 Stata 关于多层逻辑回归的命令 xtmelogit,我们分别将类型Ⅱ错误编码为"0",将类型Ⅰ错误重新编码为"1",然后生成一个新变量来预测类型Ⅰ错误的接受度变化。我们再次将类型Ⅱ错误重新设置为"0","无法选择"视为"1",并生成另一个新变量来测试"无法选择"的接受趋势。考虑到国家(地区)所产生的聚合性影响,我们采用多层次逻辑回归的优势比(Odds Ratio)去检验错误类型偏好的总体趋势是否可靠。虽然我们以非常简单的方式报告分析结果,但仍然报告了多元逻辑回归中卡方似然比和伪 R^2,并且利用瓦尔德卡方(Wald Square)去验证模型的可靠性。

如表 7－4 所示,我们的研究结果与表 7－3 大致一致。对于总体趋势,多元定类逻辑回归和多层次逻辑回归分析均证实,支持类型Ⅰ错误危害更大的比例在逐年下降。换句话说,世界各地的公民越来越担心错放的风险。具体来说,大多数国家经历了类型Ⅰ错误接受度的明显下降趋势,由于相对风险比小于 1。与表 7－3 中美国的增长趋势不同,表 7－4 的相对风险比为 0.79($p = 0.041$)。这表明与 1985 年相比,表 7－4 得出的结论是美国支持类型Ⅰ错误的比例呈下降趋势。从本章的基调来看,这似乎令我们兴奋。

然而,研究伦理要求客观展示各国(地区)的调查结果,我们不可能像先前的研究那样去歪曲调查数据。这种变化的原因是表 7－3 的方法与表 7－4 不同,因为表 7－3 使用的是所有回应模型(包括"无法选择"),而不是使用二分法分析(仅包括积极错误和消极错误)。相比之下,表 7－4 中的多元定类逻辑回归仅是以类型Ⅱ错误为比较参照("0"),与类型Ⅰ错误或"无法选择"的两两配比("1")概率分析结果,而不是同时包括"无法选择"的三分法百分比。正如表 7－5 中的二分法结果,大约 4.58% 的样本改变了偏好,从支持积极错误变成支持了消极错误。我们提醒读者,这种扭曲后的数据结果,并没有

表 7-3 的分析结果可靠。尽管如此,但这并没有从整体上消除多数国家(地区)对类型 I 错误支持度的下降趋势。

表 7-5　美国公民对司法错误的态度,GSS

年　份	类型 I 错误		类型二 II 错误		样本总量	
	%	N	%	N	二分法	所有回答
1985	75.22	419	24.78	138	557	677
1990	73.79	684	26.21	243	927	1217
1996	72.85	805	27.15	300	1105	1332
2006	70.64	1030	29.36	428	1458	1518
Mean	72.60	2938	27.40	1109	4047	4744
变动值	-4.58	—	4.58	—	—	—

资料来源:NORC,GSS Data Explorer.

虽然我们考虑到国家(地区)的总体效应,但区域差异仍不能消除类型 I 错误接受度的降低。相反,多元定类逻辑回归和多层次逻辑回归分析所显示的显著不同表明,与 1985 年相比,1996 年和 2006 年的确存在"无法选择"的区域差异。但是,这些区域差异并不影响 1985 年至 1990 年的"无法选择"增长(优势比 = 1.136,p = 0.036)。优势比也可以用于解释"不能选择"选项在 1996 年的增长趋势和 2006 年的下降趋势。尽管并不是每个国家(地区)都有同样的趋势,但这依然意味着一些国家的受访者日益偏向于"无法选择"的部分原因是类型 I 错误接受度的下降。

尽管表 7-4 中的模型解读了积极和消极错误的接受度在年度上的显著差异,但年份变量对国家(地区)之间的差异却解释很少。也即年度对国家间的变化影响很小,因为伪 R^2 过小(整体上才 0.0031)基本可以忽略掉。但有一个例外,美国(0.0315)和波兰(0.0377)的影响还是不可忽视,说明这些国家在 20 年的跨度里可能经历了不同趋势。关于为什么公众在最近几十年来对司法错误危害偏好有变化,以及社会因素是如何影响公众决策的,这是未来研究的一个领域。另外,未来的研究应该具体说明构成类型Ⅰ或类型Ⅱ偏好问题时的犯罪类型(包括恐怖主义或危害公共安全犯罪),或询问被访者认为错误比具体应该是多少。

第四节　讨论

正如法学家和犯罪学家所指出的那样,我们并没有生活在完美或无错的世界中,因此,不可能有一个刑事司法系统保证犯罪者都会被依法定罪,无辜者都会被无罪释放。① 回顾过去,世界各地都存在错判的问题。② 错判有许多原因,③并且陪审团往往在诸多因素不确定的情况下被迫作出决定。④

与不完美的个人相比,刑事司法系统也必须承认和适应这些不可避免的司法失范。⑤ 实际上,我们几乎不可能确切知道每年到底发生多少错判和错放案件,⑥因此,我们无法比较各自的各种危害,并且

---

① James R Acker,2011. Foreword. *Albany Law Review*,74(3):1067.

② See C. Ronald Huff,2002. Wrongful Convictions And Public Policy:The American Society of Criminology,2001 presidential address. *Criminology*,40 (1):1 ~18.

③ See Brandon L. Garrett,2005. Innocence,Harmless Error,and Federal Wrongful Conviction Law. *Wisconsin Law Review*,2005(1):35;Brandon L. Garrett,2012. *Convicting the Innocent:Where Criminal Prosecutions Go Wrong*. Harvard University Press,Cambridge,MA.

④ See Jan W de Keijser,Evianne GM de Lange and Johan A van Wilsem,2014. Wrongful Convictions And the Blackstone Ratio:An Empirical Analysis of Public Attitudes : *Punishment & Society*,16(1):32 ~49.

⑤ See Marty I. Rosenbaum,1990. Inevitable Error:Wrongful New York State Homicide Convictions,1965 ~1988. *New York University Review of Law & Social Change*,18 (3):807 ~830.

⑥ See Samuel R. Gross and Barbara O' Brien. 2008,Frequency and Predicators of False Conviction:Why We Know So Little,And New Data Capital Cases. *Journal of Empirical Legal Studies*,5(4):927 ~962;C. Ronald Huff,2002. Wrongful Convictions And Public Policy:The American Society of Criminology,2001 presidential address. *Criminology*,40 (1):1 ~18.

实证性地判断哪一个结果更糟。尽管有大量的哲学家、①经济学家、②犯罪学家、③统计学家、④法学教授⑤和执业律师⑥就这个问题进行思辨,但要想得到一个理智和统一的结论,在目前甚至将来都可能很难。

这项研究并不着重于对布莱克斯通错误比的含义和理由继续提出抽象性的哲学观点。我们也并不致力于构建衡量刑事审判错误比的定量模型,⑦更对解释和检验这个比例⑧及与此相关的证据标准、错

---

① See Richard Lippke, 2010. Punishing the Guilty, Not Punishing the Innocent. *Journal of Moral Philosophy*,7(4):462.

② See Nuno Garoupa and Matteo Rizzolli, 2012. Wrongful Convictions Do Lower Deterrence. *Journal Of Institutional And Theoretical Economics*,168(2): 224 ~231.

③ See James R Acker, 2011. Foreword. *Albany Law Review*, 74(3): 1067 ~ 70; Marvin Zalman, Matthew J. Larson and Brad Smith, 2012. Citizens' Attitudes Toward Wrongful Convictions. *Criminal Justice Review*,37(1): 57.

④ See Herbert Friedman,1972. Trial by Jury: Criteria for Convictions, Jury Size and Type Ⅰ and Type Ⅱ Errors. *The American Statistician*,26(2): 21 ~23.

⑤ See Alexander Volokh, 1997. N Guilty Men. *University of Pennsylvania Law Review*,146(1): 173 ~216; Garrett Brandon L. Garrett,2005. Innocence, Harmless Error, and Federal Wrongful Conviction Law. *Wisconsin Law Review*,2005(1): 35.

⑥ See Donald J. Sorochan, 2008. Wrongful convictions: Preventing miscarriages of justice some case studies. *Texas Tech Law Review*,41(1):113.

⑦ See Shawn D. Bushway, 2011. Estimating Empirical Blackstone Ratios in Two Setting: Murder Cases and Hiring. *Albany law review*,74(3):1087 ~1104; Ronald J. Allen and Larry Laudan. 2008, Deadly Dilemmas, *Texas Tech Law Review*, 41(1): 75 ~77; D. Michael Risinger, 2007. Innocents Convicted: An Empirically Justified Factual Wrongful Conviction Rate, *Journal of Criminal Law and Criminology*,97(3):761.

⑧ See Alexander Volokh, 1997. N Guilty Men. *University of Pennsylvania Law Review*,146(1): 173 ~216; Robert Sommer, Barbara A. Sommer and Mati Heidmets,1991. Release of the Guilty to Protect the Innocent. *Criminal Justice and Behavior*,18(4): 480 ~ 490; Jan W de Keijser, Evianne GM de Lange and Johan A van Wilsem, 2014. Wrongful Convictions And the Blackstone Ratio: An Empirical Analysis of Public Attitudes. *Punishment & Society*,16(1): 32 ~49.

误和陪审团判断准确性相互作用下的各种理论不感兴趣。①我们知道,布莱克斯通错误比是自罗马时代以来一个毋庸置疑的法律原则。②然而,本章提供的数据揭示公众对这一原则的肯定程度逐渐削弱。是什么原因导致了公众对于这种神圣不可动摇原则态度的转变,以及因此产生了怎样的政策影响?

在原因问题上,继续进行更多的研究是有必要的,无论是使用更多数据还是更多样的方法。我们推测,发生这个转变的可能原因和重要原因之一是公众对犯罪率上升的担忧,全球恐怖主义活动的频繁发生和公共安全程度的下降。对刑事司法问题的态度(如死刑),也受文化和历史传统的影响。虽然犯罪数量事实上没有增加,恐怖主义活动也鲜有耳闻,但媒体的夸张渲染却影响了民意。此外,媒体报道的那些有罪却不受处罚的案例,也进一步加剧了公众对法律程序的不满。暴力犯罪、恐怖主义和其他严重犯罪造成了大量人员伤亡的可怕场面和公众愤慨,更可能会促使既定的法律原则发生改变。

与民众态度变化的一个政策反应,可能是改变犯罪的证明标准,这将无疑影响类型Ⅰ和类型Ⅱ错误。提高证据标准可能会导致更少的错判,但也会造成更多的错放。但是如果公众获悉降低举证标准,他们会支持吗?也许这可能不会运用于所有犯罪,因为普通法中排除合理怀疑的标准所带来的影响根深蒂固。但只要被提出来,公众可能会支持降低那些最严重罪名的举证标准。虽然这未使用严谨数据的支持,纯粹是推测,但是,鉴于公众对布莱克斯通错误比的支持下降,仍然可能意味着公众愿意考虑这样的建议。

正如对死刑态度的调查一样,将问卷限制在所提出的具体罪名和

① See Michael L. DeKay,1996. The Difference Between Blackstone-like Error Ratios and Probabilistic Standards of Proof. *Law and Social Inquiry-journal of The American Bar Foundation*,21(1):95 ~ 132.

② See Jeremy Bentham,1825. Treatise on Judicial Evidence. *Rationale of Judicial Evidence*,5:366.

其本质上。例如,询问具体类型的刑事犯罪,而不是笼统的犯罪。[1]受访者在不知晓导致定罪或无罪判决的假设性案例裁断中,公众也可能对以前描述的社会调查作出不一样的回应。像这样的因素,可用于解释类型Ⅰ和类型Ⅱ之间"无法选择"受访者的比例为何如此高。当然,如果受访者被告知被告的指控是区别于其他一般重罪或轻罪,是导致大规模伤亡或危害公共安全的恐怖主义罪行,结果可能会有所不同。同样,在今后有关降低举证标准的建议调查中,征询公众意见的问题也需要提及内容包括恶性犯罪和恐怖主义。

我们可以设想将犯罪(以及各类相关罪行)分为以下大类:(1)恐怖主义;(2)故意谋杀;(3)暴力和误杀罪(过失杀人);(4)财产犯罪;(5)轻罪。按照这个顺序,考虑到公众对布莱克斯通错误比例的接受程度已不断下降,公众将会支持降低恐怖主义和大规模杀伤罪行的举证标准的建议。公民认为这些罪行对和平与安全的威胁是最严重和迫在眉睫的,因此对这些罪犯也是最不能容忍被释放和赦免的。

对于恐怖分子或危害公共安全的罪犯,公众有可能接受明确而有说服力的标准,还是优势证据标准(普通法国家的民事案件标准)?法官和陪审团经常在许多民事诉讼判断应负责任时使用这些标准,包括被告的心理状态,不仅涉及疏忽,还涉及故意或过于自信的莽撞行为(例如,故意的侵权行为,包括意外死亡)。就像考虑刑事案件中的被告辩护一样,民事审判中也大量运用这些标准去裁决。这些证明标准可能会减少错误的无罪释放,并使检察官更容易地在最极端的公共

---

① See Bin Liang, Hong Lu, Terance D. Miethe and Lening Zhang, 2006. Sources of Variation in Pro-death Penalty Attitudes in China: An Exploratory Study of Chinese Students at Home and Abroad. *The British Journal of Criminology*, 46(1): 121[梁斌等的研究指出,2001年至2003年中国国家统计局(N > 100K)进行的三次调查中,三分之一的受访者将犯罪认定为最严重的公共问题。令人不安的是,这种观点随着时间的推移而获得更多的认同。因此,他们指出,对错判事实的认识并不影响自身原来态度是中国公民支持死刑的原因,这表明他们认为错判的概率很小:"他们认为,为了服务社会公义,维护治安,司法错误或许是不可避免要付出的代价。这可能是集体主义的遗留物。也就是说,'为了整个集体的利益而多多少少牺牲一些'"]。

伤害案件中定罪被告。超出合理怀疑标准的刑事司法审判不会完全消失,并且仍然会被用于重罪、轻微财产犯罪和轻罪。因为在这种情况下,此类案件的错放并不像将犯恐怖主义和大规模故意伤害的罪犯错放那样具有危害性。

对这一提议的一个也很正常的反对是,丧失自由的刑事处罚明显严厉于民事诉讼。因此,鉴于每个社会高度重视自由,未来标准就不能低于当前标准。由此引出了一个问题:对社会大众来说,是自由还是安全该占更大权重?没有人会对"无安全不自由"提出质疑和争辩,反之亦然;两者都是至关重要的。对这个问题进行全面哲学讨论显然超出了本章的范围。法理学家不同意布莱克斯通比例,或者定量研究是否已经表明这个问题不是那么显而易见,并且还有其他因素(例如,经验比较的错误比和陪审团决策准确性)驱动司法制度中的类型Ⅰ或类型Ⅱ错误,这些对立法者或公众来说都重要吗?我们认为,答案是否定的。假定某些罪行的标准或证据的变化进行充分解释,那么公众和法律制定者会发现他们的决定(降低证据标准)是合理的,并且可能会因此接受。至少可能会尝试对最严重的危害公共安全案件降低举证标准,最终在法庭审判实务中对其进行宪法评估。

世界各地最近的恐怖事件已经引发证据标准的讨论,正如在其他法律领域所做的那样:美国第一修正案。法律分析家们现在正在重新思考长期以来的宪法要求,刑事指控前需证明存在"明确和现实迫切的危险",是否可以让恐怖主义行为运用宪法权利?目前的美国宪法规定,被告只有被证明是在合理怀疑下,构成迫切的实际的非法行为威胁,然后才可以被定罪。在目前明确的危险测试下,只有煽动性言论是不够的(见勃兰登堡诉俄亥俄州,1969 年)。最近提出的第一修正案修改议案是由恐怖势力所驱动,恐怖分子在利用互联网、聊天室、加密消息和社交媒体酝酿对平民的袭击,这几乎是不可能在实际操作中预防或预测并专项应对的。事实上,基本司法原则的这种偏离是必然的,因为公众的安全感降低了。

一定会有人质疑,并因此认为,我们已经打算放弃布莱克斯通错误比赖以生存的道德标准,更不用说无罪推定了。也可能有人认为,我们诡异地对排除合理怀疑这一神圣标准表达不满。理性的人可以基于各种原因对于刑事司法政策的道德提出不同观点,就像质疑用自由价值对抗恐怖主义(以及判决处罚罪犯)和降低犯罪率最终产生利益一样。我们已经认识到这点,正如一位评审人所说,关于修改举证责任可能是"煽动性"的建议,但我们已不是第一个这样做。①

我们对此观点异常谨慎,但是,我们建议公众尽可能消除这种想法,转而把精力集中在惩治恐怖主义等刑事犯罪行为上。可能是时候尽所能去尝试探讨对这些案件做出一些改变,否则,我们可能不会再有机会活着,并堂而皇之地进行诸如此类的道德辩论。我们现在生活的时代与布莱克斯通错误比(及前期)制定的时代不同。布莱克斯通原则在几乎没有法医鉴定方法的时候制定,如我们所知,当时恐怖主义不存在,也没有大规模毁灭性武器。而现在不同,刑事诉讼的可靠性大大提高了。此外,这一原则是反对政府经常用监禁或死刑作为政治镇压手段而提出,但现代民主国家及其政府则是利用监禁对犯罪分子进行惩罚。

如果我们报告的数据反映了这样一个趋势,那么执行标准和政策的改变可能并不重要。因为越来越多的公民要求陪审团无论如何要运用有利证据,将一些被控犯有恐怖主义或大规模危害公众安全的被告定罪。毫无疑问,许多陪审员可能已经确实这样做了,这是一种维护并证明陪审团有效的形式。

也有人认为,降低恐怖主义犯罪和大规模伤亡案件的证明标准是不道德的,在死刑案件中尤甚。虽然民主国家和其他国家利用上诉程序来纠正和减少错判,可能花很多年才最终生效,这使快速执行变得

---

① See Jeffrey Reiman and Ernest Van Den Haag, 1990. On the Common Saying that It is Better that Ten Guilty Persons Escape Than that One Innocent Suffer. *Social Philosophy and Policy*, 7(2):226~248. 热曼和哈格,十五年前提出如下建议:"如果我们相信惩罚无辜者不比错放有罪者危害更大,我们的刑事司法政策应该以恰当的方式改变。例如,我们可以降低刑事案件定罪证据的标准"。

不可能。但是,必须强调,我们所讨论的内容同样关心,以及其他刑事司法改革所强调的新社会威胁——错误定罪。刑事司法务必尽最大的努力去预防,并及时采取措施对无辜者提供救济。

最后,我们承认有关讨论可能并非法律界的主流观点,也可能不会完全奏效。降低恶性犯罪的举证标准,可能会降低错放的频率,同时也可能会很具讽刺意义地引起更多的错判。因此,直白地讲:我们试图找出如何减少错放和错判的方法(我们应尽最大努力避免冤假错案)。[①] 正如无法确信法官或陪审团是否客观上判断正确一样,我们也无法预测采用降低举证标准将导致类型Ⅰ或类型Ⅱ错误频率发生什么变化。[②] 但可以肯定的是,鉴于全球社会日益增长的不安全感,这项建议值得法律制定者进一步考虑。

结　论

本章的可取之处在于,审视了世界各国人民对司法错误的态度:错判还是错放更严重？当然,我们的研究也有缺陷。作为一项探索性研究,我们未能对受访者选择不同类型错误的原因进行复杂的统计分析。犯罪率、经济水平、政治等相关和复杂的变量当然应该考虑。未来的研究人员应该探讨受访者做出选择的理由,这可能涉及定性研究(如核心群体)和多元分析,控制人口和情境变量,如种族、社会阶层、性别、教育、收入、犯罪率等。最后,我们提出三项有关本研究的建议。

第一,法学家和犯罪学家迫切需要更多地关注司法错误问题。在

① See Arnold H. Loewy,2007. Systemic Changes that Could Ieduce the Conviction of the Innocent. *Criminal Law Forum*,18(1):139.

② See Michael L. DeKay,1996. The Difference Between Blackstone-like Error Ratios and Probabilistic Standards of Proof. *Law and Social Inquiry-journal of The American Bar Foundation*,21(1):95 ~ 132; Halvorsen Vidar,2004. Is It Better that Ten Guilty Persons Go Free Than One Innocent Person Be Convicted? *Criminal Justice Ethics*,23(2): 3 ~ 13.

回顾以前的研究时,我们已经发现公众日渐接受积极错误的趋势。如果为了不惩罚一个无辜者,让×个有罪的人获得自由是否还依然更好呢?布莱克斯通的理论在几百年后的今天仍然适用吗?根据Alschuler的说法,"布莱克斯通认识到人类制定法律和法律必须适应不断变化的情况。"①或许,今天的学者应该重视现代刑事司法的诸多进步和不同了。

第二,尽管没有实证证据,布莱克斯通原则强调了错判问题的严重性及其预防的必要性。然而,纵观全球几个司法系统,错判是常见的,特别是对于穷人和那些缺乏足够辩护资源的人来说更是如此。②因此,应针对人口变量和辩护资源的匮乏,进行更多的实证研究。

第三,世界各地的刑事司法系统处理类型I和类型II错误的方法需要更大改变。一方面,考虑到许多无辜者被长期监禁,政策制定者和立法者必须通过更广泛地使用DNA测试来建立对无辜者的保护模式;另一方面,由于公众对错放的关注日益增加,刑事司法制度必须继续积极有效地进行犯罪控制。也许在某一天,应对犯罪的最好办法就是保留目前的标准。无论如何,法律从业人员(如法官、检察官,指定辩护人)都应该承认司法错误的存在,尽全力防止错判的发生。③ 同时,刑事司法人员也应提高对恐怖分子和其他恶性犯罪分子定罪的准确性。

数据来源

ISSP Research Group, 1986. International social survey programme:

---

① Albert W. Alschuler, 1996. Rediscovering Blackstone. *Pepperdine Law Review*, 145 (1): 54.

② See James S. Liebman, Fagan Jeffrey, West Valerie and Lloyd Jonathan, 2000. Capital Attrition: Error Rates in Capital Cases, 1973 ~ 1995. *Texas Law Review*, 78(7): 1839; Daniel Epps, 2015. The Consequences of Error in Criminal Justice. *Harvard Law Review*, 128(4): 1065 ~ 1151.

③ See Daniel Epps, 2015. The Consequences of Error in Criminal Justice. *Harvard Law Review*, 128(4): 1065 ~ 1151.

Role of government I-ISSP 1985. GESIS Data Archive, ZA1490 Data file Version 1. 0. 0, DOI: 10. 4232/1. 1490.

ISSP Research Group, 1992. International social survey programme: Role of government Ⅱ-ISSP 1990. GESIS Data Archive, ZA1950 Data file Version 1. 0. 0, DOI: 10. 4232/1. 1950.

ISSP Research Group, 1996. International social survey programme: Role ofgovernment III-ISSP 1996. GESIS Data Archive, ZA2900 Data file Version 1. 0. 0, DOI: 10. 4232/1. 2900.

ISSP Research Group, 2008. International social survey programme: Role of government IV-ISSP 2006. GESIS Data Archive, ZA4700 Data file Version 1. 0. 0, DOI: 10. 4232/1. 4700.

European Social Survey, 2010. Integrated file, ed. 3. 2 Round 5. Available at: http://www. europeansocialsurvey. org/data/download. html?r=5.

British Social Attitudes, 1985 – 2006. British Social Attitudes Information System. Available at: http://www. britsocat. com.

Chinese National Survey Data Archive (2005). China general social survey. Available at: http://www. cnsda. org/index. php? r = projects/ view&id = 19389978.

National Opinion Research Center. GSS Data Explorer/Worse type of judicial mistake. Available at: https://gssdataexplorer. norc. org/ variables/4002/vshow.

第八章 错放与错判的危害相当性*

“错判”比“错放”危害大，以及“宁可错放，不可错判”，被认为是刑事正义理念。然而，“错判”等于“错放”“错放”大于“错判”的观点也不乏大量经典学说和历史的支持。如何认识“错判”和“错放”危害性的大小，是帮助刑事立法、司法、政策、教育认识司法错误的重要课题。我们利用 2005 年中国综合社会调查关于“错判”和“错放”危害性偏好的 10, 732 个样本，研究采用多种统计模型分析后发现：两种司法错误危害相当，任何一个危害偏好均不占优势；有弱者心理的少数民族和纠纷经历者，以及教育程度高的人倾向于“错判”的危害更大；犯罪控制评价、守法态度和司法信任对危害偏好没有影响，偏好也不影响司法满意评价。基于司法错误的不可避免性和诉讼风险性，本章提出危害相当理论，指出刑事司法应坦然接受“错放”和“错

---

* 本章部分内容发表在《中外法学》2016 年第 1 期。

判”。理论的贡献在于，有利于消除冤假错案的危害观念，树立积极的认错和纠错态度；缓解纠错压力可尽早释放无辜者，防止两种刑事司法错误相互转化。

《尚书·大禹谟》：“与其杀无辜，宁失不经。”①

《左传·襄公二十六年》：“若不幸而过，宁僭无滥，与其失善，宁利其淫。”②

亚里士多德：“我们中的每个人都宁愿将一个有罪者当成无辜者一样判决无罪，也不宁愿将一个无辜者像有罪者一样定罪。”③

布莱克斯通：“宁可错放十个有罪者，也比错判一个无辜者好。”④

伏尔泰：“对两个人判处无罪，尽管事实上有罪，比起对一个无辜者和善良者处以刑罚和谴责需要更多的谨慎。”⑤

波斯纳：“（错误）定罪和（错误）无罪的监禁成本均衡效应意思是，几个错误的无罪所引发的社会成本等于一个错误的定罪。”⑥

边沁：“（如果）为了避免一个无罪的人不受处罚，（那么）没有人

---

① 相传源自逸书《夏书》，后《大禹谟》袭用此文。王世舜、王翠叶译注：《尚书》，中华书局2012年版，第359页；郭丹、程小青、李彬源（译注）：《左传》，中华书局2012年版，第1392页。

② 郭丹、程小青、李彬源译注：《左传》，中华书局2012年版，第1389～1390页。

③ 原文为“*Every one of us would rather acquit a guilty man as innocent than condemn an innocent man as guilty*”. Aristotle. *Problems* （Ⅱ），William Heinemann & Harvard University Press, London: 1957: 145.

④ 原文为“*It is better that ten guilty persons escape, than that one innocent party suffer*”. William Blackstone. *Commentaries on the Laws of England* （Volume 4），London: Sweet, Maxwell, Stevens & Norton, 1844: 352. Available at http://avalon.law.yale.edu/18th_century/blackstone_bk4ch27.asp，2015年4月6日访问.

⑤ 原文为“*This much more Prudence to acquit two Persons, tho′actually guilty, than to pass sentence of condemnation in one that is virtuous and innocent.*” Voltaire, 2009. *Zadig, or the Book of Fate*, The Floating Press, 42.

⑥ 原文为“*the asymmetric effect of the cost of imprisonment on convictions and acquittals means that it probably takes several erroneous acquittals to impose a social cost equal to that of an erroneous conviction*”. Richard A. Posner, 2007. *Economic Analysis of Law*. New York: Aspen Publishers, 648.

应当被惩罚。”①

引 言

“妈妈,儿子来晚了,儿子的冤案终于昭雪了,您若地下有知,也该瞑目了……”

——在母亲坟头上哭喊的无辜者,杨云忠②

“安徽阜阳市颍州区三合镇农民李喜因其女儿食用空壳奶粉贝佳利遭遇了伤害,多次向当地有关部门投诉无果。”

——调查“大头娃娃”奶粉的记者,唐哲③

最近几年,中国刑事司法日益表现出“冤枉无辜”和“放纵坏人”的双重失范特征。一方面,在几十年运动式司法的影响下进入“冤案膨胀”时代,错杀、错关、错判无辜者现象在媒体炒作下已是家喻户晓。于是,当冤假错案曝光时,法学家、司法参与者将司法错误看做是使法律颜面扫地、司法部门和司法界的耻辱,甚至是司法的灾难。④

---

① 原文为“*nobody ought to be punished, lest an innocent man be punished*”. Jeremy Bentham, 1825. Treatise on Judicial Evidence. *Rationale of Judicial Evidence*, 5.

② 黑龙江无辜者杨云忠在死刑执行期来临之际,见申冤无望,向家人邮寄了遗书。他母亲闫凤琴在收到遗书当天,便因悲痛欲绝而急火攻心在当天便气绝身亡。后因真凶归案,杨云忠被无罪释放。参见刘兆福:《肇东厕所命案冤狱真相》,载《法律与生活》2002年第1期,第13页。

③ 有毒奶粉横行市场的重要原因是执法不严,放纵制假贩假者。唐哲在调查后,指出“加大打击、惩处力度,板子不仅要打在伪劣食品制售者身上,还要打在那些玩忽职守、怠惰不为、姑息纵容的执法管理者身上”。参见唐哲:《谁制造了大头娃娃》,载《中国质量万里行》2004年第6期,第28页。

④ 杨兴培:《从赵作海案想到的:迫切需要实现司法观念的现代化转变》,载《法治研究》2010年第9期,第51页(作者介绍,在赵作海案中,商丘市政法委员会书记王建敏说:“这是商丘司法部门的耻辱,并且向赵作海进行赔礼道歉”);沈德咏:《论疑罪从无》,载《中国法学》2013年第5期,第9页(作者指出,“任何迁就性、妥协性的裁判都必定会使法律‘颜面扫地’”);李明德:《被押8月后疑似真凶落网》,载《法制晚报》2015年6月8日,第A15版(在辽城马瑞案中,海城市公安局副局长姜成业表示,“作为警察来讲,办错案这是警察的耻辱”)。

另一方面,在经济发展和社会转型背景下呈现"犯罪膨胀"状态,大量有罪者因犯罪黑数或破案障碍而免受刑事制裁。① 于是,在经受犯罪的连续袭扰和媒体曝光后,社会的声音又变成"宁可错杀三千"、"宁可错杀一百",也"不错放一个坏人",或者"绝不放过一个坏人",大有为了阻止真正罪犯逃避处罚而不顾一切之势。② 看来,刑事司法错误无论是放纵坏人,还是冤枉好人,总要经受媒体、法学家、司法决策者们以正义之名的强烈批评,甚至舆论还会要求严惩司法责任人。

为了协调两方面的冲突,"宁可错放,不可错判"理念作为司法经典备受学界青睐。③ 尽管这比"宁可错杀,不可错放"更容易被人接受,但在责任追究和利益共享的联盟体制下,冤假错案和放纵坏人没

① 丛淑萍:《社会转型与犯罪》,载《法学杂志》2009年第8期,第44~45页(论者指出,"从1978年以来中国各种犯罪猛增,其重要原因在于转型时期大量犯罪没有依法处理,从而刺激更多犯罪的发生");徐美君:《我国刑事诉讼运行状况实证分析》,载《法学研究》2010年第2期,第175页(作者指出,"2000年以来有85%的立案案件没有移送审查起诉")。

② 赛沃雷:《错杀三千又如何?》,载《新体育》2004年第7期,第5页(论者在谈到赌球、假球风波时,明确指出"让好人受了委屈,错杀三千又如何呢?");童方、杨舟:《盛大文学董事长谈"净网"宁可错杀一百,不可放过一个》,载新华网四川频道,2014年9月17日,载新华网,http://www.sc.xinhuanet.com/content/2014-09/17/c_1112517228.htm,2015年5月7日访问(论者在谈到应对网络扫黄和应对淫秽垃圾时,表示"宁可让作品下架,也不冒险污染网络的纯洁性")。

③ 沈德咏:《论疑罪从无》,载《中国法学》2013年第5期;何家弘:《"错判"危害大于"错放"》,载《新快报》2013年5月7日,第A07版;沈德咏:《我们应当如何防范冤假错案》,载《人民法院报》2013年5月6日,第2版;熊秋红:《冤案防范与权利保障》,载《法学论坛》2010年第4期,第34页;莫洪宪:《正确把握"宁可错放,也不可错判"》,载《中国纪检监察报》2013年5月17日,第7版;杨猛:《"犯罪从无":宁可错放,不可错判》,载《民主与法制时报》2002年4月23日,第4版;王石川:《"宁可错放,不可错判"是法治理性》,载《兰州日报》2013年5月9日,第5版;吴蓓:《错放与错判的博弈》,载《人民法院报》2013年10月26日,第2版;陈宏光:《如何看待"宁可错放不可错判"》,载《上海法治报》2013年5月13日,第B08版;汤啸天:《"错放"与"错判"的风险评估》,载《人民法院报》2013年5月28日,第2版。

能被阻止,纠正错案和抓住坏人还是一如既往地困难。[①] 问题出现在什么地方呢?究竟是司法人员素质不高,司法环境不好,还是刑事立法出问题了?如果仅此已足,司法错误的迷雾就不可能缓解,因为上述原因仅是皮表,尚有内在之理念和思想症结没打开。因此,如何认识和看待司法错误偏好,不仅是一个理念问题,而且是保障公正的行动指南。[②]

回顾中国刑事司法错误的偏好理念,大致可以总结出如下 4 种:第一种,"疑罪从有","错杀三千,不使一人漏网",但被认为是暴政机器。[③] 第二种,"疑罪唯轻",可以用"不偏不倚,无过不及"归纳,但被证明是出自晋人伪造的《尚书·大禹谟》。[④] 第三种,"疑罪从实",[⑤] 可用"不枉不纵"表达,但被认为是乌托邦情怀。[⑥] 第四种,"疑罪从无",可用"与其杀不辜,宁失不经"表达,但被认为只是儒生理想。[⑦]可以肯定,疑罪从有因弊端太多而难被文明社会所接受,现代刑事司法更倾向于接受"疑罪从无"。中国学者因此借用"宁可错放 10/100/1000 个有罪人,也不错判一个无辜者"的西方指标,论证"宁可错放,

---

① 参见徐美君:《我国刑事诉讼运行状况实证分析》,载《法学研究》2010 年第 2 期。

② 参见杨兴培:《从赵作海案想到的:迫切需要实现司法观念的现代化转变》,载《法治研究》2010 年第 9 期;刘宪权:《错放与错判的司法理念》,载《解放日报》2013 年 5 月 16 日,第 8 版;林喜芬:《中国刑事司法错误的治理路径——基于转型语境的理论诠释》,载《政法论坛》2011 年第 2 期,第 146 ~ 148 页。

③ 参见蒋铁初:《中国古代的罪疑惟轻》,载《法学研究》2010 年第 2 期,第 205 页。

④ 参见蒋铁初:《中国古代的罪疑惟轻》,载《法学研究》2010 年第 2 期,第 205 页。

⑤ "疑罪从实"为作者归纳,强调疑难案件要根据客观事实判断,有罪即处刑,无罪就放人。结合"不枉不纵"的实际特点,"既不冤枉好人,也不放过坏人"是要求司法从业者遵守的客观态度。

⑥ 参见熊秋红:《冤案防范与权利保障》,载《法学论坛》2010 年第 4 期,第 34 页(论者指出,这种观念看似不偏不倚,但在司法实践中却极易滑向宁枉勿纵,重刑主义、重打击轻保护、重实体轻程序的法律文化传统,导致司法实践中不可能有"不枉"与"不纵"的简单并重)。

⑦ 参见蒋铁初:《中国古代的罪疑惟轻》,载《法学研究》2010 年第 2 期,第 205 页。

不可错判”的科学性。① 然而，有人认为，“宁可错放”及“疑罪从无”仅是法律精英的西化理念，注定因缺乏现实土壤和司法环境在中国难以实现，②或者因普通民众不可能接受放纵坏人而缺乏民意基础。③既然如此，为什么还要坚持“宁可错放”呢？

学界给出的经典解释是，错判无辜者的危害远大于错放真正罪犯的危害。例如，沈德咏指出“在必须做出抉择的时候，就要权衡哪种结果对社会秩序的破坏更大”“两害相权取其轻”。④然而，沈德咏却陷入了矛盾境地，他一方面主张“错放一个真正的罪犯，天塌不下来，错判一个无辜的公民，特别是错杀了一个人，天就塌下来了”；⑤另一方面又主张“让真正的罪犯逍遥法外，这才是最大的打击不力和最大的司法不公”。⑥ 何家弘的数学公式也为“宁可错放”提供了更合理的依据，“错放只是一个错误，而错判很可能是两个错误（错

---

① 参见何家弘：《“错判”危害大于“错放”》，载《新快报》2013年5月7日，第A07版（作者指出，“……西方那种‘宁可错放十个，也不错判一个’的观点”）；熊秋红：《冤案防范与权利保障》，载《法学论坛》2010年第4期，第34页（作者指出，“‘宁可放纵十个有罪者，亦不可误罚一个无辜’成为维持法律正当程序主义的象征性指标”）；朱伟一：《有几个好人》，载《法制资讯》2010年第4期，第45页（作者指出，“宁可错放一百，不能错判一个——美国刑事制度有这个意思”）；杨兴培：《从辛普森被判刑再看当年的“无罪案”》，载《检察日报》2009年2月5日，第3版（作者指出，“宁可放走一千个罪犯，也不冤枉一个好人是美国的司法原则”）。

② 参见朱酮辉：《案外因素与案内因素裁量：疑罪难从无之谜》，载《当代法学》2011年第5期，第27页（作者指出，“只呼吁法院应该有勇气依法作出无罪判决，恐无济于事，尚有对抗制系统、无罪推定、程序正义等现实障碍”）；陈柏峰：《社会热点评论中的教条主义与泛道德化情绪——从佘祥林冤案切入》，载《开放时代》2006年第2期，第99页（作者指出，“教条主义和泛道德化话语的要害在于它不问具体事件所发生的制度背景和社会条件，一味追求所谓‘先进’的理念，并以这种理念作为妄加指责的基础”）。

③ 参见戴昕：《冤案的认知维度和话语困境》，载《法律与社会科学》2006年第1期；朱酮辉：《案外因素与案内因素裁量：疑罪难从无之谜》，载《当代法学》2011年第5期，第27页（作者指出，“只呼吁法院‘应该有勇气依法作出无罪判决’，恐无济于事，尚有诸多现实”）。

④ 沈德咏：《论疑罪从无》，载《中国法学》2013年第5期。

⑤ 沈德咏：《论疑罪从无》，载《中国法学》2013年第5期。

⑥ 沈德咏：《论疑罪从无》，载《中国法学》2013年第5期。

放和错判)。[①] 但是,如果考虑受害人因错放导致救济无门,2∶1还是要修正为2∶2。正如莫洪宪所称,“被告人和被害人身处案件两端,双方利益都应当得到国家的平等保护,这也是司法公正的应有之义”。[②]

无论“宁可错放”“宁可错判”的言说为何,学者们常担心刑事司法错误会降低民众的司法信任感。赞成“宁可错放,不可错判的人”认为,错判会影响人民的司法信任和法律的威严。[③] 反对“宁可错放”的人认为,错判和错放都会影响人们的司法信任。[④] 然而,这些研究除了指出错案带给人们司法不信任外,并没有论证人们为什么要选择此种或彼种偏好。学者唯一的概括是,不同人群会根据自己的价值取向进行选择。[⑤] 如此一来,法学家当然可以在理论上随意选择,甚至以知识分子超越一般人的价值判断自居。[⑥]但对于刑事司法来说,这却是必选的棘手命题,因为任何一个倾向性判断都可能会造成结果迥异。可以肯定,按学者的高标准去选择,不免因理想和现实的落差会更加降

① 参见何家弘:《“错判”危害大于“错放”》,载《新快报》2013年5月7日,第A07版。

② 莫洪宪认识到受害人权利保护的必要性,并建议“人民法院在强调‘宁可错放,也不可错判’的同时,必须要充分重视对被害人权益的保护,积极探索、构建被害人救助制度建设及个案实施”。参见莫洪宪:《正确把握“宁可错放,也不可错判”》,载《中国纪检监察报》2013年5月17日,第7版。

③ 参见沈德咏:《论疑罪从无》,载《中国法学》2013年第5期,(针对“疑罪从有”“疑罪从挂”,沈德咏指出“任何迁就性、妥协性的裁判都必定会使法律‘颜面扫地’”);何家弘、何然:《刑事错案中的证据问题——实证研究与经济分析》,载《政法论坛》2008年第2期(论者指出,“每当一起刑事错案被社会公众知晓的时候,人们都会对刑事司法系统的可信赖性提出疑问”)。

④ 参见林喜芬:《中国刑事司法错误的治理路径——基于转型语境的理论诠释》,载《政法论坛》2011年第2期(论者指出,“由于法律界倡导的法治话语在避免冤案的同时,往往会导致有罪之人被放纵,这无形中加深着民众对司法机关的不信任”)。

⑤ 参见何家弘:《“错判”危害大于“错放”》,载《新快报》2013年5月7日,第A07版;张建伟:《从林晨案看疑罪从无原则的适用》,载陈光中、江伟主编:《诉讼法论丛》(第1卷),法律出版社1998年版,第208页。

⑥ 例如,何家弘在肯定“我们的民族传统是宁愿‘错判’也不要‘错放’”基础上,反其道而选择“宁可错放,也不选择错判”,并认为这才是刑事司法的应然选择。参见何家弘:《“错判”危害大于“错放”》,载《新快报》2013年5月7日,第A07版。

低民众对司法的信任;[①]按司法从业者的选择标准,他们也会因职业地位和偏见习惯而失去信任;[②]即使让无辜者和错放者选择,也会因自身经验和见闻出现偏好。[③] 那么,如何选择呢?答案很简单,按一般公民的普世价值选择,这不仅具有民意基础,而且更能解决诸多立场的分歧。

学者们研究刑事错误的司法理念,初衷肯定是希望提高从业者的素质,改善司法政策,通过各种警示而唤回陨落的正义。然而,法学研究很容易用并不成立的主观假设,为刑事司法勾画出一个"现实"的蓝图,即使并没有经验证据、史料文献、比较法分析。甚至为了证明其判断的准确性,常借助"普通大众""西方""正义标准""民众观念"等伪来源表达作者自己的观点。因此,要建立科学合理的司法理念,至少有如下几个问题需要回答:(1)"宁可错放,不可错判"的中式理论依据是什么,判断标准和缺陷是什么?(2)宁可错放十个,不可错判一个是西方正义标准吗?其理论依据、缺陷、判断标准是什么?(3)普通民众是否支持"错判"大于"错放",选择偏好的价值标准和影响因素是什么?(4)错误偏好是否真的影响司法信任,司法错误可能或可以避免吗?(5)刑事司法错误理念的根本目标是什么,是预防错误还是纠正错误?

为了解答上述疑惑,本章分五部分详细论证。第一节为文献综述,在定义刑事司法错误基础上,梳理危害偏好的学术争辩及各自的理论依据、缺陷。第二节为研究设计,介绍研究资料及公民态度的概况,并论证研究方法及其相关变量的使用情况。第三节为研究发现,主要分析公民关于危害偏好的选择情况及其差异,核心是公民的危害

---

① 参见林喜芬:《中国刑事司法错误的治理路径——基于转型语境的理论诠释》,载《政法论坛》2011年第2期,第146~148页(作者指出,"民众对于现行司法制度失去信任很大程度上应归咎于法学家的过度批判")。

② 参见白建军:《司法潜见对定罪过程的影响》,载《中国社会科学》2013年第1期,第168页;Herbert L. Packer,1964. Two Models of the Criminal Process. *University of Pennsylvania Law Review*,113(1):14.

③ 参见张建伟:《从错误中发现真理》,载《清华法治论衡》2007年第2期,卷首语,第1页。

偏好存在均衡情况及选择危害偏好不影响司法信任。第四节为理论分析,提出危害相当理论的理论基础、定位和贡献,主要阐述两种司法错误的不可避免性和可接受性,不强调错判,也不强调错放,淡化司法错误的危害性有利于减少纠正错误的障碍。第五节为结语和限制,建议在未来的刑事司法中以积极态度坦然面对司法错误,以缓解对无辜者和受害人的持续侵害为核心。

第一节 文献考察

何家弘指出,"我们有一个美好的刑事司法口号:既不冤枉一个好人,也不放纵一个坏人"。①"不枉不纵",刑事司法以其公正、可信而获得人们的尊重。然而,我们并没有生活在一个没有错误的理想世界里,②错误定罪在刑事司法中不可避免,③每一个法律系统都有可能犯错,④每一个国家都存在错误定罪、错误释放。⑤ 既然"不枉不纵"不可能存在,那么如何应对潜在的错误,如何形成健康的错误认识态度就变得至关重要。否则,以偏概全将因错误引发的"过"而否定刑事

① 何家弘、何然:《刑事错案中的证据问题——实证研究与经济分析》,载《政法论坛》2008 年第 2 期,第 19 页。

② James R. Acker,2011. Foreword. *Albany Law Review*, 74(3): 1067; Saundra D. Westervelt and Kimberly J. Cook,2012,. Foreword. *Albany Law Review*, 75(3): 1223.

③ 为了表明刑事司法错误的不可避免,大量研究直接以此为标题,或者开篇直接点题不可避免。See Marty I. Rosenbaum,1991. Inevitable Error: Wrongful New York State Homicide Convictions,1965 ~ 1968. *Review of Law & Social Change*, 18(3):807; A. Mitchell Polinsky and Steven Shavell,1989. Legal Error,Litigation,and the Incentive to Obey the Law. *Journal of Law,Economics,& Organization*,5(1): 99; Michael Philips,1985. The Inevitability of Punishing the Innocent. *Philosophical Studies*,48(3): 389 ~ 390.

④ 参见熊谋林:《全球刑事无罪错案的实证研究(1900 ~ 2012)》,载《法制与社会发展》2014 年第 2 期,第 36 页(详见文中的世界地图);何家弘:《刑事错判证明标准的名案解析》,载《中国法学》2012 年第 1 期,第 159 页(作者指出,"错判的发生具有普遍性和蛰伏性")。

⑤ 参见何家弘、何然:《刑事错案中的证据问题——实证研究与经济分析》,载《政法论坛》2008 年第 2 期。

司法的“功”,或者“功大于过”或“功过相抵”等不温不火的抽象评价。这个问题的核心就是,如何认识刑事司法错误。

一、刑事司法错误

刑事司法错误包含事实错误、法律错误、程序错误。本章仅研究事实错误,可归纳为错误释放有罪者和错误定罪、处罚无辜者。① 与法律错误宣称的无害原则不同的是,事实错误是有害的。② 它的危害性,可以从两个方面来评价。一方面,就错误定罪来看,司法错误损害无辜者的自由和生命,并给本人及家庭增加了洗冤的成本;对于国家来说,司法错误的直接结果是引发国家赔偿和损害司法公正,其间接结果是降低有罪惩罚的连续性,减少潜在或已然罪犯的犯罪机会成本。另一方面,就错误释放来讲,司法错误使有罪人免受处罚,使社会处于继续遭受侵害的可能性中;对于受害人来说,错放使司法救济和正义修复未能实现,守法秩序也将不复存在。③

---

① 参见熊谋林:《全球刑事无罪错案的实证研究(1900~2012)》,载《法制与社会发展》2014年第2期,第36页;何家弘:《刑事错判证明标准的名案解析》,载《中国法学》2012年第1期,第159页;陈光中:《〈刑事诉讼法〉再修改若干问题之思考》,载《中国司法》2004年第1期,第27页;林喜芬:《论刑事司法错误》,载《昆明理工大学学报》2009年第7期,第75页;D. Michael Risinger,2007. Innocents Convicted: An Empirically Justified Factual Wrongful Conviction Rate. *Journal of Criminal Law and Criminology*, 97(3): 762; Brad Smith, Marvin Zalman and Angie Kiger, 2011. How Justice System Officials View Wrongful Convictions. *Crime & Delinquency*, 57(5): 664~665.

② 法律错误的无害原则指,英美国家刑事诉讼中的上诉法院发现原审法院适用法律错误不撤销原审有罪判决,因为这被认为并没有从根本上侵犯被告权利。参见陈卫东、李奋飞:《刑事二审“发回重审”制度之重构》,载《法学研究》2004年第1期;蒋鹏飞:《美国刑事诉讼中的无害错误规则及其启示》,载《国家检察官学院学报》2008年第4期;Daniel J. Kornstein, 1976. A Bayesian Model of Harmless Error. *Journal of Legal Studies*, 5(1): 121; Kate Stith, 1990. The Risk of Legal Error in Criminal Cases: Some Consequence of the Asymmetry in the Right to Appeal. *Chicago Law Review*, 57(1): 3。

③ 贝卡里亚对这个问题有精辟的概括,“如果让人们看到犯罪可能受到宽恕,或者刑罚并不一定是犯罪的必然结果,那么就会煽惑起犯罪不受处罚的幻想”。参见[意]贝卡里亚著:《论犯罪与刑罚》,黄风译,中国法制出版社2005年版,第73页。

在中国法学界,“放走坏人”“放纵犯罪”“宽大无边”等曾用来形容错放潜在的真正有罪人,“冤枉好人”“冤枉无辜”“草率行事”等作为错捕、错押、错判、错杀无辜者的代名词。[①]在西方法学界,法学家们还将释放有罪者称为“有利于被告的裁决”(Judgment for defendant),将被定罪的无辜者称为“有利于公诉人的裁决”(Judgment for prosecutor)。[②]统计学家借助于统计学上的两种错误类型,将刑事司法中的事实错误分类为类型一错误(Type Ⅰ Error)和类型二错误(Type Ⅱ Error),前者指原本无罪而被错误定罪处罚,后者指原本有罪而被错误无罪释放。[③] 近几十年来,社会学、经济学、犯罪学等各大领域研究错罪的学者们逐渐接受了由统计学家定义的这一分类,[④]并使这两种分类有了新的词汇,即积极错误(False Positive)和消极错误(False Negative)。[⑤]积极错误指,刑事司法积极地将没有实施犯罪行为的无辜者错误地认定有罪;消极错误指刑事司法消极地将真正罪犯无罪释

---

① 参见何家弘:《刑事错判证明标准的名案解析》,载《中国法学》2012 年第 1 期,第 159 页;杨奎松:《新中国“镇压反革命”运动研究》,载《史学月刊》2006 年第 1 期,第 51 ~ 52 页;仲瑞敏、许元:《毛泽东连续三次批示山东镇反报告》,载《中共党史研究》2004 年第 4 期,第 82 ~ 84 页。

② See Rs Radford, 1988. Statistical Error and Legal Type One and Type Two Errors and The Law. *Loyola of Los Angeles Law Review*, 21(3): 844.

③ See William E. Feinberg, 1971. Teaching the Type I and Type II Errors: The Judicial Process. *The American Statistician*, 25(3): 30 ~ 32; Herbert Friedman. 1972, Trial by Jury: Criteria for Convictions, Jury Size and Type I and Type II Errors. *The American Statistician*, 26(2): 21 ~ 23.

④ See A. Mitchell Polinsky and Steven Shavell, 1989. Legal Error, Litigation, and the Incentive to Obey the Law. *Journal of Law, Economics & Organization*, 5(1): 99; Mats Persson, Claes-Henric Siven, 2007. The Becker Paradox and Type I Versus Type Ⅱ Errors in the Economics of Crime. *International Economic Review*, 48(1): 211.

⑤ See Alexander Volokh, 1997. N Guilty Men. *University of Pennsylvania Law Review*, 146(1): 178; Daniel Givelber, 2005. Lost Innocence: Speculation and Data about the Acquitted. *American Criminal Law Review*, 42(4): 1175; Shawn D. Bushway, 2011. Estimating Empirical Blackstone Ratios in Two Setting: Murder Cases and Hiring. *Albany Law Review*, 74(3): 101.

放。福利经济学家们还为此有一个更生动的分类，严厉的错误（Error of Harshness）和宽大的错误（Error of Generosity），前者指给予比本应获得的还重的处理，后者指给予比本应获得的还轻的处理。①

二、危害偏好

既然两种刑事司法错误都有危害，那么到底哪种危害更大呢？正如本章开篇所提出的引证，关于刑事司法错误两种类型的危害偏好，并没有出现学说垄断局面。中国学者提出的"宁可错放，不可错判"理念，的确是几个世纪以来中外经典学说的基本结论，但却因放纵坏人和缺乏经验证据而受批评。文献收集发现，关于司法错误的危害偏好共有三种学说。

1. 错误定罪（类型一）危害更严重

毛泽东在1951年针对《山东镇反工作报告》的批复中指出："山东有些地方存在劲头不足的地方，有些地方存在着草率的地方，这些是全国各省市大体都存在的两种方向，都应注意纠正。特别是草率从事的偏向，危险最大……错杀了人，则影响很坏。"②培根在《论法律》中形容法官在土地诉讼的错误判断时也指出，"这些不公平的举动，不过弄脏了一渠水流，而那些不公的判断却把整个水源都败坏了"。③这个描述被中国学者发展为，"一次犯罪仅污染了水流，而一次不公正的判决把整个水源都污染了"，④"一次不公正的判决，恶果大于10

---

① See Robert E. Goodin, 1985. Erring on the Side of Kindness in Social Welfare Policy. *Policy Sciences*, 18(2): 141.

② 《毛泽东对山东分局三月五日的镇反工作报告的亲笔批示》山东省档案馆馆藏A001-04-0009-006。转引自仲瑞敏、许元：《毛泽东三次批示山东镇反报告》，载《中共党史研究》2004年第4期。

③ ［英］弗朗西斯·培根：《培根论说文集》，乌尔沁译，译林出版社2012年版，第199页。

④ 董邦俊：《刑罚结构改革之观念基础》，载《法学论坛》2011年第4期，第95页；包万超：《试论司法公正中的法官与经纪人》，载《法学杂志》1998年第5期，第25页。

次犯罪”。[①] 俄国哲学家赫尔岑指出,“一个狡猾的贼漏网,总比每个人都像贼一样在房间里发抖要好得多”。[②] 1968 年,哲学家赫伯特·莫里斯在文章《人与惩罚》中指出,“社会通过剥夺他人利益所产生的不公正妨碍,所产生的邪恶比起社会不能惩罚那些不公正地妨碍他人利益的人更加严重”。[③] 2008 年,美国学者芬得利指出,“比起没能对有罪的罪犯定罪来说,对无辜者的错误定罪是更大的宪法性错误”。[④]

2. 错误释放(类型二)危害性更严重

1940 年,蒋介石在给熊式辉的电令中明确提出,“凡查有共产党嫌疑之人,可免宣布罪状,立行枪毙”。[⑤] 从一贯的反共排共立场来看,蒋介石坚信“宁可错杀,也不错放”,他认为错放一个潜在共产党员的社会危害性必然大于错误冤枉一个共产党员的危害性。[⑥]即使就我党而言,类型二错误比类型一错误危害更严重之理念也存在。1981 ~ 1983 年,中国实行了“从重从快,杀、捕一批人,一网打尽”的严打政策。在当时治安状况恶化的背景下,开展严打活动是正确的,但这有“宁可错杀、错判,不可错放”的司法韵味。1976 年,哥伦比亚检察官

---

① 上述观点在国内文献中有多个版本,被冠之以“正如弗朗西斯·培根所言”“正如培根所言”,但都没有指明出处。为此,笔者查阅了《培根论说文集》没有发现原话。这种学术伪来源和假引证的做法,严重误导了刑事司法政策,必须予以纠正,否则“宁可错放,不可错判”将更加根深蒂固。

② [苏]亚历山大·雅科夫列夫:《公正审判与我们》,载《莫斯科新闻周报》1988 年第 7 期;张建伟:《从林晨案看疑罪从无原则的适用》,载陈光中、江伟主编:《诉讼法论丛》(1998 年第 1 卷),法律出版社 1998 年版,第 208 页。

③ Morris Herbert, 1968. Persons and Punishment. *The Monist*, 52(4): 479.

④ Keith A. Findley, 2008. Toward a New Paradigm of Criminal Justice: How the Innocence Movement Merges Crime Control and Due Process. *Texas Tech Law Review*, 41(1): 136.

⑤ 刘伯纯:《我国疑罪处理原则的嬗变》,载《政法学刊》2009 年第 5 期,第 15 页。

⑥ 参见丁晓平:《蔡元培与“四·一二”反革命政变》,载《党史文苑》2015 年第 9 期,第 43 页(蒋介石提出对共产 党人“宁可错杀三千,不可放过一个”的血腥口号,导火索为蔡元培、吴稚晖、张静江等人以国民党中央监察委员名义发表宁字第一号《国民政府公报》。他们掀起舆论造势,“……允许共产党员参加国民政府和省政府的决议为谬误之决议,为亡党之责……”)。

伦哥也认为,“对一个无罪的人定罪也比将一个有罪的人判处无罪好,因为在这些无罪之人中可能包括了一个有罪的人”。①

3. 错误定罪与错误释放危害性相当

理查德·波斯纳在《证据法的经济路径》一书中指出,“(错误)定罪和(错误)无罪的监禁成本的一个均衡效应意思是,几个错判无罪所引发的社会成本等于一个错误定罪”。② 经济学家加里·贝克也认为,“基于刑事司法的威吓效果而使类型一错误和类型二错误相当,因为两种错误均没能惩罚真正的犯罪人”。③ 哲学家杰弗瑞·热曼也相信,“将一个无罪的人判处有罪与一个针对无辜者实施的犯罪一样坏,不能惩罚有罪的人与一个针对无辜者的犯罪一样坏,不能惩罚有罪的人与惩罚无辜者一样坏”。④

上述三种对错误类型危害的不同评价,取决于不同的社会角色和司法价值。各种言说所处的时代,以及控制犯罪或打击犯罪的立场背景,又决定了各有其合理的一面。从逻辑结构上来看,这些经典的格言主要是主观价值判断,在内容的深度和广度上均无法把握。为了更加坚定立场,言论家甚至为之提供了一个数学比例作为参数,以此强化其理论和应用价值。

---

① Alexander Volokh, 1997. N Guilty Men. *University of Pennsylvania Law Review*, 146(1): 196.

② Richard A. Posner, 1999. An Economic Approach to the Law of Evidence. *Stanford Law Review*, 51(6): 1477 ~ 1546.

③ 贝克在原文中并没有对此提出明确的观点,其思想系李卓立等(Rizzolli)等总结为均衡论。See Gary S. Becker, 1968. Crime and Punishment: An Economic Approach. *Journal of Political Economy*, 76(2): 169 ~ 217; Matteo Rizzolli and Margherita Saraceno, 2013. Better that Ten Guilty Persons Escape: Punishment Costs Explain the Standard of Evidence. *Public Choice*, 155(3): 395.

④ 热曼和海格在原文中也没有明确提出错放一个人与错误监禁一个人的错误相等,而是经哈佛尔逊(Halvorsen)总结为均衡论。See Jeffery Reiman and Ernest Van Den Haag, 1990. On the Common Saying That It Is Better That Ten Guilty Persons Escape Than That One Innocent Suffer: Pro and Con. *Social Philosophy and Policy*, 7(2): 226 ~ 248; Vidar Halvorsen, 2004. Is It Better that Ten Guilty Persons Go Free than One Innocent Person Be Convicted? *Criminal Justice Ethics*, (*Winter/Spring*): 4.

三、错误忍受度

学术界对参数有不同表达,但在立法或司法的运作理念上具有共同性。法学家和哲学家,将参数理解为司法错误的偏好(preference),①排除合理怀疑的证据标准(standard of proof)。② 统计学家和犯罪学家将其理解为,参数是错误的可接受程度(acceptable level)。③ 经济学家和经验主义者理解为,参数是实现司法正义的交易("trade-off"和"exchange")。④ 无论怎么理解这些参数,都需对不

---

① See Keith A. Findley,2008. Toward a New Paradigm of Criminal Justice: How the Innocence Movement Mergers Crime Control and Due Process. *Texas Tech Law Review*,41(1): 136; D. Michael Risinger, 2007. Innocents Convicted: An Empirically Justified Factual Wrongful Conviction Rate. s*Journal of Criminal Law and Criminology*,97(3):762.

② See Jeffrey Reiman and Ernest Van Den Haag,1990. On the Common Saying that It is Better that Ten Guilty Persons Escape Than that One Innocent Suffer. *Social Philosophy and Policy*,7 (2): 240 ~ 241; Daniel Givelber, 1997. Meaningless Acquittals, Meaningful Convictions: Do We Reliably Acquit the Innocent. *Rutgers Law Review*,49(4): 1317 ~ 1396; Ronald J. Allen and Larry Laudan,2008. Deadly Dilemmas,*Texas Tech Law Review*, 41(1): 75 ~ 77; Brian Forst,2004. *Error of Justice: Nature, Source, and Remedies*. Cambridge: Cambridge University Press,57 ~ 58.

③ See Ronald J. Allen nad Larry Laudan,2008. Deadly Dilemmas. *Texas Tech Law Review*, 41(1): 75 ~ 77; Robert Sommer, Barbara A. Sommer and Mati Heidmets,1991. Release of the Guilty to Protect the Innocent. *Criminal Justice and Behavior*, 18(4): 480; Rose Ricciardelli, James G. Bell and Kimberley A. Clow,2009. Student Attitudes toward Wrongful Conviction. *Canadian Journal of Criminology and Criminal Justice*,51(3): 419 ~ 421; Jan W de Keijser, Evianne GM de Lange and Johan A van Wilsem,2014. Wrongful Convictions and the Blackstone Ratio: An Empirical Analysis of Public Attitudes. *Punishment & Society*,16(1): 36.

④ See Matteo Rizzolli and Margherita Saraceno,2013. Better That Ten Guilty Persons Escape: Punishment Costs Explain the Standard of Evidence. *Public Choice*,155(3):395; James R. Acker,2011. Foreword. *Albany Law Review*,74(3): 1070; Mats Persson and Claes-Henric Siven,2007. The Becker Paradox and Type Ⅰ Versus Type Ⅱ in the Economics of Crime. *International Economic Review*,48(1): 212; Katherine J. Strandburg,2003. Deterrence and the Conviction of Innocents. *Connell Law Review*,35:1321.

同种刑事司法错误的证据、法律、态度问题进行多维度解释。因此,一些研究者在讨论这些参数时,多将上述各种理解混合使用。本章基于犯罪学的通用称谓,将“可接受程度”的基本含义发展为“忍受度”。即,为了避免一种错误,忍受另一种错误的程度。

第一,类型一错误的忍受度。有研究指出,哲学家摩西·迈摩尼蒂认为,“更好的(结果)和更令人满意的是,对1000个有罪的人判处无罪也比将一个无辜者判处死刑好”。① 1765年,威廉·布莱克斯通在《英格兰法律评论》中写道:“宁可让10个有罪之人逃离处罚,也好过于让无罪之人遭受痛苦。”②在布莱克斯通看来,错误处罚一个无辜者不仅比错误释放一个有罪人危害更大,而且比释放10个有罪人的社会危害性更大。布莱克斯通的学说,成为评价刑事司法错误的经典学说,并被命名为“布莱克斯通错误率”(Blackstone Ratio)或“布莱克斯通原理”(Blackstone Principle),或“布莱克斯通公式”(Blackstone Formulation)。③ 1785年,本杰明·富兰克林指出,“让一百个有罪之人逃避处罚,也好过于一个无罪的人遭殃”。1824年,托马斯·斯塔克在《证据法的实践指南》中指出,“让99个有罪的人逃避处罚也比对一个无罪的人定罪更好”。④ 1916年,法官本杰明·卡多佐也指出,“让5个有罪的人逃脱处罚也比让一个无罪的人死了好,让10个有罪的人逃脱处罚也比让1个无辜者进

① See Alexander Volokh, 1997. N Guilty Men. *University of Pennsylvania Law Review*, 146(1): 178; Daniel Epps, 2015. The Consequences of Error in Criminal Justice. *Harvard Law Review*, 125(4): 1077.

② William Blackstone, 1844. *Commentaries on the Laws of England* (Volume 4), London: Sweet, Maxwell, Stevens & Norton: 352. Available at http://avalon.law.yale.edu/18th_century/blackstone_bk4ch27.asp, 2015年4月6日访问。

③ See Daniel Epps, 2015. The Consequences of Error in Criminal Justice. *Harvard Law Review*, 128(4): 1067.

④ Thomas Starki, 1869. *A Practical Treatise of the Law of Evidence*, 756. Cifedin Alexander Volokh, 1997. N Guilty Men. *University of Pennsylvania Law Review*, 146(1): 184.

监狱好”。① 1968年,法官亨利·弗兰德利的意见是,“大多数美国人同意,让相当多的有罪人自由,也比对任何可察知的无辜者定罪更好”。②

第二,类型二错误的忍受度。1927年汪精卫发动武汉政变,大肆逮捕杀害共产党员的情形被史学研究者称为“宁可错杀一千,不可使一人漏网”。③蒋介石及其地方军阀在“四·一二”政变以后,也明确提出“宁可错杀三千,不可放过一个”,“宁可错杀一百个,不要放过一个”的剿共清共政策。④ 1950~1951年,中央在镇压反革命运动中,也曾经历“宁可错放,也不错杀”的“宽大无边”的右倾主义,⑤到“宁可错杀,也不错放”的“按人口千分之一的比例杀人”的“左倾”主义,最

---

① People v. Galbo, 112 N. E. 1041, 1044 (N. Y. 1916); Joseph A. Gambardello. 1990, *Legacy of Two Verdicts*: *Joy and Pain*, Newsday, Mar. 23, at 6. Alexander Volokh, 1997. N Guilty Men. *University of Pennsylvania Law Review* 146(1): 175.

② Henry J. Friendly, 1968. The Fifth Amendment Tomorrow: The Case for Constitutional Change. *University of Cincinnati Law Review*, 37(4): 694.

③ 陈志刚:《董必武避安庆轮》,载《党史博采》2007年第5期,第43页。

④ 丁晓平:《蔡元培与四一二反革命政变》,载《党史文苑》2015年第9期,第43页(作者指出,“蒋介石提出了对共产党人‘宁可错杀三千,不可放过一个’的血腥口号”);郑庭笈:《一位国民党军长的最后归宿》,载《文史精华》1995年第8期,第52页(作者指出,“过去国民党清党不也提出过‘宁可错杀一百,不可放走一个’的杀戮政策吗?”);陈新建:《试论大革命时期新桂系的政治嬗变》,载《广西师范大学学报》(哲学社会科学版)2009年第1期,第125页(作者指出,“1927年广西省教育厅长黄华表在南宁‘反共清党’逮捕共产党员后中,明确向广西清党委员会提出‘洗监’提案:把捕押在监狱的人统统杀光,‘宁可错杀一百个,也不放错一个’”);伍洪祥:《坚持闽西三年游击战争的红八团》,载《福建党史通讯》1986年第4期,第27页(作者指出,“在敌人‘宁可错杀一百,不可放过一个’反动政策下,下山村一批批党员、群众被捕,和牺牲在敌人面前”);聂存虎:《古村落保护的策略与行动研究——以山西下州村为例》,中央民族大学2011年博士学位论文,第69页[作者指出,“到了当年(1946)8月,‘反攻倒算’,国民党的晋绥军又打了回来,在那年冬天杀了不少人,那是叫‘宁可错杀一百,也不能放走一个’”]。

⑤ 《中共中央关于镇压反革命的指示》1950年10月10日;仲瑞敏、许元:《毛泽东三次批示山东镇反报告》,载《中共党史研究》2004年第4期。

后才形成“镇压与宽大相结合”的正确路线。① 无独有偶，伏尔泰于1748年在小说《查第格》中写道：“对两个人判处无罪，尽管事实上有罪，比起对一个无辜者和善良者处以刑罚和谴责需要更多的谨慎。”②德国前首相冯·俾斯麦也指出，“宁可让10个无罪人受处罚，也比让一个有罪人逃避处罚好”。③苏联克格勃创立人费利克斯·德扎真斯基认为，“处死十个无罪的人也比让一个有罪的人活着好”。④另外，列宁的言说也被表达为“宁愿打破100个鸡蛋，也不让一个有罪鸡蛋逃脱”。⑤

上述两种错误类型的学说反映出，学者和法官们支持类型一错误危害更大，社会控制者支持类型二错误危害更大。类型一错误强调定罪标准的严格性而保障人权，⑥类型二错误强调惩罚犯罪的必然性而稳定政权。⑦ 然而，如果严格遵从这两种原则，刑事司法面对这两种

① 《毛泽东致小平、漱石、子恢、剑英、仲勋同志并告一波、高岗同志电》1951年4月20日，四川省档案馆藏档。转引自杨奎松：《新中“镇压反革命”运动研究》，载《史学月刊》2006年第1期。

② Voltaire. *Zadig*, 2009. *Or the Book of Fate*. The Floating Press, 42.

③ John W. Wade, 1979. Uniform Comparative Fault Act. *Forum*, 14: 385.

④ Alexander Volokh, 1997. N Guilty Men. *University of Pennsylvania Law Review* 146(1): 196.

⑤ James Lileks, December 14, 1997. *Lights, Tree, Action*, Star Tribunr. (Minneapolis) at 3B. Alexander Volokh, 1997. N Guilty Men. *University of Pennsylvania Law Review*, 146(1): 196.

⑥ See Jeffrey Reiman and Ernest Van Den Haag, 1990. On the Common Saying that It is Better that Ten Guilty Persons Escape Than that One Innocent Suffer, *Social Philosophy and Policy*, 7 (2): 240 – 241; Michael L. Dekay, 1996. The Difference Between Blackstone-Like Error Ratio and Probabilistic Standards of Proof. *Law and Social Inquiry*, 21(1): 131 – 132.

⑦ 贝卡里亚对这个问题有精辟的概括，“如果让人们看到犯罪可能受到宽恕，或者刑罚并不一定是犯罪的必然结果，那么就会煽惑起犯罪不受处罚的幻想”。参见［意］贝卡里亚著：《论犯罪与刑罚》，黄风译，中国法制出版社2005年版，第73页。

错误时,又将走向另一个极端。① 即对于类型一错误来说,过于强调定罪的精确性,必将使刑事司法释放大量(5～1000)因证据不足无法证明的真正罪犯;对于类型二错误来说,过于强调惩罚的必然性,又将使无辜者面临较大风险。② 迪凯的结论便有反驳之意,他认为这两种错误类型只有证据标准上的意义,除此以外两种错误的危害都是相等的。③ 正因如此,吉米·边沁在1825年出版的《司法证据学原理》一书中写道:

"我们必须反对这些情感上的夸张表述,它有可能在确保无罪者安全的前提下,让有罪的人免受刑事处罚。公众对此的接受也建立了可审视的背景。起初,普遍相信拯救几个有罪的人好过于谴责一个无罪的人;其他人,还为此制定了严格、固定的标准——10人;1/3的人还将这个10人扩展至100人,1/4的人将此标准扩展至1000人。所有这些(可能)获得人类奖章的候选人已经非常超前了,(但)没有一个案子如此,我并不知道有多少写手(很多),谁支持他。但是,这种标准将造成被指控的人被定罪非常困难和严苛,除非证据数量在达到数学上的一定数量或者绝对的确定性,否则不能定罪。根据这个最大性原则,没有人应当被惩罚,(如果)为了避免一个无罪的人不受处罚。④

① See Vidar Halvorsen,2004. Is It Better that Ten Guilty Persons Go Free Than One Innocent Person Be Convicted? *Criminal Justice Ethics*,23(2):6,(作者指出,"一般来说,任何尝试去减少一个错误类型的概率很有可能增加另外一个错误类型的概率");林喜芬:《证明理性化与刑事定罪标准之调整——基于防控司法错误的视角》,载《法制与社会发展》2011年第1期,第64页(作者指出,"证明标准的高低将必然导致错判无辜或错放有罪人的司法错误的发生")。

② See Gordon Tullock,1994. Court Errors. *European Journal of Law and Economics*,1(1):11.

③ 他认为,数学比例表达错误忍受度的排除合理怀疑证据标准并不科学,因为任何一个既定的比例都或多或少影响两种错误的频率,所以他的基调是均衡论。他还特别强调,"更高的证据标准导致了更多的错误无罪,以及更少的错误定罪,其他是相等的"。Michael L. DeKay,1996. The Difference Between Blackstone-like Error Ratios and Probabilistic Standards of Proof. *Law and Social Inquiry-journal of The American Bar Foundation*,21(1):97.

④ Jeremy Bentham, 1825. Treatise on Judicial Evidence. *Rationale of Judicial Evidence*,5:366.

不可否认，上述参数的设置，都面临主观臆断的缺陷。正如热曼和海格批评的一样，“没有道德上的惯例，也没有道德上的理论，支持这样一个具体的比例”。① 2011 年，纽约州立大学阿尔巴尼分校专门针对布莱克斯通比率召开了专题讨论会，会议发起人詹姆斯 A. 艾克明确指出了“宁可错放 10 个，也不错关 1 个”的布莱克斯通比率明显缺乏支持，既没有解释为什么可以以此作为法官判案的正义代价，也没有经验性证据细化其宽度和维度。②学术界为了搞清楚这个问题，在最近 20 年里开展了大量经验研究。

四、经验研究

学术见解的争论，使判断刑事司法错误类型的危害性变得相当困难。不难发现，即使上述理论多年来均有刑事司法研究者支持，但均是学者、政治家、司法从业者一厢情愿的观点。更何况，在人类生存的空间中还没有永恒的真理。这也就决定了学术理论的闪光点，需要社会基础和更广泛的检验。随着实证主义和经验研究的推广，更广泛的民意调查为判断错误类型危害性提供了依据。大致看来，研究刑事司法错误危害评价的经验研究，有两种类型：第一种是直接询问公民的危害偏好；第二种是围绕一定的比例，让公民选择错误类型的忍受度。

第一种类型，危害偏好研究。凯叶赛尔借助于英国社会态度（British Social Attitude）2006 年的调查数据指出，64% 的英国公民认为类型一错误更严重。③吉瓦特利用国际社会调查（International Social

① Jeffrey Reiman and Ernest Van Den Haag, 1990. On the Common Saying that It is Better that Ten Guilty Persons Escape Than that One Innocent Suffer, *Social Philosophy and Policy*, 7(2): 227.

② James R. Acker, 2011. Foreword. *Albany Law Review*, 74(3): 1069.

③ See Jan W. de Keijser, Evianne GM de Lange and Johan A van Wilsem, 2014. Wrongful Convictions And the Blackstone Ratio: An Empirical Analysis of Public Attitudes: *Punishment & Society*, 16(1): 35.

Survey Program)中的美国和法国数据指出,美国有 70.6% 的人,法国有 82.6% 的人认为类型一错误更严重。[①] 斯科雷茨等借助于在线平台亚马逊市场调查(AMT)获得的数据显示,85% 的美国人认为类型一错误更严重。[②] 他们研究的共同特点是询问参与者一个问题:“所有的司法系统都会犯错误,但是你认为哪一个(危害)更严重?”[③]除斯科雷茨的在线调查是(a)和(b)选项外,其他两项调查的答案都是:(a)对无辜者定罪;(b)让有罪者自由;(c)无法选择。上述调查的结果,似乎使我们确信类型一错误危害更严重,毕竟几百年来的经典理论获得了民众的支持。但问题并非如此简单,这与他们的研究或调查方法有关。他们都认为刑事司法错误危害就是非 A 即 B 的结果,因此上述数据(64 VS. 36、70.6 VS. 29.4、82.6 VS. 17.4、85 VS. 15)均是排除“无法选择”后的二分变量。然而,排除一个特定的数据群体后,这就人为地改变了数据结构,并扩大了数据差异。因为,认为“无法选择”的参与者态度偏好,是既不同意类型一错误,也不同意类型二错误。如此看来,这个既有的研究结论值得怀疑,凯叶赛尔等对荷兰公民的调查正是对前述三人研究的有力反击。他研究的 321 个有效样本显示,不同错误类型的危害偏好分别是类型一错误占 32.4%(104)、类型二错误占 31.8%(102)、两种危害均衡占 35.8%(115)。[④]

---

① See Yehonatan Givati, 2014. The Comparative Law and Economics of Plea Bargaining: Theory and Evidence. *Journal of Empirical Legal Studies*, 11(4):867 ~ 893.

② Nicholas Scurich, 2015. Criminal Justice Policy Preferences: Blackstone Ratios and the Veil of Ignorance. *Stanford Law & Policy Review*, 26:28.

③ See British Social Attitudes Information System. http://www.britsocat.com/BodyTwoCol_rpt.aspx?control = CCESDMarginals&MapID = JUSTICE&SeriesID = 12; ISSP Research Group. International Social Survey Programme: Role of Government II-ISSP 1990. GESIS Data Archive, Cologne. ZA1950 Data file Version 1.0.0, 1992, doi:10.4232/1.1950; Nicholas Scurich. Id, 27.

④ See Jan W. de Keijser, Evianne GM de Lange, Johan A van Wilsem, 2014. Wrongful Convictions And the Blackstone Ratio: An Empirical Analysis of Public Attitudes: *Punishment & Society* 16(1): 43.

第二种类型，错误忍受度研究。这个忍受度可以表述为，"为了保护一个无罪的人，可以允许多少个有罪的人逃避处罚"。萨默尔等对学生的错误忍受度研究显示，不同犯罪及其可能的量刑长度，以及不同的教育背景等存在显著差异。心理学专业的学生，对谋杀罪和强奸错误忍受度的中位数少于5，对持枪抢劫罪的忍受度在10个左右，其他依次是醉酒驾驶(最高约13)、入室盗窃(最高约38)、贪污(最高约45)；法学院的学生忍受度升序排列依次是谋杀犯(最高12)、强奸犯(最高14)、携带凶器抢劫(80)、入室盗窃(最高200)、醉酒驾驶(最高500)、贪污(最高700)。① 凯叶赛尔等对荷兰公民的调查也显示，强奸、入室盗窃、商店盗窃的错误忍受度分别是5.75、6.88、8.98。②雷茨阿德里对学生的错罪接受态度进行了调查，研究显示1/10(十个案件中允许有一个错误)的比例平均是2%，1/50是7%，1/100是8%，1/1000是19%，1/10,000是13%，51%的学生没有选择任何数字。③ 言外之意，49%的刑事司法和非刑事司法专业学生均认为可以允许出错，但51%的学生反对任何既定的错罪比例。

通过上述这些经验研究，各种相互不一致的数据继续反映出了矛盾性的一面。在错误危害的价值偏好方面，凯叶赛尔等的研究反映出公民在两种错误的价值判断上没有差别，这冲击了凯叶赛尔、

① 研究问题是："How many guilty individuals should be allowed to go free to protect one innocent person from being falsely convicted of the same offense...?" Robert Sommer, Barbara A. Sommer and Mati Heidmets, 1991. Release of the Guilty to Protect the Innocent. *Criminal Justice and Behavior*, 18(4): 480 ~ 90.

② 研究问题是："How many guilty people in similar cases should be acquitted in order to prevent one innocent person from wrongful conviction?". Jan W de Keijser, Evianne GM de Lange and Johan A van Wilsem, 2014. Wrongful Convictions And the Blackstone Ratio: An Empirical Analysis of Public Attitudes. *Punishment & Society*, 16(1): 32 ~ 49.

③ See Rose Ricciardelli, James G. Bell and Kimberley A. Clow, 2009. Student Attitudes toward Wrongful Conviction. *Canadian Journal of Criminology and Criminal Justice*, 51(3): 419 ~ 421.

吉瓦特、斯科雷茨等支持的“类型一错误更严重”,更别说后者的方法缺陷。在错误忍受度方面,萨默尔和雷茨阿德里对不同犯罪的错误率进行的研究具有开创性,但很少有人同意允许重罪裁判错误,与实践中错罪主要出现在谋杀、强奸、抢劫等重罪相矛盾。① 那么,允许以高比例错放为代价保护无辜者的研究又显得支持不足,尤其是超过一半的学生依然反对允许错误之间的交易。因此,两种错误类型究竟哪一种的危害性更加严重,显然难以作仓促评价,这凸显了继续研究的必要性。

五、总结与评价

错罪危害及其偏好不仅是思想家的观点碰撞,而且是不同时代制定刑事政策的基础。某一个特定时期的社会形势和相应历史背景下尽管有不同的观点出现,然而,诸如布莱克斯通错误率却是200年以来保障无辜者的基本立场。布莱克斯通的合理地方在于,18世纪以前的英国正是死刑泛滥的时代,为了保障无辜者的命运,当然需要呼吁生命的重要性。② 这个理念背景,与中国古代“与其杀无辜,宁失不经”避免错杀的提法有相同意蕴。现代刑罚体系已经有罚金刑、社区服务、短期自由刑、长期自由刑、生命刑等灵活的运作办法,更何况欧美已经废除或限制死刑适用。③在经验研究开展之前,学术思想和争论问题的解决变得不可能。毕竟从理论和观念上,各方的解释都很合理。

文献考察得出的基本结论为:错判比错放更严重,但并非绝对真理,近年来逐渐受到挑战;打击犯罪和保障人权在不同的历史时期下,

① 参见熊谋林:《全球刑事无罪错案的实证研究(1900~2012)》,载《法制与社会发展》2014年第2期,第36页。

② See Daniel Epps, 2015. The Consequences of Error in Criminal Justice. *Harvard Law Review*, 128(4):1067.

③ 参见熊谋林:《比较视角:青少年违法与矫正略考》,载《青少年犯罪问题》2012年第2期,第86~88页。

曾经出现过“宁可错判”“宁可错放”的不同司法理念;经验研究已经证明,民众均有可能接受“宁可错放”和“宁可错判”,并且接受以错判和错放特定数量的人作为获取司法公正的交换代价。不妨简单总结下,刑事司法错误危害偏好的理论观点:

从法律上来讲,类型一错误更严重,可以呼吁司法人员负有更大的谨慎义务去判断有罪证据,这种理想当然无可厚非。① 但其症结却是,以错放为代价,对社会安全和个体权利的保障无益。因此,边沁等人并不赞成以“宁可错放”为代价保护无辜者。类型一错误的忍受度,虽然名义上是为保护无辜者免刑而被提出,但忍受特定数量的犯罪人继续犯罪可能有难度,社会秩序更不可能承担再恶化的风险。② 阿伦和劳丹就认为,刑事司法不可能允许让10%的人被错误定罪,更不可能允许将90%的犯罪嫌疑人判无罪。③ 类型二错误的忍受度,虽然名义上为保障社会安全而要求定罪和惩罚的必然性,但错杀、错判多人仅为保障一人不漏网肯定难以被接受,以诉讼效率为中心也给暴政和复仇提供了理论依据。④

于是,诸如波斯纳和贝克基于错误成本而提出的危害均衡性也就有了存在空间。但他们仅提出了数学模型,而社会科学的基础是研究真实社会中的问题,数学公式和学者推定虽然能提供视角,但是否准确还需要检验。为了缓解上述疑惑,海格的调和理论“三个答案均正确”也有合理空间,不同的社会形势可以允许紧松不同的

---

① See Keith A. Findley,2008. Toward a New Paradigm of Criminal Justice: How the Innocence Movement Mergers Crime Control and Due Process. *Texas Tech Law Review*,41(1): 136.

② See Vidar Halvorsen,2004. Is It Better that Ten Guilty Persons Go Free Than One Innocent Person Be Convicted? *Criminal Justice Ethics*,23(2): 6.

③ Ronald J. Allen and Larry Laudan, 2008. Deadly Dilemmas. *Texas Tech Law Review*, 41(1): 75 –77.

④ See Herbert L. Packer. 1964, Two Models of the Criminal Process. *University of Pennsylvania Law Review*,113(1):15(作者指出,“最高的效率意味着最大的暴虐”).

刑事政策。①虽然海格的理论有助于理解刑事司法变迁中的不同制度,但将一个特定的无辜者与若干有罪人相比,使国家主义和社会稳定建立在个人权利牺牲的基础身上缺乏正当性。②帕克在分析犯罪控制和正当程序两种模型的利弊时就对此作了批评,“错误都将引发社会秩序的混乱和人类自由的丧失,正当程序的目的在保护无辜者,至少与对真正的罪犯定罪一样多”。③ 似乎,这也为解答保护无辜者和惩罚有罪者之间的均衡冲突提供了理论依据。萨默尔等基于民意调查所开展的经验研究,为解决两种错误的危害偏好提供了方案,对无辜者定罪或者错放有罪人均有可能被公民接受。凯叶赛尔的研究进一步显示,偏好于类型一错误和类型二错误的样本相似,甚至最多的样本是“无法选择”。因此,这个发现预示着:司法错误偏好还有一个可能的第三种结果。也即民众既不认为错判危害更严重,也不认为错放更严重,而是存在均衡的状态。遗憾的是,他本人并没有意识到这个均衡的意义。

既然如此,值得思考的问题就是:古典刑事司法理论在现代社会有无变迁,这些变迁对于当前刑事司法的意义是什么。先前对公民态度的检测给出了答案,即民众所思并非理论家所担心的那样。但这些研究主要是针对英国、荷兰和美国,还没有研究反映中国人的看法。为此,本章借助于中国综合社会调查2005年的调查数据,首次用公民态度资料研究中国公民对刑事司法错误的危害偏好。

---

① See Jeffrey Reiman and Ernest Van Den Haag, 1990. On the Common Saying that It is Better that Ten Guilty Persons Escape Than that One Innocent Suffer. *Social Philosophy and Policy*, 7(2):241(作者指出,“犯罪率高时,刑事司法以打击犯罪为中心,为了维持社会秩序可允许出现错罪;犯罪率低时,刑事司法以保障无辜者为重心,为了避免更少人被冤枉,可允许释放有罪者”)。

② 张建伟:《从林晨案看疑罪从无原则的适用》,载陈光中、江伟主编:《诉讼法论丛》(第1卷),法律出版社1998年版。

③ Herbert L. Packer, 1964. Two Models of the Criminal Process. *University of Pennsylvania Law Review*, 113(1):15.

第二节　研究资料与设计

中国综合社会调查(China General Social Survey)由中国人民大学中国调查与数据中心组织,从2003年以来已连续公布7期调查数据,范围基本覆盖中国大陆31个省份。遗憾的是,只有2005年居民问卷中"社区生活与治理"板块涉及刑事司法错误及危害,其他年份未见相关问题。该问卷向参与者提出这样一个问题:"所有的司法系统都会有犯错误的时候,但是下面的两种情形您认为哪一种更糟糕呢?(单选)。"选项的设置是,无罪之人被判刑(1),有罪之人被释放(2),无法选择(3)。①数据结构上,除西藏、宁夏、青海未开展调查外,2005年问卷涵盖大陆28个省份,共计10,372个样本。调查方法上,中国综合社会调查采用以省为单位的多阶分层随机抽样法,平均每个省有多个地区。

一、总体情况

表8-1是中国综合社会调查数据库中,公民对司法错误的危害偏好选择结果。这与经典学说和教科书传递的"错判"比"错放"危害更大不同,过半公民(55.57%)并不赞成这个结论。44.43%的受访者选择无罪之人被判刑(错误类型Ⅰ)更糟糕,42.18%的受访者认为有罪之人被释放(错误类型Ⅱ更糟糕),13.39%的受访者认为"无法选择(错误相当)"。进一步观察,可以发现"无法选择"对数据结果的影响较大,"类型一错误"与"类型二错误"的比例在二分法、三分法中都大体相当。二分法中,只有51.30%的受访者同意类型一错误危害更重(排除"无法选择"样本),比三分法中高约7个百分点,这足以看出研究方法所引发的数据膨胀效应。继续观察可发现,二分法、三分法

① 参见中国国家调查数据库:《中国综合社会调查(2005)》,载http://www.cnsda.org/index.php?r=projects/view&id=19389978,2015年5月7日访问。

中错误类型一和错误类型二的比例基本呈均衡状态,甚至有13.39%的样本直接认为这两者无法判断。但是,由于排除无法选择样本,二分法导致两种错误类型比例的膨胀。

表8-1 中国综合社会调查:公民对司法错误社会危害性判断

问　卷	三分法			二分法
所有的司法系统都会有犯错误的时候,但是下面的两种情形您认为哪一种更糟糕呢?(单选)	频　数	百分比(%)	累积百分比(%)	百分比(%)
(1)无罪之人被判刑(类型Ⅰ错误)	4608	44.43	44.43	51.30
(2)有罪之人被释放(类型Ⅱ错误)	4375	42.18	86.61	48.70
(3)无法选择(错误相当)	1389	13.39	100	—
总　计	10372	100	—	100

资料来源:CGSS,2005:F19。

“无法选择”有很多种理解,如公民无法判断,或者这两个危害无法检测。但无论是哪一种答案,其核心均是两种错误均存在相当性。类型一错误和类型二错误的均衡比例,也有两种解释。第一种是赞成两种错误危害的人都有,因此无法判断大小。第二种是两种危害可以判断大小,但两种偏好群体出现均衡局面,谁也无法战胜谁。原因就在于两者具有相当性,否则公民可以简单地判断出谁优谁劣,从而出现明显优势群体。因此,至少在2005年,中国公民整体上并不认为两种刑事司法错误的危害存在偏差。

表 8-2　公民对司法错误社会危害性判断，各省、直辖市、自治区分布

f19. 所有的司法系统都会有犯错误的时候，但是下面的两种情形您认为哪一种更糟糕呢？

省　份	无罪之人被判刑		有罪之人被释放		无法选择		总计(行)	
	n	%	n	%	n	%	n	%
北　京	144	35.38	172	42.26	91	22.36	407	100
天　津	235	58.02	153	37.78	17	4.2	405	100
河　北	147	35	224	53.33	49	11.67	420	100
山　西	74	44.58	68	40.96	24	14.46	166	100
内蒙古	72	43.11	79	47.31	16	9.58	167	100
辽　宁	202	48.56	155	37.26	59	14.18	416	100
吉　林	92	53.8	71	41.52	8	4.68	171	100
黑龙江	188	56.8	89	26.89	54	16.31	331	100
上　海	187	46.75	159	39.75	54	13.5	400	100
江　苏	250	40.65	347	56.42	18	2.93	615	100
浙　江	91	28.26	87	27.02	144	44.72	322	100
安　徽	226	43.13	278	53.05	20	3.82	524	100
福　建	159	49.53	85	26.48	77	23.99	321	100
江　西	117	48.55	58	24.07	66	27.39	241	100
山　东	298	44.54	299	44.69	72	10.76	669	100
河　南	285	42.92	252	37.95	127	19.13	664	100
湖　北	280	57.03	170	34.62	41	8.35	491	100
湖　南	146	29.74	288	58.66	57	11.61	491	100
广　东	353	60.34	169	28.89	63	10.77	585	100
广　西	158	38.54	171	41.71	81	19.76	410	100
海　南	43	53.75	25	31.25	12	15	80	100

续表

省　份	无罪之人被判刑		有罪之人被释放		无法选择		总计(行)	
	n	%	n	%	n	%	n	%
重　庆	31	36.47	46	54.12	8	9.41	85	100
四　川	243	36.38	337	50.45	88	13.17	668	100
贵　州	134	40	164	48.96	37	11.04	335	100
云　南	147	45.94	151	47.19	22	6.88	320	100
陕　西	178	53.29	126	37.72	30	8.98	334	100
甘　肃	104	40.94	104	40.94	46	18.11	254	100
新　疆	24	30	48	60	8	10	80	100
总计(列)	4608	44.43	4375	42.18	1389	13.39	10,372	100

表8－2是大陆28个省市自治区的司法错误危害偏好态度分布情况,宁夏、西藏、青海三地无调查数据。大致来看,有关危害偏好的地区差异较大,并未形成统一的分布趋势。赞同类型二危害更严重的地区从数量上来说占有一定优势,新疆、云南、四川、江苏、安徽、河北、内蒙古地区的受访者更赞同释放有罪者危害更为严重。与此相反,广东和海南、陕西、湖北、黑龙江地区的受访者更倾向于类型一错误危害更重。因此,在表达公民对危害偏好的态度时,应该考虑不同地区间的差异,从而解读危害偏好的地域因素。

二、变量探索

可以肯定,公民的偏好受各种因素影响,与此相关,司法行为也将受错误偏好的影响。那么,如何解读公民的态度及其行为影响呢？为此,本部分对先前的研究再次进行梳理,目的是寻找相关变量对危害偏好的影响依据。

全球的犯罪学家、社会学家、心理学家、法经济学家们已建立了各种统计模型,以检测相关变量对公民态度的影响。斯科雷茨考察了性别、年龄和政党属性对布莱克斯通错误率的影响。研究显示,85%的参与者指出积极错误(类型一)更加糟糕,女性和保守政治家更倾向于选择类型一错误。①吉瓦特通过错误类型、人均 GDP、自杀率等检测了 57 个国家(或地区)辩诉交易指数的关系。研究发现,司法错误的危害偏好在地区上存在显著差异(St. Dev = 9.45);更低的犯罪水平和社会对保护无辜者免受惩罚的强调越低,辩诉交易的使用率更低。②另外,他还利用移民祖籍、年龄、性别、政治保守性对司法错误的偏好影响作了分析,研究指出教育程度越高,更容易选择类型一错误危害更大。③

对学生关于布莱克斯通比例忍受度的研究揭示,接受释放有罪者的数量与犯罪的种类和严重性、受访者的专业有关。萨默尔和凯叶赛尔等的研究指出,对无辜者的潜在量刑越长,公民对错误的容忍指数越低,反之越高;参与者更倾向于释放轻微盗窃和贪污者,而不愿意释放入室盗窃、杀人和强奸者。④雷茨阿德里等发现,刑事司法专业比非刑事司法专业的学生,高年级也比低年级学生,更容易接受布莱克斯通公式。⑤萨默尔等也指出,法学院的学生比心理学专业的学生,更加关注于对无辜者的保护及其对应的有罪者释放代价。⑥扎拉曼在研究刑事司法错误的频率(非常少→频繁出错)时也发现,非白人(与白人相比)及

---

① See Nicholas Scurich,2015. Criminal Justice Policy Preferences: Blackstone Ratios And the Veil of Ignorance. *Stanford Law & Policy Review*,26:28.

② See Yehonatan Givati, 2014. The Comparative Law And Economics of Plea Bargaining: Theory And Evidence. *Empirical Journal of Legal Studies*,11(4): 867 ~ 893.

③ See Yehonatan Givati, 2014. The Comparative Law And Economics of Plea Bargaining: Theory And Evidence. *Empirical Journal of Legal Studies*,11(4): 867 ~ 893.

④ See Robert Sommer,Barbara A. Sommer and Mati Heidmets,1991. Release of the Guilty to Protect the Innocent. *Criminal Justice and Behavior*,18(4): 480 ~ 490; Jan W. de Keijser, Evianne GM de Lange and Johan A van Wilsem,2014. Wrongful Convictions And the Blackstone Ratio: An Empirical Analysis of Public Attitudes. *Punishment & Society*,16(1): 36.

⑤ See Rose Ricciardelli, James G. Bell and Kimberley A. Clow, 2009. Student Attitudes Toward Wrongful Conviction. *Canadian Journal of Criminology and Criminal Justice*,51(3): 420.

⑥ See Robert Sommer,Barbara A. Sommer and Mati Heidmets,1991. Release of the Guilty to Protect the Innocent. *Criminal Justice and Behavior*,18(4): 484 ~ 486.

大学以上学历(与高中及以下相比)认为司法错误发生的频率更高。①

比较错误危害的真正意义在于,掌握公民据此对司法信任和守法意识的评价态度。在评价公众对司法的信任度时,通常采取的做法是询问受访者的态度,如“你多大程度上相信……(公安、检察官、法院)?或者,你如何满意于……”②在回答问题的方式上采用量表法(1→10分),或态度表达法(非常不信任→非常信任,1→5分)。③在评价司法错误对人们守法态度的影响时,研究指出司法错误可能使人们更加不愿意遵守法律,以此循环,不愿意守法的态度与刑事司法错误及其危害偏好有关。④ 对于罪犯来说,博林斯基将刑事司法错误与守法状态联系在一起,认为司法错误影响了守法的动机。⑤ 罗伯特的报告也指出,公共信任作为公民态度之一,警察、公诉人、法院的歧视、暴力等司法错误活动将影响司法信任度。⑥雷茨阿德里也指出,司法错

① See Marvin Zalman, Matthew J. Larson and Brad Smith, 2012. Citizens' Attitudes toward Wrongful Convictions. *Criminal Justice Review*, 37(1): 58.

② See Julian V. Roberts, 2004. Public Confidence in Criminal Justice: A Review of Recent Trends 2004 - 2005. *Report for Public Safety and Emergency Preparedness Canada*, November 2. http://www.publicsafety.gc.ca/cnt/rsrcs/pblctns/pblc-cnfdnc-crmnl/pblc-cnfdnc-crmnl-eng.pdf.

③ See Julian V. Roberts, 2004. Public Confidence in Criminal Justice: A Review of Recent Trends 2004 ~ 2005. Report for Public Safety and Emergency Preparedness Canada, November 2. http://www.publicsafety.gc.ca/cnt/rsrcs/pblctns/pblc-cnfdnc-crmnl/pblc-cnfdnc-crmnl-eng.pdf; Marvin Zalman, Matthew J. Larson and Brad Smith, 2012. Citizens' Attitudes Toward Wrongful Convictions. *Criminal Justice Review*, 37(1): 57 ~ 58.

④ [意]贝卡里亚著:《论犯罪与刑罚》,黄风译,中国法制出版社2005年版,第37页;Gary S. Becker, 1968. Crime and Punishment: An Economic Approach. *Journal of Political Economy*, 76(2): 176 - 177.

⑤ See A. Mitchell Polinsky and Steven Shavell, 1989. Legal Error, Litigation, and the Incentive to Obey the Law. *Journal of Law, Economics, & Organization*, 5(1): 103 - 105.

⑥ See Julian V. Roberts, 2004. Public Confidence in Criminal Justice: A Review of Recent Trends 2004 - 2005. Report for Public Safety and Emergency Preparedness Canada, November 2. http://www.publicsafety.gc.ca/nt/rsrcs/pblctns/pblc-cnfdnc-crmnl/pblc-cnfdnc-crmnl-eng.pdf.

误降低了刑事司法专业学生的司法信任态度，尤其是高年级学生的信任度更低，但对于非刑事司法专业学生没影响。①

三、变量选择

参考文献中的变量梳理，结合中国综合社会调查的设计，表 8－3 对本研究中所使用的变量进行了详细展示。其中因变量是刑事司法错误的危害，基于是否存在危害偏好，本研究重新创建了四个变量。自变量和控制变量包含如下几类，如表 8－3 所示。

表 8－3　刑事司法错误研究模型中的变量描述

变　量	样　本	均　值	标准差	最小值	最大值	备　注
错误危害（模型 1）	8983	0.513	0.500	0	1	1＝类型一
错误危害（模型 2）	10372	0.444	0.497	0	1	1＝类型一
错误危害（模型 3）	10372	0.421	0.494	0	1	1＝类型二
错误危害（模型 4）	10372	0.134	0.341	0	1	1＝无法选择
性　别	10372	0.474	0.500	0	1	0＝女性
年　龄	10372	44.701	14.794	18	94	—
年龄平方	10372	2227.043	1417.42	324	8836	—
户　口[a]	10343	0.559	0.497	0	1	1＝城市
教育程度[b]	10361	2.980	1.241	1	7	1＝未受教育，7＝硕士以上
民　族	10372	0.939	0.240	0	1	1＝汉族
政党属性	10372	0.107	0.310	0	1	1＝共产党员
职业属性	10372	0.014	0.118	0	1	1＝司法职业
年收入（万）[c]	9854	0.879	1.286	0	40	—
与邻居纠纷	10372	0.091	0.288	0	1	1＝有
与政府纠纷	10372	0.025	0.157	0	1	1＝有

① See Rose Ricciardelli, James G. Bell and Kimberley A. Clow, 2009. Student Attitudes toward Wrongful Conviction. *Canadian Journal of Criminology and Criminal Justice*, 51(3): 419－421.

续表

变　量	样　本	均　值	标准差	最小值	最大值	备　注
无条件守法	10372	同意(85.67%)	—	类别变量	—	—
—	—	不同意(10.58%)	—	—	—	—
—	—	无法选择(3.75%)	—	—	—	—
犯罪控制投入[d]	10372	4.262	0.754	1	5	1=减少许多, 5=增加许多
犯罪控制满意度[d]	10372	3.081	0.956	1	5	1=非常不满意, 5=非常满意
公平执法满意度[d]	10372	2.830	0.969	1	5	1=非常不满意, 5=非常满意
秉公办事满意度[d]	10372	2.742	0.971	1	5	1=非常不满意, 5=非常满意

注：[a]29个样本户籍不明；[b]11个样本学历不明；[c]518个样本年收入为缺损值；[d]将各变量视为秩序变量。

1. 人口变量，如性别，年龄，户口、民族、教育程度

在分析过程中，作者遵从对年龄的处理习惯进行平方。教育程度，以学历程度为最终评分标准，并视为连续变量（文盲=1，小学=2，初中=3，高中/中专=4，5=大专/高职，6=本科，7=硕士及其以上）。户口分农村和城市（包括城镇常住户口和当地有效城镇户口），民族分汉族和少数民族。

2. 身份差异变量，如政治属性、职业、年收入

政治属性是否为共产党员，检测政治信仰是否影响对错误危害的态度。关于职业，2005年调查问卷B9b记录了受访者目前（失业前或退休前）的具体职业。参照萨默尔和雷茨阿德里的研究，作者将职业变量重组为司法行业（包括人民法院负责人、法官、检察官、律师、司法鉴定人员、书记员、其他法律专业人员、人民警察、治安保卫人员）和非司法行业（其他）。由于司法教育对经典理论和学说的灌输，加入职业变量后可以探测法律教育和非法律教育对于司法错误态度的影响。关于年收入，因部分样本的取值为0，故在多元回归中排除384个样本。

3. 纠纷经历变量,主要检测纠纷对司法错误偏好态度的影响①

对于大多数人来说,由于并没有亲身感受到司法的功能和作用,抽象性调查可能出现“与己无关”的盲目感知现象。当与他人或政府发生纠纷时,公民亲身感受到司法正义的作用,并对司法错误的两种类型有亲身体会。

4. 司法态度变量

司法态度变量,主要检测守法态度和司法满意度对错误偏好的影响,并观察错误偏好对司法信任(满意度)的作用。2005 年问卷没有直接询问关于司法信任的问题,而是询问受访者是否愿意无条件地服从法律,政府在控制犯罪方面的投入是增加还是减少,对打击犯罪、公平执法、秉公办事的满意程度。[F15、您认为政府在下列这些方面的投入应该是增加还是减少呢? F15b 打击犯罪,选项分别是“增加许多”“增加一点”“保持现状”“减少一些”“减少许多”“无法选择(并入保持状)”;F17、您对政府下列工作方面的表现是否满意呢? 打击犯罪(F17e)、公平执法(F17f)、政府部门秉公办事(F17g),选项分别是:“非常满意”“满意”“一般”“不满意”“非常不满意”“无法选择(并入一般)”;F18、“社会成员必须无条件服从法律”,选项设置是“同意”“不同意”“无法选择”。] 可以将这些问卷的数据,作为衡量司法信任的工具变量予以探索。

如表 8 – 3 所示,样本分布情况为:47.4% 的男性,平均年龄 44.7 岁;55.9% 的受访者为城市户口,主要是初中以下学历的受访者;10.7% 的共产党员,1.4% 的受访者从事司法职业,年收入平均为 8792 元;9.1% 的受访者与邻居有纠纷,2.5% 的受访者与政府有纠纷;85.67% 的受访者同意无条件守法,受访者基本都同意国家对犯罪

① 邻居纠纷问卷为:“F20a. 在过去四年内,您在生活或工作中有没有同其他人发生纠纷呢(如地界纠纷、庄稼被毁、人被打、别人借钱不还等)?”,选项为:有/没有;政府纠纷问卷为“F21a. 在过去四年内,您有没有同政府机关(村组织)发生纠纷呢?”,选项为:有/没有。

控制的投入有所增加(均值4.26),对犯罪控制态度的满意程度一般(均值=3.08),公平执法和秉公办事基本不满意(均值<3)。

四、方法战略

纵观刑事司法错误偏好的丰硕成果,不同领域的研究者使用了多种研究方法。法学家们通常借助于案例和排除合理怀疑标准,通过证据理论和司法功能辩证地呼吁类型一错误比类型二错误更加严重。然而,类似于"宁可错放10个,也不错关1个"的布莱克斯通比率依据不足。①因此,其他领域的学者对此表达了高度的怀疑态度,尤其是崇尚经验主义和实证主义的学科,如犯罪学和经济学。贝克和波斯纳利用大量的数学公式推导出两种错误类型的均衡效应。犯罪学家扎拉曼等利用学生T检验对刑事司法错误频率的认知态度进行了比较,②斯科雷茨使用卡方检验和逻辑回归对不同组群的两种错误偏好进行检测。③吉瓦特使用逻辑回归,对不同国家的类型一错误(二元变量,0和1)偏好进行分析。④雷茨阿德里用方差分析和卡方检验分别对不同专业学生对错误的差异度及其可接受比率(1∶1000~1∶10)进行了比较。⑤

总体来看,卡方检验和逻辑回归分析方法是恰当的。⑥但是,卡方

---

① See James R. Acker, 2011. Foreword. *Albany Law Review*, 74(3): 1069.

② See Marvin Zalman, Matthew J. Larson and Brad Smith, 2012. Citizens' Attitudes Toward Wrongful Convictions. *Criminal Justice Review*, 37(1): 57.

③ See Nicholas Scurich, 2015. Criminal Justice Policy Preferences: Blackstone Ratios And the Veil of Ignorance. *Stanford Law & Policy Review*, 26: 28-31.

④ See Yehonatan Givati, 2014. The Comparative Law And Economics of Plea Bargaining: Theory And Evidence. *Empirical Journal of Legal Studies*, 11(4): 867-893.

⑤ See Rose Ricciardelli, James G. Bell and Kimberley A. Clow, 2009. Student Attitudes toward Wrongful Conviction. *Canadian Journal of Criminology and Criminal Justice*, 51(3): 419-421.

⑥ 莱特强烈推荐使用逻辑回归在多元回归中研究定罪与否,而不是使用可能导致0膨胀效应的方差分析。See Daniel B. Wright, Kevin A. Strubler and Jonathan P. Vallano, 2011. Statistical Techniques for Juror and Jury Research. *Legal and Criminological Psychology*, 16(1): 122.

分析仅检测二维表中变量影响的差异性，无法探索多因素背景下的影响因子；简单多元逻辑回归将所有样本假定为相互独立，无法看出层级和聚合效应。为此本章采用三步分析战略。第一步，基于类别变量的特性，使用皮尔逊卡方检验分析司法错误在不同组别的差异。第二步，融入多种影响因子，采用多层逻辑回归分析方法(Multilevel Logistic Regression)分析错误偏好的影响因子，①方法基础为混合模型(Mixed Effect Model)。具体分层上，将来自单个受访者的样本变异及影响视为第一层的固定效应，同时控制28个省份群组的变异影响作为第二层的随机效应。在结果展示上，借助于优势比(Odds Ratio)予以解释，其解释方式为相应参照组的最大似然性概率比较(N倍)，大于1表示呈积极关系，小于1表示呈消极关系。②第三步，采用一元方差分析方法，辅以线性回归分析，检测司法错误偏好对司法信任的影响，从而消除对任何一种危害偏好的接受障碍。研究工具上，作者利用Stata编程后整合各种分析结果，展开研究发现和结论。

第三节　研究发现与讨论

应当承认，最近10年陆续报道的冤假错案可能已经改变了公民的偏好。③尤其是媒体的倾向性评价，有可能改变公民对司法错误的

---

① 关于多层分析方法，又称为Hierarchical Linear Models, Nested Models，不同的应用软件有不同称谓。相关知识及Stata操作、解释，读者可参见：Lawrence C. Hamilton, 2012. *Statistics with Stata*: *Version* 12 (8*th*), Cengage, 387－421; Brian D. Johnson, 2010. Multilevel Analysis in the Study of Crime and Justice, in Alex R. Piquero and David Weisburd. *Handbook of Quantitative Criminology*, NewYork: Springer, 615－648。

② 参见刘军强、熊谋林、苏阳：《经济增长时期的国民幸福感》，载《中国社会科学》2012年第12期，第99～100页；熊谋林、江立华：《从民族幸福感看民族融合》，载《西南民族大学学报》2014年第7期，第61～63页。

③ See C. Ronald Huff, Arye Rattner and Edward Sagarin, 1986. Convicted but Innocent: Wrongful Conviction and Public Policy. *Crime & Delinquency*, 32:540.

认识和司法信任态度。①作为一项探索性研究,现阶段的数据资料只适宜做单年度分析。②因此,本部分的研究发现作为当前刑事政策的依据可能会遭受质疑。③本章认为,掌握中国公民对于司法错误的看法,认清刑事司法错误的危害本质,可为刑事政策的改革方向提供理念支持,而且可为评估未来的公民态度变迁提供依据。

一、组间差异

按本章设计,年龄和年收入为自然数连续变量,组间分析没有意义,因此重新设置为类别变量。年龄重新编码为青年人(18~44岁)、中年人(45~59岁)、老年人(60岁以上)群体,年收入重新编码为低收入人群(年收入1万元以下)、中等收入(1万~3万元)、高收入(3万元以上)群体。④表8-4是公民对刑事司法错误危害偏好的原始样本,及其分布的组间差异检测情况。观察群体的百分比分布及卡方检验值,可以发现如下特征:

1. 两种错误类型危害偏好不明显

纵向和横向百分比显示,类型一错误和类型二错误的支持者差异

---

① See Siôn Jenkins, 2013. Miscarriages of Justice and the Discourse of Innocence: Perspectives from Appellants, Campaigners, Journalists, and Legal Practitioners. *Journal of Law and Society*, 40(3): 351-352.

② 中国综合社会调查目前是ISSP(International Social Survey Program)的会员,作者在ISSP数据库里没有发现与中国相关的司法错误问卷。理想状态下,能够有多年度纵向面板数据研究公民态度更有说服力。然而,受限于资料和问卷设置,2005年的中国综合社会调查是全球范围内研究研究中国司法错误态度的唯一数据。

③ 笔者在另外一篇研究全球司法错误危害偏好的文章中发现,自1985年以来,英国等多个国家的公民对"无罪之人被判刑更严重"的支持率呈下降趋势。这表明,本章中的研究发现并非没有依据,限于篇幅和主题未展开,读者可以追踪作者的后续研究。

④ 年收入参考2005年全国城镇在岗职工年平均工资18,405元,设置中、低、高收入。在先前的研究中,曾使用同样的方法对年收入进行分类。参见刘军强、熊谋林、苏阳:《经济增长时期的国民幸福感》,载《中国社会科学》2012年第12期,第93~94页;国家统计局发布,《2005年全国城镇单位在岗职工年平均工资统计结果公告》2006年第3号,载 http://www.stats.gov.cn/tjgz/tzgb/200603/t20060328_48047.html,2015年8月16日访问。

较小,波动幅度基本围绕整体水平的5个百分点变化。这再次说明,两种错误的公民偏好势均力敌,没有形成绝对主流意见。选择类型一错误比类型二错误的比例整体上要高几个百分点,但在男性、青老年、农村、初中毕业者的差异基本可以忽略(小于1%)。与表8－1的分布相似,“无法选择”样本在不同群体的分布基本维持在15%左右。

2. 危害态度偏好存在组间差异

性别(p=.002)、年龄组(p=.000)、教育(p=.000)、民族(p=.016)、无条件守法态度(p=.000)存在显著差异(P≤.05)。户口(p=.054)、邻居纠纷(p=.086)、政府纠纷(p=.091)显示出可能存在差异(超过可以接受的95%水平),政党、职业、收入没有显著差异(p>.1)。从百分比可以初步判断:容易选择类型一错误危害更严重的人群是,学历更高的人和少数民族,有与邻居纠纷、政府纠纷经历的人;容易选择类型二错误危害更严重的群体是男性、汉族;容易选择“无法选择”的危害均衡观点的是,老年人、守法态度的保守主义者。

二、影响因子

表8－5是四个独立的模型分析结果。模型1的因变量为类型一错误(编码=1)与类型二错误(编码=0),排除“无法选择”样本,公民对危害偏好与其他因子的关系(也见表2,下同)。模型2的因变量为考虑“无法选择”情况下,分析公民是否赞成类型一错误更严重的因素,并因此将“无法选择”和“类型二错误更糟糕”统一编码为0。同理,模型3为考虑在“无法选择”情况下,分析公民是否赞成类型二错误更严重的影响因子,并将“类型一更糟糕”和“无法选择”统一编码为0。模型4分析公民是否赞成危害相当的相关因素,并将“类型一更糟糕”“类型二更糟糕”统一编码为0。为了考虑年龄在生命周期内对错误类型的偏好,回归分析时没有继续按分类变量处理,而是以实际年龄及其平方作连续变量处理。同理,年收入也以受访者的实际年收入作连续变量处理。

表8－4　刑事司法错误危害偏好的组间分布检验

变量(N)		类型一错误	类型二错误	无法选择	(N)行总数	Pearsonx^2	DF
性别 $n=10372$	女　性	44.75	40.91	14.34	5453	12.374***	2
	男　性	44.07	43.59	12.34	4919	—	—
年龄 $n=10372$	青　年	44.72	43.69	11.59	5550	50.868***	4
	中　年	45.75	40.09	14.15	2968	—	—
	老　年	41.42	40.99	17.58	1854	—	—
户口 $n=10343$	农　村	43.93	43.31	12.76	4560	5.853*	2
	城　市	44.84	41.21	13.95	5783	—	—
教育 $n=10361$	文　盲	40.22	38.05	21.73	1201	95.079***	12
	小　学	44.16	42.08	13.76	2652	—	—
	初　中	44.55	43.77	11.68	3091	—	—
	高中/中专	45.33	42.89	11.77	2378	—	—
	大专/高职	45.55	42.43	12.02	674	—	—
	本　科	51.02	37.61	11.37	343	—	—
	硕士以上	50.00	45.45	4.55	22	—	—

续表

变量(N)		类型一错误	类型二错误	无法选择	(N)行总数	Pearsonx^2	DF
民族	少数民族	48.11	36.75	15.14	634	8.323**	—
n=10372	汉　族	44.19	42.53	13.28	9738	—	—
政党	非共产党员	44.50	42.11	13.39	9252	0.200	2
n=10372	共产党员	43.84	42.77	13.39	1120	—	—
职业	非司法	44.41	42.20	13.39	10,225	0.115	2
n=10372	司　法	45.58	40.82	13.61	147	—	—
收入	低收入	44.43	42.99	12.58	7402	2.506	4
	n=9854	中等收入	44.25	42.43	13.32	1982	—
n=9854	高收入	45.96	40.00	14.04	470	—	—
守法态度	同　意	44.77	42.42	12.81	8875	82.951***	4
n=10372	不同意	42.86	44.40	12.74	1099	—	—
	无法选择	41.21	30.65	28.14	398	—	—
邻居纠纷	无	44.13	42.51	13.36	9425	4.904*	2
n=10372	有	47.41	38.86	13.73	947	—	—
政府纠纷	无	44.26	42.33	13.41	10,111	4.804*	2
n=10372	有	50.96	36.40	12.64	261	—	—

注：* $p \leq 0.1$，** $p \leq 0.05$，*** $p \leq 0.01$。

表 8－5 中,固定效应模型解读了第一层变量对司法错误偏好的影响。沃德卡方检验显示,模型非常有效,均达显著程度。模型的随机部分显示,各省之间的错误偏好存在显著差异,标准差超过标准误 10 倍左右。①

如表 8－5 所示,从模型 1 和模型 3 来看,女性容易选择类型一错误和男性更容易选择类型二错误相互印证。一个可能的原因是,女性更脆弱或容易感性地同情无辜者,而男人则因好斗的刚性思维而认为放过有罪人的危害更大。具体年龄对于选择错误类型的作用影响较小(年龄平方 Odds Ratio≈1,p =. 000),每增加一岁的效果上基本上保持不变。从生命周期来看,模型 1、模型 2 对类型一错误的选择基本与表 8－4 吻合,年长者更不容易认为类型一错误更严重;模型 5 的结论也与表 8－4 相似,即年长者更容易相信两者相当。上述发现,可能与老年人的社会阅历和知识结构有关。城乡户口之间对于错误类型偏好不明显,但城市人更容易选择“危害相当”。从模型 2 来看,教育程度越高,越有可能选择类型一错误,更不容易选择危害相当,这与表 8－3 吻合。本章的发现也和雷茨阿德里基本相似,这说明教育增加了学生的判断力,但也有可能是因为教育所灌输的错判危害性影响了公民的判断。②

---

① 在模型探索过程中,研究曾考察不考虑犯罪控制评价和司法信任情况下,相关因子对司法偏好的作用。逐步回归探索分析显示,各变量的影响因子的 odds ratio 和 p 值不因司法信任和犯罪控制评价有差异。限于篇幅和避免重复,本研究直接显示最终模型。

② See Rose Ricciardelli, James G. Bell and Kimberley A. Clow, 2009. Student Attitudes toward Wrongful Conviction. *Canadian Journal of Criminology and Criminal Justice*, 51(3): 419－421.

表 8－5　刑事司法错误危害偏好影响因子多层回归分析模型 Odds Ratio 列表

			模型 1	模型 2	模型 3	模型 4
因变量	危害偏好	类型Ⅰ错误	1	1	0	0
		类型Ⅱ错误	0	0	1	0
		无法选择	.	0	0	1
自变量	固定效应					
	性　别	女　性	参　照	参　照	参　照	参　照
		男　性	0.924*	0.949	1.095**	0.921
	年龄结构	年　龄	1.022**	1.028***	0.989	0.970**
		年龄平方	0.9998**	0.9997***	1.0000	1.0003***
	户　口	农　村	参　照	参　照	参　照	参　照
	城　市	0.992	0.925	0.936	1.389	***
	教育程度		1.038	1.068***	0.999	0.869***
	民　族	少数民族	参　照	参　照	参　照	参　照
		汉　族	0.633***	0.679***	1.557***	0.928
	政党属性	非共产党员	参　照	参　照	参　照	参　照
		共产党员	0.976	0.963	1.004	1.064

续表

			模型 1	模型 2	模型 3	模型 4
	职　业	非司法				
		司　法	0.959	0.918	0.961	1.355
	年收入(万)		1.002	0.992	0.992	1.033
	邻居纠纷	没　有	参　照	参　照	参　照	参　照
		有	1.142*	1.097	0.855**	1.136
	政府纠纷	没　有	参　照	参　照	参　照	参　照
		有	1.353**	1.294*	0.742**	1.064
	无条件守法	同　意	参　照	参　照	参　照	参　照
		不同意	0.887	0.930	1.140*	0.870
		无法选择	1.152	0.867	0.699***	2.241***
	犯罪控制投入		1.009	1.058*	1.050*	0.793***
	司法信任	犯罪控制	1.021	1.016	0.977	1.018
	（满意度）	公平执法	0.972	0.980	1.032	0.971
		秉公办事	1.039	1.024	0.956	1.049

续表

			模型 1	模型 2	模型 3	模型 4
	截　距		0. 811	0. 421***	0. 588*	0. 666
	随机效应					
	省份(标准差)		0. 404	0. 369	0. 430	0. 676
	标准误		0. 063	0. 056	0. 066	0. 099
	样本 N(一层)		8228	9437	9437	9437
	样本 N(二层)		28	28	28	28
	Waldx^2		43. 29***	57. 94***	57. 94***	152. 54***
	Bartlettx^2		215. 92***	220. 15***	261. 38***	357. 1***

注：* $p \leq 0.1$，** $p \leq 0.05$，*** $p \leq 0.01$。

就民族来看,表 8 - 5 与表 8 - 4 的结论完全一致的结论,汉族比少数民族更容易选择释放有罪者危害更大,而少数民族却更人性化地偏向于冤枉无辜者的危害更大。除开民族文化外,可能的因素是少数民族群体自我评价为弱者地位,因此,倾向于对无辜弱者的同情。[①]与先前政治属性、司法教育的研究相比,表 8 - 5 的模型均没有显示出政党、职业的偏好差异。[②]

最重要的发现,应当是纠纷经历对司法错误危害偏好的影响。表 8 - 5 的结果比表 8 - 4 更显著,在过去四年与邻居、政府有过纠纷的人,更容易选择类型一错误的危害更严重。其中,与政府有过纠纷的人(odds ratio = 1.353, p = .000)比与邻居有纠纷的人(odds ratio = 1.142, p = .010)反应更加强烈。就类型二错误来说,有邻居纠纷经历的人选择类型二错误的概率是没有纠纷的 0.855 倍,有政府经历的人选择类型二错误的概率是没有纠纷的 0.742 倍(p = .000)。如何解读这两者之间的偏好选择呢?一方面,当公民与邻居和政府有纠纷时,以自己的亲身经历感受到法律和公平正义的重要性,对正义的期待比没有纠纷经历的人更高,因此更容易选择类型一错误;[③]另一方面,当公民与政府发生纠纷时,更容易处于弱者地位,这与少数民族一样。此时,弱者更担心自己被错误关押,因此更容易选择类型一错误危害更严重。

值得注意的是,无条件守法态度对危害偏好基本没有影响。对是否应该无条件遵守法律,与赞同无条件守法的人群相比,“无法选择”的人更不容易认为类型二错误危害更严重(模型 3)。但有一个可能的趋势,不同意无条件守法态度的人更有可能选择类型二错误

---

① 参见熊谋林、江立华:《从民族幸福感看民族融合》,载《西南民族大学学报》2014 年第 7 期,第 61 ~ 63 页。

② See Nicholas Scurich, 2015. Criminal Justice Policy Preferences: Blackstone Ratios And the Veil of Ignorance. *Stanford Law & Policy Review*, 26: 28.

③ 参见张建伟:《从林晨案看疑罪从无原则的适用》,载陈光中、江伟主编:《诉讼法论丛》(第 1 卷),法律出版社 1998 年版,卷首语,第 1 页。

(p = .064)。在模型4中,“无法选择”守法态度的人更容易赞同积极错误和消极错误的危害具有均衡性。这依然有两方面解释,一方面,无法选择的人在态度偏好上存在犹豫和缺乏主见,因此在疑难问题上基本上趋同以回避了之,这就解释了为什么守法态度上的无法选择者更容易出现危害偏好“无法选择”;另一方面,这些无法选择者也有可能是理性主义判断者。在他们看来,是否同意无条件守法,当然不可贸然决定,需要根据具体情况而定。

然而,在大样本情况下,这种理性主义作风变成了共性,其实质还是两类错误的危害相当性。犯罪控制投入的评价与危害偏好有关系。从模型2、模型3、模型4来看,对犯罪控制的投入自感增加的人有危害偏好倾向,但类型一错误和类型二错误并没有显著差异。从直观上来看,刑事司法均有可能出现两种司法错误。因此,一旦增加控制犯罪的投入,意味着打击犯罪的力度越大,势必增加类型一错误或类型二错误的两种风险。据此,公民态度反映了一个最简单的逻辑,只要形势不好而强调控制犯罪,当然容易出现错判或错放等任何一种错误。

司法信任程度对错误危害偏好总体上没有影响。对犯罪控制的满意程度、公平执法的满意程度,秉公办事满意程度的判断,对于错误偏好没有任何显著影响。根据海格的解释,控制犯罪形势越必须,就越可以允许类型一错误;犯罪形势不严峻,就越可以允许错误二。从评分整体情况来看,中国公民对犯罪控制的整体满意情况不好不坏,比“一般(3分)”多一点。这种满意程度反映出,打击和控制犯罪的效果一般。这就是为什么受访者的整体评价出现均衡局面,而没有形成一边倒趋势。① 由于犯罪控制处于不温不火的中间状态,既没有绝

① 犯罪控制满意的态度分布情况为,非常不满意(5.12%)、不满意(22.02%)、一般(37.04%)、满意(31.22%)、非常满意(4.6%)基本呈均衡状态。虽然“满意”和“非常满意”的整体情况(27.14%)少于“满意”和“非常满意”组合(35.28%),但是这种效果被一般人群的比例抵消。因此,在犯罪控制的满意度上,也并没有出现倾向性意见。

对的使公民满意,也没有使公民不满意,这当然难以使公民在态度选择上出现倾向性。

公平执法和秉公办事态度对司法错误的偏好没有显著影响,这说明社会正义本身的感知对于错误偏好影响不大。正如错误偏好一样,两种错误均是司法缺乏正义的双重表现,这也就使公民在选择倾向上出现茫然。由于司法错误本身并不可避免,在宏观层面,民众年复一年地习惯于冤假错案或犯罪黑数,因此,这就使公民很可能在这两种错误之间出现感觉上的均衡状态。民众没有因司法错误而改变对司法正义的评价,可能和直觉判断相悖,这是微观层面和宏观层面的评价冲突。在微观层面,任何一个无辜者冤案可能使民众认为错误定罪更严重,但与此类似,一个有罪者逃避法律的惩罚仍然有可能使民众更倾向于选择释放有罪者危害更严重。因此,这两种微观层面的效果在宏观层面被抵消。

三、司法信任

司法满意度作为错罪偏好的控制变量,仅解读了司法信任对选择错误危害偏好没有影响。但反过来,错罪危害偏好的态度观念,是否可能影响对司法信任程度的评价呢?为了研究这个问题,本部分借助于一元方差分析法(one way)和线性回归分析法(OLS)比较司法满意度在不同危害偏好上的组间差异。研究发现,司法错误的危害偏好(类型一或类型二错误)以及不存在偏好(无法选择)对司法信任的影响较小,对控制犯罪、公平执法、秉公办事满意度评价不存在较大差异。

如表8-6所示,可以从均值、F值、决定系数R^2(OLS)三组数据结果来观察。F值显示,控制犯罪评价在统计上差异不显著($p=.061$),公平执法($p=.002$)和秉公办事($p=.023$)的确存在显著差异。但大样本下的决定系数R^2显示,错误危害偏好的这些差异对于公平执法(0.0007)和秉公办事(0.0012)的影响小到完全可以忽略不计。这一差异可以通过均值来进一步观察,不同类别的平均值波动范围较小，三个司法信任检测指标基本在总平均数（3.08、2.83、2.74）+/-0.05范围内。从巴雷特卡方来看，三组错误偏好的方差在统计意义上相等（p>.05），说明数据结构高度相似，这也是方差分析的基本条件。换句话说，无论民众认为哪种危害偏好更严重，基本不会影响对控制犯罪、公平执法、秉公办事的满意度评价。如果的确要严格按照数理统计描述差异，“无法选择”所引导的司法满意度评价最高，比类型一或类型二错误都高（但差异非常小）。这符合“不枉不纵”的理想逻辑，不放过好人也不放纵坏人，当然有助于建立起满意的司法，没有错误的司法是最令人满意的。从错误类型一与错误类型二的危害偏好及司法信任的均值来看，无法选择的危害均衡观点也更有利于提高司法信任度。因为，这不仅可以杜绝偏好错误类型一而引发的有罪人逃脱，也不会因偏好于错误类型二而让无辜者进监狱。

表8-6　危害偏好对司法信任的影响（均值）（N=10,732）

危害偏好	控制犯罪	公平执法	秉公办事
类型Ⅰ错误	3.09	2.85	2.76
类型Ⅱ错误	3.06	2.80	2.70
无法选择	3.12	2.87	2.79
整　体	3.08	2.83	2.74
R^2	0.0005	0.0007	0.0012
F	2.80*	3.80**	6.39***
Bartlettx^2	5.36*	1.64	1.00

注：*p≤0.1，**p≤0.05，***p≤0.01。

本部分的研究再次证明，贝克、波斯纳、热曼的危害均衡结论至少在中国得到支持。相反，诸多文献中提及的危害偏好论并没有被证明。既然大样本的调查未能发现危害偏好优势，那么学术理论所倡导的“错判”大于“错放”危害从何而来？是学者们自命不凡的精英思维,还是危害偏好思想本身是空中楼阁。如果学术思想并没有民意和事实基础,那么就有必要及时改正,接下来将详细论证危害相当的理论缘由及其贡献。

第四节　理论更新:危害相当原则

“善为国者,赏不僭而刑不滥。赏僭,则惧及淫人,刑滥,则惧及善人。”①有罪和无罪是刑事司法判决的两种常见结果,刑事司法也常出现法院“错判”、公检法“错放”。在疑难案件中,“错放”和“错判”这两个问题的本质,是刑事诉讼在人权保障和惩罚犯罪、报应主义和功利主义、实体正义和程序正义等多种维度的理念选择性问题。② 上述多种价值追求时刻处于紧张状态,刑事司法如何调和和理解其矛盾,如何以辩证的观点看待刑事司法错误才是最重要的。③ 在理论探讨开始之前,有必要交代两个前提条件:第一,“不枉不纵”永远不可能实现,司法错误的可能性(法律、事实、程序)存在于每一个案件中。因此,如果仅以“既不冤枉好人,也不冤枉坏人”的不偏不倚逃避司法错误,不仅无法正确认识和处理司法错误,反而会在司法错误发生时自乱阵脚。其结果是,媒体操纵司法,舆论左右司法职业者,司法政策

① 郭丹、程小青、李彬源译注:《左传》,中华书局2012年版,第1389~1390页。

② See Herbert L. Packer, 1964. Two Models of the Criminal Process. *University of Pennsylvania Law Review*, 113(1):1; Vidar Halvorsen, 2004. Is It Better that Ten Guilty Persons Go Free Than One Innocent Person Be Convicted? *Criminal Justice Ethics*, 23(2):5; Jeffrey Reiman and Ernest Van Den Haag, 1990. On the Common Saying that It is Better that Ten Guilty Persons Escape Than that One Innocent Suffer. *Social Philosophy and Policy*, 7(2):242~248;王立峰:《功利抑或正义:错案的哲学思考》,载《清华法治论衡》2008年第1期,第97~98页;陈兴良:《错判还是错放:从实体正义到程序正义的正义选择》,载《中国律师》2001年第8期,第70页。

③ 参见白建军:《司法潜见对定罪过程的影响》,载《中国社会科学》2013年第1期,第168页(文章指出,“无罪率过高,会被指打击犯罪不利;无罪率太低,又会担心人权风险被掩盖起来”)。

疲于顺应舆论制造的“民意”，最终使司法错误的直接利害关系人受害。第二，司法错误的危害相当性，权衡了被错放的真正犯罪人、被错判无辜者、犯罪受害人、司法机关的四方利益，是基于威吓和赔偿等犯罪控制和司法救济所得出的基本结论。

一、危害偏好理论的缺陷

信息和技术使得今天的人类社会不再彼此孤立，社会迁徙和人口流动已打破原来基于地域限制的熟人社会。在这种情况下，新闻传媒和司法公开使人们对冤假错案报道非常熟悉。与此同时，流动作案和犯罪黑数等刑事破案难题使有罪者逃避处罚的概率也更高。对于这个问题，今天的刑事司法者们已经逐渐认识到两种错误的可能性，并因此不再呐喊“命案必破”，或者迫于受害人和政治的“压力”而快速破案。① 这不能不说是法治的进步，但即使如此，今天的司法仍然面临着障碍。就中国国情来看，危害偏好所具有的缺陷，具体表现为三个方面。

1. 类型一错误更严重

认为将无辜者被定罪判刑的危害性更重，当然意味着，司法职业者所犯的这个司法错误更严重。这造成两个最不愿意看到的场面：

第一，一审法院很难主动纠正公诉人和侦查机关所犯的错误。类型一错误之所以发生，源于法院在定罪时并没有遵守排除合理怀疑的自由心证原则。但这真的是法官不愿意遵循司法公正，而自愿犯下的错误吗？没有人会自愿将自己置于不利境地，②其病因在于司法流水线作业(one-line-order)的习惯操作。在司法熟人圈里，类型一错误的根源就在于类型一错误更糟的司法理念。一旦出现潜在的错误，这种

① 参见沈德咏：《论疑罪从无》，载《中国法学》2013 年第 5 期，第 8～10 页。

② 参见李建明著：《刑事司法错误——以刑事错案为中心的研究》，人民出版社 2013 年版，第 308 页。

理念就迫使法院、公诉人、侦查机关共同努力掩盖先前的错误,[①]这就是为什么中国的无罪率只有0.2%。[②]因为,一旦作出无罪判决,就意味着先前的多个机构已经犯下严重的"耻辱性"错误。更何况,侦查机关和公诉机关甚至为此投入了巨额资本、信誉、政治命运,一旦纠错简直就是"灾难性"后果。对于人情、官情等熟人社会引发的世俗常态来说,这是基于"面子""关系"下的人性部分。更何况,人民检察院在监督地位上处于天然有利地位,公安机关也曾是政法委的核心力量,当关系变成"压力"时,各方游说后的无罪率当然就更低。[③]

第二,各级法院拒绝纠错,无辜者洗冤更难。在多年的刑事司法理念侵蚀下,法官们从来都不可能主动承认司法错误。因为一旦确认错误,意味着对自己职业生涯的致命打击,或者对名誉上的打击。[④]因此,谁都不会轻易承认:"我犯了一个不可原谅的严重错误。"这就是为什么,今天全球的无辜者洗冤之路为何如此之长的原因,须要数年至几十年,即使事实清楚、真凶出现或有罪者供述无辜者也难以被释放。[⑤] 当面临可能的错误时,在多年的有罪推定模式下,一审法官的心态是"与其犯众怒,还不如让审委会决定",将"领导""同僚"的意见作为裁决的挡箭牌。对二审法官来说,多以发回下级法院重新审判的方式处理,这样既可以内部指导方式告知存在的证据问题,又可

---

① 参见熊秋红:《冤案防范与权利保障》,载《法学论坛》2010年第4期。

② 参见熊谋林:《全球刑事无罪错案的实证研究(1900~2012)》,载《法制与社会发展》2014年第2期,第36页;白建军:《司法潜见对定罪过程的影响》,载《中国社会科学》2013年第1期,第168页。

③ 参见熊秋红:《冤案防范与权利保障》,载《法学论坛》2010年第4期。

④ See Steven A. Krieger, 2011. Why Our Justice System Convicts Innocent People, and the Challenges Faced by Innocence Projects Trying to Exonerate Teem. *New Criminal Law Review*, 13(3): 387.

⑤ 参见熊谋林:《全球刑事无罪错案的实证研究(1900~2012)》,载《法制与社会发展》2014年第2期,第36页;C. Ronald Huff, 2004. Wrongful Conviction: The American Experience. *Canadian Journal of Criminology and Criminal Justice*, 46(2): 107.

以法律程序为由而避免担责。在这场审判的游戏中,无辜者在法律程序内被自觉洗冤的希望非常渺茫,除非有案外因素介入。

类型一错误危害更严重的支持者可能会说,无罪判有罪不仅将无辜者送入监狱或被执行死刑,而且在错关无辜者的同时放纵了真正的罪犯,类型一错误也同时触犯类型二错误。① 的确,如果以此为理由,类型一错误更严重就有逻辑基础。但是,类型一错误通过惩罚"犯罪"及刑事附带民事赔偿,满足了受害人的物质补偿和心理修复,从而制止了受害人的复仇感。当然,刑事诉讼中的物质补偿仅是沧海一粟,甚至不少受害人家属拒绝物质补偿,而真正起作用的是通过彰显司法正义实现了受害人内心中的"正义"补偿。从这个立场来说,类型二错误未必比类型一错误就轻。因为错放有罪人对于受害人来讲是"一无所有",而类型一错误至少还有一个错误的赔偿清单,并实现了"罪有应得"的正义。

2. 类型二错误更轻

经典的刑事司法正义是程序正义,是阳光的正义,是看得见的正义。在这种理念支持下,有罪者因证据或程序上的问题被判处无罪,被认为是体现程序正义的经典体现。在类型一错误更严重的理念之下,判处无罪被接受的原因是"这种错误更轻",是"人权保障"原则下的当然选择。这种辩解其实很难成立,主要原因在于没有认识到类型二错误的如下三点危害:

(1)不能及时减损。对于个体犯罪者来说,释放真正的有罪人,有可能降低刑罚的惩罚必然性,使再次犯罪的投机心理更趋严重。刑罚的惩罚使命是改造或隔离犯罪者,进而保障社会安全。然而,类型二错误将使有罪者逃避处罚,从而给社会带来更大的危险,连环杀手或多次犯罪者就是最好的例子。例如,聂树斌冤案的凶手王书金在逃案后又奸杀多名女性,以及著名的无罪者 O. J. 辛普森于 2007 年又

① 参见何家弘:《"错判"危害大于"错放"》,载《新快报》2013 年 5 月 7 日,第 A07 版。

在拉斯维加斯因持枪抢劫被逮捕。①

(2)降低刑法的威吓效果。“刑当罪则威，不当罪刑侮。”②刑罚的免疫效果，或因犯罪黑数而未能侦破案件，对潜在的犯罪人可产生示范性激励作用。对于群体犯罪者来说，当某一个犯罪人相安无事时，这种免疫就刺激出更多的犯罪人。③ 其基本逻辑是，免疫效果越强，刑罚的威吓力就越弱，犯罪刺激效果就越强。④ 例如，同一乡村出现大量的乞讨、诈骗、制毒贩毒、走私系列犯罪，以及当前假发票猖獗等犯罪现象即是如此。⑤

(3)司法救济缺失。刑事司法的另一重要使命是，通过惩罚所代表的国家公权力彰显正义。⑥ 如果释放或直接判处无罪，并且美其名曰以“法律的正义”灌输类型二错误较轻或根本没有错误，那么受害人不可能获得物质和心灵赔偿。这种效果，与类型一错误更严重是一

---

① 参见杨兴培：《从辛普森被判刑再看当年的“无罪案”》，载《检察日报》2009年2月5日，第3版。

② 《荀子·君子》。

③ 参见何家弘、何然：《刑事错案中的证据问题——实证研究与经济分析》，载《政法论坛》2008年第2期。

④ See Herbert L. Packer, 1964. Two Models of the Criminal Process. *University of Pennsylvania Law Review*, 113(1):9(作者指出，“如果法律没有良好实施，也就是说，如果刑事诉讼中可以看到高比率的犯罪人没有被逮捕和定罪，就有可能产生一般性的漠视法律控制效应”)。

⑤ 参见马进帅：《“乞讨村”背后的故事》，载《检察风云》2012年第4期，第61页(西北某乡是有名的“乞丐乡”，这里的人们大多都有过外出乞讨的经历)；刘健、秦亚洲、张琴：《“造枪村”警醒贫困地区路径选择》，载《瞭望新闻周刊》2006年第22期，第12~13页(贵州松桃苗族自治县，有10个乡镇的15个村涉及非法制贩枪支)；张成斌、徐旭宇：《“雷霆扫毒”围剿制毒村》，载《边防警察报》2014年1月4日，第1版(广东陆丰地区冰毒制造占全国1/3，博社村的制毒活动呈现典型的“家族式运作、产业化经营、地方保护”等特点)。

⑥ 在一篇报道中，记者报道了受害者成为犯罪人，而打人者成为无辜者的故事。公安机关为了替真正的罪犯洗脱罪名，伪造和篡改病历，将被打者说成是打人者，将打人者说成是被打者。受司法潜规则作用，砍人凶手王德安还在逍遥法外，并且用魔力让王永芝家的人一个个深陷囹圄。参见宾语：《砍人真凶逍遥法外，受害者家人连遭拘留》，载《法制与经济》2008年第11期，第15页。

个道理。

不仅如此，类型二错误更轻将会加剧公民之间，以及公民与司法机关、社会的矛盾。对于微观层面的犯罪受害者和无辜者而言，由于国家公权力在惩罚犯罪上的软弱立场，私立救济和自我报复也就成为实施犯罪的火药桶。① 当然，一个理性的受害者，可能不会采取极端行为，但这也将改变司法的正常运作程序。今天，一些诸如缠讼、上访、缠访行为，以及上下级对"双方"案件的关注博弈，已经使司法机构疲于应对。例如，河南李怀亮的死刑保证书案，就是司法机构对受害人家属无可奈何的典型表现。因此，对于有罪不罚或错放有罪人来说，错误类型二对受害人和社会整体的危害性同样不可小视。

3. 类型二错误更重

"放走一个坏人，容易毒害社会"，司法界常常担心有罪者漏网。就个案来看，司法办案讲究效率和及时性当然是好事，不仅可以抚平受害人家属的心理创伤，而且也可使民愤得以消解，社会安全的信心得以恢复。这也是"严打""限期破案"的基本逻辑，为了恢复社会信心，上级司法决策机构常在案件爆发时表达尽快破案的决心，并在破案以后隆重召开庆功会。但从宏观层面看，这会给司法从业者心理暗示，破案越快越好，"立功有奖，办砸有罚"。② 于是，为破案而采取各

---

① 如刘俊海冤案中，刘曾经几次打算对他刑讯逼供的人进行报复，要不是刘的母亲苦言相劝，很可能类似于湖南、甘肃等地用土炸弹炸法院之悲剧不知发生了多少次。《河北两男子被认定命案凶手关押15年后无罪释放》，载南方网，http://news.ifeng.com/society/1/detail_2010_06/09/1599588_0.shtml，2015年6月7日访问；杨兴培：《刑事司法观念的转变与死刑案件再查制度的确立》，载《法学》2010年第6期，第27页（指出，"当民众中哪怕只有一小部分人因长期的被冤枉、被践视、被拒绝，丧失了最基本的尊严和自我确认的条件，最终也会形成乖戾暴虐的性情"）。

② 例如，有人在反思佘祥林冤案中的命案必破指出，"命案一旦告破，则立功受奖，皆大欢喜，也就证明了你是称职的领导；命案破不了，那就表明你工作不负责任或者没有能耐，一票否决，甚至会丢了'乌纱帽'"。参见于一夫：《佘祥林冤案检讨》，载《南方周末》2005年4月14日。

种手段都是应当的,非法逮捕和刑讯逼供、诱供当然就屡禁不止。[①]对于常态性案件,以及证据清楚、链条清晰的案件来说,“司法必要措施”当然容易成功。但是,一旦遇到疑难案件时,快速破案就成为快速制造“破案”“冤案”,最终无法真正破案。因此,杜绝错误危害二更严重的观念也不容忽视,其恶害主要也有三点。

第一,容易转向类型一错误。过于担心漏网犯罪人,所以就采取眉毛胡子一把抓的战略。如果以此为司法行动指南,则必然使刑事司法朝着冤枉无辜方向发展,严打期间出现的错案即是最好例子。其结果是,更多的无辜者在犯罪侦查活动,或犯罪控制活动中,被错误羁押、逮捕、定罪。[②]第二,容易形成警察社会。刑事司法过于强调类型二错误,社会管理就容易依赖“乱世用重典”的思想。事实上,研究显示治国无需用重典,只要认真执法便可治世。[③] 第三,法制秩序可能被破坏。类型二错误更严重,则意味着更加强调惩罚的确定性。然而,一旦过于强调此问题,超期羁押、过度羁押、刑讯逼供问题就会快速增长。2005 年至 2012 年,中国的超期羁押在 2007 年达到最低点以后,再次反弹后呈快速上升趋势。[④]其重要原因就是,太过于看重释放一个可能有罪人的危害很大,由于转型时期各种社会矛盾突出,刑事司法往往超负荷运转于“维稳”中。

回顾刑事司法错误的历史可知,中国古代对于刑事司法曾有“疑罪从无”“疑罪从轻”“疑罪从赎”“疑罪从有”四种做法。进入现代刑

---

① Herbert L. Packer, 1964. Two Models of the Criminal Process. *University of Pennsylvania Law Review*,113(1):12.

② 在黑龙江省隋洪建冤案中,肇东警方侦查的结果是,赵某没有作案时间作案条件。正是这一侦查结果,把案件推向了另一极端,使真正的凶手逃脱,而使隋家十几口人蒙上不白之冤。参见张孝军:《真凶也难为 16 位无辜者洗冤:一起伤害案与一个家族的牢狱之灾》,载《法律与生活》2001 年第 10 期,第 25 页。

③ 参见陈硕、章元:《治乱无需重典:转型期中国刑事政策效果分析》,载《经济学》(季刊)2014 年第 4 期,第 1461 页。

④ 参见熊谋林:《从证据收集看审前羁押》,载《华东政法大学学报》2016 年第 2 期,第 141 页。

事司法后，正义的法学家们通常会推荐“疑罪从无”。为了支持这个理念，将无辜者定罪的危害更严重的类似布莱克斯通公式也就自然地被传颂为经典力作。因此，有人会说，将无辜者判有罪更难以被接受，这是几个世纪以来的经验传统。然而，这个经典只在18世纪以前的黑暗时代有用。况且，本章的经验证据证明，中国55.57%的公民都不赞成这个说法，国外的研究也显示出类似现象。

历史反馈出这样一个信息，“类型一错误”危害更严重的布莱克斯通公式，不仅没有阻止欧美国家发生刑事司法错误，反而使错误定罪呈上升趋势。① 与此类似，中国最近十年的有罪率狂飙，无罪率更是呈下降趋势，判处无罪的难度更加大。②类型一错误更严重的初衷本是为避免无辜者被定有罪，然而，现实给予的沉重打击却是：无辜者不仅未被及时从监狱释放，反而使更多无辜者入狱的风险更高。历史虽不能被批评，但反思历史可以总结经验教训。过于强调或担忧刑事司法错误而酝酿冤案的历史，足以为今日之司法提供教材。③ 毋宁说，斯大林的清洗运动，④朱元璋时期仅因胡蓝谋逆案就杀4.5万人。⑤就拿“宁可错杀三千，不可放过一个”的口号来说，国民党的高压统治下，大量与政治无关的无辜者，或者是反对言论者被暗杀。新中国初期的镇反运动在“千分之一”的口号下，贵州省81个国民党时期

① 参见熊谋林：《全球刑事无罪错案的实证研究(1900～2012)》，载《法制与社会发展》2014年第2期，第36页。

② 参见熊谋林：《全球刑事无罪错案的实证研究(1900～2012)》，载《法制与社会发展》2014年第2期，第36页。

③ 参见陈柏峰：《社会热点评论中的教条主义与泛道德化情绪》，载《开放时代》2006年第2期，第112页(作者指出，“避免冤案的制度常常还是放纵坏人的制度”)。

④ 参见李同成：《斯大林发动“大清洗”始末》，载《党史纵横》2005年第7期，第41页(作者指出，“在‘大清洗’运动中，苏共有210万党员被清除出党，700多万人被杀，1984万人遭到审讯、流放！”)。

⑤ 参见赵晓耕：《胡惟庸谋反案》，载《法律与生活》2006年第24期，第54页；朱子彦：《“胡蓝之狱”辨析》，载《学术月刊》1986年第7期，第65页(作者指出，“蓝玉案株连一万五千人”)；朱子彦：《论明初朱元璋和功臣的关系》，载《史学集刊》1994年第2期，第21页(作者指出，“胡惟庸案坐诛者三万余人”)。

的县长无一漏网。[①]“文革”期间,在“怀疑一切、打倒一切”的口号下,中国75%以上的副部级和副省级以上干部被立案审查,创造超过200万件(几百万人)的冤假错案。[②]最近几年出现的错案,也说明“稳定压倒一切”“从重从快”“不要四平八稳”的打击犯罪理念值得注意。[③]

二、危害相当理论的定位

“赏不僭溢,刑不淫滥”,[④]“矫枉过正”是中国的警世名言,为什么这一传颂几千年的格言不能应用于刑事司法中呢?并非刑事立法和政策制定者不了解,而是因为在社会压力下容易误信其中一个偏好。不偏于类型一错误,也不倚重于类型二错误,危害相当才是健康的刑事司法理念。这个理念可以定位为:思想上要求,无辜者判有罪与有罪者判无罪的社会危害性相当,两者之中的危害性不存在哪一种更严重之说;认识上要求,认识错误的不可避免性,不以“不枉不纵”的理想主义回避现实;行动上要求,真诚接受错误,坦率承认错误,敢于及时纠正错误。定位危害相当理论,反对现行操作模式中的三个极端,并提倡正确认识错误的逻辑前提。

1. 反三个极端

要定位危害相当原则,首先需回应三种有说服力的现实主义极端。

首先,“疑罪唯轻”理念不可行。[⑤]因为这是在“错杀”和“错关”的概念上选择的中庸路线,这对于司法正义和司法救济来说没有任何

---

① 参见袁晞:《一蓑烟雨任平生:冯兰瑞传》,气象出版社1999年版,第103页。转引自杨奎松:《新中国“镇压反革命”运动研究》,载《史学月刊》2006年第1期,第56页。

② 参见《邓小平平反的冤假错案》,载《山西农民报》2014年9月26日。

③ 参见崔敏:《反思八十年代“严打”》,载《炎黄春秋》2012年第5期。

④ 《后汉书·梁商传》。

⑤ 如前所述,该理念本身源于晋人伪造的《尚书·大禹谟》这更加说明其并没有正统依据。参见蒋铁初:《中国古代的罪疑惟轻》,载《法学研究》2010年第2期,第205页。

实质性作用。尽管这是多年来中国刑事司法运作中的基本做法，常遵从死刑立即执行→死缓→无期徒刑→有期徒刑→无罪（迫不得已）的判决逻辑。然而，这种做法不仅无法满足诸如死刑保证书案受害人对于“杀人必死”的诉求，反而会纵容司法者回避司法错误。① 每一次刑罚的减轻，都源于司法裁判者对于错误所做出的让步退守。在这种情况下，无辜者虽然保住了命，但在长期牢狱下却留下“生不如死”的终身残疾，如杜培武、王树红、王本余、赵宝宏案。

其次，“回避错误”不可行。这是中国刑事诉讼中对潜在无辜者的一个常用做法，这被称为司法潜规则的相互踢皮球现象。② 尽管这仅是刑事司法程序的滥用现象，但为什么上级法院不愿意直接判处无罪？除去考核、压力，以及打招呼外，这在程序上表现为对无辜者权利的漠视，更存在一种典型的“错不在我”“刀下留人”“保命有功”的回避主义观念。③

最后，“形势需要”不可行。社会的快速发展导致社会关系复杂化，而社会管制措施具有滞后性，并往往在带血的经验教训下才有更加理性的观念。在此过程中，应当避免在犯罪频繁时期以“打击犯罪”需要为由，容忍司法错误侵犯人权。因为，今天的错误会成为明天的历史，而历史毫无疑问会记入社会发展的轨迹中。与此相反，也应当避免在犯罪率下降时期以“保障人权”需要否定打击犯罪的功绩，不能否认特殊历史背景下的不得已做法，更不能从类型一错误走

---

① 参见于一夫：《佘祥林冤案检讨》，载《南方周末》2005年4月14日。

② 参见陈卫东、李奋飞：《刑事二审“发回重审”制度之重构》，载《法学研究》2004年第1期；李长城：《发回重审与程序滥用》，载《山东警察学院学报》2013年第1期，第47～48页；李恩树：《被滥用的发回重审程序》，载《政府法制》2011年第7期，第23页；汪海燕：《论刑事程序倒流》，载《法学研究》2008年第5期，第129页。

③ 如杜培武，赵作海、佘祥林等案显示出一个共性，上级法院在发现案件存在重大证据问题时，在死刑基础上改判死缓，以“留有余地”的判决保无辜者一条命。参见陈瑞华：《留有余地的判决——一种值得反思的司法裁判方式》，载《法学论坛》2010年第4期，第26页；邓红阳：《赵作海案再曝“留有余地”的潜规则》，载《法制日报》2010年5月13日，第4版。

向类型二错误的极端。

2. 逻辑前提

定位危害相当原则,有三个基本的逻辑前提,其核心是错误的不可避免性和冲突性。

第一,错误的不可避免性。人性的最大特点,也是最大的缺陷是犯错。有人会说,经过如此严密的证据审查程序,怎么还可能出错呢?道理很简单,事物的发展性和认识的能动性、局限性,司法从业者不是能洞察一切的神仙。即使最严格的程序也有可能出现司法错误,如一向以人权标榜的法治国家。① 在刑事诉讼过程中,重点不是已经发生的错误本身,如何避免更大、持续的错误才是刑事立法和司法的重点。

第二,精确评价错误危害偏好的不可能性。古典学说和现代评价虽各有不同,但任何主张危害偏好的学说均没有经验证据支撑。披露出的错案的确是刑事司法的悲剧,而且还有更多的潜在无辜者没有被披露。然而,刑事司法中也还有大量没有被破案的犯罪,这些继续犯罪所造成的损害完全不亚于对特定无辜者的损害,甚至更大。②

第三,错误的冲突性。刑事司法活动无处不在,因为社会矛盾和社会冲突无处不在。③随着社会矛盾的更加突出,社会分层更加明显,犯罪活动也就增加,刑事司法逐渐朝犯罪化趋势发展。此时,刑事司法如果太过于保守,错放的人越多,社会秩序可能就混乱不堪;与之相反,刑事司法过于激进,则冤案层出不穷。这种错误的冲突现实性,说明社会控制需要正确的理念指导刑事司法活动,这尤其对转型时期的

---

① 参见熊谋林:《全球刑事无罪错案的实证研究(1900~2012)》,载《法制与社会发展》2014 年第 2 期,第 36 页。

② See C. Ronald Huff, 2004. Wrongful Conviction: The American Experience, *Canadian Journal of Criminology and Criminal Justice*, 46(2): 107.

③ 参见陶晶:《创新社会治安管理、有力化解社会矛盾》,载《法学杂志》2011 年第 S1 期,第 75 页(作者指出,“任何社会都有矛盾,矛盾无时不在、无处不有,它不可能按照人的意志削弱或下降,只能通过有效地工作去预防和化解,从而实现一个动态的稳定”);王满荣:《认真看待冲突》,载《探索》2006 年第 5 期,第 101 页(作者指出,“我们应对冲突抱有理性的态度,因为冲突具有客观性和普遍性”)。

中国更加重要。

主张两种错误的危害相当性,笔者的根本目标是建立识别错误、包容错误、纠正错误的积极理念。既然应对刑事司法错误主要是理念问题,那么,如何在这个理念之下建立良性的社会态度才是关键。定位危害相当原则,如果社会接受有罪者被判无罪(类型二错误)是法律正义的体现,那么有何理由不能接受无罪者被判有罪呢?有时候,少数刑事司法从业者甚至以对某人"宣判无罪",从而维护了法律上的程序正义而感到自豪。然而,在类型一错误问题上,今天多数的刑事司法者、法学家、媒体就很难接受了。不仅司法操作中对无罪起抵触作用,甚至连立法上对无罪者的权利也规定得模棱两可。在民意调查研究开展以前,偏信于类型一错误更严重可以理解。但是,本章的民意基础已经指出,两种司法错误均有可以接受的空间,这就需要给司法错误一个包容空间。否则,任何过于谴责错误的结局是,没有人愿意主动承认错误,最终将会损害与错误相关的无辜者和受害人的权益。

三、危害相当理论的根基

刑事司法错误到底因何而发生?从表面现象看,刑事司法错误的核心是证据和证明问题。但这是法律技术要处理的具体操作,当然可以通过完善的立法予以补正。如果缺乏长远而科学的理念,任何法律规定和具体操作都有可能被善于投机的司法实务家们抛于脑后,而且立法会疲于应对司法问题。法律社会家们主张的书本法(Law in Book)与实务法(Law in Practice)之间的脱节,就是最好的例证。不妨对此深入剖析,以观司法错误的问题根源。

1. 证据基础

任何一个案件中,都存在证据认识的模糊性和不完全属实的可能性,因此对案件事实的认定也可能出现不真实性。[①] 对于类型一错误

① 参见何家弘著:《短缺证据与模糊事实》,法律出版社2012年版,第89页。

而言,通常是因证明有罪者的证据不充分,才对无辜者采取举证责任倒置。因为无法通过证据查找真正犯罪人,所以错误地将无辜者逮捕、羁押,甚至使用刑讯逼供获取口供以“平民愤”“请功”。对于类型二错误,依然是因为确认有罪的证据不充分,或者因为证据污染而导致无法定罪。受限于客观条件,有罪证据不充分很可能因为人力、财力、技术侦查能力等限制,或反侦查技术原因。[①]如果证据充分,类型一错误和类型二错误当然可以避免。但是,考验刑事文明的关键问题不是证据是否充分,而是在证据不充分的情况下如何运作。

2. 观念基础

理性的司法从业者会欣然接受犯罪黑数或无罪判决,但如果在危害偏好的立场支持之下,犯罪黑数和无罪会被理解为对司法的亵渎。[②] 当然,错误观念导致刑讯逼供,甚至侦查机构伪造、隐匿证据是难以接受的可耻行为。冤假错案的问题,当然也因目击证人、司法鉴定等证据原因,司法从业者素质不高和渎职等人为原因,以及司法不独立等法治不健全因素。但这些因素与证据问题一样仅是法律技术问题,一定的法律文件和补充规定可以很好地解决这一系列问题。思想和观念问题才是刑事司法错误发生的最根本原因,把思想包袱清除掉才能轻装上阵,才能从根本上解决冤假错案发生的根源。正所谓“证不足不合入罪”,[③]在两种错误类型之间,与其出入人罪,不如坦然面对。

危害相当理论并不否认两种司法错误均有危害,其定位在于证明

---

① 参见易延友:《冤狱是怎样炼成的——从〈窦娥冤〉中的举证责任谈起》,载《政法论坛》2006 年第 4 期,第 129 页;谢克勤:《不可能的任务:冤案的发现与证明》,载《中山大学法律评论》2011 年第 1 期,第 221 ~ 222 页。

② 参见杨兴培:《刑事司法观念的转变与死刑案件再查制度的确立》,载《法学》2010 年第 6 期,第 22 页;沈德咏:《论疑罪从无》,载《中国法学》2013 年第 5 期,第 9 页。

③ 蒋铁初:《中国古代的罪疑惟轻》,载《法学研究》2010 年第 2 期,第 205 页。

并重申司法错误观念上需不偏不倚。强调“错判”和“错放”不存在哪一种危害更严重，这是民意调查和利益关系人权利义务权衡的结果。与“不枉不纵”的理想主义不同，本章肯定两种刑事司法错误发生的不可避免性、极端转化性。与经济学家的均衡分析不同，危害相当强调以积极的态度认识错误和纠正错误，将理论视角定位在如何最有效地保障错案无辜者身上。

四、危害相当理论的贡献

危害相当理论并不否认两种司法错误均有危害，其贡献在于证明并重申司法错误观念上需不偏不倚。强调“错判”和“错放”不存在哪一种危害更严重，这是民意调查和利益关系人权利义务权衡的结果。但是，与“不枉不纵”的理想主义不同，本章肯定两种刑事司法错误发生的不可避免性、极端转化性。与经济学家的均衡分析不同，危害相当强调以积极的态度认识错误和纠正错误，将理论视角定位在如何最有效的保障错罪受害人。与危害偏好理论相比，危害相当理论对于立法、司法、教育具有重要作用。对于刑事法哲学来说，以风险性司法和均衡论为基点，提供错判不比错放严重，错判与错放一样可以接受的法理。对于立法者来说，基于错误的普遍性，建立一定的错误识别机制，在制度上敢于主动预先出击。凡是可能出错的，以立法方式赋予一定机构的纠错特权和纠错便利。对于司法政策制定者来说，引导比谴责更有效，传播“只要能够及时纠错，错误并非不可弥补”的社会正能量。①对司法从业者来说，“错判”和“错放”都有危害，最快速的纠正错误就是最佳的正义，最冗长的程序和反对纠错就是对正义的亵渎。对新闻传媒来说，可以公正报道错案，但不能大肆宣传而煽起民众对司法的不信任和仇视感。对于刑事司法教育来说，应该时刻警示学生，错误的不可避免性和正确

① 参见徐美君：《我国刑事诉讼运行状况实证分析》，载《法学研究》2010 年第 2 期，第 183 页。

的态度认识观,与其继续犯错,还不如及时纠错。这是一件艰巨的学术任务,在培养新一代司法从业者时,刑事司法教育者应当记住:纠错的难度与判错的容易性成反比,拒绝纠错就等于以法律名义非法拘禁公民;过于强调错误危害偏好,只会培养根深蒂固的拒绝纠错思想。

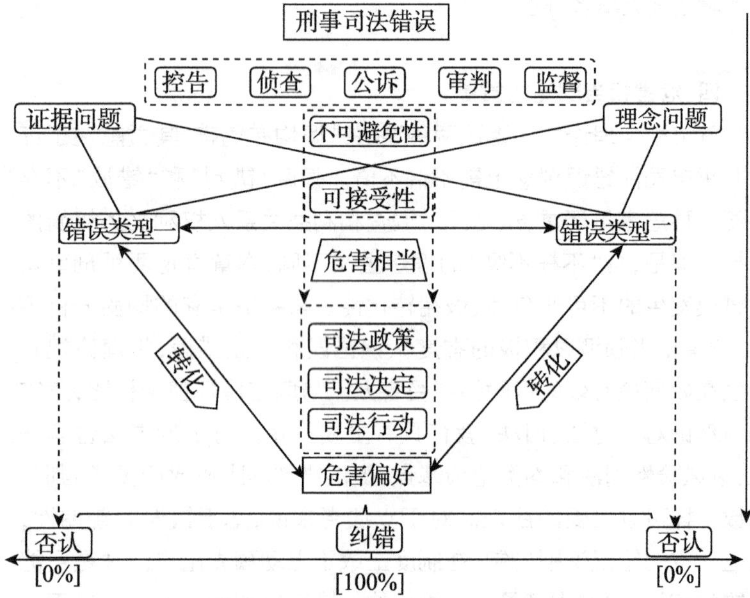

图 8-1 危害相当理论下的错误应对策略

图 8-1 是危害相当原则的理论和政策意义简图,它清晰的表达了错误的发生时空,危害偏好对于主动纠错的影响。刑事司法错误之所以发生,主要法律原因是证据问题,但最根本的问题是没有形成诉讼风险观念,未能认清两种错误在危害偏好的刺激下的相互转化性。刑事司法错误的发生并非只有审判环节才会出现,而是在整个刑事诉讼程序具有联动效应。因此,控告、侦查、公诉、审判、监督环节均有可能出现司法错误。在诉讼过程中,只要有一个环节能够积极纠正错误,那么刑事司法错误所造成的恶害就不可能继续。冤枉好人与放纵

坏人(犯罪黑数)一样有危害,这是社会控制和刑事司法必须付出的代价。在危害相当原则框架下,司法政策、司法决定和司法行动应当以快速纠错为核心点。既不强调无罪错判的危害更严重,也不强调错放好人的危害更严重,鼓励司法从业者识别和纠正错误便是。这样,纠错所面临的阻力最小,否则,过于强调错误的危害偏好将引发各大机构联合起来否认错误。

刑事司法政策能够对实践起良好指导,但如果依据不足,则很可能误导刑事司法。① 应牢记两个教训:强调放走坏人的危害性,必然导致在证据不充分的前提下为应付类型二错误,使无辜者成为有罪者的替罪羊;②强调冤枉无辜者的危害更严重,不仅导致无辜者难以获得纠错,而且最终因否认或拒绝纠正类型一错误,使有罪者逃脱处罚。③ 本章指出两种刑事司法错误的危害相当性,系公民真实态度调

---

① Daniel Epps,2015. The Consequences of Error in Criminal Justice. *Harvard Law Review*,128(4):1151.

② James G. Bell, Kimberly A. Clow and Rosemary Ricciardelli, 2008. Causes of Wrongful Conviction: Looking at Student Knowledge. *Journal of Criminal Justice Education*, 19: 77(作者指出,"如果相信公诉人的工作就是胜诉或者让被告定罪的话,那么这个态度将有风险增加错误定罪"); Heather Schoenfeld,2005. Violated Trust. *Conceptualizing Prosecutorial Misconduct. Journal of Contemporary Criminal Justice*,21(3): 250 (作者指出,"大量冤假错案起源于公诉人的滥用职权行为,他们在追求职业成功、环境压力和赢得定罪的同时,由于角色和动机的限制,容易运用手中的权力实施失范行为"); Catherine Ferguson-Gilbert,2001. It Is Not Whether You Win or Lose, It Is How You Play the Game: Is the Win-Loss Scorekeeping Mentality Doing Justice for Prosecutors? *California Western Law Review*,38(1):307 (作者指出,"公诉人失范行为起因于输赢记录的保持,以及整个国家公诉办公室的寻求定罪精神")。

③ Vidar Halvorsen, 2004. Is It Better that Ten Guilty Persons Go Free Than One Innocent Person Be Convicted? *Criminal Justice Ethics*,23(2): 6 (作者指出"一个提高定罪的证据标准去尝试减少错误定罪数量的方法很可能将增加错误判处无罪的数量"); C. Ronald Huff, 2002. Wrongful Conviction and Public Policy: The American Society of Criminology 2001 Presidential Address. *Criminology*,40(1):3(作者指出,"刑事司法中的类型一错误和类型二错误存在反向关系,当我们每次强调无辜者被定罪时,有罪者对于其他受害者来说还是相当自由的")。

查的真实反映，其依据在于两种错误偏好人群的均等性（表8-1、8-3、8-4）。至于传统的“错判”大于“错放”的倾向性意见，无论是在过去，还是现在均没有民意基础。危害相当原则非但不会导致民众对控制犯罪失去信心，反而会更加有利于建立“保障人权”和“控制犯罪”两者都不误的刑事司法氛围。

结　论

“与我们的直觉相反，一个系统尽量多地公然声称忍受无辜者被定罪，对司法实践处理无辜者要好得多，或者至少不会像我们想象的那么坏”。

——丹尼尔·艾普斯①

研究刑事司法错误，回应并致力于改变现状，这是新老一代法学人为拯救无辜者而付诸努力的梦想。然而，这个理论发现过程很容易陷入冤案泥潭和舆论陷阱中不能自拔，并稍有不慎又从舆论极端走向理论极端。如此一来，处在中间环节的司法实践，常因理论前沿和操作滞后出现两张皮现象。“错放”危害大于“错判”，以及“宁可错放，不可错判”，在短时期内可以促进司法公正，但是，就长期而言，危害偏好理论有两个基本问题无法解决：

第一，有罪者逃脱是否真比冤假错案危害更小。为什么有毒奶粉案要等媒体曝光后才立案侦查，为什么地沟油和毒胶囊要等进入全国市场而被媒体报道后才开始控制，为什么电影《失孤》的画面能够代表万千被拐卖儿童的家庭？答案不言而喻，刑事司法活动在初期因地方保护主义、潜规则运作，或者诉讼成本担忧，而忽略放走有罪人的严

① 原文为“*Contrary to our intuitions, a system more avowedly tolerant of convicting the innocent than ours might actually treat innocents better in practice — or, at the very least, might not treat them as badly as we tend to think*”. Daniel Epps, 2015. The Consequences of Error in Criminal Justice. *Harvard Law Review*, 128(4): 1151.

重危害性。①

第二，刑事司法研究到底是为谴责错误而设，还是纠正错误更有益。答案不言自明，错误只会防不胜防，在大力呼吁刑事司法错误的危害偏好时，任何一种错误都难以被彻底纠正。②坚持“错判”大于“错放”的结果是，幸运的无辜者除享受“疑罪唯轻”的刑罚优待外，早日释放只是立法和司法的假想正义；③幸运的有罪者能够继续猖獗的犯罪活动，而置人民的生死于不顾，犯罪控制因司法潜规则而成为空中楼阁。④

因此，将来一段时间内，中国的刑事司法错误研究不是一边倒地谴责错判，而是寻找纠正错判的有效、快速、方便的方案。得益于前人的诸多文献，作者在收集和整理资料基础上建立了理论框架，并以此作为检测司法错误危害偏好的思想渊源。然而，受限于语言表达能力，作者在论证危害相当理论时遗漏不少。本章的数据决定了无法进行长时间追踪，还需要结合将来的调查进行对比。社会科学很难解决

① 储槐植指出，“中国食品安全犯罪的立法上以结果为本位的定罪门槛高，刑事处罚严等特点。但是，刑事司法实践中，却出现食品安全犯罪的控制和查处不力，存在严重的厉而不严，犯罪人漏网等现象”。参见储槐植、李莎莎：《论我国食品安全犯罪刑事政策》，载《湖南师范大学社会科学学报》2012 年第 2 期，第 82 页。

② 已经有学者清晰地认识到，错误责任追究机制不仅不能减少冤假错案，反而在考核机制和流水线作业情况下，公检法、上下级审判机关形成严格的攻守同盟，纠错基本不可能。参见徐美君：《我国刑事诉讼运行状况实证分析》，载《法学研究》2010 年第 2 期，第 183 页。

③ Daniel Epps，2015. The Consequences of Error in Criminal Justice. *Harvard Law Review*，128(4)：1151[作者指出，“如果它(布莱克斯通错误率)运用于刑事司法系统，并且最重要的是，无辜者自己将更加恶化”]。

④ 参见利检、何方：《放纵犯罪自栽跟头》，载《江淮法治》2005 年第 5 期，第 35 页(利辛县工商局查处 4 期假冒伪劣食品不依法移交刑事案件，致使过期牛肉、不合格奶粉流入市场)；吕贵民：《子长县巡警大队中队长触犯法网》，载《陕西日报》2007 年 6 月 5 日，第 4 版(巡警大队队长放纵盗窃犯不立案，结果在释放后的十几天连偷三辆摩托车)；马德宾、陈瑞华、王明辉、王刚：《铁路乘警放纵犯罪嫌疑人事后收受好处费应如何定性》，载《人民检察》2007 年第 3 期，第 29 页(乘警长发现汽车盗贼，放纵不抓并参与分赃)。

所有难题,尤其受资料所限而举步维艰。为此,笔者建议,中国综合社会调查应在将来增设司法错误问卷,从而为评估态度变迁提供资料。

最高人民法院2015年公布的《关于全面深化人民法院改革的意见》意图为冤假错案建立有效的预防和及时纠正机制。这预示着,中国的刑事政策观念朝温和方向发展,不仅不再强调考核、无罪率、发改率、破案压力,而且开始对错罪责任追究提出了甄别性意见。[①] 2015年9月9日,安徽省高级人民法院在《亳州晚报》公开承认错误并道歉,率先在全国开启积极承认错误的做法值得肯定。事实证明,这不仅没有引起轩然大波,反而在全国赢得一致好评,这说明本章的理论具有现实可行性。错误不可避免,这是刑事诉讼的固有风险。有“危害相当”理念支撑,承认并忍受司法错误,有利于尽早缓解错案受害人遭受的痛苦。错误并不可怕,刑事司法既要宽恕类型一错误,也要容忍类型二错误。[②]

“人谁无过?过而能改,善莫大焉”。[③] 若能于此,顾虑何妨?

① 如进一步在强化审级监督,废除“破案率”“无罪率”“发改率”考核标准,明确责任追究制度;健全法官职责保护机制,甄别不同过错事由上的免责事由;全面贯彻证据裁判原则、明确非法证据的范围和排除程序。

② 参见李永刚:《宽容:一种政治哲学的解读》,载《开放时代》2006年第5期,第92页(作者指出,“宽容是对自由价值的尊重,自由的边界就是宽容的边界”)。

③ 郭丹、程小青、李彬源译注:《左传》,中华书局2012年版,第734页。

第九章　阿某涉嫌聚众斗殴罪无罪辩护案

无罪辩护到底有多难,没有经历过的人很难有客观评价。可以毫不客气地说,这比登天还难。除了艰难的诉讼拉锯战使人心力交瘁之外,律师有时更难以获得当事人及其亲属的理解。本章为读者展示一件笔者亲办的一起无罪辩护案件。选择本案的原因在于涉及正当防卫法律认识和事实存疑证明问题。本案缺乏物证,伤口与凶器不符等多种涉及事实不清、证据不足问题。公检法认定的罪名各不相同,分别从寻衅滋事、聚众斗殴变更为故意伤害罪。本案最终在中级人民法院发回重审后维持原判,以故意伤害罪判处5年有期徒刑。然而,法院在最后的判决中仍然含糊其词,轻描淡写地回避了头部伤口和凶器之间不吻合的关键问题。

据不完全统计,本案的基本经过如下:

2012年9月20晚10点,"寻衅滋事"案发。

阿某以涉嫌寻衅滋事罪被拘留(2013年2月25日)

律师提出涉嫌无罪,申请取保候审(2013 年 3 月初)。

阿某以涉嫌故意伤害罪被公安机关逮捕(2013 年 3 月 25 日)

律师提出涉嫌超期羁押,申请变更强制措施(2013 年 4 月 2 日)

律师提交不予起诉意见书(2013 年 5 月 14 日)

阿某以涉嫌聚众斗殴罪被检察院提起公诉(2013 年 5 月 16 日)

律师作无罪辩护,请法院判决无罪(2013 年 6 月至 2013 年 11 月多次开庭)

某区法院以故意伤害罪判处阿某有期徒刑 5 年(2013 年 12 月 20 日)

律师上诉称本案系错案,请求二审法院依法改判无罪(2013 年 12 月 27 日)

某中级人民法院以程序违法为由发回重审(2014 年 3 月 17 日)

某区法院维持原判(2014 年 12 月 12 日)

坦白地讲,本案的辩护效果不甚理想,当事人在各种游说后最终放弃上诉。原审法院维持原判后,当事人及相关人员在各方游说后,对辩护效果提出质疑。当事人直接告诉律师“打了这么久的官司,还关在看守所,他们说还不如服判到监狱去减刑争取早点出去”。作为一名刑辩律师,作者坚持不以辩护效果论成败,而是在辩护过程中的工作和思路是否力陈事实、证据和法律规定。律师不是裁判者,学者也不能代替法院裁判。作为一名熟悉司法错案研究人员,笔者十分清楚错案和无罪裁判到底有多艰难。当然,本案的审理和后来的研究,进一步诠释了这个无罪判决。

本案使笔者进一步认识到与错判相关的三个重要问题:第一,羁押。不解决错案羁押问题,即使无罪判决,长达多年的诉讼拉锯战会把以押代罚的恶性效应发挥到极致。第二,相互踢皮球。二审法院本应及时纠正错案,但常因各种原因以“发回重审”而拒绝判决无罪。第三,无罪事实清楚,有罪存疑仍然定罪。司法裁判到底听谁的,是听公安和检察院的,还是听辩护人和被告人的?通常认为,事实、证据、法律三者能明知有罪与否,甚至“排除合理怀疑”的“事实清楚、证据确实充分”的证据客观标准可以精准裁判。然而，当错案真正到来时，不难发现教科书和刑事诉讼法所讲的“以事实为依据，以法律为准绳”早已被抛到了脑后。

本案的判决书已公开，但作者仍以“×某”和“某区”方式进行了匿名处理。虽然判决书为支持其裁判理由将本案的事实经过描述得天衣无缝，但笔者相信，有心的读者读完辩护律师的法律文书以后，自然会发现本案的裁判问题到底有多么难以置信。本案可以看做是笔者早期进行无罪辩护的代表，从整个诉讼流程加深了笔者对错案各个复杂环节的深刻认识。

在本章中，笔者通过如下问题，邀请读者思考如何才能证明聚众斗殴罪：本罪的概念是什么（学术界定）？本罪的由来又是什么（1979年《刑法》中的流氓罪）？事件发生由谁引起（魏某方，被告人无扰乱社会秩序）？是否符合必要共同犯罪（不符合必要共犯）？有无聚众预谋（无纠集和聚众预谋）？有无聚众斗殴行为（无聚众斗殴行为）？有无首要分子（无法证明谁首先聚众，这是必要条件）？是否积极参加者（阿某不是积极参加者）？阿某有无多次殴打行为（没有）？魏某伤情如何造成（不明案外人用啤酒瓶击打造成）？

本章展示了律师几份为阿某涉嫌无罪辩护所使用的法律文书，供读者评价。为充分展示辩护逻辑，本章除抬头和署名外，基本上把主要的文书内容全部予以展示。

1. 一审阶段关于阿某涉嫌聚众斗殴罪一案的无罪辩护词

2. 上诉阶段交某市中级人民法院的《刑事错案律师意见书：关于阿某不构成故意伤害罪的庭前分析意见》

3. 发回重审一审的辩护词（与原审相似，故省略）

4. 侦查阶段交某区公安局的《阿某涉嫌寻衅滋事罪变更强制措施建议书》

5. 侦查阶段交某区公安局的《取保候审申请书》

6. 侦查阶段交某区人民检察院的《取保候审申请书》

7. 审查起诉阶段交某区人民检察院的《取保候审申请书》

8. 审查起诉阶段交某区人民检察院的《关于阿某涉嫌故意伤害罪一案不予起诉意见书》

当然,本案并非完全没有效果,聚众斗殴转化为故意伤害罪便是很好的例证。时至今日,笔者仍然认为,“被害人”魏某的“马蹄形”伤口完全是由他人用啤酒瓶致伤,而非被告人的凶器“钢管”造成。比较有趣的是,有关本案的司法机关工作人员与辩护律师在结案后还成为无话不谈的朋友,并事后介绍了诉讼过程中一些疑惑。这或许从案件的另一个侧面说明,律师的工作获得了同行的认可。本案被告人阿某在被羁押一年多后,一审法院以故意伤害罪判处有期徒刑 5 年。一审判决后不服,作者作为辩护律师列举了一系列事实不清、证据不足以及程序违法等事由上诉至二审法院。二审法院以程序违法为由发回重审,但遗憾的是原审法院直接维持了原判决。本案直接推动了作者所在地区的人民法院刑事审判程序进一步规范,也促使作者认识到“事实不清、证据不足”的案件完全有可能以“程序违法”突破发回重审两次的限制。本章诸多的文书可能部分内容有重合,随着案情进展的逐步推进,不同阶段的文书反映出本案更多细节存在问题。因此,为全部展示案件办理过程,作者特别将相关文书纳入到本书中。

第一节　一审无罪辩护词

一、辩护意见摘要

阿某应是无罪,请某区人民法院审判法官据实核查,并依法作出判决。本辩护意见第一部分从公安机关的侦查和公诉机关的罪名确定过程开始,说明本案中的侦查和公诉机关已经意识到阿某在证据和法律上应当无罪。第二部分详细阐述本案的案件发生经过,并在此基础上说明阿某并无任何聚众斗殴的纠集多人斗殴的故意和行为。第三部分就本案中的相关事实,结合《中华人民共和国刑法》(以下简称《刑法》)中的聚众斗殴罪构成要件,说明阿某没有实施《刑法》第 292

条所规定的聚众斗殴行为。第四部分为全国各地法院裁判聚众斗殴罪的判定案例，说明本案中阿某的行为不涉及任何聚众斗殴行为，应当是无罪。第五部分为证据分析，结合最高人民法院关于刑事诉讼的证据采信规则和最高人民法院对存在疑问的言词证据如何判定问题作出分析。第六部分为本案事情发生经过和证据展示附录。第七部分为已经提交公诉机关的相关文书，说明辩护人两次对证据和法律分析的无罪意见，已经被公安机关和公诉机关采信。

阿某涉嫌寻衅滋事罪立案，理由是2012年9月21日携带“钢管”击打魏某，①某区公安局立案侦查并于2013年2月25日刑事拘留。

刑事拘留后，被告人的胞兄阿哥委托本律师提供法律帮助。本律师接受委托后，迅速赶赴现场调查取证，并向案发所在地“××烤鱼”的员工调查本案的案发经过。经调查后，律师发现本案被告人阿某可能并不构成寻衅滋事罪。于是，向某区公安局、某派出所办理此案的警官说明，本案不是具有流氓性质的寻衅滋事，案件定性有误，并因此以涉嫌无罪为由申请取保候审。然而，某派出所在采信辩护人提供的法律帮助意见后，将罪名奇怪地变更为故意伤害罪，并驳回辩护人取保候审的申请意见。

与此同时，为慎重起见，律师分4次对不同的现场目击证人及其他相关人员作出调查笔录。然而，在律师尚未来得及核实本案过程时，阿某于2013年3月15日被涉嫌故意伤害罪批准逮捕。基于已经掌握的事实，律师在阿某被批准逮捕后，继续多次赴某区公安局派出所、某区公安局、某区检察院与承办人员和相关负责人交换

---

① 见《接受刑事案件登记表》2012年9月21日（“朋友魏某和谢某被店里冲出来的几个男子用钢管打伤”）；《某区公安局起诉意见书》2012年12月5日；《某区公安局提请批准逮捕书》，载《某区公安局逮捕通知书》2013年3月21日；《某区公安局起诉意见书》2013年5月2日[（指阿某）将魏某打成外伤性蛛网膜下腔出血及左侧颞部顶部颅骨多发骨折……犯罪嫌疑人阿某随意殴打他人的行为已触犯《刑法》第239条之规定，涉嫌故意伤害罪]。

律师调查取得的证据:魏某头部所受重伤不是阿某所致,而是另有其他人用啤酒瓶击打造成的,阿某可能涉嫌无罪。因此,辩护人以本案可能存在错误关押被告人阿某为由,按照《刑事诉讼法》规定,分别向某区公安局以及某区检察院提交取保候审申请书。遗憾的是,某区公安局和某区检察院直接以阿某不符合取保候审条件为由,驳回本律师的取保候审申请。

在取保候审无果的情况下,辩护律师为了最大限度地维护被告人的合法权利,于2013年5月14日向某区人民检察院递交《关于阿某涉嫌故意伤害罪一案不予起诉意见书》。在此意见书中,辩护人提出本案没有任何证据证明魏某头部受伤由被告人阿某使用钢管等凶器造成,被告人阿某没有《刑法》第234条规定的故意伤人行为和伤害他人身体健康的故意的证据。相反,公安机关出具的鉴定结论“25cm马蹄形伤口”显示的非规则的弧型伤口,以及被告人阿某和乌某的供述,都说明魏某的伤情是因其他人用啤酒瓶击打行为造成的。

公诉机关承办检察官在接受辩护人的证据及法律意见书后,重新查阅了本案的卷宗,并最终全部采信了辩护人的证据和法律分析意见。因此,在2013年5月16日公诉机关的起诉意见书上没有某区公安局于2013年5月2日起诉的阿某涉嫌故意伤害罪和任何关于阿某故意伤害他人的表述。辩护人以为公诉机关会在证据不足情况下直接释放被告人阿某,而不予以起诉。然而,令辩护人意外的是,公诉机关不仅并没有认识到本案的严重性,反而在明知本案魏某伤情不是由阿某造成的情况下,于2013年5月16日以阿某及其他三名被告人涉嫌“聚众斗殴罪”为由,向某区人民法院起诉。从整个案件事实和起诉审查过程来看,公诉人不仅没有阅读与本案有关的犯罪嫌疑人的犯罪事实和相关证人证言,而且在没有任何法律依据地任意解释《刑法》第292条规定的聚众斗殴罪,并以此为依据对阿某提起公诉。

由于魏某受伤程度被某区公安局鉴定为“重伤”,从2012年9月

11 日案发当天至 2013 年 5 月 16 日提起公诉之前，某区公安局和某区人民检察院一直错误地认为魏某的“重伤”是阿某所持的“钢管”击打魏某头部造成的。但辩护律师在 2013 年 5 月 10 日和 2013 年 5 月 14 日两次分别提交的《取保候审申请书》《关于阿某涉嫌故意伤害一案的不予起诉意见书》中指出，本案中魏某的伤口呈非常规的弧形形状，阿某所持凶器为直线型“钢棍”，魏某的伤口不可能是阿某所为，而是由某个案外人用啤酒瓶猛击打魏某头部造成重伤。在此情况下，公诉机关仍按照《刑法》第 292 条的加重情节，即“持戒聚众斗殴”起诉阿某。① 公诉机关的此种做法，是为错误羁押寻找法律依据。为了与先前所认定的《刑法》第 234 条故意伤害罪重伤量刑幅度相匹配，同时维护其所认定的“犯罪事实”和“法定刑”，检察院甚至不愿放弃“持戒斗殴”这个情节。因此，公诉机关在起诉意见书上特别指明“阿某涉嫌持戒聚众斗殴”。这是公诉机关在明知现有证据不足以支持其起诉的情况下，不正确地使用法律赋予的追诉犯罪人的权力，导致犯罪嫌疑人长期被错误羁押。

结论：作为公诉机关的某区人民检察院在本案的整个犯罪追诉过程中，从立案到提起公诉前，一直认为魏某“重伤”是否由阿某所致，办案人员对本案罪名把握不准。主观上即想定罪，但客观上无任何证据支持阿某犯有任何犯罪行为的证据。然而，在辩护人一次次用证据说明魏某头部的马蹄形伤口不是阿某所持有的钢管造成的、辩护人为犯罪嫌疑人作无罪辩护的努力逐渐揭露真相的情况下，公诉机关明知阿某无罪，却将羁押本案被告人达 9 个月之久。罪名的多次变动，反

① 《中华人民共和国刑法》第二百九十二条　聚众斗殴的，对首要分子和其他积极参加的，处三年以下有期徒刑、拘役或者管制；有下列情形之一的，对首要分子和其他积极参加的，处三年以上十年以下有期徒刑：

（一）多次聚众斗殴的；

（二）聚众斗殴人数多，规模大，社会影响恶劣的；

（三）在公共场所或者交通要道聚众斗殴，造成社会秩序严重混乱的；

（四）持械聚众斗殴的。

映了某区人民检察院对本案定罪和起诉的不确信。既然公诉机关自身已感觉到被告人阿某存在无罪的可能,那么请法院依法裁判,从而维护司法权威和罪刑法定的公正。

二、案情经过还原

辩护人接受委托后,会见本案被告人阿某4次,并调查了6位证人,其中包含一名目击证人,获得大量能证明被告人无罪的证据。综合辩护人调查所了解的事实,在详细阅读本案卷宗后,辩护人发现本案中阿某可能被判处无罪。现结合本案大量的证人证言,还原本案事实。

1. 第一阶段:店铺外事端挑起与结束

2012年9月25日,本案魏某、谢某、梁某等8人到某区某小区附近的“××烤鱼店”吃夜宵。入座以前,店方服务员请魏某等一行人直接到该店大堂就餐,但魏某一方坚持坐在店外露天就餐。在就餐过程中,因逢下雨,魏某要求店家提供雨伞,但因该店仅有一个移动雨伞,且已有另一桌客人也要求提供雨伞。于是,“××烤鱼店”服务员工就多次解释只有一把移动雨伞,建议客人转移至店家阳台的支架雨伞,或者转移至屋内。但因被害人酗酒过多,执意要求店面提供雨伞。在这种情况下,该店的大堂经理就主动给客人解释,店里的确只有一把雨伞,请客人到店外的雨棚下面就餐,或者到店里就餐。该店经理的劝说也无法得到魏某等人的谅解,坚持要雨伞,并声称“你们搞餐饮,应该有伞啥”。①

第一阶段:受害人挑起事端与嫌疑人正当防卫。

此时,在另一桌就餐的老板舍某(外号“小×”)也前来解释,告知魏某等“今天有点忙,伞的确没有了,你们转移到屋内去吧”。在酒精的作用下,魏某等气冲冲地说:“必须打伞”。老板小龙回应道:“只有一把伞,你们实在不转移,就只有把单买了。”在双方言语中,魏某等

---

① 以上内容语出公安卷宗证人冯某证人笔录(2012年9月21日)。

认为“老板小龙的态度不好!”老板小龙回应道:“随便你们怎么样,实在没办法,你们要是不转移,把摊子砸了也无所谓。”①在这种情况下,老板小龙被当天值班的经理劝走。由于担心发生意外情况,老板小龙就回头看是否有后续事情发生。此时,魏某就说“老板看他父亲的眼神不对,态度不好”。本可以仅通过更换就餐位置而避免本次事件发生的情况下,由于魏某等人喝了酒,情绪激动,魏某首先上前抓住老板小龙的衣领,卡住他的脖子说“你想咋子嘛? 你想咋子嘛”,并用脚踢了小龙一脚(证人李某笔录原话)。②紧接着,和魏某等在一起吃饭的四五个人用拳头对老板舍某进行围殴。在魏某的带头下,一席吃饭的人用啤酒瓶子用力朝舍某扔(舍某本人语,证人李某笔录证实,魏某老婆袁某的证言证实)。③

在这种情况下,和魏某等一起吃饭的女同伴,以及乔某、当班经理就上前劝阻不要打。然而,由于多人围殴小龙,场面十分混乱,在一旁烤鱼的阿某、乌某看自己的老板被打,且对方人数众多,占有一定的明显优势。为了保护老板人身安全,阿某等人试图上前看究竟是怎么回事,并质问魏某等人“叫你们转过来,你们不转过来,还为什么打我老板呢?”(证人木某证实)④在混乱中,阿某和乌某发现与魏某就餐人中有人试图拿啤酒瓶打他们,阿某和乌某二人就朝后退,发现门口有烤烧烤的三根棍子。⑤ 出于自卫的本能,阿某和他人顺手将烤鱼用的撬

① 以上内容为律师对老板舍某(外号“小×”)调查过程中舍某本人的原话(2013年3月23日)。

② 以上内容为证人李某的描述公安卷宗证人李某的笔录(2012年9月21日)。

③ 证明魏某等人强力朝舍某投掷酒瓶的事实为其本人所述,并得到多位证人证言佐证。以上内容为律师对老板舍某调查过程中舍某的描述(2013年3月23日);证人李某的描述证实舍某所言属实,证明为公安卷宗证人李某的询问笔录(2012年9月21日);袁某在证词中提到“梁叔叔和谢某就争着给钱,这时我都不知道怎么的,一下就听见有丢酒瓶的声音。”

④ 以上内容为证人木某回忆。律师调查笔录木某所言(2013年3月17日)。

⑤ 以上内容,为律师在看守所调查获得的笔录内容。

炉桥和加碳用的棍子(就是所谓的“钢管”),①另外一根给了本案“在逃”的某某。② 阿某试图驱散围殴老板小龙的人群,但阿乌还未赶至围殴地点,其手中的“钢棍”就被魏某一方的某位客人抓住,从而引发双方之间为争“钢棍”而互相争抢。后在“某某”手握“钢棍”威胁对方放掉“钢棍”,魏某一方的客人才松手。阿某在对方松手后,用“钢棍”子击打了抢夺者的手臂。但等阿某和该客人争夺完毕后,魏某一方的客人围殴舍某的事实已经结束。因此,阿某实际上并未在第一阶段造成他人伤害。

在某人手持“钢棍”击打围殴老板舍某(小×)的四五个人后,围殴人群得以驱散(被告人阿某)。在面对一群饮酒者和易碎性玻璃啤酒瓶子的攻击可能下,最终遏制了“××烤鱼店”门外“械斗”事件扩大的可能性,从而避免了一场流血“械斗”事件的发生。以上事实为第一阶段,前后持续一两分钟很短时间。

本来,这场意外突发事件应当就此结束。然而,由于魏某用铁撮箕击打乔某,造成乔某头部受轻微伤流血(语出乔某供诉)。③ 由此引发双方的击打行为,双方在争抢过程中转移到50米开外的“老鸭汤”外继续扭打。从而将本次事件带入本案的第二个阶段,也这成为影响本案性质判断的关键事实。

---

① 本事实非常关键,这证明本案中被告人阿某没有任何挑起和扩大事实的故意,而是具有生活中的随意性,很难和犯罪故意相吻合。这本是一个日常生活和烤鱼店的专用烤具,却被一行人在传闻证据的作用下,误信地当成是恶意伤人的“钢管”。律师认为,请公诉机关根据本案的前因后果,采信这一关键事实,否则本案将有可能被错误定性。棍子的问题,系老板舍某原话;律师调查过程中,被告人阿某以监狱看守所的铁窗棍作为示范。

② 律师调查发现,某某在整个过程中没有使用烤鱼棍打人。乌某声称,不清楚某某是否使用“钢棍”,本案事件的亲历者阿某在卷宗中描述这样一个细节。他的“钢棍”被某人抢夺过去后,双方争抢过程中,某某见对方试图用武力伤人,就手持“钢棍”威胁该男性,“丢不丢,不丢就要打”。最终,该男性松手,但整个过程中“某某”并没有手持“钢棍”击打该男性。从这个细节可以发现,本案在逃的“某某”无伤害他人故意,可能并没有参与整个打人事件。

③ 以上内容,见公安卷宗乔某供述,2012年9月21日。

2. 第二阶段:魏某击打乔某与魏某被啤酒瓶击成重伤

本案第二阶段,因乔某劝架过程中,被魏某从后面击打(乔某语),①从而引发乔某和被害人魏某之间的扭打,扭打过程中,魏某朝"老鸭汤"方向跑,乔某追赶。在此过程中,被害人魏某使用凶器"铁撮箕"打伤乔某头部,致乔某头部受伤流血。在这种情况下,乔某为避免继续受伤,试图从魏某手里抢回铁撮箕,并从而导致双方的争抢铁撮箕(见乌某和阿某供述)。②就在这个过程中,阿某在摆脱一方争抢"钢管"后,一位员工告诉阿某:"乔总他们还在老鸭汤门口打。"(阿某语)③危急关头,阿某立即朝老鸭汤方向跑去,发现受伤的乔某正在和魏某争抢铁撮箕。

第二阶段:魏某施暴、正当防卫与不明第三人致伤。

为保护乔某免受铁撮箕的继续伤害,阿某用手中烤烧烤用的"钢管"击打了被害人魏某的背部(特别注意:是只击打背部,而不是头部),并将魏某打跪在地上。这个行为完成后,阿某因担心继续打击将伤到魏某,同时也有些害怕,因此立即退开了(阿某供述)。④ 就在这一瞬间,香庭阁一位不知姓名人用啤酒瓶子朝魏某头上猛击,并最终将魏某打倒在地。乌某的供述也证明,在阿某打魏某后,还有另外一位不明身份的人用啤酒瓶子朝魏某头部猛击了一下。⑤ 这是本案中,魏某头部受伤和复合伤残的关键。警察闻讯赶来,制止了事件的

---

① 以上内容,见公安卷宗乔某供述,2012 年 9 月 21 日至 10 月 24 日。

② 以上内容,被告人乌某和阿某的供述吻合,二人在事件发生后,分别被关押和逃跑。二人供述吻合,说明这是事实。见公安卷宗乌某供述,2012 年 11 月 28 日;见公安卷宗阿某供述,2013 年 2 月 25 日。

③ 以上内容,见律师会见调查笔录阿某阐述,2013 年 3 月 28 日。

④ 以上内容,见公安卷中阿某供述,2013 年 2 月 25 日;以上内容,见律师会见调查笔录阿某阐述,2013 年 3 月 28 日;公安机关卷宗,乌某供述第 3 页,2012 年 9 月 21 日。

⑤ 以上内容,为乌某的供述内容,这与阿某的描述吻合。当时在场的人,目前清楚的就只有阿某、乌某、乔某和魏某在场。乌某事发后被拘留、逮捕,阿某逃跑,二人之间没有任何接触,因此,此证言应该真实。见公安机关卷宗,乌某供述第 3 页,2012 年 9 月 21 日。

扩大。

事件发生后,××烤鱼店方主动支付35,000元医药费,为魏某医治伤情。后因魏某家属一致要求严惩本案的三位“无罪嫌疑人”,并向××烤鱼店提出天价不合理索赔请求,并拒绝接受××烤鱼店多次提出的合理赔偿方案,致使赔偿事宜协议至今未能达成。

结论:本案之所以发生,系魏某一方因饮酒,导致情绪失控而魏某等人引起的。在××烤鱼店方的店员解释只有一把雨伞的情况下,魏某等人继续执意要求店方提供雨伞,即便是店值班经理和老板予以解释也无果,并最终演变成用拳头和啤酒瓶围殴店主舍某。在此基础上,引发被告人阿某和同时乌某持钢管参与正当防卫,但在阿某未使用钢管赶至第一犯罪现场的情况下结束第一现场的打斗(中途,用钢管击打魏某一方某人的手腕处)。结束第一现场后,被告人阿某经他人告知,赶赴第二现场,在发现乔某头部已经受伤并流血情况下,为保护乔某免受魏某正在实施的不法侵害,而用“钢棍”击打魏某背部完成正当防卫(特别注意:是只击打背部,而不是头部),使魏某停止继续对乔某的侵害行为。被告人阿某停止继续击打魏某的任何部位,并退出第二犯罪现场。整个过程中,阿某前后仅击打他人两次,且这两次都是为避免他人的不法侵害而实施的正当防卫。阿某无《刑法》第292条规定的“聚众斗殴”故意,也没有《刑法》的聚众斗殴行为,如何以《刑法》中的“聚众斗殴罪”定罪处罚呢?如果真定罪,罪刑法定情何以堪。(具体理由请见第三部分,律师辩护意见)

三、证明聚众斗殴罪的犯罪构成要件事实

《刑法》第292条没有对聚众斗殴罪做任何规定,目前也未有司法解释对聚众斗殴罪做详细规定。2008年最高人民检察院、公安部发布的《公安机关刑事案件管辖立案追诉标准的规定的通知》第36条指出,“聚众斗殴案是指,组织、策划、指挥或者积极参加聚众斗殴

的,应予立案追诉。”[①]尽管这个规定很抽象,但这并没影响司法实践中基于该条规定,借助于刑法理论对涉嫌聚众斗殴罪的行为做出解释。因此,准确掌握聚众斗殴罪的构成要件和相关事实,需求助于刑法理论教科书和相关裁判案例。

1. 关于聚众斗殴罪的概念问题

刑法理论界对于聚众斗殴罪的定义如下:聚众斗殴罪,是指为了报复他人、争霸一方或者其他不正当目的,纠集众人成帮结伙地互相进行殴斗,破坏公共秩序的行为;[②]聚众斗殴罪,是指聚集多人进行斗殴的行为[③];聚众斗殴罪,是指聚集多人进行斗殴的行为。[④] 聚众斗殴罪,是指聚集多人攻击对方身体或者相互攻击对方身体的行为。[⑤]

如上是目前通用的教科书,关于聚众斗殴罪的定义问题,至少反映了成立聚众斗殴罪必须具备三个条件:

(1)聚众斗殴罪,必须要有聚众行为。也即须有人纠集多人实施斗殴行为,否则不成其为“聚众”。如果阿某涉嫌聚众斗殴罪,那么要证明阿某构成犯罪,必须有人召集阿某、乔某、乌某等实施聚众斗殴行为,也即有首要分子的存在。否则,聚众斗殴罪的定罪前提“聚众”不成立。王作富教授的《刑法分则实务研究》中阐明,“在聚众犯罪中,一般都有首要分子,没有首要分子,一般无法形成聚众的局面”。[⑥] 张明楷教授的教材中明确说明,“聚众斗殴要求有首要分子”。[⑦] 因此,首要分子是本案的必备条件,显然,本案××烤鱼的打架事件,没有任

---

① 最高人民检察院、公安部《关于公安机关管辖的刑事案件立案追诉标准的规定的通知》(公通字〔2008〕36号),第36条。

② 王作富:《刑法分则实务研究》(第3版),中国方正出版社2007年版,第1267页。

③ 黎宏:《刑法学》,法律出版社2012年版,第796页。

④ 高铭暄、马克昌主编:《刑法学》,高等教育出版社2007年版,第607页。

⑤ 张明楷:《刑法学》(第4版),法律出版社2011年版,第923页。

⑥ 王作富:《刑法分则实务研究》(第3版),中国方正出版社2007年版,第1273页。

⑦ 张明楷:《刑法学》(第4版),法律出版社2011年版,第923页。

何人纠集，涉嫌本案的被告人均是自发的参加，根本没有所谓的“聚众”行为。

2008 年最高人民检察院、公安部发布的《关于公安机关管辖的刑事案件立案追诉标准的规定的通知(一)》明确规定，聚众斗殴案是指：“组织、策划、指挥或者积极参加聚众斗殴的，应予立案追诉。”[1]因此，这里的聚众斗殴罪必须有“组织、策划、指挥”三个聚众斗殴的元素。最高人民法院 2012 年公布的张华犯聚众斗殴罪案例也显示，聚众斗殴罪的成立，必须要有纠集众人聚众斗殴的行为和故意。[2] 本案中的打架行为，没有任何聚众性质的“组织、策划、指挥”，因此明显不符合聚众的特征。

(2)聚众斗殴罪的“众”，必须是成帮结伙。也即，聚众斗殴通常发生的行为是有组织，有预谋的行为，而不能是瞬间的爆发和结束。要证明阿某涉嫌聚众斗殴罪，必须证明阿某所参与的斗殴行为是经过预谋、组织策划而形成的预谋行为，而不能是松散没有任何约定的各自行为。本案中，证据显示，乔某是在劝架过程中被魏某一方中的某人先打而参与进来。乌某是自发参与进来，阿某见有人围殴舍某，首先进行劝架，然后见有人拿啤酒瓶子才寻找到钢棍自发参与进来。公安机关的起诉意见书上明确说明，“在邻桌吃饭的犯罪嫌疑人乔某(已起诉)因和舍某是朋友，便上去帮忙打对方，烤鱼店员工阿某、绰号‘刘某’(在逃)和乌某(已起诉)见老板与对方发生争执、抓扯，便从店里拿着钢管出来一起去追打魏某等人。”[3]以上事实说明，阿某等被告人没有任何的成帮结伙，而是自发地偶然参加打斗事件，这无论如何也谈不上聚众斗殴。

(3)聚众斗殴，必须是因为帮派争斗，或报复他人，或其他不正当

① 最高人民检察院、公安部《关于公安机关管辖的刑事案件立案追诉标准的规定的通知》(公通字〔2008〕36 号)，第 36 条。

② 《最高人民法院刑事案例：聚众斗殴致人死亡的应如何定罪》(2012 年 5 月 5 日)，载华律网，http://www.66law.cn/goodcase/18701.aspx，2013 年 3 月 28 日访问。

③ 以上内容见《某区公安局起诉意见书》(2013 年 5 月 2 日)。

的目的。要证明阿某构成聚众斗殴罪,需证明阿某具有参与帮派争斗、报复他人,或者任何其他不正当的目的。然而,本次打架事件不涉及任何帮派、报复,或不正当目的,而是店主和客人之间因一把雨伞而引发的打架。这不仅不具有任何不正当目的,阿某参与本案反而是为保护他人免受正在发生的身体或生命危险而进行的正当防卫。这从本辩护意见书第二部分案件事实回放过程中第一阶段、第二阶段的诉讼案件事实均可以看出,阿某具有正当防卫的目的。

2. 关于聚众斗殴罪的流氓性历史由来

聚众斗殴罪并非1997年《刑法》创设罪名,而是从1979年《刑法》第160条规定的流氓罪的一种表现形式,1997年《刑法》将其单设为一个罪名。① 该条将流氓罪表述为:"聚众斗殴,寻衅滋事,侮辱妇女或者进行其他流氓活动,破坏公共秩序,情节恶劣的,处七年以下有期徒刑、拘役或者管制。流氓集团的首要分子,处七年以上有期徒刑。"②因此,在刑法专家王作富教授的教材里,明确指出,"聚众斗殴罪是从1979年刑法中分离出来的,在流氓罪中,我国刑法学界强调流氓动机与流氓行为是区分流氓罪与其他犯罪的关键。……本罪(指流氓罪)行为人的犯罪目的也是受着这种流氓动机直接制约和支配的,在本罪中,行为人一般都具有通过某种聚众斗殴的扰乱公共秩序行为来达到某种精神上的满足,寻求某种精神刺激的目的"。③

要证明阿某构成犯罪,至少应当证明阿某具有流氓目的和流氓动机。王作富教授在教材中也明确说明,"在司法实践中,应注意查明行为人是否具有上述这种流氓动机和流氓目的"。④ 然而,律师调查

① 高铭暄、马克昌:《刑法学》,高等教育出版社2007年版,第607页。

② 1979年《中华人民共和国刑法》第160条。

③ 王作富:《刑法分则实务研究》(第3版),中国方正出版社2007年版,第1267页。

④ 王作富:《刑法分则实务研究》(第3版),中国方正出版社2007年版,第1274页。

发现,被告人阿某是一名刚从学校毕业,就到成都打工的有为社会青年,且之前没有任何犯罪前科或其他不良记录,[①]且其工作期间勤勤恳恳,从不到处惹事生非。[②] 正因如此,阿某交往了一个非常可爱的女朋友。以上是被告人阿某的平时表现,说明阿某不具有流氓气息。结合本罪的案发原因和被告人阿某在整个过程中,均具有正当防卫的嫌疑,那么阿某不具有任何流氓习性所衍生的不正当目的。因此,阿某构成聚众斗殴罪的流氓习性不成立,行为人不具有流氓动机和流氓目的。

3. 聚众斗殴罪的构成要件事实

(1)聚众斗殴罪的犯罪客体是社会公共秩序。本案中,事件发生地点为××烤鱼店铺,是××烤鱼店铺生产经营的特定场所,打架事件并未引发社会公共秩序混乱。具体理由,在犯罪主观方面将有详细的阐述。

(2)聚众斗殴罪,客观上必须要有"纠集众人"和"结伙斗殴"行为。聚众斗殴罪,作为必要共同犯罪,必须符合共同的预谋和共同参与的客观构成要件要素,而且需具有共谋的斗殴(攻击别人或相互斗殴)的故意。然而,从本案的发生经过来看,魏某等一方吃饭因为雨伞问题而强行要求店方提供雨伞,即使在客观上根本不可能提供多余的雨伞情况下,并主动出手打人,即使如此,前后持续也不过一两分钟,众人之间不可能有任何的纠集众人的预谋行为。从打斗过程来看,公安的卷中显示,乔某一人在另外一处与魏某争打,而被告人阿某单独在店外和一人争抢钢棍,乌某在另一处和别人厮打。三人从参与这次打架事件,到最后转移到第二现场,也只有被告人阿某见乔某流血并在争抢铁撮箕,为保护乔某免受正在发生的侵害危险实施正当防卫而实施击打魏某背部。[③] 整个过程因临时参加,各自为避免事件的

---

① 以上内容见大竹堡乡新山村委员会《证明》(2013 年 3 月 11 日)。

② 以上内容见律师对其胞兄阿某 2 的证言(2013 年 3 月 17 日)。

③ 以上内容见乔某公安机关的供述(2012 年 9 月 21 日)。

扩大而参与进来，因此三人的行为完全不符合"聚众斗殴"中共同出击、共同施暴的结伙斗殴行为。

（3）聚众斗殴罪的犯罪主体是首要分子和积极参加者。按照《刑法》第292条之规定，聚众斗殴罪只处罚首要分子和积极参加者。2008年最高人民法院、最高人民检察院发布的《公安机关刑事案件立案追诉标准规定的通知》第36条规定，聚众斗殴的首要分子必须具有"组织、策划、指挥"情节。如前述，本次"××烤鱼"打架事件中，无"组织、策划、指挥"聚众斗殴的首要分子。那么在无首要分子的情况下，也不成其为积极参加者，否则《刑法》第292条所规定的首要分子和积极参加者区别判定所引发的量刑差异无法体现。阿某虽然参与了本次打架事件，但是临时加入，没有任何预谋性的分工。阿某前后两次打人，第一次为争抢钢棍而击打他人手臂，第二次击打魏某的背部。① 但其并没有使用钢棍致使任何人造成轻微伤以上，由此可以判断阿某在本次打架事件中起到的作用相当微小，充其量只能算是一个一般参与者。而一般参与者，不是聚众斗殴罪的处罚对象。

很明显，阿某不是本次××烤鱼打架事件的首要分子，那么剩下的就只能是积极参加者。然而，聚众斗殴罪的积极参加者，应当是在斗殴过程中起主要作用的主犯，而不能是不起作用，甚至没有任何作用的击打行为。因此，王作富教授在其《刑法分则实务研究》一书中，明确将积极参加者直接界定为"在共同犯罪中的'其他在共同犯罪中其主要作用的'的主犯，不能包括次要或辅助作用的从犯，否则，将无法区分积极参加者和一般参加者。因此，积极参加者和首要分子在聚众犯罪中均起主要作用，但两者相比，前者所起的作用略小"。而本案中，阿某在因打架而引起事件中，所起的作用非常小。如果是真正起作用的行为，是阻止了魏某对乔某的伤害，但这不是聚众斗殴中的作用。因此，阿某因不具有首要分子和积极参加者的身份，而不构成聚众斗殴罪的犯罪主体。

① 以上内容见辩护律师调查阿某的笔录和被告人阿某的供述。

(4)聚众斗殴罪的主观方面需具有聚众斗殴扰乱公共秩序的故意。聚众斗殴罪作为社会秩序中的犯罪,属于故意犯罪,这当然没有疑问。要证明阿某构成聚众斗殴罪,必须证明阿某对正在发生的行为具有危害社会公共秩序社会危害性的认识因素,而且应当具有希望或放任这种危害社会公共秩序行为的态度。既然是以扰乱公共场所的社会秩序为目的的犯罪,那么阿某就必须应当具备破坏和侵扰不特定多数人出入公共场所社会秩序的故意。

然而,本案中阿某等人的行为并非是为损害公共场所秩序而为之,而是基于魏某酒后闹事而引发的一场自卫和反自卫之间的日常生活中的打架行为。就本案的案发地点来看,案发地点是被告人阿某工作的餐厅。如果是扰乱秩序,那么阿某应有扰乱自己店铺正常经营秩序的故意。但阿某和他的同事们一道,都在忙于自己的工作,并无任何扰乱自家店铺秩序的故意。换句话说,阿某不可能有在自家店铺里面起扰乱自己店铺秩序的故意,除非阿某和××烤鱼及其他员工有过节,况且阿某有同胞亲哥哥及嫂子、堂兄及嫂子4个重要的亲属同在这家店工作。如果阿某要扰乱这里的秩序,必将影响他的哥哥和嫂嫂的生活,阿某不具有聚众斗殴的故意是常识判断。

本案中,被告人阿某遵纪守法,无任何前科和违法记录,不具有聚众斗殴犯罪主体的社会恶习特征。就故意伤害罪来说,应当从行为人的动机和目的来看。本案中,阿某既无流氓故意,也就当然无伤害他人的主观故意。与此相反,本案诸多事实表明,阿某实施伤害他人的行为,是因魏某等人对一把雨伞的分配问题而实施的暴力殴打他人,被告人阿某是为保护他人免受暴力侵害而实施的正当防卫行为,其行为是实施不具有伤害他人故意的合法行为。

结语:本次××烤鱼系因一把雨伞而引发,本次打架事件的各方面情况完全不符合聚众斗殴罪的特征。被告人阿某参与本次打架是自发性的正当防卫行为。本次打架不存在任何“聚集众人”的首要分子和“结伙斗殴”行为。被告人阿某既不具有流氓习性,也不具有积极参加者的特征,在打架事件中所起的作用非常小,不具有聚众斗殴罪的处罚对象特征,不构成本罪的犯罪主体。因此,阿某应是无罪。

四、法律辩护意见

通观本案中的各种行为,辩护律师认为:本案中,阿某实施的损害他人行为在第一阶段和第二阶段均存在正当防卫。公诉机关在聚众斗殴的判定上存在明显的逻辑错误,聚众斗殴本应是无受害者的双方斗殴行为,但公诉机关却将参与斗殴的魏某、韩某、谢某等一方定为受害人,这明显不符合聚众斗殴罪的构成要件特征。

1. 正当防卫:醉酒行凶与紧急情况下的权益保护

(1)阿某第一阶段实施损害行为系为保护舍某而实施,属正当防卫。本案因客人闹事而对舍某实施围殴行为,阿某之所以会参加进去,是因对方人多势众,且老板一人深处围殴中,且有受正在进行的暴力侵害危险。在劝阻的过程中,阿某先是上前质问魏某等人为什么打舍某(木某证言)。① 可见,阿某从一开始其本人并无任何伤害他人的故意。见有人准备用啤酒瓶打自己,②在面临即将发生的暴力伤害危险的情况下,阿某立即展开自卫行为,并顺手发现旁边的"钢棍",从而对准备实施暴力的魏某一方客人实施还击行为,这明显属于刑法中的正当防卫。③ 从事后调查的第一阶段并无任何人遭受轻伤以上的

---

① 以上内容见木某证言,辩护律师调查笔录(2013 年 3 月 17 日)。

② 一个正常有理性的人,应该能够判断,啤酒瓶颈部虽易碎,但其底部异常坚硬,足以致命。啤酒瓶击打头部致命事件并不少见。请见案例《被人盯着看——挥酒瓶就砸 16 岁少年失手打死人》,载《现代快报》,http://news. jnwb. net/2013/0327/58585. shtml;《莫斯科一男子与同伴发生争执——用酒瓶将其打死》,2013 年 4 月 29 日,载环球网,http://news. dzwww. com/guojixinwen/201304/t20130419_8262919. htm;《万宁:女生借醉抱帅哥 男友吃醋持酒瓶打死帅哥》,2011 年 4 月 19 日,载人民网,http://news. 0898. net/2011/04/19/656131. html;《七台河男子因 22 元饭钱操酒瓶将工友打死》,载黑龙江新闻网,http://hlj. sina. com. cn/news/s/2012 - 11 - 24/121723207. html.

③ 《中华人民共和国刑法》第 20 条第 1 款规定:为了使国家、公共利益、本人或者他人的人身、财产和其他权利免受正在进行的不法侵害,而采取的制止不法侵害的行为,对不法侵害人造成损害的,属于正当防卫,不负刑事责任。

结果看出，阿某的防卫行为和防卫目的旨在制止不法侵害，而不是殴打、伤害他人，否则，在第一阶段将会有多人遭受严重的身体损害。

(2)本案第二阶段造成他人人身损害的行为，系阿某为保护乔某免受铁撮箕伤害而实施，系正当防卫行为。店铺外的打架停止后，阿某听说乔某还在“老鸭汤”处边扭打，便急忙赶过去。阿某见乔某头部已被击伤，且正在和魏某争夺凶器(铁撮箕)。乔某被魏某用铁撮箕打成轻微伤(见起诉书)，这是魏某实施暴力伤害他人的证据。① 阿某为阻止双方继续争斗，赶赴现场制止争斗。很明显，该铁质凶器有伤害他人身体的可能，②公安机关以及本案因魏某酒后主动出手伤人的事实，被告人阿某利用“钢棍”打魏某背部脖子处，致魏某跪倒在地，从而成功阻止了乔某与魏某的争夺，这属于正当防卫。至此，被告人的打人行为彻底结束。

从阿某实施正当防卫的时间过程来看，既然乔某与魏某尚在争抢铁撮箕，魏某已经使用铁撮箕伤人的事实，那么这个暴力行为就没有结束。因此，被告人阿某对正在进行中的暴力予以制止，完全符合正当防卫。结合阿某本人供述的事实，阿某前后对魏某就击打了一次，且击打的部位系非致命的背部，这明显可以看出阿某具有正当防卫的性质。同时，在阿某击打其背部，见魏某跪倒在地后，就没有再继续实施任何伤害行为。这也可以看出，阿某也不具有恶意伤害魏某的故意，而仅仅是为制止不法侵害而实施的正当防卫行为。

结语：阿某在两个阶段为制止暴力伤害的发生，第二阶段击打魏某和第一阶段击打另外一人的行为属于正当防卫，不应当负刑事责任。刑法中尚有对正在进行的行凶实施正当防卫的无过当防卫条款。即使本案中的任何暴力行为致使魏某遭受重伤，《刑法》第 17 条也规

① 以上内容见公安卷宗乔某供述(2012 年 9 月 21 日)。

② 案例显示，铁撮箕可以砸坏坚硬的铁质宝马汽车，更别说肉体和钙化的骨头，足见铁撮箕的暴力性非常严重。见案例《男子为向前丈母娘示威 以试驾为名狂砸百万豪车》，载《华西都市报》2013 年 1 月 23 日，载 http://ah.people.com.cn/n/2013/0123/c229939-18065567.html.

定为制止正在进行中的严重暴力行为不负刑事责任。[①] 然而，现有证据显示，造成魏某重伤的暴力行为，并非阿某实施，也就谈不上无过当防卫问题。因此，从正当防卫的角度看，阿某应当是无罪。

2. 定罪逻辑错误：被害人不成立聚众斗殴的双方定罪

聚众斗殴罪，是双方提前邀约，聚众打斗，实现争霸或复仇，或者经一方有预谋的组织纠集三人以上，而攻击不特定的多数人。本案中，打斗行为因魏某、谢某、韩某一方主动出手攻击舍某，引发本次双方口角、抓扯、打架事件的发生。但辩护人认为，公诉机关的起诉逻辑与本案的事件性质完全不符，没有任何法律依据。

(1)“口角”“抓扯”“打架”“故意伤人”不等于“聚众斗殴”。侦查机关在之前的起诉意见和调查笔录上面已经明确说明，本次事件的发生因一把雨伞，导致双方互相抓扯和打架事件的发生(见公安机关情况说明)。[②] 公安机关先将本案定性为寻衅滋事案，并于 2013 年 2 月 25 日拘留阿某。后因辩护人在法律帮助过程中提出涉嫌无罪取保候审时，公安机关采信辩护律师的法律意见后，[③]将罪名变更为故意伤害罪。然后，检察院批捕时以“故意伤害案”逮捕阿某，在辩护人先向某区检察院和某区公安局提出阿某涉嫌无罪而申请取保候审时，被公诉机关直接驳回。

紧接着，辩护律师直接以阿某涉嫌无罪为由，2013 年 5 月 14 日向某区人民检察院提交《关于阿某涉嫌无罪一案的不予起诉意见书》。公诉机关意识到罪名定性和证据上的严重瑕疵，并在采信辩护人的意见后，直接将本案的罪名变更为聚众斗殴。由此可见，公诉机关在没有新的证据支持聚众斗殴的情况下，直接将以“故意伤害罪”的定罪

---

① 《中华人民共和国刑法》第 20 条第 3 款规定：对正在进行行凶、杀人、抢劫、强奸、绑架以及其他严重危及人身安全的暴力犯罪，采取防卫行为，造成不法侵害人伤亡的，不属于防卫过当，不负刑事责任。

② 见某区公安局派出所《情况说明》(2013 年 4 月 27 日)。

③ 以上内容为证人李某和袁某的描述，见公安卷宗证人李某、袁某的笔录(2012 年 9 月 21 日)。

证据纳入新的聚众斗殴罪指控过程中。很明显，公诉机关完全将涉嫌寻衅滋事的证据纳入故意伤害罪中，然后在指控阿某故意伤害罪涉嫌无罪的证据不足的情况下，直接以上述证据指控阿某涉嫌聚众斗殴罪。整个过程中，公诉机关没有对阿某涉嫌聚众斗殴罪的犯罪构成要件事实提供任何新的证据调查，而是随意将“故意伤害”等同于“聚众斗殴”。

然而，寻衅滋事中的“打架”行为与故意伤害罪中的“伤害”行为，并不等同，更不能简单地将“故意伤害”行为等同于“聚众斗殴”行为。为此，中国刑法学界泰斗高铭暄和马克昌教授主编的教材《刑法学》明确说明，“要把聚众斗殴罪与一般打群架的行为严格区别开来。虽然二者都表现为有多人参与，但一般打群架的行为在斗殴规模、所用暴力强度等方面远远不如聚众斗殴的犯罪……因此，对一般性打架行为，不应定为聚众斗殴罪”。① 因此，在没有新的证据支持下，公诉机关指控的“聚众斗殴罪”明显不成立，阿某应当是理所当然的无罪。

(2)双方互殴引发的聚众斗殴，均构成聚众斗殴罪，对受害者的定性不当。公安机关和公诉机关先将本案定性为打架伤人事件，并且双方均有人受伤，唯一有差别的是客人一方魏某受重伤，谢某、韩某受轻微伤，店方仅有乔某受轻微伤。辩护律师调阅公安机关的卷宗发现，双方在本次打架事件中，是客人一方首先挑起事端，主动出手伤人，并用啤酒瓶等围殴被告人，并由此引发双方的相互击打。这说明双方均参与了聚众斗殴，这符合聚众斗殴罪各方均参与或互相攻击对方的特点。既然双方相互攻击，那么聚众斗殴便不存在受害者，因为刑法在本罪中并不保护人身权利，而是基于社会的公共秩序。②

魏某首先主动出手打乔某，然后用铁撮箕将乔某打伤。这说明魏某自己参与了本次斗殴过程。③ 既然有明确的证据证明魏某也参与

---

① 高铭暄、马克昌主编：《刑法学》，高等教育出版社2007年版，第608页。

② 黎宏：《刑法学》，法律出版社2012年版，第796页。

③ 以上内容为被告人乔某的供述，见公安卷宗(2012年9月21日)。

聚众斗殴,那么魏某首先是以被告人身份作为本案聚众斗殴的被告。也就是双方都参与斗殴,都应当定为聚众斗殴罪。① 然而,公诉机关将魏某列为被害人,这至少说明公安机关的罪名定性不当。事实上,公诉机关在整个案件办理过程中对案件的定性都一直存在疑惑,从而引发了本案三位被告人的聚众性错误指控。

(3)公诉机关只起诉店方的乌某、乔某、阿某,而不起诉客人一方的魏某、谢某、韩某等人存在罪名逻辑错误。按照公诉机关以聚众斗殴罪起诉店方的三位被告人,那么三人应当都是聚众斗殴的积极参加者。现有证据显示,乔某并没有实施任何造成他人受伤的行为,但是乔某却成为本罪的被告人。既然没有造成人受伤的人都被以涉嫌犯罪起诉,那么按照刑法罪责刑相适应原则,魏某造成乔某受轻微伤的行为显然更应当以涉嫌"聚众斗殴罪"起诉。换句话说,客人一方造成乔某受轻微伤的斗殴行为显然已经涉嫌聚众斗殴,那么应当成为本次公诉的被告,而不是被害人。② 但公诉机关只起诉阿某、乔某、乌某,这很明显地说明公诉机关在罪名定性上存在疑虑。

事实上,公诉机关不会也不可能以涉嫌聚众斗殴罪公诉魏某,因为魏某在本次打架事件中是客人一方,他们没有任何聚众斗殴的故意和行为,而且魏某在本次事件中被不明第三人用啤酒瓶击打头部造成重伤,魏某应当是故意伤害的受害者,而不是聚众斗殴的被害人。这从客人一方的主观心态和故意,以及公诉机关的起诉犹豫,反面说明阿某、乔某、乌某等不涉嫌聚众斗殴罪。

结语:"聚众斗殴罪",是公诉机关在本次诉讼中错误定性的罪名。公诉机关起诉时,没能准确认识本案的发生是日常生活中的口角

---

① 王作富:《刑法分则实务研究》(第3版),中国方正出版社2007年版,第1270页。

② 高铭暄、马克昌主编:《刑法学》,高等教育出版社2007年版,第607页;张明楷著:《刑法学》(第4版),法律出版社2011年版,第923页;王作富著:《刑法分则实务研究》(第3版),中国方正出版社2007年版,第1273页;张明楷:《刑法学》(第4版),法律出版社2011年版,第923页。

纠纷，更没有认识到客人一方和店方人员都没有聚众斗殴的故意、动机、目的。如果聚众斗殴成立，公诉机关将参与斗殴的一方列为被害人，对造成他人轻微伤的行为不提起公诉，这说明公诉机关对本案的定性不准确。如果公诉机关指控的“聚众斗殴罪”罪名成立，那么本案中客人一方魏某用铁撮箕致乔某受轻微伤的行为，符合聚众斗殴罪的构成要件，也应当被以涉嫌聚众斗殴罪提起公诉。但公诉机关显然不可能将本案受重伤的魏某提起公诉，因为本次事件不具有任何涉嫌聚众斗殴的动机和故意。这从反面说明，本案与聚众斗殴罪无关，参与各方都不存在聚众斗殴的故意。辩护律师坚称，阿某应被判无罪。

五、证据辩护意见

可以肯定，本案乔某、乌某、阿某三人之所以会被起诉，是因为魏某因头部受击打而成重伤。并且公诉机关从一开始在没有审查全案证据基础上，主观想当然地认为，造成魏某重伤的是阿某所持的“钢管”所伤。然而，辩护人对魏某头部伤口的U型状证据分析显示，造成魏某重伤的不是阿某的钢管，阿某的钢管根本没有击打魏某的头部，魏某的头部是由不明第三人用啤酒瓶打伤。但这个事实，直到2013年5月14日公诉机关提起公诉前，才予以采纳。从案情来看，如果没有人受重伤，本次事件没有悬念地会认为是一个治安纠纷，而且受到处罚的很可能是挑起事端的魏某一方。那么，从这个角度来看，公安机关的立案、检察院的批捕、移送审查起诉就是违反刑法主客观相统一的客观定罪。

为了展示本案全貌，辩护人继续针对公诉机关以“故意伤害罪”逮捕的罪名提出质疑。接下来针对公诉机关提供的“聚众斗殴罪”的证据问题做出无罪辩护。

1. 最初的错误“故意伤害罪”：错误羁押阿某的根源

公诉机关从一开始，就没有对本案的客观情况进行全案分析，而是有选择性地故意挑选可能导致错误定罪的事实，并因此而置可能导致被告人阿某无罪的有利证据事实于不顾。在被告人阿某已经提供能够查清本案事实的线索后，公诉机关并不采信，也并没有采取措施调查相关证据，最终导致错误起诉和错误羁押。

(1)证明阿某等犯罪的基本事实不清楚，犯罪性质和罪名认定不准确

本案中，公安机关定罪的关键事实是魏某家属等“受害人”的询问笔录，以及由此而产生的证人证言。但辩护人发现，受害人的证言只描述了店方人员打客人的事实，没有描述为什么店方会打人，更是刻意隐瞒了本次事件是由魏某本人引起的事实。而这些事实的还原，需要借助于被关押的被告人和第三人中立方的证据，方可查明真相。辩护人在查明上述事实后，从而逐一证明被告人乔某、乌某、阿某等首先不具有寻衅滋事故意，以及阿某不具有故意伤害他人的故意等。因此，公安机关所指控的寻衅滋事、故意伤害罪所依据的证据，明显不充分，并由此造成了本应是无罪和正当防卫的行为，变成寻衅滋事罪和故意伤害罪，由此造成被告人白白遭受了长达8个月的监禁之苦。

(2)证据不符合确实、充分的证明标准，致使本案中魏某受伤的关键事实没有查明

本案中，阿某为制止魏某暴力攻击他人的行为面临三个疑惑，现有证据不能排除这些合理怀疑。

首先，究竟是哪些人在第二阶段参与打击魏某，不排除第三人使用啤酒瓶暴力致魏某受重伤的可能。从言词证据来看，阿某和乌某相互印证的供述证明，本案还存在不明原因的第三人用啤酒瓶暴力击打魏某的事实。由于阿某和乌某、乔某三人是直接参与第二阶段打击魏某，因此，上述二人的供述应该可以肯定，本案未查明的第三人实施的啤酒瓶暴力行为有可能造成魏某受伤的事实。然而，公安机关在没有排除这个重要的关键事实，而是凭直觉认为本案造成魏某重伤的击打行为是阿某实施。

其次，本案物证证据不充分，不能直接证明阿某暴力击打行为造成魏某重伤。公安机关目前提供的所有证据，只有言词证据，没有任何物证证据，从而无法用物证与魏某的伤情进行吻合程度鉴

定。从本案直接参与第二阶段的三人供述,以及魏某本人的陈述来看,无法断定是谁击打魏某造成伤害。其他人因相距甚远,根本无法在夜晚看到是谁击打了魏某,而只能成为不被采信的传闻证据。即使在第二阶段现场的袁某在2012年9月22日的证词已经明确说明,她没看清楚是谁将魏某打成重伤,乔某因无法辨认而不能证明任何人有罪,被害人魏某因印象模糊而看不清也不能证明任何人有罪,剩下的就只有阿某和乌某。证明阿某击打魏某头部的证据,是乌某的证词。但是,这个证据并不被阿某认可,阿某始终供认其只是击打魏某的后颈背部,从而引发对证据的怀疑。既然这两方的证据明显存在矛盾,需要第三方的证据帮助排除这两个证据的矛盾,从而达到证明有罪的目的。

最后,马蹄形伤口与啤酒瓶底部形状吻合,直接排除直线型伤人钝器。从公安机关认定阿某伤人的证据来看,每一份证据和证词都表明阿某使用的是“钢管”。凭常理,钢管应该是直线型的,既然是直线型的,那么魏某的伤情就不可能是长达25厘米的马蹄形伤口。结合被告人阿某和乌某相互印证的关于不明第三人用啤酒瓶伤人的事实供述可以判定,魏某的伤情形状完全符合啤酒瓶的形状,这更加加剧了本案证据上的疑惑,并可以直接排除本案魏某受伤是因阿某击打所致,并从而间接证明,阿某供述的“他只是击打了魏某背颈部”的真实性。①

结语:最高人民法院公布的案例显示,直接言词证据为孤证,其他间接证据不能形成完整证据链的,应作出无罪判决。② 本案中,目前没有物证显示阿某用“钢管”打击魏某,只有乌某的一个孤证言词证明阿某用“钢管”击打被告人头部。但是,阿某本人否认用“钢管”击

---

① 被告人阿某供述,见公安卷宗(2013年2月25日)。

② 中国律师:《最高人民法院刑事案例第656号:直接言词证据为孤证,其他间接证据不能形成完整证据链的,应作出无罪判决》,载 http://www.ft12333.com/info.asp?infoid=283。

打被告人的头部,而是用“钢管”击打被告人的后背部。与此相反,阿某和乌某的供述显示,在致受害人重伤的真正嫌疑人,系一名案外人用啤酒瓶子击打。阿某本人的笔录也显示,这位神秘的人用力击打魏某的头部,致使击打人的啤酒瓶“爆花了”(啤酒瓶打碎了)。这位用啤酒瓶子击打魏某头部的人,才是本案真正的被告人。由此可见,一个本应是阿某明显被错误关押,人民法院应关注本案事实。

2. 再一次无罪:本案绝不是“聚众斗殴罪”

从目前公安机关和公诉机关提交的证据来看,没有任何证据支持本案涉及“纠集众人”聚众斗殴的故意和参与聚众斗殴的行为,公诉机关更没有提供任何与案件相关的物证。公诉机关指控阿某“持械参与聚众斗殴”,但是连斗殴的凶器都没有证据支持,因此根本无法证实被告人阿某所持的器械就是聚众斗殴罪所指的“持械斗殴”。是只采信具有报复意义已经被污染的受害人证言,还是客观掌握本案的情况而作出无罪判决,法院应依照《中华人民共和国刑事诉讼法》第193条、第195条规定作出公正裁判。为此,辩护律师做如下辩护:

(1)公诉机关没有提供任何聚众的证据,聚众斗殴的前提不成立。本辩护词已经说明,成立聚众斗殴罪需要有纠集众人斗殴的“聚众”故意和纠集众人的行为。然而,本案公诉机关提供的证据中没有任何“纠集众人”的故意和“纠集众人斗殴”的行为方面的证据。在没有证据显示有“聚众”的故意和行为的情况下,如何证明聚众斗殴,这是本罪不成立的关键问题。辩护人多次重申,本案因魏某、韩某、谢某等人吃饭强行索要雨伞,主动出手而导致本次事件的发生。

(2)公诉机关没有提交流氓斗殴的证据,聚众斗殴的“斗殴”性质不成立。如前所述,聚众斗殴罪属于流氓系列犯罪,因此,公诉机关应当提供聚众斗殴参与者具有流氓动机和流氓行为的相关证据。然而,公诉机关现有证据只能说明阿某用“钢棍”击打了魏某背部,而不能说明,也根本不能证明被告人阿某具有流氓动机和参与流氓行为。因此,既然斗殴不成立,以聚众斗殴罪起诉当然不成立。

(3)证据不支持故意伤害罪罪名情况下,可以用“聚众斗殴罪”做兜底罪名掩盖刑事错案吗?公诉机关之所以选择以聚众斗殴罪起诉,其根本原因是阿某涉嫌的拘留罪名,即寻衅滋事罪、逮捕罪名,即故意伤害罪,已经被辩护人两次提出的证据不足和无罪法律分析报告所推翻。在证据面前,公诉机关自感起诉无法得到法院支持,遂于移送期限审查起诉期限届满前最后一天改变了罪名。公诉机关先前两次发回补充侦查,但无任何新证据能证明被告人阿某实施了聚众斗殴行为。辩护律师虽已经尽了一切法律努力,但公诉机关仍然拒绝承认本案阿某无罪的客观事实,而执意按照《中华人民共和国刑法》第292条之规定提起公诉。刑事诉讼应当是追诉犯罪人和保护无罪人权利并重,而不应是想方设法利用刑法兜底罪名追诉犯罪人。这是一个非常危险的诉讼倾向,望审判法官在诉讼过程中重视对无罪者的法律权利的保护。

结语:综合以上法律和证据辩护意见,辩护律师坚持阿某理应按照《中华人民共和国刑事诉讼法》和《中华人民共和国刑法》之规定,判处无罪。

请法官注意,本案已经两次发回补充侦查,三次变更罪名,本案中的被告人最长的已经被羁押9个月,给包括阿某在内的三位被告人公正的法律裁决了!

六、辩护词全文总结

“宁可错放,不可错判”,最高人民法院副院长沈德咏大法官的告诫反映了法律理性和司法定罪规律。①

辩护人用如此长之篇幅,其最终目的是为维护司法公正和法律事实,以及不可言明的当事人权利。因此,请审判机关及法官特别关注最近一段时间广为公众所知的赵艳锦案、张高平叔侄案。基于这些案

① 沈德咏:《宁可错放,不可错判》,载《中国青年报》2013年5月7日,原载《人民法院报》。

件的启示，辩护人请求司法机关规制被害人扰乱司法公正和法律真理的行为，维护刑事法律应然的尊严。杜绝刑事错案，是遵循司法机关和法律人应当努力的方向。综合全案，给阿某一个无罪判决，还刑事法罪行法定和保障公民法律权益之真谛！

为此，辩护人特以法律至高无上的尊严，遵循《中华人民共和国刑事诉讼法》第195条和最高人民检察院、公安部《公安机关刑事案件立案追诉标准规定的通知（一）》第36条，依法判处阿某无罪。

《中华人民共和国刑事诉讼法》第一百九十五条

在被告人最后陈述后，审判长宣布休庭，合议庭进行评议，根据已经查明的事实、证据和有关的法律规定，分别作出以下判决：

（一）案件事实清楚，证据确实、充分，依据法律认定被告人有罪的，应当作出有罪判决；

（二）依据法律认定被告人无罪的，应当作出无罪判决；

（三）证据不足，不能认定被告人有罪的，应当作出证据不足、指控的犯罪不能成立的无罪判决。

2008年最高人民检察院、公安部《公安机关刑事案件立案追诉标准规定（一）》第36条，公通字〔2008〕36号：

［聚众斗殴案］是指，“组织、策划、指挥或者积极参加聚众斗殴的，应予立案追诉。”

第二节　力争审前释放的诸多法律文书

一、变更强制措施建议书

律师在办案工作中发现，本案其他二位同案犯罪嫌疑人阿某和乔某2012年9月20日涉嫌寻衅滋事罪一案，已被立案侦查和逮捕。从2012年9月20日至2013年4月2日，二位犯罪嫌疑人至今仍处于羁押期间。律师认为，侦查羁押期限一般不应超过2个月，审查起诉羁押期间一般也不应超过1个月。

然而，令人难以置信的是，二位犯罪嫌疑人已经被羁押超过6

个月,无论因何种原因延长都已经超过《中华人民共和国刑事诉讼法》规定的侦查阶段的羁押期限或审查起诉阶段的羁押期限,重视二被告人被超期羁押事实。律师并非其他两位犯罪嫌疑人的委托律师,但本律师基于刑事公正目的,基于《中华人民共和国刑事诉讼法》《公安机关适用刑事羁押期限规定》,及其他相关规定,按照《刑事诉讼法》的规定,将本案犯罪嫌疑人变更为监视居住或取保候审。特此建议!①

二、侦查阶段取保候审申请书

阿某涉嫌故意伤害罪(原为寻衅滋事罪)一案已立案侦查。鉴于本案现有证据不能证明犯罪嫌疑人阿某构成犯罪,现根据《中华人民共和国刑事诉讼法》第51条、第96条之规定,以及《公安机关办理刑事案件程序规定》第77条之规定,请求对阿某采取取保候审措施。

事实和理由:

律师两次会见本案犯罪嫌疑人阿某,并调查了本案大量证据事实。在了解了本案的相关事实情况后,律师发现发本案中阿某可能被判处无罪。现在本案事实基础上,阐述相关理由。

本案中,某派出所以涉嫌寻衅滋事罪对阿某立案。然而,本案的事实与寻衅滋事无关,犯罪嫌疑人阿某原本系伤人事件发生地"××烤鱼"店员工,2012年9月25日本案受害人魏某等10余人到达该店就餐。就餐过程中,因下雨,受害人魏某要求店家提供雨伞。但因该店仅有一个移动雨伞,且已有另外一桌客人要求提供雨伞。××烤鱼店服务员工多次解释只有一把移动雨伞,建议客人转移至店家阳台的支架雨伞,或者转移至屋内。但因被害人酗酒过多,执意要求店面提供雨伞,在饭店经理和老板解释无果情况下,主动出手伤人。在酒精的作用下,受害人魏某的其他亲属采取丢掷啤酒瓶或使用酒瓶伤人,主动出手打人等多种行为扰乱饭店的正常经营秩序。其表现就是,啤

① 建议书已于2013年4月2日提交给公安局某派出所。

酒瓶砸向邻座的其他客人，并造成当晚多位客人直接走人而未买单的事实。当晚打架事件的发生，因被害人魏某及其亲属主动出手伤人引起，并在双方混战情况下最终导致受害人魏某重伤事件的发生。

本案中，就公安机关变更后的故意伤害罪来看，犯罪嫌疑人阿某并没有伤害他人故意，也无致受害人魏某重伤的故意伤害行为。律师调查发现，本案因客人闹事而引起，在双方殴打过程中，犯罪嫌疑人阿某先是在店铺外打架。店铺外的打架停止后，又见老鸭汤外乔某（本案另一犯罪嫌疑人）和受害人魏某正在争夺凶器（铁撮箕）。阿某为阻止双方继续争斗，赴现场制止争斗。结合该铁质凶器有伤害他人身体的可能，以及本案因受害人魏某主动出手伤人的行为，犯罪嫌疑人阿某利用钢条打受害人背部脖子处，致魏某跪倒在地，从而成功阻止了乔某与受害人魏某的争夺，这属于正当防卫。至此，犯罪嫌疑人的打人行为彻底结束。结合本案犯罪事实，辩护律师认为，阿某还涉及正当防卫，望司法机关予以重视！

后因本案遗漏犯罪嫌疑人赶至老鸭汤门外用啤酒瓶严重击打受害人头部至受害人头部瘀血而造成重伤。因此，本案中的伤人行为并非犯罪嫌疑人阿某所致，而是另有他人。阿某的打人行为并未造成他人身体伤害的结果，这属于公民之间的治安纠纷问题。

本案发生的原因完全系由被害人酗酒过多引起，犯罪嫌疑人无《刑法》第 293 条规定的任何扰乱公共场所秩序，随意殴打他人；追逐、拦截、辱骂、恐吓他人；强拿硬要或者任意损毁、占用公私财物；在公共场所起哄闹事的行为，①也无《刑法》第 234 条规定的故意伤害他人的行为和主观故意，不符合犯罪的基本条件。

相反，从本案的案情来看，本案的寻衅滋事方完全应当是被害人

① 《中华人民共和国刑法》第 293 条规定："有下列寻衅滋事行为之一，破坏社会秩序的，处五年以下有期徒刑、拘役或者管制：（一）随意殴打他人，情节恶劣的；（二）追逐、拦截、辱骂、恐吓他人，情节恶劣的；（三）强拿硬要或者任意损毁、占用公私财物，情节严重的；（四）在公共场所起哄闹事，造成公共场所秩序严重混乱的。"

魏某。被害人魏某至少应当按照《中华人民共和国治安处罚条例》第12条对酗酒扰乱公众秩序的行为①,以及第20条寻衅滋事扰乱公众场所,②等多个行为接受公安机关的治安管理处罚。

然而,在本案处理过程中,负责处理本案的派出所受受害人一面之词影响,而以涉嫌寻衅滋事罪对阿某立案,并将阿某列入在逃人员名单。后在抓获阿某后,重新对阿某以涉嫌故意伤害罪为由立案起诉,并予以逮捕。律师认为,犯罪嫌疑人并不懂法律。在相关事实发生后,阿某以为自己被动参与打架,行为已经触犯刑律,因此选择了躲避。但本案中是否属于法律意义上的"在逃"难以确认且缺乏相应的法律依据。现本案涉及另一关键遗漏的犯罪嫌疑人,望准确查明本案事实发生的前因后果,并补充调查最终致受害人伤亡的遗漏犯罪行为人,并判定本案犯罪嫌疑人是否涉嫌犯罪。因此,望公安机关尊重本案犯罪嫌疑人阿某并不具有扰乱公众场所秩序,也无寻衅滋事的任何行为的事实,也无伤害他人故意和伤害的行为。

当然,律师尊重公安机关的立案决定,因为毕竟本案在客观事实上的确有受害人魏某受重伤的事实。然而,现有证据并不能证明该伤害行为就是犯罪嫌疑人阿某实施。鉴于此,本案中尚无充分证据证明犯罪嫌疑人有犯罪行为的事实,望批准律师申请对犯罪嫌疑人阿某取保候审。

综合考虑本案犯罪嫌疑人阿某的成长和工作背景,律师认为对阿某取保候审将不具有社会危险性。

(1)本案中犯罪嫌疑人阿某系初犯、偶犯,本案发生前行为表现良好。

(2)犯罪嫌疑人阿某有正常和稳定的工作,亲属朋友均在同一个

---

① 《中华人民共和国治安处罚条例》第12条规定:醉酒的人违反治安管理的,应予处罚。醉酒的人在醉酒状态中,对本人有危险或者对他人的安全有威胁的,应当将其约束到酒醒。

② 《中华人民共和国治安处罚条例》第19条规定:"……(四)结伙斗殴,寻衅滋事,侮辱妇女或者进行其他流氓活动的……"。

饭店工作，可以充分地监督并管理犯罪嫌疑人的日常生活行为。

(3)犯罪嫌疑人阿某目前还有一个乖巧的女朋友正盼着团聚，阿某的父母也盼望儿子能多寄些工资回去，以弥补生活开支所需。这些都会促使犯罪嫌疑人积极努力的工作。

综上所述，根据本案案情及相关法律的规定，阿某符合取保候审的条件。请求贵局以保护犯罪嫌疑人正常的生活秩序，正确贯彻罪行法定和刑法谦抑原则，特别申请贵局尽量避免监禁和羁押对犯罪嫌疑人的负面影响，避免以客观结果定罪，将刑法权力作为抚平受害人的复仇欲望的工具。

三、审查起诉阶段取保候审申请书

阿某涉嫌寻衅滋事罪被某公安局立案侦查，并于2013年3月15日以涉嫌故意伤害罪批准逮捕，并于2013年5月2日以涉嫌"故意伤害罪"移送某区人民检察院审查起诉。

鉴于本案现有证据不能证明犯罪嫌疑人阿某构成犯罪，根据《中华人民共和国刑事诉讼法》第51条、第96条之规定，特请求人民检察院决定对阿某采取取保候审措施。

事实和理由：

律师接受委托后，两次会见本案犯罪嫌疑人阿某，并调查了本案大量证据事实。综合律师调查所了解的事实，在详细阅读本案卷宗后，律师发现发本案中阿某可能被判处无罪。辩护律师现结合本案大量的证人证言，在还原本案事实基础上，阐述相关理由。

1. 本案事实回放

2012年9月25日，本案魏某、谢某、梁某等8人到某小区附近的"××烤鱼店"吃夜宵。入座以前，店方服务员请魏某等一行人直接到该店大堂就餐。但其坚持坐在店外露天就餐，就餐过程中，因下雨，魏某要求店家提供雨伞。但因该店仅有一把移动雨伞，且已有另外一桌客人要求提供雨伞。于是，××烤鱼店服务员工就多次向魏某解释店家只有一把移动雨伞，建议客人转移至店家阳台的支架雨伞,或者转移至屋内。但因被害人酗酒过多,执意要求店面提供雨伞。在这种情况下,该店家大堂经理主动向客人解释,店里的确只有一把雨伞,请客人到店外的雨棚下就餐,或者到店里就餐。但该店经理劝说无效,魏某等一行等坚持要雨伞,并声称“你们搞餐饮,应该有伞啥”。①

紧接着,在另一桌就餐的老板舍某也前来解释,告知魏某等“今天有点忙,伞的确没有了,你们转移到屋内去吧。”在酒精的作用下,魏某等气冲冲地说:“必须打伞。”然后老板小龙回应道:“只有一把伞,你们实在不转移,就只有把单买了。”在双方的言语中,魏某说道:“老板小龙的态度不好!”。小龙回应说,“随便你们怎么样,实在没办法,你们要是不转移,把摊子砸了也无所谓。”②在这种情况下,老板小龙被当天值班的经理劝走,在离开的时候,由于担心发生事情,老板小龙就回头看是否有后续事情发生。此时,魏某就说“老板看他父亲的眼神不对,态度不好”。在可以仅通过转移就餐位置而妥善避免本次事件的情况下,魏某等由于喝酒后,情绪激动。因此,魏某首先上前抓住老板小龙的衣领,卡住他的脖子说“你想咋子嘛?你想咋子嘛”,随后魏某踢了小龙一脚(证人李某笔录原话)。③紧接着,和魏某等在一起吃饭的四五个人用拳头对老板舍某进行围殴。在魏某的带头下,一起吃饭的人拿啤酒瓶子用力朝舍某扔(舍某本人语,证人李某笔录证实,魏某老婆袁某的证言证实)。④

在这种情况下,和魏某等一起吃饭的一位女性,以及乔某、当班

① 以上内容语出公安卷宗证人冯某证人笔录(2012年9月21日)。

② 以上内容为律师对老板舍某调查过程中舍某本人的原话(2013年3月23日)。

③ 以上内容为证人李某的描述,见公安卷宗证人李某笔录(2012年9月21日)。

④ 证明魏某等人强力朝舍某投掷酒瓶的事实为其本人所述,并得到多位证人证言佐证。以上内容,为律师对老板舍某调查过程中舍某的描述(2013年3月23日);证人李某的描述证实舍某所言属实,证明为公安卷宗证人李某笔录(2012年9月21日);袁某在证词中提到“梁叔叔和谢某就争着给钱,这时我都不知道怎么的,一下就听见有丢酒瓶的声音”。

经理就上前劝阻不要打。然而,由于多人围殴小龙,场面十分混乱,在一旁烤鱼的阿某2、乌某看自己的老板被打,且对方人数众多,占有一定的明显优势。为了保护老板的人身安全,就试图上前看究竟是怎么回事,并在现场质问魏某等人"叫你们转过来,你们不转过来,为什么还打我老板呢?"(证人木某证实)。① 在紧急情况下,阿某和乌某发现魏某等人中有人试图拿啤酒瓶打他们。于是,阿某和乌某二人就朝后退,并在门口发现有三根烤烧烤的棍子。② 出于自卫本能,阿某和他人顺手将烤鱼用的撬炉桥和加碳用的棍子(就是所谓的"钢管"),③另外一根给了本案"在逃"的刘某。④ 阿某试图用棍子驱散围殴的人群,但事实上并未赶至围殴地点,其手中的"钢棍"子就被魏某一方的某位客人握住,从而引发双方之间为争"钢棍"子而互相争抢。在"刘某"手握"钢棍"威胁松手放掉"钢棍"凶器后,魏某一方的客人才松手。阿某在对方松手后用"钢棍"子击打了抢夺者的手臂。但等阿某和该客人争夺完毕后,魏某一方的客人围殴舍某的事实已经结束。因此,阿某实际上并未在第一阶段造成他人伤害。

在某人手持"钢棍"击打围殴老板舍某(小×)的四五个人后,围

---

① 以上内容为证人木某回忆,见律师调查笔录木某所言(2013年3月17日)。

② 以上内容为律师在看守所调查获得的笔录内容。

③ 本事实非常关键,这证明本案中犯罪嫌疑人阿某没有任何挑起和扩大事实的故意,而是具有生活中的随意性,很难和犯罪故意相吻合。这根钢管是,一个拇指头大小,长达60~70公分的棍子。这本是一个日常生活和烤鱼店的专用烤具,却被在传闻证据的作用下,误信地当成是恶意伤人的"钢管"。律师认为,请公诉机关根据本案的前因后果,采信这一关键事实,否则本案将有可能被错误定性。棍子的问题,系老板舍某原话。

④ 律师调查发现,刘某在整个过程中没有使用烤鱼棍打人。乌某声称,不清楚刘某是否使用"钢棍",本案事件的亲历者阿某在卷宗中描述了这样一个细节:他的"钢棍"被魏某等一方的某人抢夺过去后,双方争抢过程中,刘某见对方试图用武力伤人,就手持"钢棍"威胁该男性,"丢不丢,不丢就要打"。最终,该男性松手,但整个过程中"刘某"并没有手持"钢棍"击打该男性。从这个细节可以发现,本案在逃的"刘某"无伤害他人故意,可能并没有参与整个打人事件。

殴人群得以驱散(犯罪嫌疑人阿某)。在面对一群饮酒者进行玻璃啤酒瓶子的人可能攻击情况下；这最终遏制了“××烤鱼店”门外事态进一步扩大的可能，从而避免了一场流血事件的发生。以上事实为第一阶段，前后持续了大约一两分钟时间。

本来，这场意外突发事件应当就此结束。然而，由于魏某用铁撮箕击打乔某，并造成双方的击打行为，从而双方在争抢过程中转移到50米开外的老鸭汤外面继续扭打，从而将本次事件带入本案的第二个阶段，也是影响本案性质判断的关键阶段。

本案第二阶段，因乔某在劝架过程中被魏某从后面击打乔某(乔某语)，[1]从而引发乔某和被害人魏某之间的扭打。扭打过程中，魏某朝“老鸭汤”方向跑，乔某追赶。在此过程中，被害人魏某使用凶器“铁撮箕”将乔某头部打伤，致乔某头部受伤流血。在这种情况下，乔某为避免继续受伤，试图从魏某手里抢回铁撮箕，从而导致双方争抢铁撮箕(见乌某和阿某供述)。[2]就在这个过程中，阿某在摆脱一方争抢“钢管”后，一位员工告诉阿某：“乔总他们还在老鸭汤门口打。”(阿某语)[3]在这危急关头，阿某立即朝老鸭汤跑去，并发现乔某受伤并正在和魏某争抢铁撮箕。

为保护乔某免受魏某的继续伤害，阿某用手中烤烧烤用的“钢管”击打了被害人魏某的背部，并将魏某打跪在地上。这个行为完成后，阿某因担心继续打击将伤到魏某，便立即离开(阿某供述)。[4] 就在这一瞬间，一位不知姓名香庭阁的人用啤酒瓶子朝魏某头上猛

---

① 以上内容见公安卷宗乔某供述(2012年9月21日～10月24日)。

② 以上内容，犯罪嫌疑人乌某和阿某的供述吻合，二人在事件发生后，分别被关押和逃跑。二人供述吻合，说明这是事实。见公安卷宗乌某供述(2012年11月28日)，见公安卷宗阿某供述(2013年2月25日)。

③ 以上内容见律师会见调查笔录阿某阐述(2013年3月28日)。

④ 以上内容见公安卷中阿某供述(2013年2月25日)；以上内容，见律师会见调查笔录阿某阐述(2013年3月28日)，见公安机关卷宗乌某供述第3页(2012年9月21日)。

击，并最终将魏某打倒在地。乌某的供述也证明，在阿某敲打魏某后，还有另一个不明身份的人用啤酒瓶子朝魏某头部猛击了一下。[①] 这是魏某头部受伤和复合伤残的关键。这时，警察赶来，制止了斗殴事态的扩大。

2. 法律理由阐述

本案中，某公安局某派出所以涉嫌寻衅滋事罪对阿某立案调查。后因涉及刑法中的想象竞合犯，而直接变更为故意伤害罪批准逮捕和移送检察机关起诉。本案的基础行为是寻衅滋事之行为，公安机关依据《中华人民共和国刑法》第 293 条中"随意殴打他人"的规定立案，后因魏某鉴定为重伤，而向检察院以故意伤害罪为由提出起诉意见书。然而，本案事实与寻衅滋事无关，完全不符合寻衅滋事罪的特征，更不符合故意伤害罪犯罪构成。犯罪嫌疑人阿某并无任何寻衅滋事的理由、动机和犯罪行为，也无由此而产生的故意伤害他人的行为。具体理由如下：

(1)阿某的行为不符合寻衅滋事罪的构成要件，也不符合故意伤害罪的构成要件，应是无罪。

①本案发生在工作的店铺，而不是公共场所，阿某应无罪。本案发生地点为犯罪嫌疑人所工作的饭店，并非不特定多数人可以自由生活的公共场所。本案发生地点"××烤鱼店"，原本系伤人事件发生地，被告人阿某系该店员工，这并没有歧义。寻衅滋事罪所危害的客体是社会公共秩序，本案发生的地点为特定的场所，即××烤鱼店，根本不涉及刑法上所讲的公民公共活动、公共生活、公共行为的公共场所。[②] 因此，这不符合寻衅滋事罪发生的公共空间特征。著名刑法家张明楷教授在其名著《刑法学》中明确写道："基于特定原因在特定私

---

① 以上内容为乌某的供述内容，这与阿某的描述吻合。当时在场的人，目前清楚的就只有阿某、乌某、乔某和魏某在场。乌某事发后被拘留、逮捕，阿某逃跑，二人之间没有任何接触，因此此证言应该真实。见公安机关卷宗乌某供述第 3 页(2012 年 9 月 21 日)。

② 黎宏著：《刑法学》，法律出版社 2012 年版，第 801 页。

人场所殴打特定个人的，不成立寻衅滋事罪。"[①]因此，本案中基于寻衅滋事行为而引发的重伤行为导致向故意伤害罪竞合之理由并不成立。

②阿某系"××烤鱼"店员工，没有任何寻衅滋事的动机和故意，理应无罪。寻衅滋事罪属于故意犯罪，自无可厚非。既然是故意犯罪，就必须要有犯罪故意，包括直接故意和间接故意。而犯罪故意，是《刑法》第14条规定故意犯罪构成犯罪的必要条件。寻衅滋事罪的故意内容是，明知或可能知道自己的行为会发生危害社会公共秩序的结果，而故意事实该罪所规定的四种行为。[②] 既然是以扰乱公共场所的社会秩序为目的的犯罪，那么阿某就必须具备破坏和侵扰不特定多数人出入的公共场所社会秩序的故意。然而，本案中阿某等人的行为并非是为损害公共场所秩序而为之，而是基于魏某酒后闹事而引发的一场自卫和反自卫的日常生活中的打架行为。就本案的案发地点来看，案发地点是犯罪嫌疑人阿某工作的餐厅。如果是扰乱秩序，那么阿某必须有扰乱自己店铺正常经营秩序的故意。阿某和他的同事们一样，在日常工作中勤奋工作，并无任何扰乱自家店铺秩序的故意。换句话说，阿某不可能有在自家店铺里面起扰乱自己店铺秩序的故意，除非阿某和××烤鱼店及其他员工有过节。在阿某有同胞亲哥哥及嫂子、堂兄及嫂子4个重要亲属在同一家店里工作。如果阿某要扰乱这里的秩序，必将严重影响他的亲人们的工作和生活。这显然是不可能成立的。因此，阿某不具有寻衅滋事的故意是常识判断，无需任何理由即可成立。

---

① 张明楷著：《刑法学》(第4版)，法律出版社2011年版，第935页。

② 《中华人民共和国刑法》第二百九十三条　有下列寻衅滋事行为之一，破坏社会秩序的，处五年以下有期徒刑、拘役或者管制：

(一)随意殴打他人，情节恶劣的；

(二)追逐、拦截、辱骂、恐吓他人，情节恶劣的；

(三)强拿硬要或者任意损毁、占用公私财物，情节严重的；

(四)在公共场所起哄闹事，造成公共场所秩序严重混乱的。

本案中，犯罪嫌疑人阿某遵纪守法，无任何前科和违法记录，不具有寻衅滋事罪犯罪主体的社会恶习特征。就故意伤害罪来说，应当从行为人的动机和目的来判断。本案中阿某既无寻衅滋事故意，也就当然无伤害他人的主观故意。与此相反，本案诸多事实表明，阿某实施伤害他人的行为，是因魏某等人对一把雨伞的分配问题所实施的暴力殴打他人，犯罪嫌疑人阿某是为保护他人免受暴力袭击的正当防卫行为，其行为是不具有伤害他人故意的合法行为。

③阿某没有随意殴打他人的犯罪事实，也没有造成魏某重伤的伤害行为，应是无罪。公安机关在起诉意见中声称，“犯罪嫌疑人阿某随意殴打他人的行为已触犯《中华人民共和国刑法》第二百三十四条之规定”而以故意伤害罪起诉。这就必须回应一个问题，犯罪嫌疑人阿某是否具有随意殴打他人的故意和实施行为。所谓随意，张明楷教授在其专著中明确指出，“随意，一般意味着殴打的理由、对象、方式等明显异常。换言之，当一般人从犯罪人的角度思考，也不能接受犯罪人的殴打行为时，该殴打便是随意”。本案中，辩护人多次重申，本案的事实发生属于有因事件，包含乔某、乌某、阿某等在内的多数人之所以会实施伤害行为，其根本原因是魏某酒后闹事、其同行的5名就餐客人因店方不能分配雨伞的行为而主动先攻击“××烤鱼”店老板，员工为了保护老板免受正在发生的暴力危险而实施伤害他人的行为。第一阶段，阿某并未参与直接伤害魏某的行为，阿某参与进来也不是首先就直接打击魏某等人，而是先说理质问为什么魏某等人要打舍某。就本案第二阶段魏某受伤的关键事实来看，也是因魏某主动用铁撮箕对乔某头部实施暴力行为，阿某为控制魏某的暴力而实施打击魏某背部的行为。

尤其值得注意的是，阿某击打的是魏某的背部，并在击打后立即退出现场。从这个客观事实可以看出，魏某遭受致命伤害的头部并非是阿某殴打所致，而是不明案外人用啤酒瓶猛击造成的。因此，这个伤害行为并不能归咎于犯罪嫌疑人阿某，阿某并未实施造成魏某重伤的行为，从而不具有故意伤害罪的客观行为特征。

(2)阿某实施的伤人行为,系控制魏某暴力行为的正当防卫,应当是无罪。

本案中,阿某实施的损害他人行为在第一阶段和第二阶段均属于正当防卫,而且是无过当防卫。

①阿某第一阶段实施损害行为,系为保护舍某而实施,系正当防卫。本案因客人闹事而对舍某实施围殴行为,阿某之所以会参加进去,是因对方人多势众,且老板一人深处围殴中,有受正在进行的暴力侵害的危险。在准备劝阻过程中,阿某先是上前质问魏某等人为什么打舍某,由此可见,从一开始的阿某并无任何伤害他人的故意。阿某见有人准备用啤酒瓶打自己,[①]在面临即将发生的暴力伤害危险,阿某立即展开自救行为,并顺拿起旁边的"钢棍",对准备实施暴力的魏某一方客人实施还击行为,这明显属于《刑法》中的正当防卫。[②] 从并无任何人遭受轻伤以上的结果看出,阿某的防卫行为和防卫目的旨在制止不法侵害,而不是殴打伤害他人,否则,在第一阶段将会有多人遭受严重身体损害。

②本案第二阶段造成他人人身损害的行为,系阿某为保护乔某免受铁撮箕伤害而实施,系正当防卫行为。店铺外的打架停止后,阿某听说乔某还在另一边扭打。见乔某头部已被魏某击伤,且正在和魏某

---

① 一个正常有理性的人,应该能够判断,啤酒瓶颈部虽易碎,但其底部异常坚硬,足以致命。啤酒瓶击打头部致命事件并不少见。参见案例《被人盯着看——挥酒瓶就砸16岁少年失手打死人》,载《现代快报》2013年3月27日,载 http://news.jnwb.net/2013/0327/58585.shtml;《莫斯科一男子与同伴发生争执——用酒瓶将其打死》,2013年4月29日,载环球网,http://news.dzwww.com/guojixinwen/201304/t20130419_8262919.htm;《万宁:女生借醉抱帅哥 男友吃醋持酒瓶打死帅哥》,2011年4月19日,载人民网,http://news.0898.net/2011/04/19/656131.html;《七台河男子因22元饭钱操酒瓶将工友打死》,2012年11月24日,载黑龙江新闻网,http://hlj.sina.com.cn/news/s/2012-11-24/121723207.html.

② 《中华人民共和国刑法》第20条第1款:为了使国家、公共利益、本人或者他人的人身、财产和其他权利免受正在进行的不法侵害,而采取的制止不法侵害的行为,对不法侵害人造成损害的,属于正当防卫,不负刑事责任。

争夺凶器（铁撮箕）。阿某为阻止双方继续争斗，赶赴现场制止争斗。很明显，结合该铁质凶器有伤害他人身体的可能，①以及本案因魏某酒后主动出手伤人的事实，犯罪嫌疑人阿某利用“钢棍”打背部脖子处，致魏某跪倒在地，从而成功阻止了乔某与魏某的争夺，这同样属于正当防卫。至此，犯罪嫌疑人的打人行为彻底结束。饮酒容易使人失控，魏某完全有可能将乔某打成重伤。既然双方正在争抢铁撮箕，魏某已经使用铁撮箕伤人的事实，那么这个暴力行为就没有结束。因此，犯罪嫌疑人阿某对正在进行中的暴力予以制止，完全符合正当防卫的成立要件。结合阿某本人供述的事实，其前后对魏某就击打了一次，见魏某跪倒在地后，就没有再实施伤害行为，由此可以看出，阿某并不具有恶意伤害魏某的故意，仅仅是为制止不法侵害而实施的正当防卫行为。

当然，刑法中有对正在进行的行凶实施正当防卫的无过当防卫条款。即使本案中的任何暴力行为致使魏某遭受重伤，《刑法》第 17 条规定了为制止正在进行中的严重暴力行为不负刑事责任。② 不过，现有证据显示，造成魏某重伤的暴力行为，并非阿某实施，也就谈不上防卫过当的问题。

(3)现有证据不能足以证明阿某造成魏某重伤，按照《刑事诉讼法》的规定对阿某应当按照疑罪从无原则，判处无罪。

可以肯定，本案乔某、乌某、阿某三人之所以会被起诉，是因为魏某因头部受击打而成重伤。如果没有这个结果，本次事件没有悬念地会是一个治安纠纷，而且受到处罚的很可能是挑起事端的魏某一方。

---

① 案例显示，铁撮箕可以砸坏坚硬的铁质宝马汽车，更别说肉体和钙化的骨头，足见铁撮箕的暴力性非常严重。见案例《男子为向前丈母娘示威 以试驾为名狂砸百万豪车》，2013 年 1 月 23 日，载《华西都市报》，http://ah.people.com.cn/n/2013/0123/c229939-18065567.html.

② 《中华人民共和国刑法》第 20 条第 3 款：对正在进行行凶、杀人、抢劫、强奸、绑架以及其他严重危及人身安全的暴力犯罪，采取防卫行为，造成不法侵害人伤亡的，不属于防卫过当，不负刑事责任。

那么，从这个角度来看，公安机关的立案、检察院的批捕、移送审查起诉就是违反刑法主客观相统一的客观定罪。那么，按照侦查机关和公诉机关的定罪逻辑，如何证明本次魏某受重伤的行为即是定罪的关键。然而，公安机关目前的证据，根本不足以证明阿某所实施的行为是造成魏某受重伤的原因，证据尚存在诸多合理怀疑不能排除。理由如下：

①本罪证明阿某等犯罪的基本事实不清楚，犯罪性质和罪名认定不准确。

本案中，公安机关定罪的关键事实是魏某家属等“受害人”的询问笔录，以及由此而产生的证人证言。但辩护人发现，受害人的证言只描述了店方人员打客人的事实，没有描述为什么店方会打人，更是刻意隐瞒了本次事件是由魏某本人引起的事实。而这些事实的还原，需要借助于被关押的犯罪嫌疑人和第三人中立方的证据，方可查明真相。[①] 辩护人在查明上述事实基础上，逐一证明犯罪嫌疑人乔某、乌某、阿某等首先不具有寻衅滋事故意，以及阿某不具有故意伤害他人的故意等。因此，公安机关所指控的寻衅滋事、故意伤害故意所依据的证据，明显不充分，并由此造成了本应是无罪和正当防卫的行为，变成寻衅滋事罪和故意伤害行为，并由此而造成犯罪嫌疑人白白遭受了长达8个月的监禁之苦。

②证据不符合确实、充分的证明标准，致使本案魏某受伤的关键事实没有查明。

本案中，阿某为制止魏某暴力攻击他人的损害他人身体的行为面临三个质疑，公安机关的现有证据不能排除这些合理怀疑。

首先，究竟是哪些人在第二阶段参与打击魏某，不排除第三人使用啤酒瓶暴力致魏某受重伤的可能。从言词证据来看，阿某和乌某相互印证的供述证明，本案还存在不明原因的第三人用啤酒瓶暴力击打

---

① 受害人证言依据，请见谢某、冯某、袁某、梁某证人证言，并对比犯罪嫌疑人供述，以及中立第三方证言等。

魏某的事实。由于阿某和乌某、乔某三人是直接参与第二阶段击打魏某,因此,上述两人的供述应该可以肯定,本案未查明的第三人实施的啤酒瓶暴力行为有可能造成魏某受伤的事实。然而,公安机关在没有排除这个重要的关键事实的情况下,而凭直觉地认为本案造成魏某重伤的击打行为是阿某实施的。

其次,本案物证证据不充分,不能直接证明阿某暴力击打行为造成魏某重伤。公安机关目前提供的所有证据,只有言词证据,没有任何物证证据。从而无法用物证与魏某的伤情做吻合程度鉴定。在本案直接参与第二阶段的三人供述来看,以及魏某本人的陈述来看,无法断定是谁击打魏某造成伤害。其他人因相距甚远,根本无法在夜晚看到是谁击打魏某,而只能成为不被采信的传闻证据。袁某在 2012 年 9 月 22 日的证词已经明确说明,他没看清楚是谁将魏某打成重伤,乔某因无法辨认而不能证明任何人有罪,被害人魏某因印象模糊而看不清也不能证明任何人有罪,剩下的就只有阿某和乌某。证明阿某击打魏某头部的证据,是乌某的证词。但是,这个证据并不被阿某认可,阿某始终供认其只是击打魏某的后颈背部,从而引发对证据的怀疑。既然这两方的证据明显存在矛盾,需要第三方的证据帮助排除这两个证据的矛盾,从而达到有罪证明的目的。

最后,马蹄形伤口与啤酒瓶底部形状吻合,直接排除直线型伤人钝器。从公安机关认定阿某伤人的证据来看,每一份证据和证词都表明阿某所使用的是"钢管"。凭常理,钢管因该是直线的,既然是直线型的,那么魏某的伤情就不可能是长达 25 厘米的马蹄形伤口。结合犯罪嫌疑人阿某和乌某相互印证的关于不明第三人啤酒瓶伤人的事实供述可以判定,魏某的伤情形状完全符合啤酒瓶的形状。这更加加剧了本案证据上的疑惑,并可以直接排除本案魏某受伤是因阿某击打。并从而间接证明,阿某供述的"他只是击打了魏某背颈部"的真实性。①

① 见公安卷宗犯罪嫌疑人阿某供述(2013 年 2 月 25 日)。

3. 申请书总结

“宁可错放,不可错判”,最高人民法院副院长沈德咏大法官呼吁的法律理性。[①] 辩护人用如此之篇幅,其最终目的是为维护司法公正和法律事实,以及当事人权利。因此,请公诉机关特别关注最近一段时间颇为公众所知的赵艳锦案、张高平叔侄案。基于这些案件的启示,辩护人请求公诉机关拒绝被害人扰乱司法公正和法律真理的行为,维护刑事法律应然的尊严。

综上所述,本案发生的原因完全由被害人酗酒过多引起,犯罪嫌疑人无《刑法》第293条规定的任何扰乱公共场所秩序的行为,即“随意殴打他人;追逐、拦截、辱骂、恐吓他人;强拿硬要或者任意损毁、占用公私财物;在公共场所起哄闹事。”[②]也无《刑法》第234条故意伤害他人的行为和主观故意,而是为保护他人免受正在侵害的暴力而实施的造成魏某损害的行为,属于正当防卫。公安机关所提交的证据,不能达到足以证明阿某有寻衅滋事故意和行为的程度,更不能证明阿某有故意伤害的行为。魏某伤情照片所显示的魏某所受的伤,是案外不明人使用啤酒瓶所致。

相反,从本案的案情来看,本案的寻衅滋事方应当是被害人魏某。被害人魏某至少应当按照《中华人民共和国治安处罚条例》第12条对酗酒扰乱公众秩序的行为[③],以及第20条寻衅滋事扰乱公众场所[④]等

① 沈德咏:《宁可错放,不可错判》,载《中国青年报》2013年5月7日,原载《人民法院报》。

② 《刑法》第293条规定:“有下列寻衅滋事行为之一,破坏社会秩序的,处五年以下有期徒刑、拘役或者管制:(一)随意殴打他人,情节恶劣的;(二)追逐、拦截、辱骂、恐吓他人,情节恶劣的;(三)强拿硬要或者任意损毁、占用公私财物,情节严重的;(四)在公共场所起哄闹事,造成公共场所秩序严重混乱的。”

③ 《中华人民共和国治安处罚条例》第12条醉酒的人违反治安管理的,应予处罚。醉酒的人在醉酒状态中,对本人有危险或者对他人的安全有威胁的,应当将其约束到酒醒。

④ 《中华人民共和国治安处罚条例》第19条规定:“……(四)结伙斗殴,寻衅滋事,侮辱妇女或者进行其他流氓活动的……”。

多个行为接受公安机关治安管理处罚。

然而,在本案处理过程中,负责处理本案的派出所受一面之词影响,而以涉嫌寻衅滋事罪对阿某立案,并将阿某列入在逃人员名单。在抓获阿某后,重新对阿某以涉嫌故意伤害罪为由立案起诉,并移送逮捕。律师认为,犯罪嫌疑人并不懂法律。在相关事实发生后,阿某以为自己被动参与打架,行为已经触犯刑律,因此选择了躲避。但本案中是否属于法律意义上的"在逃"难以言明,且缺乏相应的法律依据。现本案涉及另一关键遗漏的犯罪嫌疑人,望准确查明本案事实发生的前因后果,以及补充调查最终致伤亡的遗漏犯罪行为人,并最终判定本案犯罪嫌疑人是否涉嫌犯罪。因此,公诉机关应考虑本案犯罪嫌疑人阿某并不具有扰乱公众场所秩序,也无寻衅滋事的任何行为事实,也无伤害他人故意和伤害的行为。

当然,律师尊重公安机关的立案决定和检察院的逮捕决定,因为毕竟本案从客观事实上的确有魏某受重伤的事实。然而,现有证据并不能证明该伤害行为就是犯罪嫌疑人阿某实施。鉴于此,本案中尚无充分证据证明犯罪嫌疑人有犯罪行为的事实,对犯罪嫌疑人阿某取保候审。

综合考虑本案犯罪嫌疑人阿某的成长和工作背景,律师认为对阿某取保候审将不具有社会危险性。理由如下:

(1)本案中犯罪嫌疑人阿某系初犯、偶犯,本案发生前行为表现良好。

(2)犯罪嫌疑人阿某有正常和稳定的工作,亲属朋友均在同一家饭店工作,可以充分地监督并管理犯罪嫌疑人的日常生活行为。

(3)犯罪嫌疑人阿某目前还有一位乖巧的女朋友正盼着团聚,阿某的父母也望着儿子能多寄工资回去,以弥补生活开支所需。这些都迫使犯罪嫌疑人积极努力的工作。

据此,辩护人根据《人民检察院刑事诉讼规则》第286条之规定,请求人民检察院妥善处理本案。辩护人认为,在当前情形之下,阿某符合取保候审的条件,望人民检察院能尽快考虑对阿某采取取保候审措施为感!①

第三节 审查起诉阶段的不予起诉意见书

阿某涉嫌寻衅滋事罪,由某公安局立案侦查,于2013年3月15日以涉嫌故意伤害罪对阿某批准逮捕,并于2013年5月2日以涉嫌"故意伤害罪"移送某区人民检察院审查起诉。

鉴于公安机关鉴定出马蹄形伤口,犯罪嫌疑人供述有案外人用啤酒瓶伤人。因此,这明确证明阿某未实施寻衅滋事和故意伤害行为,犯罪嫌疑人阿某可能构成无罪。基于本案证据,辩护人根据《刑事诉讼法》的相关规定,在本案事实和法律基础上,请求某区人民检察院不予起诉。

律师接受委托后,两次会见本案犯罪嫌疑人阿某,并获得了本案大量证据事实。综合律师调查所了解的事实,在详细阅读本案卷宗后,律师发现发本案中阿某可能被判处无罪。现结合本案大量的证人证言,在还原本案事实基础上,阐述相关理由。

一、本案事实回放

2012年9月25日,本案魏某、谢某、梁某等8人到某区西航港常乐小区附近的"××烤鱼店"吃夜宵。入座以前,店方服务员见请魏某等一行人直接到该店大堂就餐,但魏某人坚持坐在店外露天就餐。在就餐过程中,因下雨,魏某要求店家提供雨伞。但因该店仅有一个移动雨伞,且已有另一桌客人要求提供雨伞。于是,××烤鱼店服务员工就多次解释只有一把移动雨伞,建议客人转移至店面阳台的支架

① 申请书于2013年5月10日完成,并于第二日提交办案检察院。文书中当时还附有如下材料作为附录:(1)"××烤鱼"事件经过图;(2)真正的凶手;(3)"铁撮箕把汽车凹"案例,足以说明铁撮箕是足以造成他人生命安全的凶器;(4)"啤酒瓶打死人案例",足以说明本案不排除啤酒瓶击打魏某头部造成25厘米马蹄状型"U"形伤口。

雨伞,或者转移至屋内。但因被害人魏某酗酒过多,执意要求店面提供雨伞。在这种情况下,该店的大堂经理就主动给客人解释,店里的确只有一把雨伞,请客人到店外的雨棚下面就餐,或者到店里就餐。但该店经理无论怎么劝说,魏某一行等坚持要雨伞,并声称“你们搞餐饮,应该有伞啥”。①

紧接着,在另一桌就餐的老板舍某就前来解释,告知魏某等“今天有点忙,伞的确没有了,你们转移到屋内去吧”。在酒精的作用下,魏某等气冲冲地说:“必须打伞!”老板小龙回应道:“只有一把伞,你们实在不转移,就只有把单买了。”在双方的言语过程中,魏某等据此说道,“老板小龙的态度不好!”小龙就说,“随便你们怎么样,你们把摊子敲了都可以,实在没办法,你们要是不转移,把摊子砸了也无所谓。”②在这种情况下,老板小龙被当天值班的经理劝走,在走的过程中,由于担心发生事情,老板小龙就回头看是否有后续事情发生。此时,魏某就说“老板看他父亲的眼神不对,态度不好”。在可以仅通过转移位置而妥善避免本次事件的情况下,魏某等由于喝酒后,情绪激动,首先上前抓住老板小龙的衣领,卡住他的脖子说“你想咋子嘛?你想咋子嘛”,随后魏某就用脚踢了小龙一脚(证人李某笔录原话)。③紧接着,和魏某等在一起吃饭的另外四五个人用拳头对老板舍某进行围殴。在魏某的带头下,一袭吃饭的人用啤酒瓶子用力朝舍某扔(舍某本人语,证人李某笔录证实,魏某老婆袁某的证言证实)。④

在这种情况下,和魏某等一起吃饭的女性,以及乔某、当班经理就

---

① 以上内容语出公安卷宗证人冯某证人笔录(2012年9月21日)。

② 以上内容为律师对老板舍某调查过程中,舍某本人的原话(2013年3月23日)。

③ 以上内容为证人李某的描述,见公安卷宗证人李某笔录(2012年9月21日)。

④ 证明魏某等人强力朝舍某投掷酒瓶的事实为其本人所述,并得到多位证人证言佐证。以上内容为律师对老板舍某调查过程中舍某的描述(2013年3月23日);证人李某的描述证实舍某所言属实,证明为公安卷宗证人李某笔录(2012年9月21日);袁某在证词中提到“梁叔叔和谢某就争着给钱,这时我都不知道怎么的,一下就听见有丢酒瓶的声音。”

上前劝阻他们不要打。然而,由于多人围殴小龙,场面十分混乱,在一旁烤鱼的阿某2、乌某看自己的老板被打,且对方人数众多,占有明显的优势。为了保护老板人身安全,阿某2、马某试图上前看究竟是怎么回事,并在现场质问魏某等人"叫你们转过来,你们不转过来,还为什么打我老板呢?"(证人木某证实)。① 在紧急情况下,阿某和乌某发现魏某等人中有人试图拿啤酒瓶打二人,从而二人就朝后退,并最终发现门口有烤烧烤的三根棍子。② 出于自卫本能,阿某和有人顺手将烤鱼用的撬炉桥和加碳用的棍子(就是所谓的"钢管"),③将另一根给了本案"在逃"的刘某。④ 阿某2试图前往驱散围殴人群,但事实上并未赶至围殴地点,其手中的"钢棍"子就被魏某一方的某位客人握住,从而引发双方之间为争"钢棍"子而互相争抢。后在"刘某"手握"钢棍",威胁松手放掉"钢棍"子凶器后,魏某一方的客人才松手。阿某在对方松手后,用"钢棍"子击打了抢夺者的手臂。但等阿某和该客人争夺完毕后,魏某一方的客人围殴舍某的事实已经结束。因此,阿某实际上并未在第一阶段造成他人伤害。

在某人手持"钢棍"击打围殴老板舍某(小龙)的四五个人后,围殴人群得以驱散。在面对一群饮酒者和易碎性玻璃啤酒瓶子的攻击

---

① 以上内容为证人木某回忆,见律师调查笔录木某所言(2013年3月17日)。

② 以上内容为律师在看守所调查获得的笔录内容。

③ 本事实非常关键,这证明本案中犯罪嫌疑人阿某没有任何挑起和扩大事实的故意,而是具有生活中的随意性,很难和犯罪故意相吻合。这根钢管是,一个拇指头大小,长达60~70厘米的棍子。这本是一个日常生活和烤鱼店的专用烤具,却被等一行人在传闻证据的作用下,误信地当成是恶意伤人的"钢管"。律师认为,请公诉机关根据本案的前因后果,采信这一关键事实,否则本案将有可能被错误定性。棍子的问题,系老板舍某原话。

④ 律师调查发现,刘某在整个过程中没有使用烤鱼棍打人。乌某声称,不清楚刘某是否使用"钢棍",本案事件的亲历者阿某在卷宗中描述这样一个细节。他的"钢棍"被魏某一方的某人抢夺过去后,双方争抢过程中,刘某见对方试图用武力伤人,就手持"钢棍"威胁该男性,"丢不丢,不丢就要打"。最终,该男性松手,但整个过程中"刘某"并没有手持"钢棍"击打该男性。从这个细节可以发现,本案在逃的"刘某"无伤害他人故意,可能并没有参与整个打人事件。

可能下,这最终遏制了“××烤鱼店”门外事态扩大的可能性,从而避免了一场颇具灾祸意义的事件。以上事实为第一阶段,前后持续一两分钟很短时间。

本来,这场意外突发事件应当就此结束。然而,由于魏某用铁撮箕击打乔某,并造成双方的击打行为,从而双方在争抢过程中转移到50米开外的老鸭汤外面继续扭打。从而将本次事件带入本案的第二个阶段,也是影响本案性质判断的关键事实。

本案第二阶段,因乔某劝架过程中,被魏某从后面击打乔某(乔某语)。① 从而引发乔某和被害人魏某之间的扭打,扭打过程中,魏某朝“老鸭汤”方向跑,乔某追赶。在此过程中,被害人魏某使用凶器“铁撮箕”将乔某头部打伤,致头部受伤流血。在这种情况下,乔某为避免继续受伤,试图从魏某手里抢回铁撮箕,并从而导致双方的争抢铁撮箕(见乌某和阿某供述)。②就在这个过程中,阿某在摆脱一方争抢“钢管”后,一位员工告诉阿某:“乔总他们还在老鸭汤门口打。”(阿某语)③危急关头,阿某立马朝老鸭汤方向跑去,发现乔某受伤以及正在和魏某争抢铁撮箕。

为保护乔某免受铁撮箕的继续伤害,阿某用手中烤烧烤用的“钢管”击打了被害人魏某的背部,将魏某打跪在地上。这个行为完成后,阿某因担心继续打击将伤到魏某,同时也有点害怕,因此,立即退开了(阿某供述)。④ 就在这一瞬间,一身份不明的人用啤酒瓶子朝魏某头上猛击,并最终将魏某打倒在地。乌某的供述也证明,在阿某敲

---

① 以上内容见公安卷宗乔某供述(2012年9月21日~10月24日)。

② 以上内容,犯罪嫌疑人乌某和阿某的供述吻合,二人在事件发生后,分别被关押和逃跑。二人供述吻合,说明这是事实。见公安卷宗乌某供述(2012年11月28日),见公安卷宗阿某供述(2013年2月25日)。

③ 以上内容见律师会见调查笔录阿某阐述(2013年3月28日)。

④ 以上内容见公安卷中阿某供述(2013年2月25日);以上内容见律师会见调查笔录阿某阐述(2013年3月28日);公安机关卷宗乌某供述第3页(2012年9月21日)。

打魏某后,尚有另一个不明身份的人用啤酒瓶子朝魏某头部猛击了一下。① 这是本案中,魏某头部受伤和复合伤残的关键。与此同时,警察赶来,本次事件结束。

二、法律理由阐述

本案中,某派出所以涉嫌寻衅滋事罪对阿某立案,后直接变更为故意伤害罪批准逮捕和移送起诉。本案的基础行为是寻衅滋事行为,公安机关所依据的法律规定是《刑法》第293条"随意殴打他人"。后因魏某鉴定为重伤,而向检察院以故意伤害罪为由提出起诉意见书。然而,本案事实与寻衅滋事无关,完全不符合寻衅滋事罪的任何特征,更不符合故意伤害罪。犯罪嫌疑人阿某也无任何寻衅滋事的理由、动机和犯罪行为,也无由此而产生的故意伤害他人的行为。具体理由如下:

1. 阿某不符合寻衅滋事罪的构成要件,也不符合故意伤害罪的构成要件,应是无罪。

(1)本案发生在阿某工作的店铺,而不是公共场所,阿某应是无罪。本案发生地点为犯罪嫌疑人所工作的饭店,并非不特定多数人可以自由生活的公共场所。本案发生地点"××烤鱼店",原本系伤人事件发生地,被告人阿某系该店员工,这并没有歧义。寻衅滋事罪所危害的社会客体是社会公共秩序,本案中时间发生地点为特定的场所,即××烤鱼店,根本不涉及刑法上所讲的公民公共活动、公共生活、公共行为的公共场所。② 因此,这不符合寻衅滋事罪发生的公共空间特征。知名刑法专家张明楷教授在其名著《刑法学》中明确写道:"基于特定原因在特定私人场所殴打特定个人的,不成立寻衅滋

① 以上内容为乌某的供述内容,这与阿某的描述吻合。当时在场的人,目前清楚的就只有阿某、乌某、乔某和魏某在场。乌某事发后被拘留、逮捕,阿某逃跑,二人之间没有任何接触,因此此证言应该真实。见公安机关卷宗乌某供述第3页(2012年9月21日)。

② 黎宏:《刑法学》,法律出版社2012年版,第801页。

事罪”。[①] 因此，本案中基于寻衅滋事行为而引发的重伤行为导致向故意伤害罪竞合之理由并不成立。

(2)阿某系“××烤鱼”店员工，没有任何寻衅滋事的动机和故意，应是无罪。寻衅滋事罪属于故意犯罪，自无可厚非。既然是故意犯罪，就必须要有犯罪故意，包括直接故意和间接故意。而犯罪故意，是《刑法》第14条规定故意犯罪构成犯罪的必要条件。寻衅滋事罪的故意内容是，明知或可能知自己的行为会发生危害社会公共秩序的结果，而故意事实该罪所规定的四种行为。[②] 既然是以扰乱公共场所的社会秩序为目的的犯罪，那么阿某就必须应当具备破坏和侵扰不特定多数人出入的公共场所社会秩序的故意。然而，在本案中，阿某等人的行为并非是为损害公共场所秩序而为之，而是基于魏某酒后闹事而引发的一场自卫和反自卫之间的日常生活中的打架行为。就本案来看，案发地点是犯罪嫌疑人阿某工作的餐厅。如果是扰乱秩序，那么阿某应必须有扰乱自己店铺正常经营秩序的故意。不过，阿某和他的同事们一道，都在日常工作中勤奋工作，并无任何扰乱自家店铺秩序的故意。换句话说，阿某不可能有在自家店铺里面起扰乱自己店铺秩序的故意，除非阿某和××烤鱼店及其他员工有任何过节。在这个店铺里面，阿某有同胞亲哥哥及嫂子、堂兄及嫂子等4个重要的亲属尚在店里工作。如果阿某要扰乱这里的秩序，必将影响他最亲的哥哥嫂嫂的生活。这显然不可能成立，阿某不具有寻衅滋事的故意是常识判断，无须任何理由即可成立。

本案中，犯罪嫌疑人阿某遵纪守法，无任何前科和相关违法记录，

---

① 张明楷：《刑法学》(第4版)，法律出版社2011年版，第935页。

② 《中华人民共和国刑法》第293条[寻衅滋事罪]第1款“有下列寻衅滋事行为之一，破坏社会秩序的，处五年以下有期徒刑、拘役或者管制：

(一)随意殴打他人，情节恶劣的；

(二)追逐、拦截、辱骂、恐吓他人，情节恶劣的；

(三)强拿硬要或者任意损毁、占用公私财物，情节严重的；

(四)在公共场所起哄闹事，造成公共场所秩序严重混乱的。”

不具有寻衅滋事罪犯罪主体的社会恶习特征。就故意伤害罪来说,应当从行为人的动机和目的来看,本案中阿某既无寻衅滋事故意,也就当然无伤害他人的主观故意。与此相反,本案诸多事实反应,阿某实施伤害他人的行为,是因魏某等人对一把雨伞的分配问题所实施的暴力殴打他人,犯罪嫌疑人阿某是为保护他人免受暴力袭击的正当防卫行为,其行为是实施不具有伤害他人故意的合法行为。

(3)阿某不具有随意殴打他人的犯罪事实,也没有造成魏某重伤的伤害行为,应是无罪。公诉机关在起诉意见中声称,“犯罪嫌疑人阿某随意殴打他人的行为已触犯《中华人民共和国刑法》第二百三十四条之规定”而以故意伤害罪起诉。这就必须回答这样一个问题:犯罪嫌疑人阿某是否具有随意殴打他人的故意和实施行为。所谓随意,张明楷教授在其专著中明确指出,“随意,一般意味着殴打的理由、对象、方式等明显异常。换言之,当一般人从犯罪人的角度思考,也不能接受犯罪人的殴打行为时,该殴打便是随意”。本案中,辩护人多次重申,本案的事实发生属于有因事件,包含乔某、乌某、阿某等在内的多数人之所以会实施伤害行为,其根本原因是魏某酒后闹事、其同行的5名就餐客人因店方不能分配雨伞的行为而主动先攻击“××烤鱼”店老板,员工为了保护老板免受正在发生的暴力危险而实施伤害他人的行为。第一阶段,阿某并未参与直接伤害魏某的行为,阿某参与进来也不是首先就直接打击魏某等人,而是先说理质问为什么魏某等人要打舍某。就本案第二阶段魏某受伤的关键事实来看,也是因魏某主动用铁撮箕对乔某头部实施暴力行为,而为控制魏某的暴力而实施打击魏某背部的行为。

尤其值得注意的是,阿某的击打部位是魏某的背部,并在击打后立即离开现场。从这个客观事实可以看出,魏某遭受致命伤害的头部被殴打行为并非阿某所致,而是不明案外人用啤酒瓶猛击所致。因此,这个伤害行为并不能归咎于犯罪嫌疑人阿某,阿某并未实施造成魏某重伤的行为,从而不具有故意伤害罪的客观行为特征。

2. 阿某实施的伤人行为,系控制魏某的暴力行为的正当防卫,应当无罪。

本案中,阿某实施的损害他人行为在第一阶段和第二阶段均存在正当防卫,而且是无过当防卫。理由如下:

(1)阿某第一阶段实施损害行为,系为保护舍某而实施,系正当防卫。本案因客人闹事而对舍某实施围殴行为,阿某之所以会参加进去,是因对方人多势众,且老板一人深处围殴中,有受正在进行的暴力侵害的危险。在准备劝阻过程中,阿某先是上前质问魏某等人为什么打舍某,可见,从一开始阿某并无任何伤害他人的故意。见有人准备用啤酒瓶打自己,①在面临即将发生的暴力伤害危险,阿某立即展开自救行为,并顺手发现旁边的"钢棍",从而对准备实施暴力的魏某一方客人实施还击行为,这明显属于刑法中的正当防卫。② 从第一阶段并无任何人遭受轻伤以上的结果看出,阿某的防卫行为和防卫目的旨在制止不法侵害,而不是殴打伤害他人,否则,在第一阶段将会有多人遭受严重身体损害。

(2)本案第二阶段造成他人人身损害的行为,系阿某为保护乔某免受铁撮箕伤害而实施,系正当防卫行为。店铺外的打架停止后,阿某听说乔某还在与老鸭汤餐馆外扭打,又赴老鸭汤外,阿某发现乔某头部已被魏某击伤,且正在和魏某正在争夺凶器(铁撮箕)。阿某为阻止双方继续争斗,防止事态进一步扩大,急忙赶赴现场制止争斗。

---

① 一个正常有理性的人,应该能够判断,啤酒瓶颈部虽易碎,但其底部异常坚硬,足以致命。啤酒瓶击打头部致命事件并不少见。请见案例《被人盯着看——挥酒瓶就砸16岁少年失手打死人》,2013年3月27日,载《现代快报》,http://news.jnwb.net/2013/0327/58585.shtml;《莫斯科一男子与同伴发生争执　用酒瓶将其打死》,载环球网,http://news.dzwww.com/guojixinwen/201304/t20130419_8262919.htm;《万宁:女生借醉抱帅哥　男友吃醋持酒瓶打死帅哥》,2011年4月19日,载人民网,http://news.0898.net/2011/04/19/656131.html;《七台河男子因22元饭钱操酒瓶将工友打死》,载黑龙江新闻网,http://hlj.sina.com.cn/news/s/2012-11-24/121723207.html.

② 《中华人民共和国刑法》第20条第1款:为了使国家、公共利益、本人或者他人的人身、财产和其他权利免受正在进行的不法侵害,而采取的制止不法侵害的行为,对不法侵害人造成损害的,属于正当防卫,不负刑事责任。

很明显，结合该铁质凶器将有可能伤害他人身体的可能，①以及本案因魏某酒后主动出手伤人的事实，犯罪嫌疑人阿某利用“钢棍”打背部脖子处，致魏某跪倒在地，从而成功阻止了乔某与魏某的争夺，这属于正当防卫。至此，犯罪嫌疑人阿某的打人行为彻底结束。饮酒容易使人失控，其完全有可能将乔某打成重伤。既然双方尚在争抢铁撮箕，魏某已经使用铁撮箕伤人的事实，那么这个暴力行为就没有结束。因此，犯罪嫌疑人阿某对正在进行中的暴力予以制止，完全符合正当防卫。结合阿某本人供述的事实，其前后对魏某就击打了一次，见魏某跪倒在地后，就没有再实施伤害行为可以看出，阿某也不具有恶意伤害魏某的故意，而仅仅是为制止不法侵害而实施的正当防卫行为。

当然，刑法中尚有对正在进行的行凶实施正当防卫的无过当防卫条款。即使本案中的任何暴力行为致使魏某遭受重伤，《刑法》第17条也规定为制止正在进行中的严重暴力行为不负刑事责任。② 不过，现有证据显示，造成魏某重伤的暴力行为，并非阿某所实施，也就谈不上无过当防卫问题。

三、主要证据问题

可以肯定的是，本案乔某、乌某、阿某三人之所以会被起诉，是因为魏某因头部受击打而成重伤。如果没有这个结果，本次事件没有悬念地会是一个治安纠纷，而且遭受处罚的很可能是挑起事端的魏某一方。那么，从这个角度来看，公安机关的立案、检察院的批捕、移送审查起诉就是违反刑法主客观相统一的客观定罪原则。那

---

① 案例显示，铁撮箕可以砸坏坚硬的铁质宝马汽车，更别说肉体和钙化的骨头，足见铁撮箕的暴力性非常严重。见案例《男子为向前丈母娘示威 以试驾为名狂砸百万豪车》，参见《华西都市报》2013年1月23日，载 http://ah. people. com. cn/n/2013/0123/c229939 - 18065567. html.

② 《中华人民共和国刑法》第20条第3款：对正在进行行凶、杀人、抢劫、强奸、绑架以及其他严重危及人身安全的暴力犯罪，采取防卫行为，造成不法侵害人伤亡的，不属于防卫过当，不负刑事责任。

么，按照侦查机关的定罪逻辑，如何证明本次魏某受重伤的行为即是定罪的关键。然而，目前的证据，根本不足以证明阿某所实施的行为是造成魏某受重伤的原因，证据尚存在诸多合理怀疑不能排除。理由如下：

(1)本罪证明阿某等犯罪的基本事实不清楚，犯罪性质和罪名认定不准确。

本案中，公安机关定罪的关键事实是魏某家属等“受害人”的询问笔录，以及由此而产生的证人证言。但辩护人发现，受害人的证言只描述了店方人员打客人的事实，没有描述为什么店方会打人，更是刻意隐瞒了本次事件是由魏某本人引起的事实。而这些事实的还原，需要借助于被关押的犯罪嫌疑人和第三人中立方的证据，方可查明真相。① 辩护人在查明上述事实上，从而逐一证明犯罪嫌疑人乔某、乌某、阿某等首先不具有寻衅滋事故意，以及阿某不具有故意伤害他人的故意等。因此，公安机关所指控的寻衅滋事、故意伤害故意所依据的证据，明显不充分。并由此造成了本应是无罪和正当防卫的行为，变成寻衅滋事罪和故意伤害罪，并由此而造成犯罪嫌疑人白白遭受了长达 8 个月的监禁之苦。

(2)证据不符合确实、充分的证明标准，致使本案魏某受伤的关键事实没有查明。

本案中，阿某为制止魏某暴力攻击他人的损害他人的身体行为面临三个疑惑，现有证据不能排除这些合理怀疑。

首先，究竟是哪些人在第二阶段参与打击魏某，不排除第三人使用啤酒瓶暴力致魏某受重伤的可能。从言词证据来看，阿某和乌某相互印证的供述证明，本案还存在不明原因的第三人用啤酒瓶暴力击打魏某的事实。由于阿某和乌某、乔某三人是直接参与第二阶段打击魏某，因此，上述二人的供述应该可以肯定，本案未查明的第三人实施的

① 受害人证言依据，请见谢某、冯某、袁某、梁某证人证言；并对比犯罪嫌疑人供述，以及中立第三方证言等。

啤酒瓶暴力行为有可能造成魏某受伤的事实。然而,公安机关在没有排除这个重要的关键事实,从而凭直觉地认为本案造成魏某重伤的击打行为是阿某实施。

其次,本案物证证据不充分,不能直接证明阿某暴力击打行为造成魏某重伤。公安机关目前提供的所有证据,只有言辞证据,没有任何物证证据。从而无法用物证与魏某的伤情做吻合程度鉴定。在本案直接参与第二阶段的三人供述来看,以及魏某本人的陈述来看,无法断定是谁击打魏某造成伤害。其他人因相距甚远,根本无法在夜晚看到是谁击打魏某,而只能成为不被采信的传闻证据。袁某的在2012年9月22日的证词已经明确说明,他没看清楚是谁将魏某打成重伤,乔某因无法辨认而不能证明任何人有罪,被害人魏某因印象模糊而看不清也不能证明任何人有罪,剩下的就只有阿某和乌某。证明阿某击打魏某头部的证据,是乌某的证词。但是,这个证据并不被阿某认可,阿某始终供认其只是击打魏某的后颈背部,从而引发对证据的怀疑。既然这两方的证据明显存在矛盾,需要第三方的证据帮助排除这两个证据的矛盾,从而达到有罪证明的目的。

最后,马蹄形伤口与啤酒瓶底部形状吻合,直接排除直线型伤人钝器。从公安机关认定阿某伤人的证据来看,每一份证据和证词都表明阿某所使用的是"钢管"。凭常理,钢管因该是直线的,既然是直线型的,那么魏某的伤情就不可能是长达25厘米的马蹄形伤口。结合犯罪嫌疑人阿某和乌某相互印证的关于不明第三人啤酒瓶伤人的事实供述可以判定,魏某的伤情形状完全符合啤酒瓶的形状。这更加加剧了本案证据上的疑惑,并可以直接排除本案魏某受伤是因阿某击打。并从而间接证明,阿某供述的"他只是击打了魏某背颈部"的真实性。①

---

① 见公安卷宗犯罪嫌疑人阿某供述(2013年2月25日)。

四、不予起诉意见书总结

“宁可错放，不可错判”，最高人民法院副院长沈德咏先生反映的法律理性。①辩护人用如此之篇幅，其最终目的是为维护司法公正和法律事实，以及不可言明的当事人权利。因此，请求公诉机关特别关注最近一段时间颇为公众所知的赵艳锦案、张高平叔侄案。基于这些案件的启示，辩护人请求公诉机关拒绝被害人扰乱司法公正和法律真理的行为，维护刑事法律应然的尊严。

综上所述，本案发生的原因完全由被害人酗酒过多引起，犯罪嫌疑人阿某无《中华人民共和国刑法》第293条规定的任何扰乱公共场所秩序的行为：随意殴打他人；追逐、拦截、辱骂、恐吓他人；强拿硬要或者任意损毁、占用公私财物；在公共场所起哄闹事。② 也无《刑法》第234条故意伤害他人的行为和主观故意，而是为保护他人免受正在侵害的暴力而实施造成魏某损害的行为，而是正当防卫。公安机关所提交的证据，不能足以证明阿某有寻衅滋事故意和行为，更不能证明有故意伤害的行为。魏某伤情照片和造成魏某受伤的行为，是案外不明人使用啤酒瓶所致。

相反，从本案的案情来看，本案的寻衅滋事方完全应当是被害人魏某。被害人魏某至少应当按照《中华人民共和国治安管理处罚法》对酗酒扰乱公众秩序的行为、③寻衅滋事扰乱公众场所，④等多个行为

---

① 沈德咏：《宁可错放，不可错判》，载《中国青年报》2013年5月7日，原载《人民法院报》。

② 《中华人民共和国刑法》第293条规定：“有下列寻衅滋事行为之一，破坏社会秩序的，处五年以下有期徒刑、拘役或者管制：（一）随意殴打他人，情节恶劣的；（二）追逐、拦截、辱骂、恐吓他人，情节恶劣的；（三）强拿硬要或者任意损毁、占用公私财物，情节严重的；（四）在公共场所起哄闹事，造成公共场所秩序严重混乱的。”

③ 《中华人民共和国治安处罚条例》第12条规定：“醉酒的人违反治安管理的，应予处罚。醉酒的人在醉酒状态中，对本人有危险或者对他人的安全有威胁的，应当将其约束到酒醒。”

④ 《中华人民共和国治安处罚条例》第19条规定：“……（四）结伙斗殴，寻衅滋事，侮辱妇女或者进行其他流氓活动的……”。

接受公安机关治安管理处罚。

然而,在本案处理过程中,负责处理本案的派出所受一面之词影响,而以涉嫌寻衅滋事罪对阿某立案,并将其列入在逃人员名单。后在抓获阿某后,重新对阿某以涉嫌故意伤害罪为由立案起诉,并移送逮捕。律师认为,犯罪嫌疑人并不懂法律。在相关事实发生后,阿某以为自己被动参与打架,行为已经触犯刑律,因此,选择了躲避。但本案中阿某"在逃"的行为是否属于法律意义上的"在逃"难以言明,且缺乏相应的法律依据。现本案涉及另一关键遗漏的犯罪嫌疑人,望准确查明本案事实发生的前因后果,以及补充调查最终致伤亡的遗漏犯罪行为人,并最终判定本案犯罪嫌疑人是否涉嫌犯罪。因此,公安机关应尊重本案犯罪嫌疑人阿某并不具有扰乱公众场所秩序,也无寻衅滋事的任何行为的事实,也无伤害他人故意和伤害的行为。

当然,律师尊重公安机关的立案决定和检察院的逮捕决定,因为毕竟本案从客观事实上的确有魏某受重伤的事实。然而,现有证据并不能证明该伤害行为就是犯罪嫌疑人阿某实施。

据此,辩护人根据《中华人民共和国刑事诉讼法》《人民检察院刑事诉讼规则》之规定,请人民检察院妥善处理本案。辩护人认为,在当前情形之下,及时释放明显无罪的犯罪嫌疑人才是最有效的处理方式。①

第四节　提交二审法院的刑事错案辩护意见书

因涉嫌无罪冤假错案,不服某区人民法院(2013)刑初字第408号判决被告人构成故意伤害罪,特别申请中级人民法院合议庭开庭提

① 本意见书提交的背景是,人民检察院不同意取保候审,律师无奈继续提交不予起诉意见书。文书于2013年5月14日完成,并于当日提交办案检察院。文书中当时还附有如下材料作为附录:(1)"××烤鱼"事件经过图;(2)真正的凶手;(3)"铁撮箕把汽车凹"案例,足以说明铁撮箕是足以造成他人生命安全的凶器;(4)"啤酒瓶打死人案例",足以说明本案不排除啤酒瓶击打魏某头部造成25厘米马蹄状型"U"形伤口。

审本案。基于事实和法律依据,律师按法官告知要求提交本案开庭审理前的辩护意见书,望合议庭成员、审判长公正地判决阿某无罪。

现结合一审开庭审理查明的情况,律师发表如下无罪辩护意见,望评阅和采信为感。

【律师意见摘要】上诉人阿某应是无罪,强烈申请中级人民法院开庭调查,并依法作出判决。本律师意见内容如下:

第一部分,从公安机关的侦查和公诉机关的罪名确定过程开始,说明本案中的侦查和公诉机关在关键证据缺失情况下,多次变更起诉意见,这种犹豫不决的事实说明已经意识到阿某在证据和法律上应当无罪。

第二部分,详细阐述本案的案件发生经过,并在此基础上说明阿某并无任何刑法意义上的伤害性的"犯罪故意"和"犯罪行为"。

第三部分,就本案中的相关事实,结合《中华人民共和国刑法》中的故意伤害罪构成要件,以及共同犯罪的判定要件说明阿某没有共同的伤害故意。

第四部分,本案中的阿某的行为符合正当防卫条件,应当不负刑事责任,属于无罪。

第五部分,为证据分析,结合最高人民法院关于刑事诉讼的证据采信规则和最高人民法院对本案存在疑问的言词证据如何判定问题作出分析。

第六部分,为本案事情发生经过和证据展示(附录),指出若干法院和检察院未能核实的关键证据。

第七部分,为已经提交公诉机关的相关文书,说明辩护人三次对证据和法律分析的无罪意见,已经被公安机关、公诉机关、一审法院部分采信。

一、罪名认定、变更的存疑判定过程

1. 上诉人阿某被以涉嫌寻衅滋事罪拘留

阿某涉嫌寻衅滋事罪立案,理由是 2012 年 9 月 21 日阿某携带

“钢管”击打魏某,①某公安局立案侦查并于2013年2月25日将阿某刑事拘留。

刑事拘留后,被告人的胞兄阿哥委托律师提供法律帮助。律师接受委托后,积极赶赴现场调查取证,并向案发所在地“××烤鱼”的员工调查本案的案发经过。经调查后,律师发现本案中被告人阿某可能并不构成寻衅滋事罪。于是首先向某区公安局、某区公安局某派出所办理此案的警官说明,本案不是具有流氓气息的寻衅滋事,案件定性有误,并因此以涉嫌无罪为由申请取保候审。然而,后某区公安局在采信辩护人提供的法律帮助意见后,将罪名奇怪地变更为故意伤害罪,并驳回辩护人的取保候审申请意见。

2. 上诉人阿某被以涉嫌故意伤害罪批准逮捕

与此同时,为慎重起见,律师分四次对不同的现场目击证人及其他相关人员作出调查笔录。然而,在律师尚未来得及核实本案过程时,阿某于2013年3月15日被以涉嫌故意伤害罪批准逮捕。基于已经掌握的事实,本律师在阿某被批准逮捕后,继续多次赴某区公安局某派出所、某区公安局、公安局、某区检察院与承办人员和相关负责人说明律师在本案中调查取得的证据显示,魏某头部所受重伤不是阿某所致,而是另有其他人用啤酒瓶击打造成重伤,阿某可能涉嫌无罪。因此,辩护人以本案可能存在错误关押被告人阿某为由,按照《刑事诉讼法》规定,分别向某区公安局某派出所以及某区检察院提交取保候审申请书。遗憾的是,某区公安局某派出所和某区检察院直接以阿某不符合取保候审条件为由,驳回本律师的取保候审申请书。

---

① 见《接受刑事案件登记表》2012年9月21日(“朋友魏某和谢某被店里冲出来的几个男子用钢管打伤”);《某区公安局起诉意见书》2012年12月5日;《某区公安局提请批准逮捕书》,载《某区公安局逮捕通知书》2013年3月21日;《某区公安局起诉意见书》2013年5月2日[(指阿某)“将魏某打成外伤性蛛网膜下腔出血及左侧颞部顶部颅骨多发骨折……犯罪嫌疑人阿某随意殴打他人的行为已触犯《中华人民共和国刑法》第二百三十四条之规定,涉嫌故意伤害罪”]。

3. 上诉人阿某被以聚众斗殴罪提起公诉

在取保候审无果情况下,辩护律师为了最大化保护被告人的权利,于 2013 年 5 月 14 日向某区人民检察院递交《关于阿某涉嫌故意伤害罪一案不予起诉意见书》。在本意见书中,辩护人提出本案没有任何证据证明魏某头部受伤由被告人阿某使用"凶器"钢管等凶器造成,被告人阿某没有《刑法》第 234 条规定的故意伤人行为和伤害他人身体健康的故意。相反,公安机关出具的鉴定结论"25cm 马蹄形伤口"显示的非常规则的弧型伤口,以及被告人阿某和乌某的供述,都说明魏某的伤情是因其他人用啤酒瓶击打行为造成。

公诉机关承办检察官在接受辩护人的证据及法律意见书后,重新调查了本案的卷宗,并最终全部采信了辩护人的证据和法律分析意见。因此,在 2013 年 5 月 16 日公诉机关的起诉书上,已经没有发现某区公安局于 2013 年 5 月 2 日起诉的阿某涉嫌故意伤害罪,和任何关于阿某故意伤害他人的表述。辩护人本以为公诉机关会适可而止,公诉机关会在证据不足情况下直接释放被告人阿某,而不予以起诉。然而,令辩护人意外的是,公诉机关不仅并没有认识到本案的严重性,反而在明知本案魏某伤情不是由阿某造成的情况下,于 2013 年 5 月 16 日以阿某及其他三位被告人涉嫌"聚众斗殴罪"为由,移送某区人民法院起诉。从整个案件事实和起诉审查过程来看,公诉人显然没有阅读本案的犯罪事实和相关证人证言,而是没有任何法律依据地任意解释《刑法》第 292 条聚众斗殴罪,并以此为依据对阿某提起公诉。

4. 上诉人阿某在证据不足情况下,被一审法院以故意伤害罪定罪

2013 年 6 月 8 日及 6 月 17 日,某区人民法院两次开庭审理本案。第一次庭审调查过程中,涉嫌本案的三位被告人的辩护人,均一致为被告人作无罪辩护。但公诉机关认为,本案魏某头部伤情系阿某所致,而现有指认阿某打伤的关键证据就只有乌某曾指出阿某用钢管击打了魏某头部,同时也指出有一个案外人在阿某之后用啤

酒瓶击打魏某。① 然而,阿某始终坚持供认自己只用钢管打了魏某背部,否认用钢管打魏某头部,并特别指出,受害人魏某伤情是由案外人用啤酒瓶打伤魏某头部。因此,本案的证据存在疑问,在一对一的证据存疑情况下,本辩护人为继续澄清事实,分别当庭询问乌某如下两个问题:

第一,当时他站的位置在什么地方?

第二,到底亲眼见到阿某打在魏某头部,还是仅仅推测是阿某打的头部?

乌某的回答是,他站在魏某身后,无法记清阿某打在什么地方了。本律师当庭要求书记官记录乌某的回答,并指出乌某的供述不能证明是阿某打伤魏某的头部。

鉴于此,辩护律师当庭要求阿某描述本次打架过程中使用的钢管大小以及长度。阿某的回答是,“和法院窗户上的棍子大小差不多”。据此,律师当庭要求书机员记录下阿某的描述,并提示合议庭注意“某区公安局物证鉴定室魏某伤情呈左颞顶部马蹄型长25cm疤痕”。在后来的辩护过程中,律师当庭提出,魏某伤情系案外人用啤酒瓶伤害所致,现有证据无法证明系阿某致魏某重伤。

5. 重伤如何引起的存疑事实,错误羁押难以纠正

由于魏某受伤程度被某区公安局鉴定为“重伤”,从2012年9月11日案发当天至2013年5月16日提起公诉之前,某区公安局和某区人民检察院一直错误地认为是阿某所持的“钢管”击打魏某头部造成重伤。但辩护律师在2013年5月10日和2013年5月14日两次分别提交的《取保候审申请书》《关于阿某涉嫌故意伤害一案的不予起诉意见书》中指出,本案中魏某的伤口形状呈非常规则的弧形,而阿某

① 公安卷宗2012年9月21日,乌某询问笔录,乌某供述原文“黄毛儿(阿某)用钢管朝后头上市最凶的小伙子头上打了一钢管,这个小伙子就倒在地上了”,与此同时,乌某的后一句话补充道:“这时又冲过来一个我不认识的男的用酒瓶子朝后头伤势最凶的小伙子头上打了一下”。

所持凶器为直线型“钢管”，故魏某的伤口不可能是阿某所为，而是由案外人，用啤酒瓶猛击打魏某头部造成。在此情况下，公诉机关坚持按照《刑法》第292条的加重情节“持戒聚众斗殴”起诉。① 公诉机关的此种做法，明显是为错误羁押寻找法律输出借口。为了与先前所认定的《刑法》第234条故意伤害罪重伤量刑幅度相匹配，同时维护所认定的“犯罪事实”和“法定刑”，检察院甚至不愿放弃“持戒斗殴”这个情节。一审法院为给长期羁押一个合理的理由，在证据不足的情况下，将他人打伤魏某的罪行歪曲地以“共同犯罪”为由，在明知阿某、乌某、乔某并不是本案犯罪真凶的情况下，也没有共同犯罪故意和共同的犯罪行为的客观事实情况下，直接省略这些关键事实，作出故意伤害罪的判决。

这是一审法院在明知现有证据不足以支持其起诉的情况下，不正确地使用法律赋予的权力，导致犯罪嫌疑人长期被错误羁押。

6. 结论

公诉机关某区人民检察院在本案的整个犯罪追诉过程中，从立案到提起公诉前，一直认为魏某是由阿某用“钢管”打击造成重伤。在此过程中，办案人员对本案罪名一直把握不准。主观上即想定罪，但客观上没有任何支持阿某犯有任何犯罪行为的证据。在辩护人一次次用证据说明魏某头部的马蹄形伤口不是阿某所持有的钢管所造成的情况下，辩护人为犯罪嫌疑人涉嫌无罪的努力逐渐揭示出事件的真相。公诉机关明知阿某无罪，而在羁押本案被告人最长达9个月之久的客观情况下，为维持最初的羁押事实而穷尽一切法律罪名刻意追诉

① 《中华人民共和国刑法》第292条　聚众斗殴的，对首要分子和其他积极参加的，处三年以下有期徒刑、拘役或者管制；有下列情形之一的，对首要分子和其他积极参加的，处三年以上十年以下有期徒刑：

（一）多次聚众斗殴的；

（二）聚众斗殴人数多，规模大，社会影响恶劣的；

（三）在公共场所或者交通要道聚众斗殴，造成社会秩序严重混乱的；

（四）持械聚众斗殴的。

被告人。罪名的多次变动,反映了某区人民检察院对本案定罪和起诉的不确信。既然公诉机关自身已感觉到本案犯罪嫌疑人阿某存在无罪的可能性,一审法院以共同犯罪和故意伤害罪判处阿某等三人有罪。那么,阿某等三人的共同犯罪是什么呢?是三人共同故意伤害魏某吗?回答是否定的,因为三人中没有一人持一个可致伤达25cm的“凶器”。这也就直接否定了故意伤害的事实。

那么,真正的“凶器”又是什么呢?

毫无疑问,这是案外人用啤酒瓶所致,但这已经充分说明阿某无罪。

二、案情经过还原

本律师接受委托后,4次会见本案被告人阿某,并分三次赴现场调查了6位证人,其中包含一名目击证人,获得大量证据事实。综合本律师调查所了解的事实,在详细阅读本案卷宗后,本律师人发现本案中阿某可能被判处无罪。现结合本案大量的证人证言,还原本案事实。

1.第一阶段:店铺外事端挑起与结束

2012年9月25日,本案魏某、谢某、梁某等8人到某小区附近的“××烤鱼店”吃夜宵。入座以前,店方服务员请魏某等一行人直接到该店大堂就餐,但魏某一方坚持坐在店外露天就餐。就餐过程中,因下雨,魏某要求店面提供雨伞。但因该店仅有一把移动雨伞,且已有另一桌客人要求提供雨伞。于是,××烤鱼店服务员工就多次解释只有一把移动雨伞,建议客人转移至店面阳台的支架雨伞,或者转移至屋内。但因被害人等酗酒过多,执意要求店面提供雨伞。在这种情况下,该店的大堂经理就主动给客人解释,店里的确只有一把雨伞,请客人到店外的雨棚下面就餐,或者到店里就餐。但该店经理无法劝说,一行等坚持要雨伞,并声称“你们搞餐饮,应该有伞啥”。①

① 以上内容语出公安卷宗证人冯某证人笔录(2012年9月21日)。

紧接着,在另一桌就餐的老板舍某就前来解释,并告知魏某等人"今天有点忙,伞的确没有了,你们转移到屋内去吧"。在酒精的作用下,魏某等气冲冲地说:"必须打伞!"然后老板小龙回应道"只有一把伞,你们实在不转移,就只有把单买了。"在双方的言语过程中,魏某等人据此说道,"老板小龙的态度不好!"小龙随即回答说:"随便你们怎么样,实在没办法,你们要是不转移,把摊子砸了也无所谓。"①在这种情况下,老板小龙就被当天值班的经理劝走,在走的过程中,由于担心发生事情,老板小龙就回头看是否有后续事情发生。此时,魏某就说"老板看他父亲的眼神不对,态度不好"。在可以仅通过转移位置而妥善避免本次事件的情况下,魏某等由于喝酒后,情绪激动。因此,魏某首先上前抓住老板小龙的衣领,卡住他的脖子说"你想咋子嘛?你想咋子嘛",随后魏某就用脚踢了小龙一脚(证人李某笔录原话)。②紧接着,和魏某在一起吃饭的四五个人用拳头对老板舍某进行围殴。在魏某的带头下,一席吃饭的人用啤酒瓶子用力朝舍某扔(舍某本人语,证人李某笔录证实,魏某老婆袁某的证言证实)。③

在这种情况下,和魏某等一起吃饭的女性,以及乔某、当班经理就上前劝阻不要打。然而,由于多人围殴小龙,场面混乱,在一旁烤鱼的阿某、乌某看自己的老板被打,且对方人数众多,占有一定的明显优势。为了保护老板人身安全,就试图上前看究竟是怎么回事,并在现场质问魏某等人"叫你们转过来,你们不转过来,还为什么打我老板呢?"(证人木某证实)④在紧急情况下,阿某和乌某发现魏某等人中有

---

① 以上内容为律师对老板舍某调查过程中舍某本人的原话(2013 年 3 月 23 日)。

② 以上内容为证人李某的描述,见公安卷宗证人李某笔录(2012 年 9 月 21 日)。

③ 证明魏某等人强力朝舍某投掷酒瓶的事实为其本人所述,并得到多位证人证言佐证。以上内容为律师对老板舍某调查过程中舍某的描述(2013 年 3 月 23 日);证人李某的描述证实舍某所言属实,证明为公安卷宗证人李某的询问笔录(2012 年 9 月 21 日);袁某在证词中提到"梁叔叔和谢某就争着给钱,这时我都不知道怎么的,一下就听见有丢酒瓶的声音。"

④ 以上内容为证人木某回忆,见律师调查笔录木某所言(2013 年 3 月 17 日)。

人试图拿啤酒瓶打二人,从而二人就朝后退,并最终发现门口有烤烧烤的三根棍子。① 出于自卫本能,阿某和有人顺手将烤鱼用的撬炉桥和加碳用的棍子(就是所谓的“钢管”),②另一根给了本案“在逃”的某某。③ 阿某试图前往驱散围殴人群,但事实上并未赶至围殴地点,其手中的“钢管”就被魏某一方的某位客人握住,从而引发双方之间为争“钢管”而互相争抢。后在“某某”手握“钢管”,威胁松手放掉“钢管”凶器后,魏某一方的客人才松手。阿某在对方松手后,用“钢管”击打了抢夺者的手臂。但等阿某和该客人争夺完毕后,魏某一方的客人围殴舍某的事实已经结束。因此,阿某实际上并未在第一阶段造成他人伤害。

在某人手持“钢管”击打围殴老板舍某(小龙)的四五个人后,围殴人群得以驱散(被告人阿某)。在面对一群饮酒者和易碎性玻璃啤酒瓶子的攻击可能下,这最终遏制了“××烤鱼店”门外事态扩大的可能性。以上事实为第一阶段,前后持续一两分钟很短时间。

本来,这场意外突发事件本应当就此结束。然而,由于魏某用铁

---

① 以上内容为律师在看守所调查获得的笔录内容。

② 本事实非常关键,这证明本案中被告人阿某没有任何挑起和扩大事实的故意,而是具有生活中的随意性,很难和犯罪故意相吻合。这根钢管是,一个拇指头大小,长达60~70厘米的棍子。这本是一个日常生活和烤鱼店的专用烤具,却被等一行人在传闻证据的作用下,误信地当成是恶意伤人的“钢管”。律师认为,请公诉机关根据本案的前因后果,采信这一关键事实,否则本案将有可能被错误定性。棍子的问题,系老板舍某原话;律师调查过程中,被告人阿某以监狱看守所的铁窗棍作为示范。

③ 律师调查发现,刘某在整个过程中没有使用烤鱼棍打人。乌某声称,不清楚刘某是否使用“钢管”,本案事件的亲历者阿某在卷宗中描述这样一个细节。他的“钢管”被魏某一方的某人抢夺过去后,双方争抢过程中,刘某见对方试图用武力伤人,就手持“钢管”威胁该男性,“丢不丢,不丢就要打”。最终,该男性松手,但整个过程中“刘某”并没有手持“钢管”击打该男性。从这个细节可以发现,本案在逃的“刘某”无伤害他人故意,可能并没有参与整个打人事件。

撮箕击打乔某,造成乔某头部受轻微伤流血(语出乔某供述)。① 由此引发双方的击打行为,从而双方在争抢过程中转移到50米开外的老鸭汤外面继续扭打。从而将本次事件带入本案的第二个阶段,也是影响本案性质判断的关键事实。

2. 第二阶段:魏某击打乔某与魏某被啤酒瓶击成重伤

本案第二阶段,因乔某劝架过程中,被魏某从后面击打乔某(乔某语),②从而引发乔某和被害人魏某之间的扭打。扭打过程中,魏某朝"老鸭汤"方向跑,乔某追赶。在此过程中,被害人魏某使用凶器"铁撮箕"将乔某头部打伤,致头部受伤流血。在这种情况下,乔某为避免继续受伤,试图从魏某手里抢回铁撮箕,并从而导致双方的争抢铁撮箕(见乌某和阿某供述)。③就在这个过程中,阿某在摆脱一方争抢"钢管"后,一位员工告诉阿某:"乔总他们还在老鸭汤门口打。"(阿某语)④危急关头,阿某立马朝老鸭汤方向跑去,并发现乔某受伤以及正在和魏某争抢铁撮箕。

为保护乔某免受铁撮箕的继续伤害,阿某用手中烤烧烤用的"钢管"击打了被害人魏某的背部(特别注意:是只击打背部,而不是头部),并将魏某打跪在地上。这个行为完成后,阿某因担心继续打击将伤到魏某,同时也有点害怕,因此立马退开(阿某供述)。⑤ 就在这一瞬间,一位身份不明的人用啤酒瓶子朝魏某头上猛击,并最终将魏某打倒在地。乌某的供述也证明,在阿某敲打魏某后,尚有另一个不

---

① 以上内容,见公安卷宗乔某供述,2012年9月21日。

② 以上内容,见公安卷宗乔某供述,2012年9月21日~10月24日。

③ 以上内容,被告人乌某和阿某的供述吻合,二人在事件发生后,分别被关押和逃跑。二人供述吻合,说明这是事实。见公安卷宗乌某供述,2012年11月28日;见公安卷宗阿某供述,2013年2月25日。

④ 以上内容,见律师会见调查笔录阿某阐述,2013年3月28日。

⑤ 以上内容,见公安卷中阿某供述,2013年2月25日;以上内容,见律师会见调查笔录阿某阐述,2013年3月28日;公安机关卷宗,乌某供述第3页,2012年9月21日。

明身份的人用啤酒瓶子朝魏某头部猛击了一下。① 这是本案中，魏某头部受伤和复合伤残的关键。与此同时，警察赶来，本次事件结束。

事件发生后，××烤鱼店方主动支付35,000元医药费，为魏某医治伤情。后因魏某家属一致要求严惩本案的三位“无罪嫌疑人”，并向××烤鱼店提出天价不合理索赔请求，并拒绝接受××烤鱼店多次提出的合理赔偿方案而至今未就赔偿事宜达成协议。

3. 结论

本案之所以发生，系魏某一方因饮酒，导致情绪失控而执意要雨伞。在××烤鱼店方的店员解释只有一把雨伞的情况下，继续执意要求店方提供雨伞，即使在店内经理和老板上前解释也无果，并最终演变成主动用拳头和啤酒瓶围殴店主舍某。并在此基础上，引发被告人阿某和同时乌某持“钢管”参与正当防卫，但阿某在未使用“钢管”赶及第一犯罪现场的情况下结束第一现场的打斗（中途，用钢管击打魏某一方某人的手腕处）。结束第一现场后，被告人阿某经他人告知，赶赴第二现场，在发现乔某头部已经受伤留血情况下，为保护乔某免受正在进行的不法侵害，而用“钢管”击打魏某背部完成正当防卫（特别注意：是只击打背部，而不是头部），使魏某停止继续对乔某的侵害行为。被告人阿某停止继续击打魏某的任何部位，并退出第二犯罪现场。整个过程中，阿某前后仅击打他人两次，且两次都是为正当防卫他人而实施。阿某无《刑法》第234条的“伤害故意”，也没有刑法意义上的“伤害行为”，如何以刑法中的“故意伤害罪”定罪处罚呢？如果真定罪，罪行法定情何以堪呢？这就涉及对故意伤害罪中的伤害故意和伤害行为的理解具体理由请见第三部分，律师辩护意见。

---

① 以上内容，为乌某的供述内容，这与阿某的描述吻合。当时在场的人，目前清楚的就只有阿某、乌某、乔某和魏某在场。乌某事发后被拘留、逮捕，阿某逃跑，二人之间没有任何接触，因此此证言应该真实。见公安机关卷宗，乌某供述第3页，2012年9月21日。

三、证明故意伤害罪的犯罪构成要件事实不成立

按照《刑法》第234条故意伤害罪的规定，故意伤害他人属于简单罪状，但结合《刑法》总则第14条之规定，本罪必须要有刑法和犯罪意义上的故意伤害行为以及故意致他人伤残的故意，否则不能按照第234条定罪。为此，本律师结合本案事实和故意伤害罪的构成要件，提出如下律师意见，望采纳为感：

阿某故意伤害罪的致人伤残的行为不成立，上诉人没有将魏某打成重伤，不满足故意伤害罪的构成要件。

本案中，阿某没有实施致阿某伤残的故意伤害行为，现有证据也无法证明并排除合理怀疑。按照公安机关和检察院提供的证明阿某有罪的证据来看，没有发现任何可信且能够证明阿某故意伤害魏某的证据。

1. 证明阿某涉嫌用钢管伤害魏某的证据

阿某牵涉魏某的行为中，没有充分证据证明阿某使用“钢管”击打魏某头部。如上所述，公安机关证明阿某致人伤残要有两组主要证据：

第一组证据是，犯罪嫌疑人乌某供述和辨认笔录，证明阿某用“钢管”击打魏某头部。2012年9月21日6时40分乌某的供述为：“我就看到阿某，用钢管朝后头伤势最凶的小伙子头上打了一钢管，这个小伙子就倒在地上了。”9月21日20时30分的供述为，“主要是阿某打得凶，把那个男的头部打伤了”。2012年11月28日的供述为：“阿某冲上去后，就用钢管打了那个男的头部一下，就把他打倒了。”乌某2012年9月21日10时40分的辨认笔录，乌某的指认为“明确指出06号照片上的男子叫阿某，也就是阿某，就是他持钢管把其中一个顾客打成重伤”。

证人李某的辨认笔录，“指出07号照片上的男子就是‘阿某’，当晚看到他手上提着钢管去追打顾客”。[①] 然而该辨认笔录系误认，07

---

① 见公安卷宗2012年9月21日16时30分，李某辨认笔录，第70页(标示)。

号照片是乌某，不是阿某，该辨认笔录不具有证明作用。

第二组证据是，证人证言的指认魏某被钢管打，但没有明确证据证明魏某受伤系阿某所致。2012年9月21日，证人冯某证实“他都跑了20多米，那些人都还追到他，用钢管打，还尽打脑壳”。

2012年9月22日，证人袁某证实，“这时从我后面冲上来一群人，有的手里还拿了钢管的……但我确定魏某的头是被钢管打伤的”。[①] 关于魏某受伤的原因，袁某说到“时间很快，我记不起他们的样子，但是都是店里的工人和朋友”。[②]

2012年9月21日，证人韩某证实，“我看见有几个人在追魏某，估计有六七个人，其中还有人拿钢管，然后我又看见袁某在对面哭，我马上冲过去，就看魏某倒在地上侧面向下，我看见魏某满脸是血，不停地抽搐”。[③]

2012年9月21日，证人胡某证实，“我看到魏某被两个男的追着打，其中一个男的用钢管敲到魏某头部了，魏某当时就倒在地上，魏某的老婆和袁某的老婆还把魏某抱住，喊他们不要打了，他们还对躺在地上的魏某殴打，那个拿钢管的男的又给魏某头上打了一下，另外一个男的手上拿的铁质的撮箕，他在追到魏某打”。[④]

2012年9月21日，证人范某证实，“我就看到有个男的手上拿着钢管在打魏某的头部，魏某满脸是血，我看到魏某的老婆在拉魏某，还叫他们不要打他们龙哥了，这时又冲过来一个男的手持钢管又朝魏某打他的头部，我看到魏某头部很害怕，我就过去把她拉到。当我们转过身来的时候，魏某已经躺在地上了。我看到这个人还在用钢管打魏某，打了几下，魏某当时满头都是血”。[⑤]

---

① 见公安卷宗2012年9月22日10时16分，袁某证人证言，第70～72页（标示）。

② 见公安卷宗2012年9月22日10时16分，袁某证人证言，第72页（标示）。

③ 见公安卷宗2012年9月21日12时45分，韩某证言，第76页（标示）。

④ 见公安卷宗2012年9月21日1时28分，胡某证言，第80～81页（标示）。

⑤ 见公安卷宗2012年9月21日范某1时40分证言，第84～85页（标示）。

2012年9月21日,证人李某证言,“我看清楚的就只有阿某,其他人我没有看清楚”,“我只知道他们用钢管乱打,具体没有看清楚打哪个地方”。①

2012年9月21日,证人吴某证言,“这时又有一个人提了一根钢管冲过去,过去就打这男的,打在哪里我没看见”。“当时,有个男的拿了一根钢管冲过去打了那和乔老板抓扯‘撮箕’的男的,把那男的打倒躺在地上。”②

2. 上述证据存在严重程序和证明瑕疵,不能足以证明阿某用钢管致魏某头部受伤

上述证据能部分证明阿某参与第二次为保护乔某,曾用钢管击打魏某,这一点不存在疑问。阿某本人也认可用钢管击打魏某背部,③然而从目前证据来看,却无法充分证明魏某头部的伤口是由阿某用钢管“击打”造成。本律师结合整个案情,对每一份证据存在的问题指出证据瑕疵如下:

第一,公安机关已经明知本案致人伤残的证据包括啤酒瓶,但因现场未保存证据,而致案件关键证据遗失。现在,无法核实本案致魏某受伤的关键证据是钢管还是啤酒瓶。公安机关2013年1月28日的情况说明显示,公安机关已经查明本案的涉案物品还涉及铁撮箕、啤酒瓶等作案工具,但因当场未取证,现场被清理干净,最终未能提取到上述足够证据。④ 这说明,公安机关已经明知本案凶器可能为其他的凶器,这也就直接说明阿某用钢管故意伤害魏某的指控证据严重不足。相反,公安机关在现有证据无法充分证明的情况下,明知本案的关键证据“钢管”和“啤酒瓶”遗失,完全凭不可靠且存在疑问的言词证据定罪,定罪逻辑上存在严重问题。

---

① 见公安卷宗2012年9月21日李某5时10分证言,第97页(标示)。

② 见公安卷宗2012年9月21日12时01分吴某证言,第103页(标示)。

③ 见公安卷宗2013年2月25日,阿某供述,第9页(标示)。

④ 见公安卷宗2013年1月28日,情况说明。

第二,证人李某的辨认笔录显示,07号就是手上提着钢管去追打顾客的阿某。①本律师经过认真比对发现,07号根本就不是阿某,而是乌某。这说明,李某并没有亲眼见到阿某,相反是听信传闻证据说阿某提的钢管打人,因此,就以阿某打人为逻辑前提,并多次做出证言。因此,李某的证言和辨认笔录不能被采信。相反,由于指认乌某,这恰恰说明没有证据证明阿某有伤害行为。

第三,乌某指认阿某用钢管打伤魏某头部的证据存在诱供嫌疑。公安机关对证据的提取时间是2013年3月27日,这时距离本案事发已经很长时间,由于之前一直未能查清本案魏某的伤情是如何造成的,因此,人民检察院于2013年1月7日发回补充侦查。据此,公安机关在2013年3月27日讯问乌某时,直接提问"你有没有看到'阿某'用钢管打人?"在这个诱供之下,乌某直接答道:"我看到阿某从侧面用钢管打在这个小伙子的头上。"暂且不说证据的有效性问题,仅从时间逻辑上来看就存在问题。按侦查常理,致人重伤的案件,在侦查开始之初就应查清致伤者是谁,在羁押本案前两名犯罪嫌疑人(乔某与乌某)一年半以后,由于本案不能查清,所以,就想当然地将罪名扣在第三人阿某身上,这是严重违反刑事诉讼法的侦查行为。因此,乌某于2013年3月27日的供述不具有可信度。

第四,阿某本人2013年3月25日的供述明确说明,他本人只击打了魏某背部,头部系案外人用啤酒瓶打伤。阿某供述到,"到了后,我就朝这个小伙子后面打了钢管,好像打在他背上,然后我就站在旁边,乔总又跟他拉了一下后,我就看到他跪在地上了,这时我看到有一个人用酒瓶子朝这个跪在地上的小伙子头上砸了一下,然后他就走了。"②

第五,关于第三人用啤酒瓶子击打魏某头部的事实证据,除了阿某本人的供述外,还有乌某2012年9月21日的供述,"这时又冲来一

① 见公安卷宗2012年9月21日,辨认笔录。

② 见公安卷宗2013年2月25日,阿某笔录,第9页(标示)。

个男的用酒瓶子朝后头伤势最凶的小伙子头上打了一下”,[①]“只有阿某用钢管和我不认识的男的用酒瓶子打了那个客人”。[②] 由于案件发生后,乌某即被公安机关带走,阿某因害怕逃离现场,二人完全不存在串供的可能。但即使在这种情况下,二人一致指出本案存在案外人用啤酒瓶击打魏某头部的事实,这充分说明上述事实的真实性。从公安机关的伤情鉴定来看,这也与二人的供述相互印证。

第六,关于乌某的指认问题,乌某的证言前后矛盾,存在推卸责任的可能。乌某在2012年9月21日6时40分的供述时称,自己没有打魏某,原文为“我也跟阿某冲了过去,当时我就站在旁边,我就看到阿某用钢管朝后头伤势最凶的小伙子头上打了一钢管”“……这时我就看到阿某朝乔某和那个伤势最凶的小伙子扭打的地方冲了过去,我也就跟着过去了,过去后我没有打,只有阿某用钢管和我不认识的男的用啤酒瓶子打了那个客人。”[③]上述两份供述均明确证实,乌某没有打魏某。然而,乌某在2012年9月21日20时30分时的供述显示,公安机关问:“你有没有动手打人?”乌某答“我也打了,也用钢管打了他们一下背上”,主要是“阿某打的凶,把那个头部都打倒了”。[④] 2012年11月28日,乌某的供述为“我只是刚开始的时候用钢管打了对方一男的背上一下”。乌某2013年1月25日,“阿某他们把对方打伤后,就跑了,我想到我又没有动手,所以就没有跑”。前后5份供述,在是否参与本次事件上存在前后矛盾,因此存在合理的怀疑他对本案的打人事实存在虚假指证。

第七,本次事件事发时为深夜,目击证人距离现场较远,证人言词不可信。当天案发时间是晚上11点多,事件的直接参与者乔某都无法辨认受害人是谁,与案发地相隔数十米远的其他非目击证人如何能

① 见公安卷宗2012年9月21日,乌某笔录,第36页(标示)。

② 见公安卷宗2012年9月21日,乌某笔录,第37页(标示)。

③ 见公安卷宗2012年9月21日,乌某笔录,第36~37页(标示)。

④ 见公安卷宗2012年9月21日,乌某笔录,第40页(标示)。

辨认出击打者是谁呢？乔某在2013年1月25日的供述显示,公安机关讯问到“你能否辨认出对方受害者?”乔某答:“当天很黑,根本没看清楚,辨认不出来”。[①] 乌某的供述也指出,公安问:“你能否辨认出对方谁是受害者?”乌某答:“不能,当晚我也没有怎么看清楚,记不清了”。然而,各位不在场的证人却超乎常人判断的能力,在距离现场非常远的情况下,一致确认了阿某致魏某受伤的事实。

2012年9月21日11时20分,证人李某证实,“这时我男朋友出来之后,他们双方的人员已经打到前面50米远的铺子口去了,打完之后我就看到了旁边的客人用手卡别人脖子那个小伙子就躺在地上了”。[②]

证人吴某的证言,证实距离太远,证人无法看清。证人吴某证实“这时又有一个人提了一根钢管冲过去,过去就打这男的,打在哪里我没看见”。[③]

证人李某的证言,证实距离太远,证人无法看清。证人李某证实,“我当时站得离他们有点远……具体有哪些人拿钢管打客人我没有看清楚,当时我有点怕,不敢过去看……具体我不清楚,好像有四五个人打了”。[④]

证人袁某证实,他没看见有人打魏某头部。公安机关问:“你看见有人打魏某的头吗?”袁某答:“没有看见。”[⑤]

证人谢某证实,他没看清楚是什么人致魏某受伤。“然后我就看到有几个人拿着钢管往××学院正大门方向去,但没有看清楚是什么人”。

上述两位直接参与事件的人在面对面的情况下都无法看清楚,多位证人也说明了打在什么地方无法看见,那么其他站在50米或很远

① 见公安卷宗2013年1月25日,乔某笔录,第30页(标示)。
② 见公安卷宗2012年9月21日,李某笔录,第109页(标示)。
③ 见公安卷宗2012年9月21日,吴某笔录,第102页(标示)。
④ 见公安卷宗2012年9月21日,李某笔录,第97页(标示)。
⑤ 见公安卷宗2012年9月22日,袁某笔录,第72页(标示)。

处的人在天色较暗的情况下是如何能看清楚的呢？很明显，只有一种可能，那就是证人证言系传闻证据，系主观推论性证据。应当排除这些证据，依法对上述证据不予采信。

（1）证人冯某的证言显示距离非常远的情况下，证人做主观性推断。

“他都跑了20多米，那些人都还追到他，用钢管打，还尽打脑壳。我还求他们，不要打了，他们都不听，下手非常狠”。[①] 然而，从冯某的表述和其他证人的言词来看，当时她本人根本不在本案的第二现场，根本不存在上述“求他们，不要打了”这一事实，冯某存在作伪证的嫌疑。而且其论述的事实逻辑与真实的事实存在严重差异，其证言也不应当采信。

（2）证人胡某的证言描述，本案打魏某的人不是阿某，而是其他人。你描述一下打魏某的人的模样？“有两个人，其中一个人瘦，身高1米75，头发较长，上身穿的黑色衣服，他是拿钢管打魏某的人；另外一个就是被你们带到派出所来的那个，身高1米7多点，有点胖，短发、上身穿紫红色格子衬衣，他是拿撮箕打魏某的那个人。”经调查，阿某身高不足1米7，且当时没有被抓，这说明胡某的证言不足以证明阿某有罪。

（3）证人范某证言具有偏见，其证言主观性判断不应被采纳。从其他证人的伤情来看，证人胡某的证词有不实之处，“他们上来就直接打头部，他们就按我们这边男的打”。[②]经与韩某肘部存在伤情，说明范某描述一上来就朝他们的头部击打不实，存在主观判断和事后推断的嫌疑，该证言不应被采信。

范某描述，“我们就给她说我们这边人多，东西又多不好摆的，我们又叫他把伞给我们打起，他就不给我们打。然后我们这边就给他们说算了嘛，我们换个地方吃，叫他们结账，这时谢某和梁某就争着付

① 见公安卷宗2012年9月21日，冯某笔录，第68页（标示）。

② 见公安卷宗2012年9月21日1时40分，胡某笔录，第85页（标示）。

钱,这时我就看到有个男的进了烤鱼店里面,然后就从里面一个跟一个的手上提着钢管出来了。”根据证人李某和谢某的描述,范某的证言隐瞒了本事件因魏某先动手掐脖子以及魏某一方语气强硬的事实。

经查明,范某所描述的“然后我就转回去,我就看到有个男的受伤拿着钢管打魏某的头部,满脸是血,我看到了魏某的老婆在拉魏某,还叫他们不要打他们龙哥了,这时又冲来一个男的手持钢管又朝魏某打他的头部,我看到魏某老婆很害怕,我就过去把他拉倒,当我们转过身来的时候,魏某已经躺在地上了。我看到了这两个人还在用钢管打魏某,打了几下,魏某满脸是血。”

经调查,范某所描述的事情经过与客观事实不符,因此,其表述属于主观推断和编造证据,涉嫌伪证和传闻证据。范某的事实描述得如此深动,但当公安机关叫她描述对方人员的情况时,范某却说“对方那些(哪些)打我们人我没有多少印象了。”因此,这再次说明范某是听他人说后,在编造故事,系主观判断的不可采信证据。

(4)韩某的证言证实,他无法辨认出打人的人“认不出来,当时我们去吃东西,没想过会发生事情,去也没有注意他们的工作,事情也发生得很突然,也很快,没注意这些人长什么样,也认不出来”。[①] 因此,韩某的证言无法证明阿某实施伤人行为。

(5)袁某的证言系主观推断,不具有证明意义。公安机关问,“你看见有人打魏某吗?”袁某回答道:“没有看见,但我确定魏某的头部是被钢管打伤的。”[②]袁某在没看见有人打魏某的情况下,通过主观推断头部是钢管打的这一事实说明袁某的证言不具有证据效力,系主观推断证据。公安机关问:“你认识那些人吗?”“我记不起他们的样子,应该都是店里的工人或老板朋友”。[③] 这不仅证明,袁某的证人证言不能证明阿某实施了打伤魏某的事实,而且“确定”“应该”这两个词

① 见公安卷宗2012年9月21日,韩某笔录,第76~77页(标示)。

② 见公安卷宗2012年9月22日,袁某笔录,第72页(标示)。

③ 见公安卷宗2012年9月22日,袁某笔录,第72页(标示)。

又说明这是袁某的主观判断,其言辞不具有证据效力。

(6)谢某的证言不能证明阿某打魏某。谢某证实,“我只知道有四五个人去追魏某,但没有看清楚是怎么打的……但没有看清楚是哪些人……整个过程中,我都没有看清楚是怎么打的”。①

(7)魏某的言辞不能证明是阿某造成的。证人魏某证实,“我记不清楚了,印象是模糊的,我只晓得那天晚上我们到那儿去吃烧烤”……“记不到了,后来发生的事情就是模糊的。”……问:“你的伤是怎么造成的?”“我记不倒是谁打你(笔误)的。”魏某的证据作为本案事件当事人,不能证明任何人实对他实施了伤害行为,换句话说,指控阿某实施伤害行为的证据不能成立。然而,对于其受伤环节,魏某却记忆非常深刻地描述出,并且貌似在情理上非常合理。公安机关问“案发当时,你还记得其他过程?”答“我印象头模糊的记得到我在跑,后面有几个人提着钢管在追我,后头就啥子都不晓得了。”问:“对方提的是什么样子的钢管?”“大概有米把长,还是有点粗的钢管。”但是,对于本案事件的起因和经过,魏某闭口不谈。证人李某证实,本案之所以会发生,是因为魏某先抓住舍某(小龙,××烤鱼店老板)的脖子,并且用脚踢舍某。② 本律师有理由怀疑受害人魏某对案件称因头部受创而不能记起任何事情证明,这是他故意隐瞒本案事实起因的关键事实。

结论:关于本案阿某涉嫌故意伤害魏某的事实,本案的被告人阿某和乌某之间的供述,相互矛盾,且上诉人阿某从始至终均持口否认用钢管击打过魏某头部的事实。而本案中在场的犯罪嫌疑人乔某无法看清楚,在场的关键证人袁某等也无法看清楚是谁打的魏某。其他在50米以外的证人,在天黑的环境下,更不可能看清楚是谁击打的魏某。

关于致魏某受伤的“凶器”,乌某和阿某的供述客观上印证了本

---

① 见公安卷宗2012年9月27日,谢某笔录,第58页(标示)。

② 见公安卷宗2012年9月21日,李某笔录,第86~87页(标示)。

案的关键事实是案外人用钢管击打魏某头部。乌某指认的阿某用钢管击打魏某头部的事实前后矛盾且不可信，被告人阿某一直供述只用钢管击打在魏某背部。证人证言证实魏某是被钢管打伤的，以及袁某在没有看见谁打魏某的情况下，主观推断"我确定魏某是被钢管打伤的"。50米外的证人虽证实魏某是被钢管打伤的，但这些证言都是袁某的传闻证据，以及主观推断，因此，不应被认为是证明阿某伤害魏某的证据，所有证据都应当被排除。

基于现有事实不能证明阿某打伤魏某的客观事实，本律师基于疑罪从无的原则，请求法院进一步查实，并判处阿某无罪。

3. 因阿某、乔某、乌某等三人无一人致受害人魏某重伤，用共同犯罪的原理来解释没有法律根据

按原审法院认定的事实，本案魏某的重伤是由三名上诉人实施，且系共同犯罪。但原审法院并没有说明魏某的重伤是由谁打击造成的，只有两个证人的证言证实是由钢管打伤的。①但是拿着钢管的有阿某和乌某两人，那么这个重伤只能是阿某或乌某造成的，或者二人共同造成的。然而公安机关认定的这个伤口是谁造成的，凶器是什么，伤口是什么形状，打击部位在什么地方？根据法医鉴定，魏某头部的伤口为一25厘米长的马蹄形，②那么该伤口的直径至少也是在8厘米以上，或者说凶器的直径也应该接近于8厘米。而公安机关和公诉机关并没有提出任何证据证明，上诉人拿的凶器与伤口吻合。恰恰相反，原审辩护人在庭审中要求上诉人阿某和乌某在现场寻找与凶器形状相同的铁器，上诉人阿某和乌某均高度一致地指出他们拿的钢管与法庭窗户上的铁棍（防护栏）相差无几，这个窗户棍的直径大小为2～3厘米。③ 这说明魏某的伤不是由上诉人阿某和乌某造成的，而是其他人用其他凶器造成的。

---

① 见公安卷宗，范某笔录，2012年9月21日；胡某笔录，2012年9月21日。

② 见某区公安局物证鉴定室出具的被害人魏某的法医学人体损伤程度鉴定书。

③ 见本案庭审笔录，请二审法院查阅本案庭审笔录。

本律师认为,无论是单独犯罪还是共同犯罪,其核心是要有共同的犯意和共同的犯罪行为。本案中,三人事前无通谋,证明阿某等三人存在共同犯罪的唯一理由必须是事中参与。按照事中参与的逻辑,三人中必须有一人有故意伤害魏某的行为。而从本案中公安机关所调查的证据,以及律师所调查了解的情况看,三人中没有一人朝魏某头部部位打击。三人所打击的部位均是非致命部位,阿某供述其击打的是他人手部和背部;①乔某供述用铁撮箕打了几下魏某,但反而被魏某用铁撮箕打伤头部;②乌某最后供述其击打了魏某背部。③

共同犯罪的核心是正犯(实行犯)犯罪行为,在没有犯罪行为这一核心问题上判断三人的行为成立共同犯罪,这没有任何法律和法律理论根据。因此,阿某、乔某、乌某三人根本就不构成故意伤害罪的共同犯罪。关于三人是否存在共同犯罪故意问题,这一点因没有任何人有致魏某故意伤害的故意,因此,共同犯意不成立,阿某不构成故意伤害罪。

4. 本案有多处证据表明致使被害人魏某头部重伤的原因是第三人使用啤酒瓶砸伤的

公安机关鉴定指出,魏某头部的伤口为一 25 厘米长的马蹄形伤口。④ 但是,上诉人阿某由始至终拿的只是钢管。根据常识,钢管是造不成这种形状的伤口的。除此证据外,还有多人的证人证言可以证明被害人魏某头部的伤口是第三人用酒瓶砸伤的:

(1)上诉人阿某的供述证实,在他用钢管打了被害人魏某背部之后,看到有一个人用酒瓶子朝魏某头上砸了一下。⑤

(2)本案乌某的供述也证实有一个他不认识的男的用酒瓶子朝

---

① 见公安卷宗,阿某笔录,2013 年 2 月 25 日,第 7 ~ 8 页(标示)。

② 见公安卷宗,乔某笔录,2012 年 9 月 21 日,第 7 ~ 12 页(标示)。

③ 见公安卷宗,乌某笔录,2012 年 9 月 21 日,第 25 页(标示)。

④ 见公安卷宗,某区公安局物证鉴定室(法医学人体损伤程度鉴定书)魏某伤情鉴定,公(物)鉴(损)字[2012]179 号,第 16 页。

⑤ 见公安卷宗,阿某笔录,2013 年 2 月 25 日。

被害人魏某头上打了一下。①

(3)证人李某的证言证实是魏某先对乔某动的手,而且有一个不知道是哪一方的人用啤酒瓶打了魏某头部。②

(4)同样是钢管伤人,为什么谢某的头部只有3.5厘米长的直线疤痕,③而魏某头部却是25厘米长的马蹄形疤痕。谢某没有看清楚是什么打的,暂且认为是“钢管”打的,那么在同样情况下,魏某的伤口也应当是直线型的。

(5)被告人乔某的伤情鉴定为2.2厘米长的直线疤痕。④ 乔某也不知道是谁打的,伤口是如何造成的。⑤ 暂且认为是被钢管误伤,或者是魏某用铁撮箕打伤,但不可否认,致二者受伤的凶器均是直线形的。

以上证据都表明本案还存在一个关键的犯罪嫌疑人,但原审法院在合议庭作出判决时,因距离开庭时间已长达半年,完全忘记了辩护律师当庭提出的各种事实及证据辩护意见。并且,律师认为,原审法官在制作判决书时没有详细查阅本案庭审笔录,致使判决时没有对该事实疑问做出任何考虑,在判决书中更是没有提及。此问题不审理查明,本案判决就无法做到事实清楚,证据充分!

综上所述,本律师以自己对刑事法律的敬仰和一名律师应当具有的敬业精神,仔细调查并详细阅读案卷发现,诸多本案关键证据证明事实和证明力存在疑点,从而充分证明本案未达到刑事诉讼法所规定的证明被告人有罪的“案件事实清楚,证据确实、充分”的排

① 见公安卷宗,乌某笔录,2012年9月21日。

② 见公安卷宗,李某笔录,2012年9月21日。

③ 见公安卷宗,某区公安局物证鉴定室(法医学人体损伤程度鉴定书)谢某伤情鉴定,公(物)鉴(损)字[2012]180号,第19页。

④ 见公安卷宗,某区公安局物证鉴定室(法医学人体损伤程度鉴定书)乔某伤情鉴定,公(物)鉴(损)字[2012]33号,第13页(标示)。

⑤ 见公安卷宗,乔某笔录,2012年10月24日,第25页(标示)。

除合理怀疑标准。[①] 望二审法官开庭审理时，仔细查明本案事实，并当庭宣判阿某无罪。

四、正当防卫：醉酒行凶与紧急情况下的权益保护

纵观本案的事实经过和细节，律师认为，阿某在整个案件发生和发展的行为过程中所实施的行为符合《中华人民共和国刑法》第 20 条所规定的正当防卫，应当属于为保护个人的生命、身体等人身和财产合法权益免受正在侵害而实施的制止不法侵害发生的行为。具有排除违法性，应当按照《刑法》第 20 条规定，不负刑事责任。具体理由如下：

1. 阿某第一阶段实施损害行为，系为保护舍某而实施，系正当防卫

本案因客人闹事而对舍某实施围殴行为，阿某之所以会参加进去，是因对方人多势众，且老板一人深处围殴中，有受正在进行的暴力侵害的危险。在准备劝阻过程中，阿某先是上前质问魏某等人为什么打舍某（木某证言）。[②] 可见，从一开始阿某并无任何伤害他人的故意。见有人准备用啤酒瓶打人，[③]在面临即将发生的暴力伤害危险，阿某立即展开自救行为，并顺手发现旁边的“钢管”，从而对准备实施暴力的魏某一方客人实施还击行为，这明显属于刑法中的正当

① 《中华人民共和国刑事诉讼法》第 195 条。

② 以上内容见木某证言，辩护律师调查笔录（2013 年 3 月 17 日）。

③ 一个正常有理性的人，应该能够判断，啤酒瓶颈部虽易碎，但其底部异常坚硬，足以致命。啤酒瓶击打头部致命事件并不少见。请见案例《被人盯着看——挥酒瓶就砸 16 岁少年失手打死人》，载《现代快报》，http://news.jnwb.net/2013/0327/58585.shtml；《莫斯科一男子与同伴发生争执　用酒瓶将其打死》，载环球网，http://news.dzwww.com/guojixinwen/201304/t20130419_8262919.htm；《万宁：女生借醉抱帅哥　男友吃醋持酒瓶打死帅哥》，载人民网，http://news.0898.net/2011/04/19/656131.html；《七台河男子因 22 元饭钱操酒瓶将工友打死》，载黑龙江新闻网，http://hlj.sina.com.cn/news/s/2012-11-24/121723207.html.

防卫。①。从事后调查的第一阶段并无任何人遭受轻伤以上的结果看出,阿某的防卫行为和防卫目的旨在制止不法侵害,而不是殴打伤害他人,否则,在第一阶段将会有多人遭受严重身体损害。

2. 本案第二阶段造成他人人身损害的行为,系阿某为保护乔某免受铁撮箕伤害而实施,系正当防卫行为

店铺外的打架停止后,阿某听说乔某还在另一边扭打,又赴老鸭汤外(50 米外)。见乔某头部已被击伤,且正在和魏某争夺凶器(铁撮箕)。乔某被魏某用铁撮箕打成轻微伤(见起诉书),这是魏某实施暴力伤害他人的证据。② 阿某为阻止双方继续争斗,赶赴现场制止争斗。阿某在公安机关的供述明确表达了他之所以会打魏某,是因为看到魏某准备用铁撮箕打"乔总",并且明确表示,案发时,阿某没有想过要故意伤害魏某。

公安机关问:"那你为什么要去殴打和乔总抢撮箕的那个人?"

阿某回答:"因为我看到他在和乔总抢撮箕,准备用撮箕打乔总,所以我就过去打了他。"③

阿某供述,"只是案发时,我没有想过要故意伤害对方。"④

很明显,该铁质凶器有伤害他人身体的可能,⑤公安机关以及本案因魏某酒后主动出手伤人的事实,被告人阿某利用"钢管"打魏某背部脖子处,致魏某跪倒在地,从而成功阻止了乔某与魏某的争夺,这属于正当防卫。至此,被告人的打人行为彻底结束。

---

① 《中华人民共和国刑法》第 20 条第 1 款:为了使国家、公共利益、本人或者他人的人身、财产和其他权利免受正在进行的不法侵害,而采取的制止不法侵害的行为,对不法侵害人造成损害的,属于正当防卫,不负刑事责任。

② 以上内容,见公安卷宗,乔某供述,2012 年 9 月 21 日。

③ 见公安卷宗,阿某笔录,2013 年 3 月 21 日,第 11 页。

④ 见公安卷宗,阿某笔录,2013 年 4 月 27 日,第 12 页。

⑤ 案例显示,铁撮箕可以砸坏坚硬的铁质宝马汽车,更别说肉体和钙化的骨头,足见铁撮箕的暴力性非常严重。见案例《男子为向前丈母娘示威 以试驾为名狂砸百万豪车》,载《华西都市报》2013 年 1 月 23 日,http://ah. people. com. cn/n/2013/0123/c229939 - 18065567. html.

从阿某实施正当防卫的时间过程来看，既然乔某与魏某尚在争抢铁撮箕，魏某已经使用铁撮箕伤人的事实，那么这个暴力行为就没有结束。因此，被告人阿某对正在进行中的暴力予以制止，完全符合正当防卫。结合阿某本人供述的事实，阿某前后对魏某就击打了一次，且击打的部位系非致命的背部，这明显可以看出阿某具有正当防卫的故意。同时，在阿某击打背部后，见魏某跪倒在地后，就没有再继续实施任何伤害行为。这也可以看出，阿某也不具有恶意伤害魏某的故意，仅仅是为制止不法侵害而实施的正当防卫行为。

阿某在两个阶段为制止暴力伤害的发生，第二阶段击打魏某和第一阶段击打另一人的行为属于正当防卫，不应当负刑事责任。刑法中尚有对正在进行的行凶实施正当防卫的无过当防卫条款。即使本案中的任何暴力行为致使魏某遭受重伤，《刑法》第20条也规定为制止正在进行中的严重暴力行为不负刑事责任。① 然而，现有证据显示，造成魏某重伤的暴力行为，并非阿某实施，也就谈不上无过当防卫问题。因此，从正当防卫的角度看，上诉人应当是无罪。

五、证据分析意见

可以肯定，本案乔某、乌某、阿某三人之所以会被起诉，是因为魏某因头部受击打而成重伤，并且公诉机关从一开始在没有审查全案证据基础上，主观地想当然地认为，造成魏某重伤是阿某所持的“钢管”所致。然而，辩护人对魏某头部伤口的U型状证据分析显示，造成魏某重伤的不是阿某使用的钢管。阿某使用的钢管根本没有击打魏某的头部，而是不明第三人用啤酒瓶打伤。但这个事实，公诉机关直到2013年5月14日公诉机关提起公诉前，才予以采纳，并因此从故意伤害罪的起诉转变成聚众斗殴罪，但被一审法院直接排除。

---

① 《中华人民共和国刑法》第20条第3款：对正在进行行凶、杀人、抢劫、强奸、绑架以及其他严重危及人身安全的暴力犯罪，采取防卫行为，造成不法侵害人伤亡的，不属于防卫过当，不负刑事责任。

从案情来看,如果没有人受重伤,本次事件没有悬念地会是一个治安纠纷,而且受到处罚的很可能是挑起事端的魏某一方。那么,从这个角度来看,公安机关的立案、检察院的批捕、移送审查起诉就是违反刑法主客观相统一的客观定罪。

为了展示本案全貌,本律师继续从证据角度论证故意伤害罪不成立的证据和依据。

1. 最初的错误"故意伤害罪":错误羁押阿某的根源

公诉机关某区人民检察院从一开始,就没有对本案的客观情况进行全案分析,并因此而致可能导致被告人阿某无罪的有利证据事实不顾。在被告人阿某已经提供能够查清本案事实的线索后,公诉机关并不采信,也并没有采取措施调查相关证据,最终导致错误起诉、错误羁押、错误定罪。

(1)证明阿某等犯罪的基本事实不清楚,犯罪性质和罪名认定不准确。

本案中,公安机关定罪的关键事实是魏某家属等"受害人"的询问笔录,以及由此而产生的证人证言。但辩护人发现,受害人的证言只描述了店方人员打客人的事实,没有描述为什么店方会打人。更是刻意隐瞒了本次事件是由魏某本人引起的事实。而这些事实的还原,需要借助于被关押的被告人和第三人中立方的证据,方可查明真相。① 辩护人在查明上述事实上,从而逐一证明被告人乔某、乌某、阿某等首先不具有寻衅滋事故意,以及阿某不具有故意伤害他人的故意等。因此,公安机关所指控的寻衅滋事、故意伤害故意所依据的证据,明显不充分,并由此造成了本应是无罪和正当防卫的行为,变成寻衅滋事罪、故意伤害罪、聚众斗殴罪,然后又变成故意伤害罪,并由此而造成被告人白白遭受了长达 13 个月的监禁之苦。

(2)证据不符合确实、充分的证明标准,致使本案魏某受伤的关

---

① 受害人证言依据,请见谢某、冯某、袁某、梁某证人证言。并对比被告人供述,以及中立第三方证言等。

键事实没有查明。

本案中,阿某为制止魏某暴力攻击他人的损害他人的身体行为面临三个疑惑,现有证据不能排除这些合理怀疑。

首先,究竟是哪些人在第二阶段参与打击魏某,不排除第三人使用啤酒瓶暴力致魏某受重伤的可能。从言词证据来看,阿某和乌某相互印证的供述证明,本案还存在不明原因的第三人用啤酒瓶暴力击打魏某的事实。由于阿某和乌某、乔某三人是直接参与第二阶段打击魏某,因此,上述二人的供述应该可以肯定,本案未查明的第三人实施的啤酒瓶暴力行为有可能造成魏某受伤的事实。然而,公安机关在没有排除这个重要的关键事实,从而凭直觉地认为本案造成魏某重伤的击打行为是阿某实施,一审法院在证据明显不充分的情况下判决阿某构成故意伤害罪不符合法律规定。

其次,本案物证证据不充分,不能直接证明阿某暴力击打行为造成魏某重伤。公安机关目前提供的所有证据,只有言词证据,没有任何物证证据。从而无法用物证与魏某的伤情做吻合程度鉴定。在本案直接参与第二阶段的三人供述来看,以及魏某本人的陈述来看,无法断定是谁击打魏某造成伤害。其他人因相距甚远,根本无法在夜晚看到是谁击打魏某,而只能成为不被采信的传闻证据。即使在第二阶段现场,袁某在 2012 年 9 月 22 日的证词已经明确说明,她没看清楚是谁将魏某打成重伤,乔某因无法辨认而不能证明任何人有罪,被害人魏某因印象模糊而看不清也不能证明任何人有罪,剩下的就只有阿某和乌某。证明阿某击打魏某头部的证据,是乌某的证词。但是,这个证据并不被阿某认可,阿某始终供认其只是击打魏某的后颈背部,从而引发对证据的怀疑。既然这两方的证据明显存在矛盾,需要第三方的证据帮助排除这两个证据的矛盾,从而达到有罪证明的目的。

最后,马蹄形伤口与啤酒瓶底部形状吻合,直接排除直线型伤人钝器。从公安机关认定阿某伤人的证据来看,每一份证据和证词都表明阿某所使用的是“钢管”。凭常理,钢管应该是直线的,既然是直线型的,那么魏某的伤情就不可能是长达 25 厘米的马蹄形伤口。

结合被告人阿某和乌某相互印证的关于不明第三人啤酒瓶伤人的事实供述可以判定,魏某的伤情形状完全符合啤酒瓶的形状。这更加加剧了本案证据上的疑惑,并可以直接排出本案魏某受伤是因阿某击打。并从而间接证明,阿某供述的"他只是击打了魏某背颈部"的真实性。①

2. 结论

最高人民法院公布的案例显示,直接以言词证据为孤证,其他间接证据不能形成完整证据链的,应作出无罪判决。② 本案中,目前没有物证显示阿某用"钢管"打击魏某,而只有乌某的一个孤证言辞证明阿某用"钢管"击打被告人头部。但是阿某本人否认用"钢管"击打被告人的头部,而是用"钢管"击打被告人的后背部。与此相反,阿某和乌某的供述显示,在致受害人重伤的真正嫌疑人,系一名案外人用啤酒瓶子击打。阿某本人的笔录也显示,这位神秘的人用力击打魏某的头部,致使击打人的啤酒瓶"爆花了"(啤酒瓶打碎了!)。这位用啤酒瓶子击打魏某头部的人,才是本案真正的被告人。由此可见,是阿某明显被错误关押,敬请人民法院关注本案事实。

综上所述,辩护律师花大量篇幅描述并反复论证阿某涉嫌故意伤害罪的证据和法律依据不充分,相反,阿某的行为完全符合正当防卫的规定,应当不负刑事责任而应判处无罪。本律师请求人民法院开庭审理本案,依法查清并核实如下关键证据:

1. 阿某、乌某等手持钢管的大小和形状,以核实魏某头部受重伤是否因为钢管所致。

2. "受害人"魏某、袁某、冯某、梁某、胡某、范某、吴某、韩某、谢某、李某等出庭作证,核实本案事情经过,以及是否亲眼看到阿某等人

---

① 见公安卷宗被告人阿某供述(2013 年 2 月 25 日)。

② 《最高人民法院刑事案例第 656 号:直接言词证据为孤证,其他间接证据不能形成完整证据链的,应作出无罪判决》,载 http://www.ft12333.com/info.asp?infoid=283.

用钢管打魏某头部。

3. 证人吉某出庭作证，证明本案关于魏某就医治疗费用承担的具体事实。

4. 鉴定人宋某出庭作证，说明魏某头部重伤是因何种部位受创引起。

望法院采纳本律师的辩护意见，并强烈建议开庭审理本案，以在中级人民法院直接判处被告人阿某无罪！

第十章　真假错案与刑事司法博弈

本章主要介绍笔者亲办的一件刑事案件，详述真假错案的司法博弈。办理本案，直接促使笔者认真思考错放的危害性，这可以看做是前述“两种刑事司法错误的危害相当性”的直接灵感和素材。全章围绕政协委员 A 某挪用资金、虚假出资、诈骗、职务侵占案是否构成犯罪，系统地梳理了事实和相关司法文件。本案最终以挪用 50 万元资金定罪，并判处犯罪嫌疑人 3 年有期徒刑（缓刑 4 年），是否妥当读者可以自行判断。办案过程中几波律师反复要求依法定罪，但效果远没达到法律和司法应然要求。

本案前所未有的复杂，前后共计 10 年时间才确认 50 万元的挪用事实，而这点事实也是建立在大量司法资源的投入基础之上。笔者相信大部分的律师和法官、检察官并未经历这种复杂的案件。之所以这样说，并非作者刻意夸张，而在于本案穷尽所有有关争议解决的流程。各种法律文书和公文前后数百份，涉及已知的行政、民事、刑事诉讼流程，仅二审法院保存的民事卷宗就有十几本。在行政诉讼方面，涵盖行政投诉、行政决定、行政复议、一审行政诉讼、二审行政诉讼；在民事诉讼方面，包括法院的各种裁决文书及多份调解、一审、二审、再审、执行裁定法律文书；在刑事诉讼流程中，案件历经多次反复的局面：经历报案、不立案、复议维持、立案、撤案、中止审理、一审、二审等各种复杂而令人震惊的程序。

本案围绕一座加油站的归属，受害人代表和犯罪嫌疑人反复展开司法博弈。在各种司法裁决出现以后，受害人及其代表利用网络、媒体等多个途径控告。被告人也利用网络、媒体和上访等多个途径声称自己无辜的事实，并也多次控告地方渎职袒护和司法不公。在双方的博弈过程中，各级人大、政协、信访部门，甚至是地方领导均在这些案件中要求检察院、法院、公安机关作出处理。

笔者希望读者能够理解，本章对各种人名、单位名称全部采取匿名化处理，所有描述属实也因匿名处理未直接标明来源。部分文书和相关报道可以在法院文书中找到，也可在网络媒体查阅到相关资料。办案过程中，作为×公司委托的律师，对一些相关司法人员的投诉及相关回复文书，在本章中没有进行梳理和收录。我们将办案过程中发现的一些隐匿的文书予以收录，这些法律文书反映出本案在刑事定罪过程中出现问题的症结所在。总之，办理这样一起大案，进一步增加了笔者对错案产生的刑事司法机制认识。这对于理解错判和错放的危害机理具有重要意义，对刑事司法错误的整个理论框架构建产生重要影响。当然，本案中的若干现象并非个案，也并非中国独有，全世界的刑事司法在不同阶段都出现过类似的现象。也正因如此，研究中国刑事司法中的真实现状，才有助于解决两种刑事司法错误，并最终破解错误定罪的疑难。

第一节　案情基本事实及进展

一、公司成立过程中的问题

1999 年 9 月 10 日,C 省天然气汽车工作协调领导小组办公室下发文件《省天然气汽车办公室关于 M 市 N 公司新建压缩天然气加气站项目立项的批复》,批准 A 某担任法定代表人的 N 公司建造加气站项目。

2001 年 3 月 20 日,N 公司向 M 市天然气汽车工作协调领导小组办公室提交《关于变更承担项目单位的请示》,申请将(C 气汽办〔1999〕50 号文件)确定的 N 公司承建项目转由 × 公司。

2001 年 3 月 21 日,C 省 M 市工商局,企业名称预先核准通知书〔2001〕第 35 号,为 × 公司。

2001 年 3 月 21 日,A 某、D 某签订《合资组建 × 公司协议》。C 某出资 245 万元,D 某出资 255 万元成立 × 公司。

2001 年 4 月 6 日,W 会计师事务所对 A 某/D 某向中国银行开出 50 万元银行询证函。

2001 年 4 月 9 日,A 某、D 某签订公司章程。A 某出资入账 25. 5 万元,D 某出资入账 24. 5 万元。

2001 年 4 月 9 日,A 某取款 50 万元用于与 F 某/E 某注册成立 L 公司。

2001 年 4 月 19 日 × 公司成立。

2001 年 5 月 16 日,C 省天然气汽车工作协调领导小组办公室下发《C 省天然气汽车办公室关于 M 市新区 CNG 加气站工程项目初步设计(代可研)的批复》(C 气汽办〔2001〕37 号)同意 × 公司承建该项目。

2002 年 5 月 23 日,A 某、B 某、D 某签订《 × 公司共建协议》,B 某投资 196 万元。

2002 年 5 月 27 日上午(第一次股东会议),A 某、B 某、D 某、E

某、F 某、G 某等人召开会议，主要讨论内容为：

(1)A 某出资 147 万元确认的条件是“根据股份制公司财务要求，出具具体明细账目，暂时不能出具手续的，应在合适的时期内补具。手续完备后，由三位股东共同签字确认(时限应为试运行之前)。”

(2)“甲方(A 某)147 万元外的投资，应在油气站试运行三个月内全部到位。如不能按时到位，除承担给公司造成的一切损失外，其股份以实际投入核定”。

(3)公司的一切支出，从现在开始，需先进入公司账户后，按规范支出。

2002 年 7 月 18 日上午(第二次股东会议)，A 某、B 某、D 某、G 某、J 某等举行第二次股东会，主要内容为：

(1)预计 2002 年 8 月 1 日为试运行阶段。

(2)油气站投入试运行还需要 50 万元，由 B 某提前注入 50 万元。

2002 年 9 月 1 日下午(第三次董事会会议)，A 某、B 某、D 某、G 某、J 某等举行股东会。主要内容为：

“为保证油气站的试营业，B 某同意在近日内划入一定资金。”

2002 年 9 月 24 日，A 某、B 某、D 某、G 某举行第四次股东会(董事会)会议，主要内容为：

(1)公司实行经理制……如增加项目、加大投资等，要经董事会讨论决定。

(2)油气站试营业后，应就近新开设账户，公司账目建设期间和试营业以后的应划分清楚。前期与现在的账目要分开。

2002 年 10 月 18 日，A 某、G 某、D 某举行第三次股东会会议，鉴于×公司流动资金不足，股东会决议，以油气站土地、房地产抵押，向银行申请流动资金贷款。

2003 年 2 月 13 日上午，A 某、B 某、D 某、C 某、F 某、G 某举行第五次董事会(股东会)，主要内容如下：

(1)公司股本以635万元核定,其中:A某占总股本的37%,B某占总股本的39%,D某占总股本的10%,C某占总股本的14%。

(2)公司各股东股本金在本月18日以前全部到位,进入公司账户,流动资金20号以前进入公司账户。

(3)公司核定流动资金60万元,按股份进行分摊筹集,其中,A某分摊22万元,B某分摊23.4万元,D某分摊6万元,C某分摊8.4万元。

(4)股金和流动资金不能按时到位,除按实际股本核定股份外,承担给公司和其他股东造成的一切经济损失。

2003年3月27日,M市组织召开M市×油气站竣工验收会,加气站建成竣工验收。

2003年4月17日,M市人民政府发出×公司房屋产权证[M房产权D区D镇字第M-0128××××××××号]。

2003年4月25日,具体分摊金额为:A某、B某、D某、C某、G某、F某、J某参加第六次股东会议纪要。主要内容为:

(1)流动资金暂时先解决6万元,A某2万元,B某2万元,D某1万元,C某1万元,会后即分别到位。

(2)设备、安装、土建等应付未付款仍由A某负责支付……如因资金不能支付而引起的一切后果由A某承担,其给公司造成的一切损失和责任(赔偿)。

2003年5月21日(第七次股东会),A某、D某、C某、G某、F某、J某列席。主要内容为:

(1)流动资金按第六次股东会决定的比例立即到位。

(2)A某股份中以×公司名义借款144.2万元(C某等人)和用公司土地证向××信用社贷款20万元,共计164.2万元,在财务审计后,由A某承担责任。

2003年6月1日上午(第八次股东会),B某、D某、C某、G某、F某、J某等。主要内容为:

(1)公司财务所有票据不分时间,由全体股东确认。

(2)A某用公司土地证贷款20万元,从A某股份中划出作公司贷款并完善财务手续。

(3)A某以公司名义借款作为股份投入的51.2万元，由A某承担责任，公司不再追究，A某需完善手续，并报各股东。

(4)2003年6月30日起各股东委派会计对A某前期投入进行核定。

(5)设备、土建、安装等应付款，已付款由A某6月2日前列出明细报各股东。

(6)全体一致推荐B某为公司法定代表人，立即办理工商变更登记手续。

(7)继续解决的资金10万元由B某承担。

(8)注册资金50万元的投资比例仅作工商变更之用，待公司股本核定后再作调整，股权证在股本核定10日内发放。

2003年6月12日，M市工商局根据×公司法定代表人签署的公司变更登记申请书，变更后法定代表人为B某。

2003年7月7日，W会计师事务所出具的审计报告(W审[2003]177号)显示M市×公司账面混乱。

2003年7月24日(下午)第九次董事会，A某、C某、D某、G某、I某、J某(未见A某签字)决议，主要内容为：

(1)以合同为基础，全面清理核实公司已投入资金和已付应付账款。由G某负责此项工作。

(2)信用社贷款已到期，公司资金紧缺，需扩股或贷款还贷，扩股先由内部再面向社会。

2003年8月2日下午(第十次董事会)，B某、A某、C某、D某、G某、F某、J某参加会议，主要内容为：

(1)对8月1日李某等带人封站处理及向公安局汇报处理的正确性肯定。

(2)成品油资质许可证、燃气资质证由A某负责处理，由此造成的损失由A某承担，并在A某股本中扣除。

(3)股本核定，尽快对前期总投入，总支出进行全面清理，审计报告由A某写出书面说明,业务费支出部分由全体股东决定。应收应付款以书面形式通知债权人,在规定的时间内办理手续,过时由债权人自行负责。

2003年8月25日下午(第十一次董事会),B某、C某、D某、G某、J某列席,A某无故缺席,达成如下协议:

(1)公司总股本为530.5万元(其中应付款约为82万元)

(2)B某245万元。

(3)C某98万元。

(4)D某65.5万元。

(5)鉴于A某任公司法人代表期间,其财务极不规范,对A某股本暂以40万元核定。A某如有意义请于接到本决议书10日内,书面将有关票据报送公司,同时解释清楚并提供其任法人代表期间财务收入的合法依据后,再召开公司董事会予以确认。

(6)A某承担其任法定代表期间财务不规范引起的一切后果和责任。

(7)从新聘会计上岗之日起(8月份),重新按规范注账,前期财务资料,由公司封存保管,A某需查对财务资料,公司随时提供方便,但资料不能提走。

2003年8月28日,F某移交清单显示,M市×公司现金余额为1588.25元,库存商品为——1588.25元。

2003年9月3日,A某发送《关于〈对公司第十一次董事会决议〉的回复》,主要内容为:

(1)第十一次董事会决议无效。法律理由是,公司法第28条关于通知全体董事会议应提前10日,但A某于会议当天下午接到电话于3点到4点钟开董事会。当时,A某按照政府有关部门安排,正在区乡检查工作,故不能参加这次事先未通知的会议。

(2)在本人不在场的情况下,将A某投入的1,846,653.29元资金暂核定为40万元,这是采用不正当手段掠夺他人财产的行为,是非法的。

(3)本人投入公司资金的合法依据和所有票据全在公司财务室帐内,不存在报送有关票据和提供财务收入合法依据的问题。

(4)本人要求股东会在10日内重新核定公司股本。

2003年9月10日上午[第十二次董事会(股东会)决议],A某、B某、C某、D某、G某、F某参加会议。

(1)成品油、燃气资质两证在半个月内上报省有关部门……两证延期办理或因延期而引起的一切经济损失和其他责任,仍由A某负责。

(2)鉴于A某任公司法人代表并委派会计期间,财务极不规范,不能正确反映A某实际投入资金,因此,暂核定A某股本40万元。其他股东则按实际投入……如A某对以上核定有异议,请于近期提供能合格证明财务收支的依据,实事求是,协商解决或请有关部门依法核实。

2003年9月10日上午[第十二次董事会(股东会)补充决议],A某、B某、C某、D某、G某、F某参加会议。补充内容为:

会议签字后,个别股东认为A某账目一片混乱,对A某40万元股本有异议,经三股东一致同意重新认定,暂核定A某股本为零股。A某如果有异议,请于近期内尽快提供能证明其股金的一切有效证据,再由全体股东(董事会)核定,如A某不能按时提供有效证据,A某的股本则按此核定。

以上内容,作者以时间为主要线索,梳理出案件中的一些事实和问题。然而,随着本案各种诉讼流程中提出的事实被司法鉴定和相关材料所反映,后面发现的问题更多。

二、起诉与民事纠纷

2004年2月12日,A某向D区人民法院起诉,由此拉开A某与×公司、B某、C某、D某长达10年的诉讼拉锯战和司法博弈。同时,2004年2月21日,×公司的代表B某、C某、D某向D区公安分局控告A某职务侵占罪。

M市D区公安分局于2004年9月22日作出不予立案决定,随后M市公安机关于2004年10月10日作出复议,决定维持不立案决定。然而,时隔半年,D区公安分局于2005年7月15日再次作出立案决定书。

2004年2月12日,A某向D区人民法院起诉,诉称:

“要求×公司、B某、C某、D某确认其股权,返还投资款”。

2004年2月21日,×公司的代表B某、C某、D某代表公司向D区公安分局控告A某职务侵占罪。

2004年7月30日,D区人民法院民事调解书(2004)D民二初字第35号,主要内容为:

(1)B某、C某、D某自愿将各自在M市×公司全部股份(包括各自的投资款)共计作价款588万元。各自应分配份额按其自行确定,双方就此了结本案确认A某股权和返还投资款纠纷。

(2)M市×公司自成立之日起至2003年6月1日期间,公司对外形成的债务,由A某承担并负责清偿。M市×公司自2003年6月2日起至2004年6月9日期间对外形成的债权债务(以B某、C某、D某与A某签字确认的债权债务清册为准),由A某享有承担。M市×公司自2004年6月10日至A某付清588万元之前对外形成的债权债务,由B某、C某、D某享有承担。

(3)A某于2004年8月30日前支付B某、C某、D某588万元,同时由B某、C某、D某向A某移交M市×公司的全部财产及该公司的印章、证照和资料,M市×公司的全部资产归属A某所有,在付款和移交资产前,由B某、C某、D某与A某对M市×公司全部资产进行清算,造具清单,予以确认。

2004年7月31日,收条显示,C某收到A某支付10万元股份转让保证金。

2004年9月22日,M市公安局不予立案通知书(M公不立字〔2004〕02号),主要内容为:

控告人(×公司)于2004年2月21日提出控告的A某职务侵占

案,我局经审查认为A某的行为不属于犯罪行为,根据……法律规定特别告知。如不服本决定,可以在收到本通知书起7日内向本局申请复议。

2004年10月10日,M市公安局复议决定书,M公刑复字〔2004〕01号,主要内容为:

申请人M市×公司对本局M公不立字〔2004〕02号不予立案通知书的决定不服申请复议已经受到,经审查,认为没有犯罪事实,原不予立案决定正确,根据……法律规定,决定维持原决定。

2004年8月初,B某、C某、D某三人在调解协议签订后,对A某的履行能力和资金来源持怀疑态度,并对A某就×公司的犯罪行为可能无法解决。因此,B某、C某、D某以如下理由,向M市中级人民法院申请再审。理由是:

(1)原审原告A某在担任公司法定代表人期间抽回出资、挪用和侵占公司资金241万元,并以公司名义向Y某等人借款56.2万元据为己有;

(2)A某抽回出资、挪用公司资金和侵占公司财产共350万元之多,其行为侵害了股东和公司的合法权益,涉嫌刑事犯罪,应移交公安机关侦查处理。

(3)原审调解书设计的讼争标的额近600万元,超过了原审法院的管辖范围,且股权转让不是本案原审的诉讼请求,调解协议违反公司法的规定,应依法撤销。

2004年8月26日,C省M市中级人民法院民事裁定书(2004)M民监字第20号,指令M市D区法院再审,裁定主要内容为:

原审被告×公司、B某、C某、D某不服,向本院提出再审申请。本院经审查认为,申请人的再审申请符合法律规定的再审条件,本院指令D区人民法院对本案进行再审。

2005年3月18日,D区人民法院作出(2005)D民再初字第1号。主要内容为:

(1)撤销(2004)D民二初字第35号民事调解书;

(2)确认A某是M市×公司股东,但不享有股权;

(3)驳回A某的其余诉讼请求。

2005年3月28日,A某向M市中级人民法院就D区人民法院作出(2005)D民再初字第1号提起上诉,主要理由若干。

2005年9月22日,M市公安局D区公安分局因A某涉嫌职务侵占向M市中级人民法院民事审判监督庭致函,提出中止审理建议书。理由为:

"已于2005年7月15日对A某涉嫌职务侵占一案立案侦查。"

2005年9月28日,M市中级人民法院裁定书(2005)M民再字第3号裁定中止案件审理,主要内容为:

经审查,本案要确认A某的股权和投资款均发生在A某担任期间,与A某涉嫌职务侵占一案有密切联系,为便于刑事案件的查处,本案终止审理。裁定:本案中止诉讼。

2005年11月30日,M市中级人民法院(2005)M民再终字第3号,M市中级人民法院催交案件诉讼费通知,主要内容为:

上诉案件将审理终结,通知A某于接到通知的次日起七日内向本院交清应预交的案件的上诉费20,103元,鉴定费10,000元,合计:30,103元(大写:叁万零壹佰零叁元整)人民币。

2005年11月30日,A某向M市中级人民法院缴纳诉讼费20,103元。

后因A某不服中止裁定,向M市中级人民法院提出异议,在经历2005年11月10日、17日两次公开开庭审理后,M市中级法院裁定继续中止审理。

到本阶段,本案的民事纠纷并未结束,在后面的8年时间里双方的诉讼博弈才真正开始。A某和×公司的代表利用各种途径,展开诉讼、上访、媒体表达等多种方式维护自己的诉求。并因此将纠纷重心转向行政诉讼、刑事犯罪的控告中,从而使本案的裁定结果出现反复。

三、控告与行政诉讼

2005年3月8日，A某向M市地税局稽查局举报×公司偷税、漏税，B某、G某偷盗天然气。

2005年3月24日，A某向M市公安局举报M市×公司偷税漏税。主要内容为：

M市公安局：

×公司董事长B某及G某偷盗国家资源、偷逃国家税收，侵占公司利润，且数额巨大，已构成盗窃罪、职务侵占罪，必须受到法律的制裁。

M市政协委员A某

×公司

2005年3月30日，A某关于缓交部分诉讼费的申请，主要内容为：

向M市中级人民法院申请只先交3000元诉讼费，缓交剩余部分诉讼费。理由为其余所经营企业已基本瘫痪，无资金来源，故现在无力交足诉讼费。

2005年3月31日，D区某局出具证明A某为该局干部。

2005年4月1日，M市中级人民法院领导同意A某缴纳5000元，其余缓交。

2005年4月4日，A某向M市中级人民法院缴纳诉讼费5000元。

2005年4月26日，×公司、B某、C某、D某向M市中级人民法院提出答辩状。

2005年4月28日，D区人民法院(2005)民移字第38号，D区人民法院向M市中级人民法院移送案卷文书。

2005年6月21日，C省人大常委信访办公室发出文件C人信交字(2005)06××××××号，主要内容为：

M市人大常委会：

现将全国人大常委办公厅信访局交办的Y某反映不服民事裁定

一案的有关材料转交你们,请于2005年11月25日前将办理结果书面报我办,以便转报全国人大办公厅信访局。

2005年6月22日,M市中级人民法院W主持A某和B某、C某、D某等人告知并了解再审案件的焦点。

2005年7月13日,M市中级人民法院W主持A某、B某、C某、D某等人,确认共同委托W会计事务所审计账面问题。

2005年7月15日,D区公安分局立案决定书D公刑立字〔2005〕011号,对A某涉嫌职务侵占罪立案侦查。

2005年8月3日,M市人大常委会信访办公室发出文件M人字〔2005〕36号,主要内容为:

市中级人民法院:

现将省人大信访办交办的反映不服你院有关民事裁定一案所有的有关材料转交你们,请你们于2005年10月31日前将办理结果回复我办。

2005年8月15日,M市国家税务局稽查局对×公司稽查,认定×公司对外销售货物采取两套账方式,不申报7.338万元。决定:

A. 补缴增值税7.338万元;

B. 对×公司罚款7.4万元。

2005年9月5日,A某委托M市司法鉴定中心对×公司在申请变更登记时向M市工商局提交的《第八次股东会议决议》上A某的签名和手印进行鉴定,其鉴定结论为:

"第八次会议上的签名'A某'不是A某本人书写,签名A某的手指印不是A某所留。"

随后,A某以上述鉴定为由,向M市工商局进行举报,工商登记材料涉嫌造假,工商局于2006年2月13日立案调查。紧随其后,A某向地区法院提起行政诉讼,认为工商局应对登记材料不真实承担相应责任,请求撤销上述工商局的变更登记。D区法院审理后,法院判决驳回起诉,理由是,

"工商局为×公司办理公司变更登记的行为,行政程序合法,行

政事实清楚。根据国家工商总局工商企字(2001)第67号文件,申请人提交的申请拆料和证明文件是否真实的责任应由申请人承担。”

随后,A某不服,提起上诉,2006年7月18日,M市中级人民法院作出判决:撤销M市工商局2003年6月12日作出的向×公司核发《企业法人营业执照》的变更登记行为。A某并于2006年8月4日向D区法院申请强制执行。

2005年11月18日,M市国税局向M市公安局移送×公司涉嫌偷税一案的有关线索和材料。

2005年9月2日,M市中级人民法院W在W会计师事务所办公司主持A某、B某、C某、D某、G某等人,进行审计前调查了解情况。

2005年9月22日,M市公安局D区分局向M市中级人民法院民事审判监督庭,提出中止审理建议书。理由为:

“已于2005年7月15日对A某涉嫌职务侵占一案立案侦查。”

2005年9月28日,M市中级人民法院民事裁定书,内容为:

经审查,本案要确认A某的股权和投资款均发生在A某担任×公司董事长期间,与A某嫌职务侵占罪一案有密切联系,为便于刑事案件的查处,本案中止审理。依照法律规定裁定:本案中止诉讼。

2006年1月24日,D区人民检察院决定对A某取保候审,并指控A某涉嫌挪用资金、偷税罪。

2006年2月,A某持M市司法鉴定中心的鉴定意见向M市工商局举报变更登记文书虚假。

2006年2月13日,M市工商局立案调查。

2006年3月,A某向D区人民法院提起行政诉讼,要求M市工商局吊销×公司以B某伟法定代表人的《企业法人营业执照》。

2006年7月18日,M市中级人民法院行政判决书(2006)M行终字第22号,主要内容判决为:

(1)撤销D区人民法院(2006)D行初字第4号行政判决;

(2)撤销M市工商局于2003年6月12日向×公司核发的《企业法人营业执照》的变更登记行为;

(3)M 市工商局应在本判决生效后 15 日内对×公司变更登记的申请重新作出具体行政行为。

2006 年 8 月 30 日,M 市政府组织相关人员对 A 某信访案召开专题汇报会,M 市工商局副局长 Z1、科长 Z2 等参加。

2006 年 10 月 25 日,C 省信访办组织 M 市工商局等各级部门的人员举行专题汇报会,讨论 A 某信访案件情况。

四、逮捕与偷税罪定罪

2005 年 9 月 30 日,M 市公安局 D 分局逮捕通知书(D 公刑逮捕字〔2005〕199 号),A 某因涉嫌职务侵占罪被批准逮捕。

2007 年 1 月 8 日,D 区人民法院决定对 A 某取保候审。

2007 年 3 月 13 日,D 区人民法院刑事判决书(2007)D 刑初字第 24 号,判决内容:

(1)被告单位×公司犯偷税罪,判处罚金 29.353628 万元;

(2)被告人 A 某犯偷税罪,判处有期徒刑 1 年,缓刑 1 年,并罚金 14.676814 万元。

2007 年 6 月 5 日,C 省高级人民法院行政庭 W 副庭长、C 省工商局法宣处 Y 副处长到 M 市举行座谈。主要内容为:

A 某案件的实质在于股东之间的股权纠纷,在民事权利尚未确定的情况下,应当暂缓执行 M 市中级人民法院 2006 年 7 月 18 日的判决。

2007 年,D 区人民检察院向 M 市中级人民法院提起抗诉,抗诉理由为:

(1)A 某以公司名义向吴某借款 30 万元、其中 22 万元并未入公司账,挪作个人使用至今未还,债权人在案发前要求公司归还而非 A 某个人,由此证明本案不是 A 某个人的债务纠纷,也不是一起经济纠纷;

(2)×公司第八次股东大会载明“51.2 万元由 A 某承担,公司不再追究”不符合《刑法》第 272 条规定,不属于告诉才处理案件,A 某挪用在先，已构成犯罪，×公司第八次股东大会纪要对事实不追究违反法律规定，A 某的行为构成挪用资金罪。

2007 年 10 月 22 日，M 市中级人民法院刑事判决书（2007）M 刑初字第 48 号(49)，判决如下：

(1)撤销 D 区人民法院(2006)D 刑初字第 24 号刑事判决；

(2)上诉人(原审被告单位)×公司犯偷税罪，并处罚金 7.338407 万元；

(3)上诉人 A 某犯偷税罪，免予刑事处罚；

(4)驳回 D 区人民检察院抗诉；

(5)A 某不构成挪用资金罪，因为 A 某以公司名义对外借款，且该行为又经股东确认，由 A 某个人负责偿还(辩护意见采纳)。

2007 年 11 月 9 日，C 省 M 市中级人民法院刑事裁定书（2007）M 刑终字第 49 号。裁定将案号（2007）M 刑终字第 48 号改为（2007）M 刑终字第 49 号。

五、挪用资金再立案与信访

2007 年 11 月 25 日，M 市公安局 D 分局立案决定书（D 公经立字〔2007〕022 号），决定对 A 某涉嫌挪用资金案立案侦查。

2008 年 2 月 19 日，D 区人民法院给 M 市工商局发函，要求撤销变更登记的行为；

2008 年 2 月 20 日，C 省 M 市工商行政管理局通知主要内容为：

×公司：根据 C 省 M 市中级人民法院和 D 区人民法院文件，我局决定：1. 撤销 2003 年 6 月 12 日作出的关于你公司的变更登记；2. 责令你公司依法向我局提交真实、合法、有效的文件申请变更登记。

2008 年 6 月 10 日上午，M 市中级人民法院立案庭 W 与×公司 G 某，以及 A 某代理人了解案情。

2008 年 6 月 25 日，C 省工商行政管理局报送省人大信访办文件 C 工商函〔2008〕243 号《C 省工商行政管理局关于报送办理 A 某信访问题的函》主要内容为：

(1)介绍A某信访案基本情况,表明A某多次向媒体和行政机关反映M市工商局不执行市中级人民法院生效判决问题,并阐明暂定执行判决书有理。

(2)M市工商局对×公司的变更登记依法履行了形式审查职责。

(3)M市工商局在执行M市中级人民法院〔2006〕M行终字第22号行政判决书做了大量工作。

(4)C省工商局的几点建议,A某案本质为股东之间权利纠纷问题,工商机关无权处理股东之间的股权纠纷,法院审理尚未终结,直接变更登记于法无据;×公司属于涉案重点单位,前置审批手续只是股东之间的股权纠纷,还不构成违反《公司法》情节严重的撤销公司登记或者吊销营业执照的行为;我局将督促M市工商局继续做好信访人当事人的工作,化解矛盾,维护稳定。

2008年7月17日上午,M市中级人民法院W主持告知恢复诉讼笔录。

2008年8月10日,A某向M市人大主任T某申诉《恳请督促法院对股份纠纷依法作出判决的报告》,主要内容为:

(1)自我介绍,A某,M市×公司法定代表人,M市第一届政协委员。

(2)阐述A某的遭遇和冤屈。

(3)法院拖延判决。

2008年9月8日,M市人大常委会信访办公室发出文件M人字〔2008〕42号,主要内容为:

市中级人民法院:

×公司A某反映法院对其与G某、B某的股权纠纷一案超过时限未予判决,导致公司无法正常营业,员工没有了收入来源。要求人大监督法院尽快判决。现将此件转交你们,认真依法予以办理,并将办案结果于12月5日前书面报我办,并做好上访人的息访工作。

2008年12月1日,A某向M市政法委书记寄送《恳请督促法院对股份官司依法作出判决的报告》。

2008年12月4日，A某向C省人大常委投递《恳请督促法院对股份官司依法作出判决的报告》主要内容为：

(1)A某系×公司法定代表人，M市第一届政协委员，在迫不得已情况下，向C省人大领导呈送报告，恳请省人大领导督促M市法院对A某上诉的股份官司二审案件尽快依法作出公正判决。

(2)介绍公司组建及案件起因系B某、Z某等人精心策划，勾结检察、公安机关的个别人捏造A某有所谓挪用、侵占、贪污罪行为。A某作为蒙冤者几年来以合法途径多次向有关部门反映，向法院起诉，得到了包括全国人大、C省委、人大、政府、政法委和M市委、人大、政府、政法委的关心，重视和支持。

(3)由于法院拖延不下股份民事官司终审判决书，一批员工已多次要求和A某一起立即开始逐级上访，直到北京上访。在这个案子中，A某蒙受了很大的冤屈，只能以此方式向组织申诉。

2008年12月10日，M市公安分局决定对A某开具刑事拘留证，并网上追逃。理由为：

A某挪用注册资金50万元事实清楚，证据确实充分；A某直接从公司提取现金160.7万元和贷款20万元的事实因A某不到案接受调查，相关证据正在收集中。经调查后于2007年11月25日对A某挪用资金立案侦查。立案后多方查找A某到案接受调查，但A某拒不到案，2008年12月10日对A某开具刑事拘留证并上网追逃。

2008年12月26日下午，M市中级人民法院W庭长赴D区公安分局经侦大队C队长办公室，调查了解A某案件的情况。主要内容为：

W问：你们侦查到现在觉得A某所涉嫌罪名是否成立？

C队长答：以前在检察院侦查监督之下进行……我们认为，A某挪用资金的事实是成立的，虽然不足三个月，但A某不出面，案子也不好处理。

2009年2月23日，A某向M市市长信箱投递申诉《恳请督促M市法院对上诉5年的股权纠纷二审案件尽快依法判决和对生效判决依法执行的申诉》。

(1)阐述 A 某所遭受的冤屈。

(2)阐述 M 市中级人民法院既不作出判决,又不说明原因! 这一事实已严重违反《民事诉讼法》案件审理办理期限的规定。

(3)全国人民代表报等多家媒体做了报道,但案件办理得不到进展。

……

申诉人:M 市×公司法定代表人

M 市第一届政协委员　A 某

2009 年 3 月 18 日,C 省地方税务局稽查局《关于×公司举报案的查处情况》主要内容为:

A 某同志:

你向我局检举×公司存在税收违法问题,我局交由 M 市地方税务局稽查局查处,先将情况告知如下……

2009 年 7 月 6 日,M 市地方税务局稽查局发出文件《税务违法案件举报领奖通知》(2009)税举报第 1 号给予 A 某举报奖励 3000 元整。

2009 年 5 月 18 日,C 省地税局对 M 市×公司给予行政处罚,并追缴税金 122,789.55 元。

2009 年 7 月 18 日,A 某向 C 省委书记申诉《关于追究已受到一次刑事处罚、三次行政处罚的犯罪人 B 某、G 某的刑事责任和查出其千万元偷税大案的举报》主要内容为:

(1)阐述 A 某遭受的冤屈。

(2)B 某、G 某等为黑恶势力。

(3)×公司遭受一次刑事处罚,M 市中级人民法院 2007 年 10 月 22 日判处×公司犯偷税罪,判处罚金 7.3366407 万元刑事判决书。

(4)税务机关第三次对×公司给予行政处罚。

(5)M 市×公司恶疾累累,B 某、G 某涉千万偷税大案,依法追究 B 某、G 某刑事责任。

……

2009年8月26日，A某向C省人民政府信访办申诉《关于再次恳请督促M市中级人民法院依法下判被非法阻止了5年多的股份二审官司的申诉》内容为：

(1)申诉人简介。A某，M市第一届政协委员。

(2)B某、G某抢夺油气站，诈骗变更《企业法人营业执照》。

(3)恳请领导督促M市法院依法下判被非法拖延了5年多的M市×公司的股份二审官司为感！

M市第一届政协委员 A某

2009年9月1日，A某向M市委信访办申诉《官司胜诉3年多，依法执行好艰难!!! 股份官司拖六年 久拖不判为哪般!!! ——我的愤怒控诉》：

A. 阐述A某的冤屈。

B. 依法按照《国家赔偿法》对A某蒙冤123天实行国家赔偿。

……

2009年9月29日下午，M市中级人民法院第二调解接待室里，法院院长、副院长在A某给中级人民法院领导发送短信后，接待A某女儿的情况了解。

2009年12月21日14时，A某在北方某招待所因涉嫌挪用资金罪被派出所民警抓获。

2009年12月26日，M市公安局D分局取保候审决定书，M公保字〔2009〕169号，决定对A某取保候审。理由为：

A某涉嫌挪用资金案，因犯罪嫌疑人患有严重疾病，根据刑事诉讼法规定，接受保证人的取保候审。

六、犯罪人申冤被诬告

2010年3月30日，A某向M市政法委提出控告。

2010年10月25日，A某向C省省委书记××申诉《关于强烈要求依法撤销非法立案和下判股份官司的再次控告》：

1. 介绍×公司由来，B某、Z某等人恶意抢夺A某公司，并诬告A

某犯挪用资金、职务侵占、贪污等犯罪行为。

2. C 省 M 市公安局认为 A 某行为是经济纠纷而不是犯罪, A 某没有犯罪行为, 不予立案。WL 可以制造冤假错案, 使 A 某蒙冤入狱 123 天。

……

2010 年 5 月 12 日, M 市中级人民法院裁定书, (2005) M 民再字第 3 号, 裁定内容:

×公司交来 D 区公安分局对 A 某涉嫌挪用资金一案于 2007 年 11 月 25 日决定立案侦查等有关材料。2009 年 12 月 26 日, A 某因涉嫌挪用资金案被 D 区公安分局刑事拘留并采取了取保候审措施, 经审查, 本案系确认股东返还投资款纠纷, 在其刑事案件未查清前, 本案无法确认返还的数额, 故本案应中止审理。裁定: 本案中止诉讼。

2010 年 3 月 30 日, A 某向 M 市政法委书记 × × 提出《关于 M 市 X 公司民事官司庭外调解的有关意见》:

尊敬的 M 市政法委 × × 书记您好:

为依法合理地解决 × 公司股份民事官司庭外调解的问题, 现在将有关意见报告如下:

A. 调解前提

依法撤销 2007 年 11 月 25 日违法作出的 D 公经字〔2007〕022 号《立案决定书》; 解除对 A 某的取保候审决定, 恢复 A 某的人身自由的前提下。A 某同意参加有 M 市、D 区党委、政府、公安、检察、法院等机关派员参加的对 × 公司股份民事官司的庭外调解事宜。

B. 调解方案

双方依法履行 2004 年 7 月 28 日自愿达成的《 × 公司股份转让协议书》。达成调解后, 扣除已交保证金 10 万元, 剩余 590 万元一次性支付与乙方。同时终止目前进行的一切诉讼和非诉讼行为。

2010 年 11 月 19 日, M 市公安局 D 分局撤销案件决定书(D 公刑撤字〔2010〕第 18 号), 撤销 A 某挪用资金一案, 因情节轻微不追究刑事责任。

七、民事申诉与恢复

2011 年 1 月 13 日，M 市中级人民法院告之恢复诉讼笔录，恢复 2005 年 M 民再字第 3 号。

2011 年 3 月 3 日，M 市市委、市政府召开了 A 某信访专题会议，会议作出决定：

“鉴于股份民事案件已进入司法程序，应由法院依法判决！”

2011 年 3 月 23 日，A 某向 M 市中级人民法院申诉，提交文件《关于依法判决股份官司的申诉》。主要内容为：

（1）依法撤销 D 区人民法院〔2005〕D 民再初字第 1 号《民事判决书》；

（2）确认上诉人在×公司 51% 的股份。

2011 年 4 月 6 日，M 市中级人民法院 W 询问 A 某案件的笔录意见。

2011 年 5 月 18 日，A 某向 M 市纪委书记××申诉《恳请尽快依法判案，及时制止行凶事件再次发生的紧急报告》。

2011 年 6 月 12 日，A 某向 M 市中级人民法院院长提交《关于再次恳请尽快依法下判股份官司的报告》主要内容为：

（1）依法撤销 D 区人民法院〔2005〕D 民再初字第 1 号《民事判决书》。

（2）确认上诉人在×公司 51% 的股份合法有效。

2011 年 7 月 5 日，M 市中院信访接待室，工作人员接待 A 某信访案件恢复审理情况。

2011 年 8 月 15 日，A 某向 M 市纪委书记××申诉《非法拖延了 7 年官司的股份公司到底还要拖多久？关于再次恳请督促 M 市中级人民法院根据法律对民事官司审理期限规定尽快依法下判股份官司的报告》主要内容为：

A 某在 2010 年 11 月 M 市公安局 D 分局撤销了“挪用 50 万元注册资金”，M 市中级人民法院 2009 年 8 月作出中止×公司股份纠纷上诉案件审理的理由以消除。A 某每周都去市中院恳请尽快对上诉了 7 年多的×公司股份官司作出判决，但M市中级人民法院既不说明不判原因，更不下达判决结果，为此请求督促M市中级人民法院尽快下判决。

2011年9月5日，A某向M市委书记申诉《非法拖延了7年的股份官司到底还要拖多久〈关于再次恳请督促M市中级人民法院依法下判股份官司的报告〉》。

2011年10月18日，M市中级人民法院W询问G某。

2011年10月20日，A某到M市中级人民法院诉求，M市中级人民法院W接待笔录。

2011年10月25日，M市中级人民法院W通知G某到案的询问笔录，建议双方调解。

2011年10月26日，M市中级人民法院W接待ZU律师事务所律师H（A某代理人），建议A某代理律师做A某工作，就×公司的市值价参考1200万元的标准协商调解方案。

2011年11月11日，M市中级人民法院W接待H律师询问×公司市场价和调解方案。主要内容为：

1. ×公司市值1400多万元，已经经营9年，价值在3千多万元；

2. H提议支付B某、D某、C某等人1200万元，A某继续经营×公司；

3. H提议让B某、D某、C某等人支付2500万元给A某，A某走人；

4. W建议H律师据实按照32%股份计算市值价，H同意在星期二以前答复。

2011年12月12日，M市中级人民法院W约见A某及其代理人H，商量调解方案，主要内容为：

A某提议底线以760万元，或者在原有调解书上增加200万元，让B某、D某、C某等人走人，由A某经营×公司。

2011年12月13日，M市中级人民法院W通知G某并转达A某意见，W了解双方投资情况，

W问：×公司若需正常经营需500万～600万元，而当时投资款400万元左右，而无A某投资款你们是怎么经营的呢？

G某回答：当时购买设备款100万元，所以，认为A某无投资款。

2011年12月14日，M市中级人民法院W在调解室询问G某、M市机构人员，询问了解审计和司法界定的区别。主要内容为：

(1)A某投了多少钱，拿了多少钱不清楚，因为账面上存在多张真假含糊不清的票据。

(2)审计只就数字而审数字，不对票据真假作鉴定，W会计事务所没有对票据真假作鉴定，无法查明A某到底投了多少钱，以及拿了多少钱。

(3)目前可以做司法会计鉴定，通过核实每一份票据的真假，按照司法鉴定的相关规定和准则得出鉴定结论，这可以克服W会计事务所鉴定不能解决的困难。

(4)鉴于先前W会计事务所鉴定的结论，司法鉴定机构要拿出事实证据补充或推翻W会计事务所的鉴定结论，需要双方当事人同意。

2012年1月11日，M市中级人民法院调解室W询问G某、A某、H等人，主要内容为：

(1)2005年案件过程中，2007年因A某涉嫌挪用资金罪而中止案件，后因2007年案件判决后恢复审理。但该案件在2010年5月A某涉嫌挪用资金罪再度中止审理，11月19日M市公安局撤销本案件。因此希望双方能把握机会，及时调解。

(2)G某提出B某支付A某150万元左右，A某还账需要130万元左右，剩余的钱作为A某的生活费，B某同意100万元以内可以支付A某。

(3)A某代理律师H提出支付800万元，让A某经营油气站，这是最终方案。

(4)法官W表示无奈，双方除了上访外，没有什么新证据解决本案思路。这个案子已经组织双方调解七八次，请双方在7天之内给出最终方案。

2012年1月19日，A某向M市中级人民法院提出《依法驳回B某等人〈关于对A某股份和投资进行司法鉴定及有关事项的请求〉的

申诉》。主要内容为:

申请重新司法鉴定不应该向法院而是应该向公安机关提出自己的主张。属无理要求,必须驳回。

2012年2月8日,M市中级人民法院调解室W组织G某、H(A某代理人),主要内容为:

(1)W介绍本案程序的看法,希望双方提出调解方案;

(2)G某表示,如果调解不成功,请法院依法按照法律程序;

(3)H表示,本案中恢复庭审没有异议;现在再做司法鉴定已经过举证期限,且当时审计报告也在开庭时进行过质证程序合法;对方要求重新鉴定证明,A某犯罪问题,应当向公安机关提出,希望法庭能早日对本案作出判决。

2012年3月1日,A某向M市中级人民法院院长申诉《关于恳请监督M市中级人民法院个别法官严格执行〈法官行为规范〉的报告》,主要内容为:

(1)A某案件无故拖延时间较长;

(2)M市中级人民法院个别法官的行为已经严重违反了最高人民法院2005年11月4日发布施行的《法官行为规范》;

(3)请求及时纠正M市中级人民法院个别法官严重违反最高人民法院颁发的《法官行为规范》行为,及时依法公正下判。否则,A某将在全国两会时进京上访告状。

2012年3月6日,M市中级人民法院W通知A某,该案在两会后立即下判。

2012年3月30日,A某向M市中级人民法院院长申诉《依法驳回B某等人〈关于对A某股份和投资进行司法鉴定及有关事项的请求〉》。主要内容为:

1. M市×公司上诉案件于2004年7月已经D区法院调解结案,但M市法院的个别人被上诉人买通后公然裁定再审!

2. “确认A某为×公司股东,但不享有该公司股权”的荒唐判决不服。

3. 上诉人×公司及B某等人要求重新司法鉴定系无理缠讼。

4. C 省高院等多个部门监督办理本案，要求加快案件办理流程。

申诉人：政协 M 市第一届委员

×公司法定代表人　A 某

2012 年 3 月 30 日，A 某向 M 市中级人民法院 W 庭长提交《依法驳回 B 某等人〈关于对 A 某股份和投资进行司法鉴定及有关事项的请求〉》，《关于及时依法下判 M 市 × 公司上诉案件申诉》。

2012 年 5 月 8 日，A 某向 M 市政法委书记提出申诉《关于强烈要求依法下判股份上诉官司督促 M 市中级人民法院 W 依法办案的申诉》。主要理由为：

1. ×公司股份官司拖延了 8 年，全国两会、C 省人大及省高院督办多年，2012 年 2 月 8 日 W 对案件进行最后一次庭审。W 以院长更换等理由，与 A 某核对后的事实不相符合。被上诉人 × 公司为阻止上诉官司依法下判，八年来采取种种违法手段，精心炮制了多次刑事案件，并指使司法部门的同伙两次对我采取强制措施，使 A 某蒙冤 128 天。

2. W 违反《法官行为规范》不断以种种借口，有意拖延股份官司下判的问题，导致走投无路情况下向政法委书记反映并纠正 W 违反《法官行为规范》的行为。

申诉人：政协 M 市第一届委员会委员

×公司法定代表人 A 某

2012 年 7 月 18 日，A 某向 M 市中级人民法院院长、副院长提出《关于再次恳请依法对 M 市 × 公司股份民事案件尽快作出判决的申诉》。主要内容是：

A 某案件从 2004 年 4 月立案至今已有 8 年零 3 个月有余，省高院督办该案已 1 年半，2011 年 3 月 M 市委、市政府组织 A 某信访专题讨论会，2012 年 3 月两会期间 M 市中级人民法院通知 A 某在两年后立即下判等时间拖延表述，恳请 M 市中级人民法院对拖延 8 年零 3 个月有余的 M 市 × 公司股份官司上诉案件作出公正判决。

2013 年 6 月 25 日，M 市中级人民法院调解室 W 法官主持 B 某及委托代理人 S 律师、D 律师，以及 H 律师调解。主要内容为：

(1)W 介绍本案案情,表示案件历时七八年,多次中止;双方希望本案尽快结案表示了解,并最终力劝双方当事人调解结案。

(2)H 律师,本案中无刑事问题,两次生效判决都是合法的,原有调解书有效。

(3)S 律师,以前的调解意见发表如下几点补充看法:调解书虽然签字生效,但法律规定可以申诉,一是级别管辖问题,二是达成调解后×公司及其股东才发现 A 某将资金抽走;刑事案件与民事案件谁先优先问题;2005 年以后的司法鉴定对 A 某的投资进行了司法鉴定,且已经对 A 某的投资做出明确鉴定结论,因此我们坚持认定 A 某在×公司无投资及股本。

2013 年 6 月 28 日,M 市中级人民法院民事裁定书 M 民再终字第 3 号,主要内容为,

(1)撤销 D 区人民法院(2005)M 民再初字第 1 号民事判决;

(2)驳回申请再审人 B 某、D 某、C 某、×公司的再审申请;

(3)恢复 D 区人民法院(2004)D 民二初字第 35 号民事调解书的执行。

八、挪用资金终定罪与自诉

2013 年 8 月 12 日,M 市公安局 D 区分局作出 MD 公(经)诉字〔2013〕72326 号起诉意见书。因这份起诉意见书在审查起诉和公诉环节存在严重的伪造、隐匿等事实,故在此全部展示这份起诉意见书的内容,读者可以作公正判断。① 内容如下:

---

① 作为×公司的委托代理人,我们在检察院和法院阅卷过程中均发现,这份起诉意见书至少缺少一页,或因覆盖复印隐藏了部分重要事实,呈交给法庭的起诉意见书只是原来意见书的一部分。疑点有三个:一是起诉意见书正文第一页至少缺少三至五行,版面极为不正常;二是正文第一页和第二页文意不连贯,甚至连人名都差一个字;三是该案的关键证据《司法鉴定书》在所有证据中居然未被发现。庭审中,我们要求公诉机关出示原件,移送司法鉴定书给法庭。出庭检察员以起诉意见书是内卷为由,拒绝提供。我们提交司法鉴定书后,要求法官对起诉意见书所涉及的事实,依职权进行调查,不过从后面的庭审情况看来,这个悬疑至今未解。

A 出资 25.5 万元占 51% 的股份任法人代表，C 出资 24.5 万元占 49% 的股份，二人共同注资 50 万元用于成立 × 公司，于 2001 年 4 月 6 日缴存于中国银行某分理处专用账户（账号：123456789），并取得了用于注册成立 × 公司的银行现金交款回单和银行询证函。2001 年 4 月 9 日，A 某在 C 不知晓的情况下叫自己原 × × 公司的财务人员 QM 将 × 公司的 50 万元注册资金取出借给 ZC10 万元，CM10 万元，A 某 30 万，用于成立 × × × 公司，A 任法人代表，分别缴存于中国银行某分理处（账号：987654321）。**A 某、Z 某和还款条是假的。**[①]

2002 年 5 月 23 日 A 某、C 某因为缺乏资金就引入 B 某作为新股东进入 × 公司。三方签订了《共建协议》协议约定：认可 A 某的前期投入为 147 万元计入 A 某的股份，有票据的具备票据无票据的具备手续。2001 年至 2003 年 A 某在 × 公司法人期间未经其他股东同意私自将 × 公司的资金 160.7 万元直接支取给自己，用于归还自己在外的借款。

认定上述事实的证据如下：报案人陈述、证人证言、犯罪嫌疑人的供述，财务票据，银行记录等证据事实。

综上所述，犯罪嫌疑人 A 某的行为已经触犯了《中华人民共和国刑法》第 272 条之规定，涉嫌挪用资金罪。依照《中华人民共和国刑事诉讼法》第 160 条之规定，现将此案移送审查起诉。

2014 年 3 月 28 日，M 市 D 区人民检察院作出 MD 检刑诉〔2014〕80 号起诉书，只对 A 某挪用 50 万元的事实提起公诉，对另外的 160.7 万元只字未提。起诉书载明：

“经依法审查查明：

2001 年 4 月 6 日，被告人 A 某与 C 某共同注资 50 万元用于成立 × 公司。2001 年 4 月 9 日，A 某在 C 不知晓的情况下，以 A 某、ZC、CM 名义转入 × × 公司账户用于公司登记验资。2014 年 4 月 10 日，A

① 加粗部分 Z 表示真实的名字只写了两个字，缺第三个字，同时前后句意不连贯。

某归还48万元,2001年4月18日,×××公司成立,2001年4月19日,×公司登记成立。2001年4月28日,A某归还×公司2万元。

本院认为,被告人A某利用职务上的便利,挪用本单位的资金进行营利活动,数额巨大,其行为已触犯了《中华人民共和国刑法》第二百七十二条第一款,犯罪事实清楚,证据确实、充分,应当以挪用资金罪追究其刑事责任。被告人A某申请公司登记采取欺诈手段虚报注册资本,欺骗公司登记主管部门,取得公司登记,数额巨大,其行为已触犯了《中华人民共和国刑法》第一百五十八条第一款,犯罪事实清楚,证据确实、充分,应当以虚报注册资本罪追究其刑事责任。被告人A某一人犯数罪,根据《中华人民共和国刑法》第六十九条第一款的规定,应当数罪并罚。被告人A某如实供述自己的罪行,根据《中华人民共和国刑法》第六十七条第三款的规定,可以从轻处罚。根据《中华人民共和国刑事诉讼法》第一百七十二条的规定,提起公诉,请依法判处。"

2014年9月3日,M市D区人民法院以〔2014〕D刑初字第137号判决A某挪用资金罪,判处有期徒刑3年,缓刑4年。具体理由是:

本案犯罪金额是50万元,属数额巨大,其最高法定刑为10年以下有期徒刑,本案的追溯时效应为10年。本案被告人A某犯挪用资金罪之日为2001年4月9日,被告人A某在追溯期限内又于2002年9月至2003年5月犯偷税罪,故挪用资金罪的追诉期限应从犯偷税罪之日起计算。而本案的公安机关立案侦查的时间为2007年11月25日,并未超过追诉时效,故该辩护意见不能成立,本院不予支持。

被告人A某有犯罪前科,酌情从重处罚。被告人A某到案后,如实供述其罪行,是坦白,可从轻处罚。

综合被告人A某的犯罪事实、性质、情节及对社会的危害程度,本院决定对其从轻处罚并宣告缓刑。

2014年×月×日,被告人A某不服一审判决,向M市中级人民法院提出上诉,理由为:

"借款50万元用于(其他)公司验资,不属于营利活动,借款不构成挪用资金罪；……借款50万元是民间借贷关系，不属于刑法上的挪用资金”。

2014年9月4日，×公司向D区人民法院提交了刑事自诉状，自诉A某挪用资金160.7万元，以及侵占罪等相关事实。

2014年9月10日，×公司向D区人民法院提交了上诉状，不服(2014)D刑初字第137号判决。

2014年12月5日，M市中级人民法院对A某及其辩护人的上诉作出“驳回上诉，维持原判”裁定，理由如下：

“经查，A某虽系×公司的法定代表人，但在其余股东不知晓的情况下，私自将该公司的50万元‘借’走用于注册公司，超越自己的职权范围，符合挪用资金罪的客观构成要件。对上诉人及其辩护人的意见不予采纳。”

2015年1月14日，D区人民法院作出〔2015〕D刑初字第70号刑事裁定书，裁定“对自诉人×公司的起诉，本院不予受理”。理由是：

“经审查，本院在审理公诉机关D区人民检察院指控被告人A某犯挪用资金罪一案中，×公司向本院提出刑事自诉，要求追究被告人A某挪用资金160.7万元，及职务侵占130.7万元(壹佰叁拾万七千)的刑事责任。根据自诉人提出的指控，被告人A某可能被判处三年以有期徒刑以上刑罚，故本院于2014年4月15日对该公司之委托人作了询问笔录，告知其应向公安机关报案。被告人A某挪用资金一案判决后，×公司再次以相同的理由、证据向本院递交刑事自诉状，本院多次电话告知其代理人向公安机关报案，但刑事自诉人仍不同意撤回自诉。

本院认为，根据……“有下列情形之一的，应当说服自诉人撤回自诉；自诉人不撤回起诉的，裁定不予受理：(一)不属于本解释第一条规定的案件的；……(二)缺乏罪证的；……之规定，本院已告知自诉人向公安机关报案，但自诉人拒不撤回，且自诉人的指控缺乏罪证，故本院对本案不予受理。”

2015年1月29日，M市D区人民检察院控告申诉科作出MD检控复字〔2015〕1 号，对 × 公司时任法定代表人 B 某控告检察官 XY 徇私枉法、隐匿证据，未依法将“犯罪嫌疑人 A 某挪用资金 160.7 万元”移送起诉的控告作出如下答复：

“B 某：

你控告我院检察员徇私枉法、隐匿证据及要求本院将 A 某挪用资金 160.7 万元移送起诉的请求，我院已收悉，A 某挪用资金案我院根据案件事实、证据已依法作出认定并提起了公诉。你控告信中所反映的伪造公安机关起诉意见书、未移交主要犯罪证据，未全案移送卷宗经核查不属实。”

2015 年 4 月 29 日，M 市中级人民法院作出（2015）M 刑综字第 24 号刑事裁定书，对 × 公司自诉 A 某挪用资金 160.7 万元以及侵占罪等一案，裁定驳回上诉。

九、强制执行

2014 年 12 月 15 日，A 某向 M 市 D 区人民法院申请执行〔2004〕D 民二初字第 35 号民事调解书。

2014 年 12 月 17 日，M 市 D 区人民法院下发〔2015〕D 执字第 60 号执行通知书，告知 B 某、C 某、D 某执行内容为：

由你们三人协助将 × 公司的全部资产及该公司印章、证照和公司相关资料移交给申请执行人 A 某，并办理股权过户手续。

2014 年底在执行办案过程中，× 公司聘请其他律师参与本案。因此，2015 年春节后的流程我们并未跟进，案件的发展也令人不可思议地画上句号。根据 D 区人民法院公布的案件后续文书，直到撰写本章时再次查阅，笔者才发现本案的最新信息。

2015 年 2 月 6 日，[1]M 市 D 区人民法院制作裁定，裁定本案执行

[1] 本执行终结裁定书于 2015 年 10 月 14 日在 D 区人民法院官方网站有公布，法院裁定落款时间为 2015 年 2 月 6 日。然而，这份文书所加载的日期可能有误，或因其他原因导致时间有所变更。

终结，裁定理由如下：

“执行过程中，本院依法向被执行人B某、C某、D某送达执行通知书，要求被执行人B某、C某、D某履行生效法律文书确定的义务。在此期间，本院为化解双方当事人矛盾，多次组织双方当事人协商，但未能达成和解协议，本院书面通知被执行人限期领取执行款并交付公司财产，但被执行人逾期未履行义务。本院于2015年5月16日发出强制移交公告，被执行人仍未履行义务。本院于2015年6月25日采取强制措施将×公司的现有财产交付给申请执行人A某，本案执行完毕。依照《中华人民共和国民事诉讼法》第二百五十七条第（六）项之规定，裁定如下：

本院（2004）D民二初字第35号民事调解书执行终结。”

经查阅全国工商信息查询系统，M市D区人民法院曾于2015年1月12日作出〔2015〕MD协执字第60－1号，要求冻结×公司各股东的股份从2015年1月13日至2016年1月12日。工商信息显示，在2015年7月20日，×公司的股权变更为W1（40%）W2（50%）、L1（10%）。原股东B某、C某、D某已不再是股东，甚至连本案的权利人A某也不再是股东。是否因×公司旗下的加油站已经出售，我们不得而知。但可以肯定，这个因加油站归属引发的14年累讼可能会暂告段落，各有欢喜忧愁。但正义和权利是否就得到维护，相信读者更能充分地判断。

第二节　A某涉嫌犯罪的律师意见书

本节是在检察院阶段，笔者办案过程中提交的法律意见书。为重现案件原貌，笔者将部分内容整理后重新纳入本章。在内容上，省略了抬头和署名，相信这并不会影响读者对内容的理解。

经调查，×公司原法人代表A某在任职期间涉嫌抽逃公司注册资本，挪用公司资金为他人和自己使用，利用职务之便侵占公司财产，以及在离职后涉嫌伪造公司印章。基于《中华人民共和国刑法》第

159 条、第 271 条、第 272 条、第 280 条之规定,律师团认为,A 某已经涉嫌抽逃出资罪、挪用资金罪、职务侵占罪和伪造公司印章罪。基于保护受害人×公司的合法权益,受害人公司股东 B 某、C 某、D 某强烈要求司法机关依法对 A 某进行立案追诉,并追究其刑事责任。据此,本律师特向 D 区人民检察院提出如下法律意见。

一、A 某涉嫌抽逃出资罪

2001 年 4 月 6 日,A 某与 D 某共同出资组建成立×公司,A 某出资 25.5 万元,D 某出资 24.5 万元,共计 50 万元。然而,A 某在验资后的当天,便将这 50 万元取走,借给 F 某、E 某和自己用于注册成立 L 公司。

以上事实,A 某供认不讳。D 区人民法院民事判决书[(2005)D 民再初字第 1 号]明确指出,A 某在当日取得验资报告后,即将全部投资款抽回。[①] A 某自己承认,2001 年 4 月 6 日将注册资本金 50 万元从中国银行×公司支取,对上述事实没有争议。按照最高人民法院《关于适用〈中华人民共和国公司法〉若干问题的规定》第 12 条之规定,[②]A 某的上述行为涉嫌抽逃出资罪。

《中华人民共和国刑法》第 159 条第 1 款规定:"公司发起人、股东违反公司法的规定未交付货币、实物或者未转移财产权,虚假出资,或者在公司成立后又抽逃其出资,数额巨大、后果严重或者有其他严重情节的,处五年以下有期徒刑或者拘役,并处或者单处虚假出资金

---

① D 区人民法院民事判决书[(2005)D 民再初字第 1 号],第 12 页。B 某、C 某、D 某证言,"A 某、D 某共同缴纳的出资 50 万元于 2004 年 4 月 6 日存入中国银行,当日验资后由 A 某支取。以上事实,判决书予以认定。

② 最高人民法院《关于适用〈中华人民共和国公司法〉若干问题的规定》(法释〔2011〕3 号) 第 12 条规定:"公司成立后,公司、股东或者公司债权人以相关股东的行为符合下列情形之一且损害公司权益为由,请求认定该股东抽逃出资的,人民法院应予支持:(一)将出资款项转入公司账户验资后又转出;(二)通过虚构债权债务关系将其出资转出;(三)制作虚假财务会计报表虚增利润进行分配;(四)利用关联交易将出资转出;(五)其他未经法定程序将出资抽回的行为。"

额或者抽逃出资金额百分之二以上百分之十以下罚金。”

A 某在验资后的当天便将用于注册公司的 50 万元出资款取走，已经涉嫌抽逃出资罪，理由如下：

(1)客体要件。A 某抽逃出资的行为违反了国家有关设立公司的出资管理秩序。

(2)客观方面。公司发起人(股东)A 某的行为违反了股东不得抽逃出资的明确规定。按照《公司法》第 35 条、[①]第 200 条、[②]第 215 条[③]之规定，公司成立后股东不得抽逃出资，A 某实施了抽逃出资的行为。从本案来看，A 某未经其他股东及公司同意，擅自将股东出资抽逃，明显符合抽逃出资的客观构成要件。按照最高人民法院《关于适用〈中华人民共和国公司法〉若干问题的规定》第 20 条之规定，A 某擅自将验资账户的资金转移符合本罪的客观构成要件。[④]

(3)主体要件。抽逃出资罪的主体为公司发起人、股东，A 某作为 × 公司的发起人和股东，已经属于本罪的主体。

(4)主观方面。A 某的抽逃出资行为明显是故意的，因此，符合本罪关于主观方面必须是故意的规定。

根据 2010 年 5 月 7 日最高人民检察院、公安部《关于公安机关管

---

① 《中华人民共和国公司法》第 35 条规定，公司成立后，股东不得抽逃出资。

② 《中华人民共和国公司法》第 200 条规定，公司的发起人、股东在公司成立后，抽逃其出资的，由公司登记机关责令改正，处以所抽逃出资金额百分之五以上百分之十五以下的罚款。

③ 《中华人民共和国公司法》第 215 条规定，违反本法规定，构成犯罪的，依法追究刑事责任。

④ 最高人民法院《关于适用〈中华人民共和国公司法〉若干问题的规定》(法释〔2011〕3 号) 第 12 条规定，公司成立后，公司、股东或者公司债权人以相关股东的行为符合下列情形之一且损害公司权益为由，请求认定该股东抽逃出资的，人民法院应予支持：(1)将出资款项转入公司账户验资后又转出；(2)通过虚构债权债务关系将其出资转出；(3)制作虚假财务会计报表虚增利润进行分配；(4)利用关联交易将出资转出；(5)其他未经法定程序将出资抽回的行为。

辖的刑事案件立案追诉标准的规定(二)》第4条之规定,①A某抽逃公司全部注册资本50万元,数额巨大,已经远超过“三十万元以上并占其实缴出资数额百分之六十以上”的立案标准,此行为不属于情节显著轻微的范畴。主要理由有两个:

(1)犯罪嫌疑人A某抽逃50万元注册资金,超过本罪的定罪标准30万元,超过法定追诉标准的70%。按照一般司法解释和司法实践以立案标准上下20%作为判断是否情节轻微的标准,A某的抽逃数额不符合情节轻微。即使以本罪司法解释特定的60%的定罪标准,本案超过立案标准70%的金额。因此,从这一点看,A某完全不属于情节轻微,依法应当受到法律的严惩。

(2)犯罪嫌疑人A某在公司刚成立时就抽逃所有注册资本50万元,使公司的注册资本实际剩余为0元,这种情形明显情节较恶劣,严重损害了公司法所保护的市场经济秩序。因此,从这一点看,本案完全不属于情节轻微,依法应当严惩A某。

二、挪用资金罪

按照最高人民法院《关于适用〈中华人民共和国公司法〉若干问题的规定(三)》之规定,入资后的资金属于公司所有。因此,A某2001年4月6日将属于公司的资金抽逃给他人及自己的公司使用行为,已经触犯刑法。从D区人民法院(2005)D民再初字第1号民事判决书所认定的事实来看,没有发现A某已经归还的证据。A某本人也供述,2014年7月13日作为“收入”入账,虽然他认为这属于归还行为,但这事实上不属于归还公司资金的行为。在随后的过程中,A某

---

① 最高人民检察院、公安部《关于公安机关管辖的刑事案件立案追诉标准的规定(二)》第4条规定,公司发起人、股东违反公司法的规定未交付货币、实物或者未转移财产权,虚假出资,或者在公司成立后又抽逃其出资,涉嫌下列情形之一的,应予立案追诉:……(二)有限责任公司股东抽逃出资数额在三十万元以上并占其实缴出资数额百分之六十以上的,股份有限公司发起人、股东抽逃出资数额在三百万元以上并占其实缴出资数额百分之三十以上的。

以相同的手段,分 10 万元、10 万元、30 万元三次挪用受害人公司的资金。由于 A 某挪用资金数额巨大,并进行盈利活动,是否超过三个月以及是否归还均不影响对 A 某行为的定性。

根据《中华人民共和国刑法》第 272 条第 1 款之规定,①本律师团认为 A 某涉嫌挪用资金罪。法律理由如下:

(1)犯罪客体。A 某的行为侵犯了公司的财产权益和公司的管理秩序。A 某将公司资金借给别人使用,以及自己注册公司的行为,严重侵犯了受害人公司对资金的使用权,符合挪用资金罪的犯罪客体。

(2)犯罪客观方面。A 某利用自己经手和保管资金的便利,无论是公司成立过程中,挪用公司的资金归个人使用和借贷给他人使用,还是成立后挪用公司的资金事实 A 某本人供认不讳。无论是否超过 3 个月,但数额巨大、进行盈利活动的规定,符合挪用资金罪的客观方面。

(3)犯罪主观方面。A 某作为一正常人,将资金取出的行为完全符合主观故意的认定。

(4)犯罪主体方面。A 某作为公司股东和法定代表人,犯罪主体适格。

就 A 某将 50 万元的注册资本挪作已用,用于开公司和借贷给他人,已属挪用本单位资金进行盈利活动,理应按照挪用资金罪定罪。根据 2010 年 5 月 7 日最高人民检察院、公安部《关于公安机关管辖的刑事案件立案追诉标准的规定(二)》第 85 条之规定,②犯罪嫌疑人 A

① 《中华人民共和国刑法》第 272 条规定:"公司、企业或者其他单位的工作人员,利用职务上的便利,挪用本单位资金归个人使用或者借贷给他人,数额较大、超过三个月未还的,或者虽未超过三个月,但数额较大、进行营利活动的,或者进行非法活动的,处三年以下有期徒刑或者拘役;挪用本单位资金数额巨大的,或者数额较大不退还的,处三年以上十年以下有期徒刑。"

② 最高人民检察院、公安部《关于公安机关管辖的刑事案件立案追诉标准的规定(二)》第 85 条规定:"公司、企业或者其他单位的工作人员,利用职务上的便利,挪用本单位资金归个人使用或者借贷给他人,涉嫌下列情形之一的,应予立案追诉:……(二)挪用本单位资金数额在 1 万元至 3 万元以上,进行营利活动的;……"

某的行为给公司造成了严重损失，应受到刑事法律制裁。因本案不属于免予刑事处罚的范围，A 某应当受到 7 年上下被判处有期徒刑，其理由如下：

(1)严重超过立案标准否定情节轻微。就本案来看，A 某挪用的资金已达 50 万元，是司法解释规定立案标准 3 万元的 17 倍，远远超过了上述司法解释规定的立案追诉标准，应当对其进行立案追诉。

(2)加重法定刑条款否定情节轻微。按照最高人民法院 2010 年公布的《人民法院量刑指导意见(试行)》规定，犯罪嫌疑人 A 某的犯罪行为已经符合挪用资金罪的加重法定刑条款，①并且应当在 3 年以上 10 年以下有期徒刑范围内裁量刑罚。

综上所述，A 某挪用资金的数额特别巨大，性质非常严重，影响极其恶劣，已不属于犯罪情节轻微、可不追究刑事责任的范围，不仅应当对其立案追诉，还应当依法判处实刑。

三、职务侵占罪

经调查，A 某下列行为涉嫌职务侵占罪，直接以假发票或其他方式侵吞公司现金 284.6 万元：

(1)受害人公司称，2002 年 6 月至 10 月，A 某以个人名义，无任何支出理由先后 11 次，直接从公司提走现金 117.6 万元，并拒绝返还，严重侵害了公司其他股东的利益。

(2)2002 年 5 月 25 日，A 某、B 某、D 某三人签订《共建协议》对 A 某企业投产前的前期投入(公司生产经营以前)，在客观真实的条件下可以附条件核定为 147 万元。然而，协议签订后，A 某利用职务之便以三张假发票计 99.85 万元，对 1999 年 2 月 1 日至 2001 年 3 月 21

---

① 最高人民法院《人民法院量刑指导意见》(法发 2010 第 36 号)，第 129 条规定，[三年以上十年以下有期徒刑量刑格]挪用资金 30 万元或挪用资金 3 万元未退还的，基准刑为有期徒刑三年，每增加挪用资金数额 8500 元或未退还数额每增加 4500 元，刑期增加一个月。

日的行为予以报假账。对本事实的真实性A某供认不讳,D区人民法院(2005)D民再初字第1号民事判决书清楚地"A某自认不实(指发票不实)"予以记载。[①] 剩余673,198元资金,由A某以各种未经受害人公司股东认可的票据报销(真实性待查)。以上事实说明,A某在担任法人代表期间,以各种名目涉嫌侵占公司资产,并将其据为己有。

本律师团认为,根据《中华人民共和国刑法》第271条之规定,[②]A某已经涉嫌职务侵占罪。其理由如下:

(1)犯罪主体和职务便利。由于A某、B某、D某三人在《共建协议》中附条件地肯定A某147万元的股份。在受害人公司未变更公司法定代表人和缺乏必要监管的前提下,2003年8月28日A某转移公司印章及财务资料之前,A某具有一定职权,可以从公司签批条领取现金,属于利用职务上便利。

(2)数额较大标准认定。依据2010年5月7日最高人民检察院、公安部《关于公安机关管辖的刑事案件立案追诉标准的规定(二)》第84条之规定,A某的职务侵占行为,无论是使用假发票骗领99.85万元,还是167.17万元,都已经超过1万元的立案标准。[③]

综上事实,律师团认为A某涉嫌两次非法提取了现金284.6万元,远远超过了本罪的立案追诉标准,已属数额巨大,不属于情节轻微,危害不大的情形,应当追究其刑事责任。理由如下:

(1)按照最高人民法院量刑指导意见,职务侵占罪的定罪起刑是1万元,A某职务侵占284.6万元的行为已经超过本罪规定法定刑的

---

① D区人民法院民事判决书[(2005)D民再初字第1号],第12页。原文表述为:"另,A某认为,已在×公司报销的1,671,698.5元费用发生在2001年3月21日前,该费用是前期投资,虽然其中的三张票据(共计99.85万元)不实。"

② 《中华人民共和国刑法》第271条规定:"公司、企业或者其他单位的人员,利用职务上的便利,将本单位财物非法占为己有,数额较大的,处五年以下有期徒刑或者拘役;数额巨大的,处五年以上有期徒刑,可以并处没收财产。"

③ 最高人民检察院、公安部《关于公安机关管辖的刑事案件立案追诉标准的规定(二)》(2010年5月7日)第84条规定:公司、企业或者其他单位的人员,利用职务上的便利,将本单位财物非法占为己有,数额在五千元至一万元以上的,应予立案追诉。

加重条款,不属于情节轻微。

(2)按照职务侵占罪的量刑指导意见,职务侵占284.6万元应当判处15年有期徒刑。该量刑指导意见规定,10万元以上判处刑罚的起点是5年,职务侵占每增加2万元判刑增加6个月。①

因此,从A某所涉嫌罪行的事实来看,犯罪嫌疑人A某无论因何种原因不属于情节轻微,应当依法按照刑法和刑事诉讼法定罪和判处实刑。

四、伪造公司印章罪

经调查,2004年8月,A某违反法律规定,私自另刻一枚本公司印章,其行为除涉嫌构成伪造公司印章罪外,还可能涉嫌进行违法犯罪活动(此案已由D区公安分局进行司法鉴定,案件以查清事实为准)。如果本事实成立,那么A某的行为已经严重影响了受害人公司正常的生产经营活动,应当依法予以立案追诉。

本律师团认为,按照《刑法》第280条第2款规定,②伪造公司印章罪,是指明知自己无权制作而仍对公司印章加以伪造的行为,对该行为是否造成具体的财产损失并无特定的要求。公司印章系代表本公司对外进行业务往来的凭证,代表的是公司,A某私自另刻一枚公司印章,违反受害人公司印章管理章程,而且极有可能给公司造成损失。事实上,这种行为不仅构成了伪造公司印章罪,还有可能涉嫌诈骗罪或合同诈骗罪,望司法机关查明事实真相。

五、总结

综上事实,本律师团根据D区人民法院(2005)D民再审初字第1

① 第62条规定,[五年以上有期徒刑量刑格]公司、企业人员受贿、职务侵占10万元的,基准刑为有期徒刑五年,每增加数额2万元,刑期增加六个月。

② 第280条规定,"伪造公司、企业、事业单位、人民团体的印章的,处三年以下有期徒刑、拘役、管制或者剥夺政治权利。"

号民事判决书以及M市司法鉴定中心出具的M中心〔2013〕会鉴字第1号司法鉴定书所描述事实，以及受害人公司及其股东提供的材料为依据提出本律师意见书。有鉴于目前无法获取本案的全部事实，犯罪嫌疑人A某是否构成抽逃出资罪、挪用资金罪、职务侵占罪、伪造公司印章罪，以及相关犯罪事实，以公安机关和检察院最终调查的事实为准。

本律师团仅为维护受害人合法权益之目的，无心中伤他人，更无诋毁A某之目的，望司法机关明察。律师团所描述的事实，仅为律师团的法律专业意见，不代表受害人及其股东放弃或减少权利的依据，也不作为承认相关事实的依据。

案件材料梳理过程中，律师团发现A某和受害人公司的财务难以分清，支取和投资行为均不能作出合理解释。在A某担任法定代表人期间，受害人公司有专业的会计人员，但仍然无法完全理清财务状况。因此，律师团认为，A某对各种不能说清的财务可能涉嫌重大犯罪，详细事实需要具体证据一一判断。因此，还请人民检察院及公安机关重视本案，依法按《中华人民共和国刑法》《中华人民共和国刑事诉讼法》之规定调查核实相关情况，维护受害人公司及其股东的合法权益，并依法追究犯罪嫌疑人A某的刑事责任。

第三节 请求检察院对遗漏的A某挪用资金罪提起公诉

本节是辩护律师向D区人民检察院提交的起诉请求书，以受害人×公司及法定代理人B某的名义要求检察院对160.7万元的挪用事实提起公诉。如上，我们发现相关遗漏事实后，立即向D区人民检察院要求对司法鉴定书中载明的160.7万元（实际为135.2万元）提起诉讼，请求事项为“请求D区人民检察院依法将‘A某挪用资金160.7万元的犯罪行为’提起公诉”。然而，检察机关一直未对该项事实提起公诉，以至于本案出现同一份文书只采信50万元部分，而对A

某未归还的160.7万元的事实依然置若罔闻。

一、事实和理由

×公司于2001年4月19日登记成立。A某从2001年4月19日至2003年8月22日担任公司法定代表人期间,利用打白条、虚开票据、假借资等各种手段,挪用×公司资金数百万元。鉴于案情复杂,M市公安局D区分局于2013年1月18日委托M市司法鉴定中心对A某挪用资金数额作出司法鉴定。M市司法鉴定所于2013年2月4日,出具M中心〔2013〕会鉴字第1号,鉴定结论为:"1.2001年4月9日挪用资金50万元;2.2001年至2003年12月31日挪用资金160.7万元(实际为135.2万元)。"

2013年8月12日,M市公安局D区分局将A某两笔挪用资金的犯罪行为全部移送至检察院,在(D公经诉字〔2013〕××××号)《起诉意见书》中载明"2001年至2003年A某在×公司法人期间未经其他股东同意私自将×公司的资金160.7万元直接支取给自己,用于归还自己在外的借款"。

然而,在2014年3月28日D检刑诉〔2014〕80号起诉书中,D区人民检察院仅对A某挪用50万元的犯罪事实移送起诉,未将A某挪用资金135.2万元的犯罪行为移送起诉。致使A某涉嫌犯罪的行为未受到全面追诉。

二、请求事项

在(2014)D刑初字第137号刑事判决书第7页明确写明"14、M市司法鉴定中心[2013]会鉴字第1号司法鉴定书,证实2001年A某为注册L公司而挪用×公司的50万元已经归还××公司。"既然认定A某挪用50万元属于该证据,那么D区人民检察院没有理由对该鉴定书中的160.7万元(实际为132.5万元)不予移送起诉。

请求人认为,法律面前人人平等,只有在个案中实现了公平正义,才能彰显法治光辉。A某的犯罪行为必须受到法律的制裁,维护社会经济秩序也必须以法律为准绳。

综上所述,请求人再次请求D区人民检察院依法将A某挪用资金160.7万元(实际为132.5万元)的犯罪行为提起公诉。

第四节 ×公司向D区人民法院提起刑事自诉

有鉴于公诉机关始终不指控A某挪用资金160.7万元的事实,×公司依法向D区人民法院提起刑事自诉状,请求事项是"依法追究被告A某挪用自诉人资金160.7万元刑事责任"。然而,如前面的案情事实经过所述,律师的自诉请求并未获得支持,而是在检察院与法院之间相互踢皮球,以至于出现无人受理的局面。本节的内容包括刑事自诉状的事实和主要理由部分,相信读者对本案自有公正判断。

自诉人因前任法定代表人A某涉嫌挪用资金罪,从2005年至今已经多次到M市公安局和人民检察院提起刑事控告,然而,A某并未依法受到刑事法的严惩。D区公安局向D区人民检察院移送的材料包括了A某涉嫌挪用50万元、160.7万元两笔资金的情况,检察院于2014年3月28日向D区人民法院提起公诉,然而,D区人民检察院仅对A某挪用资金50万元的事实提起公诉。自诉人因公安机关提出了移送起诉的意见书,以及人民检察院未依法提起公诉,为维护自己的权利,特依据《中华人民共和国刑事诉讼法》第176条、第204条之规定,向D区人民法院依法提起自诉。

经查明,×公司于2001年4月19日登记成立。A某从2001年4月19日至2003年8月22日担任公司法定代表人期间,利用打白条、虚开票据、假借资等各种手段,挪用自诉人资金数百万。后因本案案情复杂,D区公安局特于2013年1月18日委托M市××司法鉴定所中心对A某挪用资金数额作出司法鉴定。M市××司法鉴定所于2013年2月4日,出具M中心[2013]会鉴字第1号。依据M市鉴定报告以及在刑事诉讼过程中对A某的询问笔录,A某还涉嫌挪用M公司资金达160.7万元,事实清楚,证据充分,应当追究其刑事责任。

证明A某犯罪事实的证据如下：

一、《M市司法鉴定中心司法鉴定书》

M市公安局D区分局在对该案件进行侦查的过程中，为查清A某的犯罪事实，于2013年1月18日委托M市司法鉴定中心对A某挪用×公司资金的犯罪行为进行专项司法鉴定，M市司法鉴定中心于2013年2月4日做出M市司法鉴定中心〔2013〕会鉴字第1号司法鉴定书。该鉴定书对2001年4月9日A某将×公司的50万元注册资金借给F某、E某和自己用于注册成立L公司的犯罪事实进行了鉴定，并出具了详细明确的司法鉴定意见。该司法鉴定书的出具依据如下：

1. ×公司2001～2001年度明细账1本；

2. ×公司2003年度明细账1本；

3. ×公司2001～2003年度总账3本；

4. ×公司2001～2003年度现金日记账、银行存款日记账各3本；

5. ×公司2002～2003年内部账11页；

6. ×公司2002～2003年资产负债表增值税明细；

7. ×公司2001年记账凭证3本；

8. ×公司2002年记账凭证11本；

9. ×公司2003年记账凭证15本；

10. ×公司2004年总账、明细账、现金日记账、银行存款日记账各1本；

11. ×公司股东会纪要、公司章程以及与案件相关的材料；

12. A某涉嫌挪用资金的侦查案卷材料。

由此可见，该司法鉴定书依据的原始资料全面翔实，是财会专家对上述材料进行仔细分析后得出的专业意见，该证据在认定A某是否犯挪用资金罪一案中具有合法性、关联性、有效性，应当作为重要证据在法庭审理过程中进行质证，该证据对法院正确认定A某涉嫌挪用资金罪一案具有极其重要的意义。该证据由M市公安局D区分局侦查取得后向D区人民检察院移送，现D区人民检察院并未将该重要证据移送贵院。根据《中华人民共和国刑事诉讼法》的相关规定，现特申请贵院给予调取收集，以便正确认定 A 某的犯罪事实。

依据《M 市司法鉴定中心司法鉴定书》第四章“结论”第二项，A 某挪用的 160.7 万元明细情况为：

(1)2001 年 3 月 25 日第 4#会议记账凭证中 2000 年 10 月 26 日 0110008#收据支取 60,000 元；

(2)2001 年 12 月 31 日第 13#会计记账凭证中 2001 年 4 月 18 日 0110017#收据支取 350,000 元；

(3)2001 年 12 月 31 日第 17#会记记账凭证中 2001 年 8 月 29 日 0110012#收据支取 61,000 元；

(4)2001 年 12 月 31 日第 28#会计记账凭证中 2001 年 12 月 25 日 0110016#收据支取 50,000 元；

(5)2002 年 4 月 3 日第 3#会计记账凭证中 2002 年 1 月 11 日 0110023#收据支取 60,000 元；

(6)2002 年 6 月 20 日第 13#会计记账凭证中 2002 年 6 月 17 日 0110135#收据支取 50,000 元，2002 年 6 月 12 日 0110134#收据支取 10,000 元，6 月 14 日 0110131#收据支取 40,000 元，6 月 17 日 0110136#收据支取 50,000 元；

(7)2002 年 7 月 25 日第 3#会计记账凭证中 2002 年 7 月 25 日 0110143#收据支取 135,000 元；

(8)2002 年 8 月 25 日第 9#会记计账凭证中 2002 年 7 月 29 日 0110245#收据支取 100,000 元，7 月 23 日 0110244#收据支取 104,000 元；

(9)2002 年 9 月 25 日第 2#会计记账凭证中 2002 年 9 月 10 日 0010010#收据支取 96,000 元，9 月 25 日 0110147#收据支取 150,000 元，9 月 2 日 0010052#收据支取 20,000 元；

(10)2002 年 10 月 25 日第 4#会计记账凭证中 2002 年 10 月 11 日 010030#收据支取 50,000 元，10 月 9 日白条收条支取 11,000 元。

二、A某2010年3月24日在D区公安区的笔录

A某曾在公安机关的询问笔录里对160.7万元挪用资金情况表示承认,并同时承认这些钱没有经过M公司股东大会的同意,而这些钱被用于归还M市××公司(A某的其他关联公司)的借款。依据如下:

1.2010年3月24日A某在D区公安分局的询问笔录第3页,询问员问:×公司反映说,你在公司任法人期间提走现金117.1万元[对应《M市司法鉴定书》中第二部分"检验部分"所列160.7万元的第(3)、(4)、(5)、(6)、(8)、(9)、(10)项],具体有:

(1)2001年4月8日,票号:0110017,支A某现金35万元[对应上述一里面的(2)];

(2)2001年8月29日,票号:0110012,支61,000元[对应上述一里面的(3)];

(3)2001年12月25日,票号:0110016,支5万元[对应上述一里面的(4)];

(4)2002年1月11日,票号:0110023,支6万元[对应上述一里面的(5)];

(5)2001年7月25日,票号:0220143,支13万元[对应上述一里面的(7)];

(6)2001年7月23日,票号:0110244,支10.4万元[对应上述一里面的(8)];

(7)2002年7月29日,票号:0110245,支10万元[对应上述一里面的(8)];

(8)2002年9月2日,票号:010052,支2万元。[对应上述一里面的(9)];

(9)2002年9月10日,票号:01001,支9.6万元[对应上述一里面的(9)];

(10)2002年9月25日,票号:0110147,支15万元[对应上述一里面的(9)]；

(11)2002年10月11日,票号:0010031,支5万元[对应上述一里面的(10)]。

询问员问:"这117.1万元你拿来干什么用?"

A某答:"我拿来归还以前××公司的借款。"

询问员问:"你将你的投资款中的117.1万元从×公司账上提走还回××公司,经过公司股东会同意没有?"

A某答:"这个没有经过股东大会同意。我没有召开过股东大会,也没有给股东们讲这个事情,因为我觉得我投入×公司的资金大于117.1万元,我拿走这些钱是因为我××公司的需要,我没有多拿,我认为没有必要给其他股东讲,以后从我股份中扣除就行了。"

2.2010年3月24日A某在D区公安分局的询问笔录第5页,询问员问:在你任法人期间你将×公司的资金用于归还××公司、检测中心、×××公司。具体为:

"(1)2002年6月17日,×公司还款5万元,0110135[对应上述一里面的(6)]；

(2)2002年6月17日,×公司还×××公司借款,1万元,0110134[对应上述一里面的(6)]；

(3)2002年6月14日,还×公司借款,4万元,0110131[对应上述一里面的(6)]；

(4)2002年6月17日,还×公司借款5万元,0110136[对应上述一里面的(6)]；

(5)收条:今收到×公司借款1.1万元,2001年9月。合计16.1万元,这些票据是怎么回事?"

A某答:"这16.1万元是我以个人名义投入×公司作为我的股份,但是后来我的这些公司要运作,需要资金我就将我投入的钱从我的股份中拿走归还。同样没有经过其他股东同意,没有告诉过其他股东,没有召开过股东会议,没有会议纪要,以后从我的股份中扣除就行了。"

从以上笔录记录可以看出,A 某对笔录里的绝大部分挪用事实都表示承认,至于 A 某的辩解称"我拿的是自己投入公司的钱"这一点,根据《公司法》第 3 条、[①]第 22 条的规定,[②]法人的财产和股东财产相独立,股东的财产在投入公司后属于公司财产,股东不经过合法的程序不能擅自取出,所以 A 某的辩解不影响其挪用资金行为的成立。

综上所述,A 某在主体,主观方面,客观方面上全部符合《中华人民共和国刑法》对挪用资金罪的规定,理应按照挪用资金罪定罪。犯罪嫌疑人 A 某的行为给受害人造成了严重损失,应受到刑事法律制裁。望 D 区人民法院依法受理自诉人的诉讼请求,并依法追究 A 某刑事责任,还被害人司法公道为感!

---

① 《公司法》第 3 条规定:"公司是企业法人,有独立的法人财产,享有法人财产权。公司以其全部财产对公司的债务承担责任。"

② 《公司法》第 20 条规定:"公司应当遵守法律、行政法规和公司章程,依法行使股东权利,不得滥用股东权利损害公司或者其他股东的利益;不得滥用公司法人地位和股东有限责任损害债权人的利益。"

后　记

自2014年立项以来,历经5年才为司法部课题画上一个句号,但我知道刑事司法错误的研究还远没有停止。自2018年8月接到学校科研处转发的司法部课题必须在年底前结项的通知以来,我一直处于高度紧张状态。我的心理抗压能力说好也说不好,压力是写作的动力,但内心慌张也是写作的大忌。一方面,我自感已经完成的部分章节质量一般,还有深入细挖的空间;另一方面,我又深感还有很多内容没有展开写作,理论体系支离破碎。以上两个原因,造成我迟迟下不了决心结项。事实上,本书的主要内容已在两年前完成,但我本人是个完美主义者,不到我认为的最佳状态绝不敢轻易出版,以免学术误国误人。但课题结项迫在眉睫,实在不敢冒着违约风险而被戴上"学术不诚信"的帽子,直至临近2018年11月才下定决心结项。希望本书的缺陷能在将来的潜心研究中有所弥补,并以系列专题的形式对各主题予以出版。我再次诚恳地向各位读者致歉,期待未来的研究能将功补过。

本书的完成离不开西南财经大学法学院的全力支持。我应该感谢我的事业和人生导师高晋康教授,他克服万难创建了西南财经大学法学院。我一直觉得,他的思想和教育理念是中国最好的法学教育家之一,这绝非是阿谀奉承之语。我至今清楚记得,大概在 2012 年 5 月回国时,我诚惶诚恐地向高晋康院长汇报了在美国的学习心得。高晋康院长在我没有任何学术成果的情况下,鼓励我继续从事实证研究,并争取将来留校任教。幸运的是,2012 年 12 月我和导师苏阳博士、刘军强博士合作完成的论文在《中国社会科学》得以发表,从而基本满足留校的条件。最终,高晋康院长多方努力后将我留校任教,也才有了过去几年的故事。2018 年 9 月,组织安排鲁篱教授接任院长职位,相信新任院长定能带领学院继续创造辉煌的成就。

我应该感谢我的联合培养导师苏阳教授,正是他的启蒙和近乎严苛、无情的评价才使我一步步在法学实证领域里深入探索。我本是法学半路出家,法律不好,统计更不好,唯有一个不肯服输的闯劲。2009 年 12 月,我经另一位导师贺欣教授的引荐,才顺利拜入这位毕业于斯坦佛、北大、清华的导师门下求学。在加州大学尔湾分校(University of California, Irvine)社会学系的两年多求学时间里,苏阳博士似父如友,一点一点地培养学术新生儿。人生有偶然也有必然,如果没有这两年的社会学系跨界学习,我很难理解数据分析和法学研究之间的关系。

往事历历在目,我应该感谢我的博士生导师冯亚东教授。这是我绕不开的心结,我时常在深夜回想起有关恩师的点点滴滴。冯亚东教授主攻刑法学基础理论,我近几年在规范刑法学上几无建树,常感愧对恩师的指导。我还应该感谢我的其他博士培养导师胡启忠教授、吴越教授,他们与冯亚东教授是至交好友。没有他们共同的指导、引路,我不可能进入西南财经大学法学院学习,更不可能顺利毕业。

我还应该感谢美国华人犯罪学研究会的师友们,没有他们的指导和鼓励,我不可能坚定犯罪学和实证法学的研究方向。如前言所述,没有曹立群教授的偶然推荐,本课题不可能申请。华人犯罪学研究会的广大同仁亦师亦友,我时常感受到他们支持中国犯罪学发展的热情。

尤其是，我应该感谢梁斌教授、刘思羽博士对我写作的帮助，在二位师友的悉心指导下，我才逐渐领悟了实证研究的写作路经。我也应该感谢江山河教授和吴瑜宁教授，他们邀请和安排我于2018年11月赴韦恩州立大学汇报有关中国死刑错案的研究。受限于主题，我没有将这些内容收录到本书中。我还应该感谢刘建宏教授、赵国玲教授、张荆教授长期以来的勉励，他们使我坚定在犯罪学和刑事司法领域研究的决心。

我最应该感谢我的战友江溯博士、苗苗（Michelle Miao）博士、魏帅博士，他们三位是我最亲密的事业合作伙伴。他们虽然已毕业或即将毕业于世界名校，却一直对我的背景不置一丝疑虑，并毫无怨言地支持我。我的学生王馨兰为本书的编辑付出了艰辛的劳动，本书中所使用的数据还有周倩和司敏敏的不懈努力，以及其他诸位默默奉献的同仁们。法律出版社的编审、编辑为本书提供了详细的校改意见，在此一并致以真诚的感谢！

本书的完成与家人的支持不可分割。妻子时常在晚上11时或者凌晨打电话叫我回家，她承担了照顾两个小孩的绝大部分工作。儿子常在晚上吵着要找"爹爹"，早上吵着要"爹爹、妈妈一起送幼儿园"，小女儿已在牙牙学语。最近，儿子喜欢唱"Sunday，Monday；Tuesday，Wednesday；Thursday，Friday；Saturday，Saturday；Seven Days，In the Way……"。这首儿歌既是幼儿园的上学歌，其实也是我自己的工作歌。

后记，很难写，但又不得不写。如果说学术创作充满着艰辛和快乐，那么刑事司法错误研究简直就是在煎熬和黑暗中寻找火星和光明。每当因研究需要而一遍遍地阅读刑事错案时，我时常同情无辜者，并为他们的遭遇而彻夜难眠，甚至一段时间内备受折磨。好在近几年的司法进步，使一批批的无辜者得以洗冤。这离不开广大司法战线上的正义人士的艰辛努力和辛勤工作。因此，我将最后的敬意和谢意，献给奋斗在为无辜者洗冤而努力的广大律师、法官、检察官、警察、记者及其他司法卫士们。

熊谋林

2018年11月20日

柳林校区

西南财经大学法学院 **光华法学文丛**

- **契约正义论** 胡启忠 著
- **刑法科学主义初论** 文海林 著
- **经济宪法学导论**
  ——转型中国经济权与权力之博弈 吴 越 著
- **中国农民工非正式的利益抗争**
  ——基于讨薪现象的法社会学分析 王伦刚 著
- **公司经理权问题研究** 杜 军 著
- **论保险代位权制度的建构**
  ——以权利法定代位的制度选择为中心 黄丽娟 著
- **我国民间金融规范化的法律规制** 高晋康 唐清利 等 著
- **修正金融刑法适用研究：**
  立法·理论·实务 胡启忠 石 奎 等 著
- **银行监管权边界问题研究** 熊 伟 著
- **金融控股公司内部治理机制研究** 梁远航 著
- **城市住宅区业主自治运行实效研究**
  ——基于个体决策的视角 陈 丹 著
- **遵从·背离·弥合**
  ——我国中央与地方财政关系的重构 马骁 唐清利 等 著
- **中国农民专业合作社运行的民间规则研究**
  ——基于四川省的法律社会学调查 王伦刚 著
- **公私权模糊领域的合作治理研究** 唐清利 著
- **民法法典化的历史追究：**
  侧重于民族统一与复兴的视角展开 吴治繁 著
- **疑罪新论** 金 钟 著
- **中国相互制保险公司治理的法律规制**
  ——基于公司治理主体权利视角 方国春 著
- **民间金融协同规制论** 林越坚 著
- **执法经济学：以转型时期的中国法治为研究对象** 戴治勇 著
- **公私权模糊领域的合作治理研究** 唐清利 著

- 土地利用制度变化下的乡村社会治理法律机制研究　何真等 著
- 我国地方政府间竞争失范法律治理机制研究　刘弘阳 著
- 法人代表权限制的效力规则研究——基于案例统计和两大法系的比较法研究　吴越等 著
- 非法集资刑法应对的理论与实践研究　胡启忠等 著
- 我国食品安全治理的信任机制研究　马力路遥 著
- 民法埋藏物发现制度研究　赖虹宇 著
- 预防与纠错：刑事司法的理念　熊谋林 著

图书在版编目(CIP)数据

预防与纠错：刑事司法的理念 / 熊谋林著. -- 北京：法律出版社，2019
ISBN 978-7-5197-3128-1

Ⅰ. ①预… Ⅱ. ①熊… Ⅲ. ①刑法-研究-中国 Ⅳ. ①D924.04

中国版本图书馆 CIP 数据核字(2019)第 019800 号

预防与纠错：刑事司法的理念
YUFANG YU JIUCUO：XINGSHI SIFA DE LINIAN

熊谋林 著

策划编辑 郑 导
责任编辑 郑 导
装帧设计 汪奇峰

出版 法律出版社
总发行 中国法律图书有限公司
经销 新华书店
印刷 三河市龙大印装有限公司
责任校对 杨锦华
责任印制 张建伟
编辑统筹 独立项目策划部
开本 A5
印张 16.125
字数 442 千
版本 2019 年 12 月第 1 版
印次 2019 年 12 月第 1 次印刷

法律出版社／北京市丰台区莲花池西里 7 号(100073)
网址／www.lawpress.com.cn
投稿邮箱／info@lawpress.com.cn
举报维权邮箱／jbwq@lawpress.com.cn
销售热线／400-660-8393
咨询电话／010-63939796

中国法律图书有限公司／北京市丰台区莲花池西里 7 号(100073)
全国各地中法图分、子公司销售电话：
统一销售客服／400-660-8393/6393
第一法律书店／010-83938432/8433
西安分公司／029-85330678
重庆分公司／023-67453036
上海分公司／021-62071639/1636
深圳分公司／0755-83072995

书号：ISBN 978-7-5197-3128-1
定价：75.00 元
(如有缺页或倒装，中国法律图书有限公司负责退换)